新范式和新史学

——虞和平与中国近代史研究

李俭 主编

中原出版传媒集团
中原传媒股份公司
大象出版社
·郑州·

图书在版编目(CIP)数据

新范式和新史学 : 虞和平与中国近代史研究 / 李俭主编.— 郑州 : 大象出版社, 2018. 9
ISBN 978-7-5347-9546-6

Ⅰ. ①新… Ⅱ. ①李… Ⅲ. ①中国历史—近代史—文集 Ⅳ. ①K250. 7-53

中国版本图书馆 CIP 数据核字(2017)第 266906 号

XIN FANSHI HE XIN SHIXUE

新范式和新史学

——虞和平与中国近代史研究

李 俭 主编

出 版 人 王刘纯
责任编辑 董曌华
责任校对 马 宁 倪玉秀 陶嫒嫒
封面设计 王莉娟

出版发行 大象出版社(郑州市开元路 16 号 邮政编码 450044)
发行科 0371-63863551 总编室 0371-65597936
网 址 www.daxiang.cn
印 刷 郑州市毛庄印刷厂
经 销 各地新华书店经销
开 本 787mm×1092mm 1/16
印 张 38.25
字 数 605 千字
版 次 2018 年 9 月第 1 版 2018 年 9 月第 1 次印刷
定 价 110.00 元

印厂地址 郑州市惠济区清华园路毛庄工业园
邮政编码 450044 电话 0371-63784396

虞和平70留影

虞和平，浙江宁波人，1948年出生。1976年毕业于北京大学。1988年毕业于华中师范大学，获历史学博士学位。1976—2012年在中国社会科学院近代史研究所工作，1995年起历任研究员、博士研究生导师、副所长。1997年评为中国社科院有突出贡献中青年专家、享受国务院政府特殊津贴。2012年从中国社会科学院退休。期间曾担任中国史学会理事、中国经济史学会理事、中国现代文化学会口述历史专业委员会会长、中国近代社会史研究中心理事长、《史学理论》副主编等。现任宁波大学包玉刚讲座教授、华中师范大学特聘教授；国家社科基金学科评审组专家、中国近代史料学会副会长、中国现代文化学会区域文化专业委员会会长及企业文化专业委员会会长。

主要研究方向为中国近代社会经济史、中国现代化史。迄今，已出版著作18种（含合著）、资料书6种、译著3种，发表论文及文章130篇。所著先后获有：国家社科基金项目优秀成果奖三等奖；第六届国家图书奖；第三届郭沫若中国历史学奖二等奖；中国社会科学院优秀科研成果奖（2项）；江苏省迎接党的十六大优秀读物一等奖。

工作经历

1965 年 9 月—1968 年 9 月，浙江省宁波市北仑区柴桥中学（高中）读书。任班委文娱委员。

1968 年 10 月—1973 年 8 月，浙江省宁波市北仑区插队知识青年。

1973 年 9 月—1976 年 8 月，北京大学历史系学习。

1976 年 9 月—1986 年 9 月，中国社会科学院近代史研究所从事研究工作。1985 年任助理研究员。

1986 年 9 月—1988 年 12 月，华中师范大学历史研究所博士研究生，获历史学博士学位。

1989 年 1 月至今，中国社会科学院近代史研究所从事研究工作。

1989 年 8 月，中国社会科学院近代史研究所经济史研究室副主任。

1990 年 9 月，中国社会科学院近代史研究所副研究员。

1994 年，中国社会科学院近代史研究所经济史研究室主任。

1995 年 9 月起，社会科学院近代史研究所研究员。

1997 年，被评为中国社会科学院有突出贡献中青年专家，享受国务院政府特殊津贴。

1998 年，中国社会科学院近代史研究所副所长、中国社会科学院研究生院近代史系主任。

2000 年 7 月，中国社会科学院研究生院近代史系博士研究生导师。

2004 年，被中组部选评为“中央直接联系的专家”。

2008 年至今，中国社会科学院与宁波市政府合作项目“浙东文化与宁波文化大市建设研究中心”主任，宁波大学包玉刚讲座教授。

2009 年 8 月，免近代史研究所副所长职，仍任研究员、博士研究生导师。

2012 年 2 月，退休返聘。仍任近代史研究所研究员、博士研究生导师、学术委员会委员、图书资料建设委员会委员、社会史研究中心理事长，不久解聘。

2014 年至今，华中师范大学特聘教授、博士研究生导师。

虞和平 70 寿诞与夫人王宇合影

女儿王珊珊和外孙李俊言

王杰赋诗贺寿

作為一個史學研究者，既要考史求真，探古今變遷之規律，析古為今用之道理，也要讀史明理，以史為鑒，繼承和發揚中華民族的優秀傳統。　在平常生活中，要與人為善，寧可人負我，我决不負人。對自己有恩有德之人，要銘記終生，知恩思報。對自己有惡有隙之人，要視而不見，聽而不聞，事過即忘。別人說別人的話，我干我的事。　在日常生活中，要認真負責，公平待人，盡力而為，不爭名利。不說空話大話，做不到的事不承諾，承諾了的事須做到，力爭言而有信。　對學術研究，要鍥而不舍，循序漸進，博採眾長，思今溯古，不斷創新。對成果，不求多，只求精。力圖每一篇文章，每一本著作，都有較多的學術創新之處。　對事業，不需刻意追求，只需堅持和積累，水到渠成。不怕別人不承認，只怕自己無恒心。順利時不激動，艱難時不氣餒。事事以謀事在人，成事在天之心視之，而得心理之平衡。

錄虞和平先生格言　丁酉秋月　趙慶云

赵庆云录格言贺寿

证　书

虞和平著的《商会与中国早期现代化》，荣获国家社会科学基金项目优秀成果三等奖，特发此证。

全国哲学社会科学规划领导小组
一九九九年九月

国家图书奖

获 奖 证 书

虞和平 同志：

你主编的《中国现代化历程》一书荣获第六届国家图书奖。特颁此证。

中华人民共和国新闻出版总署
2003年12月

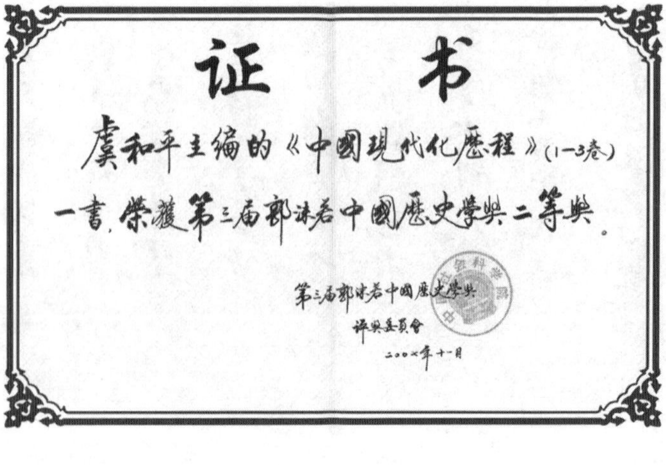

证　书

虞和平主编的《中國現代化歷程》(1—3卷)一書，榮獲第三届郭沫若中國歷史學獎二等獎。

第三届郭沫若中國歷史學獎
評獎委員會
二〇〇六年十一月

证 书

《中国现代化历程》　　（虞和平）

荣获2004年中国社会科学院优秀科研成果追加奖励，特发此证。

中国社会科学院

二OO四年九月

证 书

《抗战后国家资本膨胀和垄断问题再研究》（虞和平）

荣获第八届中国社会科学院优秀科研成果奖三等奖，特发此证。

中国社会科学院

2014年1月15日

证 书

虞和平同志：

为了表彰您为发展我国科学研究事业做出的突出贡献，特决定发给政府特殊津贴并颁发证书。

国务院

政府特殊津贴第(96)4920013号

一九九七年[illegible]月二十日

目　录

第二编 书评与书论

第三编　序人与自序

第四编　访谈和发言

附　录

一个传薪者的精神世界（代序）

李　瑾[1]

窗子朝南。吊兰牢牢地占据了书桌一角，尽管疏于浇水，但在阳光看来，似乎过于茂盛了。电脑偶尔发出微微的轰鸣，一天中，至少有12个小时它将面对大量的文字，对于庞大的故纸堆来说不过是现实的调味品。离城30公里，一块被围墙紧紧环绕的住宅被称为蓬莱苑。在M区D座J号的二楼，穿过列兵一样修长整齐的书架，一张庞大的书桌搁置在面北的窗子前。窗外，一棵棵高大的钻天杨在微风中抖动着碧绿的叶子。

一南一北两张书桌等同于两个驿站，也是时间的背书者。6年时间，它们见证了一个人457册、32万页稿本抄本的整理和编纂。两台电脑里，保存着近千万字已出版著述的底稿。40年，中国进入了世界，一个人进入了老年。对于大多数人来说，体会不到黑字变成白发的欢欣与悲切。如果不被理解或只是被肤浅地接纳，智力的自尊自然止不住现实的创伤和滑坡，那么，又该怎么评价一个人和他孤独的精神世界？

一

1973年秋天，虞和平在北京大学开始了他人生第二个起点。1966年11月11日，这个在宁波市镇海县大碶区出生、长大的年轻人，坐上火车一路北上，在人山人海的天安门广场看到了毛泽东。

---

① 李瑾，男，山东临沂人。汉语言文学学士、新闻学（文学）硕士、历史学博士。业余时间，以读书著文自娱，有作品在《人民文学》《中国作家》《诗刊》《星星诗刊》《诗歌月刊》《上海文学》《创作与评论》《诗词中国》《延河》等刊物上发表，并入选《思南文学选刊》《中国新诗排行榜》等多种选本，曾应邀参加草堂国际诗会和成都国际诗歌周，获第三届全国职工诗词创作大赛奖、"百年新诗、放歌黑河"大赛奖等，出版诗歌集《人间帖》《孤岛》、散文集《地衣》、评论集《纸别裁》等多部作品。

北大校园是一条均衡的时间分界线，是虞和平的，也是中国学术的。

1976年，虞和平再也不会回到村里干会计了，他以正式工作人员的身份，挺胸走进了中国社会科学院近代史研究所的大门。面前的道路上铺满了日子砌成的方砖，也铺满了一个个亟待破题的陈年旧识。对数字的天然敏感让干过会计的虞和平陷入各种表格当中，谁都知道，从数字中拎出清晰的中国形象是一门高超的手艺。嗣后40年，这位"手艺人"栖居在晚清名臣荣禄的府邸里，和这个世界进行复杂而隐秘的对话。东厂胡同一号，荣禄之后黎元洪的住宅，这一旧一新、一帝制一共和的替代，似乎已预示着虞和平推动的"革命化—现代化"范式的结合和变迁，是多么巧合而又入情入理。

虞和平从不批评人，也不批判人，他对范式的更新是"蹑手蹑脚"的。作为一个历史学家，他比一般人都认同布洛赫"有意的史料"的道理。真正的历史学是解释的而不是事实的——后者归属于考古学，承认这点和否认这点同样悲哀而无助。翻开一部部史书，我们所看到的史料都归属于解释，一种言说的技巧。这一点，詹金斯说得更加洞彻：历史学家们近似于神秘地永远能从他们对"过去"的造访中带回他们想要的历史。在他眼里，历史作品使用的是形式与体裁被严格规定的语言，并且永远是由一连串修辞工具与文体象征构成的。虞和平不一定认同"史书出、史料亡"的说辞，但一定相信，范式也好，分期也罢，都是一种寻求正当性和合法性的叙事结构。

1993年，45岁的虞和平才出版了自己的第一部独立著作《商会与中国早期现代化》。这个大器晚成的学者，一定想象不到自己的一系列作品打破了范式的怪圈。《商会与中国早期现代化》无异于一枚巨型炸弹，人们忽然发现，一向死气沉沉的商会研究被虞和平将四周的围墙夷为平地了。当一些机构正忙着把奖项颁给这部作品时，虞和平已悄悄调转了自己的航向，似乎他出现在近代史研究领域的唯一目的，就是改变集体性说话方式，让一种更多元、更纯粹的语言渗入火种中。更大的变化在2001年，他主编的三卷本《中国现代化历程》历时7年问世，学界发现这个个头不高、温文尔雅的人已经成了以现代化范式系统研究中国近代史的第一个实践者。这个称呼一定让他惶恐，因为人们遗忘了这样一个事实：1993年，同时点燃现代化范式导火索的有三个人，其中一个是他的授课老师罗荣渠，一个是他的授业恩师章开沅，他们分别拿着《现代化新论》《比较中的审视：中国早期现代化研究》，试图营救陷入僵化和绝望境地的历史解释方式，而虞和平，还是后一本书的作者之一。

不过,我需要提醒一句,虞和平的现代化范式不是排斥而是包容了革命化范式。这是一种叙事技巧还是一种开放性,我还没有确切的答案。

二

万寿路甲十五号院。五号楼的大厅里,悬挂着令我垂涎的岭南画派大师关山月的巨幅梅花图。在一层面南的5121房间,我见到的虞和平,已是55岁的中年人。此前一年,我辗转通过一个朋友拿到了签名本《商会与中国早期现代化》,继而购买了《中国现代化历程》,这两部书完全颠覆了我以前的史学观念之塔。

院子里竹影扶疏,一个比较靠谱的说法是,87版电视剧《红楼梦》在这里取了几个镜头。我甚至怀疑,林黛玉还在池子边葬下了一篮子沾着露水的花瓣。依稀记得,虞和平在幽静的回廊中转头望了望,同行的,是他的爱人,一辆代步的旧式捷达车停在不远处。我表达了投身师门的愿望,虞和平温和地笑了笑,没有解释或多说什么,这和他在白纸上的汪洋恣肆截然相反。事后证明,我对他"不解释""不多说"的惶恐毫无道理,虞和平比我这个山东人更谙孔孟之道,他以书本铺平了通往东厂胡同的坑坑洼洼。

我第一次读虞和平的作品,便被他的解释迷住了。我得承认,书中充满了啧啧称奇的句子,我忽略甚至准确地说是遗忘了某些细节,最终沦陷于其中的观点。虞和平早期的作品中,我自以为发现了他的聪明和狡黠。他把手术刀首先切入了商会的身体,对这样一个僵死多年的动物下手是多么的安全,这自然也符合博士研究生的风格,从具体的角度入手进而解剖一个宏大机器的肌体。尽管师从虞和平多年,我依旧无法准确地说出现代化范式的准确含义,将其界定为一个概念是多么简单和愚蠢,但我已然知道,现代化范式,首先是一种解释的自由,这种自由不是不遵循一定的规范,而是有自己的节奏,一步步支撑着我们对历史和现实的认识。

2005年11月17日,我在日记里写下了这样一句话:现代化范式是史学理论研究的第一次思想大解放。这句话下面,被狠狠地画了两道横线。现在,我固然为这一幼稚而又深邃的想法感到惊讶,但更惊讶的是,自日记中发现,当天上午,我逃了一节考古课。

时间回到我们再也回不去的晚清和民国。1902年,民间财富与政府权力第一次进行了妥协和结合:洪流翻滚的上海滩建立起中国近现代商业史上第一个商会。11年后,中华全国商会联合会在北京召开发起会议。这些事件,本来尘封在沾满灰尘的档案中,虞和平却发现了它的意义:商会是随着中国早期现代化运动的兴起而产生的,它一来到世间就肩负着为中国的早期现代化而奋斗的历史使命。在虞和平的笔下,商会复活了。当世界向中国输入市场经济,当中国向世界输出中国模式,一定没有人想起,商会和商人已淡出这块神奇的土地接近半个甲子。

我去虞府拜访,总是无意识地看看墙上挂着什么,书房里摆着什么,"什么"代表了主人对这个驳杂世界的态度。这一癖好,还是一个温州朋友传给我的。在蓬莱苑的书房里,一本本书籍如同一张张照片,将旧时的中国与眼前的我连接起来。我不经意间发现了虞和平的《近代中国商人》,版权页显示,这本仅仅146页的小册子出版于1996年。尽管市场的大潮在古老的华夏大地上涌动了18年,但"承认"是缓慢的,虞和平以一个历史学家的洞察"宣告了中国商人这棵老树获得新生的时代已经到来"。这一年,还没辞去公职的马云在一片质疑的眼神中兜售着自己的黄页;这一年,骑着自行车追赶时间的宗庆后往自己的商业帝国里搭上了最重要的一块砖——推出了娃哈哈纯净水。他们都不可能想到,虞和平发现了他们前辈的阶级性:商人,尤其是在成为资产阶级之后,作为中国现代化的主干队伍,应该有更大的作为。当然,他们更不可能想到,5年前,虞和平已经在《商会与中国资产阶级的"自为"化问题》中提出,中国资产阶级在1913年中华全国商会联合会正式成立后进入了"自为"的阶段。这一发现是石破天惊的。

我不知道一个江南水乡出生的人为什么会将一个阶层的身份界定得如此清晰。如果将虞和平的研究仅仅归结为为稻粱谋,显然错失了深入知识分子内心世界的机会。如果只是为衣食计,他不会以一天超过12个小时的定力,端坐在书桌前撰写只有几千个,最多只有几万个读者的文字。某天,我们一起喝酒,虞和平稍微有了感觉,他在新出版的《20世纪的中国:走向现代化的历程》签上了自己的名字。当我打开这部散发着油墨香的册子,扉页上的落款是不太潇洒的"平翁"二字。是的,"平翁",这个走向老年的知识人以一副长者的样子和一颗青春的心回应着一个正在变动中前进的世界。他关心房价,关心菜价,但他更关心历史。

历史是人类留给自己的遗嘱,只有像虞和平这样的学人才会认真继承。在旧纸堆里,他找出了经元善、周学熙,找出了20世纪中国企业家中的风云人物,甚至在2002年和2003年,他将尘封多少载的张謇、穆藕初、范旭东、简氏兄弟、荣氏兄弟、周学熙、卢作孚、宋则久、刘鸿生、郭乐等巨商鸿绅,一个个送上了激光照排的报纸。这些人和我们生活的关联,远比我们认为的要复杂和沉重得多,我们对历史的追问,是通过虞和平和像他这样的同行完成的。

2015年,距离虞和平正式淡出工作了35年的东厂胡同已经5年了。5年间,奥运会开了一次,隔水相望的日本换了几任首相,而我的孩子也3岁了。世事变迁并没有改变虞和平匆匆的脚步,他依然在北京、武汉、宁波三地和蓬莱苑、金顶街两点穿梭着,每到周二,甚至会带起背包潜入通往王府井的地铁,一路轰轰隆隆、停停靠靠,在东单换乘,往北拐向近代史研究所或往南拐入同仁医院。一次,和一个朋友聊天,他对虞和平赞叹不已:退休了,出的成果比在职的人还多。我说:他一贯地高产。吃了几杯茶,我们将话题放在虞和平新出的书上。在这里,我必须表示出自己的惊讶。记不清楚是哪天晚上了,虞和平将三本书——《资产阶级与中国近代社会转型》三卷本递给了我。一如既往地不张扬,一如既往地不断在早已等身的著作上增砖添瓦。这次,我没再暗下决心写一篇书评。如此重大的话题,不是我这个门外汉所可以轻易置喙的。他不属于我这类人,甚至不属于这个时代,他是身处未来回首过去的人,在他的队伍里,站着为数不多的一些杰出学者——他们不是在写字,不是在研究,不是在炫耀技艺或什么别的,而是将历史这个祭品自夹缝中掏出来,摆在现实的供桌上。

如果只把虞和平当作一个历史学家,那么,很遗憾,你错了。

三

桂子山,位于武昌南湖之滨,1952年,搬迁而来的华中师范大学将这座占地2000多亩的山拥抱在怀里。老一代华中师大人都记得,山上种满了桂树,山下的学子如种子一般一拨拨撒满全国各地。现在,除了一年一度的9月桂花节,校园里还有一道人文的风景——细心的人会发现:一个耄耋老人时常四处散步。他,就是辛亥革命史学泰斗——史学界著名的“章门”缔造者章开沅。2014 年 11 月 10 日,我带着朝圣的心态来到桂子山,可惜,看到的只是绿油油的叶子。在迷宫一般的校园中流连了几番,收获的是散淡和闲适,以及间接听到的章开沅这位世纪老人的奇闻逸事。近 30 年前的 1986 年,虞和平获得章开沅的青睐,经过业绩审核和考试,没有学历的他以同等学力考取了博士研究生,成为一名章门弟子。两年半以后,他完成了博士论文,重回近代史研究所,成为那里的第一个博士。

初读章开沅写给虞和平的一篇序言时,我颇为惊讶。这位著名的教育学大师,国务院学位委员会历史学科第一、二届评议组成员、召集人,十分客气地称呼自己的弟子为先生——章开沅在学术上最不习惯和最不喜欢的就是客气。据说,一些已成名多年甚至地位显赫的弟子见了章老师既亲热又打怵。他说:虞和平先生多年以来,勤于搜求资料,潜心探讨理论,已经有多方面的专题研究成果问世,或属于史料编辑,或属于人物研究,或属于社团剖析,或属于理论框架,大多都能给读者新的启发,颇得中外学者的好评。这一评价,类似于一个导师给即将出师的学生的毕业鉴定。其中,我尤其注意到"或属于史料编辑"和"或属于理论框架"这两句。因为,上帝给了一个合格的历史学家两根拐棍,一个是史料编纂,一个是理论研究。缺少了史料,这样一个学科将再次陷入虚无缥缈而无谓的玄哲之争;缺少了理论框架,面对浩瀚繁杂的史料将不知从何处发掘蕴藏其中的真金白银。章开沅对自己的学生作出如此评价一定不是无的放矢。经过查证,虞和平在"学艺"之前和期间,已经开始了史料编纂和研究工作,先后推出了《华商联合报和华商联合会报》(1983 年)、《中华全国商会联合会会报》(1987 年)、《经元善集》(1988 年)、《吴禄贞集》(1989 年)、《中国近代经济史论著目录提要(1949—1985)》(1989 年)。当然,还不能忘记 10 年后的《周学熙集》(1999 年),章开沅对这个学生的"长拳短打"不可能不留意。

在我看来,事实是最高的哲学,也是最真的思想。由于时间的单向流动性或不可逆性,我们注定无法重回现场,只能借助一些媒介来完成对过去的追忆。遗迹、文字或更宏观而言的史料,是我们实现集体记忆、通往时间逆旅的渡口。"不仅关系到事件,而且关系到那些事件可以被表明呈现出来的可能的关系系列。这些关系系列并非内在于事件本身之中,它们只存在于对其进行反思的历史学家的内心之中",海登·怀特在讨论历史学时,给予了历史学家偏于神性的界定。我们可以不认同他的立场,但无法否认历史学家身兼思想家的角色。

2009年,虞和平开始了自己修行式的“宅男”生活。无数个日日夜夜,我看见他在电脑前端坐如老僧,电脑换了几台,他还是保持同样的姿势。知了在他的窗前鸣叫了6次,树影浓了又稀。我不知道该如何表达对这种“坐”功的崇敬,还是老实地记个流水账吧:他编辑《近代史所藏清代名人稿本抄本》影印本,成书457册、32万页,单单目录就123969条、270万字。其间,还主编了1037册《中国抗战史料丛刊》,合65万页,收书刊4400册。我知道,虞和平对这样一个数据是否能占据吉尼斯一角了无兴趣,但必须肯定,他在退休后以别人遛鸟、晒太阳的时间,左右互搏,自己和自己较劲儿,登上了个人事业的第二座高峰。

某天,虞和平忽然对我说:我发现了张之洞的“密探”。这句话提醒了我,编辑这样一部大书不是剪刀加糨糊,而需要一个字一个字地认真校读。他又不无遗憾地叹息写论文的时间被一张张档案填满了。这件小事我觉得有必要记载,就写在了自己的评论集《纸别裁》里:可惜,虞和平先生因公务繁忙,不能专文研究,而是嘱我阅读茅海建的成果,并微信告诉我,上海、北京、天津等地都有张氏的“密探”。我完全理解出版社不经意间流露出的担忧,出版社把书籍当衣食却不能直接拿来吃,它们要理想更要市场。而虞和平则是理想主义的,他夜以继日地赶路,不是沉浸在自以为是的幻觉里,而是企图还世界一个清晰的答案。

我觉得有必要更正一种偏见,阐述哲理的才是思想家,整理资料的不是,多么固执而执拗的误会啊。历史已经不再满足于一种叙述方式,而是为多种叙述提供基本的素材,正是一页页档案的拼接,构成了丰富多彩的故事或图谱。在这些档案前,我更愿意将虞和平形容为机器人,他放弃利用编纂技法提供一种“隐喻性描绘”,他原原本本地将档案摆出来而不是考证、论述和分析。他的分析工作已经在现代化范式中完成了,而不需要再次矫情地证明自己的敏锐和深邃。史料学功夫位于思想史食物链的顶端,还有什么比提供完整、充盈的素材更富于挑战和富于超越性价值呢?

自在和勤劳似乎是虞和平一生的基调。他努力保持着对中国现代化的想象力,也努力在档案室里寻找旧式中国的影子。但这种努力丝毫没有改变个人为数不多的嗜好和兴趣,他在自己的斗室或微小的世界里点一根烟、泡一杯茶,然后安静地敲击开某人的信札或日记,间或玩几把空当接龙的游戏。而虞和平最热衷的游戏,就是钻进文字里,寻找和重新理解悲伤的、深沉的或舒畅的中国痕迹。

这是一个传薪者的精神世界,他能出得来,我们,却进不去。

2017年3月18日晚草于北京寓所

第一编　论学与述往

传承与创新

——我眼中的学人虞和平先生

王　杰[①]

与和平兄相识，始于1978年初冬，转眼，39年过去，惊叹“弹指一挥间”。

2016年10月下旬，宁波大学举办“第二届全国区域文化研讨会”，与和平、行龙、秋光、继平诸兄一起，闲聊既往，八卦未卜，思源“长沙水”，衷情“武昌鱼”，不免感慨绵绵。虞兄说，明年古稀，徒辈进言，欲一小聚，意思意思。同人会心，众口附和。月前，虞兄来信，说要出个纪念文集，我连声称许。作为“宁波消息”的知情者，为兑现客串，权且匆促杂忆几行，寄以“秀才人情纸半张”。

写什么？怎么写？手足之间的逸事还真不少，三言两语又难以说得清，而时过境迁，某些细节记不起来了，委实纠结。当下时兴“讲故事”，39年的交往，与虞兄有很多“同类项”：出身农家、“工农兵”学员起家、社科院为家、“长沙帮”欢家、近代史作业同家、半路（两人都未读硕士）出家、“桂子山”章

① 王杰，1951年10月生，男，广东吴川人。1975年毕业于中山大学历史系，同年入广东省哲学社会科学研究所（广东省社会科学院前身）从事中国近代史研究，1988—1991年师从章开沅教授，获博士学位。曾任广东省社会科学院孙中山研究所、历史与孙中山研究所研究员兼所长。现为中国现代文化学会副会长、民革中央孙中山研究会副会长、广东省广府文化研究会会长。

门一家，还有一个颇具玩笑的“同项”，就是三所所长同花[①]……不同项亦不少，缘于起步不同[②]、功力不同，乃至成果、功用、影响亦大相径庭，自不待言也。

往事如烟，浮想联翩。如是诸多家事异同，都从北京王府井大街东厂胡同“那一张床”[③]开始，时以“那一张床”相思念。

一、书做伴　所为家

近代史研究所，乃中国近代史研究的最高学术殿堂，资料浩瀚，名家辈出，令人神往。1978 年冬，我有幸随本所黄彦诸位先生到北京，为编辑《孙中山全集》第一卷和《纪念孙中山先生》（图集）搜集资料。《孙中山全集》第一卷由黄彦先生主编，我跟着跑腿，做学徒。因 1977 年 3 月近代史研究所的王学庄先生南来广州公差，我们邂逅相识。经王先生介绍，幸与和平、闵杰诸兄面晤。青葱岁月，加“同类项”，不免初心相投、相见恨晚。那一次出差我们住在北京的和平里，仅待了半个月，天天外出跑资料，没有留下特别深刻的记忆。然而，冬天的相识，开启彼此“倡情冶思”的春天。

印象深远且终生难忘的，当是 1981 年 12 月出席长沙举办的“纪念辛亥革命 70 周年全国青年史学工作者会议”。时值“文化大革命”结束不久，学

① 这里说的两处“三所”意义有别。1953 年 12 月，中国科学院决定成立三个并列的历史研究所：中国上古史为第一所、中国中古史为第二所、中国近代史为第三所。近代史研究所简称“三所”由是而来。虞兄曾任副所长。本人供职的广东省社会科学院（前身为 1958 年成立的中国科学院广州哲学社会科学研究所，曾更名广东省哲学社会科学研究所）先后设有历史研究所、孙中山研究所，2002 年两所合并，改名“历史与孙中山研究所”，因本人对更名不解，便保留了三个公章：历史研究所、孙中山研究所、历史与孙中山研究所。由是，被戏称为三个所的所长。可见，北京者系序列之称，广东者系数量之和，趣谈也。

② 起步不同，指虞兄念的是北京大学，入职中国最高科研机构，图书馆藏书一流，他进所的时候，所里安排樊百川先生为他作业务指导。樊先生不仅以学术成果厚重著世，更是以所为家出名，每逢春节假期，饭堂休息，女儿便天天给他往所里送饭。

③ 那一张床，位于北京王府井大街东厂胡同近代史研究所六楼 610 办公室。20 世纪 80 年代初，所规明示办公室不住人，但管理相对宽松，而且樊百川、龙盛运、虞和平、刘树发等几位长期以所为家的人，都是做学问的用功者。1981 年以降，我参与《孙中山全集》最后三卷的编辑，在北京断续住了一年半，为方便搜集资料，虞兄将自己“赶”回家，让“床”于我，终生铭感。他的家住翠花胡同，离东厂胡同不远，走路约需 15 分钟。

术活动复苏伊始，青年学人欲跻身学术研讨会，犹如“癞蛤蟆想吃天鹅肉”，比上蜀道还要难。有鉴于此，章开沅、林增平先生为了扶助青年一代成长，特意倡议在长沙举办青年学术研讨会，还进行论文评奖，可谓登高一呼，山高水长。我与虞兄等撰文与会，我俩“无爹无娘”的“老朋友”双双得奖①，这是一份可望而不可即的喜悦。其间，以评委身份与会的王学庄先生与我们过从甚密、相谈甚欢，长沙幸会，收获满满。

长沙会议闭幕，本人于长沙火车站送别李喜所、张利民、宋美云等天津同人，首先喊出“长沙帮”的称谓，旋如微风潜入夜，悄然传至大江南北。会友以长沙为荣，并以“长沙帮”为纽带，书信、资讯交流频繁，踏上了富有积极学术互动意义的征程。

1981年，本人参与编辑的《孙中山全集》第一卷和《纪念孙中山先生》相继出版，本所即安排我负责《孙中山全集》最后三卷的编辑②。1982至1985年间，盖因主持者张磊先生院务繁忙，我基本以单兵作战的方式开始后三卷的运作，在北京搜集资料、编辑、校勘及与中华书局沟通编务，持续时间计约年余，其间都是在东厂胡同近代史研究所六楼虞兄的办公室度过。说来话长，近代史研究所本有规定办公室不能住人，我可自如较长时间入住，一是虞兄的主动“让与”，二是我们编辑《孙中山全集》与近代史研究所是合作单位互有“优惠”，三是本人与该所办公室还有一层“特殊”的关系③，以是，“里应外合”加“堂堂正正”，我便成了入住近代史研究所办公室的“自由人”。

百闻不如一见，以我本人在近代史研究所断续寄宿的一年半（跨度从

① “无爹无娘”，这是我当年的口头禅，意指我们这些出身工农兵学员的人，无缘攻读硕士学位，没有导师指点。按：其时全国还未设立博士点。又，关于长沙会议评奖：一等奖4名，二等奖10名，三等奖15名。本人获“二等奖”，奖金20元（我在广州的月工资47元），其他等次奖金未及打听。

② 《孙中山全集》为国家社科“六五”规划重点课题，整个项目资助费人民币2000元，由三个单位分工合作编辑：广东省社会科学院历史研究所编一、九、十、十一卷，中国社会科学院近代史研究所中华民国史研究室编二、三、四卷，中山大学历史系编五、六、七、八卷。1981—1986年依次由中华书局出版。

③ 20世纪80年代，广州为全国最早的开放城市，进口的复印机等新潮办公用品琳琅满目、独领风骚，京城却望尘莫及。其时，近代史研究所两位办公室主任王培英、刘明远先后南来广州，买下三台复印机，均由本人全程陪同跟进。后来，该所用这几台复印机将台湾出版的《革命文献》复印后广为散发，此一珍稀史料，泽被全国近现代史学界。

1982—1986年的五年间,含协助刘大年先生编辑《孙中山书信手迹选》)时间为限,虞兄的板凳功夫真是了得。他没有太多的"外事"活动,基本上每天都是翠花胡同家宅至东厂胡同两点一线——那时学术活动还不多;又因个人工资低,肉、蛋凭票供应,鲜有请客吃饭,即便有知交小聚,也在私宅操办。虞兄与我三餐都在饭堂用膳,晚上11时以后,他就回家,天天如是,风雨不改[①]。按照这样的"规律"往前推测,他于20世纪70年代末期的"杂事"亦不会多。如是算来,他从1976年进所到1986年入华中师范大学师从章开沅先生,整整十年。这十年,与书做伴,以所为家,专心一意,兢兢业业。这可以誉为虞兄原始积累、蓄力待发的黄金时期。

腹有诗书气自华,善莫大焉!

二、不怕慢　只怕站

折腾历练人生,感悟升华品格。与虞兄相交,最为铭感也受益最深的,是为兄之格言:"不怕慢,只怕站。"[②]

从词义上理解,"不怕慢,只怕站"乃持之以恒、咬住青山不放松之蕴意,体现有志者没有磋跎岁月,以及慢工出细活、铁杵磨成针的工匠精神。但在虞兄看来,除我们常人一般的理解外,他对自己格言的认知可谓大有乾坤!按我的理解,起码还包含以下"玄机"三层。

第一层,就治学方法而言,用功时间的叠加可以增加学术积累,升华学术感悟。黄彦先生曾用一个简单的算术加法来说明"时不我待"之显浅:一天工作2小时,十天才20小时;如果一天工作10小时,两天就有20小时了。这便是"聪明出于勤奋,智慧有赖积累"之要义。应该指出,历史学与其他学科的研究有所不同,从来没有捷径可走,不管是史论还是论史,都需要

① 逢星期日,我必是虞府的座上客,素鸡、蒜心、卤水花生米是我最喜吃的菜,"红烧鱼"(买鱼凭票供应)是我下厨的"拿手好戏"。兄弟手足,纵酒畅谈,周周如是,已是常态。如今想来,仍为之神往。

② 本人曾以虞兄的格言写过专题文章,刊发于广东省社会科学院思想政治工作会议专辑。

"上穷碧落下黄泉"的笨工夫与真本领。①

"不怕慢",蕴含不要急。"史学"的过程无疑是资料积累和学术积累的过程,需要对长时段、大范围史料的搜集和整理。没有史料与史学的积累,得出的学术观点,就如无根之树、无源之水。虞兄早期所编之《经元善集》《吴禄贞集》,便是"不怕慢"——广种薄收、集腋成裘的见证。

第二层,就工作态度而言,曰责任心、使命感。20 世纪 80 年代初,本人在北京整理、编辑《孙中山全集》最后三卷,与虞兄"共事"于同一间办公室,耳闻目睹他对学术的执着与自觉、衷情与淡泊。不管是整理资料,还是撰写文稿,一天下来,500 字一页的大稿纸,他都会写下十多页不等。他说,这是给自己定的目标,我不禁暗自惊奇!每当他在逐页阅读"成果"的时候,我便在一旁开玩笑:"又在数钱啦,预计今天可收获多少银两?"他总是笑呵呵地回答:"毛坯毛坯,要修成正果,还不知要脱几层皮呢!你讲'收银',我说'给币',如果让编辑老爷给'毙'了,不是他们'给币',而是要倒'给币'啦(连邮费也白付了)!"是啊,那时刊物少,除非鹤立鸡群,年轻人的文章委实难得有冒头的机会,再说稿费也很低,我们只是穷开心罢了!但是,虞兄所说"文章欲修成正果要脱几层皮"的话语,则体现其治学精益求精的心路轨迹。

在虞兄的信条里,治学态度还引申为守时。举例:1990 年,我们同学四人合作著述《强权与民声——民初十年社会透视》,我与马小泉、周洪宇同届,虞兄比我们早两届,已毕业,提纲拟定以后,大约过了一个多月,虞兄撰就 4.5 万字的"货"就寄到,而我们三人还没有一个动手的呢!2017 年 7 月,中山市举办"纪念郑观应诞辰 175 周年学术研讨会",规定每人发言 8 分钟,但有两三位仁兄滔滔不绝讲了十几分钟,以致上午的会开到中午 13 时——饥肠辘辘仍难以预卜补给,我给邻座的虞兄写纸条:"要解放全人类,全靠我们自己!如果人人守时,甚至节省一分钟,会议就不致如此马拉松!"虞兄侧身细语道:"每次会议总有那么两三位神仙,不尊重会议规则,不尊重别人,其实是不尊重自己!虞兄把守时与自律、自重联系在一起,守时便是守住精

① 本人在北京与虞兄朝夕共处期间,曾全景性领略过虞兄一丝不苟的治学风貌。仅举小事一例:凡是写错的字,他都会用橡皮擦把错字擦去,再将正确的字填上;遇上擦不掉的,或将稿纸擦破的,便用剪刀剪下相应的稿纸"格子",写好字后再贴在稿纸上。

神，深刻之至，入木三分！

值得一提的是，虞兄在担任所里的行政事务以后，学术研究并没有放慢，更没有停顿，仍一如既往、锲而不舍，而且对自己要求更高了——治“事”可以随机而变，治“史”不能如墙头草随风倒！治史与从政双肩挑，十几年如一日，他的论文比此前发表得更多，著作比此前更丰厚，而且不少引发学界影响的学术论著都在此间出笼，令人惊叹。这无疑归功于学术责任心使然。

第三层，就进取精神而言，这是追求学术的厚度与深化。据我所忆，虞兄入华中师范大学攻读博士学位之前，他的主攻方向是洋务运动、经元善人物研究，商会已有所涉及。相对来说，此前的研究，专题比较单一、作业相对孤立。自从进入“桂子山”章开沅老师的门下，虞兄的学术开始步向青葱。[①]那时，章师倡导人物研究从个体到群体，将学术的目光从树木引向森林。虞兄的商会研究从此迈开大步，他的博士论文《商会与中国早期现代化》，将商人个体与群体综合考察，将商会与现代化结合，把现实与未来联系起来，无形中将商会研究主体化、立体化、国际化，无愧为虞兄资产阶级研究的开山之作、成名之作，乃至答辩后惊呼：与学问同步还有自我发现！[②] 回北京重操旧业，他如鱼得水，又把商会与现代化分而论之。这又是一种深化，一方面加深以商会为核心的资产阶级研究，另一方面加深了中国现代化发展过程的研究。《中国现代化历程》(三册)[③]、《资产阶级与中国近代社会转型》(三册)，便是分而论之的成果。现下，虞兄又把现代化与资产阶级结合起来，撰写《中国近代社会经济史》(三卷本)，初稿已成，120 万字。这种结合，

---

① 在华中师范大学师从章开沅求学期间，本人有幸与虞兄同窗一年。我入学的时候，虞兄正在撰写学位论文《商会与中国早期现代化》，饭后茶余，基本以商会、资产阶级为主题。关于商会的地位和作用，以及商会的社会结构和社会生活的方方面面，我得以开始学习和理解。其时，章师倡导整理苏州商会档案，刘望龄、马敏、朱英等先生均参与其中。一时，华中师范大学的商会研究氛围浓烈，令人学识新进，视域大开。

② 在桂子山餐馆的谢师宴会，同人为虞兄等的学位论文喝彩祝贺，不谙酒道的虞兄三下两下，人面桃花，惊呼自己喝了三两白酒，创下人生杯盏的最高纪录，诚然一大发现！是啊，三年寒窗，千日论剑，即将收获学位，暗喜学问闪烁创见，焉不开怀！

③ 《中国现代化历程》比较系统论述传统与现代的关系，外因与内因的关系，政府、社会和外国资源的关系，关于现代化道路问题，关于改革、革命与现代化的关系等问题，将高端的学术问题接地气，被民间奉为中国学术热销书，几次再版，获“国家图书奖”“郭沫若中国历史学奖”，被选入江苏人民出版社“凤凰文库”，旋又入选中国出版集团“中国文库”。

又是一种开拓，而且是更高层次的开拓。治学没有捷径可走，信史不能空穴忽悠。虞兄在资产阶级领域研究，可谓左右开弓，游刃有余。

不怕慢，只怕站——既辩证，又唯物。“慢”包含着思索、审慎，不轻易下结论，这体现了学术的沉稳与底蕴。“站”代表着静止不前，故步自封，或可引申为僵化。弦外之音者，便是不能吃老本，要以“只争朝夕”的紧迫感、舍我其谁的责任心，百折不挠，勇往直前，到前沿做弄潮儿！六个字，一句话，多么深刻的哲理，如是浅白的表述，气象无穷！

“及时当勉励，岁月不待人。”这是东晋诗人陶渊明对“生命短暂”的叹喟。人生不免忧伤、惆怅，但我认为坚守“六字格言”的虞兄，其学术道路，自觉轻松，一步一个脚印，没有忧伤与惆怅，充满自信与显扬。

走自己的路，不亦乐乎！

三、桃李下　自成蹊

“英雄莫问出处，处处藏龙卧虎。”这是中国史学界生生不已的景象，亦是中华民族优秀传统文化传承发展的生态使然。工农兵学员这一代，是过渡的一代，承前启后的一代，亦是追随历史步伐的一代！诚可自慰者，这一代人承载着厚德载物的基因，坚守着辛劳不懈的品格，唯时代与梦想不可辜负！君不见，时下商品经济甚嚣尘上，学界几成大卖场，什么东西都有价，热闹亵渎繁荣，传承、开新凸显隐忧……如何破解学术与世界对话，于发展中传承经典，在未来征程中立德立言，正是我们共同的愿景与历史使命。

近人陈澹然在文集《寤言》中发阐道：“惟自古不谋万世者，不足谋一时；不谋全局者，不足谋一域。”这不失为历史研究的微言大义。章开沅老师倡导要从前后三百年的历史变迁来考察辛亥革命，审视其地位与作用。虞兄得章师真传，关于资产阶级的研究亦然。应该指出，从宏大历史场景来审视躬身于近代中国转型时期的商人、商团、资产阶级，学界迄今还在砥砺探索，难有比较一致的看法。虞兄的过人之处，就是在这一领域研究中不随声附和，而敢于建树独特见解，阐发不同观点。他对资产阶级的研究，是一种学术进取、一种学术担当，也是一种学术坚守，更是一种学术风骨！堪称高瞻远瞩的精神风貌。

虞兄在《资产阶级与中国近代社会转型》一书的序言中阐释了资产阶级

研究的现状与特征，指出："这里所说的资产阶级，其内涵是指资产阶级的本体，即近代商人或资本家的群体，不包括有的学者所附会的资产阶级党派、资产阶级知识分子等代表或附和资产阶级的人群。资产阶级无疑是中国近代的新兴阶级和主体阶级之一，也是近代中国资本主义生产方式的化身，在它的身上包含着中国近代资本主义化的发展程度，也铭刻着中国早期现代化的进程轨迹。"[①]《资产阶级与中国近代社会转型》，对资产阶级概念的广义与狭义进行区分，对近代中国资产阶级的形成和发展、资产阶级与近代政治运动演进、资产阶级与近代经济社会关系，作了系统的阐释，成一家之言。

应该看到，"文化大革命"前学人对资产阶级的研究，观点比较抽象，论理有失笼统，学理层面薄弱。1980 年以降，出现了一批较有质素的关于资产阶级研究的成果。[②] 近二十年来，学界或受西方学潮的影响，或对"文化大革命""泛阶级化"进行反思，出现否定用阶级分析方法来研究中国近代史的倾向，进而否定中国资产阶级的存在，否定中国资产阶级对近代革命的贡献，这一思潮尤其在青年学人中颇为盛行。虞兄从近代的历史事实出发，对中国资产阶级进行再研究，除了学术的本身，还需要道德与勇气的支撑，探索与求真的担当！

虞兄的功力在于，他比前人更加注重资产阶级研究的完善性，更有力地论证资产阶级的客观存在。他认为，在中国近代，如果资产阶级都不能成为阶级，试问还有哪个阶级能成为阶级呢？毋庸置疑，工人阶级不仅在经济生活上对资产阶级有依附性，而且在政治斗争上也离不开资产阶级的支持。每一次的工人反帝爱国运动，几乎都是在资产阶级的经济支持下才得以坚持下去。以"五卅运动"为例，罢工工人每天都有生活补助，有的是一个礼拜

① 虞和平：《序言》，参见虞和平：《资产阶级与中国近代社会转型》，中华工商联合出版社，2015 年。

② 李时岳先生在 1981 年和 1984 年发表的论文中，两次提出资产阶级见解的重要性，认为："近代中国社会的发展，实际上存在着两个而不是一个趋向：一是从独立国家变为半殖民地（半独立）并向殖民地演化的趋向，一是从封建社会变为半封建（半资本主义）并向资本主义演化的趋向。""前者是个向下沉沦的趋向，后者是个向上发展的趋向。"对所谓"陷入半殖民地半封建深渊"的提法，在作者看来，是不成立的。因为他没有注意到"在这个整体运动中还存在着向上发展的因素"。参见李时岳《中国近代史主要线索及其标志之我见》，载《历史研究》1984 年第 2 期；又见《近代中国社会的演化和辛亥革命》，载《纪念辛亥革命七十周年学术讨论会论文集》上册，中华书局，1983 年。

发一次,有的是两三天发一次;而罢工结束后,往往还可得到罢工期间的一部分或全部补发工资,两项相加所得甚至高于平常上工时的所得。在政治上,工人阶级与资产阶级相较,资产阶级有自己的独立性,没有谁去领导它,只有自己组织团体,自己掌握自己的命运。如果说,这样的一个阶级不能成为阶级,还有谁个可以?

关于资产阶级本体,虞兄认为资本家(商人)是资产阶级的本体,其他同情、支持资产阶级的知识分子、官员、军人等,即是其外延。将商人作为资产阶级的本体,有利于清晰商人的时代属性,从而区别传统商人与近代商人的不同,也有利于清晰资产阶级的界限,从而克服泛化概念的不可把握。我们不能以模糊概念来说明阶级的模糊性,从而否定阶级性。有人用商人概念完全取代阶级的概念,这是"去阶级化"的一种表现。虞兄强调资产阶级的实体是商人,特别是随着资本主义工商业的勃兴,"商""工"关系日趋密切,其界限逐渐模糊,商人的概念即体现为一身二任,乃工、商两界的经营者。如是强调近代商人与古代商人的区别,就在于它的资产阶级化,或者说资产阶级属性。如果不讲阶级,那么古代商人与近代商人就没有区别了。这无疑是对资产阶级研究的深化与出新!

虞兄的研究,没有强词夺理的架势,颇具大家风度。他主张将"商人"概念与"资产阶级"概念并存使用,将商人定性为资产阶级的本体。强调在近代中国,资产阶级的客观存在不用置疑。因为,无论是从经济利益的群体认同、阶级的自觉性,还是从阶级的集体行动等特征,都可在中国近代商人身上找到"体现"。尽管中国近代商人的集体意志不很显著、不很坚定,还未达到自觉自为的资产阶级的标准,至少作为一个具有共同经济利益的群体或曰自在的资产阶级是客观存在的。

百家争鸣中之一家之言也,何乐而不为?

岁月无声,人生有形。最早见于《孟子·滕文公》之"守望"一词,后被解说为一种道义、一种责任、一种姿态,本文把它理解为一种情操。人生衷情向往真善美,毕生追求真善美,真是前提,没有真,就失去善与美。大道呼唤清纯、纯真、真理,并呼唤世人为之奋斗不息,这就是我们的使命。素面朝天是自信的美,薄施粉黛乃自尊的美,真诚善良才是品格的美!虞兄用自己的践行,抒发了求知的真诚,展示了求真的执着,诠释了生活真善美的情操,厚德载物矣！

欣逢虞兄古稀华诞，聊以小诗志贺：

樵苏筚路探胡同，①
论剑磨来桂子功。②
今日南山贺八斗，
桑榆歌好任雄风。

信有长风破浪时，直挂云帆济沧海，人生几何？

2017年8月6日

① 樵苏：打柴与割草，此喻虞兄草根入京。胡同：本义指东厂胡同近代史研究所，引喻学术路窄，如入胡同。

② 桂子：华中师范大学位于武昌桂子山。功：此指“章门”一脉。

虞和平先生学术情怀

马　勇①

岁月如梭,光阴似箭,日子过得太快了。春节聚会时,李俭博士告诉我2017年是虞和平先生七十大寿,他们几位弟子准备为先生出版一本贺寿文集,希望我为文集写几句。李俭及其同门师兄弟的深情厚谊令人感动,有学生如此也是虞和平先生教学生涯中的一大幸事。况且,虞先生是我三十多年老朋友,平日里也多有走动,我从他那里获得了不少启示、帮助与提醒,因而我毫不犹疑答应了李俭。春节后这段时间,琐事缠身,但我不时总是想着这个题目,想着究竟应该怎样表达我的祝福。我觉得仅仅写三十年来与虞先生的日常交往,可能太简略了。并且交往中的有些故事,又不免牵涉第三人,如何表述也一直没有想好。因而我选择一个稍费力气的思路,谈谈我在过去三十年间阅读虞和平先生论著时的一点体会,谨以此为虞和平先生贺寿。文中不妥之处,还望虞公有以教我。

一、宏大视野

许多近代史研究者可能将虞和平先生定位为中国近代经济史研究领域中的大家,以为他对中国近代经济史研究贡献最大。这个判断既对也不对。对,是因为虞先生确实是当今中国近代史学界经济史研究大家,著述宏富,创见多多;不对,是因为虞先生有更宏大的视野、抱负,他一直是从古今中外历史大视野去观察近代中国,思考近代中国经济史。

① 马勇,男,1956年1月生于安徽濉溪县。1978年考入淮北煤炭技术学校,1979年考入安徽大学历史系。1983年考入复旦大学历史系,1986年毕业获硕士学位。同年至中国社会科学院近代史研究所从事研究工作。现任中国社会科学院近代史研究所研究员,中国社会科学院研究生院教授、博士生导师,兼任河南大学等校教授,中国现代文化学会副会长兼秘书长。

就学术传承而言,虞先生出身名门,先后毕业于北京大学历史系、华中师范大学历史研究所,师从诸位名师大师,一直就职于中国社会科学院近代史研究所。这里更是大师云集,学术气氛浓郁。如此优越的学术环境造就了虞和平先生后来的学术成就、学术品格,养成了虞先生非同寻常的学术情怀。

虞先生在北大读书时,历史系老辈学者周一良、邓广铭、商鸿逵、许大龄、张传玺、罗荣渠、张寄谦等大师名家,均活跃在讲坛上。他们或开专题讲座,或担任基础课讲席,从而使虞先生有机会亲近大师,耳濡目染,长了见识,开了眼界。特别是在跟随罗荣渠教授开门办学时,言传身教,让虞先生在世界历史、马克思主义理论、政治经济学方面打下了良好基础,为后来的学术研究准备了理论工具。从某种意义上说,跟随罗荣渠先生读书、实践,是虞先生后来从事中国现代化史研究的一个远因。更值得注意的是,北京大学的训练与环境,也是后来虞先生学术论著不同于一般经济史的一个外部因素。他的论著,不仅有史料、有分析,更有一种超越性的理论见解,有一种不同寻常的叙事框架和宏大视野。

结束北京大学的学业,虞先生顺利进入中国科学院哲学社会科学部(后改为中国社会科学院)近代史研究所。这是范文澜老一辈马克思主义史学家创办的历史研究机构,地址就在老北京大学的文科研究所,自然具有接续北大深厚的学术底蕴,又承继五四新文化运动,接续延安以来的中国马克思主义传统的意思。这个研究所就是现在的中国社会科学院近代史研究所,研究所的电话号码系统,似乎一直保留五四新文化运动的印痕,以“5400”开始。虞先生那一批毕业生进所后,实行特殊的导师制。这是我们后来进所的毕业生再也没有享受过的培训制度。研究所给虞先生配备的导师是樊百川。樊先生是我们所公认的史料派学者,读书刻苦,学风扎实。我进所之后有机会与老先生同事十年,由于大部分时间他都吃住在单位,因而那几年在单位食堂,没少听樊先生高论、指点。

樊先生是近代史研究大家,他也给我们留下很多极有兴趣的段子。作为史料派学者,樊先生在退休前几十年潜心读书,奋力抄写卡片,发誓要在退休后写出十本大书。可惜,樊先生身体后来出了状况,没有写完十本,但从其已经出版的《中国轮船航运业的兴起》《淮军史》《清季的洋务新政》看,均以史料见长,极具学术厚度,是很难逾越的学术积累。虞先生跟随樊先生问学十多年，而且是樊先生未完名著《清季的洋务新政》的最后整理者，深得樊先生学术精髓，以史料广博全面、思考深刻多元见长。多年后，虞先生在《清季的洋务新政》"整理后记"中深情写道："我与樊先生既是老少校友，又是同事师徒。1976年，我从北京大学历史系毕业来到近代史研究所工作，选择了近代经济史的研究方向，由樊先生指导我的研究工作，我们以师徒相处。"虞先生从樊先生那儿，学到了研究方法，打下了学问基础，谨记樊先生第一流学者是"地方天圆"的教诲，不仅会坐冷板凳，会读书，而且勤于思考，善于思考，还要多学习理论知识。

在近代史研究所工作学习时，对虞先生学术发展乃至政治发展影响最大的应该是王庆成先生。20世纪80年代末至90年代初，我的办公室与王先生、虞先生的办公室都在一层，并且靠得很近。王先生那时担任研究所副所长、所长，还有中国史学会秘书长等社会兼职。虞先生那时就是王先生不挂名的助理，许多事情都由其负责处理。从王先生那里，虞先生不仅学会了处理行政事务的能力与从容，而且在学术上也受到王先生深刻影响。比如，王先生那时主持一套很有名的中国近代史译丛，利用王先生与国际学术界的交往，向国内引进介绍了一批好书，对于当时中国近代史研究的拓展，新学科、分支学科的产生，贡献巨大。我的印象中，虞先生全程参与了这套书的编译，后期似乎还担负起更多的主持责任，因为王先生年事已高，并不常在国内。王先生的研究领域是太平天国、华北农村，但由于王先生长时期主持研究所及史学会工作，与国内外学术界有广泛交往，其学术见解、视野自然潜移默化影响了虞先生。

虞先生行事风格是谦谦君子，与人为善。那时研究所老、中、青三代大体上都能够接受虞先生，这些交往虽然琐碎，但对其学术思想形成无疑具有正面作用，扩大了学术视野。比如已经过世的著名学者丁守和先生，几乎每次来研究所，都会到虞先生办公室聊聊。当然，首先是因为办公室相距很近，但学术上的默契、共鸣，惺惺相惜，应该也是一个原因。

在虞先生学术成长道路上，最具决定意义的肯定是他的恩师章开沅先生。章开沅先生是著名的历史学家，也是20世纪80年代几位出任大学校长的历史学家之一，在诸多学术领域有杰出贡献，倡导并创建了一些新的研究领域和研究范式。80年代中期，虞先生投奔章先生门下，经过几年刻苦努力，获得了博士学位。记得那时，虞先生经常匆匆往返北京、武汉，其辛苦自不待言。

一分耕耘总会有一分收获。虞先生本来就具有很好的天资，也有很好的学术训练，甚至可以说，虞先生投奔章先生门下，多少有点带艺拜师的味道，毕竟已经在近代史研究所从事十来年的独立研究了，也多少有一些自己的思路，至少积累了相当多资料。所以，经过华中师范大学再回炉，经过章开沅先生这样的大师用心点化，虞先生在那之后功夫见长，学术段位有显著提升。

古典中国学术传承主要依靠家法和师法，现代学术制度下的学术传承主要依靠老师。但在最近几十年，由于现代学术制度的安排，许多学者毕生似乎只能有一个导师，否则就有点对师门不敬。其实，转换师门，或者多拜几位老师，或者就是"考研究所""考研究院"，如当年清华国学院体制，所有导师均为每一个学生的导师，区别只在论文指导为某师。这样一定会让学生的知识结构更全面。特殊的人生际遇让虞先生避免了同代人的劣势，北京大学、社科院、华中师范大学丰沛的学术资源，尤其是罗荣渠、樊百川、王庆成，特别是章开沅先生的悉心指点，让虞先生有了很不一样的学术背景，因而读虞先生的论著，就不觉得只是经济史的一个专门学问，而是蕴含着一个宏大的学术抱负。他期望自己的学问像老师们那样，扎根于中国的国情、历史，并且与时代需求有很好的契合，从而使自己的论著有助于社会进步，有助于读者认识、理解和解决现实中的问题、困惑。

基于这样的背景，虞先生的学术范围就没有停留在一个狭隘、逼仄的小空间，而是纵论古今，比较中西，从大历史视角观察、重审近代中国的历史进程。假如仔细阅读虞先生的论著，不论他的成名作《商会与中国早期现代化》，还是后来主编的热销学术著作《中国现代化历程》，都可以感到虞先生的学术关切并不只在小题目，而是将近代中国的历史发展放在全球史语境中进行考察，既要寻找中国历史与全球历史的共同点，更要探究其相异处，何以异，从而为中国历史的未来发展提供这一代人所能有的智慧资源。

虞先生的师尊章开沅先生有句名言："我们不仅是历史的守望者、历史的叙述者，也是历史的参与者。"虞先生在为师尊祝寿时引过这句话。我相信，这句话不仅是章门弟子信守的价值观，更是虞先生学术经世情怀的真实写照。历史学家既是历史的记录者，也应该是历史的创造者，尽管这种创造隐而不显，但潜移默化改变社会、改变历史走向的愿望，应该是历史学家不变的信念。

二、细密研究

名师出高徒。虞先生追随几位大师问学,开阔了视野,在学术品格上极具新一代大师风范。这不仅体现在他作为学术单位领导者具有总揽全局的学术自觉,而且体现在他自己的研究思路和研究结果上。

比如商会研究,确实是20世纪80年代改革开放之后中国近代史研究领域中的一个新兴学科,在我那时读书的印象中,探究近代中国商会的历史,一时间成为一个小热点。但是将商会置于中国现代化这样的历史背景中进行考察,实事求是说,虞先生具有开创之功。他的成名作《商会与中国早期现代化》就是对商会历史发展的总体研究,是从现代化视域研究商会、商人、中国资产阶级的典范之作。透过作者的研究,我们可以清晰看出商人在中国早期现代化进程中,已经渐渐地从传统中国“四民社会”之末,即中国古典社会的“贱民阶级”演变成近代社会的引领者,成为社会的中心、重心。近代中国的商人——资本家阶级不仅完成了一次蜕变,一次华丽的转身,而且通过自身的现代化,进而推动了整个社会的进步,推动了中国工业化的发展,开启了中国政治民主化进程。

虞先生这项研究获得学术界极高评价,章开沅先生在序言中说:《商会与中国早期现代化》“堪称通论性的商会研究专著,因为它不仅探讨了商会发展的全部历史过程,探讨了商会的内部关系,而且也探讨了商会的外部关系,探讨了商会的功能与作用。特别可贵的是,它不仅从社会结构与社会生活的各个层面来考察、剖析商会,而且还把中国商会放在更为广阔的世界范围中来加以观照。”所谓“宏大视野”,其实就是这个意思。

《商会与中国早期现代化》是虞先生的成名作,这本书为虞先生赢得了无数荣誉。这本书也是虞先生学术展开的基地和起点,在随后的诸多研究项目中,差不多都可以从这部作品中找到学术上的某种逻辑关联。由商会的总体研究,逐步开展个案研究、商会史研究、商人研究,进而到资本家个案研究、资本家阶级研究、中国资产阶级研究、中国近代经济史研究等。这条学术发展脉络,大体上反映了虞先生在《商会与中国早期现代化》中所呈现的“商会”这个侧面必然的发展逻辑,而且在此基础上越做越精细,越做越深刻。

多年前读过虞先生一篇讨论宁波旅沪同乡组织的长篇论文,我不止一次向朋友推荐过。我有一位朋友研究过安徽会馆及皖籍商人在各地的情形,我曾与这位朋友多次交流,大家都比较认同虞先生在这些问题上的研究思路、研究方法,既要全面占有资料弄清这些跨区域同乡组织的来龙去脉、组织细节,更要从近代中国大历史转型研究这些"自组织"的运转机制,从传统向现代的转变,分析这些组织残留的传统中的积极因素、消极因素,但是一定要注意这些组织中的现代性,从传统中寻找与现代结合的契机。这一点,在虞先生的相关研究中多有表达,他始终不认为中国的传统与现代完全冲突,一无可取,而是一再强调传统的转换与再解释。传统中的许多因素,经过适当的自行调适,或外部压力、刺激得不得不调适,一定能够与"新质素"对接,新与旧的接头、糅合,一定会有一个新的结果。这在虞先生的许多个案研究中多有体现。

商会、同乡会,其实都是社会团体,由此继续推进,虞先生在中国社团史的研究上,因为机缘巧合,也作出了相当大成绩。记得 20 世纪 90 年代早期,民政部社团司陈金罗司长、尹建年处长应社会变化,组织编写了一部中国社团史,请了国内一批来自高校的专家。这些专家提供了初稿,但不知什么原因,社团司的领导或者其他什么领导,觉得稿子不尽如人意。陈司长、尹处长那时与我有比较密切的联系,委托我找个专家进一步完善处理。我根本没有多想就想起了虞先生,后来他们就合作出版了那部近百万字的《中国社团发展史》。记得刚得到样书时我也曾翻看过,尽管可能还有一些有待深入斟酌的地方,但毕竟第一次梳理了社会团体在中国历史上的大概情况,为相关领域的后续研究提供了一个框架。

大而无当的通史写作当然不会是虞先生的重点,但从社团史大背景进行一些个案研究,无疑增加了厚度与广度。比如从"西学东渐"大历史背景观照近代中国社团的兴起,深究戊戌时期为什么会是中国现代社团第一个繁荣期?这样的题目,无疑显现出作者的知识储备。

由商会研究进而必然触及资本家、资本家阶级、中国资产阶级的研究。这是商会研究的应有之义。如何评估近代中国大转型时期的商人、资产阶级,直到现在也是一个很难获得一致看法的课题。胡绳早年对中国资产阶级的政治选择、功能、作用,多有否定,但如果读其生命最后岁月的谈话录,很容易发现他对近代中国的商人、资产阶级给予新的理解、评估。中国的现实环境深刻影响了学术,或者说学术受到现实政治的深刻影响。虞先生在这样的环境中去探究这些话题,必须承认,即便作为纯学术的研究,也需要相当的学术、道德勇气。

商会研究是一座富矿,虞先生从中开拓出一批新的选题,甚至有些选题简直就是开辟或者说创建了一个新学科,至少是旧学科的一个新分支。比如商人外交,在过去的外交史、中外关系史、帝国主义侵华史等研究视域中,不能说完全没有人注意到商人的活动,但是将商人外交、民间外交作为国家整体外交体系中的"一轨"去考虑,必须承认在过去几十年的研究中并不多见。大约从20世纪90年代开始,虞先生开始这方面的研究,相继就清末民初中美商会交流、五四运动时期的商人外交等案例进行实证研究,极大拓展了传统的外交史、中外交流史的范畴,丰富了近代中国历史表达。

因研究商会,研究商人,研究中国资本家阶级,就不能不研究张謇。更何况,张謇又是虞先生师尊章开沅先生的看家课题。对张謇的研究起步很早,由于其特殊的历史地位,胡适早就意识到研究张謇的意义,并给予推动。但是真正从学术上对张謇进行研究,还是章开沅先生。章先生的《开拓者的足迹》是我们这一代学人读书期间深度模仿的几部当代经典之一。大约20世纪90年代初,机缘巧合,张謇老先生后人张绪武先生担任全国工商联常务副主席期间,一度大力推动张謇研究。跟随虞先生,我不仅有幸加入了这个研究团队,阅读一些相关文献,而且因此跟随章先生及章门诸贤在南通作了几天实地考察,印象极深。后来又随虞先生参加过张先生推动的相关会议。直至后来参与虞先生主持的《张謇——中国早期现代化的前驱》相关章节的写作。这部书的章节设计、通稿、定稿、出版,均由虞先生一手包办,从书名可以看出,一是直接继承了章先生"开拓者"的意思,更直白以"现代化的先驱"描述;二是直接沿袭了虞先生的学术理念,依然不忘"中国早期现代化"这个主题。

现代化史是虞先生念兹在兹的大题目,最集中的体现就是虞先生继成名作《商会与中国早期现代化》之后,最负盛名的学术热销书《中国现代化历程》。这部书前后出过好几个版本,不仅被收录江苏人民出版社出版的"凤凰文库",而且被中国出版集团选入"中国文库"。更厉害的是,这部书将国内从"国家图书奖"至地方奖项一网打尽,足见其受欢迎受重视的程度。

《中国现代化历程》从最初我就与闻其事,并忝列为副主编。其实这部书从构思到组织再到通稿,主要是虞先生负责,我只是在力所能及范围作了一点协助。因此,这部书除了各章作者学术观点的自由表达,在总体上相对比较充分反映了虞先生对中国现代化史的系统思考,比如传统与现代的关系,外因与内因的关系,政府、社会和外国资源的关系,关于现代化道路问题,关于改革、革命与现代化的关系等,毫无疑问都是当时乃至现在都无法获得完全一致的大问题。有争议很正常,毕竟这是一个大转型时代,是一个现代化尚未实现的时代,因此许多讨论既有学术义理,更多现实关怀,甚至有慑于现实的遮蔽。这是一个在学术上还没有办法尽善尽美的时代。

三、得失之间

虞先生学问博大,关怀至广,具有极为强烈的现实情怀,读《中国现代化历程》之"绪论",很容易感到这一点。他的学术诉求,即便不能满足中国知识人的全部期许——"为天地立心,为生民立命,为往圣继绝学,为万世开太平",但在为生民立命、为万世开太平、寻找中国发展正轨方面,确实贡献了自己的心智。

另外,虞先生在闲聊时不止一次自谓本来应该是个"理工男",因为他在中小学阶段就表现出极好的数学天赋,最想当数学家,只是后来阴差阳错读了历史,当了历史学家。他的数学天赋,心算能力,我个人极为佩服,有一段时间我们时常在外面吃饭,结账时,不需要收银台计算,虞先生就能估出个八九不离十。当中国新时期股市初开时,虞先生对中国经济大势、股市大势乃至个股,都有相当精准的预判,可惜那时没有钱,也就错过了那一轮致富机会。理工方面的素养也反映在虞先生的研究成果上,读他的论著,可以感受其论证的严密,逻辑的力量,数量分析得无懈可击。读那篇《抗战后国家资本膨胀和垄断问题再研究》,大量的图表,大量的数据,直看得眼花缭乱,"笔则笔,削则削,子夏之徒不能赞一辞"。

虞先生是个读书种子,是个学术人才,正因为此,20 世纪 90 年代中期,虞先生成为近代史研究所乃至中国近代史学界一颗冉冉上升的新星,当了副所长,也获得了一些其他荣誉。因为种种原因,他的"学官"之路就此止步,却为他赢得了大量的时间致力于学术,从此之后,虞先生的著述量呈现了一个高峰。

古代士大夫有立德、立功、立言所谓“三不朽”的说法。对于现代社会知识人来说，立德就是坚守职业伦理的底线，立功就是在自己的学术领域多做事情，立言对于人文学科知识人来说，就是趁着年富力强、学有所成时尽可能多写多说。毕竟生命有限，长命不过百年，即便有周有光先生那样的机会，也不过一百二十年，除去早年读书，晚年无力，真正能够用于创造性思维、工作的时间非常短，所以我们看到在现代学科体制下真正的知识人如胡适、傅斯年、李济、蒋廷黻、余英时那一代，如果命运选择他们从事学术组织乃至国家政治，他们也会为学术单位的发展，为国家命运，牺牲自己的学术。多年前，鄙所一位资深研究员曾说过一句惊人之语：“学术史只会记住知名学者，不会记住知名所长。”这句话当然有失厚道，也不尽准确，蔡元培、蒋梦麟、傅斯年大约都不以学术贡献留名青史，但学术史依然会记着他们组织、筹划、推动学科发展的历史功绩。

事实正是如此。虞先生退下来以后，学术更灿烂。据我所知，除了在几所大学担任特聘、专任教授，得天下英才而育之，在著述方面近乎井喷，三卷本上百万字的“资产阶级与中国近代社会转型研究”，数百册的“清代名人稿本抄本”资料丛刊，都是虞先生这几年的辉煌业绩。

古人说，人生七十古来稀。但是现在却完全不一样了，人生七十，对于一个人文学者特别是历史学家来说，学术的生命正值一个新的周期，而且可能是一个旺盛期，衷心祝愿虞先生在贤惠美丽的嫂夫人的精心照料下，身体健康，思维敏捷，继续多出成果，嘉惠后学，在学术史上留下自己的浓墨重彩。

2017 年 3 月 19 日

从“泛阶级化”“去阶级化”到“再阶级化”

——兼评虞和平的《资产阶级与中国近代社会转型》①

王奇生②

近百年来,在中国的政治与学术话语中,“阶级”无疑是一关键概念。这一概念自20世纪初年传入中国后,直接运用于五四时期之后的革命与政治斗争实践中,且在相当一段时间内成为中国意识形态的主导性话语。“文化大革命”结束以后,学术界对这一概念重新反思和检讨。近20年来,“阶级”与“阶级斗争”话语逐渐淡出中国政学两界的视野。近年来,随着中国市场转型而出现的社会分化日益突显,一些研究当代问题的学者又重拾阶级概念与阶级分析方法来解释现实社会中的一些经验现象。阶级分析在中国的学术领域又有再兴的可能。本文试图结合中国共产党革命过程中的阶级斗争实践,就阶级话语在中国的兴衰过程,作一简要勾勒(难免挂一漏万),并对“阶级分析”法的当代学术意义略述己见。

一

在西方,阶级的概念在工业革命早期即被自由主义的政治经济学家和社会评论家们广泛使用。而在中国,阶级的概念主要随着马克思主义的传

① 本文系教育部人文社会科学重点研究基地项目资助之成果(项目号:14JJD770033,项目名称:《组织、动员与武装斗争:1925—1935年中国共产主义运动研究》)。原载于《苏区研究》,2017年7月25日。

② 王奇生,1963年11月出生,男,湖南湘乡人。先后就读于武汉大学(本科、硕士)、华中师范大学(博士),1988年7月至1993年6月在南京中国第二历史档案馆任职,1993年7月至1997年10月在华中师范大学历史研究所任讲师、副教授,兼副所长。1997年11月至1999年11月在中国社会科学院近代史研究所作博士后研究,1999年年底博士后出站后留近代史研究所工作,晋升为研究员。现为北京大学教授,教育部“长江学者”。

播才受到广泛关注。据瞿秋白观察:“五四时代,大家争着谈社会主义;五卅之后,大家争着辟阶级。”[①]确如瞿秋白所见,五卅之后,各派政治势力与知识界对阶级概念及其在中国的适用性有过不同的看法和争论。在此过程中,中国共产党的阶级话语宣传渐居强势。而中国共产党对阶级概念的解释和运用,虽其基本思想来源是马克思列宁关于阶级和阶级斗争的学说,但在革命过程中又有所调整与修正,大体有这样几方面的特征:一是依贫富划分阶级,以阶级划分敌友。二是强调阶级之间的对抗与斗争,反对阶级之间的妥协与调和。三是将革命视同为阶级斗争,以革命伦理、革命立场评断各阶级的政治属性。四是阶级概念的衍生,由阶级本体扩大到“阶级性”“阶级化”“阶级意识”“阶级代表”,而这些“阶级性”“阶级化”“阶级意识”与“阶级代表”经常脱离阶级本体而存在,甚至与阶级本体相错位。[②] 五是阶级概念的泛化,将一切不平等视为阶级的不平等,将一切斗争视为阶级斗争。如 1925 年瞿秋白在《国民革命与阶级斗争》一文中,将孙中山的三民主义解释为阶级斗争,声称“三民主义就是阶级斗争(在)三方面的表现”:针对地主、资本家的“平均地权”“节制资本”之民生主义是阶级斗争;全国人民反对军阀的民权主义是阶级斗争;全中国民众反抗外国资本主义的民族主义也是阶级斗争。[③] 这意味着在三个不同的层级上出现了三大不同阶级的对抗:农民、工人与地主、资本家,全国人民与军阀,全中国民众与外国资本主义。第一个层级是两个阶级对抗还说得通,第二、三个层级显然就不是阶级之间的对抗了。类似这样极度泛化、模糊、随意运用的阶级话语在中国共产党早期十分常见。1926 年 1 月,毛泽东撰写《中国农民中各阶级的分析及其对于革命的态度》中,将中国农村民众按贫富划分为八种人,即大地主、小地主、自耕农、半自耕农、半益农、贫农、雇农及手工业者、游民,认为这

---

① 瞿秋白:《国民革命运动中之阶级分化》,载《瞿秋白文集》(政治理论编第 3 卷),人民出版社,1989 年,第 460 页。

② 如赵利栋在《五四前后中国马克思主义传播中的阶级与阶级观念》一文中指出,将阶级意识当成与生产力没有联系的思想意识,把意识等同于阶级斗争,是五四前后阶级观念传播的基本特征(《中国社会科学院近代史研究所青年学术论坛》2001 年卷,社会科学文献出版社,2002 年,第 60~96 页)。这一特征显然也被中国共产党延续下来。

③ 瞿秋白:《国民革命与阶级斗争》,《瞿秋白文集》(政治理论编第 3 卷),人民出版社,1981 年,第 387~389 页。

八种人是八个阶级,且因经济地位各不相同,对于革命的观念也各不相同。紧接着毛泽东又撰写了《中国社会各阶级的分析》,认为"无论那一个国内,天造地设,都有三等人,上等、中等、下等,详细分析则有五等:大资产阶级、中产阶级、小资产阶级、半无产阶级和无产阶级。"[①]也就是说,不仅中国如此,任何国家都可划分出三等人和五个阶级。毛泽东又分别从农村和都市找出对应的五个阶级,然后将五个阶级对革命的态度,划分为反革命、半反革命、对革命守中立、参加革命和革命的主力军等五种情形。当时中共内部还没有统一的阶级概念和阶级划分标准,大体是各自理解和各自表述。早期理论家之一的瞿秋白虽然指出马克思关于阶级分野的标准是根据生产机关的占有,而不是根据财产所有权,但他又强调,建立在阶级社会之上的一切社会关系都带着阶级性,一切社会关系都是建立在阶级关系之上。[②] 以此推演,一切社会关系都被看作阶级关系。

中共一大即提出要以无产阶级革命推翻资产阶级,采用无产阶级专政,废除资本私有制,直到消灭阶级差别。在中共的大力宣传下,几年之内,崇"无(产阶级)"贬"资(产阶级)"渐成为一种社会思潮。影响所及,国民党人亦不愿别人称他们的党为资产阶级政党,认为那是对国民党的轻蔑和侮辱。[③] 北伐时期,更有国民党左派青年欲与共产党争相代表无产阶级,声称:"因为中国已经有了共产党代表无产阶级,便认为国民党是代表资产阶级或小资产阶级的党。这是只知道共产党代表无产阶级,而不知道国民党同样是代表无产阶级。"[④]1927 年,冯雪峰写了一首诗,诗名为《小资产阶级》,非常典型地反映了当时激进知识分子群体的思想语境。诗中描写他有一回和朋友喝酒时,戏称好友是小资产阶级。好友即刻满脸迸红,拍着桌子说"你侮辱了我",差点儿要动手打人。冯雪峰因此感慨说,"小资产阶级"这一名

---

① 毛泽东:《中国农民中各阶级的分析及其对于革命的态度》《中国社会各阶级的分析》,分别刊载于《中国农民》1926 年 1 月第 1 卷第 1 期第 13~20 页、1926 年 2 月第 1 卷第 2 期第 1~13 页(原刊页码不连)。

② 瞿秋白:《对于阶级斗争的讨论——再答明致先生》,《瞿秋白文集》(政治理论编第 3 卷),人民出版社,1989 年,第 574~575 页。

③ 陈独秀:《国民党与劳动运动》,《向导》1924 年 6 月第 71 期,见《向导汇刊》第二集,第 568 页。

④ 赞育:《孙文主义的进步性》,《现代青年》(广州民国日报副刊)1927 年 3 月 17 日第 57 期(原刊无页码、版次)。

词近来很流行,我们无疑都是"小资产阶级",而"小资产阶级"这名词是带着怎样可耻的毒刺呀。[①] 可见"小资产阶级"这一称谓在20世纪20年代中期即已经污名化,而知识分子从那时起即被中共定位为"小资产阶级"。那时的左翼知识青年也"听从"了这样一种安排,自我认定"小资产阶级"是他们的一种原罪。

在中共革命过程中,阶级话语表达与阶级斗争实践在不同时期虽有所不同,但一直是中共革命的核心问题。1957年毛泽东自我总结说,过去的三十几年,我们仅仅做了一件事——干了个阶级斗争。[②] 其实在延安时期毛泽东就说过,最初接受马克思主义时,"我只取了它四个字:'阶级斗争'"。[③] 据青年毛泽东的说法,他之所以选择接受"阶级斗争"学说,是因为"阶级斗争"学说具有现实可操作性,可直接运用于实际革命事业中;其他主义学说,如自由主义、民主主义、无政府主义,都是"理论上说得好听,事实上是做不到的"。[④] 正因为此,毛泽东一直坚持运用阶级斗争学说分析中国社会各阶级的状况及各阶级对于革命的态度,进而划分敌、友,并认为划分敌、友是革命的首要问题。

辛亥革命的特质是种族革命(反满),中共革命的特质是阶级革命。无论是种族革命还是阶级革命,均是以社会动员为目标,以扩大和激化社会矛盾为手段。辛亥革命过程中,革命党人的动员策略,主要集中于"排满"宣传,专从满、汉的恶感方面鼓吹,煽动民族仇恨,激发民族感情,非常具有社会动员力。[⑤] 胡汉民后来总结辛亥革命成功的经验有两条:一是策反新军,二是排满宣传。[⑥] 刻意夸大、激化民族矛盾,固然有利于革命动员,但也会产生严重的消极后果。所以,辛亥革命一成功,革命派立马叫停种族分化策略,转而强调"五族"共和,及时缓解了民族矛盾,并有效防止了国家与民族

① 《冯雪峰全集》第1卷,人民文学出版社,2016年,第137页。

② 毛泽东:《关于思想工作问题——在南京部队、江苏、安徽两省党员干部会议上的讲话》(1957年3月20日),《战无不胜的毛泽东思想万岁》,新湖大革命造反临时委员会宣传部编印,1967年8月,第3册,第96页。

③ 毛泽东:《关于农村调查》,《毛泽东文集》第2卷,人民出版社,1993年,第378~379页。

④ 毛泽东:《致蔡和森等》,《毛泽东书信选集》,人民出版社,1983年,第8页。

⑤ 章开沅:《辛亥革命时期的社会动员——以"排满"宣传为实例》,《社会科学研究》1996年第5期。

⑥ 《胡汉民先生自传》,国民党党史会1978年影印本,第237~238页。

的分裂。中共的革命擅长运用阶级斗争手段,从大革命时期的工人运动、农民运动,到国共内战阶段的土地革命与土地改革,均取得了很好的动员效果。大革命高潮时,中共领导下的工会会员290余万、农会会员900余万,还有15万童子团,其组织触角辐射到全国大部分地区和各阶层民众。一个成立仅五六年的政党,在两三年间,能够发动如此规模宏大的群众运动,堪称一大奇迹。在一般社会学家看来,群众是一群缺乏同质性的"乌合之众",要将其组织动员起来并加入到集体行动之中,是一项艰巨而复杂的工程。亦因此,中共依靠农民进行革命并最终取得胜利,一直成为中外学界反复探讨的问题。在众多的解读中,最具影响力的解释有二:一是中共通过土地改革,解决了农民最迫切的实际问题。农民因此被吸引到革命中来。二是日本人的入侵,为中共在农村组织发动一场民族主义运动提供了黄金机会。但这两个因素也许可以解释延安时期,却无法解释大革命时期。大革命时期,没有外敌入侵,土地问题尚未提上议事日程,那么中共是如何将上千万的工农大众动员起来的呢?在笔者看来,阶级斗争无疑是中共早期工人运动、农民运动的动员利器。彭湃在海丰开展农民运动时,曾遇到一次"凶年减租"与"丰年减租"的选择困境。1923年夏秋之交,海丰恰遇水灾和风灾,农田完全失收,农民大为恐慌,要求农会趁机向地主挑战,实行减租运动。然而彭湃却有不同的看法。他认为:"农民的解放运动,减租运动,如是因着年凶,是无甚价值的。因为恐他们或竟忘了减租的意义和我们的目的。故有价值,还是要在丰年来减租。"何以凶年减租无价值,丰年减租才有意义?彭湃解释说:"减租是农村阶级斗争的挑战。果然,则凶年减租虽可救死,而田主施惠、佃户感恩,有时反易没却阶级的意识,故无甚价值……反之,丰年减租,则直是农村阶级斗争的挑战,故有价值。"①从农民切身利益来说,凶年减租最迫切、最需要,甚至生死攸关;而从党的阶级斗争目标而言,凶年减租没有价值,丰年减租才有意义。

对于"斗争性动员"的意义,中共早有认识:"因为农民团体若无受外敌

① 李春涛:《海丰农民运动及其指导者彭湃》,中共海丰县委党史办公室、中共陆丰县委党史办公室编《海陆丰革命史料(1920—1927)》第1辑,广东人民出版社,1986年,第118~119页、124页。

之压迫,是易陷于松散,故农会之有敌人,诚为促进农民运动进步之好机会。”①“只有从斗争中出来的农民组织,格外有基础。”②故中共反对“和平的农民运动理论”。③ 每次群众运动,中共都要首先确定斗争对象,使群众分化,争取多数,打击和孤立少数。一旦一方的声势压倒另一方,就迫使中立者必须站队,而不得犹疑徘徊于两者之间。大革命时期的农民运动可以说是一场只打土豪不分田地的农民运动。正如毛泽东在《湖南农民运动考察报告》中所描述,狂风暴雨式的群众斗争使那些中立观望者产生恐慌,担心被运动边缘化,甚至被裹胁成为斗争对象,而那些加入农会者自然也就具有某种相对的政治优越感和安全感。对中共而言,对农民册封这种政治优越身份,几乎不需要什么成本。中共正是以最小的成本代价,急速而有效地将广大农民动员起来。这样一种“斗争性动员”模式,在此后直至“文化大革命”的历次群众性政治运动中一直延续并发扬光大。④

中共革命成功后,至 1956 年三大改造基本完成以前,仍然认为无产阶级与资产阶级的矛盾是国内的主要矛盾。1956 年中共八大决议总结说,三大改造完成后,无产阶级同资产阶级之间的矛盾已经基本解决。但不久(1957 年 2 月),毛泽东发表《关于正确处理人民内部矛盾的问题》一文,虽然承认大规模的狂风暴雨式的群众阶级斗争已经基本结束,却仍强调被推翻的地主买办阶级的残余还存在,资产阶级还存在,阶级斗争并没有结束,阶级斗争还是长期的、曲折的,有时甚至是很激烈的。随后发动大规模的反右运动,毛泽东在八届三中全会上重新提出无产阶级和资产阶级的矛盾是当前社会的主要矛盾。1962 年毛泽东在八届十中全会上再次强调在社会主义这个历史阶段,还存在着阶级、阶级矛盾和阶级斗争。可以说,1949 年之后,直到“文革”结束前,阶级斗争没有真正停止过。在毛泽东的心目中,

---

① 《团粤区委第二次代表大会关于广东农民运动决议案》,广州农民运动讲习所旧址纪念馆编《广东农民运动资料选编》,人民出版社,1986 年,第 6 页。

② 《中央局报告》,中央档案馆编《中共中央政治报告选辑》(1922—1926),中共中央党史出版社,1981 年,第 140 页。

③ 《中华全国农民协会临时执行委员会全国农民第一次代表大会宣传纲要》,载司马璐编著《中共党史暨文献选粹》第五部(“一九二七年的国共分家”),大陆翻印本,第 72 页。

④ 王奇生:《革命的底层动员:中共早期农民运动的动员、参与机制》,《新史学》第七卷(“20 世纪中国革命的再阐释”),中华书局,2013 年,第 93~94 页。

革命就是阶级斗争,而革命是永无止境的,所以阶级斗争也是长期的。

阶级不同于族群,族群具有可确定性,阶级则具有可塑性、可变性和可建构性。由于认定阶级斗争的长期性和普遍性存在,当旧的阶级敌人被镇压和消灭后,又不断建构新的阶级敌人,不断想象和寻找新生的阶级敌人。到"文化大革命"时期,更推出以政治思想划阶级、以路线划阶级、以世界观划阶级,无论什么都扣上阶级斗争之名。① 阶级概念被极度泛化,阶级斗争被严重扩大化。

二

大体上,在 1949 年之后的近 30 年间,国内有关阶级的纯学术性研究几乎空白。中国社会科学院哲学研究所图书资料室曾编辑过一套《三十年来阶级和阶级斗争论文选集》(1949—1979)②,所收 1976 年以前的文章,几乎没有学理层面的阶级研究。"文化大革命"结束以后,中国学界对阶级的学理探讨才逐渐展开。以中国史学界对"资产阶级"的研究为例,中国近代资产阶级的研究,在 20 世纪 80 年代至 90 年代颇为学界所关注。1981 年纪念辛亥革命 70 周年学术研讨会即以"辛亥革命时期的中国资产阶级"为主题,以此为标志,中国学界对近代中国资产阶级的研究一度兴味盎然,相继出版了一批学术专著,分别就资产阶级的形成、来源、类别构成、组织状况、社会地位、思想意识、政治参与、经济活动、社会贡献等方面进行较为深入的论述,大体呈现出为中国近代资产阶级去污化的趋势。

值得注意的是,随着研究的不断深入,"资产阶级"概念逐渐为学界所放弃,取而代之的是职业性的"商人"概念。其实不限于"资产阶级",近 20 年来,中国学界日益呈现"去阶级化"的趋势。对革命年代阶级与阶级斗争话语泛化、滥化的反思与反弹,经过 20 年左右的过渡,多数学者几乎完全抛弃了阶级概念与阶级分析方法,呈现"去阶级化"的趋势。官方意识形态亦以

---

① 石谅:《批判林彪、"四人帮"按政治思想划阶级的谬论》,引自中国社会科学院哲学研究所图书资料室编《三十年来阶级和阶级斗争论文选集》(1949—1979)第三集(上),第 323~328 页,内部印刷,时间不详(推断为 20 世纪 80 年代初)。

② 中国社会科学院哲学研究所图书资料室编:《三十年来阶级和阶级斗争论文选集》(1949—1979),三集共六册,内部印刷,时间不详(推断为 20 世纪 80 年代初)。

和谐社会理论取代了阶级斗争学说。在此过程中,与中国史学界对“革命史范式”的告别潮流相一致,取而代之的“现代化范式”在很大程度上解构了阶级理论。现实政治中,在“阶级”视角下的资本主义工业化与市场经济等种种被视为负面性的东西,在“现代化”视角下成为中国人积极追求的目标。冯雪峰所感慨的带着可耻毒刺的“小资产阶级”名词,如今成为一个富有浪漫情调和品味意涵的概念。

这种趋势亦有西方学术潮流的影响。在西方学界,阶级分析传统不断受到后现代主义者、非马克思主义者及其他一些批评家的诟病。他们认为,阶级概念在理解现代或后现代社会的不平等方面,变得越来越不合时宜。尤其是苏联和东欧剧变后,马克思主义的激进阶级理论受到越来越多的质疑,而资本主义被认为是既存的唯一取得胜利的世界经济制度,阶级政治的重要性也随之发生逆转,“阶级的衰落”乃至“阶级的消亡”日益成为西方学界关注的主题。在概念上,西方主流研究者已不大使用“资产阶级”“统治阶级”一类名称,而用“精英”等概念来替代。

马克思提出阶级概念的目的在于建构一种历史理论,用以解释社会不平等、社会冲突、社会运动和政治过程,其理论核心是资本家对工人阶级的剥削,剥削产生利益对抗。马克思根据剥削定义的阶级概念,提出了对抗性利益如何形成继而阶级冲突如何产生的一整套解释机制。而在20世纪的大部分时间里,西方主流学界认为马克思原创的剥削概念是站不住脚的,认为这个理论依赖于早已被西方经济学理论所摒弃的劳动价值理论。取而代之的新古典边际生产率理论认为,工人被付给与他对产品所做出的贡献相等的报酬;劳动力市场中的竞争能够保证资本家付给工人的工资不会多于也不会少于他对生产做出的贡献。[①] 对马克思主义者来说,阶级分析是理解长期性社会变革的关键;阶级关系尤其是阶级冲突为社会变革提供了动力,对其动态变化进行研究是深刻理解历史运动的关键。而韦伯主义者反对马克思主义者将阶级作为席卷一切、压倒一切、贯彻一切的具有普适主义倾向的分析概念。韦伯将阶级仅仅视作社会中权力分配的一个方面。在韦伯看来,地位群体、政党,与阶级一样,都是社会中权力分配的主要现象,每一个

① 埃里克·欧林·赖特主编,马磊、吴菲等译:《阶级分析方法》,复旦大学出版社,2011年,第150~151页。

方面都可以成为集体行动的基础,甚至地位群体和政党比阶级更有可能完成这一角色,更能塑造个人的意识。马克思主义阶级分析的核心命题是激进平均主义和反资本主义,认为资本主义阻碍了物质资源的平均主义分配方式的达成,只有通过革命消灭资本主义,才能彻底克服这些阻碍。而韦伯则没有假设阶级是资本主义社会内部冲突的主要来源,也不认为历史变迁的模式可以通过阶级之间关系的演进来解释。[①]

在西方学界,阶级一直是一个富于争议的概念。一些人认为阶级在现代社会已经在很大程度上被消解了,而另一些人则坚持阶级仍然是体现社会不平等的重要存在。当今中国学界对阶级概念与阶级分析方法的运用已极为少见。虞和平的三卷本新著《资产阶级与中国近代社会转型》是个例外。在书的序言中,虞和平专门就"资产阶级"概念的运用问题进行了商榷。[②] 正如虞和平所言,国内学界对资产阶级概念的运用有广义与狭义之别。广义的资产阶级包括了资产阶级党派、资产阶级知识分子等"代表"资产阶级利益的群体;而狭义的资产阶级则仅限于资产阶级本体——资本家或商人。在很长时间里,中国政治与学术话语中的"资产阶级"概念是广义的定义,甚至更偏向于指称"资产阶级代表"。20 世纪 80 年代以后,广义的运用越来越少,狭义的研究越来越多。为了表达上的清晰起见,同时为了避免旧的阶级斗争观念与政治预设,一些研究资产阶级本体的学者转而采用了"资本家阶级"或"商人"的称谓,以代替"资产阶级"的称谓。大约 2000 年以后,使用"资产阶级"和"资本家阶级"称谓的日见减少,而使用"商人"称谓者逐渐增多。以商人概念取代资产阶级概念的学者认为,中国近代"资产阶级"这一概念,是国共两党或有社会主义倾向的文人所建构和想象出来的,概念范围太泛,内涵界限不清,意识形态色彩太浓,是一个政治概念,而非经济概念,是中国革命史观中的一个核心理论预设,带有先入为主的政治判断。在近代中国,商人从来都不大称自己为"资产阶级",而"商人"则是社会上的惯称,也是商人自己认同的一个概念。在虞和平看来,上述理由有

① 埃里克·欧林·赖特主编,马磊、吴菲等译:《阶级分析方法》,复旦大学出版社,2011 年,第 36~37 页。

② 《资产阶级与中国近代社会转型》包括《中国近代资产阶级的产生和形成》《资产阶级与中国近代政治运动》《资产阶级与中国近代经济及社会》三卷,中华工商联合出版社,2015 年。

一定的道理,有助于实事求是地研究中国近代商人或资产阶级,但他不同意以"商人"取代"资产阶级"作为唯一的概念。他主张将商人概念与资产阶级概念并存,将商人作为资产阶级的本体进行研究。虞和平认为中国近代商人即便没有达到自觉自为的资产阶级的标准,至少作为一个具有共同经济利益的群体即自在的资产阶级是客观存在的。"商人"是一个自古就有的概念,进入近代之后它之所以被作为资产阶级本体的主要构成者,正是因为它发生了"资产阶级化"的变迁,逐渐由传统职业群体转变为新兴的阶级。在近代之前,商人作为一个职业概念,仅指从事商贸及相关的金钱、贩运等业者,不包括工业。近代以后,随着资本主义工商业的产生发展,商与工的关系渐趋密切,其界限逐渐淡化,商人的概念扩大为工、商两界的经营者。除此之外,商人的内在实质也发生了重大变化,包括经营方式、经营规模、经营范围等也随之而变,逐渐采用股份制、公司制、银行制、经理制等资本主义商业企业制度。在虞和平看来,商人的这种近代化变迁,正是向资产阶级转型的过程,可以称之为资产阶级化,是区别于传统商人的时代性所在。采用资产阶级概念,可以直接表示近代商人的这种时代性特征。虞和平承认以往使用资产阶级概念所进行的研究中,确实存有先入之见和政治预设,若注意避免和纠正先入之见与政治预设,并将资产阶级限定在狭义之内,则其概念与内涵并非不清。① 虞和平还以马克思主义经典作家关于无产阶级存在"自在"和"自为"两种状态,引申为中国近代资产阶级的形成亦当存在"自为"和"自在"两种状态,认为这两种状态可衡量任何一个阶级的形成和成长程度,而衡量一个阶级从"自为"状态转变为"自在"状态的指标,一是看它的组织化程度如何,二是看它的阶级斗争和阶级意识的水平如何。②

笔者本人虽然也是"去阶级化"大潮中的一员,在自己的学术研究中已很少运用阶级概念与阶级分析方法,但并不否认阶级在近代乃至当代中国的实际存在。近代中国并不是一个"无阶级"的社会。阶级在近代中国是一个难以回避的问题,不能视而不见,而必须从学理层面开展深入研究。无论当下还是未来,阶级研究与阶级分析方法仍具有重要的学术价值与学术意

---

① 虞和平:《中国近代资产阶级的产生和形成》,中华工商联合出版社,2015 年,第 8~17 页。

② 虞和平:《中国近代资产阶级的产生和形成》,中华工商联合出版社,2015 年,第 230~233 页。

义，不能因为阶级与阶级斗争问题在中国一度有过混乱与荒谬而影响今天对阶级进行严谨的学理探讨。当然要警惕过去阶级研究中存在的政治预设及阶级内涵不清等问题。从阶级的视角研究商人，与从职业的视角研究商人，两者不可完全替代。就狭义而言，资产阶级的本体是商人，但并非所有商人都是资产阶级。近代中国商人只有部分是新式工商业者，还有相当部分（甚至多数）是旧式商人。只有新式商人才能称作资产阶级的话，那么对资产阶级的研究对象必须有严格限定。中国社会科学院哲学研究所图书资料室编辑的《三十年来阶级和阶级斗争论文选集》（1949—1979）第一集中，附有1956年公私合营时的资产阶级统计，其总数为76万人，其中百分之七八十是小商贩、小业主等，实际不能算作资产阶级。[①]"资产阶级"只是"商人"中的一小部分，若是单一的"资产阶级"的视角，势必要将多数旧式小商贩、小业主排除在外。反之，若是单一的"商人"视角，难免将新式商人和旧式商人一锅煮，不仅可能忽略两者之间的差异，还可能漠视近代新兴资产阶级的群体特征及其与近代中国社会转型的关系。以此观之，单一的"职业"视角与单一的"阶级"视角，各有优长，也各有其盲区。

值得进一步讨论的是，中国的阶级概念与阶级分析方法源自马克思主义，而马克思主义阶级理论的核心是反资本主义的，主要关注阶级剥削与阶级之间的不平等，且强调资产阶级与无产阶级之间的对抗、冲突与斗争，强调两大阶级之间的冲突和斗争是推动社会变革的主导力量；对阶级的任何理解必须放置于对经济生产和产品分配、消费及剥削过程的分析之中。而20世纪80年代以后中国学者从早期现代化、市民社会等新的角度研究资产阶级，固然富有新意，实际在很大程度上解构了马克思主义的阶级理论，至少剥离了原有的阶级理论内核，甚至只余下"阶级"外壳。这种抽离了阶级内核的"阶级"术语还有多大的解释力也值得反思。比如，剥离了阶级内核的"资产阶级"与职业视野下的"商人"又有多大差别？相对于职业视野的商人研究，着眼于阶级视野的资产阶级分析的优势究竟表现在哪些方面？阶级分析对历史解析与历史认知的意义与价值何在？

---

① 中国社会科学院哲学研究所图书资料室编：《三十年来阶级和阶级斗争论文选集》（1949—1979）第一集，第692页。这一统计数字没有说明具体出处，只说是中国社会科学院哲学研究所图书资料室根据公开资料和内部资料摘编。

三

在笔者看来,中国学界对资产阶级组织化程度的研究已相当深入,而对资产阶级的阶级意识与阶级斗争的考察还有进一步深化的空间。中国学者大多着眼于资产阶级对近代中国政治的参与,诸如参加清末立宪,投身辛亥革命,以及参加反帝爱国运动、和平民主运动和抗日活动等,却很少关注资本家作为一个阶级与工人阶级之间的互动关系。如资本家在应对工人阶级的反抗(如罢工等)时是如何集体行动的?在政府制定劳资关系与劳动立法时,资产阶级又是如何影响政府并讨价还价的?学者们多关注资产阶级的参政意识与政治文化素质,却恰恰对其阶级意识(相对于另一个对立的阶级而言)缺乏深入的实证考察。而这样一种对阶级意识的考察,是最能证明资产阶级是否形成为一个"自为"阶级的。如上海市政府社会局统计,1928—1932 年,仅上海市即发生劳资纠纷千余起,其中因资方主动停业、歇业、解雇所引发的纠纷占 60%以上。[①] 笔者曾探讨过国民政府时期的一起劳资纠纷。纠纷最初发生于 1932 年上海一家名为"三友实业社"的民族资本企业,却最终激化为一场全上海工人与资本家两大阵营的阶级对垒。在这场冲突中,两大阵营均形成了高度一致的联合行动,双方均明确宣示各自的阶级立场,为各自阶级利益而战。资方参与交锋的厂商团体多达 90 余个,劳方参与交锋的工会亦多达 60 多个,时间持续近两年之久,是民国时期资本家阶级与工人阶级之间最大规模也最为激烈的一次阶级冲突。[②] 中国学界多关注中共领导下的工人运动,而对自发性的工人运动及对资本家停业、歇业、解雇所引发的劳资纠纷甚少实证性研究。劳资关系是最核心的阶级关系,讨论资产阶级的阶级意识与阶级认同时,漠视劳资关系显然是一大缺失。

由于长期受马克思主义阶级理论的影响,"资本主义"与"资产阶级"一直是一个负面性的称谓。故中国近代商人与资本家不愿以"资产阶级"自称。但不能因此而否定资产阶级在近代中国的客观存在。在很长一段时间

① 上海市政府社会局编:《近五年来上海之劳资纠纷》,中华书局,1934 年,第 5~6 页。

② 王奇生:《党员、党权与党争:1924—1949 年中国国民党的组织形态》(修订增补本),华文出版社,2010 年,第 171~194 页。

里，阶级被建构成为笼罩一切的概念，但不能因此矫枉过正而“去阶级化”。当然很多学者并非否认阶级在近代中国的存在，之所以放弃阶级概念的运用，乃认为外来概念在归纳上之合理性尚待实证，如果不能证明，那么就不如先用本土固有的称谓。尤其是在还没有论证之前就加以概念标签，然后按照这个概念标签的预设定义来理解论述主体的历史，这种研究方法有先入为主之嫌，而容易遮蔽许多史实。

在西方学界，除马克思主义阶级分析外，还有其他的阶级分析理论，如韦伯主义、涂尔干主义、托克维尔主义及布迪厄的阶级分析等。这些西方的阶级理论可作为中国阶级研究的借鉴，但均不可原封不动地照搬过来作为中国阶级研究的方法视角乃至结论。笔者认为，如何从中国的阶级实情出发，对近代乃至当代市场经济下的阶级进行深入的实证的学理探讨，是一个值得重视的学术问题。诸如宏观层面的阶级结构分析、微观层面的阶级位置对个人生活影响的考察，以及阶级关系、阶级利益、阶级形成、阶级划分、阶级意识、阶级文化、阶级冲突、阶级行动、阶级政治、阶级革命、阶级流动性等，均有深入探讨的空间。20世纪中国政治与学术话语的“阶级化”本身也可以作为研究对象。更为重要的是，阶级概念与阶级分析方法的运用必须严格限定，不可泛化，不可滥用，不可排斥其他概念的运用。并非一切不平等都是阶级不平等。相对非阶级的不平等，阶级导致的不平等有多显著？相对非阶级的社会分化（如职业、种族、民族等），阶级分化的程度如何？相对非阶级认同（如性别、地域、宗教等），阶级认同有多强烈？这些方面均可进行比较审视。只有这样，才能恰如其分地把握历史与现实中的阶级实态，而不至于过分夸大或无视社会阶级的存在。

现代化理论研究与中国近代思想史

——兼谈虞和平老师对我的学术提携

阎书钦[①]

我可谓虞和平老师的私淑弟子。虽未能正式列于虞和平老师门墙,但虞和平老师对我学术道路的影响是巨大的。虞和平老师是当代学界以现代化范式研究中国近代史的最具代表性学者。他积极倡导并推动中国近代史的现代化研究方向,提出了一整套以现代化范式研究中国近代史的理论体系与研究方法,并以现代化研究范式对中国近代史作了非常全面而深入的研究,在学界有着极高的地位。我曾经集中精力从事20世纪三四十年代中国现代化、工业化观念及有关经济体制论争的研究。我的相关研究与虞和平老师的中国现代化研究有着密切的内在关联,甚至可以说是虞和平老师相关研究中的一个子课题。这些年,虞和平老师非常热情地关心着我的学术研究,并给予我大量的帮助与提携。我在学术道路上能取得一些成绩,与虞和平老师的关怀是分不开的。虽然虞和平老师研究领域广泛,但因研究方向的缘故,我对虞和平老师的中国现代化研究体会较深。所以,谨就虞和平老师主编的《中国现代化历程》一书,谈一些读书体会,并结合此方面,介绍一下虞和平老师在学术上对我的提携。

一、虞和平老师对中国近代史现代化研究范式的构建

现代化理论体系应包括哪些基本内容?如何构建与中国近代史研究相

---

① 阎书钦,1967年5月出生,男,河北南宫人。1984年至1991年在兰州大学历史系学习,获历史学学士、硕士学位。1991年6月至2006年7月在河北省社会科学院历史研究所工作,曾任该所革命根据地史研究室副主任、副研究员。在河北省社会科学院工作期间,2002年9月至2006年7月在清华大学历史系学习,获历史学博士学位。2006年7月调入天津师范大学历史文化学院工作,现为天津师范大学历史文化学院教授。

关的现代化理论体系？如何运用现代化理论研究中国近代史的具体问题，考察中国近代史存在哪些现代化要素，并考察这些现代化要素存在着怎样的演变进程？关于现代化理论体系的构建，中国知识界早在 20 世纪二三十年代即曾以工业化（机械化）为中心，作过初步的论述。第二次世界大战后，西方学界对现代化理论作了全面、系统、细致的阐述。但是，将现代化理论应用于中国近代史研究，构建中国近代史的现代化研究范式，包括构建与中国近代史研究相关的现代化理论体系，并将其用来研究中国近代历史进程的具体问题，在 2001 年 9 月虞和平老师主编的《中国现代化历程》出版之前，学界的研究一直没有达到成熟的境地。蒋廷黻于 1938 年 7 月出版的《中国近代史》是最早运用现代化理念研究中国近代史的专著，初步构建中国近代史研究的现代化范式。但是，蒋廷黻著所论仅依据 20 世纪 30 年代中国知识界初步阐述的现代化理念，在现代化理论上尚不完备，而且，由于篇幅所限，分析亦不全面和深入。如何基于二战后西方学界现代化理论的最新成果，构建起与中国近代史研究相关的现代化理论体系，并以此具体研究中国近代史，仍是学界面临的重大任务。虞和平老师主编的《中国现代化历程》一书，即全面构建起了用以研究中国近代史的系统的现代化理论体系，并将 1840 年后中国波澜壮阔的历史进程纳入现代化范式的总体框架中进行考察，分析出 1840 年后中国社会中的现代化要素及其演变进程。这对于中国近代史研究无疑是一个开创性贡献。

虞和平老师非常重视构建与中国近代史研究相关的现代化理论体系。他指出："研究中国现代化的历程，既要运用现代化的有关理论原理，更要建立和运用适合中国现代化特点的解释体系。"[①]虞和平老师借鉴西方现代化理论，尤其充分运用马克思主义社会发展理论，在系统阐发现代化基本理论的基础上，提出了运用现代化理论研究中国近代史的基本方法、思路和原则，并指出了应重点研究的基本问题，从而构建起系统而完整的适合中国近代史研究需要的现代化研究范式。

在与中国近代史研究相关的现代化理论体系构建方面，虞和平老师非常重视社会整体现代化变革问题。他认为，所谓"现代化进程"，就是人类社

① 虞和平主编，马勇、苏少之副主编：《中国现代化历程》第一卷"绪论"，江苏人民出版社，2001 年，第 1 页。

会由传统农业社会向现代工业社会的转变。他在《中国现代化历程》一书“绪论”中指出:“从现代化理论的原本含义而言,它是探讨一个国家如何从传统农业社会向现代工业社会发展的理论,因而实质上也就是关于经济和社会发展的学说。”[①]后来,他又在《史学月刊》2004年第6期发表文章指出,“可以把工业社会作为现代化研究的总体对象”,现代社会除工业化外的其他各种指标“都是工业化的派生物,都是随着工业化的产生发展而产生发展的,它们与工业化一起共同构成一个工业社会”。[②] 所以,虞和平老师读到拙著介绍的全面抗战时期知识界关于工业化与工业社会问题的讨论后,就非常重视此方面内容,认为其学术含量“十分值得重视”,表示“看了阎著之后,笔者第一次知晓在抗战时期中国学者的现代化思想已开始涉及这一理论问题,他们所讨论的工业化与社会改造问题,虽然尚未从现代化史研究对象和工业社会建构的高度来认识这一问题,但其中已蕴含着这种元素”[③]。正是以这种现代社会的建立为视角,虞和平老师描绘了现代社会的基本图景。

如上所述,虞和平老师强调,人类社会的现代化进程是由传统社会向现代社会的整体变革。那么,在构成现代社会的诸要素之中,哪些是最核心的要素呢?他指出,工业化和民主化是人类现代社会的最核心要素,“一般说来,最主要的因素是经济上的工业化和政治上的民主化”[④]。虞和平老师进一步指出,由于1949年以前的中国现代化进程是在半殖民地半封建社会中进行的,因此,“民族化”也是中国现代化进程的核心要素。这样,虞和平老师就将中国现代化进程的基本要素确定为工业化、民主化、民族化三个方面,指出“反对帝国主义侵略,争取国家独立的民族化,与工业化、民主化一起,共同构成殖民地、半殖民地国家实现现代化的核心含义”[⑤]。虞和平老

① 虞和平主编,马勇、苏少之副主编:《中国现代化历程》第一卷“绪论”,江苏人民出版社,2001年,第2页。

② 虞和平:《关于中国现代化史研究的新思考》,《史学月刊》2004年第6期。

③ 阎书钦:《国家与经济:抗战时期知识界关于中国经济发展道路的论争——以〈新经济〉半月刊为中心》序一,中国社会科学出版社,2010年,第3页。

④ 虞和平主编,马勇、苏少之副主编:《中国现代化历程》第一卷“绪论”,江苏人民出版社,2001年,第7页。

⑤ 虞和平主编,马勇、苏少之副主编:《中国现代化历程》第一卷“绪论”,江苏人民出版社,2001年,第28页。

师对于中国现代化这三大要素的定位，应该说是相当全面而准确的。其中，工业化、民主化是世界各国现代化进程共有的要素，民族化则是中国等殖民地、半殖民地国家现代化进程特有的要素。如果我们将虞和平老师的这个阐述与20世纪30年代中国知识界阐述的现代化概念进行比较，就会发现，虞和平老师对中国现代化基本要素的分析更为全面而深刻。蒋廷黻在1938年春夏之交撰写的《中国近代史》一书中称："近百年的中华民族根本只有一个问题，那就是：中国人能近代化吗？能赶上西洋人吗？能利用科学和机械吗？能废除我们家族和家乡观念而组织一个近代的民族国家吗？"[①]在这里，蒋廷黻将现代化内涵确定为科学、机械、民族国家的形成三个方面，重点阐述了机械化（工业化）及作为机械化推动力的科学技术对现代化的意义，并指出了民族国家的建立对于中国实现现代化的重要性。显然，蒋廷黻侧重从机械化（工业化）等经济发展方面阐述现代化问题，其阐述的民族国家问题也与虞和平老师阐述的民族化有相当不同，而且，由于时代的限制，蒋廷黻阐述的现代化内涵没有涉及民主化问题。由于虞和平老师将中国现代化进程的基本要素确定为工业化、民主化、民族化三个方面，所以，虞和平老师对1840年后的中国整体现代化进程的考察就更为全面、系统。《中国现代化历程》一书以中国工业经济的发展、民主政治的演变、国家独立的实现为主线，对同时期的政治、经济、教育、思想、革命与改革等社会的各方面做了全景式的考察与分析。

将民族化视作殖民地、半殖民地国家现代化进程的核心要素，是虞和平老师在现代化理论方面的重要贡献。虞和平老师指出，殖民地、半殖民地国家"只有在取得国家独立之后才能真正走上健全发展的道路，才能建成完善的现代化国家"，"是否获得国家的独立是殖民地、半殖民地国家能否独立开展和全面实现本国现代化的关键之一"，"在中国早期现代化的历史进程中，自始至终都以民族化为一个重要的动力和内容"。[②] 虞和平老师所提民族化，似与蒋廷黻所言建立民族国家有某些一致之处，但其实有着很大差异。如上所述，蒋廷黻虽在《中国近代史》一书中将民族国家的形成视作现代化

① 蒋廷黻撰，沈渭宾导读：《中国近代史》，上海古籍出版社，1999年，第2页。

② 虞和平主编，马勇、苏少之副主编：《中国现代化历程》第一卷"绪论"，江苏人民出版社，2001年，第25、28、29页。

的重要方面，但其所言民族国家的形成主要指国家统一问题。如他于1933年12月在《革命与专制》一文中说："我们的国家仍旧是个朝代国家，不是个民族国家。一班人民的公忠是对个人或家庭或地方的，不是对国家的。"[①]蒋廷黻撰写此文，主要就当时发生的福建事变谈论中国的统一问题。显然，蒋廷黻所言建立民族国家虽有通过实现国家统一抵御外侮的含义，但实现国家独立的意思并不明显。正因为虞和平老师将民族化视作中国现代化进程的重要方面，所以，《中国现代化历程》在考察1949年前中国现代化进程时，就将反对列强侵略的民族独立斗争作为一条重要主线。

虞和平老师非常强调工业化对于现代社会的原动性作用。他根据西方的现代化理论指出："工业化的发展必将带动其他方面的变革。""所谓工业化，这里是指广义的工业化，即人类使用非生物动力资源和高效工具进行自然资源开发和各种生产技术的不断提高，如机械化、电气化、化学化、信息化等；这些技术不仅普遍地用于工业领域，而且广泛运用于农业和其他一切生产领域。"虞和平老师进而指出，科学技术的应用是工业化的根本推动力，"除各种社会条件之外，工业化本身的动力则在于把先进的科学技术应用于生产"[②]。虞和平老师将工业化视作现代社会形成的原动力，进而将科学技术在生产领域中的应用视作工业化的根本推动力，这个认识与20世纪30年代中国知识界的现代化理念颇有一致之处。1936年11月，蒋廷黻就将近代化定义为"科学化"和"机械化"，认为"我们如说中国必须科学化及机械化，并且科学化和机械化就是近代化，大概没有人反对的"[③]。由于时代导致的理论的局限性，蒋廷黻的表述还比较笼统。虞和平老师的阐述将蒋廷黻的观念作了进一步深化，表述得更为明确而细致。所以，虞和平老师主编的《中国现代化历程》以工业化等经济变革为主轴，系统考察和分析自1840年以后的中国工业化进程及其导致的社会变革。例如，此书以中日甲午战争后振兴实业热潮和民族工业发展为中心，全面考察了民族资产阶级形成初期在人员构成、社团组织、思想意识等方面的特征，进而分析了清政府经

---

① 蒋廷黻：《革命与专制》，《独立评论》第80号，1933年12月10日，第5页。

② 虞和平主编，马勇、苏少之副主编：《中国现代化历程》第一卷"绪论"，江苏人民出版社，2001年，第7~8页。

③ 蒋廷黻：《中国近代化的问题》，《独立评论》第225号，1936年11月1日，第11页。

济政策的转变、社会阶层的易位、反帝爱国运动的新趋向等问题。又如,此书围绕民国前期资本主义工业的发展,不仅系统考察了这个时期由工业化引起的商业、金融、农业、手工业等整体经济变革,而且也全面考察了这个时期的思想、教育、政权结构、党派等社会各领域的演变。这些都体现出以工业化为中心考察中国近代整体社会变革的研究思路。

虞和平老师在现代化理论上的一个重要创见,就是明确从现代化理论角度认识马克思主义的思想价值,指出马克思本人为现代化理论提出了诸多重要的理论思路。虞和平老师表示:"马克思虽然未曾专门系统地研究过现代化问题,也没有集中提出过现代化理论概念,但是,在他的论述社会发展阶段、资本主义和资产阶级社会的著作中已涉及现代化问题,显示了不少的现代化思想。"研究中国的现代化历程,既要运用二战后西方的现代化理论,也要以马克思主义的现代化思想为指导。[①] 虞和平老师关于马克思主义与现代化理论的关系的分析,具有很大的理论价值。尚少有学者专门、明确阐述过这个问题。虞和平老师的这个分析是符合马克思主义产生与发展的历史事实的。19 世纪中叶产生的马克思主义本身就是在工业革命后逐步形成的工业社会这种历史土壤中形成的,其指出的社会问题及解决之道主要是就资本主义工业社会而言的。虞和平老师的这个分析也符合中国近代史的历史事实。自马克思主义传入中国后,中国的马克思主义者一直是倡导中国走工业化道路的重要思想力量。这从虞和平老师主编的《中国现代化历程》相关内容就可以得到印证。例如,此书第二卷第 4 编第 22 章在描述中国共产党新民主主义现代化构想时,就注意到"实现中国社会的工业化,实际上也就是新民主主义社会的中心任务"[②]。实际上,在 20 世纪 20 年代至 40 年代中国思想界在以农立国与以工立国论争中,马克思主义者就是倡导中国走工业化道路的重要思想力量。在 20 世纪 20 年代,杨明斋、恽代英等马克思主义者就以马克思主义社会发展理论反驳章士钊、龚张斧等人的以农立国论,指出中国走工业化道路的必然性。在 1939 年年底至 1940

① 虞和平主编,马勇、苏少之副主编:《中国现代化历程》第一卷"绪论",江苏人民出版社,2001 年,第 10、16 页。

② 虞和平主编,马勇、苏少之副主编:《中国现代化历程》第二卷,江苏人民出版社,2001 年,第 862 页。

年上半年中国能否以农立国论争中,王亚南、许涤新等马克思主义者明确支持主张以工立国的周宪文,反驳主张以农立国的杨开道。

总之,虞和平老师在《中国现代化历程》一书中,借鉴西方现代化理论,以马克思主义相关论述为指导,构建起适合中国近代史研究需要的现代化理论体系和研究范式,并将这种理论体系和研究范式应用于中国近代史研究,首次从现代化视角,对鸦片战争后的中国一百多年的波澜壮阔历史作了全方位的系统考察与分析。这无论在研究方法上还是在研究实践上,对于中国近代史研究都具有开拓性意义。

二、虞和平老师对我的学术提携

我从 2006 年春结识虞和平老师,迄今已十余年。十余年来,虞和平老师一直关心着我的学术研究工作,在我学术研究的许多节点,虞和平老师都适时提供热情的帮助。虞和平老师的帮助与提携,对我十多年来的学术道路,产生了重大的影响。作为一个著名学者,虞和平老师对我这个后学晚辈的悉心关怀,是需要我终生牢记的。我虽没能正式列于虞和平老师门墙,但能遇到虞和平老师这样热心扶持后学的著名学者,确为我一生中的幸事。

我于 2002 年 9 月进入清华大学人文社会科学学院历史系随蔡乐苏老师攻读博士学位。入校不久,蔡老师让我做与《新经济》半月刊有关的博士论文。《新经济》半月刊是蒋廷黻、翁文灏、吴景超、陈之迈、何廉等从政学人于 1938 年 11 月在重庆创办的一份刊物。其编者虽声称将此刊办成综合性刊物,但实际上,刊物内容主要是有关中国经济问题的讨论,包括工业化、经济体制、战时经济等方面。我大致翻阅此刊后,感觉仅解读此刊尚不足以说明问题,所以想进一步扩展视野,一是在时间上往前延伸,查阅全面抗战爆发前的《独立评论》等有关史料,二是横向扩展史料范围,查阅与《新经济》半月刊同时出版的《大公报》汉口版和重庆版、《经济建设季刊》等史料。经过系统查阅这些资料,我发现,在 20 世纪三四十年代,中国思想界已经初步形成了较系统的现代化理念,并充分讨论了中国走工业化道路的问题,进而就中国工业建设的经济体制问题做了非常全面和深入的讨论。于是,我撰写出了我的博士论文《抗战时期国统区知识界经济建设思想研究》。

我于 2006 年 4 月将博士论文提交到研究生院外审后,经常到清华大学图书馆老馆二楼阅览室复印资料,因为我即将到天津师范大学工作,觉得这所学校资料收藏可能没清华大学丰富,想多带一些资料到天津。有一次,在借书的时候,偶然看见一个女同学在伏案抄录资料。因见到她查的资料也是有关民国时期的,便上去搭讪。她告诉我,她叫吴敏超,是虞和平老师的博士生。虞和平老师有意让她做民国时期现代化思想方面的博士论文。因为她家在清华大学,所以,就近在这里查资料。我听说她是虞和平老师的学生,很有另眼相看的感觉,因为虞和平老师是我久仰大名的著名学者。当听说她计划做有关民国时期现代化思想方面的题目后,我立刻告诉她,我做的博士论文题目和她的选题有些接近,而且,已经写成,交到研究生院了。不过,我安慰她,虽然题目相近,但我们二人的做法、史料取材可能不一样,也可以往下做。这是我第一次听说虞和平老师也在关注着民国时期现代化思想这方面的题目。事后,我想,虞和平老师可能是在主编《中国现代化历程》一书期间,从中国现代化历程这个大的学术框架中关注到的这个题目,有着比我更为宽阔的眼光。而我做这个题目,眼光要比虞和平老师狭窄得多,只是在查阅20世纪三四十年代相关史料时摸索出了这个题目。

2006年5月,蔡老师邀请虞和平老师担任我博士学位答辩委员会委员。我将博士论文交给虞和平老师审阅几天后,蔡老师告诉我,虞和平老师非常重视我的论文,要我专门到中国社会科学院近代史研究所虞和平老师办公室面谈。虞和平老师很关切地询问了我写这篇论文的缘起、写作过程,问我怎样找到了这个题目,使用了哪些资料,为什么研究这些问题。虞和平老师听说我另外还发表过一篇题为《20世纪30年代中国知识界“现代化”理念的形成及其内涵流变》的论文后,很感兴趣。这篇论文主要考察全面抗战爆发前的知识界现代化理念,而我的博士论文主要考察全面抗战时期的情况,因怕在外审时出麻烦,出于谨慎,只简要收入了这篇论文的梗概。我想,虞和平老师之所以对这篇论文感兴趣,也与他关注的中国近代现代化思想有关。后来,我到天津师范大学工作后,在将博士论文整理出版时,还是将这篇论文的全部内容放到了书稿中。我之所以这样做,也与虞和平老师对此文的重视有关。

我想,虞和平老师之所以看重我的博士论文,亦与他非常关注中国现代化进程中的经济、社会制度的选择问题有关。他认为,走一条怎样的现代化道路,建立一种怎样的适合中国现代化建设的经济、社会制度,是中国现代化进程中的重要问题。由于中国的现代化进程受到国内外多种因素的复杂影响,“究竟什么样的制度和道路最适合于中国的现代化,不是一朝一夕所能解决的,因此使得制度和现代化发展道路的选择成为最为重要的问题”①。而我的博士论文在考察20世纪三四十年代中国思想界现代化、工业化理念的同时,也大篇幅考察了全面抗战时期思想界关于经济体制问题的论争。

2006年6月,我顺利通过了博士论文答辩。答辩过程中,我能感觉到,虞和平老师对我的论文是满意的。我的博士论文被答辩委员会评为优秀。事后,清华大学历史系的一位老师告诉我,这与虞和平老师的评价有一定关系。同时,我的博士论文在研究生院组织的匿名外审中也得到了极高的评价,所以,获得2006年度清华大学校级优秀博士论文一等奖。答辩会一结束,虞和平老师当场勉励我,最好将博士论文作认真修改,尽快出版。我当时表示,如有机会出版,一定请虞和平老师作序。

2006年7月,我到天津师范大学历史文化学院工作。离开北京的这十余年来,我一直没有中断与虞和平老师的联系。之所以如此,一是出于对虞和平老师学术成就的景仰,二是出于虞和平老师对我学术研究的期许。到天津师范大学工作后不久,我曾一度想随虞和平老师做一段时间的博士后研究,虞和平老师也有这个意思,但因为我单位领导不支持而作罢。未能正式成为虞和平老师的学生,应该说是我的一大憾事。在天津师范大学,我一方面忙于教学,一方面将博士论文相关内容改为期刊论文发表,之后,又于2009年下半年将博士论文整理成题为《国家与经济:抗战时期知识界关于中国经济发展道路的论争——以〈新经济〉半月刊为中心》的书稿。起初,由于出版经费不足,我找到了天津的一家出版社,他们答应以较少的出版费出版此书。当我找虞和平老师为书稿写序时,虞和平老师坚持由中国社会科学出版社出版。他告诉我,中国社会科学出版社正在委托他编一套题为“中国近代史学博士论丛”的丛书,可以将此书纳入丛书出版。在虞和平老师办公室里,我表示,我的出版经费有限,恐怕该社不会答应出版。虞和平老师当即给这家出版社的编辑打电话,郑重推荐我的书稿。最后,虞和平老

① 虞和平主编,马勇、苏少之副主编:《中国现代化历程》第一卷“绪论”,江苏人民出版社,2001年,第20~21页。

师放下电话，对我说，他们答应出版，回天津后，尽快把书稿交给该社。该书于 2010 年出版后的翌年，虞和平老师告诉我，我的书被评为中国社会科学出版社 2010 年度优秀图书，证书放在他那里，我有机会可以去取。2013 年 3 月，这本书又获得教育部第六届高等学校科学研究优秀成果奖(人文社会科学)三等奖。我觉得，拙著之所以能够获得教育部的奖励，与中国社会科学出版社的评价是有关系的，而没有虞和平老师的推荐，该书也不可能由中国社会科学出版社出版。

回顾这些年虞和平老师在学术上对我的提携，我总是充满感激。虽然由于水平所限，我在学术上没有取得太大的成绩，但是，如果没有虞和平老师对我的悉心关怀和热情提携，我是不可能取得现在这样的成绩的！

三、关于以现代化理论研究中国近代思想史的几点想法

以现代化理论研究中国近代史，其核心要义就是考察与分析中国近代社会中的现代性要素有哪些，这些现代性要素的具体内容怎样，表现为怎样的态势，其产生和演变过程如何，并以此分析中国近代社会的整体发展进程。具体到以现代化理论对中国近代思想史的研究，又包括两个层面：一是具体分析中国近代思想中的现代性要素及其演变，二是具体厘清中国近代思想史上的现代化理念。

以现代化理论研究中国近代思想史，一个重要任务就是确定与分析中国近代思想中的现代性要素，厘清中国近代思想中现代性要素的内容与特征，梳理这些现代性要素在不同时期的演变过程。实际上，中国近代思想中的现代性要素的核心，是中国思想界对由工业化引导的现代社会的反映。一方面，现代社会的经济、政治、文化等社会各方面强烈冲击着中国思想界；另一方面，中国思想界又根据对现代社会的认知，对当时社会的历史与现实进行评估与讨论，并进而设计未来社会发展的方案。中国近代思想中的现代性要素与同时期社会的关系，既有先导性，又有滞后性。这种先导性表现为，在中国社会出现现代性转变以前，中国思想界即通过对西方现代社会的认识，探讨中国社会发展的方案，从而引领中国社会的发展；其滞后性表现为，中国社会出现现代性转变后，中国思想界又反过来对这种社会转变进行总结、评估、讨论。而且，中国思想界对由工业化引导的现代社会的反映，涉

及社会政治、经济、文化等方方面面。中国思想界与现代社会的关系在时间的纵向上和涉及领域的横向上的纵横交织,导致中国近代思想中的现代性要素存在着多重面相。同时,由于中国的现代化是一种由西方外来因素驱动的外源型现代化,中国近代思想中的现代性要素又与西方社会和思想因素相互交织。起初仅是对外来社会与思想因素的引进与吸收,随着中国社会现代因素的增长,又表现为对中国社会现代因素的认知与讨论。所以,以现代化理论梳理与分析中国近代思想史是一个极其复杂的问题。

以现代化理论研究中国近代思想史,考察与分析中国近代思想中的现代性要素,是一项非常重要的研究任务。实际上,如果仔细反思中国近代思想史,近代中国的各种思想流派(包括各种政治派别)的思想理论,无论是激进的,还是保守的,莫不是对现代社会的一种反映,莫不呈现出对社会现代性的追求。晚清的洋务派、维新改良派、反清革命派如此,就是故步自封的守旧派的观念实际上也是其面临西方冲击而提出的思想主张;民国时期的西化派、文化保守主义均以西方思想观念为参照,不仅中国共产党以西来的马克思主义为理论指导,构建起以工业化为中心的新民主主义和社会主义社会蓝图,就是国民党也力主中国走工业化道路,其一党专政的训政体制也以民主政治为愿景。

在对中国近代思想中的现代性要素进行系统考察方面,虞和平老师主编的《中国现代化历程》做出了很大贡献,这方面内容也构成该书的重要部分。应该说,这是学界对中国近代思想中的现代性要素首次进行的全方位考察。《中国现代化历程》对中国近代思想中的现代性要素的分析,点面结合,既有宏观的整体描述,亦有对具体个案的深入探究,使读者对中国近代思想中的现代性要素的构成及其演变脉络有了系统的了解。例如,19 世纪西方自然科学、社会科学对中国的思想影响,戊戌维新至辛亥革命时期科学、民主、国民性改造等观念,孙中山三民主义对中国现代社会的理论构建,民国时期中国现代教育的兴起与发展,五四新文化运动时期中西文化论争中的现代性因素,以中国共产党为代表的马克思主义者对现代社会的理论构建等等,《中国现代化历程》都为我们作了点面结合、条分缕析的描述。

以现代化理论研究中国近代思想史的另一个层面任务,就是具体考察中国近代思想界的现代化理念。这是虞和平老师主编的《中国现代化历程》没有解决的问题。《中国现代化历程》虽然全面、系统地考察了中国近代思想中的诸现代性要素,但没有具体考察中国近代的现代化理念。这个问题的解决需要对相关原始史料作集中而专门的搜集和解读。我想,虞和平老师在主编《中国现代化历程》一书时,头脑中一定在思考这个问题。这就是虞和平老师在见到我的博士论文后非常感兴趣的原因。

中国近代史上到底有没有现代化理念?这种现代化理念的基本内容如何?呈现出一种怎样的态势?这是与中国现代化历程密切相关的思想史问题。应该说,从20世纪20年代至40年代,中国思想界已经初步形成了一套较为完整的现代化理念,现代化或近代化一词已经被论者广泛使用。但是,这种现代化理念只是一种初步的思想观念,并不成熟,尚未形成完整的理论体系。当时的论者很少正面阐述现代化理论,只是在分析中国的现实经济、政治建设问题时,在分析中国鸦片战争后的历史问题时,或在讨论中西文化问题时,使用的一种观念。所以,我更倾向于使用"理念"而非"理论"一词描述20世纪20年代至40年代中国思想界的现代化观念。当时中国思想界使用的现代化概念,与同时期人们在讨论中西文化问题时使用的西化概念有密切渊源。人们所阐述的现代化或近代化一词的内涵,主要偏重工业化等经济发展问题,以及与工业化密切相关的科学技术问题。正如前文所述及的,蒋廷黻在《中国近代史》一书中就将现代化概念内涵确定为科学、机械、民族国家的形成三个方面。人们在讨论现代化问题时涉及的民主政治建设问题不多。这与20世纪三四十年代中国知识分子所处的社会环境有关。一方面,九一八事变后中国民族危机日益深重,另一方面,国民党当局实行一党专政的训政体制,因而,处于国民党统治体制之内的知识分子更多关心发展经济、增强国力、抵御外侮问题,较少关心中国的民主政治建设问题。在20世纪三四十年代,现代化理念的确成为人们讨论中国社会发展问题的一个重要基点。人们在讨论中国现代化问题时,更多关注中国经济发展问题。人们运用现代化理念,集中地讨论了中国工业化问题,并围绕工业化问题,系统讨论了国营与民营、计划经济与自由经济、对外贸易管制等一系列经济体制问题。同时,在讨论工业化经济建设问题时,初步构建起工业社会理念,在辨析机械化、工业化两个概念异同的基础上,探讨了以工业化为导向的整体经济变革问题,进而讨论了工业社会的构建问题。中国思想界讨论的这些问题,与20世纪20年代后人们广泛使用的现代化或近代化概念一起,构成民国时期中国思想界现代化理念的有机组成部分。

总之,以现代化理论对中国近代思想史的研究包括两个层面的问题:一是考察中国近代思想中的现代性要素及其演变过程,二是具体考察中国近代思想界的现代化理念。关于第一个层面的问题,虞和平老师主编的《中国现代化历程》作了系统而全面的研究;关于第二个层面的问题,我在拙著中作了较集中(也许还有待完善)的考察。从这个意义上说,我的相关研究与虞和平老师对于中国现代化历程的研究,无论在研究内容,还是在研究思路与方法上,都有着相当密切的内在关联。这也是我一直将自己视作虞和平老师的私淑弟子的一个原因。

近年来,中国近代史研究日益碎片化,人们越来越关注细小的题目和具体的专题研究。但是,对于中国近代史的整体性考察和对于涉及整个中国近代史的宏观理论体系的观照,仍是十分有必要的。在各种涉及整个中国近代史的宏观理论体系中,现代化理论仍是最为理想的一种理论体系。蒋廷黻于 1938 年出版的《中国近代史》开创了中国近代史的现代化研究范式,但对于中国近代史的考察有失于简略,对于现代化理论的阐释亦不完备。虞和平老师主编的《中国现代化历程》一书,不仅系统构建起适合中国近代史研究需要的现代化理论体系和研究范式,而且,运用此种理论体系和研究范式,对 1840 年后的中国历史作了极为系统、全面、深入的考察,是中国学界以现代化理论研究中国近代史的具有典范意义的著作。而我的一些相关研究成果,在研究领域和研究思路上,机缘巧合,与虞和平老师的研究领域有着密切的内在关联,因而得到虞和平老师的重视,我自己的研究工作也得到虞和平老师的热情帮助。能遇到虞和平老师这样学识渊博、热心奖掖后学、提携晚进的著名学者,是我一生中的极大荣幸!

近代中国经济现代化如何展开

——兼读《20世纪的中国——走向现代化的历程·经济卷(1900—1949)》

周祖文[①]

从20世纪80年代以来,中国现代化研究成为一门显学,关于现代化的研究的著作可谓众多,其中值得关注的是虞和平老师关于现代化的研究。关于近代中国走过的现代化的艰难历程,虞老师先后写过三本著作,一是《商会与中国早期现代化》(上海人民出版社,1993年版),二是《中国现代化历程》(三卷本)(江苏人民出版社,2001年版),三是《20世纪的中国——走向现代化的历程·经济卷(1900—1949)》(人民出版社,2010年版)。这三本关于现代化研究的著作都对近代史研究起到了比较大的推进作用,值得深入地去研究。我主要读的是虞老师最新一本,即2010年出版的《20世纪的中国——走向现代化的历程·经济卷(1900—1949)》(以下简称《现代化历程·经济卷》)。就本人阅读的粗浅识见来看,《现代化历程·经济卷》主要展现的是一幅多彩的近代中国经济现代化历程的画卷。《现代化历程·经济卷》成书于《中国现代化历程》(三卷本)之后。在《中国现代化历程》(三卷本)出版之前,已经问世的关于近代中国现代化研究的成果,多是对一时一地、一事一物的细碎考察,或专题研究的组合,或理论模式的研究,尚缺少比较系统而具体的关于近代中国现代化历史过程的研究。后者出版之后,很大程度上填补了空白。而《现代化历程·经济卷》则是在相同的关怀下,对20世纪上半叶中国现代化历程所作的浓墨重彩的渲染。

---

① 周祖文,1971年8月生,男,浙江武义人。现任中国社会科学院近代史研究所经济史研究室主任、副研究员。1995年7月毕业于杭州大学历史系,获历史学学士学位;1998年6月毕业于中国人民大学历史系,获历史学硕士学位;2008年6月毕业于中国人民大学经济学院,获经济学博士学位;其间赴日留学一年(2006.9—2007.9)。先后在浙江省社会科学院(1998.6—2005.8)、北京市发展和改革委员会经济与社会发展研究所(2008.7—2009.6)工作。2009年7月调入中国社会科学院近代史研究所经济史研究室。

一、对现代化理论反思与贡献

对于西方现代化理论，虞老师用一句话来概括："所谓现代化理论，就是探讨一个国家如何从传统农业社会过渡到现代工业社会的理论，重点是探讨落后国家如何实现现代化的问题。"[①]这一界定主要是从中国的历史和现实出发的，而且是特别针对中国早期现代化提出的。在《现代化历程·经济卷》延续了早期现代化这一概念，其《前言》开宗明义提出要体现早期现代化的线索，"反映近代中国经济现代化的缓慢性、微弱性、艰难性、半殖民地性等特点"[②]。

现代化理论是西方站在20世纪五六十年代发展阶段上，对17世纪以来的以殖民化、工业化以及西方革命为代表的民主化为主的人类全球化过程的概括。20世纪50年代以来，西方理论界以美国为中心展开了一场以后被称为现代化理论的经济成长、产业化、现代化、社会发展、社会变动、社会进行等诸概念的以其中一个或几个为中心概念的理论建构高潮。在这一建构过程中，经济成长和产业化是现代化理论中最重要基础及现代化进程最先发轫的部分。从20世纪50年代开始，由新的科技革命引起的世界性"第二次工业革命"，带来了社会生产力的飞跃性进步。西方资本主义世界出现了20世纪上半叶所未曾有过的持续经济增长局面，西方资本主义经济相应发生了结构性变化。现代化理论是以非西方发展中国家的"现代化"过程为对象。然而矛盾之处在于20世纪五六十年代流行的现代化理论借以用来描述和讨论非西方发展中国家"现代化"过程的那些理论命题与模式，却主要是参照西方社会的现代化过程而概括出来的，这种参照西方社会的经历而概括出来的理论模式，在多大程度上可以适用于非西方的发展中的国家呢？进而言之，西方现代化理论依据的是社会进化论。现代化被认为是一种内生性变迁过程，这种内生性变迁过程是否能适用于其他非西方国家，这一问题几乎没有受到严肃地考量，从传统进入现代，似乎是不言而喻的。在

① 虞和平：《商会与中国早期现代化》前言，上海人民出版社，1993年。

② 虞和平：《20世纪的中国——走向现代化的历程·经济卷（1900—1949）》，人民出版社，2010年，第51页。

这种情况之下,西方出现了"依附理论""世界体系论",从经济全球化视角对此前西方现代化理论的内因论提出挑战,认为发达国家对发展中国家的控制、发展中国家对发达国家的依附,是这些国家不发达、无法从传统走向现代的主要原因。发展中国家要想从传统走上现代化的强国之路,就必须割断同发达国家之间的联系,或者建立起一种新的国际政治经济秩序,使发展中国家在政治经济上处于自立自强的地位。

正是在对上述西方现代化理论反思的背景下,虞老师开始思考近代中国的现代化问题。早在《商会与中国早期现代化》一书中,虞老师就考量了现代化的各种要素,经济上的因素是主要的,同时民主化也是不可忽略的要素:"现代化主要体现为经济上的工业化——由产业革命开始的使用非生物动力资源和高效率工具的技术和经济的变革;政治上的民主化——从民众革命开始的脱离专制统治的政治变革;社会上的整合化——由经济和政治变革引起的社会结构的改组;文化上的大众化——从公共教育开始的知识普及。"在上述诸多要素中,虞老师认为,"最主要的因素是经济上的工业化和政治上的民主化","工业化、民主化与其他各方面的关系,是一种目标与前提或结果的关系。因为,在社会一切因素中经济是最活跃的因素,它始终处于动态之中;人类生存的第一需要是物质生活,作为以改善人类物质生活为目标的工业化自然至关重要"。这就是说,工业化是现代化的动力之源。而"民主化的发展,既有待于其他方面的变革,也必将促进其他方面的发展"①,也就是说,民主化虽然重要,但不是决定性的,而是有待于经济方面的变革,这两点虽然是西方现代化理论中所强调的,但纵观近代中国一百多年的历史,也是切中要害的。同时,虞老师在工业化和民主化之后,考虑到近代中国的半殖民地性质,又加上了民族化作为现代化的主要内容。虞老师认为,现代化除工业化和民主化这两个核心含义之外,"由于中国的早期现代化是在半殖民地社会状况下展开的,因此它的核心含义还应增加一个民族化——反对帝国主义侵略,争取民族独立"②。因此,现代化有工业化、民主化和民族化三大核心内容。这是对于西方现代化理论的反思与认知,

① 虞和平:《商会与中国早期现代化》前言,上海人民出版社,1993年,第2~4页;虞和平主编:《中国现代化历程》(三卷本)绪论,江苏人民出版社,2001年,第7页。

② 虞和平:《商会与中国早期现代化》,上海人民出版社,1993年,第4页。

是在考量了近代中国一百多年特殊历程之后的一个理论总结，而且一直贯穿在虞老师的现代化研究之中。在《现代化历程·经济卷》中，仍然秉持这一观点，所不同的是，如果说《商会与中国早期现代化》主要围绕商会和资产阶级，那么《现代化历程·经济卷》则更多关注的是宏观与国民经济整体。

“用现代化理论研究中国早期现代化的历史，无疑是一个富有意义而充满活力的课题，又是一个新兴而颇为困难的课题。”①早期现代化概念的提出，本身就是一个新兴和困难的课题。虞老师从现代化运动历史过程的一体性和道路、模式转换的阶段性结合出发，首先提出用早期现代化作为1949年之前中国现代化运动的概念称谓，此后已为不少国内研究中国现代化问题的学者所赞同和采用，成为现代化研究中一个重要的概念，是一个比较重要的贡献。虞老师对于中国早期现代化的研究，一直贯穿到《现代化历程·经济卷》之中，当然，其侧重点已经转向经济的现代化历程。而且，在虞老师的研究中，虽然经济现代化是从传统农业社会过渡到现代工业社会，但很显然的是，无论是传统还是现代，其内部都包含着性质不同的要素；传统和现代不再是互不相容、对立的两极，而被认为是可以互相共存、互相补充；传统不再笼统地被视为是现代化过程的阻碍因素，而是有许多传统因素可以在现代化过程中发挥积极作用；现代化过程不再被简单地看作是以各种现代因素来彻底取代各种传统因素的过程，而是传统之中有现代、现代之中有传统的复杂情景。只有在这样的框架下，经济落后的中国才能在近代展开其经济现代化的历程。

二、总体性研究中的经济现代化特点和重点

虞老师长期以来注意现代化的总体性研究，在其早期代表作《商会与中国早期现代化》中，其用力最深的“是商会的总体研究”②。在《现代化历程·经济卷》一书中，虞老师对总体性的要求更为宏大：“纵向的时间上的全覆盖性，横向的内容构成上的完整性。”就时间上的全覆盖性而言，“不仅要包含研究时期从开始到结束的每一个时段，而且要反映各个时段间的承接

① 虞和平：《商会与中国早期现代化》前言，上海人民出版社，1993年。

② 虞和平：《商会与中国早期现代化》章开沅序，上海人民出版社，1993年。

性和递进性，也就是说要反映发展变化的进程”，除时段上的完整性，还要体现各时段的不同，“既要有总体上的状况，也要有各个方面的表现；既要有连续性的脉络，也要有时段性的特征”。在这里，我们可以看到，《现代化历程·经济卷》更强调中国近代经济现代化的特点。在内容的完整性上，“不仅要包含农、工、商、交通、金融、外贸各个主要经济部门和本国资本、外国资本、私人资本（民族资本）、国家资本（官僚资本）各种经济成分”，当然在完整性之中，《现代化历程·经济卷》是有所侧重的，其着力的重点在于各经济部门和经济成分的构成变动，“择要分析其企业构成、资本构成、产值构成、地区构成”，以及其在它们之间的“联系和互动”。[1]

在早期现代化的最初阶段，西方列强作为外来者的介入是中国早期现代化的主要特点，虞老师注意到，半殖民地化的危机使民族化成为中国现代化首当其冲的一个重大问题。鸦片战争之后，挟武力和资本主义商品之利，通商贸易是列强主要追求目标，因此通商口岸猛增。随着西方势力的深入，对关税的侵夺成为重点，洋行、外资银行和外资工业不断进入，内河航运权和铁路建筑权也不断丧失，中国逐渐成为半殖民地。国家陷入危亡之中，激起了清末的实业救国潮流和收回利权的经济民族主义，清政府也开始进行经济制度的改革，这一经济制度改革是这一时段的重点。经济制度的改革引发一系列变化，资本主义工业化有了初步成长，社会观念也开始出现一定程度的向资本主义伦理的转化。在外来者介入的搅动下，清末的经济变革成为这一时段的重点。《现代化历程·经济卷》告诉我们，清末经济变革是渐进展开的，其中有被动也有主动，但其重要性不容否定。

到了辛亥革命之后的民国初年，经济现代化的社会动员成为阶段性的特点和重点。辛亥革命这一划时代的政治变革结束了延续两千多年的封建君主制，孙中山又提出了三民主义，虞老师认为：“民生主义三民主义的归宿，也是孙中山发动辛亥革命的最终目的。”[2]民生主义的理念和实践得到了以工商界为主的社会各界的广泛响应，经济社团开始勃兴。这些经济社

---

① 虞和平：《20世纪的中国——走向现代化的历程·经济卷（1900—1949）》前言，人民出版社，2010年，第50页。

② 虞和平：《20世纪的中国——走向现代化的历程·经济卷（1900—1949）》，人民出版社，2010年，第91页。

团在社会动员方面成效显著,民国初年振兴实业运动从上而下,从大城市扩展到中小城镇或边远地区,从团体内部溢出到团体外部直至社会大众。

随后的北京政府时期中央政府经济统治力量有所减弱,"中国的资本主义经济以民间力量为主导的自由发展,不仅呈现出较快的发展势头","而且新的产业相继产生,产业结构渐趋完整,企业集团开始形成,使中国的资本主义经济登上一个新台阶"。从这个角度,虞老师归纳出北京政府时期经济现代化的特点是"自由发展"。在这里,虞老师用1894年、1911年和1920年三个代表性年代的本国资本量来考察,认为"中华民国成立和第一次世界大战的积极影响,主要体现在私人资本工矿业的发展上",并分析了1858—1927年新设民用工矿业资本,认为1912—1922年是民用工矿业各项资本数最高的时期,因此虞老师认为,这一时段一度出现了短暂的资本主义发展的"黄金时代"。①

随着自由发展的"黄金时代"的衰弱而来的,是南京国民政府时期的经济统制时代。虞老师认为这一时期经济现代化出现了三个变化:第一个变化是这一时段的主体特征开始由先前的自由经济转向统制经济;第二个变化是外国在华资本由于日本在东北经济侵略加剧而影响到国民政府的经济政策;第三个变化是随着中国共产党革命根据地的建立和扩大,新民主主义经济形态开始成长。② 虞老师指出,统制经济可以在孙中山的经济建设方针中寻找到思想源头,1924年孙中山开始提出以国家资本为主导的经济建设方针,南京国民政府随后开始在工矿业、金融业、货币制度等方面进行发展国家资本,实行统制经济的逐渐推进过程。这一过程贯穿了这一时段,并延续到抗战全面爆发之后。

1937年抗战全面爆发后的经济现代化的特点,虞老师归纳为"创伤与转折"。创伤是由日本侵华战争的掠夺引发的,其对中国的经济掠夺全面升级,日本在七七事变后占据了大半个中国,掠夺中国的人力物力和各种资源。中国的经济现代化的展开面临巨大的顿挫和损失,因此出现了转折。

---

① 虞和平:《20世纪的中国——走向现代化的历程·经济卷(1900—1949)》,人民出版社,2010年,第143、243页。

② 虞和平:《20世纪的中国——走向现代化的历程·经济卷(1900—1949)》,人民出版社,2010年,第275页。

为适应抗战的形势变化,"国家垄断资本急剧膨胀","西南地区的经济水平和中国工业化布局发生了明显的发展和变化"。[①] 这是这一时段经济现代化展开的主要特点和重点。

抗战胜利后经济现代化的特点,虞老师概括为是一个"复兴"希望的破灭的过程:一方面在抗战胜利的鼓舞下,工商界振兴实业的热情重新高涨,从民间到政府一度满怀经济复兴的希望,但由于国民政府实行错误的经济政策,国家资本畸形膨胀,官僚资本肆意发展,在国民党发动全面内战后,随着军事形势的逐渐恶化,国统区濒临崩溃,最终政权垮台而被新民主主义经济所取代。

三、长时段视角下的经济现代化历程

从长时段视角来理解中国现代化历程,是虞老师的经济现代化研究的一个鲜明的特点。早在1993年出版的早期代表作《商会与中国早期现代化》中,他就提出了中国早期现代化的概念。在该书中,他对中国早期现代化这一概念是这样界定的:"所谓中国早期现代化,就是中国自1840年至1949年的资本主义现代化。从现代化的一般含义来讲,资本主义工业化和民主化也是中国早期现代化的核心含义。但由于中国的早期现代化是在半殖民地社会状况下展开的,因此它的核心含义还应增加一个民族化反对帝国主义侵略,争取民族独立。"[②]在《现代化历程·经济卷》中,虞老师在《商会与中国早期现代化》研究的基础上,进一步提出要进行"体现早期现代化线索"的研究,其线索主要是指"近代中国的经济如何从传统向现代的转型和发展"。

这可以在两个层次上来理解。一是将50年的经济现代化历程作为一个整体来考察,上一部分分析的总体性研究,既充分地考虑到各个时段的不同特点和重点,又把各个时段从时间上和内容上尽量全覆盖以求完整,即把50年历程作为一个整体来加以考量。虞老师把1900—1949年这一时期划

① 虞和平:《20世纪的中国——走向现代化的历程·经济卷(1900—1949)》,人民出版社,2010年,第439页。

② 虞和平:《商会与中国早期现代化》,上海人民出版社,1993年,第4页。

归为早期经济现代化。如上所述,在虞老师早期代表作《商会与中国早期现代化》中,是把1840至1949年作为中国早期现代化时期,《现代化历程·经济卷》的起止年限是1900—1949年,显然,这一时段也属于早期现代化时期。二是早期现代化概念的提出,是基于对近代中国经济现代化历程的长时段的历史把握,为1949年之后的经济现代化历程预留了空间,因为从长时段来看,1949年之后的经济现代化历程也是很重要的。现代化理论认为,一个国家实现现代化的进程可以分为三个阶段,第一阶段是现代化的准备阶段,第二个阶段是向现代社会过渡的阶段,第三个阶段是基本实现了现代化的阶段。虞老师认为:"中国的早期现代化历程,只经历了第一和第二个阶段。从1840年的鸦片战争之后到1911年的辛亥革命之前,可称为第一阶段,即现代化的准备阶段。辛亥革命之后进入第二阶段"①,即向现代社会过渡的阶段。第三阶段,要在1949年之后才能完成。在虞老师主编的《中国现代化历程》(三卷本)中,已经进一步将视野拓展延伸到2000年,从而将中国现代化的进程完整地呈现在读者面前。该书在理论上用马克思主义对国外的现代化理论进行了进一步探讨,提出了虞老师自己的现代化研究体系,较好地处理了现代化与反帝反封建革命的关系、传统与现代的关系、外因与内因的关系、现代化指标体系与现代化道路选择的关系、中国共产党与中国现代化进程的关系;在内容上对鸦片战争之前到2000年的中国现代化全过程作了比较全面系统的研究。在《中国现代化历程》(三卷本)基础上,虞老师在《现代化历程·经济卷》一书中回过头来审视1900年到1949年这一时段早期现代化的历程,就使得这一阶段的经济现代化的展开历程在长时段中获得了其应有的地位。

对于"体现早期现代化线索",通观《现代化历程·经济卷》全书,可知虞老师所涉及的内容宏富,线索繁多。简略言之,大的线索约略有列强的侵略和掠夺、振兴实业的观念与实践的演进、经济法规的建立与逐步完善、政府经济管理机构及经济政策的变迁、财政税收与金融的变化、外资和外贸的变化、农业手工业工商业的发展、国家资本与民营资本的发展与变动、资本主义的总体发展情况、科学技术与经济发展、革命根据地的新民主主义经济等方面。根据这些线索,大略可以窥探近代中国经济现代化的展开图景。

---

① 虞和平:《商会与中国早期现代化》,上海人民出版社,1993年,第9页。

对于"体现现代化线索",《现代化历程·经济卷》并不满足于经济现代化的单线展开,事实上,在长时段的视野下,虞老师一直是强调多线展开。例如,除按时序依次描述经济现代化的展开外,从章节安排上可以看出,在科学技术与经济发展、中国共产党的新民主义经济这两个部分的处理,是另辟专章来论述的。科学技术包括"生产上的科学技术和经济理论两个方面,它们对于经济的发展变化起着决定性的作用",在生产的科学技术上,从南京临时政府开始,各届政府都采取和奖励发明创造和运用先进科学技术改良工农业生产的政策。工业企业采用现代管理方法,注重技术创新。农业上不断进行品种和机械上的改良,极大地促进了劳动生产率的提高。在经济理论上,外国资本主义经济学在清末翻译出版了亚当·斯密的《原富》之后,直至民国成立,没有太大进展;民国成立之后,各种资本主义经济学陆续传入中国,一定程度上促进了资本主义经济的发展,缓解了某些社会问题;从20世纪20年代开始,西方经济学著作开始大量进入中国;一些中国的经济学家根据中国自己的经济问题,编著经济学著作,在抗日战争以前,以纯理论著作为主。同时,传统经济思想也被引申和再造,形成了村治派、乡村建设派等一些强调以农立国的团体;五四运动之后,马克思主义经济学说被引介进入中国,被一些先进知识分子所接受和传播;抗战胜利后,中国的马克思主义政治经济学开始吸纳中国共产党的革命经验,最后形成了中国共产党的新民主主义经济理论。这些经济学说和理论,对于经济现代化的进程有着不可估量的影响。而对于不同时期的中国共产党革命根据地的新民主主义经济形态,虞老师认为是"近代中国的一种新生经济形态",其特点是区域性经济,但并不是一般的区域性经济,有其不同于国民党的经济制度、金融机构、税收体系和货币;其次,根据地被重重包围、与周围区域的经济交流较少;第三,根据地经济是在农村和边远地区发展起来的;第四,根据地经济是新民主主义经济,实行一定程度地反对地主所有制的土地改革政策和其他反封建剥削的政策,建立和发展了各种形式的国营经济、集体经济和合作经济。新民主主义经济为"新中国成立后社会主义经济制度建立创造了前提条件"①,同时也为经济现代化展开的新阶段准备了条件。

---

① 虞和平:《20世纪的中国——走向现代化的历程·经济卷(1900—1949)》,人民出版社,2010年,第275、731页。

一言以蔽之，历史事实是纷繁复杂的和无限多样的，在某种程度上甚至是无法穷尽的，中国早期现代化历程也是如此，如何以简御繁，呈现历史进程中主要的面相，这是一个很重要的问题。《现代化历程·经济卷》从历史事实出发来研究近代中国的经济现代化，并用现代化的理论原理考察和解释20世纪前半叶的历史，从经济现代化的角度向我们展现了近代中国的经济现代化如何展开的一个过程。读完虞老师的《现代化历程·经济卷》之后，掩卷长思，收获良多。

虞和平与中国近代史学科体系创新

赵庆云①

虞和平先生是著名的历史学家,研究成果极为丰硕,真正称得上是著作等身。在中国现代化史、商会史等研究领域都有开创之功,并从实证与理论两个方面创新中国近代史学科体系,影响深远。可能现在有些学者并不同意所谓范式转换的说法,但不可否认的是,20世纪八九十年代在中国近代史领域中确实在研究视野上有相当大的突破。与改革开放的思想解放大潮相呼应,在中国近代史研究中开始出现对原有"革命叙事"的反思,力图纠正在阶级斗争问题上的简单化、绝对化倾向。随着现代化理论的引入,给中国近代史研究提供了全新的研究视角,由此带来研究方法的更新,研究视野和研究领域的开拓。

虞和平并未参加当时颇为热闹的中国近代史基本线索的争论,而是潜心于实际的研究。所著《中国现代化的历程》(三卷本)虽不无缺陷,但仍不失为是"现代化"范式的经典之作、中国现代化史学科的奠基之作、现代化史的集大成之作。以"工业化、民主化和民族化"为核心概念,以"两大模式、三条道路、四个转换阶段"为主要线索,对近代历史进行通盘研究,清晰地勾勒出中国现代化的历程。虞和平从中国的历史实际出发,并结合马克思主义的有关理论原理,对西方的现代化理论加以认真检讨和切要改造,创造性地提出中国现代化的特定含义不仅仅是工业化和民主化,还应该包括争取民族独立自主的民族化,以争取民族独立、制度变革和道路选择为主体内容和重要动力。他强调指出:"如果就完整意义上的现代化而言,反帝反封建的改革和革命应该包含在现代化进程之中。这是因为,反帝是为了争取国

① 赵庆云,1977年6月出生。男,湖南邵东人。2005—2008年在中国社会科学院研究生院近代史系读博士。2008年进入中国社会科学院近代史所,2011年12月任副研究员,现任中国社会科学院近代史所史学理论与文化研究室副主任。

家独立、建立平等互利的国际关系，以便合理地利用国外资源；反封建是为了争取民主、建立政府与社会的良性互动关系，更好地进行现代化的社会动员。所以反帝、反封建的改革和革命既是现代化的一个组成部分和一种重要动力，也为现代化建设解决制度、道路问题，并扫除障碍。"①这一理论架构体现出鲜明的主体性和创造性。不难看出，虞和平所构建的近代史新体系，并非激进的推倒重来或简单的以偏纠偏，而力图将革命史叙事涵括其中，以增进中国近代史理论架构的包容性和解释力。尤可注意的是，他将"民族化"作为现代化理论的应有之意予以突出强调，实为"现代化"叙事与"革命"叙事可以共通接榫的关键之点。

20 世纪 80 年代以来，坚持"革命"叙事的学者，实际上也在与时俱进的以调整其理论观点。他们所坚持的已非 20 世纪 50 年代"革命"，而是悄然转换为"民族革命"。胡绳、刘大年等曾参与"阶级革命"叙事建构的史家也正是如此为"革命"叙事辩护的。其论述策略是将"革命"置换为"民族独立""民族革命"的问题，以"民族独立"作为"现代化"建设的前提，以此捍卫"革命"的正当性。胡绳在 1990 年提出："在近代中国前面摆着两个问题：即一、如何摆脱帝国主义的统治和压迫，成为一个独立的国家；二、如何使中国近代化。这两个问题显然是密切相关的"。② 1995 年，刘大年提出"两个基本问题"：中国近代 110 年的历史基本问题是两个：一是要求民族独立，另一个是要求工业化、近代化"③。刘还力图将民族独立与近代化两个主题整合进"民族运动"这一概念："110 年的历史运动是什么？我以为基本的运动是民族运动。中国近代民族运动的内容有两项，一是要求民族独立，二是要求中国近代化。从西方侵略中国这一天起，就是民族运动的开始，也就在我们面前提出了近代化的问题……我们说中国近代史的主题基本上是民族问题，就是说从鸦片战争到中华人民共和国成立这段时期，中国所有的阶级，没有一个不参加民族斗争，不卷入民族斗争的"④。

在虞和平先生的近代史诠释体系中，并不否定通过"革命"以求得民族

① 虞和平主编，马勇、苏少之副主编：《中国现代化历程》第一卷"绪论"，江苏人民出版社，2001 年，第 22 页。

② 胡绳：《关于近代中国与世界的几个问题》，《人民日报》1990 年 10 月 17 日。

③ 刘大年：《当前近代史研究中的几个理论问题》，《人民日报》1997 年 1 月 11 日。

④ 刘大年：《中国近代历史运动的主题》，《近代史研究》1996 年第 6 期。

独立的价值,但不是完全替代“革命史叙事”,认为“现代化叙事”能包容“革命”,比“革命史叙事”具有更强的解释力。事实上,“现代化”叙事体系从20世纪90年代以来,在虞和平等学者的开拓和倡导之下,越来越多的研究者以此作为研究的总体预设,并不断开拓新的研究领域,对“革命史叙事”构成强有力的挑战。据夏明方观察:“虽则在官方意识形态宣传和教科书领域,革命史范式的主导地位一直未曾受到怎样的撼动,但是在学术研究领域,随着现实生活中市场经济地位的确立乃至市场霸权的建立,现代化范式还是逐步取得其事实上的统治地位”。[①] 郭世佑则认为:“在学术体制上支持革命史范式的力量多些,而在学术思想上,现代化范式则更具影响力”[②]。杨念群亦认为:“‘革命史叙事’已让位于对现代化道路合法性的解说,或者说是‘革命史叙事’已屈从于‘现代化叙事’的逻辑制约之下,再也无法具有其至高无上的控制地位”[③]。

史观与史料、理论与实证,如同车之两轮、鸟之两翼,在史学研究中均不可或缺。国内学者大多并不擅长理论建构,而虞和平先生颇具理论概括之功力,尤为难能。前文所述建构的现代化叙事理论体系,是他从中国近代历史实际中提炼出来,具有相当强的解释力。他对于“范式”这一舶来概念保持警惕,并不认为自己的研究可以用“现代化范式”进行概括,但从研究领域上实际超越了所谓“范式之争”。2010年总结近代史研究时,他使用“主题创新”这一词语来表述中国近代史研究领域的变革。虞和平先生指出,近代史研究的根本变化为“主题创新”,即“从一个主题发展到一主一次两个主题,或叫做两个基本问题、两个任务、两个走向。这两个主题,一是反帝反封建革命,二是争取近代化,以前者为前提”。[④] 我以为,“主题创新”这一表述,超越了“范式之争”非此即彼的意味,又准确的概括出近代史研究领域的真正意义上的突破。与此相关的是,他将中国近代史的时限区分为“研究时限”和“学科时限”。所谓“研究时限”,“是指既缺少学界基本共识,又没有

① 夏明方:《中国近代历史研究方法的新陈代谢》,《近代史研究》2010年第2期。

② 郭世佑、邱巍:《突破重围——中国早期现代化研究》,河南大学出版社,2010年,第65页。

③ 杨念群:《“感觉主义”的谱系——新史学十年的反思之旅》,北京大学出版社,2012年,第223页。

④ 虞和平:《改革开放以来中国近代史学科的创新》,《晋阳学刊》2010年第6期。

形成制度性确认,只是学者们在自己研究中自行采用的时限”[1]。所谓“学科时限”,“是指获得学界基本共识,并形成制度性确认,被全国相关研究和教育机构统一规定采用的时限”[2]。这一区分界定相当准确,且能予人以启发。

虞和平先生之所以能够在近代史学科体系建构中作出很大的贡献,还要看到他能与时代呼应共振,方能引领风气,开拓区域。如何才能够像前辈学者一样把握时代脉搏,为近代史学科体系的建构添砖加瓦,确实需要引起我们的深思。

① 虞和平:《改革开放以来中国近代史学科的创新》,《晋阳学刊》2010年第6期。

② 虞和平:《改革开放以来中国近代史学科的创新》,《晋阳学刊》2010年第6期。

商人外交研究：中国近代史研究的学术增长点

——虞和平中国近代商人外交的概念提出及理论贡献

贾中福[①]

2001年秋,我有幸进入中国社会科学院近代史研究所学习,师从虞先生做中国近现代史专业博士研究生。此时,虞先生倡导的近代商人外交研究刚刚起步,该项研究也是虞先生继商会史、中国现代化(近代化)问题研究之后开拓的一个新的研究领域,学术创新意义极强。因此,他极力建议我也从事近代商人外交研究,最终确定论文选题为"中美商人外交活动研究",并顺利毕业获得博士学位。时光荏苒,岁月匆匆,每每回想起在社科院求学的三年美好时光,一切仿佛就在昨天。2017年正值虞先生70华诞,谨撰写此文以作纪念,意在结合笔者近代商人外交研究的心得体会,力图学习、总结虞先生近代商人外交研究的学术创新与贡献。

一、极力倡导近代商人外交研究

近代商人外交研究最初是由虞先生提出并倡导的,但这一研究在国内的起步相对较晚。在20世纪80年代初期,近代商人外交研究已经引起国内外学者的关注。就笔者的学术视野来说,日本学者野泽丰的论文《辛亥革命与产业问题——1910年的南洋劝业会与日、美实业团访华》、木村昌人的《日美民间经济外交(1905—1911)》都是较早的专题研究成果[②]。这两项成果都涉及中国早期的商人外交活动,特别是1910年前后日美实业团访华这

① 贾中福,1969年12月出生。男,山东莒县人。1998年毕业于山东师范大学历史系,获硕士学位。2004年毕业于中国社会科学院研究生院,获博士学位。现为聊城大学历史文化学院副教授。

② 野泽丰:《纪念辛亥革命七十周年学术讨论会论文集》,中华书局,1983年;木村昌人:《日美民间经济外交(1905—1911)》,庆应通信株式会社,1989年。

次商人外交活动。但是，前者的研究侧重于辛亥革命的产业问题，后者研究的重点是1905年到1911年日美之间的民间互访与合作。在国内，虞先生在《近代史研究》1988年第3期上发表的《清末民初中美商会的互访和合作》一文，则是关于近代商人外交研究的第一篇专题成果。

1993年，虞先生在博士论文基础上修改出版了《商会与中国早期现代化》一书，第一次提出了"商人外交"这一概念。该书其中一个章节题为"与外国商会的交往和商人外交观念的萌发"，其中指出，从清末民初开始，中国商人的"国民外交""商人外交"思想在与外国商会的交往中逐步产生。此时，他已敏锐地意识到近代商人外交研究的特殊价值和意义，在1995年总结商会史研究取得的成绩时明确指出，当时"商会的国际交往问题很少研究"[①]。1996年10月，虞先生赴日本东京大学访问，就近代中国商会研究的有关问题与日本学者进行交流，他意识到日本学者对日本商会的民间经济外交活动研究的高度重视，并借机查阅了中日商人外交活动的专项资料。[②]这一时期，随着商会史研究的深入发展，以中国商会为主开展的对外活动也开始受到国内学术界的关注和重视，但研究问题较少且多为个案研究，主要集中于1925年中国实业团访日、中国商会参与1915年巴拿马太平洋万国博览会这两次涉外活动。[③]

2000年，虞先生在《近代史研究》第2期上发表了《五四运动与商人外交》一文，这篇概论性的论文与以往注重近代商人外交活动的微观个案研究不同，不仅第一次对近代商人外交概念作了学术界定，而且从宏观上考察了1905年到1926年之间以商会等商人团体为主体的近代商人外交活动。同年，他主持申请的国家社科基金重点项目——"商人外交与近代中国的殖民地化与反殖民地化"获批立项，近代商人外交研究得到学术界的认同。其后，他在接受学术访谈时又多次呼吁开展近代商人外交研究的紧迫性和重

① 虞和平：《近八年之商会史研究》，《中国社会经济史研究》1995年第4期。

② 虞和平：《访日归来谈商会史研究》，《近代史研究》1997年第6期。

③ 相关研究参见顾莹惠：《中国实业团的赴日外交》，《民国春秋》1994年第6期；梁碧莹：《民初中国实业界赴美的一次经济活动——中国与巴拿马太平洋万国博览会》，《近代史研究》1998年第1期；马敏：《有关中国与巴拿马太平洋万国博览会的几点补充》，《近代史研究》1999年第4期。

要性，介绍近代商人研究的思路与价值，等等。① 同时，他从近代商人外交的视角对中国商会参加太平洋商务会议和早期博览会的研究，以及民初中日商人外交等研究都具有较强的学术开拓性，并引领着近代商人外交研究的深入发展。

近代商人外交研究，可以说是虞先生由商会史研究自然派生出来的一个全新的研究领域。他的学术道路，是由中国近代社会经济史研究起步，经商会史、中国现代化问题研究一步步发展到近代商人外交研究。虞先生于20世纪70年代末从北京大学历史系毕业后，遂入中国社会科学院近代史研究所这一学术重地，开始了他的中国近代社会经济史研究之旅，并成为他为之努力一生的研究方向。80年代初期，他又入华中师范大学历史系，师从著名的中国近代史研究专家章开沅先生攻读博士学位。他怀着对中国早期现代化问题的极大兴趣，选择了"商会与中国早期现代化"为论文题目，将当时研究热点——商会这一新题材与中国早期现代化新视角结合起来。从此，商会史和中国现代化问题就成为他的两个重要的研究志趣。专著《商会与中国早期现代化》和主编的《中国现代化历程》是他的两项重要的代表性成果，在学术界产生了重大反响。而近代商人外交研究，可以说是对商会史研究的进一步延伸与拓展，亦适应了现实社会的需要。

对于历史学科的发展和历史研究深入的动因，虞先生总括为两个方面："一是受时代发展影响的结果，也就是学术研究随着时代的发展而发展，以适应现实社会的需要，针对现实社会中的新现象和新问题开辟新的研究领域，从而使学术研究的内容更加丰富，学科领域不断扩展；二是学术研究自身发展逻辑作用的结果，也就是说在原有研究的基础上继续前行。"②近代商人外交研究领域的开拓，可以说本身既是商会史研究自身发展的需要，也是现实社会的发展赋予历史学者对历史资源开发提出的新要求。

商会史研究发轫于资产阶级研究，尤其是与辛亥革命史研究分不开，章开沅先生在其中发挥了关键的作用。20世纪80年代之前，国内专门的商会

---

① 虞和平、王天根：《近代史研究的热点和难点——访虞和平研究员》，《社会科学家》2001年第3期；虞和平、谢宝耿：《努力创建中国现代化史学科——虞和平研究员访谈》，《学术月刊》2004年第4期。

② 虞和平：《历史时代：历史学与社会科学》，《历史研究》2004年第4期。

史研究几乎没有，只有日本、美国学者有所涉及。1978年，章先生首次提出要把辛亥革命前后的资产阶级群体作为研究对象，商会、公所、会馆、行帮等一起被列入研究视野。此后，他多次强调商会史研究的重要性，提出将辛亥革命中的资产阶级从阶层分析、个体分析推进到群体及集团研究的新阶段。1982年后，在他的倡导和推动下首先开始整理苏州商会档案，到20世纪80年代中期以后商会史研究逐渐进入高潮，研究领域也大为拓宽，出现了一批有代表性的研究成果，商会史逐渐成为社会集团研究中的一个热点。但是，经过二三十年的发展，到21世纪初期商会史研究又明显呈现弱势。近代商人外交研究作为商会史研究的重要内容，正是在商会史研究呈现弱势情况下对原有研究主题的进一步拓展。因此，从这个意义上说近代商人外交研究对于商会史研究的意义就更为特别。

另一方面，当今世界的全球化步伐越来越快，各种民间组织的对外交往活动随之越来越频繁，工商界作为中外交往、参与重大外事活动的一股重要力量，在其中也扮演了不可或缺的角色，其在当今的国际事务中也发挥着政府和正式外交渠道所发挥不到的特殊作用。特别是随着我国经济体制改革的深入和我国加入世界贸易组织（WTO）后，民间经济力量所开展的灵活多样的民间交往有了更加广阔的活动舞台，发挥的作用也越来越明显。正因如此，近代国民外交、商人外交等研究领域开始进入历史学者的视野，成为近年来兴起的一个重要的研究热点。也就是说，近代商人外交研究与时代发展的主题密切相关。

二、贡献之一：首次提出了近代商人外交的概念与研究体系

虞先生对于近代商人外交研究的贡献，首先在于提出了近代商人外交的概念和研究体系。他指出："所谓商人外交，从外交活动的主体来说，它是国民外交的一个组成部分，是指商人的有组织的对外交往活动，包括商人独立活动和间接的外交后援活动，但是不包括商人个人的外事活动；从外交活动的内涵来说，它是民间经济外交的主体，也就是一种把经济利益作为主要目标，或作为主要手段以达到其他目标的国民外交。"①他从活动的主体和

① 虞和平：《五四运动与商人外交》，《近代史研究》2000年第2期。

内涵上对近代商人外交概念作了限定。其中,从活动主体上排除了商人个人的外事活动,从活动内涵上排除了中外商人之间单纯的经贸活动。在研究体系上,他提出近代商人外交研究主要考察近代商人的外交观念、外交活动和外交能力三个方面。由于近代商人外交及与之密切相关的近代国民外交、民间外交、人民外交等概念,迄今在学术界存在着较大的歧异。因此,有必要对它们之间的关系展开进一步的分析和阐释。

从词源上来看,国民外交和商人外交这两个词语都产生于20世纪初期。国民外交这一词语的最早使用,是1909年9月登载在《外交报》上的日本翻译过来的《论国民外交与官僚外交之别》一文,该文指出,国民外交是与官僚外交、秘密外交相对立的,但对国民外交的确切含义并没有作出说明。① 对于商人外交一词的产生,虞先生指出,中国商人外交观念的产生发展过程与其外交活动相应,在清末接待日本和美国的商人代表团访华时开始萌发,逐渐增强。到清末民初准备组团回访日本和美国时,开始提出商人外交的概念。他援引了两份史料加以论证,一份是1911年上海商务总会禀农商部文,其中指出:商会组团回访日本,"虽纯属国民之外交,然实足为邦交之补助","实为商民联合外交之发轫"。另一份是1914年中华全国商会联合会讨论组团访问美国问题时的议案审查报告,其中指出:"此等事务为商业外交上不可少之事,所以亟宜组织……此次组织赴美考察实业团,为中国商人与外国商人外交之一种事业,将来交接以后定能发生效力。"②以上史料说明,国民外交、商人外交这两个词语几乎在同一时期产生。

实际上,国民外交、商人外交这两个词语不仅在同一时期产生,而且在早期使用上经常出现混同现象,其中原因主要是工商界成为当时国民外交的主要倡导和活动力量。但在此后的历史文献中,特别是20世纪20年代之后,"国民外交"一词几乎代替了"商人外交"一词,商人外交汇于国民外交的洪流之中。更为关键的是,国民外交在近代不同的历史时期、不同的历史语境下其含义并不相同。笔者曾追踪了国民外交在近代不同时期的内涵变化,指出国民外交在早期主要是指以民间力量(工商界)为主体开展的,旨

① 《论国民外交与官僚外交之别》,《外交报》1909年第253期。

② 以上两份资料,分别见宣统三年四月初一日《申报》,《中华全国商会联合会会报》1914年第9号。转引自虞和平:《商会与中国早期现代化》,上海人民出版社,1993年,第137页。

在促进国家之间关系的民间外交；在北京政府时期，则将国民以政府后援为目的的外交参与活动称为国民外交，在实践中又带有督促与监督政府外交行为的动机和活动，主要通过舆论影响和组织活动等开展；在抗日战争时期，国民外交遂转向注重对外联络与宣传，影响国家舆论，获得国际援助，以作为政府外交之后援，同时带有政府主导的半官方的性质。[①] 从以上近代历史上国民外交一词的内涵看，虞先生提出的近代商人外交概念是符合历史现实的。

对于近代商人外交与国民外交之间的密切关系，虞先生在我以博士论文为基础修改出版的《中美商人团体与近代国民外交》一书的序言中做了清晰解释。他指出："在近代中国，商人外交对于国民外交来说，既是其中的一个构成部分，又是其中的一个主流部分。从外交活动的主体来说，商人外交以商人为主体，国民外交以国民为主体，商人包含在国民之中，因而商人外交也是国民外交的一部分，也就是说，国民外交所涵盖的范围比商人外交宽广。"他进而解释道："从外交活动主体的能量来说，商人有较广的社会联系网络，上与官绅相维相系，外与洋商相连相争；又有较高的团体组织水平，各种固定的、临时的组织，不仅涵盖了全体商人，而且联结了其他的社会阶层。因此，商人具有较多、较强的外交诉求和外交能力，他们的外交活动不仅作为民间经济外交主干载体而在国民外交中频繁出现，而且作为社会的主要代表力量往往在诸多的国民外交运动中处于领导和核心的地位。""从外交活动的内容构成来说，国民外交所涉及的内容虽然很广泛，包括政治、军事、经济、文化、教育等方面，但是涉及最多的还是经济方面……经济方面的国民外交，则既在重大事件中有较多涉及，也在平时有较多涉及；既在个体国民层面有较多涉及，也在团体组织层面有较多涉及。而经济方面的国民外交，无疑以商人外交为主干载体。"[②]

近代意义上的国民外交、商人外交，显然比当今所言的人民外交、民间外交等概念的内涵宽广得多。钱其琛主编的《世界外交大辞典》认为，外交有"狭义"和"广义"之分，前者指的是由国家正式代表，即由国家首脑人物

---

① 贾中福：《国民外交的近代意蕴》，《理论学刊》2010年第1期。

② 贾中福：《中美商人团体与近代国民外交（1905—1927）》序，中国社会科学出版社，2008年。

及外交系统的人员和机构所从事的外交活动;后者指的是"各国间议会、军事、经贸、科技、文教、体育以至地方间的官方往来,以及旨在'以民促官'被称为'民间外交'的民间往来。"[①]也就是说,民间外交主要是指旨在促进国家间关系的民间往来,民间外交与民间交往两者之间的最大区别就在于是否促进国家之间的关系。但是,"外交"一词在近代,特别是在早期并没有如今天有这么严格的界限,在当时的许多表述中,对外交往往往等同于外交活动。这一方面反映了外交一词的早期发展,另一方面也与当时的社会现实有关。在当时中国国势弱小的现实下,每一次国人的对外交往往往都被赋予了"维护邦交"的特殊含义。因此,将近代历史上的中外有组织的对外交往活动,纳入国民外交、商人外交的研究范畴也在情理之中。

厘清近代国民外交、商人外交的内涵是进一步开展研究的基础和前提,也是进行学术交流和对话的前提。"国民外交""商人外交"之类的词语不仅有古今含义之差别,学术界对此也没有形成一个统一的认识。对于国民外交的定义,其他比较有代表性的观点,如王立诚指出:"国民外交,是国民对国家外交行为的参与,是指国民以一定的组织形式,通过舆论、运动等压力手段,来表现自己的意志和实力,从而影响政府的外交决策,左右对外关系的趋向。"[②]他主要是从宫廷外交、官僚外交的对立面来解释国民外交的,显然并不能涵盖近代国民外交的全部内容。顾莹惠则认为:"国民外交是指民族国家兴起以来,各国国民为捍卫国家主权和自身权利,谋求国家发展、争取世界和平而以非官方的身份从事的对外交涉和交流。"[③]这一定义,虽然考虑到近代国民外交的时代性问题,但也并不全面。相反,虞先生结合近代中国历史的现实对近代商人外交的丰富内涵作了全面概述,指出了近代商人外交这一概念的特殊时代内涵,所以他对近代商人外交的活动内涵的界定更为科学合理。

三、贡献之二:开拓并引领了近代商人外交的专题研究

虞先生关于近代商人外交的开拓性专题研究,以《五四运动与商人外

① 钱其琛主编:《世界外交大辞典》,世界知识出版社,2005年,第2045页。

② 王立诚:《中国近代外交制度史》,甘肃人民出版社,1991年,第162页。

③ 顾莹惠:《论20世纪初的中国国民外交》,《武汉大学学报》(人文科学版)2002年第7期。

交》一文最有代表性，该文也是第一篇近代商人外交研究的概论性研究成果。与以往重视研究五四运动对近代中国政治、文化、经济和社会风俗所产生的影响不同，该文从商人外交的视角探讨五四运动对近代商人外交的影响。为了分析论述五四运动前后商人外交的发展状态，该文具体考察了1905到1926年之间以商会为主体的商人外交活动。他提出："五四运动的特殊国际和国内环境，使这次商人外交达到了新的水平，从萌芽阶段进入到基本成熟阶段。"该文具体分析了五四运动之后商人外交活动的明显进步、商人外交意识的进一步强化以及商人外交活动表现出渐趋成熟的趋向，认为"以五四运动为界，商人的外交活动有明显的进步，由被动变为主动，由间接转向直接，由依附走向独立，并日益趋向频繁化和国际化；商人的外交意识进一步强化，其出发点由原来的谋求自身的国际商务合作和作为政府的外交后援，日益发展到争取国际和平平等关系、自主开展外交斗争、获取中国应有的国际待遇，并由'在商言商'观念向'天下兴亡匹夫有责'观念转变。商人外交活动的特点表现出渐趋成熟的趋向，在组织上由自由联合转向全国统一，在目的上由防御走向进取，在认识上由感性发展为理性，在手段上由经济上升到法律。"①

在近代商人外交中，中美、中日商人外交占有十分突出的位置。虞先生关于1910到1922年间中美商会互访和合作的专题研究，是国内最早开展的商人外交研究。他明确指出，发生于1910年的日本和美国的实业团来华访问成为中国商会与日本、美国商会的正式外交活动，并对中国商会走向世界带来了直接影响。在详细梳理此次中美商会互访和合作的缘起、经过、最后结果及其对中国资本主义和资产阶级的影响基础上，他认为这次中美商会的交往活动，由美国太平洋沿岸联合商会的代表罗伯特策动，反映了新兴的美国西部资产阶级对外扩张的欲望。其目的在于笼络中国商会，作为他们在华与其他列强争夺中国商品和投资市场的同盟者和代理人。同时，中国商会也力图通过这次外交活动，把美国资产阶级作为自己抵制日本和其他列强经济侵略的牵制力量，并希图利用美国的资本振兴实业，也希望借鉴美国的政体改良政治。从活动的客观内容来看，双方所承担的义务、权利和责任是基本平等的，利用对方达到自己预期目的的机会也是基本均等的。

① 虞和平：《五四运动与商人外交》，《近代史研究》2000年第2期。

但是,由于双方所处的社会政治条件不同,具有的经济实力悬殊,结果只有美方达到了预期的目标,为其以后的对华经济扩张打下了一个基础。中方虽然没有完全达到预期的目的,但也从中扩大了眼界,增强了振兴本国实业和打入世界市场的思想认识。并且推进了中国的对美贸易,促使中国商会迈开了从省区联合走向全国和世界联合的步伐。① 该研究的另一可贵之处,在于它不囿成见,从一个侧面回答了中国资产阶级对美国门户开放政策的态度,纠正了过去一味谴责美国对华门户开放政策的认识。这是一种较为中肯的评价,摆脱了学术研究中过分强调政治因素的倾向。

在中日商人外交方面,虞和平利用日文资料研究了吴锦堂及其发起成立的"日支(华)实业协会"的商人外交的意义。吴锦堂是著名旅日华侨商人,1917 年 3 月在神户联合神户和大阪的日本商人发起成立的"日支(华)实业协会"这一具有商人外交性质的组织。日支实业协会作为以中日两国商人组建的民间的经济团体,它的主要动机和作用在于开展和推进中日两国工商界的外交活动,即商人外交,从而促进中日两国关系的改善,为两国经济的共同发展创造条件。其商人外交的意义在于:一、其动因是对中华民国成立以来"中日亲善"外交的一种响应和推进;二、其宗旨在于促进中日两国工商界的友好关系和经济合作;三、为改善中国经济发展的国际环境而呼吁。与当时日本当局和中国亲日官员鼓吹的"中日亲善"伪装下对中国进行政治和经济扩展不同,以吴锦堂为首的神户华侨商人开展"中日亲善"外交,则是真正地为了谋求中日关系的改善,他们不仅自己为此而努力,而且力图影响日本政府采用友好的对华政策。纵然其结果并没能达到目的,其良苦用心和努力方向是值得肯定的,并产生了一定的历史意义和影响,使此后以谋求"亲善"为目的的中日商人外交活动明显增加,一直延续到 1926 年上海总商会代表团访日。②

世界博览会、民间性质的国际会议也是中国近代商人外交的重要舞台和载体,中国商人参与其间的商人外交意义十分明显。中国学者对近代中

① 虞和平:《论清末民初中美商会的互访和合作》,《近代史研究》1988 年第 3 期;虞和平:《商会与中国早期现代化》,上海人民出版社,1993 年,第 123~138 页。

② 虞和平:《吴锦堂与民国初年的中日商人外交》,《宁波大学学报》(人文科学版)2010 年第 5 期。

国参与世界博览会的研究，大多以考察和研究近代中国对世博会的认识和参与状况及其经济影响为主。虞先生独辟蹊径，他认为世博会不仅具有一般的外交功能，而且具有民间经济外交功能。1928 年之前的早期世博会，大多是各类产业出品及其制造方法的展览会，尤以现代工业产品及其制造方法为主导。因此，对于世博会的主办者无论是政府还是民间组织，其参与者则都以工商界为主，并不断由被动参与、间接参与向主动参与、直接参与转变。与此相应，随着中国商人参与世博会程度的不断提高，其利用世博会的外交功能而展开以经济外交为主的外交活动的观念和方式逐渐增强和完善起来，使世博会日益成为近代中国商人外交进步的一个重要载体和助力，并对中外经济关系的改善发挥了一定的作用。① 不仅如此，官商之间往往在举办博览会上有许多利益相关性。在另一篇关于 1928 年中华国货展览会的相关研究中，他指出了官、商、民三者利益的一致性，认为这次展览会的宗旨有维护商民的整体利益和长远利益之意，其主张的改良国货、制造国货，也满足了普通市民的消费需求。因而，这次展览会较为容易地得到了政府、商人和市民的一致支持，体现出官、商、民进行合作的面相。② 1922 年 10 到 11 月，中国商会代表团参加太平洋商务会议，标志着中国商人外交真正登上了国际商人外交的舞台。虞先生对此次会议作了专题研究，指出太平洋商务会议不仅是一次比较完整意义上的商人外交活动，而且是中国商人外交继五四运动之后的又一次跨越。这次会议由联太平洋协会这一国际商人外交组织发起，由太平洋地区各国工商界所派代表参加，对中国商人来说是第一次直接的国际商人外交活动。通过这次会议，中国向世界发出了要求国际和平、反对政治侵略、希望太平洋各国建立真正友谊的呼吁，阐明了中国商务发展的障碍，以及建立平等国际经济秩序的必要性，宣传了中国工商业发展情况，消除国际上对中国商务状况的误会，提出了开发资源、发展交通、增进国际商务合作的主张。会议通过了许多有利于中国的议案，推进了中国工商界联美制日的外交策略，也增进了中国商人走向世界的意识。③

① 虞和平：《早期世界博览会与清末民初商人外交的兴起》，《史林》2010 年第 4 期。
② 虞和平、洪振强：《商人与 1928 年中华国货展览会》，《华中师范大学学报》2008 年第 6 期。
③ 虞和平、贾中福：《中国商会代表团参加太平洋商务会议述论》，《史学月刊》2004 年第 7 期。

虞先生近代商人外交研究的学术带动引领作用也十分明显，近年来学者们越来越重视国民外交、商人外交等非政府外交的研究。正如有的学者在评论近代中外关系史研究现状时所指出的："在对政府外交深入研究的同时，学者们对体制外因素对外交的影响也日益关注。国民外交越来越引起学者的浓厚兴趣，如以商会为依托的商人外交、社会团体的非政府外交、社会舆论对外交决策的影响等，都有专题研究面世。"[①]首先，近代非政府外交成为各种学术研讨会的重要内容，引起学术界的高度关注。在 2000 年举办的"顾维钧与中国外交"国际学术讨论会上，与会学者对近代国民外交的作用和影响展开了热烈讨论；在 2001 年 10 月举办的"纪念辛亥革命九十周年"国际学术讨论会上，日本学者则探讨了在辛亥革命时期日本民间开展的所谓"民间外交"活动；在 2004 到 2005 年举办的"北洋时期的外交""1920 年代的中国"和"1930 年代的中国"等国际学术讨论会上，与会学者提交的有关近代国民外交的专题研究论文引起学术界的重视。其次，一批有代表性的以国民外交、商人外交为主题的研究成果面世，如顾莹惠的《论 20 世纪初的中国国民外交》、左双文的《九一八事变后的国民外交杂志》、于文浩的《中日民间经济外交（1919—1928）：以商人团体为主体的历史考察》、马建标的《民族主义口号下的多方政争：华盛顿期间的国民外交运动》、何艳艳的《"国民外交"背景下的中苏建交谈判（1923—1924）》等专题论文，论述的问题涉及近代国民外交的进程、作用和影响等。同时，一批在博士论文基础上修改的专著，如印少云的《清末民初的国民外交运动研究》、贾中福的《中美商人团体与近代国民外交》、周斌的《舆论、运动与外交——20 世纪 20 年代民间外交研究》等也相继出版，并从中培养了一批商会史、中外关系史研究

① 王建朗：《究中外之际通中西之变——近代中外关系史研究扫描》，《中国社会科学院院报》2004 年 8 月 19 日。

人才。①

虞先生倡导的近代商人外交研究，开创了一个全新的研究视角和研究领域，对中国近代历史学科的发展具有开拓意义。关于近代商人外交研究的学术价值，他认为："近代商人外交研究将开创一个新的研究领域，在近代中国的殖民化问题、反帝斗争问题、资产阶级问题、对外经济关系史和外交史方面开辟新的研究视角。它将弥补近代中国的帝国主义侵华史、中外经济关系史、外交和反帝斗争史研究中对商人参与问题研究的不足；也将比较全面地考察近代中国商人的外交观念、外交活动和外交能力，进而显示商人阶级在近代中国争取民族经济发展、民族独立和国际平等地位中所发挥的作用；同时将考察主要帝国主义国家侵华过程与其商人阶级的关系。"②近代商人外交研究从研究历史上说是年轻的，但它给中国近代史学科的发展开辟了一个新的学术增长点，正吸引着学术界在此开疆拓土。

---

① 顾莹惠：《论20世纪初的中国国民外交》，《武汉大学学报》2002年第7期；左双文：《九一八事变后的国民外交杂志》，《史学月刊》2007年第3期；何艳艳：《"国民外交"背景下的中苏建交谈判（1923—1924）》，《近代史研究》2005年第4期；于文浩：《中日民间经济外交（1919—1928）：以商人团体为主体的历史考察》，《中国经济史研究》2012年第2期；马建标：《民族主义旗号下的多方政争：华盛顿期间的国民外交运动》，《历史研究》2012年第5期；印少云：《清末民初的国民外交运动研究》，吉林人民出版社，2004年；贾中福：《中美商人团体与近代国民外交》，中国社会科学出版社，2008年；周斌：《舆论、运动与外交——20世纪20年代民间外交研究》，学苑出版社，2010年。2013年，于文浩的博士后研究报告《中日民间外交（1919—1928）：以商人团体为主体的历史考察》完稿，将由天津古籍出版社出版。

② 虞和平、谢宝耿：《努力创建中国现代化史学科——虞和平研究员访谈》，《学术月刊》2004年第4期。

头雁高声：虞和平与中国近现代经济史学科建设

彤新春①

大体来说，中国近代史是在20世纪初开始形成并发展为一门学问的，还是一门较新的学科。不同环境下的学者们研究中国近代史，对该学科的学科体系的形成均发挥了作用。作为中国史学的重要分支，以前的学者将近代史界定在1840—1919年。随着中华人民共和国成立，大大拓展了近现代史的边界，其中一批批重要的马克思主义史学工作者做了大量卓有成效的工作，成果丰硕。作为二级学科的中国近代经济史学科与整个历史学科一起进入了以马克思主义为主导的新时代，并取得了大量的研究成果，形成了完整系统的学科体系。在资料发掘与成果剧增的学术氛围中，不少学者将视角又深入到现代经济史的学术领域内，一批贯通近现代经济史的皇皇巨著不断问世，从理论和实践中丰富和完善了中国近现代经济史学科的建设和发展。这其中，虞和平先生是这一重要的学科建设代表。他不仅从学理上阐释了该学科的内涵和外延，更为重要的是，在学科队伍建设和人才培养方面，他也做出了大量的、卓有成效的工作。本文试做一简单的梳理，以就教于方家。

一、厘清内外：中国近现代经济史学科内涵与外延的拓展

中国历来重视史学研究，中国近代史学科体系的形成大致在20世纪60年代。经济史学作为研究特定区域，或是特定时间内，人们经济生活演变过程及其规律的一门科学，它既是历史、经济两门学科的边缘学科，又是交叉

① 彤新春，1970年2月出生，男，河南新野人。1996—1999年在华中师范大学历史所读硕士，2003—2006年在中国社会科学院研究生院近代史系读博士。2006年进入中国社会科学院经济研究所，2010年任副研究员。

学科。中国近代经济史是考察“中国”这个特定国度和“近代”这一特定的社会时代的诸种生产方式及其相互关系和演变的科学理论。[①] 早在20世纪40年代,毛泽东同志就曾多次强调,要充分重视对中国近代经济史的研究。[②]

（一）中国近现代经济史学科分类及发展

中华人民共和国成立后,尤其是改革开放以来,一大批史学工作者对中国近现代经济史的方方面面进行了深入分析,提出了独到见解,极大地丰富了该学科的发展内容,并进行了卓有成效的拓展。赵德馨教授认为,经济史学科中包括各种类型的经济史。一类是以研究经济生活演变过程为对象,着重揭示它是怎样演变和引起这种变化的具体因素。它们以时间为经,以史实叙述或具体(时间、地点、表现、数量等)为特征。另一类是在前一类研究成果的基础上,对经济生活演变过程进行理论的分析、概括与抽象,着重揭示它为什么这么演变及其运行机制与规律。在分析方法与叙述方法中,在历史逻辑与理论逻辑的结合上主要遵循理论逻辑。它们以理论分析和抽象(舍弃了对经济生活演变过程的具体叙述和那些偶然的因素)为特征。[③]

1949年以后,使得对1840年鸦片战争至1949年间百余年社会经济发展变化的研究,从现代、当代性质的研究,转变为对历史的研究,成为近代经济史研究。一批原来从事民国时期现实经济研究的学者,转入近代经济史研究的队伍。

与此同时,中国现代经济史学作为一门新兴的分支学科,也有很多学者进行了深入的研究。能够取得的共识包括中国现代经济史学科的研究对象是中国现代经济的发展与变迁,主要是中华人民共和国经济史,此外还包括港、澳、台经济史及中国共产党领导的中华人民共和国成立前的根据地经济史。中国现代经济史研究的时段随着历史的发展而不断延伸。学术界一般以1949年中华人民共和国成立作为中国现代经济史学科研究对象的上限,到今天为止,中国现代经济史的研究对象仅有60年,即使以1927年中国共

---

① 汪澎澜、王广义:《中国近代经济史学科体系建设与展望》,《大庆师范学院学报》2005年第2期。

② 毛泽东:《改造我们的学习》,《毛泽东选集》(第三卷),人民出版社,1991年,第798页。

③ 赵德馨:《经济史学科的分类与研究方法》,《中国经济史研究》1999年第1期。

产党建立革命根据地作为研究对象的开端，也不过 80 余年。[①]

中国现代经济史学科的奠基工作启动于国民经济恢复时期结束之时。1952 年年底，我国一些学者开始总结国民经济恢复时期的经验，发表、出版了不少有关国民经济恢复时期经济问题的论著。如郭瑞楚写的《恢复时期的中国经济》、狄超白撰写的《国民经济恢复时期的问题》、中科院经济研究所编辑的《国民经济恢复时期农业合作资料汇编（1949—1952）》。[②] 中国现代经济史研究的真正起步和繁荣是在 1978 年改革开放以后。此前，虽然薛暮桥、许涤新、沈志远、吴承明、赵德馨等人已经开始研究新民主主义经济，研究社会主义改造，研究 1949 年以后经济发展规律，但是这种研究更多的是从当时社会变革和经济工作需要而进行的。改革开放以后，由于党和国家需要认真总结过去经济建设的经验和教训，因此从 1978 年开始，研究革命根据地和中华人民共和国前 29 年经济发展与制度变迁逐渐成为当时党史和经济史研究的热点。[③]

一般来说，中国近代经济史学科与中国现代经济史学科各有独立的学术内涵，分野鲜明。不过，近些年来，在经济史学界中，一批学贯中外、古今的学术大家开始尝试打通二者的分界，以长时段的眼光观照中国经济史的新走向，虞和平就是其中作出重要探索的一位经济史学家。

（二）中国近代经济史研究起步、挫折与繁荣

虞和平针对学界研究动态，曾撰文指出，中国近代经济史作为学术研究的专门学科，它的起始可以追溯到 20 世纪初。它随着 20 世纪前 50 年帝国主义经济侵略的加剧，民族资本主义经济的发展和反帝、革命运动的进程逐渐产生和发展起来，并产生了马克思主义的中国近代经济史学。在旧中国的近 50 年中，共出版各种有关著作和资料约 524 种。提出了近代经济史学的基本概念，初步明确了经济史研究的意义、对象和任务。研究的领域已程度不同地涉及帝国主义经济侵华史、中国工商行会团体史、生产合作史、度量衡史、森林史、农村经济史、人口经济史、工人生活状况史、社会经济结构

---

① 赵学军：《中国现代经济史学科的形成与发展》，《中国经济史研究》2009 年第 4 期。

② 赵学军：《中国现代经济史学科的形成与发展》，《中国经济史研究》2009 年第 4 期。

③ 武力：《改革开放以来中国现代经济史学科的发展和成果》，《中共党史研究》2010 年第 7 期。

史、国民所得问题、战时沦陷区经济问题、官僚资本问题等，而且出现了具有中国近代经济通史性质的著作。有些论著有较高的学术水平，有的至今仍无出其右者。但是中国近代经济史研究的迅速发展和全面繁荣，还是在中华人民共和国成立以后才出现的。①

1.虞和平认为：中华人民共和国成立后，中国近代经济史学科建设意识增强，学科概念也得以明确。近代经济史是政治史、军事史、文化史等专史和通史的基础，但是这一学科的研究无论在经济学研究中还是在近代史研究中都是薄弱环节，如果再不加强这一薄弱环节，其他专史和通史都很难深入前进了。② 有些学者还讨论了国民经济史的研究对象和方法，及其与政治经济学、历史学的关系。如孙健提出：国民经济史的研究对象主要为国家生产关系演变的规律，虽然要研究生产关系与生产力的相互作用，但其范畴不包括生产力，它与政治经济学及历史学既有联系又有区别。③ 中华人民共和国成立之后的17年中，出版专著61种、资料38种，发表论文570余篇。重要的著作有：吴杰的《中国近代国民经济史》、尚钺的《中国资本主义关系发生及演变的初步研究》、钦本立的《美帝经济侵华史》、吴承明的《帝国主义在旧中国的投资》、傅筑夫和谷书堂的《中国原始资本积累问题》、张郁兰的《中国银行业发展史》、杨培新的《旧中国的通货膨胀》等。研究成果的内容结构，形成了两个研究重点。一是突出了揭露列强经济侵华，出版有关的著作和资料书14种，发表论文78篇，均占总数的14%左右；二是兴起了研究资本主义经济的热潮，出版有关著作和资料书56种，发表论文220余篇，分别占总数的56%和40%左右。在这17年中，中国近代经济史研究开辟了不少新的领域，并展开了不同观点的热烈讨论，推进了各相关问题的研究，有中国原始资本积累问题、民族市场问题、洋务运动与中国资本主义问题、中国民族资本主义的产生和发展问题、民族资产阶级和买办资产阶级的问题等。

“文化大革命”时期，中国近代经济史研究严重受挫，在这10年中，只有1本书和9篇文章问世，数量之少令人难以置信。

---

① 虞和平：《50年来的中国近代经济史研究》，《近代史研究》1999年第5期。

② 严中平：《中国近代史研究上的一个薄弱环节》，《人民日报》1956年7月17日。

③ 孙健：《国民经济史研究的对象、方法和任务》，《经济研究》1957年第2期。

1978年年底,中国共产党十一届三中全会以后,随着经济建设高潮的兴起和历史学、经济学、社会学研究的深入发展,近代经济史学科更加受到重视。1981年,刘大年首先发表文章,指出加强近代经济史研究对深入研究近代史的重要性和必要性:中国近代经济史是整个近代史研究的基础,如果要把历史研究真正建立在唯物主义基础上,就必须认真研究经济史。1983年,经君健又从开展广义政治经济学研究的角度指出了研究经济史的重要性。1986年,严中平在中国经济史学会成立大会的开幕词中,在总结和反思本学科的研究经验教训后,提出本学科的目标和任务时说:对内应发挥经济史学的社会效应,对外要走上国际讲坛,以我们的成果树立我国经济史学科在世界学术之林中的地位。①

2.虞和平从研究队伍、方法、领域及成果方面对繁荣时期中国近代经济史研究进行了深刻的总结。他认为,与近代经济史受到重视对应,从事本学科教学和研究的队伍逐渐扩大,构成日趋多元化。不少高等院校的历史系和经济系增开了近代经济史课程,有的院校和研究所陆续开始招收本专业的硕士和博士研究生,这些经过专业训练的新生力量陆续进入本学科的研究行列。同时,还有一批原来从事一般历史学、经济学、农林学、社会学乃至自然科学研究的学者也涉足本学科的研究;有些在图书馆、档案馆、博物馆和地方志编写机构工作的研究和编写人员也陆续加入了本学科的研究、编写和资料整理工作。全国政协文史资料编辑委员会及有些地方政协文史资料编辑委员会,也逐步开创了工商资料专辑的编写工作。

在改革开放的时代精神带动下,研究方法日益受到重视。如严中平、吴承明、彭泽益、张仲礼等不少学者,都撰文强调要改进研究方法,提出了要扩大视野,不能就中国论中国、就近代论近代、就经济论经济、就事论事;要采用经济学和统计学的方法,进行定量分析、计量研究;要注意典型解剖,以点观面。特别是吴承明对此贡献最多,提出了一系列的新见解,如关于应当如何运用经济计量学、发展经济学、中地理论(中心地和边缘地区理论)、社会学、系统论等方法的意见,对改进经济史研究方法很有启发意义。刘佛丁对

① 刘大年:《中国近代史研究从何处突破》,《光明日报》1981年2月17日;经君健:《加强中国经济史研究是发展经济学科的一项重要战略任务》,《经济研究》1983年第10期;严中平:《在中国经济史学会成立大会上的开幕词》,《中国经济史研究》1987年第1期。

此也致力颇多,尤其重视采用各种计量经济学的方法进行研究。[①] 在实际研究工作中,各种新的研究方法被日益广泛地采用。除上述有关学者所提出的各种新方法均有不同程度的运用外,还有一些新的理论方法被采用,如现代化理论、法学、城市社会学、经济社会学、经济伦理学、市民社会理论、价格理论、房地产理论等。这些新理论方法的运用,对研究的视野扩大和角度创新,对分析的深化和合理化,都产生了程度不同的作用。

研究领域不断扩展。随着国家经济体制改革和经济建设的逐步发展,研究方法的不断创新,本学科的研究领域广泛拓展,呈现出总体研究开拓新思路、专题研究日益多元化的趋向。如关于工业化问题、企业制度、企业集团、生产技术、房地产业、价格结构、消费结构、产业结构、市镇经济、农村经济、城乡经济、区域经济、国际收支、华侨投资、人口经济、经济社团、经济政策、民国经济、战时经济、革命根据地经济、海关制度等以前几近空白的领域,都已有了一定的研究。以前有所研究的领域,又开辟了不少新的研究课题。如农业史研究中的农垦事业、经营地主、农业近代化;手工业史研究中的手工业与现代工业的互动关系;商业史研究中的商业行帮和商事习惯;金融史研究中的信托、保险、证券和交易所;交通史研究中的公路、航空和邮电;市场研究中的农村、城市、区域、全国、生产资料、劳动力、资本、技术、信息、房地产等市场;少数民族和边疆经济史研究中,不仅所涉及的民族和地区进一步扩大,而且开始探讨发展模式的问题。关于中外经济关系、外国资本、官僚资本、买办资本、资产阶级、太平天国经济、洋务企业、地主经济等以前有较多研究的领域,不仅有进一步的深入研究,而且走出了片面和僵化的模式,向着系统全面和实事求是的方向前进。

1979—1998 年的 20 年中,本学科共出版著作约 700 种,发表论文约 6000 篇。其中 1985 年之前的 7 年中,出版著作近 140 种,发表论文近 1600 篇,分别占这一阶段总和的 20% 和 27%,但其数量已大大超过前 30 年的总和,特别是论文数量超过了 1.5 倍。1986 年之后的 13 年,研究成果以更快的速度增加。涌现了一批高水平、开创性的优秀著作。如 20 世纪 50 年代

---

① 严中平:《科学研究方法十讲》,人民出版社,1986 年;吴承明:《市场 · 近代化 · 经济史论》,云南大学出版社,1996 年;彭泽益:《中国经济史研究中的计量问题》,《历史研究》1985 年第 3 期;刘佛丁等:《近代中国的经济发展》导论,山东人民出版社,1997 年。

开始准备、80年代初着手写作的、由严中平主编的《中国近代经济史(1840—1894)》2册,由汪敬虞接替主编的该书1895—1927年卷3册;50年代启动的由许涤新和吴承明主编的《中国资本主义发展史》3卷本,均从1985年起、陆续出版,代表了本学科总体研究的前沿水平。一些具有开创性意义的专题研究也有大量著作问世。有些专题已有比较全面的研究,取得了较多的成果,如张仲礼、隗瀛涛、罗澍伟、皮明庥等主编的上海、重庆、天津、武汉等地的城市史,从翰香、苑书义、孔经纬、段本洛等编撰的华北、东北、江南等地的区域(农村)经济史,陈诗启、戴一峰等撰写的海关史,徐鼎新、马敏、朱英、虞和平等撰写的上海、苏州、全国的商会史,刘佛丁、王玉茹、陈争平等撰写的有关经济发展、价格结构、国际收支等方面的计量经济史。有些专题虽然尚为个别人所研究,成果比较单一,但其开创性的学术价值已显示出重要的发展方向。资料工作也取得了相应的丰硕成果。除第一阶段中的几项系列资料继续编辑出版外,新的综合性和专题性资料大量出版,所涉及的领域有:中华民国经济、根据地和解放区经济、行业经济、中外金融和工矿企业、商会和行会、海关及税收、华侨投资、南开经济指数、自贡盐业、盛宣怀、张謇,以及地方经济史志,等等。

3.存在的问题和今后努力的方向

第一,关于运用新方法、开拓新课题与坚持马克思主义为指导相结合的问题。虞和平认为,引进国外学术研究的理论和方法,对中国近代经济史研究的繁荣发展和走向世界是必不可少的,但是在实际研究工作中,在某一理论、某一方法引进的初期,往往尚未很好理解消化就匆匆采用,不能很好地与相应的题材和史实相结合,曾出现过一些令人遗憾的缺陷。如生搬硬套某一理论模式或框架的现象;简单搬用某些新词汇和术语的现象;理论方法与研究内容缺乏必然的内在联系的现象;理论分析与实证研究相脱节,以论取材、以偏概全的现象。这些现象使有些研究成果除在表现形式和表述用语上求新外,并无多少实质性的新意提出,即使有些新意亦难以令人信服;或者不能使新理论方法的运用发挥特有的效用,虽然用上了新的框架和名称,也进入了新的研究领域,但是不能形成新的研究体系和特色,只是停留在某种历史现象陈述的水平上,从而失去采用新理论方法的意义。进入20世纪90年代以后,这种现象虽然逐渐减少,但是仍然有所存在。

第二,关于时代性与科学性相统一的问题。许多新观点的提出和新课题的开拓,都不同程度地希望为现实经济体制改革和经济建设服务,这是无可非议的。但是,这种为现实经济建设提供借鉴的服务,必须是科学的服务,也就是说,所提供的借鉴是经过实事求是的科学研究而得出的。近20年来有不少这种时代性与科学性较好统一的研究成果,较好地发挥了本学科为当前的现代化建设服务的功能。但是也存在着那种缺乏全面的科学研究,只从现实的某种经济变革及其需要出发进行简单比附或类推的现象。如从现在肯定引进外资的必要性出发,而去全面肯定近代在华外资对中国经济的促进作用;从现在需要发展对外贸易出发,而去过分强调近代中外贸易的平等性;从现在外资企业中有中方职员和工人出发,而去完全否定近代买办对外资的依附性和外资企业对中国工人的剥削性,等等。

第三,关于内容结构的问题。1979年以来的中国近代经济史研究虽然开拓了不少新的领域,但受原有研究基础和资料条件的制约,研究课题的布局不平衡,以至在有较多研究的领域内出现一些低水平重复研究的现象,而在一些较少研究的领域内则存在着缺少诸多研究的薄弱环节,甚至空白地带。从总体上来说,对社会经济、生产力、流通、消费等领域的研究比较薄弱。对房地产业、经济体制、经济法制、企业管理、企业集团、经济组织的研究则刚起步。市场、金融、商业、农村经济、商会等领域虽已取得了不少的研究成果,但研究主题不平衡。如对市场经济,研究农产品商品化、市场规模、市场区域结构的较多,研究生产要素市场和技术市场、信息市场的较少;对金融业,研究银行、钱庄等信贷机构的较多,研究保险、信托、证券的较少;对商业,研究商业资本和内外贸易的数量、性质和作用的较多,研究商事习惯、促销方式、财务管理的较少;商会研究主要集中于1927年之前的上海、天津、苏州三个地方商会的组织性质和结构、经济和政治作用,1927年之后的状况、其他重要的地方商会,以及商会的城市管理、商事仲裁、法律参与、国际交往及其与市场结构、市民社会的关系等则很少研究,甚或近于空白。

4.中国现代化史研究取得突破①。2004年在中国社科院研究生院的支持下,经国务院学位委员会批准,在博士学位授权一级学科范围内自主设置学科中,中国现代化史学科被增设为二级学科硕士点,2007年又被升级为

① 虞和平:《近代史所的中国现代化史学科建设》,《中国社会科学院院报》2007年6月7日第5版。

二级学科博士点。经过10多年努力,近代史所的中国现代化史研究完成了一系列课题研究,取得了可喜成就。如"中国现代化历程"系我院基础研究课题,获得第六届国家图书奖;"商会与中国早期现代化"和"近代冀鲁豫乡村"系国家社科基金课题,均获得国家社科基金优秀成果三等奖;"中国和日本的早期工业化与国内市场"获胡绳青年学术奖。此外,已完成的立项课题还有"张謇——中国早期现代化的前驱"(所重点课题)、"民国乡村建设运动"(院青年科研基金课题),已经完成的自选课题有"失去的机遇:中国现代化历程的再认识"等。在研课题有"中国近代工业化研究"(院重点课题)。还有对各种现代化问题作专题研究的百余篇论文。上述这些研究成果,既有关于中国现代化进程的总体性研究,也有关于中国现代化史诸多领域的专题性研究,涉及的领域包括中国现代化史研究的理论、方法和意义,中外现代化的比较,中国共产党、其他各种政治派别及某些重要人物对近代中国现代化道路选择、制度变革、方针政策、实施模式等方面的作用和影响,近代中国的各种现代化理论和思想,工业、手工业、金融业、经济组织、农村和农业的现代化进程,政治、文化、教育、科技、社会的现代化进程。

虞和平认为,用现代化范式研究中国现代化史,并不能代替革命史范式,代替整个近代史,只是把现代化史作为近代史的一个方面,或一个范围较宽的专门史来研究,在时间跨度上需跨越近代史,往前可以推至1840年之前的一段时期,往后需要延伸到当代时期。中国现代化史作为一个学科,还是一个初出茅庐的学科,还有种种不完善、不成熟之处。今后,将在马克思主义唯物史观的指导下,继续努力,使这一新兴的学科渐趋完善和成熟。

5.商会史、社会经济史拓展中国近现代经济史学科发展新空间。在商会史研究方面,虞和平开始从商人外交的角度进行研究,2000年以"商人外交与近代中国的殖民地化和反殖民地化"为题被立为国家社会科学基金重点项目。旨在通过考察近代中国与日本、美国、英国、法国之间的商人自我组织的外交活动,分析近代中国的殖民地化和反殖民地化过程中,帝国主义国家的资产阶级和中国资产阶级充当了什么样的角色,发挥了什么样的作用,从而从一个方面揭示近代中国殖民地化和反殖民地化的具体过程和状况。"商人外交"这一概念是指商人自己的有组织的外交活动,大多以商会为主体。它既是国民外交的一个组成部分,也是民间经济外交的主体,是国民外交和民间经济外交的交叉。具体而言,除考察中外商人外交活动的产生发展过程外，还需要考察和分析中外双方商人外交与政府外交的关系、双方的不同特点和方式，及其在近代中国社会殖民地化和反殖民地化过程中的影响和作用。①

"商人外交"研究将开创一个新的研究领域，在近代中国的殖民化问题、反帝斗争问题、资产阶级问题、对外经济关系史和外交史方面开辟新的研究视角。它将弥补近代中国的帝国主义侵华史、中外经济关系史、外交和反帝斗争史研究中，对商人参与问题研究的不足，也将比较全面地考察近代中国商人的外交观念、外交活动和外交能力，进而显示商人阶级在近代中国争取民族经济发展、民族独立和国际平等地位中所发挥的作用，同时将考察主要帝国主义国家侵华过程与商人阶级的关系。目前国内对国民外交很少研究，对民间经济外交则全然没有研究，而这却是近代中国外交史和经济史中两个客观存在的重要问题。本课题还将为中国进入新世纪以后，特别是加入世贸组织以后，面对中国经济的多元化、全球化和激烈的国际竞争，如何组织好和进一步发挥工商界的民间经济外交作用，提供历史借鉴。

虞和平认为，从研究的内容体系上来说，迄今为止，中国经济史学科主要有三个研究方向，即宏观经济史、国民经济史（或称"普通经济史"）、社会经济史。其中，宏观经济史，主要是把经济史作为宏观经济学的一部分来对待，着重探讨经济发展的总体规律，或验证经济学理论。国民经济史，主要是以部门经济、行业经济、企业经济为研究对象，着重考察各经济成分变迁的历史轨迹、运行状况，并总结规律。这两个方向均以考察经济变迁的现象为主。社会经济史，则包含着更为广阔的研究内容，既要考察历史上的经济现象变迁，也要考察经济现象变迁背后的各种制约因素，以及两者的互动关系。经济史的学科渊源虽然都是经济学和历史学的结合，但各研究方向对经济学和历史学的渊源程度是有所区别的。宏观经济史和国民经济史的经济学渊源主要来自普通经济学和国民经济学，而社会经济史的经济学渊源主要来自政治经济学和制度经济学，且较多历史学的方法，这可以从社会经

① 虞和平、谢宝耿：《努力创建中国现代化史学科——虞和平研究员访谈》，《学术月刊》2004年第4期。

济史的学术发展史中见之。[①] 与以往普通经济史研究体系相比,社会经济史更多地关注经济运行状况背后的社会制约因素,并对两者的互动关系作具体考察和深入分析。虞和平认为,从这一研究体系出发,结合目前学术界已有的研究状况,就中国近代社会经济史研究而言,今后需要重点关注的问题主要有如下三个方面:其一,突出经济与社会互动关系的研究。其二,加强对薄弱问题的研究。在国内外已有研究中,经济外交、经济社团、社会动员、经济资源、国民所得、经济观念、管理体制、生产技术、经济教育等是没有或很少涉及的问题,而它们又是社会经济史的重要内容。对这些内容应加大研究力度,努力构建一个内容和体系相对完整的社会经济史。其三,全面整理和充分吸收前人研究成果。

二、披荆斩棘:学科领航成果卓著

科学哲学家库恩认为:“一门学科应有自己的范式,即包括定律、理论、规则、方法和一批范例的有内在结构的整体”,“科学共同体(即从事同类学科研究,探索目的大致相同的科学工作者)”从事某一类科学活动所必须遵循的公认的模型或模式。[②] 我们判定一门学科是否称得上“成熟”,就是看这门学科是否建立起较为稳定的范畴和系统的范式。学科虽然是一种范式,但随着科学技术日新月异的发展,范式也会发生改变。社会发展要求知识必须被不断重新梳理,一系列新的学科应运而生,有些学科则走向消亡,或者以另一种形式重生、嬗变。对于范式,有学者认为:第一,范式是一种理解系统,即有关对象的本体论、本质与规律的解释系统;第二,范式是一种理论框架,即构成该学术群体的研究基础及范围、概念系统、基石范畴和核心理论;第三,范式提供的是一种理论背景,即范式是一个学术共同体学术活动的大平台、论坛、舞台;第四,范式是一种方法论和一套新颖的基本方法;第五,范式表征一种学术传统和学术品格(学术形象),标志着一门学科成为

① 虞和平:《统合与建构:社会经济史学科之由来及其研究体系》,《河北学科》2015 年第 1 期。

② [美]托马斯·库恩:《科学革命的结构》,金吾伦、胡新和译,北京大学出版社,2003 年,第 21 页。

独立学科的必要条件或成熟标志。由于范式的这些性质和结构，在科学研究和科学发展中，范式具有推动科学常规化、革命化、群体化的功能。①

一般讲，世界上任何一所高校，学科建设的内容大致包括学科团队建设、资源条件建设、科学研究、人才培养、社会服务等方面。国外学科建设有两条主要经验：1.以学术大师为抓手，打造一流学科团队。国外一流高校学科建设的成功经验表明，学术队伍是学科建设内涵的核心要素，一流的队伍才能建设一流的学科。而一支一流的学术队伍必须拥有一流的学术大师和多学科组成的学术骨干。2.以重大项目为抓手，多出标志性成果。学科建设是一项复杂的、长期的系统工程，而科学研究则是这个系统中的重要组成部分，是促进学科建设的内在动力，科研水平的高低通常被作为判断一所高校学科建设实力的重要指标。国外一流高校学科建设的成功经验表明，要推动学科建设，提高学科建设水平，必须以科研项目尤其是重大科研项目为抓手，推出一批原创性的标志性成果，产生一批有影响的人才，进一步凝聚人才，锻炼队伍，形成科研创新团队。②

作为中国近现代经济史学科建设的领头人，虞和平在学科领域里著作等身，重大成果一部接一部。主要代表性著作有：1.《商会与中国早期现代化》，上海人民出版社，1993年；台湾东大图书公司，1995年，30.3万字。国家社科基金课题。独著。1999年9月获中宣部全国哲学社会科学规划领导小组组织评定的"国家社科基金项目优秀成果三等奖"。2.《中国现代化历程》，江苏人民出版社，2001年，三卷，123万字。中国社会科学院基础研究课题。虞和平为主编和主要撰稿人，写作32万字。2003年1月获江苏省委宣传部和新闻出版局联合评定的"江苏省迎接党的十六大优秀出版物"一等奖，2003年12月获国家新闻出版总署组织评定的"第六届国家图书奖"，2005年获得中国社会科学院优秀科研成果奖，2007年11月获得第三届郭沫若中国历史学奖二等奖。3.《20世纪的中国——走向现代化的历程·经济卷（1900—1949）》，人民出版社，2010年，70.2万字，独著。4.《张謇——中国早期现代化的前驱》（国家清史工程"清史专刊"），吉林文史出版社，

---

① 廖明：《双肩担教学，妙手著华章——张文显教授访谈录（上）》，载于《法学家茶座》（第5辑），宫本欣主编，山东人民出版社，2004年，第48页。

② 徐翠华：《英美一流高校的学科建设与启示》，《江苏高教》2013年第6期。

2004年，全书50万字。虞和平为主编和主要撰稿人，写作10万字。5.《中国社团发展史》，当代中国出版社，2001年，全书82万字。虞和平为主要撰稿人和全书统稿者。6.《中国近代商会通史》，社会科学文献出版社，2015年，第二卷42万字，和朱英合著，独自撰写30万字。7.《资产阶级与中国近代社会转型》（三卷本），包括《中国近代资产阶级的产生和形成》《资产阶级与中国近代经济及社会》《资产阶级与中国近代政治运动》，中华工商联合出版社，2015年，100万字。

三、薪火相传：学科队伍、人才建设峥嵘初现

（一）近代史研究所中国近代经济史学科发展人才辈出

作为中国近代经济史研究的主要阵地之一，中国社会科学院近代史研究所经济史研究室在刘大年先生的大力倡议下于20世纪70年代末开始筹建，初期由樊百川负责，成员有虞和平、闵杰，目的是改变近代经济史研究相对薄弱的状况，以此作为中国近代史研究的突破口。虞和平承上启下的学术作用表现突出。1982年研究室正式成立，由王庆成任主任。成立初期研究方向主要集中于民族资本主义的发生和发展上，主要围绕华北乡村展开，随后逐渐扩大到中国早期现代化、太平天国等专题。1986年，从翰香继任研究室主任，对研究工作进行了全面规划，分工业、农业、手工业、商业、财政、金融对经济史进行综合研究。次年主持国家社会科学基金项目“近代华北农村研究”，研究成果“近代冀鲁豫乡村”在海内外产生很大影响。从1994至2006年，虞和平、夏春涛、郑起东先后任研究室主任，主持了一系列重要学术课题的研究，包括中国社会科学院基础研究课题“中国现代化历程”、国家社会科学基金项目“十九世纪中叶的江南农村”、中国社会科学院重点课题“中国近代工业化研究”等。2005年，中国社会科学院近代史研究所近代社会史研究中心成立，中心以经济史研究室和文化史研究室为依托，是一个进行国内外学术交流的平台，由虞和平担任理事长。2007年至今，史建云、赵晓阳、周祖文先后接任研究室主任。老一辈研究人员纷纷退休，新一代研究人员正在补充和成长起来，并以各具特色的研究显示出新的活力。至此，研究室以多角度、多方法、多专题对近代经济进行综合研究的格局形成。

目前，经济史研究室正努力将研究领域由区域性研究扩展为全国性研究，由部门经济研究扩展为国民经济的全方位研究，由阶段性研究扩展为中国现代化历程的全时段研究。近年来，逐渐形成了强调宏观与微观、定性与定量、静态与动态结合的研究特色。

（二）学术成果蔚为大观

1987年，从翰香主持国家社会科学基金项目“近代华北农村研究”，1995年出版的《近代冀鲁豫乡村》，全面、系统、深入地研究近代华北农村，在理论上形成了研究有中国特色的半殖民地半封建农村经济的模式，具有独创意义，并对认识国情、促进农村社会主义现代化建设，对当代农村现代化道路的探索，有重大的现实意义。1993年虞和平的专著《商会与中国早期现代化》从社会结构、社会生活的各个层面来考察商会，既系统考察了商会自身的历史发展过程，又运用现代化理论研究了中国早期现代化的发展脉络，新意迭出，同样具有较高的学术创新意义。以上两本书均代表了国内该领域研究的最高水准，在海内外产生了较大影响，同时在1999年获国家社科基金项目优秀成果三等奖。1999年严立贤出版的专著《中国和日本的早期工业化与国内市场》，从工业化与国内市场的关系出发，探讨工业化发生发展的规律，对中国和日本的早期工业化进行比较研究，进一步完善了“原初工业化”理论，对了解当代中日两国经济发展轨迹有重要参考价值。该书于1999年荣获第二届胡绳青年学术奖。同期，研究室人员在国内顶级学术期刊上发表了在各自领域的研究成果。①

21世纪以来，研究室有一系列重大成果纷纷面世。由虞和平主持的中国社会科学院基础研究课题“中国现代化历程（1804—2000）”2004年结项；2004年郑起东的专著《转型期的华北农村社会》，以近代华北农村社会发生的巨大变革为主线，说明了近代华北经济的转型和社会的转型是同步进行

① 闵杰：《浙路公司的集资与经营》，《近代史研究》1987年第3期；《上海橡胶风潮及其对江浙地区民族经济的冲击》，《中国经济史研究》1989年第1期；果鸿孝：《试论封建时代我国官办工业的特点和作用》，《史学月刊》1986年第5期；《论清末政府在经济上除弊兴利的主要之举》，《中国社会经济史研究》1991年第3期；史建云：《从棉纺织业看清前期江南小农经济的变化》，《中国经济史研究》1987年第3期；郑起东：《清末“振兴工商”研究》，《近代史研究》1988年第3期；赵晓阳：《西方经济学的传入与中国经济思想史研究的产生与发展》，《经济科学》2000年第1期。

的，而政治转型是其顺理成章的必然结果。2005 年，由虞和平指导、郑起东主持的中国社会科学院重点课题“中国近代工业化研究”，对中国近代工业化作了全面、系统、深入的研究，包括工业化的思想和政策、环境和条件、水平和特点，很多方面都是前人不曾涉及或涉及较少的领域，从而在中国近代工业化研究的总体框架上具有创新和完善意义。课题已于 2011 年通过专家验收并获得好评。此外，虞和平作为主要撰稿人和全书统稿者的《中国社团发展史》也新近问世，由单一的商会研究扩大到了对各主要社团的研究，填补了该课题研究的空白。

社会史研究是该研究室的另一研究重点。美国学者魏斐德、孔飞力分别从社会史的角度来研究鸦片战争时期的外交和 19 世纪后期的地方团练，被誉为美国 20 世纪六七十年代深入探讨社会史动态的最杰出的史家，这对中国学者很有启发意义。本室的王庆成、夏春涛研究员均侧重从社会史的角度来研究太平天国史，从而拓宽了研究视野，将该专题研究推向了深入，延续或保持了本所在太平天国史研究领域的学术优势。其中，王庆成是国内外公认的太平天国史研究的权威学者，所著《太平天国的历史和思想》《太平天国的文献和历史》均具有较高的学术价值，影响广泛；另主编《太平天国学刊》《太平天国史译丛》各 4 辑。夏春涛先后出版了《太平天国宗教》《从塾师、基督徒到王爷：洪仁玕》等专著，前书分别在院、所两级获奖，后书获 2001 年近代史研究所优秀科研成果一等奖。

（三）学术新人崭露头角

在中国近现代经济史学科建设方面，尤其是在培养学术梯队、队伍建设方面，虞和平老师有以下几个方面的工作值得称道。

1.完善经济史研究室人才配备，分工合作，期有所得。目前，该研究室人员及研究领域分布如下：

①严立贤：现从事 20 世纪前半期中国现代化的政治进程研究，目标成果为“二十世纪前半期中国现代化的政治进程研究”丛书。

②周祖文：现承担所重点课题“华北抗日根据地公粮征收中的政府与农民”，今后发展方向是华北农村的经济史研究。

③杜丽红：现从事清末东北大鼠疫研究。

④吴敏超：现承担国家社科基金后期资助“国难中的碰撞——中国经济学界言论研究（1932—1937）”。

⑤云妍：现承担所重点课题“外资企业与早期现代化：近代开滦煤矿的外溢性影响研究”，同时正在从事18世纪中国官绅家产的研究。

⑥李晓龙：目前主要对明清以来东南沿海灶户民间文献的搜集、整理与研究，希望能够推进灶户的研究，并对盐业史、东南沿海区域经济史等相关领域；未来计划开展近代华北地区的盐政运作和沿海社会变迁机制的研究。

⑦蒋清宏：现从事近代金融研究。

2.培养了中国近现代经济史的硕士、博士、博士后学科人才达20余人，大都分布在国内高校、科研院所从事与经济史相关的教学和研究工作。有做现代化史的，有做商人外交的，有做近代金融的，有做民国经济人物、经济政策、经济思想的，有做中华人民共和国经济史的和外交的，不一而足。他们不少都承担着国家、部委重要研究课题，相关学术成果已经或者有待奉献于学界。

3.受聘于华中师范大学近代史协同创新中心首席专家，在社科院近代史研究所之外又开辟一方近现代经济史学科建设的新战场，并且也承担了培养学生的教学任务。

4.积极将研究所得服务于社会和现实需求，出席各种有关招商局、船政局等国有大型企业的发展战略、经验总结，活跃于国内外大大小小的学术论坛、学术会议之中，传播本学科的发展动态和学术走向。

“老牛自知夕阳晚，不待扬鞭自奋蹄。”在中国近现代经济史学科领域里，虞和平老师一如既往辛勤耕耘，默默奉献，著作等身，开疆拓土，永葆执着的学术追求和激昂的研究热情，已经留下并仍将书写着中国经济史学科的辉煌篇章。

制度变迁理论与中国近代资产阶级研究

——以虞和平的相关研究为核心

蒋清宏①

资产阶级形塑了近代中国资本主义基本经济形态、政治形态和社会形态，也形塑了中国近代资本主义制度，是参与和引导中国现代化制度变迁的主体。因此，关于资产阶级的学术研究是中国历史学的重要领域。2015 年 11 月由中华工商联合出版社出版的虞和平先生主持的国家社科基金重大项目中期成果《资产阶级与中国近代社会转型》（三卷本），即《中国近代资产阶级的产生和形成》《资产阶级与中国近代经济及社会》和《资产阶级与中国近代政治运动》，正是关于资产阶级学术研究的重大成果。

虞和平先生长期致力于中国近代社会经济史和中国现代化问题的研究，尤其重视个体及其组织形态的研究，这在其许多作品中都有体现。在早期参与樊百川先生清季洋务新政的学术研究中，就已经注意到资产阶级研究的重要性，尤其重视洋务新政时期买办阶层的学术研究，这为此后的商会史研究和资产阶级整体研究奠定了深厚的学术基础。与以往买办、商会、人力资源开发等学术领域不同，这套最新出版的学术成果将资产阶级放在整个中国近代社会的大视野下进行全面系统性的研究和论述，内容涉及政治、经济、社会文化、外交等社会生活的各个领域。在这些领域，资产阶级作为一个近代中国社会生活的核心，主导了近代中国的社会变革和现代化进程。在这一历史过程中，作为一个“活”的主体，资产阶级的地位极其重要，但虞和平先生并不是孤立地研究资产阶级个体，而是把资产阶级融入丰富的社会生活，采取“分析性描述”和“描述性分析”，以资产阶级整体为研究对象，在资产阶级的具体实践活动中把握社会的脉动。

---

① 蒋清宏，1973 年 6 月出生，男，山东莘县人。中国社会科学院近代史研究所助理研究员，复旦大学历史系博士后。

然而,这种方法需要极其扎实的史学功底和理论修养。没有对近代中国历史进程的宏观把握又怎能微观求真?没有对浩瀚史料的准确解读又怎能取精用宏?没有对现代化理论的准确理解又怎么高屋建瓴地进行史实描述?当然,准确精到的理论总结应该是史学研究的最终归宿。由于是国家社科基金重大项目的中期成果,尚没有对近代中国资产阶级的历史实践进行深刻的理论总结,但我们相信在这个项目的最终成果问世时,虞和平先生一定能够给我们提供一套深刻的资产阶级理论体系,为中国近代史学与现代化理论增添新的内涵。

任何学术著作的问世,都给学界提供了进一步探索的新平台。由于资产阶级的学术研究涉及中国近代社会的方方面面,因此无论从哪一个角度进行理论分析,都有很大的学术空间。如何更为准确地把握中国近代资产阶级与近代中国社会转型的历史进程?除常用的现代化理论体系外,资产阶级研究应该寻求其他更为先进的社会理论。由于资产阶级是近代中国社会转型的重要人力资本,而社会转型又以制度变迁为主体,因此现代化理论与制度变迁理论的有效结合理应充当中国近代资产阶级研究的理论基石。在西方经济史领域,美国学者道格拉斯·诺斯通过对西方市场经济史的审视与分析,创立了包括产权理论、国家理论和意识形态理论在内的制度变迁理论,并有力地解释了西方国家由传统到现代的历史变迁。制度变迁理论具有相互联系的三大基础理论,即旨在描述一个体制中激励个人和集团的产权理论、对产权实施界定的国家理论、影响人们对“客观”存在的变化不同反应的意识形态理论。值得注意的是,诺斯在阐明上述分析框架的过程中,始终以成本—收益为分析工具,论证产权结构选择的合理性、国家存在的必要性及意识形态的重要性。这种分析使得诺斯的制度变迁理论在经济史学领域具有巨大的解释力。中国近代资产阶级就是在以国家为主体对产权实施界定的过程中产生的,并建立了资本主义产权形态的现代化国家,以及以三民主义为代表的资本主义意识形态。因此,制度变迁理论与近代中国社会变迁具有天然的结合点,以制度变迁理论为指导的资产阶级社会转型研究应该是一个全新的学术增长点,或许将是资产阶级研究方法论的重大突破。

运用制度变迁理论解释近代中国社会转型首先需要弄清“制度”概念。一般来讲,“制度”就是通过设立各种约束来减少社会运行不确定性,从而节约社会运行成本,促使人类社会在一种相对规范的体系下运行的综合体系,是对特定时间、特定空间、特定人群的特定约束。这种特定首先表现为时间、空间和人群的限定,既不存在超越时间和空间的制度,也不存在对任何人群都进行约束的制度,制度只能约束特定时间、特定空间的特定人群。时间、空间和人群是制度存在的三个基本要素,是制度的内在规定性。这三个内在规定构成了制度存在和发展的特定环境。在这个特定环境里,三个要素互相借鉴,互相参照,互相利用,构成制度的静态存在与制度的动态延续。在制度演变过程中,时间、空间、人群三个特定要素缺一不可,片面地强调一个要素或忽视任何一个要素,都不可能取得对制度的完整认识。比如,就制度的时间要素而言,宋代的制度不可能约束明代人的社会生活,明代的制度也不可能约束清代人的社会生活。就制度的空间要素而言,法国的制度不可能约束英国人的社会生活,美国的制度不可能约束加拿大人的社会生活。也就是说,特定制度只能约束特定时间、特定空间的特定人群。反过来讲,特定人群也只能遵从特定时间、特定空间的制度。明代人不会遵从元代的制度,清代人不会遵从明代的制度;英国人不会遵从法国人的制度,加拿大人不会遵从美国人的制度。由于存在着特定时间、特定空间和特定人群的高度统一,制度属于历史学范畴。从方法论上看,制度的历史性奠定了制度研究的基本学术规范,即只能在历史中进行制度研究。也就是说,制度的建构过程就是人类社会的演进过程,制度演化过程构成了人类社会历史进步的主体,因此人类历史可以纳入到制度演变体系内进行整体性诠释。近代中国社会转型也必定是以特定人群为主体的制度变迁过程。

制度变迁的动力来自特定主体对既定制度综合研判所形成的意识。制度绩效的判断表现为制度成本与制度收益的全方面比较,在确定既定制度不能满足社会发展的需求以后,就会产生新制度的社会意识冲动。当然,这种社会意识冲动需要特定的行动团体来承担。在这个历史过程中,行动团体参与制度设计、制度实施和制度检测等三个相互衔接的主体环节。相应地,制度设计、制度实施和制度检验构成制度变迁的基本学术范畴,制度实施是制度的操作阶段,制度检验是制度的创新阶段。其实,制度检验与实施阶段往往同步进行,从开始实施就进入了制度检测阶段。在实施阶段中,制度不断与其约束对象进行“试错性”实践活动,以验证制度运作的具体效果。然后,根据制度检验结论对既定制度进行修正和完善,形成新的制度,以此为基础进行再设计、再检验、再完善，不断完成制度创新。

在制度变迁过程中，时间、空间虽然是建构制度的客观要素，但这些客观要素对实施主体的主观行为往往形成制约，决定特定人群的思维、意识和行动。所以在制度研究中不应把特定时间与特定空间作为常量对待，而把它们与特定人群一起设定为制度建构过程的特定变量。正是在这些特定变量相互之间的高度适配才会产生制度变迁的特定历史环境。当然，设定时间、空间为变量并不抹杀特定人群在制度变迁过程中的主体作用，相反这些变量更加突出特定人群的历史主动性。

在制度变迁理论中，诺斯设定了初级行动团体这一重要概念。初级行动团体是指在制度变迁过程中最先认识到制度变迁的预期收益大于预期成本并在一定程度上支配制度安排创新进程的利益团体。如果初级行动团体发现现有制度的改变能够带来潜在收入，则制度变迁的动力就将存在和持续。制度变迁主体的愿望首先表现为制度需求，即初级行动团体可以从改变既有制度装置中获取收益，也就是说，他们能够预见到新制度创造的收益比既有制度收益要大，或者说制度创新所付出的成本小于制度创新的收益。制度收益是初级行动团体实施制度变迁行为的动力基础。

在传统中国社会，士、农、工、商四民社会构成等级分明、流动有序的社会主体结构和运行机制，掌握知识和权力的士大夫阶层构成社会重心，并主导制度变迁。士大夫阶层之所以能够构成社会重心，是因为士大夫阶级处于帝国王权制度与社会宗法制度的纽带和中枢，士大夫阶级所信奉的价值观既是帝国官方的政治意识形态，也是宗法家族社会共同的文化传统。士绅阶层在朝廷辅助君王统治天下，在乡野为道德表率与地方精英领导民间社会走向。以士大夫阶级为重心，传统中国社会与国家浑然一体，表现出有机的整合。正是因为处于社会重心地位，士大夫阶层理所当然担当着传统中国制度创新的“初级行动团体”。然而，进入近代社会以后，士大夫阶层虽然握有政治权力，但知识更新能力存在天然的缺陷，导致知识体系严重落后。魏源所撰写的《海国图志》竟然成为士大夫阶层认识外部世界的范本，对早已在西方世界普及的现代化社会科学，士大夫阶层竟一无所知。显然，社会重心地位与知识更新不足造成的巨大落差预示着这个社会重心已经不能承担制度变迁的初级行动团体，社会重心亟须重塑，并以之为构建新的制度体系。

从近代中国历史过程来看,承担近代中国制度变迁的初级行动团体大致经历了条约国家、清政府和新知识精英群体等三个主体。这三个主体或多或少都与资产阶级群体产生了历史性联系。这三个行动团体的历史变化表明近代中国制度变迁的阶段性特点。

一、条约国家

近代中国制度变迁的第一个"初级行动团体"是以英国为代表的"条约国家",所谓"条约国家"即与中国签订各种条约的西方资本主义国家总称。"条约国家"是近代中国制度变迁的第一个初级行动团体,这一命题可以从制度供给与制度需求角度进行分析。鸦片战争以前,清政府奉行闭关锁国的制度存量不能满足西方资本主义国家扩大商品输出的要求。于是,通过对华战争改变中国既有制度是其既定诉求。经过一系列战争和不平等条约,传统中国逐渐向现代中国转变。从本质上讲,不平等条约本身就是制度变迁的范本,是中国内政外交制度变迁的国际法基础。以此为依托,西方国家的制度、理念和意识不断被输入到中国,在与中国既有制度冲突过程中,近代中国的既有制度不断被打破、改装和重置,形成近代中国特有的"移植性制度变迁"。所谓"移植性制度变迁",就是以条约体系为基础,通过中西文化精英的介绍、传播和利用,把西方国家的"制度成品"直接安装在近代中国政治、经济、社会机体之上,通过与中国既定制度环境的不断调适逐步完成制度变迁。"移植性制度创新"是近代中国制度变迁的主体模式,五权分立的行政机构、大陆法系的法律制度、海关税务司制度、股份制企业组织等都是"移植性制度创新"的典型案例。就资本主义制度全球化而言,制度变迁模式可以分为两种:一种是"内生性初级制度变迁",另一种则是"外生性次级制度变迁"。脱胎于中世纪西欧封建社会的资本主义制度属于"内生性初级制度变迁",殖民地、半殖民地国家对西方资本主义制度的移植属于"外生性次级制度变迁",近代中国就是属于"外生性次级制度"变迁。从理论与实践的适配情况看,虽然近代中国制度变迁的"理论原域"在西方资本主义国家,但"实践场域"却是在近代中国。因此,在近代中国的制度设计和制度构建过程中,将西方新的制度理念纳入中国并与中国特殊国情适配,必定要经过一个长时期的"试错"过程。在这个"试错"过程中新的制度理念和制度不断得到修正,逐渐适配于近代中国国情,最终达到制度收益大于制度成本的制度创新。

值得注意的是,“条约国家”资产阶级通过在中国设立现代化企业,通过中国早期资产阶级——买办的“学习”直接实施制度变迁。正如虞和平先生指出的:“买办受雇佣的外商企业,多是现代性的企业,甚或是规模巨大的跨国公司,而买办要全面经营管理该企业的业务,自然要按照外商企业制度办理,因而也就逐渐掌握和养成了现代性的企业管理知识、方法和才能。其所涉及的领域包括公司制度、股份制度、职员录用制度、企业运营制度、财务会计制度、物资保管制度、契约制度、法律制度等。”①可以说,通过“条约国家”的条约体系,外国资产阶级与中国资产阶级形成不可分离的联系。

二、晚清政府

随着“条约国家”“外生性次级制度创新”制度收益不断累积,清政府开始主动承担“初级行动团体”,原来的“外生性次级创新模式”就转化为“内生性初级创新模式”。

1851—1864 年爆发的太平天国运动曾经尝试改变清政府的既有体制,但这种以社会下层民众为基础的制度变革运动,由于缺乏先进理论的指导,在近代中国并没有实现的机会。然而,在镇压太平天国运动过程中,却一定程度上唤醒了清政府高层,逐渐养成了“洋务派”和“维新派”的制度变革力量。在 1861 至 1898 年这长达三十多年的历史时期内,“洋务派”和“维新派”在中国实施了不同程度的制度变革,开始充当近代中国制度变革的“初级行动团体”。其实,这一社会上层变革主体的出现并不偶然,而是长时期外患内乱威胁自身统治所形成的自我反思的结果,与其被动改变不如主动求变。洋务运动、戊戌变法成为以清政府充当初级行动团体进行制度变革的典型。1898 年 9 月,随着戊戌变法运动的失败,清政府作为“初级行动团体”的制度变革主体的“内生性初级创新模式”已经走到尽头。其原因首先在于当时制度变迁的主导权仍然把控在以慈禧为代表的“后党”官僚群体手中,维持旧有体制的力量过于强大,变革力量过于弱小。其次,洋务派和维

① 虞和平:《中国近代资产阶级的产生和形成》,中华工商联合出版社,2015 年,第 27 页。

新派仍然是处在旧有体制内的政治集团,无法进行彻底的社会动员,在获取支配性社会资源过程中存在先天不足,从而无法获取有价值的社会信息。再次,晚清官僚群体属于科举体制下的"士大夫阶层",本质上属于"旧知识精英",西方现代社会科学等新知识无法被其彻底吸收,新知识也就无法转化为制度变革的智力保障。这些都是在旧有体制下无法克服的,晚清国家作为制度变迁主体的客观条件已经不复存在,这就造成社会上层和社会下层变革主体的双重缺位,这就预示着要实现近代中国的彻底转型,中国必须出现新的制度变革主体才能推进制度变迁。在这种历史背景下,一个酝酿已久的崭新的社会变革主体破茧而出,那就是在晚清教育改革体制下培育的"新知识精英群体",这一群体的新鲜出炉预示着中国制度变革将出现历史性质变。与西方列强和晚清政府不同,他们要完成国家制度的现代化。

三、新知识精英群体

关于新知识精英登上历史舞台主导制度变革在中国近代文化史上有一典型个案,即1922年年底由上海英文报纸《密勒氏评论报》主持的关于"中国当今十二位大人物"问卷调查。1922年10月7日,《密勒氏评论报》发表公告云:"论中国政事经济者每谓中国乏强有力之领袖人物,盖国中出类拔萃之人才,昔已凋谢,而自共和以来,各方之领袖人物尚未产生也。夫中国今日岂乏此项人才乎?为解决此问题起见,阅者之意,以中国何人具有此项资格,可选出十二人,将其姓名填入左方之空白选举票中。"①此时正值辛亥革命十周年,正处于新旧更替的过渡时期,这个美国人办的英文报纸敏锐地观察到辛亥革命后的大人物与晚清体制下的大人物出现了什么样的变化。然而,在笔者看来,恰恰是"新知识分子"彻底替代了"旧知识分子",新知识精英分子成为社会变革的主体。位列前十二位的"大人物"是孙中山、冯玉祥、顾维钧、王宠惠、吴佩孚、蔡元培、王正廷、张謇、阎锡山、余日章、黎元洪、胡适;次十二位的是颜惠庆、梁启超、陈炯明、段祺瑞、章太炎、施肇基、聂云台、李烈钧、唐绍仪、郭秉文、黄炎培、康有为。其他获得4至151票的171人中,蒋介石、汪精卫、陈独秀、胡汉民、蒋梦麟、马寅初等新知识精英分子赫

① Who are the twelve greatest living Chinese? *The Weekly Review of the Far East*. October 7, 1922.

然在列。[①] 不难看出,这些各个领域的"新知识精英"大多都有"洋背景":"英美留学生和基督徒获得了半数以上选票,可见英美教育和基督徒的影响之佳和势力之大"[②]。值得注意的是,这些新知识精英几乎全部出自资产阶级家庭,正是这些出身于资产阶级家庭的新知识分子,以资产阶级政党为组织主体,在中国近代政治、军事、外交、文化教育、工商领域主导着近代中国的现代化制度变迁。这些以新知识分子为初级行动团体的制度变迁,既不同于晚清以士大夫阶层为主体的社会变革,也不同于以社会下层为初级行动团体的制度变革,而是建立现代化体制的资产阶级革命。如果对革命进行结构性分层,这一变革无疑是中国历史上历次变革的最高级别。可以说,新知识精英群体充当制度变迁的初级行动团体表明中国的制度变迁模式已经出现历史性质变。

新知识精英群体之所以充当近代中国制度变迁初级行动团体是因为他们掌握了不同于士大夫阶层的新知识,已经在某种程度上成为"国民",具有了公民意识。梁启超认为:"群族而居,自成风俗者,谓之部民;有国家思想能布政治者,谓之国民。"[③]"有国家思想能布政治者"的智力基础是"新知识",而不是传统科举制下的"旧知识",即从近代西方国家引进的近代科学知识。

无疑,新兴的资产阶级在引进西方新知识中具有得天独厚的地位。资产阶级不但是新知识的接受者,也是新知识的传播者。虞和平先生考察了资产阶级与新式教育发展的关系,商会提倡实业教育和商人捐办大学等领域的巨大作用。[④] 资产阶级之所以能够完成这些历史活动,首先是因为他们是新兴的财富群体,具有人类从事知识更新的物质基础;其次是因为他们在与西方国家商业交往中可以充分认识中国既有制度的弊端和不足,对变革既有制度的欲望更为强烈。更为重要的是,资产阶级本身就掌握了大量的新知识,是新知识精英的重要组成部分。当然,在近代中国时空条件下的"新知识"不过只是一个相对性概念,对近代中国而言为"新",对西方国家

① 杨天宏:《密勒氏评论报"中国当今十二位大人物"问卷调查分析》,《历史研究》2002年第3期。

② 胡适:《谁是中国今日的十二个大人物》,《努力周报》1922年11月19日第29期。

③ 梁启超:《新民说》,《梁启超全集》第2册,北京出版社,1999年,第657页。

④ 虞和平:《资产阶级与中国近代政治运动》,中华工商联合出版社,2015年,第122~153页。

却已是“旧”。由于这种知识从来没有在中国历史上存在过和应用过，所以仍然具有“新知识”的效用，哪怕这种知识在西方早就成为“明日黄花”，在作为知识受体的近代中国知识分子那里却表现得“娇艳欲滴”。

在近代中国，掌握这些“新知识”的人群就是“新知识群体”，这些“新知识群体”的先进人士构建“新知识精英群体”。凭借其所掌握的“新知识”，这些“新知识精英群体”在制度变迁过程中谋求政治学家、经济学家、法学家、银行家、企业家、会计师、律师等新型社会职业，树立新的社会身份。以这些新型社会职业和新型社会身份为基础，新知识精英群体开始构建新的社会重心。从社会意识形态上说，这个阶层的社会意识结构既不同于处于社会上层的晚清官僚团体，也不同于处于社会下层的臣民团体，而是处于两者之间的一个“社会意识中间层”。“社会意识中间层”逐渐形成政党意识，资产阶级政党应运而生，并承担了中国现代化制度变迁的组织主体。

资产阶级是近代资本主义制度的创立者，同时不断完善的资本主义制度也是资产阶级的形塑者，也就是说在资本主义制度完善过程中，资产阶级不断被赋予新的内涵。在近代中国资本主义制度确立过程中，新的政治要素和经济要素不断加入到资本主义制度的形塑过程，承担制度变迁主体的资产阶级内涵也随之变化，从寄生于外资企业的买办阶层到自我形塑的商会社团再到资本主义国家本身，资产阶级的内涵不但处于增容状态，而且随着这种增容，中国社会逐渐从自由资本主义制度形态向国家资本主义制度形态过渡，并在抗战时期形成统制经济形态。

四、小结

近些年来，虞和平先生的资产阶级研究已经从买办个体、商会社团上升到资产阶级的整体性研究，并形成独具特色的学术体系。这些学术成就无疑是对中国近代史研究的重大贡献。但虞和平先生并不满足于既有的学术成就，而是不断寻求更新的突破。

如果说个体研究、社团研究是基石的话，那么整体性研究无疑则是资产阶级研究的最终归宿。只有在整体研究基础上才能取得对中国近代资产阶级的完整的科学性认识，进而言之也才能对现代化视域下中国近代制度变迁取得完整的科学性认识。整体性研究与科学理论的有效结合，是完成这项工作的必备条件。我们上文经过对诺斯制度变迁理论的介绍,结合虞和平先生的资产阶级研究,提出并简单分析了主导近代中国制度变迁的三个初级行动团体。可以相信,这种借助先进理论和历史实际的学术方法,可以充分挖掘人类自身的要素,还需要统驭史料的理论和方法,因为理论和方法是研究历史的重要工具,借助先进的理论和方法无疑是资产阶级研究走向深入的必由之路。制度变迁理论能够指导中国近代资产阶级研究,表明中国近代经济史的理论空间和史实空间可以互相渗透、互相拓展。同样,制度变迁理论与近代中国历史实践的结合,可以大大拓展中国历史的解释空间,人们对历史必然性认识也会更加深入。作为给近代中国提供巨大社会生产力和现代化经济制度的资产阶级学术研究仍然任重而道远。

虞和平与中国现代化研究

吴敏超[①]

现代化是人类社会发展的共同潮流,也是世界历史进程中最为绚丽之笔。以英国工业革命为起点的世界现代化浪潮,彻底改变了人类传统的社会结构、政治形态和生活方式。一般认为,中国的现代化始于鸦片战争后西方因素的影响。中国现代化走过的道路,既有与世界现代化道路的共通性,又有自身特点与抉择过程。探寻中国现代化的真实历程,予以实事求是的分析与鞭辟入里的总结,是一项深具学术意义与现实意义的研究课题。改革开放后,中国经济快速发展,思想学术界也空前活跃,现代化研究应势而生、蓬勃展开。中国社会科学院近代史研究所虞和平研究员,从20世纪80年代中期开始从事中国现代化研究,至今已30余年。虞和平熟稔现代化理论与社会科学理论,将微观研究与宏观研究结合,成为中国现代化研究最具影响力的学者之一。

一、发轫:商会与早期现代化研究

虞和平从事中国现代化研究的切入点是商会。1993年,作为国家社科基金的一个项目,他将博士论文《商会与中国早期现代化》修改扩大成专著出版。这是将商会放在现代化视野中考察的筚路蓝缕之作,清晰阐明了商会与中国早期现代化之间的关系。他认为,商会在早期现代化中发挥的作用主要有两个方面:一是促进资产阶级本身的现代化——从分化到整合;二是促进经济和政治的现代化——资本主义工业化与民主化。[②] 专著出版前

① 吴敏超,1979年1月出生,女,浙江海宁人。现为中国社会科学院近代史研究所副研究员。

② 虞和平:《商会与中国早期现代化》,上海人民出版社,1993年,第2页。下引此书只注页码。

后，虞和平在《历史研究》《近代史研究》《中国经济史研究》等刊物上发表了十多篇具有原创性的论文，几乎都围绕商会与早期现代化展开，与专著呼应，形成了一个完整的研究体系。这一时期虞和平的学术创见与贡献，主要体现在以下几个方面：

第一，商会总体研究。20 世纪 80 年代中后期，商会史研究尚处于起步阶段。1986 年，虞和平考虑博士论文选题时，以敏锐的学术眼光选定“商会与中国早期现代化”作为自己的学术志向。当时的商会研究多限于个案研究，虞和平的研究不仅开创了对于全国商会的整体性、综合性研究，而且回应当时学术界对于商会性质、商会与政府关系等诸多问题的关注，提出自己的独到见解，引发广泛关注。

商会究竟是官方机构、半官方机构、官督商办机构，还是民间机构？学者之间分歧很大，未能达成共识。虞和平根据社会学原理与法学原理，大胆提出了一种全新的认识——商会具有法人社团性质。他通过详细考察，认为商会依照政府的法定程序经由政府的批准而设立，有自己固定的组织机构和职能部门，有广大的会员，有自己能独立支配的经费和财产，有法定的权利、义务和活动范围，又由自己自愿发起、自定章程、自选领袖、自筹经费，既具有社团性，又具有法人性。商会基本是一种商办的法人社团。虞和平的这一见解，跳出了官方—民间的既定思路，强调从商会的自身特性来观察商会，引起研究同行的共鸣与重视。确实，尽管中国近代商会是在清政府新政旗号下倡导设立的，但是只有某一地区某一行业的商人互相之间有了认同感后，才会积极组织商会与申请入会。以往有关商会是官方、半官方机构还是官督商办社团的认识，则将商会法人特征中的官方关系简单地看成官方特征。[①] 事实上，商会属于较为独立的社会团体，研究者应不断解放思想、放宽视域，如引入社会学和法学理论予以更符合历史实际情形的、别开生面的研究。

商会与政府的关系，也是研究商会的学者着力探讨的话题。虞和平承继对于商会法人社团性质的判断，认为商会与政府的关系应该是法律关系，即依据法律规定而发生的管理与被管理关系。当然，从清末到民国的具体史实看，这种法律关系未能较好地维持。一方面，政府超越法律对商会的活

① 虞和平：《近代商会的法人社团性质》，《历史研究》1990 年第 5 期。

动进行干预,甚至是控制;另一方面,商会也相应地突破法律规定进行一些超法活动。所以,中国近代商会与政府的实际关系,是一种“超法的控制与反控制”关系。[①] 这为全面观察商会与政府的关系,提供了一个全新的视角。从历史事实看,在清末、北洋和国民政府时期,政府与商会之间均有“超法的控制与反控制”出现。以清末时期为例,政府为“广开利源”而“振兴工商”,随之而来的是苛捐杂税,侵夺商利。作为回应,商会也突破法律范围,进行反政府的活动,如领导参与了一系列商人抗捐抗税斗争、抵制美货运动和收回利权运动,还发起国会请愿运动,表达参政要求。总的来说,商会作为一种社团法人,与政府之间的法律关系并不完善,双方又不能随时势变化而作出相应调整,导致彼此之间激烈而持久的控制与反控制斗争。这种斗争的变化过程与复杂性,成为探讨近代商会与政府关系的挑战与魅力所在。

资产阶级的形成及其在经济上和政治上发挥的作用,有利于早期现代化的推进。讨论现代化问题,与资本主义的发展、资产阶级的成长密不可分。虞和平受马克思研究无产阶级时运用“自在”与“自为”概念的启发,认为这两个概念具有普遍性,也可以用来分析中国资产阶级所经历的状态。他指出,清末各地商会的诞生,提升了资产阶级的组织形式,使他们逐渐由省区性的整合向全国性整合迈进。在政治斗争中,资产阶级已有较多与较大规模的参与,从“自在”状态慢慢过渡到“自为”状态。民国初年全国商会联合会的成立,则标志着中国资产阶级进入基本自为的阶段。[②] 当然,由于中国资本主义发展的局限性,资产阶级“自为”的程度不是很高,但这也无法抹杀它作为一个社会集团而存在的形态和形成过程。商会组织从行业性整合到区域性整合再到全国性阶级整合的过程,正是中国资产阶级组织现代化的过程。可见,商会的发展在中国资产阶级的成长中起着关键作用。这也正是《商会与中国早期现代化》所反映的主旨之一——商会促进了资产阶级本身的现代化,而资产阶级本身的现代化,即是中国早期现代化的一种重要表现。

虞和平有关商会研究的贡献,还在于他十分重视商会参与制定经济法

① 虞和平:《近代商会的法人社团性质》,《历史研究》1990 年第 5 期;虞和平:《商会与中国早期现代化》,第 84 页。

② 虞和平:《商会与中国资产阶级的“自为”化问题》,《近代史研究》1991 年第 3 期。

规的史实与过程，指出它具有促进经济法制建设、改善资本主义经济秩序的积极作用。清末，全国各商会代表在上海举行了两次商法讨论会，制订《公司法》和《商法总则》草案，产生了引进西方商法与中国商事习惯相结合的立法原则。民国时期，商会不仅在舆论上敦促政府加速制定经济法规，而且对政府所拟定和颁行的各种经济法规详加讨论，提出不少修改和补充、实施意见，促使资本主义经济法制初成体系，且较多地体现了资产阶级的利益。[①]这与后来虞和平从事的商会商事仲裁制度等研究[②]，实际上却属于法制史范畴，反映了中国近代司法制度在经济领域的现代性变革。虞和平在从事商会研究时，将现代化史、经济史、社会史与法制史视角融为一体，是其一大特色。

以上论及有关商会研究的几个问题都十分重要，虞和平独辟蹊径，提出商会的性质是法人社团性质，政府与商会的关系是“超法的控制与反控制”关系，中国资产阶级伴随着商会的整合从“自在”发展到“自为”等学术观点，均富有创见，在商会史领域引起很大反响。可以说，虞和平是商会研究在20世纪90年代成为显学的主要促成者之一。

第二，“早期现代化”概念的提出。较之商会研究稍晚兴起的是现代化史研究。1986年，华中师范大学章开沅主持国家社科基金“七五”重点项目“中外近代化比较研究”。同时，北京大学的罗荣渠发起了世界现代化进程的研究，并主持国家社科基金“七五”重点项目“世界现代化进程研究”。[③]1987年，华中师范大学举行“对外经济关系与中国近代化”国际学术讨论会，启动了国内的中国早期现代化研究。此时，虞和平正跟随章开沅攻读博士学位。华中师范大学章开沅与北京大学罗荣渠，是中国现代化研究的先行者，前者“由中国看世界”，后者“由世界看中国”，相得益彰。虞和平1976年毕业于北京大学历史系，曾聆听罗荣渠所授课程，随其下工厂锻炼，在北京大学期间受其教益甚多。[④] 可以说，虞和平在章开沅与罗荣渠两位史学大

---

① 虞和平：《商会与中国早期现代化》，第205～220页。

② 虞和平：《清末民初商会的商事仲裁制度建设》，《学术月刊》2004年第4期。

③ 1993年，前者成果以《比较中的审视：中国早期现代化研究》为题，由浙江人民出版社出版。后者成果以《现代化新论：世界与中国的现代化进程》为题，由北京大学出版社出版。

④ 虞和平、谢宝耿：《努力创建中国现代化史学科——虞和平研究员访谈》，《学术月刊》2004年第4期。

家影响下从事现代化研究,承继了得天独厚的学术资源与宽广的学术视野,水到而渠成。

在中国的现代化研究中,一直存在着“现代化”和“近代化”两个概念混用的问题。这一问题情有可原,因为近代和现代在西方是一个词“modern”。学术界一般将1840—1949年的中国现代化称为近代化,也有人称之为现代化。虞和平主张将1949年之前的现代化运动称为早期现代化。这样既使现代化的概念保持统一,还可以展现现代化的阶段性,以区别1949年前后现代化的不同发展状况和不同发展道路。这一概念提出后,获得日益增多的中国现代化史研究学者的认同和采用。

在对中国早期现代化的阐释中,虞和平特别提出民族化,将其作为早期现代化的主要内容和特点之一。他指出“所谓中国早期现代化,就是中国自1840年至1949年的资本主义现代化。从现代化的一般含义讲,资本主义工业化和民主化也是中国早期现代化的核心含义。但由于中国的早期现代化是在半殖民地社会状况下展开的,因此它的核心含义还应增加一个民族化——反对帝国主义侵略,争取民族独立。”“这不仅仅是由理论逻辑所得出的推论,也是中国早期现代化的历程所证实的结论。”[①]在早期现代化研究中,有一种把反帝反封建与现代化相对立的倾向,或者强调现代化,故意回避反帝反封建问题。这实际上反映的是中国近代史学研究中,革命范式与现代化范式的分野与对立。虞和平将反帝与争取民族独立作为中国早期现代化的应有之义,实际上是吸收了革命范式中的合理部分,克服现代化范式的局限性。用此观照历史,灵活运用与全面理解现代化范式,无疑将得出更为客观与科学的结论。

按照现代化理论,一个国家实现现代化一般要经历三个阶段:准备阶段、向现代社会过渡的阶段和基本实现了现代化的阶段。虞和平提出,中国的早期现代化历程,经历了现代化过程的第一和第二阶段。从1840年的鸦片战争到1911年的辛亥革命,是现代化的第一阶段,即准备阶段。辛亥革命之后进入第二阶段,即向现代社会过渡的阶段。他还概括了中国早期现代化的特点:被动性、复合性、非自主性、非统一性。[②] 这些研究体现了虞和

① 虞和平:《商会与中国早期现代化》,第4、7页。

② 虞和平:《商会与中国早期现代化》,第8~18页。

平对于中国早期现代化整体状况的深入思考、宏观把握与创新见解，为读者了解中国早期现代化的基本状况提供了认知基础。

第三，创见性地指出传统与现代之间的关联。在现代化过程中，探讨新、旧质素之间错综复杂的关系与彼此冲突、消长、沟通、融合的过程，具有重要的学术价值，也极富挑战性。针对人们往往将传统与现代截然对立、相互排斥的观点，虞和平认为，传统与现代并不对立，传统内部存在着某些适应于早期现代化的潜在因素。他进而提出："一个国家现代化进程的快慢和成败，并不决定于是否与传统彻底决裂。"[①]在中国这样一个后进国家中，传统与现代并存的局面更为明显。因为后进国家是在原有传统社会的基础上，受西方现代文明的影响而被迫开始现代化的，也就是说，是在传统社会模式继续存在的情况下学习西方模式的。因此，探讨现代化过程中传统与现代并存的微妙关系，是推进历史认知、深入历史肌理的一个绝佳机会。

虞和平以现代性的商会与传统性的行会为案例，探讨传统与现代之间的相通性。学术界以往的观点，较为强调行会的封建性，及商会与行会之间的对立和排斥。他提出，事实上，近代的行会具有对现代社会的潜在适应性。鸦片战争后，传统行会的组织性质和功能作用逐渐朝着现代性组织和资本主义化的方向转变，一些新兴的资本主义行业所建立的行会组织，更具有这种现代的资本主义性质。所以，商会成立后，行会能作为商会的主要成员存在。行会与商会的结合，是以他们两者的某些同质因素为基础的，它们具有某些相同或相互依赖的社会功能和经济功能。当然，商会的功能范围比行会大，两者之间有着一种包含与被包含的关系，而且还存在某种相互依赖的关系。[②] 这些对行会与商会的认识，从大量具体翔实的史实出发，分析深入，令人信服。

除行会外，虞和平还考察了城市同乡组织。他认为从清末民初开始，会馆、公所等传统同乡组织日益增多地采用现代的同乡会组织形式，其功能作用也从传统的"救死"和联谊为主，改变为以"救生"和扶持同乡经济利益为主。同乡组织从传统到现代的转化过程，反映出传统同乡组织经过改造可

① 虞和平：《商会与中国早期现代化》，第145页。

② 虞和平：《鸦片战争后通商口岸行会的近代化》，《历史研究》1991年第6期；《商会与中国早期现代化》，第160~162页。

以适应社会发展的需要,不仅有益于旅外同乡的利益自维,而且有利于旅居地及故乡的社会和经济发展。①

虞和平在商会与行会关系、同乡会转型等方面的细致研究,揭示了传统与现代之间的内在继承发展关系,也反驳了将中国传统简单、一概地视为现代化前行道路之障碍的观点。传统与现代化并非格格不入,更不是互相对立的。事实上,现代化不可能脱离传统另外搞一套,现代对传统的关系是既有继承,又有批判。20世纪六七十年代,"亚洲四小龙"的经济腾飞,引发人们对东亚传统儒家文化与现代化之间关系的浓厚兴趣。这也在一定程度上表明,传统的儒家文化经过调试和改造,是可以适应与促进现代化的。

第四,宽广的学术视野。虞和平不仅全方位研究了商会的组织结构、功能作用、政治参与等,还从商会看社会,运用现代化理论全面阐发了商会在中国早期现代化中的作用,构建了现代化视角在商会研究中的重要地位。尤其值得一提的是,虞和平的商会研究,一开始就采用了一种世界性的眼光。

虞和平关注中外商会交往与中国商会诞生后登上国际舞台的风采。他的研究涉及中外商会的经济合作、商人外交等。早在1988年,他就在《近代史研究》发表《论清末民初中美商会的互访和合作》一文,考察了1910年美国商会访华的动机、主要活动和影响,以及1915年中国商会代表团回访的情况。他指出:"中美商会的互访和合作活动,从主观上来说是一种推进两国经济交往、互谋利益的活动,而且有某种在法律条例上寻求平等互利的意向。"但是,由于中国的国际地位及中国商人缺少足够的经济力量和相应的经营能力,在合作中难以实现自己的愿望和利益。② 应当说,这是一种较为客观中肯、实事求是的评价,基本摆脱了单纯政治因素的影响,纠正了一味谴责美国对中国推行"门户开放、经济扩张"政策的认识,走在了时代前列,难能可贵。

同时,虞和平还关注西方因素对中国资产阶级组织形态的影响。西方资本主义国家入侵中国后,一方面使中国陷入民族危机,一方面也给中国带

① 虞和平:《清末以后城市同乡组织形态的现代化——以宁波旅沪同乡组织为中心》,《中国经济史研究》1998年第3期。

② 虞和平:《论清末民初中美商会的互访和合作》,《近代史研究》1988年第3期。

来了资本主义的生产方式和社会组织模式。中国的传统商人为应对外资的侵略和挑战，维持自身的经济地位与利益，不得不向西方学习，使自身及所在的组织日益现代化。① 这就是传统行会日益现代化、商会产生并联合成全国性组织的过程，也是中国资产阶级仿效与学习西方、与西方进行商战的过程。只有注意外来因素对中国商会与资本主义发展的多重影响，才能更好地揭示近代中国的特征。

总之，虞和平在现代化研究发轫期从事的商会与中国早期现代化研究，研究对象富有时代价值，研究方法极具创新意义，成功开创了现代化理论在商会研究领域中的典范意义。他的研究成果，也得到了学界的充分肯定。1999年，中宣部全国哲学社会科学规划领导小组组织评定“国家社科基金项目优秀成果”时，他的著作与章开沅、罗荣渠的著作同时获奖，成为迄今为止获得国家级奖项的最早的现代化史著作与唯一的商会史研究著作。

改革开放后，在近代史研究的很多领域，国内学者都是在学习与追随西方。但在商会史领域，中国学者处于领先地位。在中国大陆学者诸多专著问世后，日本、美国和中国台湾、香港的学者才开始投入商会史研究。这其中便有虞和平长期从事商会研究的一份贡献。他1976年从北京大学毕业后进入近代史研究所工作，即以民国初年的社会经济史和商会史为研究方向，广泛搜集资料。近代史研究所具有优良的学风，注重史料的全面占有、精心研读与恰当运用。在樊百川、王庆成等前辈学者的指点下，虞和平在改革开放初期便迅速进入学术研究的正轨并崭露头角。可以说，出版于1993年的《商会与中国早期现代化》，实际上是他17年辛勤研究成果的积累，扎实的史料与宏大的理论构建相映成辉。这一研究所展现的重视实证、讲究理论的学术特点，是他在北京大学、近代史研究所和华中师范大学学习与工作经历中博采众长的结果。

二、贯通：中国现代化的整体性研究

随着现代化研究在中国近现代史领域的崛起，从20世纪90年代开始，

① 虞和平：《西方影响与中国资产阶级组织形态的近代化》，《中国经济史研究》1992年第2期。

中国现代化史整体性研究的著作陆续出现，如张琢著的《九死一生——中国现代化的坎坷历程和中长期预测》①，许纪霖、陈达凯主编的《中国现代化史》②等。2001 年，虞和平主编的共计 120 余万字的《中国现代化历程》（三卷本），由江苏人民出版社出版。这套书在现代化理论视角下，全面梳理与阐发 1840 年鸦片战争发生到 2000 年改革开放进入新纪元共 160 年的中国现代化历史，内容丰富，视野开阔，成为中国现代化史的最优秀的著作之一。著名历史学家章开沅予以高度肯定："全书的内容结构表明作者对中国现代化进程已全局在胸，所以能作比较符合历史实况与本质的理论体系构造。这正是既往中外学者所已发表的相关论著的不足之处。"③

《中国现代化历程》（三卷本）出版后，获得江苏省委宣传部和新闻出版局联合评定的"江苏省迎接党的十六大优秀出版物"一等奖、国家新闻出版总署组织评定的"第六届国家图书奖"、中国社会科学院优秀科研成果奖、"第三届郭沫若中国历史学奖"二等奖。此书之所以能获得如此高的学术评价，不仅在于它是近现代史领域学有所成的专家们辛勤耕耘、通力合作之成果，还在于主编虞和平提出了明确的指导思想、完整的内容架构和有意义的理论体系，较好地处理了现代化与反帝反封建、传统与现代、外因与内因、现代化解释体系与现代化道路选择等各种纷繁复杂的关系，使得 160 年的近代历史在现代化的视角下得到一种全新的阐释。

（一）现代化与反帝反封建

在大多数人看来，现代化范式与革命范式处于两极对立状态，若使用了现代化理论，一般会对马克思主义理论持回避甚至批评态度。虞和平在本书的绪论部分介绍了国外的现代化理论后，专辟一节分析马克思的现代化思想。他创见性地提出，马克思的现代化思想"有的与现代化理论词异意合，有的为现代化理论所吸收，有的为现代化理论所不及"。在研究中国现代化的进程时，既要采用现代化理论的基本原理，如重视从传统农业社会向现代工业社会发展过程中经济上的工业化、政治上的民主化，同时也要以马

① 张琢：《九死一生——中国现代化的坎坷历程和中长期预测》，中国社会科学出版社，1992 年。

② 许纪霖、陈达凯主编：《中国现代化史》，上海三联书店，1995 年。

③ 虞和平主编：《中国现代化历程》专家评介，江苏人民出版社，2001 年。

克思的现代化思想,特别是关于西方资本主义扩散、殖民主义与落后国家的资本主义现代化关系、社会形态发展过程与现代化进程相结合的思想为指导。[①] 虞和平积极运用西方现代化理论,同时十分重视吸收马克思现代化思想中的合理成分,显示了其宽广的学术胸襟。

中国的现代化,特别是早期现代化,具有特定含义,除公认的工业化、民主化外,还有民族化,即反帝反封建、争取民族独立。这一点虞和平在《商会与中国早期现代化》一书中即已阐明,在该书中继续予以深化。实际上,争取民族独立是任何一个殖民地、半殖民地国家现代化不可或缺的核心内容。只有在国家取得独立后,才能建设成真正意义上的现代化国家。近代史实表明,中国的早期现代化在半殖民地半封建社会制度下展开,阻力很大。实现民族独立、改变社会制度,可以为实现现代化开辟出一条平坦的道路。虞和平将反帝反封建与现代化之间的关系概括为:反帝反封建既是现代化的一个组成部分和一种重要动力,又为现代化建设解决制度和道路问题扫清障碍。著名历史学家刘大年在晚年也认识到现代化的重要意义,指出,中国近代 110 年的历史基本问题是两个。一是民族不独立,要求在外国侵略压迫下解放出来;二是社会生产落后,要求工业化、近代化。两个问题内容不一样,又息息相关,不能分离。没有民族独立,不能实现近代化;没有近代化,政治、经济、文化永远落后,不能实现真正的民族独立。[②] 也就是说,民族独立与现代化是密不可分的,两者之间存在互动关系。

可见,虞和平倡导的现代化研究,并非直接搬用西方现代化理论,而是与马克思主义现代化思想的合理成分特别是与中国近代历史的自身特点相融合。从国内现代化研究的实际情形看,虽然包括虞和平在内的众多学者首先受到国外现代化研究理论的启发,但在运用时一般都会进行“本土”改造,或糅合国外各种现代化理论中的适用部分,或把它与马克思主义的唯物史观与现代化思想相结合,或将其与中国近代以来的历史和现实相结合,或同时做到以上几点。正因为他们运用了富有中国特色的现代化研究方法,才创造出令人信服的有生命力的学术成果。这也正是现代化范式在 20 世

① 虞和平主编:《中国现代化历程》绪论,江苏人民出版社,2001 年,第 10、16 页。
② 刘大年:《当前近代史研究的几个问题》,《刘大年集》,社会科学文献出版社,2000 年,第 5~7 页。

纪90年代后越来越被广泛接受的原因所在。

(二)传统与现代

中国是一个具有悠长历史的文明古国,传统文化的影响根深蒂固。传统是中国开始现代化进程的基础与前提,中国不可能完全抛弃传统迎接现代化。虞和平对各种传统因素对现代化的不同影响进行了分析。他提出,一般来说,在制度和意识形态方面,传统因素对民主化有较多的阻碍作用,基本上处于现代化的对立面。如君主专制与现代化是不相容的。在伦理道德和民族意识方面,传统因素对社会整合和国家独立既有不利的一面,也有可资借鉴的一面。如传统的"德政"和"仁、义、礼、智、信"观念,既是一种封建礼教,也对改善政治制度、协调人际关系、稳定社会有一定的借鉴意义;传统的"天下"意识,虽然是一种君临天下、夜郎自大的封建帝国观念,但是也由此形成了牢固的中华民族观念和凝聚力,成为近代以来反对帝国主义侵略和振兴中华的一股强大的精神动力。在经济思想和经济素质方面,则存在着对现代化的潜在适应性。如重农抑商意识和政策的缓慢变化、商品生产和市场交换的存在和逐渐扩大、商人和商人组织的发展和变异、手工业生产中的资本主义萌芽等,成为近代与破门而入的外国资本主义进行文明对接和产生资本主义的基础。①

可见,中国的传统资源非常深厚,传统因素对现代化有制约的一面,也有潜在适应的一面,必须用全面、辩证、动态的眼光予以审视。虞和平提出的对各种传统因素,特别是与现代化有关的因素或扬弃或借鉴或发扬的态度及其缘由,值得深入探究。如人力资源方面,中国劳动人口基数大,劳动者多具备吃苦耐劳的品格,是当代中国成为世界工厂的原因之一。他们的安土重迁与对更高经济生活的追求之间有着怎样的关联,农村劳动力走向城市的浪潮是怎样形成的等等,均具有探索意义。

(三)内因与外因

1840年鸦片战争发生时,中国基本是一个传统农业社会。中国在外国资本主义的侵略和刺激下,被迫开始现代化历程。所谓的"师夷长技以制夷",便是学习与仿效西方资本主义文明,抵制西方资本主义的侵略与压迫,这也构成了现代化的一个重要动力。显然,中国的早期现代化,并不是内部

① 虞和平主编:《中国现代化历程》绪论,江苏人民出版社,2001年,第18页。

自发酝酿产生的，故被视为一种“外源性”现代化，罗荣渠称之为“传导性”现代化。[①] 这与费正清在研究近代西方与中国的关系时，概括出“冲击—反应”论相契合。

虞和平修正了罗荣渠等人的观点，提出了“传动性”现代化的概念。他认为，“传导”所包含的主要是外国现代社会因素的注入及其所引起的中国人的学习和仿效，而“传动”所指的除“传导”所包含的这一层意义外，还指中国人因外来的民族压迫而激起的谋求自强自立的动机。另外，“传导”含有长期的意思，而“传动”突出初期的促动意义。当中国自己产生了现代化的意识和行动之后，外国现代社会因素的促动作用就逐渐减少，日益转变为可资中国利用的外国资源，两者的关系也相应地从注入与学习、压迫与应对的不正常关系，逐渐朝着引进与应用、互动与互利的正常关系转变。[②] 因此，“传动性”现代化这一概念，更能突出中国现代化进程中的外因通过内因起作用和由被动向主动转变的特点。

实际上，外因与内因，又和传统与现代相联系。在外来刺激和内在机制的合力作用下，中国原有的经济、文化、社会到底经历了一个怎样的从传统到现代的转化过程？这就需要将传统与现代、内因与外因结合起来观察。传统过渡到现代化，或由外因单独引发，或由外因和内因共同促动，而过渡得是否顺利，又与外来因素与内在因素的力量变化、角力博弈等有关。

（四）现代化的解释体系

现代化研究贯通了近代史、现代史和当代史，并把各个阶段中的政治、经济、外交、社会、文化等各方面的发展变化以现代化的主线融为一体，分析它们之间的互动关系，这样就突破了传统的以政治史为主线，辅之以经济史、文化史、外交史等的研究方式，淡化处理了鸦片战争、甲午战争、义和团运动等中国近代通史中原来重点描述的重大历史事件。现代化史研究，探索的是现代化内在与外在机制的运行，如现代化的领导力量和队伍结构、现代化的动力和阻力、现代化的国际国内环境、现代化的道路选择等，这些都是前所未有的新领域、新问题、新挑战。用现代化视角呈现鸦片战争以来的历史，无论从纵向上还是横向上，都展现了与以往革命史叙事的不同风格和

① 罗荣渠：《现代化新论：世界与中国的现代化进程》，商务印书馆，2009年，第240页。

② 虞和平主编：《中国现代化历程》绪论，江苏人民出版社，2001年，第19页。

特点。

在对历史人物和事件的评价标准上,现代化研究也有了很大突破。以往突出人民性、革命性、爱国性和阶级性,现在兼顾现代性、科学性、合理性、先进性和世界性。如关于资本家改进企业管理制度和方式,以往的评判只是批评其加大了对工人的压迫和剥削,从而否定其应有的进步作用;现代化研究则从提高管理和生产效率的角度,肯定其先进性和合理性的一面。再如关于经营地主的问题,传统的评判标准只注意经营地主的增加意味着土地集中的加剧和贫雇农的增加,因而是地主阶级加大对农民阶级压迫剥削的表现;现代化研究则认为经营地主的雇工生产,不仅在生产方式上是农业资本主义化的一种表现,而且在生产力上它采用了较多的先进技术,提高了产量。同时,由于雇农有固定的生活和收入,其经济状况也不一定比佃农差。又如关于中国农副产品的出口问题,传统的评判标准只强调列强对中国的原料掠夺,使中国日益沦为西方资本主义国家的原料供给地,是中国经济殖民地化的表现;现代化研究则同时看到中国农副产品出口所引起的农业生产商品化与国际化,是中国经济发展的一种外部条件,它刺激了农业生产的改良和发展。[①] 可见,现代化研究带来的分析角度的转变和视野的更新,促成了中国历史学研究方法的新进展,有利于更为全面地看待与评价近代史上的各种事物。

(五)现代化道路选择

虞和平将中国经历的现代化历程归纳为三种道路:1949 年前的早期现代化(资本主义现代化)、1949 年到 1978 年的经典社会主义现代化和 1978 年改革开放以来的有中国特色的社会主义现代化。中国现代化进程之所以缓慢而多曲折的原因,学界曾有多种分析,如技术落后、资金短缺、人口过多。虞和平认为,这些原因都是次生和次要的,最根本的原因则是制度和道路的问题。由于制度和道路问题长期未能全面而正确地得到解决,从而不能合理、有效和充分地利用国外和国内的现代化资源。1949 年之前中国的早期现代化带有很大的被迫性,国家未曾独立。1949 年中华人民共和国的成立,虽然使制度和道路问题得到了一次根本性的变革,也使中国的现代化从资本主义道路转入社会主义道路,但是仍然存在着各种体制内的问题;加

① 虞和平:《中国现代化研究的解释体系和内容结构》,《广东社会科学》2003 年第 2 期。

之国际冷战和国内政策失误的影响,使国外现代化资源的利用严重受阻,国内现代化资源的利用也受到不同程度的限制。直至 1978 年改革开放后,随着有中国特色社会主义制度的逐步建立及其道路的不断开拓,中国的现代化才得以充分利用国外和国内的现代化资源,进入快速而健康的发展阶段。[①] 可见,只有拥有合理的制度和道路,现代化的进程才会顺利推进。

(六)现代化史的研究对象

在虞和平的《中国现代化历程》出版后不久,国内外的有些学者提出了现代化研究范式"过时"论,其主要理由是现代化研究对象的非普遍性和不确定性。所谓"非普遍性",即批评现代化研究范式中的现代化以工业化为核心指标,但是世界上有些国家和地区可以不通过工业化而实现现代化,因此其研究对象没有普遍意义。所谓"不确定性",即批评现代化研究范式中的"现代"是一个时间概念,它不仅存在于当下,而且存在于未来,这种与时俱进的"现代化"也将永远持续下去,而现在所谓的现代化研究范式显然不能适用于未来无止境的现代化,因此现在的现代化研究的时代性和现代性是无法界定的,进而言之现代化研究的对象也是不明确和不确定的。对此,虞和平于 2004 年发表了《关于中国现代化史研究的新思考》一文[②],认为这些质疑都有一定的道理,是今后现代化史研究需要进一步思考的问题,但是不足以否定现代化史研究的必要性和科学性,并作出了颇有启发性的解释。

对于第一个质疑,虞和平用现代化的全人类性予以解释。他认为现代化是一种全人类的现象,是人类社会发展中的一个阶段。虽然有些国家和地区主要不是通过工业化而是通过资源输出,或发展旅游和第三产业使其人民生活实现现代化,但是这只是极少数的小国家,而且归根结底也是依赖于工业化的。如果没有其他国家的工业化和这些所谓非工业化国家自身的一定程度的工业化,那么有谁去购买它的资源,又有谁去它那里旅游、购物?它又将如何开发大量而优质的资源,又将如何提供可供人们享受的高档旅游设施和可供人们采购的丰富物品?因此,从现代化的大概念来说,工业化作为现代化的核心内容是无可置疑的。

对于第二个质疑,虞和平提出现代化史研究的具体对象是工业社会。

---

① 虞和平主编:《中国现代化历程》绪论,江苏人民出版社,2001 年,第 21 页。

② 虞和平:《关于中国现代化史研究的新思考》,《史学月刊》2004 年第 6 期。

他认为，现代化研究范式中的“现代”不是一个永恒存在的时间概念上的现代，而是一个社会生产方式发展过程中的一个时代概念，即工业社会时代。从社会生产的角度来说，迄今为止，人类社会所经历的历史时代，可以分为采猎社会、农牧社会、工业社会三个时代，至于工业社会以后的社会是什么社会，则尚不可知。现代化研究以工业化为核心内容，包含工业化所带来的各种社会变迁，也就是整个工业社会产生、形成、发展的过程；现代化概念中的“现代性”就是工业社会的各种特性，其“时代性”也就是整个工业社会的时代，只要工业社会存在，现代化的概念也就有存在的价值。如此，则现代化史的研究对象就清晰可见了。

此外，虞和平还致力于中国现代化史的学科建设。他以自己的中国现代化史研究为基础，整合近代史研究所的现代化史研究力量，于 2004 年经国务院学位委员会批准，在中国社会科学院研究生院博士学位授权一级学科范围内自主设置学科中，将中国现代化史增设为二级学科硕士点，2007 年又被升级为二级学科博士点。这意味着中国现代化史已从一个研究领域发展成为一个正式学科，并第一次成为一个博士点，虞和平则成为该博士点的第一位博士生导师。现在，虞和平因为年龄原因，已停止了这一博士点的招生，这一博士点也自行撤销。但是这一学科仍存在于近代史研究所，并于最近成为中国社会科学院创新工程中的一个创新学科。

总之，《中国现代化历程》的出版与获得的肯定，及其所带动中国现代化史硕士点和博士点的设立，标志着从现代化的角度撰写与认知中国近现代史的尝试获得了成功。对虞和平而言，此书是继《商会与中国早期现代化》之后，经过 8 年沉淀积累而成的融会贯通之作。他对中国现代化的总体把握，对传统与现代关系的认识，对西方理论与中国历史学方法的结合运用等，进入了一个新的层面。

三、超越：跳出现代化研究现代化

学者在从事学术研究时，往往希望能达到进得去、出得来的境界。起初进入一个选题时，下足功夫，锲而不舍，积累到一定程度后就会有豁然开朗的感觉。综观虞和平在 2000 年之后的现代化研究，可以发现其研究在多个领域开花结果，包括商人外交，张謇、严复等精英人物与中国早期现代化，近代经济史的总体认识与创新研究等诸方面。他不断更新研究视角与方法，参与现代化研究，又超乎现代化研究。

商人外交，是虞和平在从事商会与早期现代化研究时就已经涉及的主题，当时重在探讨中美商会之间的交往与经济合作。此后，虞和平对这一问题不断进行深入探索，近代商人究竟是如何参与政治的，特别是商人在近代中国政治制度和政治状况的发展变化中，发挥了怎样的历史性作用？从商人外交的角度切入，不失为一个操作性强的理想选择。2000年，虞和平在《五四运动与商人外交》一文中，明确提出商人外交的概念及含义。他认为，五四运动爆发时特殊的国际和国内环境，使商人的外交活动从萌芽阶段发展到成熟阶段，此后，商人的外交意识进一步增强，从谋求自身的国际商务合作和作为政府的外交后援，逐步发展为自主开展外交斗争、获取中国应有的国际待遇。①

2002年，虞和平开始从事国家社科基金重点项目“商人外交与近代中国的殖民地化与反殖民地化”，通过考察近代中国与日本、美国、英国等国之间商人自己组织的外交活动，分析在近代中国的殖民地化和反殖民地化过程中，中外资产阶级充当的角色和发挥的作用。以往的外交史研究，重在政府层面的外交，忽视民间外交，重视外交中的政治主题，忽视经济主题。研究商人外交，可以发现近代中国外交史、经济史领域原本被遮蔽的问题，考察中国商人的外交观念、外交活动和外交能力，展现中国商人在争取民族经济发展、寻求自身发展机遇和提高国际经济地位中发挥的作用。目前，这一研究成果虽尚未出版专著，但从虞和平及其团队成员近年来发表的论著中，可见其研究的新进展。

其一是关于商会和其他商人团体外交活动的新研究。承继前期的商会与商人外交研究，虞和平与贾中福于2004年发表《中国商会代表团参加太平洋商务会议述论》一文②，考察分析了中国商会代表团通过参加太平洋商务会议而开展的商人外交的新发展。虞和平又于2010年发表《吴锦堂与民

① 虞和平：《五四运动与商人外交》，《近代史研究》2000年第2期。

② 虞和平、贾中福：《中国商会代表团参加太平洋商务会议述论》，《史学月刊》2004年第7期。

国初年的中日商人外交》一文[1],考察了日本华侨领袖吴锦堂组织日支实业协会及其开展中日外交活动的状况,并分析其力图促进中日两国工商界的友好关系和经济合作的商人外交意义。

其二是关于中国参与世界博览会与商人外交的研究。中国学者对近代中国参与世界博览会的研究,自上海世博会筹办之时开始兴起,大多以考察和研究近代中国对世博会的认识和参与状况及其经济影响为主。虞和平则独辟蹊径,从商人外交的角度进行研究,于2010年发表《早期世界博览会与清末民初商人外交的兴起》一文[2],提出世博会不仅具有一般的外交功能,而且具有民间经济外交功能。近代中国在参加世博会的过程中,不仅逐渐认知了世博会的这一功能,而且逐渐付诸实践,并由民间经济外交而引发出商人外交,使世博会日益成为近代中国商人外交进步的一个重要载体和助力。

此外,虞和平指导的博士生贾中福,于2008年出版在博士论文基础上修改而成的专著《中美商人团体与近代国民外交》[3]。2013年,于文浩的博士后研究报告《中日民间外交(1919—1928):以商人团体为主体的历史考察》完稿,经过反复修改,该报告得到中国社科院创新工程资助。

虞和平及其团队对于近代商人外交的研究,不仅具有学术创新价值,而且富有时代意义。随着中国经济的迅猛发展和国际化程度的提高,现在的中国商人已经走向世界各国,频繁从事经贸活动。在更为激烈的全球经济竞争状态下,如何发挥工商界的民间经济外交作用,如何减少国与国之间的经济摩擦,获得双赢,成为越来越重要的问题。鉴往知来,读史明理,可以说近代商人外交研究正当其时。

张謇是中国近代的一个非凡人物,虞和平有关张謇与中国早期现代化的研究也颇有心得,他将张謇视为"中国早期现代化的前驱"。为什么是"前驱"呢?因为张謇的思想与行动,较好地反映了近代中国开始从传统向现代社会转型过程中的过渡性质。他的身上既有现代社会的因素,又有传统社会的烙印;从他的言行中,既可以看到许多发前人所未发、做前人所未

① 虞和平:《吴锦堂与民国初年的中日商人外交》,《宁波大学学报》2010年第5期。

② 虞和平:《早期世界博览会与清末民初商人外交的兴起》,《史林》2010年第4期。

③ 贾中福:《中美商人团体与近代国民外交》,中国社会科学出版社,2008年。

做的革新开拓之处,也可以看到一些改末保本、循序渐进的因循守旧之处;在他的社会实践中,既取得过成功的业绩,也免不了失败的悲剧。张謇一生经历过晚清状元、改革思想家、资本主义企业家、新式教育家、公益活动家和政府官员等角色和职业生涯,把各种角色及其资源融为一体,把一些传统思想运用于自己的各项建设事业。尤其值得一提的是,他创办的各种企业虽然离不开盈利,但其最终目的并不在盈利,而是为了利国福民。他把经营企业的盈利所得大量投资于教育和公共福利事业,充分发扬了"以天下为己任"的传统思想。他在创办第一个企业大生纱厂时,即名之为大生,取儒家所谓的"天地之大德曰生"的含义。① 由此可见,张謇的经历与言行不仅反映了时代的巨变,还表现了其个人的现代化素质和贡献。

以往对张謇的研究,多采用一分为二的观点,肯定其在经济和社会活动方面的进步意义,批判其在经营管理中的封建主义、家族主义,政治活动中的改良主义等。随着时事变迁,对其的肯定有所扩大、深入。但是,对于历史人物的评论,事实上不应纠缠于确定其究竟有"几分功绩几分过错",而在于运用历史的尺度,把他放到当时的历史阶段和历史环境中加以考察,把握他最主要的历史贡献和影响,并以此界定其在历史发展过程中的地位和作用。因此,虞和平将张謇放在中国早期现代化的过程中予以观照,是一种值得关注与肯定的研究视角。正如胡适所说,张謇做了三十年的开路先锋,独力开辟了无数新路,造福于一方。所谓开路先锋,所谓独辟新路,即是指其在中国社会由传统向现代转型过程中的领袖作用。唯有如此,才能超越原先对张謇实业救国、教育救国的认识,探究他整个的社会革新努力,评价他所创造的"南通模式"在中国早期现代化中的示范意义。近一个世纪过去,南通模式所展现的首先是奠定区域现代化的经济基础,然后以教育提升区域民众的整体素质,进而发展交通、促进福利公益事业来改善生态与人文环境,体现出循序渐进和全面发展的特点,对当今的中国现代化进程仍有启发性。

虞和平在21世纪的另一项重要学术成果,是撰写了70万字的专著《20

① 虞和平主编:《张謇——中国早期现代化的前驱》序,吉林文史出版社,2004年,第3、6页。

世纪的中国——走向现代化的历程·经济卷(1900—1949)》[1],对20世纪上半期的经济史进行重新梳理与整体阐释。虞和平所在的中国社会科学院近代史研究所,是国内研究中国近现代史的重镇。虞和平多年承担近代史学科研究综述的撰写,对包括经济史在内的整个学科的研究动态、方法变迁了然于胸。他高屋建瓴地构建了1900—1949年的经济史,在充分掌握前人研究成果的基础上,有所继承,有所开拓。

具体而言,此书的学术贡献主要体现在三个方面:第一,重视整体研究。纵向上注意各个时段新生经济因素的产生、发展,揭示每个时段的特征所在;横向上注意各种经济部门和经济成分的构成变动,择要分析企业构成、资本构成、产值构成、地区构成,并阐释彼此之间的联系与互动,主要体现在农业、工业与外贸之间,工业、商业与金融业之间,工业、商业、交通与外贸之间。

第二,体现早期现代化线索。虞和平根据长期从事现代化研究的经验,概括出20世纪上半期中国经济现代化过程中五个方面的动力因素和制约因素:一是政治因素,如清末新政、辛亥革命、抗日战争、新民主主义革命对经济现代化进展及其模式变化的推动作用;二是制度和政策因素,如清末时期、民国初年时期、南京国民政府时期、抗战时期、战后时期、革命根据地的政府经济管理体制和政策调整,及其对经济现代化进程的正反双向作用;三是技术因素,除在农业和手工业的有关章节中,陈述其生产中采用现代技术的情况外,还有专章论述工农业生产技术和经济理论的引进与应用及其局限性;四是社会因素,如实业救国思潮、收回利权运动、资产阶级队伍构成、社会各界的经济社团活动,都从经济现代化启动中社会动员的角度加以考察;五是外部因素,主要考察了外资在华投资开设企业和中外贸易变动的状态,并分析其对中国经济现代化进程的主观上抑制和客观上促进的双重影响。其中如制度和政策因素、技术因素(经济发展中的科学技术问题)等,以往的经济史研究较少关注。这些视角的引入,丰富了经济史研究的内涵,将这一时期的经济史与政治变迁、技术革新,以及波澜壮阔的时代背景紧密结合。再如,针对以往的乡村建设运动多从思想史、文化史和政治史的角度进

---

① 虞和平:《20世纪的中国——走向现代化的历程·经济卷(1900—1949)》,人民出版社,2010年。

行研究，虞和平在此书中从社会经济史和现代化史的角度，考察乡村建设运动对乡村政治进行的自治化和民主化的制度改革，对农业经济推行企业化和市场化的股份制合作社建设，对农民素质实施知识化和文明化的普及教育，从而显示了一种农村改造的现代性模式。①

第三，采用量化分析，纠正以往研究中的偏差与错误。经济史研究既应有定性描述，也应有定量分析。虞和平一直重视经济数据的运用与分析，在《商会与中国早期现代化》研究中就曾专辟一节，具体评估中国早期现代化的程度。在该书中，他对抗战后国家资本的膨胀及垄断再研究最为精彩，创见性地指出国家资本的垄断是相对的和畸形的，垄断的强化也是不平衡的。

可见，虞和平的这一专著，较之以往的近代经济史著作，体现了与时俱进的特点。既从现代化的视角，注意新经济因素的产生、发展、变化及其原因，细致展现中国经济从传统到现代的具体演变过程，还在吸收和借鉴既有研究成果的同时，与之积极对话，重视数据辨析、更新研究视角，形成了新的问题意识和结论。商人外交与20世纪上半期的经济史研究，都表明虞和平一方面仍在运用现代化范式认识历史，另一方面又以超越现代化范式的眼光观照自己的研究。

需要指出的是，现代化理论与西方国家的现代化进程密切相关，是西方国家现代化历史经验的理论总结。中国的现代化研究在20世纪80年代中后期开始影响且日益增大，也与改革开放后中国现代化的快速发展有关。对中国来说，现代化不仅是中国近代以来所追求的主要目标，而且也是改革开放以来及未来较长时期内的目标。历史学者有责任去研究和总结中国与世界现代化曾经经历的风霜雪雨以及现在面临的问题与挑战。

综观虞和平近30年的现代化研究，可发现他的研究扎根于中国近现代史实和国情，与时代主题的变迁密切相关，同时注意和借鉴现代化理论与社会学、经济学、法学等社会科学理论，并以马克思主义的现代化思想和中国国情对西方的现代化理论进行中国化的改造，构建中国现代化史的基本理论框架，力图将研究方法与研究内容有机结合，对中国现代化史作出有中国

① 虞和平：《20世纪的中国——走向现代化的历程·经济卷（1900—1949）》，人民出版社，2010年，第50~51、370~371页。

特色的解释。从商会专题研究到以现代化视角撰写近 160 年来的中国通史,再到商人外交、张謇研究与近代经济史体系的重新构建,无不体现出上述追求与努力,展现出他广阔的学术视野与敏锐的学术眼光、深入解读史料与较强的理论思辨力。正因为如此,虞和平在现代化领域中取得的丰硕成果,饱含着对中国现代化历程的深切关怀,得到了学术界的广泛认可,在中国现代化研究中占有不可忽视的一席之地。

中国口述历史研究的体系化发展与学科建设

——以虞和平领导的中华口述历史研究会为对象

李　俭①

2004 年 12 月 10—12 日，由中国社会科学院中国近代史研究所、当代中国研究所等 6 家单位发起的“首届中华口述史高级论坛暨学科建设会议”在扬州大学召开，80 多位来自全国政协、教育部、新闻出版、科研机构和有关高校的专家、学者出席了这次会议。12 日下午，举行了“中华口述历史研究会”揭牌成立仪式。根据《中华口述历史研究会章程》，中国社会科学院近代史研究所研究员、副所长虞和平当选为首任会长。在虞和平担任会长的 10 年间，中国口述历史学成为一个独立的、成熟的学科。作为这个民间学术团体的主要发起人和负责人，虞和平见证并推动了中国口述历史学的发展、壮大和体系化、学科化建设。

一

按照目前国内学界的普遍理解，口述史是以搜集和使用口头史料来研究历史的方法，是由准备完善的访谈者，以笔录、录音等方式收集、整理口传记忆以及具有历史意义的观点的一种研究历史的方式。② 但此论述不过是其中一种比较通行的说法，因为“口述历史涵盖多种学科”③，这意味着，还不能仅仅把口述史归结为历史学。严格地说，它是一门以历史学为主体的

① 李俭，男，山东临沂人。汉语言文学学士、新闻学（文学）硕士、历史学博士。著有《博览会史话》《接班的战争》，参著《中国经济体制改革的基本经验》《中国道路与中国模式（1949—2009）》等，发表论文若干篇。

② 定宜庄、汪润主编：《口述史读本》，北京大学出版社，2011 年，第 1 页。

③ ［美］唐纳德·里奇著，王芝芝、姚力译：《大家来做口述历史》（第二版），当代中国出版社，2006 年，第 9 页。

交叉学科,是人人可以实践和操作的信息采集手段。尽管口述史的主要目的和功能是寻找并采集历史事实,作为口述史料以弥补档案文献之不足①,但其多学科交叉性是公认的,在美国,口述史不是作为一门历史学的分支学科被研究的,而是广泛地应用于社会学、文学、民族学、灾难学、人类学、新闻学、种族学、艺术和医学等社会和自然科学各领域,在推动跨学科研究中起了非常重要的作用。② 虞和平的说法更加全面和综合,他指出:

> 从内容上来说,口述历史主要是指非亲历者或知情者写作的历史回忆录,但又有别于回忆录,它是由历史研究工作者和爱好者在采访当事人的基础上,经过一定稽核的史实记录,能够揭示一些文献资料所缺少的而又具有较高可信度的史实,从而不仅可以让人们多了解一些历史真相,而且可以使历史研究的成果更加接近历史事实,更具有科学性。从研究方法上来说,口述历史研究是研究者基于对当事人的采访,并结合文献史料,对当事人的生平或某一相关事件进行研究,也可以说是田野史研究的一个主要方面,它必须走出书斋去做大量的采访和调查,在采访和调查中还可以获得散落在民间的史料,获得研究的新线索,从而扩大史料搜集的范围和研究的视野。从形式上来说,口述历史是文献历史之外的另一种历史表述,也具有两者互补、互动的意义。此外,在文字表达上,口述历史一般比较口语化,比较生动活泼,比较为读者所喜闻乐见,从而使历史学更加多样化,更加贴近读者,贴近社会,进一步繁荣和丰富历史学。③

很多学者认为,口述历史的起源早于文字,而中国的口述历史更是异常发达。庄建平的说法堪称其中的代表。他指出,大约公元前9世纪诞生于中国的《诗经》《尚书》,即凭借珍贵的口述史料撰写而成,人们可以从中窥见部分古史的原貌。在某种意义上可以算作是口述历史的雏形。其后如司马迁的传世之作《史记》,更是集口述史学和民间文献资料之大成的巨著。

---

① 陈墨:《口述史学研究:多学科视角》,人民出版社,2015年,第7页。

② 杨祥银:《口述史学基本理论与当代美国口述史学》,载定宜庄、汪润主编:《口述史读本》,北京大学出版社,2011年,第50页。

③ 虞和平:《口述史学的学术特点》,《北京党史》2005年第6期。

不过，作为一个现代意义上的、具有严格定义和规范的学科，口述历史兴起于 20 世纪 40 年代前后，到六七十年代，在西方国家迅速传播，成为一个独立的学科，并有了专门的理论探讨和组织机构。比如美国，至 1966 年便拥有口述历史研究机构超过 90 个，1967 年成立了美国口述史学协会，1971 年创办了《口述历史评论》杂志。① 口述历史的兴起，与西方的"新史学"运动是同步的。"新史学"提倡的新理念、新方法是口述历史兴起的前提和基础，一定程度上是"新史学"运动所标榜的研究重心的转移在口述历史这里得到了配合和呼应。这方面的实践成果，有我们熟悉的例子。美国哥伦比亚大学和斯坦福大学胡佛研究所，都注重多方筹集资金，长期致力于有关近现代中国口述历史工作。比如，哥伦比亚大学的口述历史计划，格外重视中国近现代历史上的重要人物的口述历史。在其推动下，李宗仁、顾维钧、胡适、张学良等都留下了宝贵的口述作品，影响巨大。

在中国，对口述历史现代学科意义上的构建，首先做出响应的是香港和台湾地区。自 20 世纪 50 年代末起，经由胡适、郭廷以倡导，"中研院近代史研究所"率先垂范，口述史工作成就斐然。其刊行的口述历史丛书，达 60 余部。② 一般的认识是，中国的口述历史起步较晚，诞生于改革开放以后，且受"欧风美雨"影响。其实，这是一种误解。中国口述历史的发展是自成体系、独立发展的。有部分学者意识到了现代意义的中国口述历史兴起于 20 世纪五六十年代，例如王艳勤指出，在口述历史发展的第一阶段（1950—1978）主要集中于对太平天国运动、义和团运动、辛亥革命、五四运动等重大革命政治事件的实地调查与口述资料的搜集，集中于"新四史"（家史、厂史、社史、村史）口述资料的汇编，集中于重要人物的革命活动回忆的资料编选。③

改革开放以来，口述历史首先以"历史纪实"和"纪实文学"的样式展现在人们面前，这种样式首先是文学的、生动的且具有解密和揭秘的性质，一定意义上是高压政治在普通人关怀自身命运时的一个投射，人们借助于半虚构、半纪实的"故事"模糊了历史与文学的边界。口述历史作为一门科学，首先是记忆的、田野的，与其说和新闻采访、记录同构，倒不如说是民族学、

① 定宜庄、汪润主编：《口述史读本》，北京大学出版社，2011 年，第 1 页。

② 左玉河：《中华口述史研究学术研讨会笔谈》，http://jds.cass.cn/item/87.aspx。

③ 王艳勤：《中国的口述学研究》，《湖北大学学报（哲学社会科学版）》2004 年第 5 期。

民俗学和历史学的相互嫁接和借鉴产生的新形式。随着大量的专业机构和学者参与到口述历史中,“多源多流”的口述历史已成为一个重要的且具有勃勃生机的现代学科。特别是1990年至今,口述历史由精英走向大众,由封闭走向开放。在研究对象上,从英雄人物、领袖人物转向普通人物、大众人物;在研究方法上,由传统的调研方法转而借鉴国外口述史学的理论与方法,与国际口述史学界接轨,使口述史研究由零散趋向系统化,由避于一隅走向世界;在研究手段上,由简单的录音、录像等向信息化的电脑处理迈进。[①] 通过引介海外理论和方法,建立专业研究机构,开设课程和网站,一时间,国内口述历史研究蔚然成风。比如,中央电视台新闻频道不仅设有《口述历史》栏目,而且在《大家》《见证》《面对面》等栏目中也采用了口述历史的方法。部分地方电视台如北京电视台、南京电视台、上海东方卫视等也纷纷把口述历史引入电视栏目。需要特别指出的是,从2002年起,崔永元以民间身份募集资金,开始策划制作《电影传奇》《我的长征》《我的祖国》《我的抗战》等电视纪录片,8年间共采访3500多人,积累长达600万分钟的素材。

二

1989年4月27日,在民政部注册登记的全国性一级学术类社团——中国现代文化学会成立,驻地是北京市王府井大街东厂胡同1号的中国社会科学院近代史研究所。按照章程,学会接受业务主管单位中国社会科学院科研局学会处、近代史研究所科研处及社团登记管理机关中华人民共和国民政部社团司的业务指导和监督。因为学会驻地和业务指导都与中国社会科学院近代史研究所密切相关,学会负责机构由所内一流研究人员组成。1998年,虞和平任近代史研究副所长。在他和时任中国现代文化学会名誉会长丁守和研究员、会长耿云志研究员、常务副会长车前研究员、扬州大学副校长周新国教授等专家和学者的推动下,设立专门的口述历史研究机构的工作提上日程。

按照中国社会科学院近代史所庄建平研究员的回忆:“最早提出成立口

① 王艳勤:《中国的口述学研究》,《湖北大学学报(哲学社会科学版)》2004年第5期。

述历史研究会的是车前同志，时间是2000年，并得到了中国社会科学院近代史所研究者的响应。此后，又以中国社会科学院、全国政协、全国妇联、中国抗日战争纪念馆、北京社会科学院、共青团中央等部分历史学者牵头，发起组建民间团体——口述历史研究会，并制订长、中、短各种计划，争取在若干年后成为近现代中国民间文献和口述史料的收藏、研究的重要学术团体。在此后的四年间，组织工作仍旧继续进行，与四川、湖南、湖北、广东、江苏等社科院、文史资料机构联系，落实了研究会会刊《当代史资料》(已出5期)的出版工作，出版了《文强口述自传》，在学术界及社会上产生了积极影响。”当时，口述历史研究会设在中国现代文化学会下，属于二级分会，由庄建平具体负责。

2004年7月8日，由中国现代文化学会口述历史研究会主办的“中华口述历史研究中的若干问题”学术讨论会在北京举行。中国社会科学院近代史研究所、北京大学、北京师范大学、中国人民大学、《历史研究》杂志社、扬州大学等单位的60位专家学者与会，围绕口述历史的研究现状、规范与特点进行了广泛的研讨。虞和平作为近代史研究所副所长参加了会议。在会上，他提出了口述历史学科的界定问题(下文另有详述)。会上，庄建平报告了口述史研究会筹备、工作进展情况，以及今后的工作计划。与会专家刘志琴、姜涛、王建朗、闵杰、雷颐、闻黎明、汪朝光、马勇、王奇生、李学通、左玉河、金以林、李细珠等认为，研究口述历史是非常有价值的工作，应该尽快投入更多的精力、人员，落实口述历史课题的构想。

经过紧锣密鼓的准备，2004年12月10—12日，“首届中华口述史高级论坛暨学科建设会议”在扬州大学召开。这次会议除对中国大陆口述史的研究进行回顾与展望，并交流口述历史研究的工作经验外，还讨论口述史学的学科分类与建设及口述历史的规范、标准、原则，最重要的一个成果是成立了“中华口述历史研究会”。在这次会议上，通过了“中华口述历史研究会章程”，选举产生了中华口述历史研究会工作机构。其中，以虞和平为会长，以丁守和、李文海、祁龙威、张宪文、耿云志为顾问，以周新国(常务)、车前、庄建平、程中原、谭继和、涂文学为副会长。另选举左玉河为秘书长，吴善中、荣维木、王炎、周建超、姚力、李学通为副秘书长。

《中华口述历史研究会章程》六章二十四条如下：

第一章　总则

第一条　本会在中华人民共和国民政部注册名称为“中国现代文化学会口述历史专业委员会”（英文名称为：THE SOCIETY OF CHINESE MODERN CULTURE COMMITTEE FOR ORAL HISTORY），对外正式名称为“中华口述历史研究会”（英文名称为：CHINESE ORAL HISTORY SOCIETY）。

第二条　中华口述历史研究会是由中国现代学术文化工作者自愿结成的非营利性民间学术团体，隶属中国现代文化学会，并接受其领导和监督。

第三条　本会宗旨是：以国家的学术文化政策为指导，团结全国各界学者，利用科学方法，推进口述历史资料的采集、编辑和研究工作，并通过对民间私家著述和公私文书资料的收集和整理，促进中国现代学术文化的繁荣和发展。

第四条　本会的主要任务是：组织和推动口述历史的采集、编辑和研究工作；举办学术讨论会、论著评价会等多种形式的学术活动；积极与海内外口述历史学术团体联系，促进相关学术交流与合作；编辑符合本会宗旨的出版物。

第五条　本会业务主管部门为中国社会科学院科研局。本会遵守国家相关法律法规，以及《中华人民共和国民政部社会团体暂行管理办法》，定期向业务主管部门和登记管理机关报告工作，接受其监督和检查。

第二章　会员

第六条　本会分团体会员和个人会员两种。凡有志于口述历史研究并愿意遵守本会章程的科研单位、高等院校及个人，提出书面申请，经本会常务理事会批准，成为本会会员。

第七条　会员的权利为：享有选举权和被选举权；对本会的工作提出批评与建议；参加本会组织的各项学术活动；优先在本会编辑出版的出版物上发表学术成果；有申请退会的权利。

第八条　会员的义务为：遵守本会章程；执行本会决议；支持和承担本会委托的工作；按期缴纳会员费。

第九条　会员如长期中断与本会联系，或有严重违法乱纪行为,或损害本会信誉,经本会常务理事会审议后予以除名。

第三章　组织机构

第十条　会员代表大会,为本会最高领导机构。代表大会每五年举行一次,代表由会员协商推选产生。

第十一条　会员代表大会的职责是:听取和审议本会工作报告;选举新理事会;修改本会章程;确定本会的工作方针和主要任务。

第十二条　本会设理事会作为会员大会闭幕期间的常设机构,理事会任期五年,职责为:选举本会会长、副会长、秘书长,聘请名誉会长、顾问;讨论、决定、审议本会重大事宜;提出本会章程修改草案;决定和终止本会活动。

第十三条　本会设会长一人,副会长若干人,每届任职五年,任职一般不超过两届,最高任职年龄一般不超过 70 岁。会长、副会长、秘书长组成常务理事会,代表理事会开展工作。

第十四条　本会设秘书处,设秘书长一人;经秘书长提名,设副秘书长若干名,并由常务理事会批准后可聘任秘书若干人,负责本会日常工作。

第十五条　本会设顾问,由常务理事会聘请各界有志于口述历史研究的资深专家担任。

第十六条　本会设口述历史研究会董事会,聘请有志于口述历史的企业家和社会名流为董事;由董事会互选董事长、副董事长;设董事长一人,副董事长若干人。其董事会的职责为:为口述历史研究提供必要的经费资助;与理事会一起审查、确定口述历史研究会的工作规划等,具体规则另定。

第十七条　本会在条件成熟后设立学术评议委员会,负责学术问题的评议,具体规则另定。

第四章　经费

第十八条　本会经费来源:会员的赞助和社会捐赠,在核准的业务范围内开展活动或服务的收入,其他合法收入。经费主要用于章程规定的业务活动和事业。

第十九条　本会设立独立账号,财务由专人管理。财务报告由秘书处提出，常务理事会批准，并接受业务主管部门和挂靠单位的财务审计。

第二十条　本会设“中华口述历史研究基金”，用于学术研究、著作出版等项资助；设专门机构，负责基金的管理。

第五章　会址

第二十一条　本会会址设在中国北京王府井大街东厂胡同1号，邮编：100006。

第六章　附则

第二十二条　本章程经会员代表大会讨论通过，并报请主管部门和登记管理机关备案后正式生效。

第二十三条　本会可根据工作需要，在全国各地设立分会。

第二十四条　本章程解释权属于本会理事会。

这次会议的有关情况，收入周新国主编的《中国口述史的理论与实践》，并交由中国社会科学出版社于2005年9月出版。

虞和平掌舵中华口述历史研究会后，投入精力最大的工作可以概括为三项：1.加强制度建设；2.普及口述历史；3.推动学科建设。这三项工作贯穿虞和平10年任期的始终。具体说来，即以会议的方式将全国各地相关机构和专家学者整合起来，达成口述历史及其研究既统一思想又遍地开花的效果。“统一思想”意味着强调口述历史是一门严肃的科学工作，研究口述历史的目标，是建设有中国作风、中国气派的口述史学，要把该目标作为一种共识推而广之；“遍地开花”意味着口述历史及其研究的机构建设、课程设置、人员配备培养和成果要在全国各地踏踏实实地开展下去，不能一哄而上，也不能一哄而下，而是建设一流的学科，培养一流的人才，拿出一流的成果。

在虞和平看来，中华口述历史研究会是一个学术机构，也是一个学术平台。他积极借用这样一个平台组织全国各地专家学者既务虚又务实，既介绍经验和心得、体会又传达思想和展示成绩。继2004年12月首届中华口述史学术讨论会后，虞和平又组织召开了几届学术讨论会。2006年11月10—12日，中国社科院近代史研究所、中华口述历史研究会、江汉大学联合主办的“第三次东亚史料编纂机关国际学术会议暨中华口述历史国际学术讨论会”在江汉大学举行，这是第二届中华口述史学术讨论会，虞和平明确会议的主题是“建立中国特色、中国气魄的口述史学”。虞和平和华中师范大学章开沅教授、扬州大学副校长周新国教授、江汉大学副校长涂文学教授和韩国国史编纂委员会委员长柳永烈、日本东京大学史料编纂所所长保立道九、美国纽约中国近代口述史学会会长禤福辉以及来自各高校、科研院所、新闻出版机关的专家学者共80余人参加研讨会,并开展了热烈的讨论。会上,学者们达成了基本的共识,认为作为“口述史料”的口述史和在此基础上加入文献考证而写成的“口述历史”以及在“历史记忆”层次上进行研究的口述史,这三种不同层次的研究趋向。①

2010年11月21—23日,由中国社科院近代史研究所、四川省社科院、当代四川史编委会、中华口述历史研究会联合主办的“口述历史未来之路”论坛暨第三届全国口述历史学术研讨会在成都举行,这是第三届中华口述史学术讨论会。虞和平将这次会议的主题定义为“口述历史未来之路”。他和来自全国各地的包括政协、教育部、新闻出版科研机构、高校、党史、地方志等部门,自然科学史、近代史、当代史等学科的专家学者150多人参加了研讨会,会议就口述历史在我国的发展和口述历史的特点、规律及未来发展之路等问题进行了讨论和设想。②

此外,中华口述历史研究会还于2006年8月,与上海研究所合办了首届“海峡两岸口述历史理论与实务研讨会”,2008年8月与复旦大学联合召开的第二届海峡两岸三地口述史学术研讨会,2011年10月与厦门社科院及厦门大学联合举办的海峡两岸三地口述史会议等。这几次会议就规范和推进口述历史建设、加强各地口述历史研究的合作与交流等,展开了热烈的讨论,提出了一些意见和建议。

与此同时,虞和平还积极投身到口述历史的实践中。广东省中山市于2012年启动“孙中山研究百年学术史”计划,其中一个重大项目是推出《孙中山研究口述史》,他作为受访学者,为学术界留下了两万字的口述历史材料,收录到胡波主编的《孙中山研究口述史·京津卷》中,广东人民出版社于2017年1月出版。

---

① 周新国:《中国大陆口述历史的兴起与发展态势》,《江苏社会科学》2013年第4期。

② 周新国:《中国大陆口述历史的兴起与发展态势》,《江苏社会科学》2013年第4期。

三

推动口述历史的学科建设始终是虞和平最为关注的问题。关于口述历史的学科界定,有专家认为,如果将口述史学作为一门与传统史学相对应的新学科,目前的实践及理论研究都还不够充分。然而,如果将口述史学作为史学一级学科中的二级或三级分支学科,则是可以考虑的。因为,口述史学有其自身的独特方法论和研究对象(即口述史料)。其次,即便是将口述史学作为史学的一门新分支学科,它首先和主要也是体现在方法论层面上。① 虞和平则明确提出口述历史作为历史学的一个重要方面,从它的学科含义上来说,具有比较明显的历史学二级学科的特点。他指出:

> 第一,它的研究对象的相对独立性。口述历史作为历史学的一个重要方面,它的研究对象,从总体上来说,当然与作为一级学科的历史学是一样的,但是它又有自己的相对独立的对象,也就是以某一当事人口述的亲历历史或生平经历为研究对象,而有别于一般史学以文献史料为主要研究对象。相对于一般史学,口述史学是另一种史学。口述历史的这一独立性,类同于目前已设立的历史学中的各种二级学科,即各种二级学科之间既有交叉又有区别,各二级学科都不能包含它,即使是与之关系较近的史料学也不能包含它,因为史料学所讲的主要是文献史料,而口述历史所讲的是口述史料,且不仅仅是史料,还包含如何利用口述史料进行史学研究的问题。第二,它的研究方法的独特性。口述历史研究不仅需要有一般历史研究的知识和方法,而且需要独有的知识和方法。如需要根据自己的研究计划对当事人进行采访,在采访的过程中需要协调与被采访对象的关系,恰当把握被采访对象的心情,激发被采访对象的记忆,帮助被采访对象如实说出所经历和所知晓的史实;还需要运用各种现代媒体进行史料采编;对采访到的资料需要有不同于文献史料的整理和保存。这些都是一般历史学和史料学所不能及的。第三,它的内容范围的广泛性。口述历史建立在

① 徐国利、王志龙:《当代中国的口述史学理论研究》,《史学理论研究》2005 年第 1 期。

各类当事人和知情人讲述各种史实的基础之上,因此它所涉及的内容范围构成是相当广泛的。在纵向构成方面,口述历史可以涉及近现代史、中共党史、中华人民共和国史,其中中共党史和中华人民共和国史所涉尤多,也可以说是口述历史的主体所在。但是,近现代史也仍然与口述历史有相当密切的关系,一是近现代史虽然已过去55年之久,但仍有一些当事人和知情人存在,且因这些人年逾古稀,对其所知的史实更需要抢救。二是近现代史研究的下限正在突破1949年而往后延伸,海内外已有一些学者提出了这样的学术主张,并付之科研实践,因此近现代史的口述历史资源也将随之扩大。在横向构成方面,口述历史的研究对象不仅将继续面向上层和精英社会,而且正在向下层民间社会扩展,它所覆盖的领域包含着政治史、人物史、经济史、社会史、思想文化史等各个专门史和各种方志。口述历史的这种内容范围构成,既跨越了所有的专门史,也不能为现有的任何一个历史学二级学科所包含。①

从这段表述可以看出,虞和平是从口述历史的研究对象、研究方法和内容范围也就是口述历史的主体性上界定其学科性质。除此之外,他还从其与近现代史、中共党史、中华人民共和国史的关系这一客体性上区别其学科性质,并明确指出它所覆盖的领域包含着政治史、人物史、经济史、社会史、思想文化史等各个专门史和各种方志。这显然既不是任何一个二级学科所能包含,也间接表示不赞同仅仅将口述史学作为一种新思维、新方法和新工具。

虞和平于1998年至2005年8年间担任中国社会科学院研究生院近代史系主任,因为有研究和教学的双重经验,所以他比一般学者更注重学科的"主体发现"和规范性建设。学术界公认虞和平建立了商会研究现代化范式的主流地位②,同样,他也注重口述历史研究的学科建设,不仅在授课时极力

① 虞和平:《口述史学的学术特点》,《北京党史》2005年第6期。

② 冯筱才:《中国商会史研究之回顾与反思》,《历史研究》2001年第5期;谭玉秀、范立君:《现代化理论与中国商会史研究——20世纪80年代以来中国商会史研究的回顾与展望》,《理论月刊》2011年第12期;王永进:《商会研究范式的回顾和反思》,《兰州学刊》2006年第11期;谭玉秀、范立君:《改革开放以来国内商会研究的多元化取向》,《河北经贸大学学报(综合版)》2011年第3期。

鼓励学生开展口述历史研究和采用口述历史的方式收集资料，而且通过发表论文和研讨交流推扬口述历史的范式、标准和方式方法。虞和平着重提出了"理论—教材—教学—引进"四位一体的口述历史学科建设模式，并把相关理论落实到教学和培训实践中。他指出：

> 一是关于口述历史学科理论的建设。目前，已有一些学者对口述历史的理论问题进行了一定的研究，提出了一些值得注意的见解，通过总结、提炼、整合现有研究成果，并作进一步的研究，逐渐形成一个比较完整的理论体系。二是关于口述历史教材的建设。有的大学历史系已开设过口述历史的专题讲座，在综合、提炼这些讲座的基础上，结合口述历史理论建设，吸收现有的研究成果，组织力量编写大学本科的口述历史基础教材。三是口述历史教学的试验。有条件的大学历史系，招集对口述历史研究有兴趣的学生开设口述历史专业课程，或作为必修课，或作为选修课，既有利于扩大学生的知识面，又有利于口述历史的学科建设。四是关于国外口述历史学科理论和教材的引进。目前，有不少国家和地区的口述历史研究比我国先进，已有一些相关的理论和教材，可以选择一些比较系统的论著翻译出版，供我们的口述历史理论建设，教材建设和教学工作参考。①

在工作中，虞和平还非常重视利用中华口述历史研究会这个平台培训专业口述历史研究人员，曾多次与研究会秘书长左玉河商讨这项工作。在他和左玉河的共同努力下，2013 年 6 月 13—18 日，中华口述历史研究会联合中国地方志指导小组办公室举办的全国地方志系统口述史专题培训班在京开班。此次培训班引起了地方志系统的高度关注，来自全国各省（自治区、直辖市）地方志编委会（办公室），新疆生产建设兵团志办公室和国务院有关部委局史志机构共 120 余人参加。请国内著名的 9 位专家分别就《中国大陆口述历史的若干问题》《当代西方口述史学的现状与发展趋势》《中国口述历史的理论方法、操作规程与学科建设》《口述历史的实务与应用——以台湾保险发展口述历史为例》《口述历史资料与二轮方志纂修》《访谈口述的准备、过程与访谈资料的整理加工》《我做〈老北京人的口述历

---

① 虞和平：《口述史学的学术特点》，《北京党史》2005 年第 6 期。

史〉的体会：浅谈口述史的理论与实践》《见微知著：弘扬多元社群认同的口述历史理论与实践》《中国知青口述史的访谈方法与经验》等专题进行了专题授课。培训班上，虞和平延续了他对口述历史研究的一贯重视，从内容上、研究方法上和文字表述上，对口述历史进行了讲解和普及，并指出口述历史培训班是口述历史研讨会的一种创新方式，有利于推进中国口述历史研究的学科建设。

综上所述可以看出，虞和平是推动中国口述历史研究发展的代表性人物和相关学科建设的标志性人物。他借助中华口述历史研究会这个平台，积极推动口述历史及其研究的落地生根和开花结果，为建设中国特色、中国气魄的口述史学做出了不可忽视的贡献。

继往开来：虞和平与中国近代商人研究的创新

李　俭　李娟婷①

虞和平是当代著名历史学家，主要研究方向为中国近代社会经济史和中国现代化史，至今已在中国内地、香港、台湾和日本、韩国、美国等发表各种学术著作、论文和资料 943.7 万字，其中著作和论文 573.7 万字。迄今已出版著作 18 种、译著 3 种、发表论文 114 篇、学术评论 14 篇。此外，还主持“中国近代史研究译丛”（已出版 10 种）编辑工作；出版资料书 6 种，特别是以一人之力耗时 6 年，编辑《近代史所藏清代名人稿本抄本》影印本，成书 457 册、32 万页。在近代社会经济史研究领域，虞和平是中国近代商人史研究的重要推动者和集大成者，他在研究上既精于细密化史事考证，又长于深度化理论思考，不仅建立了商人史研究的现代化范式，拓展了商人史研究的诸多领域，而且推动了商人史研究的专业性学科地位的建立和建设。本文就虞和平的中国近代商人史研究做一全景式检视，对他推动这一领域研究的创新作一简单归纳和评价。

学界对中国近代商人的研究，在新中国成立前后已有之，如工商界之著名人物、商帮和行会（包括会馆、公所）等的商人组织，都有所研究。但这些先前的研究，范围有限、视角单一、方法传统、观点僵化。虞和平的近代商人研究，在继承前人研究成果的基础上，运用现代化、社会学、经济学等理论和方法，发掘新史料，开拓新视角，既在旧领域中进行新研究，又在新研究中开辟新领域，还在新领域中创建新范式。

---

① 李娟婷，1980 年 11 月出生，女，山东沂南人。2010 年 9 月至 2013 年 7 月在中国社会科学院研究生院攻读博士学位。现任首都经济贸易大学工商管理学院党委副书记、副教授，曾荣获北京市优秀辅导员、首都暑期社会实践先进个人、北京市奥运会和残奥会志愿者工作先进个人、国庆 60 周年群众游行先进个人、学校优秀党务工作者、优秀共产党员等荣誉称号。

一、创建了商会史研究的现代化范式

近代商会史研究最初是作为资产阶级革命特别是辛亥革命一个新领域被拓展出来的，对商会进行研究主要是为了更加清晰地了解资产阶级的政治动向，从而根据新的材料来判断“民族资产阶级”或者“资产阶级”的革命性与反革命性、革命性与妥协性等特点。[①] 冯筱才认为，早期的近代商会史研究的主导范式是“革命化”，在这一范式的视野内，商会被置于社会阶级分析模式之下，成为对资产阶级集团进行分析的一个样本。[②] 马敏指出，尽管“资料、问题和领域是新的，但思考的角度和路数却是旧的，多数研究者仍然习惯于从政治史的角度去思考商会问题，以政治因素（又往往化约为革命与否、进步与否）作为商会评价的关键值”。[③] 也就是说，尽管革命化范式为早期商会研究提供了新的领域和切入点，但该范式太过关心商会的政治态度和政治表现，导致不自觉地突出政治意义的商会史而忽略经济史或社会史意义的商会史。革命化范式的局限促使学界寻求新的理论解释框架，20 世纪 80 年代在中国兴起的现代化理论成为一种选择。

虞和平是中国早期现代化概念的提出者和阐释者，也是中国现代化研究的推动者和集大成者。1993 年 6 月，上海人民出版社出版的虞和平完成于 1988 年的博士论文《商会与中国早期现代化》，和同年北京大学出版社、浙江人民出版社分别推出的其在北京大学学习期间的罗荣渠老师的《现代化新论》、华中师范大学的章开沅导师的《比较中的审视：中国早期现代化研究》（虞和平为作者之一），同为我国史学界现代化研究的奠基之作。[④] 该书运用马克思主义现代化思想的基本原理检讨了国外现代化理论体系，首次把反对列强侵略争取民族独立作为中国早期现代化的主要内容和特点之一。从商会的角度对 1936 年之前的包括工业化、民主化、民族独立化在内

① 皮明庥：《武昌首义中的武汉商会和商团》，《历史研究》1982 年第 1 期，第 57~71 页。

② 冯筱才：《中国商会史研究之回顾与反思》，《历史研究》2001 年第 5 期，第 148~167 页。

③ 马敏：《商会史研究与新史学的范式转换》，《华中师范大学学报（人文社会科学版）》2003 年第 5 期。

④ 1999 年 9 月，《商会与中国早期现代化》和上述两部著作同获国家社科基金项目优秀成果奖。

的现代化过程及其结果作了比较系统的考察，同时对这一过程中的发展阶段及其特点、队伍结构和商会的历史使命、商会的实际地位和作用、达到的程度等重要问题，进行了具体研究，力求避免简单套用西方的现代化研究模式，设计自己的中国早期现代化理论解释体系框架。2001 年，虞和平在江苏人民出版社出版的历时 6 年主编的《中国现代化历程》三卷本，系统地提出了自己的现代化研究体系，推动了中国现代化史的二级学科建设，并在中国社会科学院率先建立中国现代化史二级学科硕士点和博士点。

1986 年 9 月，虞和平开始在章开沅老师的指导下系统运用现代化理论框架分析和研究近代商会。1993 年 6 月，《商会与中国早期现代化》一经推出便引起相关机构和专家学者极大关注①，学术界公认虞和平确立了商会研究现代化范式的主流地位②。现代化范式一方面格外强调社会转变过程中各社会系统的相互影响和联系，促使以系统、整体和发展的观点从商会的组织系统、商会与社会的关系中去把握商会的性质与功能，极大地拓宽了研究视野，丰富了研究的内容；另一方面这种"传统—现代"的二分框架又提供了一个可资观察商会组织功能发展变化的理论分析视角和手段，使我们的研究一开始便具有比较明确的目的性和方向性，而不被零碎的事实牵着鼻子走。从而强烈地冲击已渐呈颓势的政治史范式，给这一领域的研究带来新的话语、新的视野和新的阐释框架。③

在现代化范式理论和方法的指引下，虞和平的商会史研究系统解决了如下问题：

第一，商会的组织结构问题。虞和平认为，就单个商会的内部结构而言，各行帮和大企业是商会的基础组织，它们各推选代表作为商会的会董或会员，直接参与商会的日常事务活动，各业商人均以行帮和大企业为单位加

---

① 谢宝耿：《努力创建中国现代化史学科》，《学术月刊》2004 年第 4 期。

② 冯筱才：《中国商会史研究之回顾与反思》，《历史研究》2001 年第 5 期；谭玉秀、范立君：《现代化理论与中国商会史研究——20 世纪 80 年代以来中国商会史研究的回顾与展望》，《理论月刊》2011 年第 12 期；王永进：《商会研究范式的回顾和反思》，《兰州学刊》2006 年第 11 期；谭玉秀、范立君：《改革开放以来国内商会研究的多元化取向》，《河北经贸大学学报（综合版）》2011 年第 3 期。

③ 马敏：《商会史研究与新史学的范式转换》，《华中师范大学学报（人文社会科学版）》2003 年第 5 期。

入商会组织。就外部结构而言，在总商会、商会、分会之间，存在着一种法定和自发相结合的逐级控制和信息互传体系，使一省之内的商会形成一种以总商会为领袖的区域联盟。中华全国商会联合会成立以后，形成了一个三级二线的组织结构体系，即以商联会总部为最上层、商联会各省事务所居中、各省各级商会为基层的三级组织关系，以这三级组织构成的组织联系及商联会总部与各省级商会直接联系的两条组织联络系统，从而形成了比较完整的全国商会的组织和权限体系。①

第二，商会与行会的关系问题。虞和平从鸦片战争后行会组织性质和功能的现代化，以及行会与商会的内在功能结构关系两个方面，分析了行会成为商会基层组织的必然性。中国近代的行会已不完全与古代和西方中世纪的行会性质相同，而是具有更多的社会性、民主性、独立性、开放性和自主性，使之具有对现代社会的潜在适应性，并成为其与商会结合的同质因素。行会与商会还具有某些相同和互相依赖的社会和经济功能。②

第三，商会促进清末民初经济法制建设问题。虞和平认为清末时全国商会的两次集会讨论商法制定问题，提出和确定制订中国商法的大纲，产生了引进西方商法与中国商事习惯相结合的立法原则。在民国时期，商会不仅在舆论上敦促政府加紧制定经济法规，而且对政府所拟订和颁行的各种经济法规详加讨论，提出不少修改、补充和实施意见，促使经济法制初成体系，并具有较高的科学性和可行性，较多地体现了资产阶级的利益，从而在较大程度上改善了资本主义经济社会秩序。③

第四，商会与资产阶级的政治性格和参政能力问题。虞和平认为以商会为核心力量的资产阶级，在其“在商言商”政治性格的制约下，表现出实用主义的政治取向、有限的政治参与行为、力不从心的参政能力、摇摆不定的政治态度等特点。

第五，关于商会与资产阶级的民族主义理性化问题。虞和平通过考察商会的商人外交活动和抵制外国侵略活动的观念和方式，认为清末民初的

① 虞和平：《商会与中国早期现代化》，上海人民出版社，1993年，第92~112页。以下引用此书只注页码。

② 虞和平：《商会与中国早期现代化》，第30~51页、144~201页。

③ 虞和平：《商会与中国早期现代化》，第202~221页。

中国资产阶级已形成相当理性化的民族主义观念和行为方式①等等。

虞和平一系列研究成果,特别是《商会与中国早期现代化》以及1996年出版的《中国近代商人》、2000年出版的《商会史话》,第一次把商会研究的主题从探讨商会的革命性转移到探讨商会的现代性。现代化框架发展到现在已渐趋成熟,商会史论者已很少有人把"现代"与"传统"二者简单地对立,而更多的是强调二者的融合。正如有学者评论的,国内史学工作者不再将现代化理论局限于商会政治层面的考察,而是把商会与经济现代化、文化现代化、法制近代化等更加紧密地联系起来,从一个高度开阔的视角去探讨商会在中国从传统向现代转变过程中的多重表现,以及其如何化解"新"与"旧"的冲突达成二者的交汇融合等,最终使商会史研究呈现繁荣兴盛的景象。②

二、重新论证了资产阶级形成问题

关于资产阶级的形成问题,在20世纪80年代史学界中众说纷纭。③ 专家学者虽各持己见,方法则基本相似,一般从四个方面进行论证:1.资本主义经济的发展水平,如多少企业,多少投资;2.资本家的人数;3.资产阶级的政治活动;4.资产阶级党派的出现。④ 虞和平认为,这四个方面当然与资产阶级的形成有关,但仍难以判别资产阶级的形成与否和发展水平。要判别中国资产阶级的形成与否及发展到何等程度,首先要明确阶级和阶级形成的概念。根据马克思主义的理论,阶级这一概念的含义主要有两点:第一,由拥有同类生产资料而处于社会阶梯同一等级上的人群所组成,一个阶级也就是一种经济社会等级,处于不同等级的人群构成不同阶级;第二,由上述各类人群所组成的社会大集团。所谓阶级的形成也就是这种社会等级或大集团的形成,研究阶级的形成也就必须研究这种社会等级或大集团的存

① 虞和平:《商会与中国早期现代化》,第276~328页。

② 谭玉秀、范立君:《现代化理论与中国商会史研究——20世纪80年代以来中国商会史研究的回顾与展望》,《理论月刊》2011年第12期。

③ 杨立强,沈渭滨:《"近代中国资产阶级研究"讨论会综述》,《历史研究》1983年第6期。

④ 虞和平:《近代中国商人》,广东人民出版社、华夏出版社,1996年,第83页。下引此书只注页码。

在状态及其形成过程。关于阶级的存在状态，马克思主义经典作家曾在论述工人阶级的形成问题中提出“自在”和“自为”两种存在状态。尽管处于不同历史阶段的不同阶级，不一定都能形成“自为”阶级，“自为”化的程度也不尽相同，但是均可以此来衡量任何一个阶级的形成和成长程度。①

虞和平经过系统研究后指出，由商会产生发展而带来的商人组织形态的进步，与中国资产阶级形成一个基本的“自为”的阶级是至关重要的。资产阶级作为一种社会群体，它成为一个阶级与否，形成为一个何等程度的阶级，不仅要考察它的人数多少和经济力量的大小，还要考察它的组织水平。考察中国资产阶级的组织水平和“自为”化过程的典型组织形式，商会无疑是最典型的对象，它是规模最大、涵盖面最广、阶级性最强的资产阶级组织。1904年商会出现以后到1912年，是中国资产阶级由自然存在阶级向“自为”阶级过渡的阶段。进入20世纪特别是在1903年清政府推行“新政”之后，随着中国资本主义经济的较大发展，中国资产阶级在组织规模的扩大、政治斗争的发展和阶级意识的增强上，较前一阶段前进了一大步。虞和平指出，中国资产阶级在其成长道路上所迈出的这一大步与这一阶段商会的产生和发展密切相关。商会的出现才使资产阶级形成了真正的地区联合。在这一阶段，许多资本主义工商业较为发达的城市中出现了新式商人团体，如上海的商余学会、商余补习会、商学公会等，它们虽然比行会和同乡会有着较宽的社会范围，但是在规模上却不及行会和同乡会。只有商会才在社会范围上和规模上都超过了行会和同乡会，才能把其所在地的工商资产者全部组织起来。商会出现后，资产阶级得以有组织地参加和发起地区性的乃至全国性的经济和政治活动。②

在虞和平的研究视野中，1913年中华全国商会联合会正式成立以后，中国资产阶级进入了基本“自为”的阶段。因为商联会的成立，标志着中国资产阶级联合意识的增强、全国性组织的形成和政治参与的扩大。商联会作为一个社会团体，它的组成是以资产阶级的联合意识为基础的。商联会在存在的15年中，参加了这期间所发生的民初政争、二次革命、洪宪帝制、南北议和、五四运动、废督裁兵、五卅运动等政治活动；进行了振兴实业、改

---

① 虞和平：《商会与中国资产阶级的“自为”化问题》，《近代史研究》1991年第3期。

② 虞和平：《商会与中国资产阶级的“自为”化问题》，《近代史研究》1991年第3期。

良税制、修订商法、吸引外资等经济活动；参与了太平洋会议、中美关系、关税自主等外交活动；召开了九次全国商会代表大会，提出议案1000余件。虞和平认为，商联会的成立及其相关活动的开展，提高了资产阶级的政治觉悟，增强了阶级意识；形成了中国资产阶级的领导中心；严密了资产阶级的队伍，使资产阶级全国性统一行动成为可能；同时，商联会还提高了中国资产阶级的国内地位和国际地位。商联会随着自身组织规模的扩大和受时局的影响，已不仅仅是中国资产阶级的商务组织，而是已具有资产阶级政治组织的色彩，并从本阶级的经济利益和政治利益出发领导整个阶级进行政治斗争，“使中国资产阶级在经济上、政治上、组织上、思想上渐趋成熟。它标志着辛亥革命后，中国资产阶级为自己和国家的利益而奋斗的历史已进入到全国性的有领导、有组织、有纲领的高级阶段，中国资产阶级的完整形态才真正形成”①。

从虞和平对商会与中国资产阶级形成一个基本的“自为”阶级的相关论述可以看出，他的这一开创性研究，清晰地指出了资产阶级形成的时间及其标志，基本解决了史学界悬而不决、论而难断的议题，并确立了商会政治参与研究的基本方向。

三、界定了近代商会的法人社团性质

在近代商会史的早期研究中，“商会是什么性质的组织”问题一直困扰着学界。正如有学者指出的，这是国内外史学界认识分歧最大的问题，也是需要认真研究和探索的一个重要问题。有专家认为，“商会是官办的组织”，从高官显贵那里受到了公家的和法律上的保护；有专家认为，“商会虽也算商人的组织，但他们一般来说并不能满足资本家参与政治的要求”“各商会的总协理及会长均受官府‘札委’并‘颁发关防’，俨然衙门”，因而商会是“半官方机构”“具有半官方的职责”；还有专家认为，设立商会的动因，就是因为原有的官办商务局仍是封建衙门，为了振兴商务，必须改变“局为官设”的局面。所以创设商会伊始，便明确向工商界宣布商会不是衙署，“无论何

① 虞和平：《中华全国商会联合会的成立与中国资产阶级完整形态的形成》，《历史档案》1986年第4期。

商，即可便服惠顾，断无周人禁阻"，还做出了一系列联合各行各业共同商讨兴利除弊、宜改宜革的规定，这些同官办的商务局是有根本区别的。[1]

在虞和平提出近代商会法人社团性质前，比较通行的观点认为，清末商会具有"官督商办"的性质特点，是带有一点"官督"色彩的商办民间社团，其官督色彩主要表现在，它是在官府谕允劝办的形式下得以诞生并获得法律保障地位，不仅在人事、权限方面不同程度地受到清政府束缚，而且在活动内容和方式上也承受清政府商部的某些监督和限制。如它必须由政府批准设立；由政府发给印信；由政府制定总章程，对其成员的构成、会董资格、会章制定等均加以规定；必须依照有关法规所规定的权力、义务，职责进行活动；等等。但是也不能过分夸大官府对商会的实际控制程度，否认其商办自治的特征，如领导人由商会会员自选，经费自筹自用，活动的范围远远超过政府的限定。总的来说，商会是一个有着相当自治权力的商办民间组织，商部也不能直接操纵商会，而只是扮演了类似监察机构的角色。[2]

虞和平经过系统研究后提出，商会既非官方、半官方机构，亦非"官督商办"性社团，而是一种商办的法人社团，其社团性质主要表现在四个方面：一是有广泛的目的认同，由工商界联合起来在共振实业的思想认同下自愿组成，其产生和发展虽与商部"劝办"有较大关系，但从实际过程来看，是与商人对商会的宗旨和实际作用的认同为基础的。二是有明确的成员界定和大量的成员，它一般只准在本地经营工商业者入会，同时尽量吸收各种工商业者入会。三是有比较完整的组织协调体系，设有各种职责分明、照章办事的领导和工作人员，设置各种专门办事机构。四是由特定的社会整合功能，通过思想认同、感情交流、组织联系、利益保护、官商沟通等途径，促使当地工商界的各个子系统与其整体组织和活动保持一致。其法人特征也有四点：一是依法照章组成；二是由自己独立支配经费和财产；三是具有法律所赋予的人格权力，既在政府的认同下成立，又有不可非法侵犯的权力；四是具有特定的权力能力和行为能力，具有照章行使权力、承担义务和开展活动的权利和能力。商会的自主性，除上面已提及的外还有自愿发起和制定章程的特征。至于商会在实际活动中受政府强权控制方面，则是由近代中国法制

① 徐鼎新：《中国商会研究综述》，《历史研究》1986 年第 6 期。

② 朱英：《清末商会"官督商办"的性质与特点》，《历史研究》1987 年第 6 期。

和民主制度不健全所致,并非商会本身特性的表现。①

虞和平在判定商会的“商办法人社团”性质的时候,从商会的社团性、法人性以及与政府的关系三个方面展开论述。其落脚点是商会依照政府的法定程序经由政府的批准而设立,有自己固定的组级机构和职能部门,有广大的会员,有自己能独立支配的经费和财产,有法定的权利、义务和活动范围,又由自己自愿发起,自定章程,自选领袖,自筹经费。因此,可以判定是一种商办法人社团。正如有学者分析虞和平的结论时所说的,这种属性特征贯穿于商会的目的认同体系、成员资格界定、组织协调系统和社会整合功能之中,是商会组织的根本社会属性。②

四、开辟了商人外交研究的新领域

在开展中国近代商会史研究过程中,虞和平创造性地开辟了商人外交和商会外交的研究领域。“商人外交”这一概念是指商人自己的有组织的外交活动,大多以商会为主体,它既是国民外交的一个组成部分,也是民间经济外交的主体,是国民外交和民间经济外交的交叉。具体而言,除考察中外商人外交活动的产生发展过程外,还需要考察和分析中外双方商人外交与政府外交的关系,双方的不同特点和方式,及其在近代中国社会殖民地化和反殖民地化过程中的影响和作用。商会外交则是商人组织化外交行为。虞和平认为,这项研究通过考察近代中国(1937 年之前)与日本、美国、英国、法国之间的商人自我组织的外交活动,分析近代中国的殖民地化和反殖民地化过程中,帝国主义国家的资产阶级和中国资产阶级充当了什么样的角色,发挥了什么样的作用,从而从一个方面揭示近代中国殖民地化和反殖民地化的具体过程和状况。虞和平进而指出,商人外交研究将弥补近代中国的帝国主义侵华史、中外经济关系史、外交和反帝斗争史研究中对商人参与问题研究的不足,也将比较全面地考察近代中国商人的外交观念、外交活动

① 虞和平:《近代商会的法人社团性质》,《历史研究》1990 年第 5 期。

② 马敏:《商会史研究与新史学的范式转换》,《华中师范大学学报(人文社会科学版)》2003 年第 5 期。马敏同时指出:正是依据从传统到现代的理论界定,才使我们可以对商会的近代社团属性下一判语,进行比较准确的定位,而不再简单视之为传统行帮组织的集合体或官办机构。

和外交能力，进而显示商人阶级在近代中国争取民族经济发展、民族独立和国际平等地位中所发挥的作用，同时将考察主要帝国主义国家侵华过程与商人阶级的关系。该研究将开创一个新的研究领域，在近代中国的殖民化问题、反帝斗争问题、资产阶级问题、对外经济关系史和外交史方面开辟新的研究视角。①

在这一理念指导下，虞和平通过翔实的史料研究了清末民初商人外交和商会外交。中国商人外交观念的产生发展过程与其外交活动相应，在清末开始萌发，到五四运动时商人的外交观念则明显增强。虞和平指出，商人对五四运动的参与活动，可以说是一种商人外交活动，也具有民间经济外交的意义。五四运动的特殊国际和国内环境，使这次商人外交达到了新的水平，从萌芽阶段进入到基本成熟阶段。以五四运动为界，商人的外交活动有明显的进步，由被动变为主动、由间接转向直接、由依附走向独立，并日益趋向频繁化和国际化。商人的外交意识进一步强化，其出发点由原来的谋求自身的国际商务合作和作为政府的外交后援，日益发展到争取国际和平平等关系、自主开展外交斗争、获取中国应有的国际待遇，并由"在商言商"观念向"天下兴亡，匹夫有责"观念转变。商人外交活动的特点表现出渐趋成熟的趋势，在组织上由自由联合转向全国统一，在目的上由防御走向进取，在认识上由感性发展为理性，在手段上由经济上升到法律。②

虞和平认真分析了清末民初中美商会的互访与合作。③ 他认为，商会外交在美国扩大对华贸易的同时，中国的对美贸易也相应扩大，在一定程度上达到了增加土货出口，缩小贸易逆差的目的。另外，商会外交使中国资产阶级进一步了解了美国资本主义经济的发展状况，扩大了眼界，增强了学习美国先进的资本主义生产技术和管理经验，使自己进入世界经济强国之列的意识，他们组织代表团回访美国，直接考察美国经济状况，达到了"藉资他山之助"的目的。到20世纪20年代前后，中国资产阶级在引进美国资本、设备和技术的同时，也开始引进美国的管理技术。此外，商会外交还加速了中国资产阶级从地区的联合走向全国的联合，从中国走向世界的前进步伐。

① 谢宝耿：《努力创建中国现代化史学科》，《学术月刊》2004年第4期。

② 虞和平：《五四运动和商人外交》，《近代史研究》2000年第2期。

③ 虞和平：《商会与中国早期现代化》，第243~275页。

通过这次互访和合作活动加强了全国各商会之间的联系。在筹办中美合作项目过程中不乏各商会之间的联系和协助,从而使各商会增强了联合的意识,给全国商会联合会的成立增加了一种内部的凝聚力。[①]

虞和平通过分析还认为,1922 年 10 月 26 日至 11 月 6 日中国商会代表团参加了在美国檀香山举行的太平洋商务会议,这是近代中国商人外交史上值得注意的一件事情。所谓直接国际商人外交,其含义有二:一是指由商人直接参加,直接面对对方,而不是间接参加;二是指其所参加的是国际商人外交活动,而不是其他方面的外交活动。从这个意义上来讲,太平洋商务会议不仅是一次比较完整意义上的商交活动,而且是中国商人外交继五四时期之后的又一次跨越。这次会议由国际商人外交组织发起,由太平洋地区各国工商界所派代表参加,对中国商人来说是第一次直接的、自主参加的国际商人外交活动。通过这次会议,中国向世界发出了要求国际和平,反对政治侵略,希望太平洋各国建立真正友谊的呼吁;阐明了中国商务发展的障碍,以及建立平等国际经济秩序的必要性;宣传了中国工商业发展情况,消除国际上对中国商务状况的误会;提出了开发资源、发展交通、增进国际商务合作的主张。会议通过了许多有利于中国的议案,推进了中国工商界联美制日的外交策略,也增进了中国商人走向世界的意识。[②]

虞和平还以吴锦堂为例,第一次发掘个体商人所开展的商人外交活动的意义。吴锦堂是近代宁波乃至中国的著名旅日华侨商人,他在日本不仅做出了杰出的经济业绩,而且大力支持孙中山的民主革命活动,积极推动中日商人外交。1917 年 3 月 29 日在神户成立的“日支(华)实业协会”,由吴锦堂领导日本神户华侨,联合神户和大阪的日本商人发起,并得到其他各界人士的支持。关于吴锦堂的研究,中国的学术界基本没有涉及,日本的学术界已有不少成果问世,但主要是论述吴锦堂的生平和经商、办学、福乡事迹;对于吴锦堂的政治和外交活动,则只限于与孙中山革命活动的关系,至于吴锦堂等华侨商人所发起成立的神户“日支(华)实业协会”虽有个别学者的论文有所提及,但并没有对这一组织的状况及其商人外交的意义进行具体

① 虞和平:《论清末民初中美商会的互访和合作》,《近代史研究》1988 年第 3 期。

② 虞和平、贾中福:《中国商会代表团参加太平洋商务会议述论》,《史学月刊》2004 年第 7 期。

研究。虞和平通过对日华实业协会的成立经过、组织状况、组织性质进行了比较全面系统的考察，并进而分析了其商人外交的意义，认为吴锦堂开展的商人外交在促进日中两国关系的改善，为两国经济共同发展创造条件方面，做了卓有成效的工作。①

五、确立了近代商人研究的主体地位

从广义和现代意义上来说，商人就是指投资创办和经营管理工商企业之人，即各种工商企业家的集合体。② 关于中国近代商人的研究，是伴随着20世纪50至60年代学术界对中国资产阶级性质的研究而兴起的，尤其与辛亥革命史研究的进展密不可分。③ 在20世纪90年代以前特别是80年代中期前的著述中，近代商人研究带有浓厚的政治色彩，主流性标签是“大买办”“大资产阶级”等词语。借助于现代化理论范式，虞和平还原了近代商人作为一个特殊阶层的本来面目。他对近代商人评价颇高，认为近代商人曾为中国的工业化设计过种种方案，为挽回中国的经济权利、争取平等互利的国际经济合作关系不断与外资的侵略和压迫作斗争，为近代中国的资本主义经济法制建设发挥过重要作用，为振兴中国的资本主义经济而努力学习外国的先进经验，为保卫民族工业付出过生命和血汗。④ 虞和平近代商人研究的指导理念是，鸦片战争以后，随着中国被卷入世界资本主义体系，中国商人逐渐向现代商人过渡，到中华民国建立后，基本转变为现代商人，在自身素质和组织方式逐渐现代化的同时，为中国社会的资本主义现代化做出了重要贡献。⑤

作为最早研究近代商人群体的学者之一，虞和平十分注重近代商人资料汇编这项基础性工作。1988年，华中师范大学出版社推出了他主编的40万字的《经元善集》。该书辑录经元善一生的主要文献和电函186件，内容

① 虞和平：《吴锦堂与民国初年的中日商人外交》，《宁波大学学报》2010年第5期。

② 虞和平：《中国近代商人》，第3~4页。

③ 张芳霖：《中国近代商人、商会组织研究的问题意识与阶段性特点》，《江西社会科学》2004年第7期。

④ 虞和平等著：《20世纪中国企业家风云录》，青岛出版社，1992年，第2~3页。

⑤ 虞和平：《中国近代商人》，第3~4页。

涉及经济、政治、文化、教育、新闻等方面,不仅是一部人物文集,也是一部研究经元善及洋务运动以降晚清社会经济史的重要参考资料。1999 年,华中师范大学出版社出版了他主编的 64 万字的《周学熙集》。该书所辑录的资料涉及周学熙从事工矿业、财政税收、实业教育、中外经济交涉等活动,可供研究清末新政、清末民初时期经济政策和体制由官办为主向民办为主的转变、财政制度变革之用,也对研究清末民初的教育变革和中外经济关系问题有重要参考价值。虞和平还十分注重近代商人群体的宏观研究工作。1992 年,青岛出版社推出的虞和平等著的《20 世纪中国企业家风云录》,以典型企业家介绍与群体企业家介绍相结合、人物描述与史实描述相结合、研究与普及相结合的方式,围绕介绍典型民族资本企业家的生平业绩这条主线,考察企业家们对近代中国经济发展的推动作用,再现近代中国经济发展的历程。[①] 1996 年,广东人民出版社和华夏出版社联合推出的虞和平著的《近代中国商人》,研究了"四民之末"的商人如何实现从传统到现代的变迁、如何通过组织更新实现从"自在"到"自为"的转变、如何通过商人外交寻求平等互利的国际经济关系、如何由"在商言商"转变为"在商言政"等等。虞和平十分注重近代商人个体的微观研究工作。如 2002—2003 年,虞和平先后在《人物》《浙江学刊》《扬州大学学报》《学习时报》《工商史苑》和会议论文集等发表了十数篇文章,介绍和研究了经元善、张謇、穆藕初、聂云台、虞洽卿、范旭东、简氏兄弟、荣氏兄弟、周学熙、卢作孚、宋则久、刘鸿生、郭乐等巨商鸿绅振商保商和兴办实业的事迹和作用。

虞和平的近代商人研究,重点揭示"传统—现代"变迁中商人的角色和行为。比如对经元善的研究突出他一生从事过的义赈、洋务、改良等活动,从而观察其从旧式商人到近代新式企业家,从洋务企业商董到社会改良活动家的两次转变,进而反映早期江浙资产阶级的某些状况。[②] 其次揭示近代商人在早期现代化中的地位和作用。比如对张謇的研究从其顺应和推进中国早期现代化的进程,所提出的具有现代化意义的思想主张,所做的开创性的现代化事业如"大生模式",从晚清状元、改革思想家到资本主义企业家和政府官员的身份转变等方面,论述了张謇在中国早期现代化进程中的一系

① 虞和平等著:《20 世纪中国企业家风云录》,青岛出版社,1992 年,第 1 页。

② 虞和平:《简论经元善》,《浙江学刊》1988 年第 2 期。

列贡献和影响。[①] 此外，揭示近代商人群体在清末民初的发展演变。比如对香山籍买办和宁波籍买办是近代中国买办中的两个最大、最典型群体的研究，从生成条件、扩展方式和历史作用三个方面对这两个群体进行比较，既分析其产生时间不同和势力地位交替的原因所在，也进一步揭示其内在特点所在，进一步廓清了香山籍买办和宁波籍买办的面貌。[②]

总体而言，虞和平的近代商人研究从中国早期现代化的视角，通过分析近代商人群体所背负的对中国传统文化现代性改造和对外来现代性文化中国化改造的重任，对以儒家思想为代表的中国文化传统与现代化发展的历史性统一命题进行了深入思考[③]，从而进一步揭示了近代商人在中国早期现代化进程中所扮演的推动社会前进的中坚力量的重要角色，在学科意义上确立了近代商人研究的主体地位。

六、奠定了商会商业行政参与研究的基础

从定义上来讲，商会是工商界自愿发起和参加的、依据有关法规和政府指令组成的社会团体，它以维护本地、本国、同业、同籍工商界的利益，谋求工商业的发展为目的，具有代表一业、一地、一国工商界的资格，拥有法定的地位和一定的自主权。[④] 商会通过影响和参与商业行政——商业行政是指国家及其所隶属的各级政权机关，运用自己掌握的政治、经济权力，对商业活动所发挥的调控、引导、监督、协调和服务等各种职能的总称——维护自己的权利和利益，维护经济和市场秩序，实现资本主义经济的发展。以北洋政府时期为例，从临时工商会议讨论中国经济发展方略，到刘揆一制定工商政策，再到张謇制定经济政策的整个过程中，以商会为主的工商界，不仅提

① 关于张謇研究可参看虞和平：《张謇——中国早期现代化的前驱》，吉林文史出版社，2004年；虞和平：《张謇与民国初年的经济体制改革》，《社会科学家》2001年第2期；虞和平：《张謇与民国初年的农业现代化》，《扬州大学学报》2003年第6期。

② 虞和平：《香山籍买办与宁波籍买办特点之比较》，《广东社会科学》2010年第1期。

③ 张晨怡：《中国早期现代化研究的新收获——〈张謇——中国早期现代化的前驱〉评述》，中华文史网。

④ 虞和平：《商会的性质、结构、功能及其在市场经济中的地位和作用》，1990年9月24日《中国贸促报》第4版。

出了自己的主张,而且直接间接地影响到国家经济发展基本方针政策的制定,而这一基本方针政策则影响着此后相当一段时间内中国经济的发展趋势。

在学界重点探讨商会的性质功能、组织结构特别是与商业无关的纯政治参与等问题时,虞和平较早开始系统研究商会参与商业行政这一课题。近代中国比较全面地制定资本主义经济法规始于20世纪初的"新政"时期,但就其制定过程、科学性和可行性而言,仍远远不能适应当时资本主义经济发展的需要。虞和平指出,出现这一状况的根本原因在于没有资产阶级的参与,只有到商会产生并有较广泛普及之后,才使资产阶级得以在经济法规建设中发挥自己的应有作用,有力地推进近代中国资本主义经济法规建设。[①] 虞和平重点分析了清末和特别是民国时期商会参与经济法规制定活动,认为商会的积极参与和民国政府工商部、农商部的广采众议,迎来了民国初年的经济法制建设高潮。他指出,商会对经济法制建设的参与,促进了经济法制建设进程,使经济法规趋于完善,并体现了资产阶级的利益,增加了科学性和可行性,从而使这些经济法规在较大程度上改善了民国时期的资本主义经济社会秩序。[②]

总结虞和平的研究成果,他重点分析了以下四种商会的商业行政参与方式:一是会议参与,1912年11月,民国政府工商部邀请全国80余个重要工商团体和企业的代表152人进京召开工商会议,其首要议题是"编定法律",被邀出席会议的有45个商会的代表75名,各占与会团体和代表总数一半上下,他们不仅认真讨论了由工商部提交的各商法草案,而且积极提出各种商法草案,对民国政府的经济立法和政策提出加速经济法规的制定、建立重点产业政策的意见。二是舆论参与,商联会所办的《中华全国商会联合会会报》成了商会宣传经济法制思想和理论的主要阵地,该报对制定经济法规的重要性、制定经济法规的方法和实施商法的条件等进行呼吁和宣传,通过舆论影响和引导的政府的商业政策。三是组织参与,商联会运用自己所拥有的庞大组织系统,领导全国商会进行直接的参与活动,在1914—1925年间所举行的9次全国商会代表大会,几乎每次都有关于经济法制建设的

① 虞和平:《商会与中国早期现代化》,第204页。

② 虞和平:《商会与中国早期现代化》,第221页。

议题，尤其是前三次大会更以讨论经济法规修订问题为主题。[①] 四是人事参与，一些商会和工商界的头面人物直接进入政府部门，参与政府经济和财政决策管理工作，比如钱永铭、李铭、穆藕初、吴鼎昌、张嘉璈、宋汉章等人，这些人都是工商金融界的领袖人物，而且几乎都曾是上海总商会的主要成员。他们虽然成为政府的利用对象，但对改善工商业的发展环境，起了很大的推动作用。[②]

在研究商会的商业行政参与时，虞和平非常看重政府特别是工商部门负责人的主动精神和推促作用。比如在工商会议和商联会第一次代表大会上，各商会对工商部和法制局所拟订的《商会法》草案提出了不少修改意见，当 1914 年 9 月 12 日和 10 月 28 日公布《商会法》和《商会法施行细则》时，对各商会所提出的修改意见已有所采纳，但尚未完全采纳。经过 1915 年 3 月商联会临时大会的力争，终于使民国政府完全接受了各商会所提出的修改意见。1915 年 11 月 9 日，参政院通过了经由张謇提交的商联会修正商会法案，并咨请袁世凯"查照施行"。12 月 14 日和次年 2 月 1 日，袁世凯先后签发公布了修正《商会法》和修正《商会法施行细则》，完全接受了商联会提出的修改意见。除《商会法》外，《公司条例》《矿业条例》《国币条例》《保息条例》《商事公断处办事细则》《证券交易所法》《典当业条例》等，也在不同程度上采纳了商会所提的意见建议。[③] 而刘揆一和张謇在主持制定经济法规时，都较多地吸收了商会所提出的建议和要求。刘揆一在 1913 年 2 月制定的《工商政策》中，吸收了许多工商会议上代表们所提出的立法建议和要求，在关于推行度量衡新制，制定特许法、意匠法、商标法，制定手工业者资格证明制度，发布职工条例及徒弟条例，修订商会法、商法、矿法等条目中，都明确表示要吸取代表们所提出的建议和要求。张謇主持农商部也对商联会第一次大会所提出的制定修改经济法规的建议颇为重视，表示要引为参考，选要采纳。[④]

① 虞和平：《商会与中国早期现代化》，第 207～211 页。

② 虞和平：《中国近代商人》，第 92～93 页。

③ 虞和平：《商会与中国早期现代化》，第 219～221 页。

④ 虞和平：《商会与中国早期现代化》，第 215～216 页。亦可参看虞和平：《论刘揆一的工商活动》，《湖南师大学报》1985 年第 5 期；虞和平：《张謇与民国初年的经济体制改革》，《社会科学家》2001 年第 2 期。

虞和平对商会商业行政参与的研究,既明确了商业行政参与的内容,也总结了商业行政参与的方式,而且特别注重分析商业行政参与中政府与商会谈判与对话,揭示商会、商人参与商政的实施过程和作用途径,克服了以往相关研究中商人议政与政府行政的断裂,基本建立和奠定了商会商业行政参与研究的框架、基础和方法。

七、推动了中国近代商人社团史研究的多元化发展

按照社会学的原理,社团是一种认同作用体系,由具有某种共同目的或利益的一群人自愿联合组成,它具有明确的成员界定,拥有众多的成员,有比较完整的组织协调体系和特定的社会整合功能。[①] 而商会的产生是中国社团现代化进程中的一个重要的转折点,它不仅自身成为中国最早出现的具有比较完整意义上的现代性社团,而且成为此后现代性社团,尤其是经济社团建设的样板,还引起了政府社团政策的变化,成为中国社团制度现代化的起点。[②] 从商会史研究延伸出以商人为核心的中国近代各种经济社团史研究是虞和平对商人研究的又一贡献。从20世纪90年代起,他先后发表《民国初年的实业团体活动》《清末民初经济伦理的资本主义化与经济社团的发展》《辛亥革命与中国经济近代化的社会动员》《西学东渐与中国现代社团的兴起——以戊戌学会为中心》《清末以后城市同乡组织形态的现代化——以宁波旅沪同乡会为中心》等论文,并于2001年在当代中国出版社出版了其组织编写的82万字的《中国社团发展史》。

虞和平探讨了现代社团的起源问题。他指出,甲午中日战争前后,随着西方社会学的不断传入,在一些维新人士中逐渐形成了一种名之为"群学"的中国现代社会学理论,其中包含着比较完整的现代社团理论,开始明确了群与学的关系、群与强的关系、群与治的关系、群与变的关系、群与会的关系。从这种"群学"理论出发,维新人士认为,组建学会可以为维新运动广泛动员社会力量、培养和联结广大维新人才、建立资产阶级民主制度的社会基础,从而强化社团意识。由此,维新人士不仅广泛组建具有各种社团功能的

① 虞和平:《近代商会的法人社团性质》,《历史研究》1990年第5期。

② 中国社团研究会编:《中国社团发展史》,当代中国出版社,2001年,第310页。

学会，而且使戊戌学会具有现代社团的特性，由中国人自己组建的现代社团开始兴起。虞和平在研究中指出，1895年后，随着维新运动的逐步展开，维新派的社团意识不断加强，日益认识到组建社团对推进变法维新的重要性。维新派实行变法维新的目的是在中国实行资本主义民主制度，其主要途径是劝说光绪皇帝推行新法，这无疑需要较为广泛的社会基础，只有广泛组建学会（社团）才能实行变法维新，理由在于：一是广结学会可以动员社会力量，增强政治声势，促使朝廷实行变法；二是广结学会可以培养和联结广大的维新人才；三是广结学会可以为实行资产阶级民主制度张本。在上述“群学”理论和社团意识的指导下，维新派组建学会及其他维新团体的活动迅速兴起。虞和平系统梳理了这一时期社团的三种类别：第一种是政治性社团，如强学会、保国会、南学会、保川会、保滇会、保浙会、废时文会、奋志学社、匡时学会等。这类社团以研讨政治学说，宣传政治改革，促进变法维新为主旨。第二种是学术性社团，以带有各种学科名称的社团为主，也有一些不带学科名称的社团，如新学会、郴州学会（亦称舆算学会）、三江学会、质学会等。这种社团以研讨和宣讲西方自然科学和社会科学为主要活动内容，凡带有学科名称的社团即限于本学科的研讨和宣讲活动，不带学科名称的社团大多系综合性学术活动社团。第三种是移风易俗性社团，如不缠足会、女学会、戒烟公会、延年会等。这种社团以改革旧有的不良社会习俗，增强中国人的体质，提高妇女的社会地位为宗旨。①

据虞和平的研究，在民国初期的5年中，全国出现了107个经济团体，形成了一个空前的高潮。经济团体作为社会团体中的一种，由分散的众多个人在某一共同目标下自愿结合而组成，从而通过组织整合而起到社会动员的作用。民国初年兴起的经济团体建设高潮使举国上下在“振兴实业”上一度形成了较高水平的思想认同和比较一致的行为取向，为辛亥革命后中国资本主义“黄金时代”的出现，造就了一个比较广大而稳固的社会基础。虞和平在仔细分析后指出，民初经济团体建设高潮的出现不是偶然的，而是受辛亥革命精神鼓舞的结果。从组建经济团体的主干力量资产阶级来说，他们认为中华民国成立后，受封建专制主义压迫的苦难日子从此结束，民主

① 虞和平：《西学东渐与中国现代社团的兴起——以戊戌学会为中心》，《社会学研究》1997年第3期。

幸福的生活就要开始,促发了他们发展实业自谋幸福生活的热情。在南京临时政府时期,共有23个团体成立,这些团体都分布在资产阶级革命派控制的南方和西北,尤其集中在南京、上海这两个革命派的政治中心和经济中心。经济团体首先在这些地区出现,与资产阶级革命派和南京临时政府的倡导和支持密切相关。民国时期经济社团成员构成最值得重视的有三种形式。第一,由知识界与工商界联合组成。此类团体,或由知识界发起,联合工商界,以便理论与经验相结合研究经济学理,推广先进经验,指导经济发展。第二,由知识界、工商界和政界联合组成。此类团体,无论由哪一界发起或联合发起,其成员都由这三界人士构成。第三,由不同的政治党派人士联合组成。在辛亥革命前后,中国有革命派、立宪派和北洋派三大政治派别,它们在政治上势同水火,但是在组建经济团体时却不乏携手。民初的经济团体种类繁多,所采用的"振兴实业"的方法也多种多样。诸如宣传演讲、传播科学技术、创办学校、探讨工商学理、改良传统社会习惯、联络同行、提倡国货、开发实业,辅助政府的工商行政等,均在被采用的入手方法之列。其中为各团体所普遍采用,且最富有社会动员意义的活动当属宣传演讲、传播科学技术、兴学育才、开发实业和辅助商政等方面。①

虞和平还研究了以商人为主的同乡性组织,也就是商帮组织形态的现代性变迁。同乡组织是城市移民的地缘性组织,大多是城市中各地商帮的组织依托,它的组织程度、组织体制和组织功能在很大程度上决定于移民的数量、经济生活方式和文化素质。到清末民初,随着移民数量的增加,经济活动领域的扩大和共同利益关系的密切化,文化素质的资本主义化,传统的会馆、公所组织模式逐渐与移民的状况不相适应。虞和平以宁波旅沪同乡组织为例展开研究,指出20世纪初期,由于宁波旅沪人口的急剧增加,尤其是他们经济活动的资本主义化和整体利益关系的形成,使原先的四明公所组织方式愈益不能适应同乡事业发展的需要,从而去寻求新的更能维护同乡利益的组织形式。他们组织和领导商会等上海新式工商社团的活动,不仅使他们有了组建新式同乡组织的借鉴模式,而且具备了组建和领导新式同乡组织的知识和能力。于是,同乡会这种新式同乡组织首先为宁波旅沪商人们所创造。虞和平分析了宁波旅沪同乡组织所开展的一系列活动后指

① 虞和平:《辛亥革命与中国经济近代化的社会动员》,《社会学研究》1992年第5期。

出，宁波旅沪同乡组织保护同乡利益、提高同乡素质、促进旅沪同乡及家乡经济发展所起的“救生”功能取代会馆、公所的“救死”功能，经济促进作用成为城市同乡组织的主体功能，这无疑是适应城市资本主义经济发展的结果，表现了现代社团的主要功能特征。[①]

虞和平十分重视从会馆、公所和同乡会的角度研究商帮的组织形态和功能作用的进步。他在《评〈宁波商帮史〉》一文中指出：“对商帮进行整体性研究，主要包括两个方面。一是要把商帮的整体性因素和活动作为研究的核心内容。所谓商帮，最简练的表述就是商人的地缘性群体组织，它的关键在于商（商人）与帮（群体组织）的关系，即一个地域的商人如何组织成帮，如何凝结出帮的精神；帮又是如何保护和培育商的成长和发展，如何维护帮的精神，这应该是整体性商帮史研究的核心内容。二是包含商帮的发展变化全过程和所作所为全景象，并在描述全过程和全景象中反映商与帮的关系及其演变。”[②]虞和平在这里所说的“帮”的组织就是会馆、公所和同乡会等商人的同乡性组织。

在研究商人社团及其他社团史诸问题时，虞和平极其推重其所附有的现代性特征。戊戌时期所出现的各种学会，以现代社团理论和社团意识为指导，有较为健全的组织体系，具有一定的民主制度（如领导成员大多实行会员选举原则、团体的重大事务大多实行会员公决制度），实行入会自愿、出会自由的原则，具有促进资本主义现代化的功能，虽然维新社团的大多数规模较小，组织设置不够健全，结构比较松散，存在时间不长，实际活动不多，功能发挥有限，但“它的历史意义却是重大的，不仅开启了中国人自建现代社团的先河，而且为此后中国现代社团的发展打下了基础。维新派组建社团的活动及其所传播的社团理论和意识，冲破了传统统治势力对民众结社活动的禁锢，使中国民众的现代社团理论和意识由此萌生和发展起来，并朝着结社自由的方向努力”[③]。民国初期的经济社团为扩大自己的规模，都向

① 虞和平：《清末以后城市同乡组织形态的现代化——以宁波旅沪同乡会为中心》，《中国经济史研究》1998年第3期。

② 虞和平：《彰显整体性与独特性的商帮史研究——评〈宁波商帮史〉》，《出版广角》2013年第15期。

③ 虞和平：《西学东渐与中国现代社团的兴起——以戊戌学会为中心》，《社会学研究》1997年第3期。

社会广泛地宣传自己的宗旨,力图获得更多更广泛的社会认同,动员更多的社会人士加入组织。可以说经济团体的产生和发展过程,就是“振兴实业”的社会动员过程。而民国初期的经济团体通过把不同行业、不同阶层、不同党派、不同地区的人们组织起来,使工商界和社会精英阶层在“振兴实业”上已形成基本的思想认同,从组织上体现了辛亥革命对发展经济的社会动员作用。① 虞和平分析了宁波旅沪同乡会在组织功能上的现代性特征后,还指出了同乡会在组织原则、组织程度、组织建置上的现代社团特征:在组织原则上,领导者的产生由原先的论资排辈、世袭继承制度转变为选贤任能、民主选举;在组织程度上,由原来的多元联合型转变为统一型;在职能机构设置上,由原来的董事总管,各帮轮值制度转变为专职机构分工负责制度。他指出:“以宁波旅沪同乡会的产生为起点,现代性的同乡会组织自民国以后在全国各地逐渐普及开来,而且使传统的同乡会馆、公所逐渐引入同乡会的组织体制和功能,既表现了近代中国同乡组织从传统到现代的转化过程,也反映了传统同乡组织经过改造可以适应社会发展的需要,不仅有益于旅外同乡的利益自维,而且有利于旅居地及故乡的社会和经济的发展。”②

需要说明的是,虞和平的中国近代商人史研究只是其史学研究中一朵浪花,比如他关于中国早期现代化的理论阐释和现代化史的学科构建等,已成为学界普遍认同的理论范式和专业科目。本文所评析的中国近代商人史研究的一些内容,不过是其中引起学界普遍关注的理论观点,虞和平其他关于近代商人史的研究成果,尚待进一步开掘。

① 虞和平:《辛亥革命与中国经济近代化的社会动员》,《社会学研究》1992 年第 5 期。

② 虞和平:《清末以后城市同乡组织形态的现代化——以宁波旅沪同乡会为中心》,《中国经济史研究》1998 年第 3 期。

商会史研究的学术史回顾

——以虞和平的学术活动为线索①

李娟婷

中国近代商会史作为一个新的研究领域,是随着改革开放的深入以及新史学的建立而逐步发展起来的。30年来,近代商会史研究实现了从革命化范式到现代化范式的转变,促进了研究视野的不断开拓和研究层次的不断提升,不但相应地推动了政治史、经济史、社会史、城市史乃至现代化史的发展,而且确立了商会史研究的专业性学科地位。

系统梳理30年来中国近代商会史的研究,大体可以10年为限,分为如下三个阶段:

(一)起步阶段(20世纪80年代初至90年代初)。标志是1981年章开沅提出商会"是从整体上考察资产阶级不可缺少的重要课题"②,在诸多专家学者的共同努力下,商会史研究开始成为一个相对独立的学术领域。这一阶段的近代商会史研究主要解决"商会是什么",即突出对商会概念、性质、功能以及组织结构、领导体制、人员构成等问题的探讨,并形成了上海商会、天津商会和苏州商会三个主要研究对象。起步阶段的近代商会史研究的主导范式是"革命化",即"资料、问题和领域是新的,但思考的角度和路数却是旧的,多数研究者仍然习惯于从政治史的角度去思考商会问题,以政治因素(又往往化约为革命与否、进步与否)作为商会评价的关键值"③。

该阶段主要特点是:学界侧重于在资产阶级革命框架下研究商会。近代商会史研究最初是作为资产阶级革命特别是辛亥革命一个新领域被拓展

① 李娟婷:《商会与商业行政——北洋政府时期的政商关系(1912—1927)》,经济管理出版社,2015年,收入本书时做适当修改。

② 章开沅:《辛亥革命史研究中的一个问题》,《历史研究》1981年第4期。

③ 马敏:《商会史研究与新史学的范式转换》,《华中师范大学学报(人文社会科学版)》2003年第5期。

出来的，被置于社会阶级分析模式之下，成为对资产阶级集团进行分析的一个样本，而分析的动机则是为了更清楚地把握资产阶级在辛亥革命时期的政治态度和动向。[①] 围绕资产阶级革命这条主线，1981 年 8 月，冯崇德、曾凡桂在湖北省纪念辛亥革命 70 周年学术研讨会上提交了《辛亥革命时期的汉口商会》；1982 年 2 月，皮明庥在《历史研究》上发表《武昌首义中的武汉商会和商团》；1983 年 1 月，徐鼎新在《中国社会经济史研究》第 1 期上发表《旧中国商会溯源》，虞和平在人民出版社出版的《辛亥革命时期期刊介绍》上撰写了《华商联合报和华商联合会报》；1985 年，《近代史研究》第 3 期刊登了唐文权《清末苏州商会与捐税斗争》，李子文在《史学集刊》第 2 期发表了《简论上海总商会"民治委员会"》；1986 年，虞和平在《历史档案》第 4 期上发表了《中华全国商会联合会的成立与中国资产阶级完整形态的形成》，胡光明在《近代史研究》第 4 期发表了《论早期天津商会的性质和作用》，复旦大学出版社的《近代中国资产阶级研究续集》收录了李茂富、廖志豪的《论苏州商务总会》，《华中师范大学学报》第 6 期发表了朱英的《清末商会与抵制美货运动》；转年，《辛亥革命时期期刊介绍》第 4 册刊登了虞和平的《中华全国商会联合会会报》；1988 年，虞和平在《近代史研究》第 3 期发表了《论清末民初中美商会的互访和合作》；1989 年 10 月，中华书局的《孙中山和他的时代——孙中山研究国际学术讨论会文集》刊登了虞和平的《民国初年的实业团体活动——孙中山和资产阶级革命派实行民生主义的一个重要途径》；1990 年，虞和平在《历史研究》第 5 期上发表了《近代商会的法人社团性质》；同年，《中国贸促报》连续 4 期发表虞和平的《商会性质、结构、功能及其在市场经济中的地位和作用》；1991 年，公认的第一本商会史研究著作——徐鼎新、钱小明的《上海总商会史》在上海出版，而《近代史研究》第 3 期刊登了虞和平的《商会与中国资产阶级的"自为"化问题》，中国人民大学出版社则推出了朱英的《辛亥革命时期新式商人社团研究》。上述论文和著作，都深深烙上了资产阶级革命框架的印痕。

这一阶段，有关研究机构及专家注重通过整理档案和召开研讨会推动商会史的研究工作。商会档案是研究中国近代政治、经济、文化、教育和外交等的第一手资料，在章开沅等历史学家的呼吁下，各地陆续开始整理本地

① 冯筱才：《中国商会史研究之回顾与反思》，《历史研究》2001 年第 5 期。

区的商会档案。1980年年底,华中师范大学历史研究所与苏州档案馆商议共同整理研究苏州商会档案。1982年,苏州商会档案整理工作正式启动,1991年9月,《苏州商会档案丛编(1905—1911)》第1辑由华中师范大学出版社推出,目前已出版5辑600万字。1981年初,天津市档案馆和天津社会科学院提出整理天津商会档案全宗。5月份,两家单位抽调人员组成编辑组开始整理。1989年9月,天津人民出版社出版了《天津商会档案汇编(1903—1911)》第1辑2卷。目前,《天津商会档案汇编(1903—1950)》共出版5辑10册1000万字。此外,厦门总商会和厦门市档案馆在1993年由鹭江出版社推出了《厦门商会档案史料选编》。在档案资料陆续被整理的同时,从1981年开始,商会史研究成为各种研讨会中的一个重要关注点。当年10月,在武昌举行的纪念辛亥革命70周年学术讨论会上,章开沅的《辛亥革命与江浙资产阶级》、邱捷德《广东商人与辛亥革命》、丁日初的《辛亥革命前的上海资本家阶级》均不同程度地讨论了商会;1983年,复旦大学在上海召开近代中国资产阶级研究学术讨论会,一些专家学者在论文中对商会进行了研究;1986年,苏州举办了以"近代中国商会与资产阶级"为主题的学术讨论会,这是国内首次以商会为题进行会议研讨;1987年,在武汉"对外经济关系与中国经济近代化"国际学术讨论会上,虞和平、陈来幸提交了以商会为主题的论文;1988年,朱英《清末商会的成立与官商关系的演变》等论文在南昌"第二次中国资产阶级"学术讨论会上提交。此后,各种研讨会的举办推动商会史研究走向多元和纵深。

(二)发展阶段(20世纪90年代初至21世纪初)。标志是1993年6月虞和平《商会与中国早期现代化》在上海人民出版社的出版。在该著作的积极推动下,近代商会史研究的现代化范式的主流地位得以确立[①],商会史研究的专门史地位也得以确立。这一阶段的近代商会史研究主要探讨"商会怎么样",即强调从现代化层面对商会所附有的政治、经济、文化等社会价值进行研究,形成了北京、上海、武汉、天津四个商会研究中心。发展阶段的近代商会史研究的主导范式是"现代化",正如有学者指出的,这种"传统—现代"的二元框架给我们提供了一个可资观察商会组织功能发展变化的理论

① 谭玉秀、范立君:《改革开放以来国内商会研究的多元化取向》,《河北经贸大学学报(综合版)》2011年第3期。

分析视角和手段,使我们的研究一开始便具有比较明确的目的性和方向性,而不被零碎的事实牵着鼻子走。[1]

该阶段主要特点有:诸多专家学者从工业化、民主化和民族化的角度挖掘和发现近代商会的现代性价值。虞和平在《商会与中国早期现代化》中从"商会与资产阶级自身现代化"和"商会在早期现代化中的作用"角度分析了商会与中国早期现代化的关系;马敏、朱英同年7月在巴蜀书社出版的《传统与近代的二重变奏——晚清苏州商会个案研究》中使用公共领域概念分析晚清苏州商会;1994年4月,马敏在中国社会科学出版社出版的《过渡形态:中国早期资产阶级构成之谜》中,系统论述了商会的新式社团性质;1995年1月,天津人民出版社出版的马敏《官商之间——社会巨变中的近代绅商》,从市民社会的角度分析了商会和绅商;1996年7月,虞和平在广东人民出版社和华夏出版社联合推出的《近代中国商人》中从"传统—现代"的角度分析了商会以及商人的角色和作用;1997年9月,朱英于华中师范大学出版社出版的《转型时期的国家与社会——以近代中国商会为主体的历史透视》中,依据市民社会理论论证商会与政府的关系;贺跃夫在《近代史研究》1998年第2期发表的《晚清广州的社团及其近代变迁》和宋美云在《天津社会科学》1999年第1期发表的《中国近代经济社会中的中介组织——天津商会(1912—1927)》中,从市场经济条件下中介组织的新方向对商会的功能进行了探索;2000年9月,虞和平在社会科学文献出版社出版的《商会史话》中,分析了商会作为一种以商人自律自治为主体功能的社会团体是如何参政议政以及走向国际舞台的;张东刚在《南开经济研究》2000年第1期发表的《商会与近代中国的制度安排与变迁》,用制度变迁理论分析说明商会是一种新型的市场组织。

在这一阶段,学界同人从政治、经济、法制、外交等角度,突出商会研究的主题发掘,极大地拓展了近代商会史的研究范围。在商会政治参与研究方面,朱英在《江汉论坛》1998年第6期《论民初商会调和党争》中分析了商会在民初支持袁世凯政权的真实目的,虞和平在《商会史话》中剖释了国会议席之争、参与国是会议以及试图建立商人政府的努力,章开沅、马敏、朱英

① 马敏:《商会史研究与新史学的范式转换》,《华中师范大学学报(人文社会科学版)》2003年第5期。

2000年6月在湖北人民出版社推出的《中国近代史上的官绅商学》较为系统地梳理了官商之间的关系。在商会经济建设研究方面,马敏、朱英的《传统与近代的二重变奏——晚清苏州商会个案研究》研究了苏州商会是如何开展抗捐抗税斗争的,虞和平的《近代中国商人》描述了商会是如何参与政府的商业行政的。在商会法制建设研究方面,朱英发表在《华中师范大学学报》1993年第1期的《清末苏州商会调节商事纠纷论述》和马敏发表在《历史研究》1996年第1期上的《商事裁判与商会——论晚清苏州商事纠纷的调处》系统分析了近代中国商会的司法职能,任云兰在《中国经济史研究》1995年第4期发表的《论近代中国商会的商事仲裁功能》重点研究了商会在裁判商事纠纷时所采取的措施和发挥的作用。在商会参与外事活动研究方面,梁碧莹在《近代史研究》1998年第1期发表的《民初中国实业界赴美的一次经济活动——中国与巴拿马太平洋万国博览会》、来新夏在《民国档案》1999年第2期发表的《华盛顿会议与中国民众运动》、马敏在《近代史研究》1999年第4期发表的《有关中国与巴拿马太平洋万国博览会的几点补充》、虞和平在《近代史研究》2000年第2期发表的《五四运动与商人外交》以及其所著《商会与中国早期现代化》等,从不同角度研究了商会和商会在对外交往中的表现和作用。此外,近代商会史研究在文化教育、城市建设、社会公益等方面也进行了拓展。

(三)深入阶段(20世纪初至今)。标志是2001—2002年虞和平、马敏等学者从商会研究到商人、商民运动等研究的适度转向及其对商会史研究的反思。这一阶段的商会史研究虽然呈现出百花齐放的局面,涌现了很多颇有见地的新学人和发表了很多较有分量的新论著,但也显现出后劲不足的苗头,总体上没有跳出现代化范式的研究思路和超越章开沅及章门弟子虞和平、马敏、朱英等人的研究高度。20世纪初至今的近代商会史研究主要探讨“商会研究向何处去”,即在以往研究的基础上从理念、路径、方法等方面推进对商会史研究的反思,并形成了“多点开花”和“多头并进”的研究格局。

该阶段主要有两个特点:虞和平很早就对商会史研究的对象、时间跨度和内容的局限性进行了评判。① 进入 21 世纪后,专家学者对商会史研究的反思成为一种常态。2001 年,冯筱才在《历史研究》第 5 期上发表的《中国商会史研究之回顾与反思》,对商会史研究的理论框架和方法论进行了检讨;2003 年,马敏在《光明日报》上撰写《现代化理论与中国商会史研究》,指出现代化理论在给商会史研究带来新的问题意识、概念话语、分析视角与新方法的同时,也存在自身的局限性;同年,马敏在《华中师范大学学报(人文社会科学版)》上发表的《商会史研究与新史学的范式转换》提出,商会史研究的基本方向应是以新史学为标志的"总体史";2004 年,应莉雅在《中国社会经济史研究》上刊出的《近十年来国内商会史研究的突破与反思》中强调,在商会史研究中对区域经济理论、结构功能理论、长时段理论等借鉴和使用上存在缺失;2005 年,朱英在《浙江学刊》第 5 期上发表的《中国商会史研究如何取得新突破》一文指出,中国商会史研究的新突破要在理论和方法上继续创新,注重解决理论阐释与实际论述相脱节的情况;2006 年,王永进在《兰州学刊》第 11 期上刊发的《商会研究范式的回顾和反思》,对商会史研究中的革命与反革命理论、现代化理论、市民社会理论、制度经济学理论、利益团体理论、网络理论进行了分析和批评;同年,冯筱才在《华中师范大学学报(人文社会科学版)》上发表的《最近商会史研究之刍见》,指出了商会史研究中面临的自我定位、理论方法和史料运用等面临的困惑;2007 年,覃婷婷在《重庆工商大学(社会科学版)》发表的《近二十年来中国商人与商会史研究综论》,反思了商会史研究在视野、理论、方法、内容等方面的问题;2011 年,分别有三篇文章对商会史研究的成绩和问题进行了回顾与展望。②

这一阶段,方向调整与佳作迭出并存。对研究方向的调整突出表现在两个方面:第一个方面是研究商会史的大家如虞和平、马敏、朱英等适度转变了对商会史本身的关注,进入了原本各自就已涉猎的、与商会密切相关的商人、现代化、商民运动等领域。虞和平将研究重点转向现代化史、商人外

① 虞和平:《近八年之商会史研究》,《中国社会经济史研究》1995 年第 4 期;《访日归来谈商会史研究》,《近代史研究》1997 年第 6 期。

② 葛宝森、李昌:《中国商会史研究新进展述评》,《理论月刊》2011 年第 2 期;谭玉秀、范立君:《改革开放以来国内商会研究的多元化取向》,《河北经贸大学学报(综合版)》2011 年第 3 期;谭玉秀、范立君:《现代化理论与中国商会史研究——20 世纪 80 年代以来中国商会史研究的回顾与展望》,《理论月刊》2011 年第 12 期。

交、著名商人,2001年在江苏人民出版社出版了由其主编的《中国现代化历程》;从2000年起,先后在《近代史研究》《史学月刊》《史林》《宁波大学学报》等报刊发表文章,论述以商会为主体的商人外交活动和作用,并从这一角度考察和分析中国商界对早期世博会的认识和参与;2002年以后,先后在报刊发表了十数篇文章,介绍和研究了经元善、张謇、穆藕初、聂云台、虞洽卿、范旭东、简氏兄弟、荣氏兄弟、周学熙、卢作孚、宋则久、刘鸿生、郭乐、吴锦堂等巨商鸿绅振商保商和兴办实业的事迹和作用,并于2004年在吉林文史出版社出版了《张謇——中国早期现代化的前驱》一书,还在《广东社会科学》发表文章,对香山籍买办与宁波籍买办的特性进行比较研究。马敏于2001年在华中师范大学出版社出版的《商人精神的嬗变——近代中国商人观念研究》一书,从晚清重商主义思潮出发探讨近代中国商人的心理结构,分析近代中国商人的政治意识、法律意识和经营理念。朱英于2008年在中国人民大学出版社推出《近代中国商会、行会及商团新论》,如果说该书是作者对个人既往商会史研究的总结,那么2011年在北京大学出版社出版的《商民运动研究(1924—1930)》,则系统分析了国民革命时期商民运动兴起的社会环境及成败得失,代表了学界研究商民运动的新高度。第二个方面是一批年轻学人告别宏大叙事模式,从商会史某一侧面入手开展研究,取得了卓有成效的学术佳绩。比如:2004年,冯筱才分别在台湾商务印书馆和上海社会科学出版社推出《北伐前后的商民运动(1924—1930)》《在商言商:政治变局中的江浙商人》,前者填补了学术界商民运动的研究空白,后者则试图在商人研究中引入"中国中心观";2008年,虞和平的博士生贾中福在中国社会科学出版社出版了《中美商人团体与近代国民外交(1905—1927)》,作为学术界第一部研究商人外交的著作,该书从商人的外交活动考察国民外交,不仅抓住了国民外交的主流,也深入到了国民外交的核心[①];2010年,王红梅则在南京师范大学出版社出版了《商会与中国法制近代化》,该书剖析了商会与中国法制近代化之间存在的互动关联机制,进而提

① 虞和平:《中美商人团体与近代国民外交(1905—1927)》序言,贾中福《中美商人团体与近代国民外交(1905—1927)》,中国社会科学出版社,2008年,第2页。

出了当代中国法治进程中要实现国家与社会的良性互动这一理念[①]。

以上所述是我在写作博士论文时商会史研究的发展脉络,时至今日,时间又过去了6年,无论是虞和平还是其他先行学者又取得了新研究成果,也有一些新后辈学者进入这一研究领域,他们共同开垦了商会史研究的新土地,使商会史研究发展到一个新的阶段。

① 王立民:《商会与中国法制近代化》序言,王红梅《商会与中国法制近代化》,南京师范大学出版社,2010年,第2页。

中国社团史研究的深入与拓展

——虞和平的理论与范式贡献

陈育红[①]

中国社团史的研究大约兴起于20世纪初,但至20世纪80年代以前,研究的范围主要集中于秘密会党和工商行会。20世纪80年代以来,中国社团史研究才逐渐兴盛起来,且方兴未艾。中国社会科学院近代史研究所虞和平先生是对社团史研究较早投入关注的国内学者。他认为,学术研究的深入开展,主要是循着两条轨道前进:一是学术研究本身发展的轨道,即加强、深化和弥补以往研究中的那些薄弱、浅简的空白领域;二是适应现实社会需要的轨道,即要有强烈的时代意识。[②] 虞和平先生对于社团史的研究正是遵循这样的思路前进的,并在这一领域取得了令人瞩目之丰硕成果。

一、与社团史结缘,推动行会商会史研究的发展

谈及与社团史的结缘,虞和平先生坦言是与三位老师的指导和影响分不开的,三位老师分别是樊百川先生、王庆成先生和章开沅先生。虞和平先生1973年考入北京大学历史系,1976年8月毕业后进入中国社会科学院近代史研究所工作,并选择了中国近代经济史这一研究方向。樊百川先生是当时近代史所内唯一研究经济史的学者,知识渊博、治学严谨、积累丰厚。在樊先生指导下,虞先生开始着手辛亥革命后10年的经济史资料收集。在对《时报》《民国日报》《新闻报》《时事新报》等主要报纸查阅与卡片制作过

① 陈育红,1973年10月出生,女,湖南郴州人。2002—2005年获中国社会科学院研究生院历史学硕士学位;2008—2011年获中国社会科学院研究生院历史学博士学位。现任湘潭大学历史系副教授。

② 虞和平:《关于中国现代化史研究的新思考》,《史学月刊》2004年第6期。

程中,虞先生敏锐地关注到商会及其他经济社团的问题,由此确定了民国初年社会经济史和商会史的研究方向。虞先生撰写的第一篇文章题为《民国初年的实业救国潮流》,经近代史所推荐参加了1981年由中国史学会主办在长沙举行的“纪念辛亥革命70周年青年学术讨论会”,并获得优秀论文奖项。此次获奖坚定了虞先生研究社会经济史的信心,并促使其从此与社团史——尤其是商会史研究结下不解之缘。

商会是近代社团,因此,商会研究又是一种社团或社会群体研究。商会史研究自20世纪80年代初开始受到国内学术界的重视,与商会档案的发掘整理分不开。20世纪80年代起,北京、上海、天津、苏州档案馆均有意对本地商会档案进行整理。由此,华中师范大学历史研究所与苏州市档案馆牵手合作,共同整理苏州商会档案。虞和平先生于1986年9月考取华中师范大学历史研究所的博士研究生,师从章开沅先生。由于华中师范大学历史研究所与苏州市档案馆的合作关系,加之章开沅等前辈学者的倡导,给当时正在华中师大攻读博士学位的虞先生提供了很好的机遇。读博期间,虞先生密切关注商会史的研究,并将博士论文题目确定为“商会与中国早期现代化研究”。虞先生自称这“使我的学术生涯发生了一次关键性的转折”①。

虞和平先生具有相当宽广的理论视野、极其敏锐的问题意识和很强的学术创新精神。对于商会史的研究,虞先生在研究角度和方法上颇多创新,且敢于挑战传统学术观点。

1990年,虞和平先生在《历史研究》上撰文发表《近代商会的法人社团性质》,就中国近代商会的社会属性问题与学者进行探讨和争鸣。对于中国近代商会的社会属性问题,学界大致存在“官方机构”和“半官方机构”②、“官督商办社团”③等观点。虞先生经过细致考证,认为中国近代商会组织既非官方、半官方机构,亦非“官督商办”性社团,而是一种商办的法人社团,具有明确的法人社团特征。其社团性质主要表现在四个方面:有广泛的目的认同;有明确的成员界定,拥有大量的会员;有比较完整的组织协调体系;

① 虞和平、谢宝耿:《努力创建中国现代化史学科——虞和平研究员访谈》,《学术月刊》2004年第4期。

② 徐鼎新:《中国商会研究综述》,《历史研究》1986年第6期。

③ 朱英:《清末商会“官督商办”的性质与特点》,《历史研究》1987年第6期。

有使工商界实现社会整合的功能。其法人特征也有四点:一是依法照章组成;二是有自己独立支配的经费和财产;三是具有法律所赋予的人格权力,既在政府的认同下成立,又有不可非法侵犯的权力;四是具有特定的权力和行为能力,具有照章行使权力、承担义务和开展活动的能力。他指出,那些认为商会是官方、半官方机构或认为商会是官督商办社团的论者,恰恰是把上述商会的法人特征误认为是官方特征。对于商会与政府的关系,虞先生认为,商会作为一种法人社团,与政府之间的关系,应该是依据法律规定而发生的管理与被管理的关系。然而实际上,由于近代中国的法治和民主制度不健全,使商会与政府间的法律关系亦时常表现出控制与反控制斗争的面相,呈现为依法管理与被管理关系向着超法的控制与反控制关系转变的趋势。但必须强调的是,商会在实际活动中受政府强权控制的一方面,是近代中国法治和民主制度不健全所致,而不能归结于商会的"官方"性。①

对于商会与行会的组织关系问题,以往的研究大多认为商会是现代性的组织,而行会是传统性的组织,两者处于性质对立的状态。如马敏、朱英以清末苏州商务总会为例作了分析,认为近代商会和传统行会在某种意义上虽可以说同属工商业机构,但二者存在本质区别,前者是对后者的否定与突破。② 徐鼎新则已经注意到行会组织自身的近代化过程,提出了商会与行会的结合点是发展资本主义经济的共同要求,所遵循的不是行会的传统原则,而是由商会确定的资本主义法律准则和行为规范。③ 虞和平先生对此作了进一步深入的阐释,他在《历史研究》1991 年第 6 期发表题为《鸦片战争后通商口岸行会的近代化》一文,分析了行会与商会的内在关系,指出自鸦片战争后,通商口岸的传统行会走上了近代化的历程,并在辛亥革命之前普遍成为商会的基层组织。"中国近代的行会已不完全与西方中世纪的行会性质相同,而是具有更多的社会性、民主性、独立性、开放性和自主性,使之

① 虞和平:《近代商会的法人社团性质》,《历史研究》1990 年第 5 期。

② 马敏、朱英:《浅谈晚清苏州商会与行会的区别及其联系》,《中国经济史研究》1988 年第 3 期。

③ 徐鼎新:《清末上海若干行会的演变和商会的早期形态》,《中国近代经济史研究资料》(第 9 辑),上海社会科学出版社,1989 年。

具有对现代社会的潜在适应性,并成为其与商会结合的同质因素。"[①]行会与商会具有某种相同和互相依赖的社会和经济功能,讨论商会与行会的关系,必须注意到二者的相互依赖。[②]

虞和平先生还对商会与中国资产阶级成长的关系有着独到的见解,并逐步加以完善成熟。商会是全体工商界的组织,它的发展程度实质上标志着资产阶级的成长水平。早在1983年,章开沅先生就指出,在商会等资本家集团身上更为丰富也更为明确地表现出资产阶级的特性。[③] 1986年,虞和平在《历史档案》撰文发表《中华全国商会联合会的成立与中国资产阶级完整形态的形成》,全面考察了全国商联会的组织结构和活动内容,认为商联会不仅有涵盖全国的组织规模,而且领导资产阶级参加了此后所有的重大活动。此后,学界对这一问题的研究逐渐深入。[④] 虞先生对此问题亦作了进一步的深入思考,1991年于《近代史研究》上发表《商会与中国资产阶级的"自为"化问题》,对商会与中国资产阶级成长的关系作了补充论证。他指出,清末各地商会的诞生使资产阶级进入从"自在"状态向"自为"状态转化的阶段,民国初期中华全国商会联合会的成立,则标志着资产阶级进入基本"自为"的阶段,亦即完整形成阶段。[⑤] 这种将商会发展程度与资产阶级成长水平结合起来的研究,不仅使资产阶级形成问题的研究更为实体化,而且抓住了阶级形成的核心问题——组织程度。同时,虞先生强调,商联会的成立过程,是中国资产阶级中一部分上层分子带动中下层分子共同走向联合的过程。在这一资产阶级加强自身资本主义化的过程中,上层分子表现得比中下层分子更主动积极,因此,那种认为中国资产阶级的上层分子比中下层分子具有更多的封建性的传统观点,在这里出现了矛盾。[⑥]

此外,有关商会的国际交往问题的研究,虞和平先生更具有开创性意

---

① 虞和平、谢宝耿:《努力创建中国现代化史学科——虞和平研究员访谈》,《学术月刊》2004年第4期。

② 虞和平:《鸦片战争后通商口岸行会的近代化》,《历史研究》1991年第6期。

③ 章开沅:《关于改进研究中国资产阶级方法的若干意见》,《历史研究》1983年第5期。

④ 朱英:《从清末商会的诞生看资产阶级的初步形成》,《江汉论坛》1987年第8期。

⑤ 虞和平:《商会与中国资产阶级的"自为"化问题》,《近代史研究》1991年第3期。

⑥ 虞和平:《中华全国商会联合会的成立与中国资产阶级完整形态的形成》,《历史档案》1986年第4期。

义。1988年,虞先生在《近代史研究》上发表《论清末民初中美商会的互访和合作》一文,对1910—1922年间中美商会的互访和合作活动进行了专门论述。他认为,从活动的客观内容来看,双方所承担的义务、权利和责任是基本平等的,但是由于双方所处的社会政治条件不同,经济实力悬殊,结果只有美方达到了预期目标。然而不可否认,中方亦从中扩大了眼界,推进了中国对美贸易,并促使中国商会迈开了从省区联合走向全国和世界联合的步伐。[①] 在其博士论文中,虞先生专节论述了欧美、日本等西方商会和在华洋商商会的产生发展过程及其性质、结构和功能,从而将商会的国际交往问题研究进一步引向深入。

1993年,虞和平先生的博士论文《商会与中国早期现代化》经修改完成后由上海人民出版社出版,该书是国内外最早出版的中国商会研究专著之一,一经出版即得到学术界的广泛关注。1995年台湾东大图书股份有限公司予以重版,1999年该书获得中宣部组织评定的"国家社科基金项目优秀成果"三等奖,并获中国社科院近代史所优秀成果一等奖,该书还被列为工商联干部学习参考资料,以及日本有些大学博士研究生专业学习参考书。由于学术价值高,许多观点迄今仍常被研究者引用。20世纪80年代的社会大环境造就了商会史研究的勃兴,章开沅先生敏锐的学术洞察力,以及虞和平先生自身的勤勉、睿智和坚持不懈、锲而不舍,最终成就了虞先生在商会史领域的极高造诣,推动了行会商会史研究的发展。

二、引入现代化研究范式,推进社团史研究的深入

现代化研究体系可以说是一种比较具有创新意义和时代意义的体系。自20世纪80年代开始,随着我国现代化建设高潮的到来,用现代化范式研究中国近代以来的历史,已获得学术界日益广泛的认同。对此,虞和平先生曾指出:"20世纪,特别是80年代以后的中国近现代史研究,在研究方法和内容构成上都有很多的创新,其中现代化研究的出现和发展,可以说是最具影响力的一种创新,其影响所及不仅仅在于具体的研究内容和研究视角的

① 虞和平:《论清末民初中美商会的互访和合作》,《近代史研究》1988年第3期。

开拓和创新,而且影响到整个近现代史研究体系。"[①]同时,虞先生也强调,现代化研究范式并非机械套用外国的现代化理论,而是赋以马克思主义唯物史观和中国特色,是一种具有中国特色的现代化研究范式。

就社团史研究而言,早期研究大多局限于社团的产生、发展及其组织结构层面,缺少或忽视对社团本质的透视。为此,虞和平先生引入现代化范式研究社团史,取得了令人瞩目的成果。1993 年,上海人民出版社出版了虞先生专著《商会与中国早期现代化》,笔者以为,该著既是近代中国社会经济史和中国社团史领域之力作,亦是将社团史研究与现代化二者相结合之典范之作。在该著"前言"中,虞先生谈道,"商会作为一种资产阶级社会团体,它既有资产阶级的属性,又有社会团体的属性……也就是说,商会在早期现代化过程中所发挥的作用主要有两个方面:一是促进资产阶级本身的现代化——从分化到整合;二是促进经济和政治的现代化——资本主义工业化和民主化。因此,对商会的研究,除已有的领域和方法之外,还应开辟与其现代化功能相应的领域和采用相应的方法。运用现代化理论把商会和中国早期现代化结合起来进行研究,或许可以更为确切而全面地说明商会在近代中国历史中的地位和作用"。[②]

由于中国早期现代化兼具被动性与复合性特点,所以,中国早期的现代化运动既表现出一种防御性,亦呈现出土洋结合、新旧结合的多元结构。虞和平先生认为,较之现代化的一般含义来讲,中国早期现代化还应该增加一个民族化——反对帝国主义的侵略和争取民族独立。同时,由于近代中国社会处在由传统社会向现代社会转型的变化过程中,引入现代化范式研究中国近现代史,必须重视事实发展变化的过程,即"不仅要对现代化进程中的具体事情考察其产生、实施、发展(变化)和成效,而且要考察现代化进程中各个发展阶段之间的继承和发展关系,还要注意考察现代化过程中新旧质素的兴衰及其互动关系"。[③] 基于上述研究思路,在《商会与中国早期现

① 虞和平:《现代化研究与中国历史学的创新》,《上海交通大学学报(社会科学版)》2002 年第 3 期。

② 虞和平:《商会与中国早期现代化》,上海人民出版社,1993 年,第 2 页。以下引用此书只注页码。

③ 虞和平、谢宝耿:《努力创建中国现代化史学科——虞和平研究员访谈》,《学术月刊》2004 年第 4 期。

代化》一书中,虞先生首次把反对列强侵略争取民族独立作为中国早期现代化的主要内容和特点之一,并且从商会的角度对1936年之前的,包括工业化、民主化、民族独立化在内的现代化过程及其结果作了比较系统的考察。同时对这一过程中的发展阶段及其特点、队伍结构和商会的历史使命、商会的实际地位和作用、达到的程度等重要问题,进行了具体研究,提出了自己的见解,作出了诸多新的诠释。

例如,关于商会促进清末民初经济法制建设问题。以往的有关研究,大多局限于描述法规条文的制定与当时经济发展的表象关系,或泛论经济法制建设的意义和作用,而对法规制定的阶级性、法规内容的经济制度机制、法规实施状况的分析和考察则十分缺乏。在引入现代化研究范式进行分析后,虞和平先生认为,清末时全国商会的两次集会讨论商法制定问题,以及民国时期商会对政府所拟订和颁行的经济法规讨论、修改、补充和实施意见等行为,较多地体现了资产阶级的利益,从而在较大程度上改善了资本主义经济社会秩序。①

关于商会与资产阶级的政治性格、参政能力和民族主义理性化问题。以往对于历史事件和人物的评判标准,多采用"革命史范式",突出的是其人民性、阶级性、革命性和爱国性,对于资产阶级政治运动的研究,则多注重考察其立场不稳的表现及其本身的封建性原因,而很少从资产阶级的政治性格、政治文化和政治操作能力方面进行研究。现代化研究范式则开始注意兼顾其现代性、科学性、合理性、先进性和世界性。通过爬梳商会在清末民初一系列政治运动中的表现和作用,虞和平先生比较全面地考察了它们与以孙中山为首的资产阶级民主革命派的关系——从旁观到合作、背离,再到实用的变迁过程——认为商会在不同时期的政治态度因政治形势的变化而有截然不同的表现,以商会为核心力量的资产阶级,在其"在商言商"政治性格的制约下,表现出实用主义的政治取向、有限的政治参与行为、力不从心的参政能力、摇摆不定的政治态度等特点。而有关商会与资产阶级的民族主义理性化问题,此前基本上没有研究,虞先生通过考察商会的商人外交活动和抵制外国侵略活动的观念和方式,认为清末民初的中国资产阶级已形

① 虞和平:《商会与中国早期现代化》,第202~226页。

成了相当理性化的民族主义观念和行为方式。[1]

在以往的研究中,传统与现代往往是一种二元对立格局。虞和平先生认为,中国的商会是中国资产阶级在洋商商会的影响下并模仿洋商商会的形式而组织起来的,同时又是联合原有的传统行会而组成的,是传统与现代的统一体。商会虽是近代社团,区别于行帮、会馆,但中国商会不仅以行帮、会馆为渊源,为依托,而且甚至为基层组织。虞先生特别注意过程中新旧质素的消长及其相互之间的错综复杂关系。他认为传统因素与新的因素并非绝对对立,传统因素中有些成分可以经过自行调适或外力调适为新事物所包容,而且能够与新质素相结合并发挥作用,也就是传统对现代的潜在适应性。行会与商会的结合虽然以行会的潜在适应性为基础,但是当行会加入商会的时候也把它的传统性一并带入了商会,使商会成为一种现代与传统的统一体。[2] 虞先生还指出,这种潜在适应因素通过改造和放大,可以成为现代化建设的基础和有利因素,更是中国这样一个具有悠久传统国家的现代化建设的一个重要方面。

1992 年,虞和平先生在《中国经济史研究》上发表《西方影响与中国资产阶级组织形态的近代化》一文,指出中国资产阶级的"产生发展有一个从传统商人阶级向近代资产阶级演变的过程,这个过程不仅包括他们经营活动的资本主义化和个人素质的资产阶级化,而且包括他们组织程度的普及化、扩大化和社会联系的世界化"。从现代化研究范式出发,虞先生考察了西方资本主义世界影响下中国资产阶级的组织形态,从行会→商会→商联会→国际商会的变化发展过程,进而分析了它在组织和社会联系方面的近代化进程和特点。[3] 他指出,社会的现代化过程就是一个"分化"到"整合"的过程。中国资产阶级逐步由分化走向整合,由传统走向现代,正是在商会诞生以后。商会的产生和发展,经历了以行会为中心的行业性整合,以各省商务总会为中心的省区性整合,以全国商会联合会为中心的全国性整合,和以参加国际商会为象征的世界化过程。[4] 由此,我们可以看到,商会在促进

---

① 虞和平:《商会与中国早期现代化》,第 276~365 页。
② 虞和平:《商会与中国早期现代化》,第 155~168 页。
③ 虞和平:《西方影响与中国资产阶级组织形态的近代化》,《中国经济史研究》1992 年第 2 期。
④ 虞和平:《商会与中国早期现代化》,第 27~29 页。

资产阶级自身现代化与中国早期现代化作用方面之影响可谓至深至远："透过商会，中国商人从小市镇走入省城，由省城走入通都大邑，并与外国商会建立关系；透过商会，中国商人影响了政府和立法机构，使中国制定经济法规、发展实业教育；商会并直接参与政治民主和民族独立运动。"①

历史具有多重面相，不同的视角就会得出不一样的结论。虞和平先生引入现代化范式研究商会史，不再单纯着眼于梳理商会产生和发展过程、组织机构与功能，而是更着重于论述商会的一种社会整合功能和组织形态现代化的意义，并分析其对中国资本主义经济发展、民主革命和民族独立运动促进所发生的作用与所遭遇的困境。由现代化研究而带来的这些分析角度的转变和扩大，体现了中国历史学的一种学科创新，也推进了社团史研究的深入。1995 年，虞先生撰写《近八年之商会史研究》，不无欣喜地指出，中国近代商会史研究较之 1985 年之前的研究前进了一大步，"在研究的深度和广度上也取得了长足的进展，除了对原先有所研究的清末商会的产生、性质及其在清末政治运动和辛亥革命中所起的作用，作进一步研究之外，还开拓了商会的结构、功能、现代化作用、官方关系、阶段形成关系、外交活动、中外比较等新领域"②。现代化研究范式对社团史研究之影响，于此可见一斑。当然，现代化范式并不能代替革命史范式。"中国近代史的整体研究只能在'革命史范式'主导下，兼采'现代化范式'的视角，更多关注社会经济的发展与变迁及其对于革命进程的作用，使'革命史范式'臻于完善"，虞先生如是说。③

三、倡导新的研究视角与研究方法，拓宽社团史研究的视域

作为对"阶级研究"的突破，20 世纪 80 年代以后，社团史的研究受到学术界的重视，逐渐兴盛已如前述，表现在研究范围逐渐扩大，研究程度逐步加深等方面。然而，直至 20 世纪 90 年代，中国社团史研究虽在某些领域已达到相当深入的程度，有的甚至已超过西方国家的同类研究，但总体上来

① 虞和平：《商会与中国早期现代化》序，台湾东大图书公司，1995 年。

② 虞和平：《近八年之商会史研究》，《中国社会经济史研究》1995 年第 4 期。

③ 虞和平：《人文社会科学前沿扫描》，《中国社会科学院院报》2007 年 6 月 26 日。

说，还落后于西方国家的社团史研究。国内大多数社团史的研究仍采用传统史学研究方法，局限于一般的历史叙事；在研究领域上亦存在着许多缺陷，较多方面仍几乎空白，无人涉足。为此，虞和平先生指出，应采用经济学、社会学、法学、政治学、现代化等学科理论和历史学实证方法之于社团史研究，尤其是社会史研究方法，更值得重视。由此带来了社团史研究视野的开拓和研究层次的提升。

在提倡社会史研究之前，对近代商会史的研究，主要是从商会在政治和经济活动中所占的地位和作用出发，作为近代政治史和经济史中的一个课题而被开发出来的。对于近代行会的研究，则主要是把行会作为封建生产关系的一种制度进行研究，虽介乎经济史与社会史之间，但缺少社会史研究的宽广视野。虞和平先生跳出传统的研究视野和研究方法，运用社会学理论的结构功能主义理论，就近代行会的存在状态、组织结构、社会功能的近代化过程和商会的社团法人性质问题，作了新的探讨。

在《鸦片战争后通商口岸行会的近代化》一文中，虞和平先生借助这一理论，通过考察近代行会的整体组织类别结构的专业化、内部成员结构的资产阶级化，进而分析了行会功能的资本主义化，认为鸦片战争后通商口岸的行会在向着适应城市经济外向化和资本主义化的方向转化；并考察了行会与商会之间相互依赖的功能结构关系，从而解释了行会所以能作为商会的基层组织而长期共存和合作的内在因素和合理性。①

在《近代商会的法人社团性质》一文中，虞和平先生通过考察商会的目的认同体系、成员资格界定、组织协调系统和社会整合功能，论证了商会的资产阶级社团特征和性质；又通过考察商会的设立程序、财产支配权、法定权利、权利能力和行为能力，以及商会与政府的法律关系和利益合作关系，论证了商会的法人性质。②

虞和平先生还通过分析商会的组织结构和功能，论证资产阶级的形成过程。在《商会与中国资产阶级的“自为”化问题》一文中，虞先生分析指出，1913 年中华全国商会联合会的成立，不仅使资产阶级在组织上建立起了较为稳定的全国性联系，而且开始担负起本阶级政治领导机构的角色，从

① 虞和平：《鸦片战争后通商口岸行会的近代化》，《历史研究》1991 年第 6 期。

② 虞和平：《近代商会的法人社团性质》，《历史研究》1990 年第 5 期。

而进入基本“自为”的阶段。①

虞和平先生亦密切关注社团史研究动态,极力倡导开创新的研究视角,拓宽社团史研究的领域,并身体力行。1993 年,专著《商会与中国早期现代化》出版后,虞先生即在此基础上确定了“循序渐进、滚动发展、开拓创新”的方针,将“商会与中国早期现代化”这一课题一分为二,分别对商会史和中国现代化史进行专题研究。

1995 年,虞和平先生在《中国社会经济史研究》上发表《近八年之商会研究》一文,指出“近 8 年之中国近代商会史研究,虽然取得了重大的进展,但亦不无有待进一步开拓之处”,继而从研究的对象、研究的时间跨度和研究的内容三个方面,阐述了商会史研究尚待与亟待关注的领域。例如,在该文中,他提出,“开展国民政府时期商会的研究,有助于深入剖析这一时期的资产阶级与国民党政府的关系,究竟是资产阶级完全沦为国民党政府的御用工具,还是两者之间的合作关系更趋健全化和正规化。研究抗日战争时期的商会,不仅需要考察商会在这一非常时期的组织变化,更要分析它与日本侵略者和国民政府之间的双重关系和实际作用”等等,在当时均具有前瞻性与开创性。② 虞先生所具有的广泛的问题意识与多角度透视社团史的研究视角,对于推进社团史研究具有非常重要的引领意义。

2001 年,虞和平先生在接受关于“近代史研究的热点和难点”专题采访时,再次谈及社团史研究值得深入探讨和进一步拓展之领域:一是从商会史的角度出发,研究商人与近代政治的关系。二是研究以商会为主体的“商人外交”,这可以说开创了一个全新的研究视角和研究领域。③

“商人外交”,是指商人有组织的外交活动,大多以商会为主体,它既是国民外交的一个组成部分,也是民间经济外交的主体,是国民外交和民间经济外交的交叉。虞和平先生认为,近代中国的“商人外交”主要是在商会产生以后才产生和发展起来的,应该作为商会史研究的一个重要内容。2000 年,《近代史研究》曾发表虞先生题为《五四运动与商人外交》一文,这是一

---

① 虞和平:《商会与中国资产阶级的“自为”化问题》,《近代史研究》1991 年第 3 期。

② 虞和平:《近八年之商会研究》,《中国社会经济史研究》1995 年第 4 期。

③ 虞和平、王天根:《近代史研究的热点和难点——访虞和平研究员》,《社会科学家》2001 年第 2 期。

篇关于北洋政府时期“商人外交”的概论性文章。此后,虞先生采取外交史与经济史、社会史相结合的方法,致力于“商人外交”这一领域的研究,取得了丰硕成果。2002年,虞先生申报的“商人外交与近代中国的殖民地化和反殖民地化”课题被立为国家社会科学基金重点项目。与此同时,虞先生还指导自己的博士研究生贾中福从事商人外交史研究。2008年,中国社会科学出版社出版了贾中福的专著《中美商人团体与近代国民外交(1905—1927)》,该著选取商会、同业公会等商人团体为切入点,具体探讨了中美商人团体与近代国民外交的关系。近代国民外交涉及中国近代史上的内政、经济和中外关系等各个方面,贾著在为我们展现近代商人团体参与政治外交、争取国家利权的多彩图景的同时,也反映出近代国家与社会、中外各种政治力量之间的矛盾和博弈,从不同的侧面构架完整的历史面貌。

2004年,虞和平先生在一次访谈中再次谈及他对于“商会史”和“商人外交”的研究思路,他说:“我的研究思路,主要是通过考察近代中国(1937年之前)与日本、美国、英国、法国之间的商人自我组织的外交活动,分析近代中国的殖民地化和反殖民地化过程中,帝国主义国家的资产阶级和中国资产阶级充当了什么样的角色,发挥了什么样的作用,从而从一个方面揭示近代中国殖民地化和反殖民地化的具体过程和状况。”①虞先生认为,社会史研究对象广泛,从社会史研究的角度来说,社团研究尚有如下几个方面值得思考:一是社团与社会整合的关系,也就是社团如何通过其组织系统和认同体系,使与其相关的人群形成一个整体;二是社团与社会动员的关系,这主要是研究社团如何动员其全体成员及相关人群,形成一个共同的认识和目标,以及为之努力的共同行动;三是社团与政府之间的关系,如从利益集团、压力集团的角度,考察和分析社团对政府行为所产生的影响力。②

在推进与深入商会史研究的同时,虞和平先生还将研究触角延伸至社团史其他领域,亦取得了不菲的成果。自20世纪80年代末起,虞先生陆续在《社会学研究》《近代史研究》《中国经济史研究》等刊物发表《民国初年的

① 虞和平、谢宝耿:《努力创建中国现代化史学科——虞和平研究员访谈》,《学术月刊》2004年第4期。

② 虞和平、王天根:《近代史研究的热点和难点——访虞和平研究员》,《社会科学家》2001年第2期。

实业团体活动》《辛亥革命与中国经济近代化的社会动员》《西学东渐与中国现代社团的兴起——以戊戌学会为中心》《清末民初经济伦理的资本主义化与经济社团的发展》《清末以后城市同乡组织形态的现代化——以宁波旅沪同乡会为中心》等一系列论文。[①] 2001 年,虞先生组织编写的《中国社团发展史》一书由当代中国出版社出版,全书共 82 万字。该著将中国社团置于历史的大脉络中作长时段考察,具有整体性研究视野,其纵向考察古今传统现代社团之变迁,横向比较中外不同时期社团之特点,在宏观、中观和微观三个层次上阐释中国社团的发展过程和特点及其社会原因的同时,也注重分析社团的组织特性和功能作用。该著在充足的实证性研究的基础上,总结了社团发展变化的基本规律,进一步加深和扩大人们了解近代中国社会的层次和视野。

从初出茅庐的一名青年学子到如今著作等身之学者,虞和平先生已在中国近代史领域这块沃土上辛勤耕耘了近四十年,在诸多研究领域均有建树,中国社团史仅是先生研究的其中一个领域。先生凭借其对中国近代史研究的挚爱与执着,凭借其扎实的学术基础与宏大的研究视野,凭借其勤勉、睿智与锲而不舍,为中国近代史研究发展做出了极其重要的贡献,且多有开拓创新之处。先生的学术成就与治学精神令人仰慕,值得我们好好学习。

---

① 《民国初年的实业团体活动——孙中山和资产阶级革命派实行民生主义的一个重要途径》,《孙中山和他的时代——孙中山研究国际学术讨论会文集》,中华书局,1989 年;《辛亥革命与中国经济近代化的社会动员》,《社会学研究》1992 年第 5 期;《西学东渐与中国现代社团的兴起——以戊戌学会为中心》,《社会学研究》1995 年第 4 期;《清末民初经济伦理的资本主义化与经济社团的发展》,《近代史研究》1996 年第 4 期;《清末以后城市同乡组织形态的现代化——以宁波旅沪同乡会为中心》,《中国经济史研究》1998 年第 3 期。

虞和平与近代史资料整理研究

于文浩[①]

本篇按照虞和平老师的学术研究历程及其代表性著作,对他在整理近代史资料方面的工作进行总结。主要体现了他在资料整理方面的创新意识和独有特点。

一、北京大学毕业后工作时期

首先从虞和平老师第一篇也是其具有里程碑意义的文章述起。虞和平老师从北京大学毕业之后来到中国社会科学院近代史研究所,这期间,得到了樊百川先生的悉心指导。樊先生特意指定虞和平研究辛亥革命后十年的经济史,虞和平为了得到大量详细的且更能确切反映当时真实情况的信息,逐日查阅了那一时期的主要报纸,“如《时报》《民国日报》《新闻报》《时事新报》,凡是有关经济史的资料都做成卡片”[②]。经过如此日积月累的坚持收集,虞和平得到了大量的第一手材料。由于所收集素材的真实性和丰富性,使得隐藏于素材之中的具有重大研究意义的亮点被发现并引起关注。其实,这也充分体现了从资料整理研究中发现问题、探索问题的重要性。虞和平在资料收集整理过程中,发现了商会和其他经济团体的问题,找到了民国初期社会经济史和商会史的研究方向,并写作了第一篇文章《民国初年的实业救国浪潮》。此篇文章顺应了时代发展的需要,在虞和平整个研究历程中具有里程碑的意义。

---

① 于文浩,1974 年 2 月出生,女,山东文登人。2009 年毕业于日本中央大学,获综合政策博士学位。现为中国社会科学院经济研究所副研究员,兼任日本中央大学客座研究员。

② 虞和平、谢宝耿:《努力创建中国现代化史学科——虞和平研究员访谈》,《学术月刊》2004年第 4 期。

同一时期，在樊百川先生的带领下，虞和平还参加了刘大年先生主编的《中国近代史稿》的资料收集和整理工作。在收集和整理有关洋务运动时期的官商督办企业和洋务派绅商的资料时，具有代表意义的人物经元善以及洋务运动时期的经济史的相关问题进入了虞和平的研究视野。在详尽收录经元善自己编著的"《居易初集》《女学集议初编》《趋庭记述》及其主持修订的《古虞驿亭经氏宗谱》，《上海协赈公所往来信稿》《谢氏家藏同光诸老尺牍》，《申报》《知新报》《中国旬报》《万国公报》《时务报》等古籍、报刊之外，虞和平还收集了若干与经元善密切相关的他人评论、记述、函电等"①。在综合上述这些资料整理的基础上，虞和平完成了第二篇重要文章《经元善与洋务企业中的官商关系》，并编辑出版了《经元善集》。此书不但因符合时代需求而广受读者欢迎，更使得虞和平成为了研究经元善和研究民间赈灾的开拓者。由此可见，资料整理编辑的动力来源于时代发展和当下研究的需要。基于资料收集的真实性和丰富性，深入挖掘其特点，并结合时代发展的趋势与需求，会引出令人意想不到的新的研究方向与研究领域，并因此而发挥以史为鉴的意义，尤其是对当下发展所具有的现实意义。

在中国社会科学院近代史研究所期间，虞和平另一篇重要文章《中国近代经济史学的历史和现状》，更完善了他在近代史资料编辑方面的思路和方法。这篇文章在中国近代史学方面具有相当大的影响，被同行学者誉为有关近代经济史学产生发展过程研究的一篇最早并且系统性最强的文章。其研究方法是按自己摸索出来的学术研究和选择课题的基本思路："学习→继承→找题→发展→创新"，进行具体的编研工作。对以后相关领域的研究奠定了扎实的基础，并为后人的深入研究提供了宝贵的材料。

《中国近代经济史学的历史和现状》的写作是在前辈王庆成带领下进行的，虞和平负责了《中国近代经济史论著目录和提要(1949—1985)》的具体编写工作。此项工作主要包括选文、分类、摘要、统稿。在这项工作中，虞和平"仔细阅读了200多篇重要文章，又审阅了200多篇文章的提要，阅览了全部的已版著作和资料"②，并在此基础上写成了《中国近代经济史学的历

① 虞和平编：《经元善集》编者说明，华中师范大学出版社，1988年，第1页。

② 虞和平、谢宝耿：《努力创建中国现代化史学科——虞和平研究员访谈》，《学术月刊》2004年第4期。

史和现状》。由此可见,虞和平在近代史资料编辑方面的主要特点是:大量阅读与研究项目有关的资料,在整理、分类和编辑资料的基础上,完成研究项目的同时,进一步从所研究和编写的工作中开拓发展和探索创新,深入结合当代社会的现状和热点,把那些有用的、从众多背景中剥茧出来的近代史信息传递给当代社会,使之为当代社会提供有益的借鉴作用。对《中国近代经济史论著目录和提要(1949—1985)》一书的编纂,充分体现了虞和平在史料整理方面的深厚功底和专长。该书主要收集了中华人民共和国成立以来学术界关于近代经济史的部分论文的提要、全部论文和著作的目录,其中“收集论文提要 298 篇、论文目录 2158 条、著作目录 235 条”。该书取材范围“主要是 1949 年 10 月至 1985 年 12 月间公开发行的中国近代经济史专著和在各种学术刊物、论文集以及几种主要报纸上发表的论文”①。

全书以历史分类和逻辑分类相结合的原则编排,论著目录和提要分类按出版先后编列,每一类中主题相同者另外归为小类。分类全面明晰且逻辑性很强,整个史料的整理弥补了中国近代史研究中有关近代经济史研究的薄弱环节,使得后续研究者能够通过这些丰富的条例和逻辑清晰的史料,做到在谈近代经济史中的外资问题时,不再仅仅是参考马士、雷穆这些外国人的著作,谈中国封建经济变化时不再只强调其解体或强调其残余,谈近代经济史中土地问题时不再只着眼兼并集中而不注意各个时期的差别和变化。这些资料的整理,同时使得我们能够对民族资产阶级产生再认识,再思考。通过对这些史料的研究,我们能够对民族资产阶级的发生、发展以及与其他团体的相互关系作出更为具体深入的分析,并且对工人阶级的成长、劳动、生活、斗争等方面的研究,也会更全面、更理性。所以《中国近代经济史论著目录和提要(1949—1985)》一书对史料的整理意义重大。从此书的分类便可知虞和平在这方面为后续研究者做出的贡献。具体分类参见表 1-1 的内容,表中内容整理于《中国近代经济史论著目录和提要(1949—1985)》一书中的目录。

① 虞和平:《中国近代经济史论著目录和提要(1949—1985)》编辑说明,上海社会科学院出版社,1989 年,第 1 页。

表 1-1 《中国近代经济史论著目录和提要(1949—1985)》所收资料分类

1.论文提要	(1)总论	
	(2)鸦片战争前夕的中国社会经济	
	(3)帝国主义经济侵略	
	(4)半殖民地半封建社会经济状况和制度	
	(5)资本原始积累与民族市场	
	(6)太平天国的经济	
	(7)农业	
	(8)手工业	
	(9)民族资本主义	
	(10)民族资产阶级	
	(11)官僚买办资本和官僚买办资产阶级	
	(12)工业	
	(13)矿冶业	
	(14)交通运输业	
	(15)商业和贸易	
	(16)金融和货币	
	(17)财政	
	(18)地区和少数民族经济	
	(19)革命根据地经济	
	(20)工人阶级及其经济状况	

（续表）

2.论文目录索引	(1)总论	
	(2)鸦片战争前夕的中国社会经济	
	(3)帝国主义经济侵略	①概论
		②外贸工业
		③外贸矿业
		④外贸铁路
		⑤外贸航运电讯业
		⑥外贸商业
		⑦外贸金融业
		⑧贷款
		⑨帝国主义与中国海关
	(4)半殖民地半封建社会经济状况和制度	①经济状况
		②经济政策和制度
	(5)资本原始积累与民族市场	①原始积累
		②民族市场
		③产业革命
	(6)太平天国的经济	①土地政策和制度
		②税收和财政制度
		③其他经济制度
		④经济影响和作用
	(7)农业	①农业
		②各地区的农业
		③林业
		④畜牧业
		⑤茶烟蚕丝棉各业
		⑥渔业
	(8)手工业	

（续表）

2.论文目录索引	(9)民族资本主义	①概论
		②洋务运动与中国资本主义
		③民族资本主义的产生
		④民族资本主义的发展
		⑤民族资本主义的剥削
	(10)民族资产阶级	
	(11)官僚买办资本和官僚买办资产阶级	①官僚买办资本
		②官僚买办资产阶级
	(12)工业	①概论
		②地方工业
		③洋务军用工业
		④洋务民用工业
		⑤民族资本工业
		⑥官僚资本工业
	(13)矿冶业	
	(14)交通运输业	①铁路
		②轮船航运
		③公路
		④邮电
	(15)商业和贸易	①商业
		②内外贸易
	(16)金融和货币	①概论
		②银行
		③钱庄和票号
		④货币
	(17)财政	①概论
		②内外债
		③海关和关税
	(18)地区和少数民族经济	①地区经济
		②西藏和新疆地区经济
		③其他少数民族地区经济

（续表）

2.论文目录索引	(19)革命根据地经济	①概论
		②土地改革
		③合作社经济
		④农业
		⑤工商各业
		⑥财政
		⑦金融
	(20)工人阶级及其经济状况	
	(21)人口	
	(22)人物评传	
	(23)述评、资料介绍和综述	
3.著作目录	(1)总论	
	(2)鸦片战争前夕的中国社会经济	
	(3)帝国主义经济侵略	
	(4)半殖民地半封建社会经济状况和制度	
	(5)资本原始积累与民族市场	
	(6)太平天国的经济	
	(7)农业	
	(8)手工业	
	(9)民族资本主义	
	(10)民族资产阶级	
	(11)官僚买办资本和官僚买办资产阶级	
	(12)工业	
	(13)矿冶业	
	(14)交通运输业	
	(15)商业和贸易	
	(16)金融和货币	
	(17)财政	
	(18)地区和少数民族经济	
	(19)革命根据地经济	

（续表）

3.著作目录	(20)工人阶级及其经济状况	
	(21)人物评传	

数据来源：虞和平：《中国近代经济史论著目录和提要(1949—1985)》目录，上海社会科学院出版社，1989年，第1~14页。

除此之外，在这期间，虞和平还参加了中国史学会主编的《历史学年鉴》和《史学情报》的编辑工作。“先是写作当年近代史研究方面的某些专题评述和文摘、书摘，继而负责整个近代史的专题评述和文摘，书摘的组稿和统稿”，通过这项工作，虞和平对国内的学术动态有了比较全面的了解。另外，他还参加了“中国近代史译丛”的工作，“除了参与挑选原著之外，还参与校稿、审稿和部分翻译工作”。这项工作促进了其对国外中国近代史研究状况的了解。这些工作对其“了解学术动态、扩大视野、选择研究课题都有很大的帮助”，使其逐渐养成了“较强的学术创新意识，力求每一项研究都有所创建，逐步开创新的领域”①。史学资料的编辑建立在资料的丰富性、真实性基础上，在创新的“意识和灵魂”指引下，呈现给当代社会有参考价值的、有针对性的、有意义的活灵活现的历史“信息”。这为其后期形成的史料整理方法奠定了坚实的基础。

二、博士研究生时期

1986年9月，虞和平考取了华中师范大学历史研究所的博士研究生，拜著名历史学家章开沅老师为师。作为著名史家和华中师范大学校长章开沅的高徒，虞和平创新意识进一步得到加强，史料整理的方向、方法亦更加成熟完善。作为学术生涯的关键转折时期，通过史学家章开沅讲述史学研究的理论和方法，如“关于历史学的土壤问题，史学研究的时代意识问题，国外有关研究的最新理论动态等”，虞和平更明晰地认识到“研究中国历史，必须扎根于中国的国情和史学；必须与时代结合，使自己的著作有助于读者认

① 虞和平、谢宝耿：《努力创建中国现代化史学科——虞和平研究员访谈》，《学术月刊》2004年第4期。

识、理解和解决现实问题;必须注意和借鉴国外的研究动态和相关的研究方法和理论,同时要避免食洋不化和简单搬用,既要对引进的研究方法进行中国化的改造,又要使研究方法和研究内容达到有机的结合"。虞和平的近代史资料编辑始终遵循这种思想。这种思想就是:史料编辑作为工具和手段,服务于编写的主题和内容;与此相辅相成的是,具有鲜活生命力的内容,则是通过有特色的史料编辑展现出来的。在这种思想指导下,虞和平完成了具有极大社会影响力的博士论文《商会与中国早期现代化》。该文的完成为后来形成的微观与宏观相结合、国内与国外相结合、重实证、讲究理论、追求创新的学术风格奠定了基础。该博士论文出版后,因全面系统地考察了商会与近代中国发展的互动关系,获得了中宣部组织评定的国家社科基金项目优秀成果三等奖,在商会与中国现代化研究领域,是研究者们的高频引用著作。在虞和平从事商会与中国早期现代化方向研究时,由于"可供研究的现成资料非常稀少,故研究中所运用的资料大多是从十几种有关中文报刊、外文书籍和大量的档案中新开发的"。全书通过"翔实的、生动的"资料,"从商会的角度对1936年之前的,包括工业化、民主化、民族独立化在内的现代化过程及其结果作了比较系统的考察;同时对这一过程中的发展阶段及其特点、队伍结构和商会的历史使命、商会的实际地位和作用、达到的程度等重要问题,进行了具体研究,提出了自己的见解,从而突出了中国早期现代化的中国特色,力求避免简单套用西方的现代化研究模式,设计了自己的中国早期现代化理论解释体系框架"。新整理开发的资料具有典型意义的一个例子,如:"以前国内外经济史学者对1887年和1936年的国民所得的研究,大多采用匡算方法,并对增长程度估计过低",该书"根据多种资料,按不同阶层进行计算,使之建立在更为可靠的实证资料之上,并重新提出了估计数字和各阶层的收入水平"①。

三、博士研究生毕业后至工作时期

在博士论文《商会和中国早期现代化》完成后,虞和平的研究方向更为

① 虞和平、谢宝耿:《努力创建中国现代化史学科——虞和平研究员访谈》,《学术月刊》2004年第4期。

细化具体了,主要“分为商会史和中国现代化史专题研究,同时也因学界需要进行商人阶级、近代经济史方面的研究”。在中国现代化史研究方面,虞和平站在前辈巨人的肩上,分别吸收了罗荣渠先生、章开沅先生的《现代化新论》《比较中的审视——中国早期现代化研究》以及美国的罗兹曼所著的《中国的现代化》等学术成果,历时7年铸就了由其主编的《中国现代化历程》一书,此书为三卷本,共计123万字,由江苏人民出版社于2001年出版发行。虞和平依据翔实的、有力的资料,对鸦片战争之前到2000年的中国现代化全过程作了全面、系统的研究和论述。该书获得了第六届国家图书奖。此书展现的资料及研究体系区别于以往的旧有体系,如世界通史、中国通史等。其创新意义和时代意义体现在虞和平的研究在近代史研究中带来了两种新转变:“一是在通史研究的内容构成上,从以往的以研究一个个重大政治事件为主,只是在有关事件发生前后的背景和影响中才论及社会经济现象,转向力求再现中国现代化进展过程的全貌,考察其内在的运动机制和规律,分析其成败得失的经验和教训”;“二是在历史事件和人物的评判标准上,从以往的着重突出其人民性、阶级性、革命性和爱国性,转向兼顾其现代性、科学性、合理性、先进性和世界性。”此外,虞和平的著书《20世纪的中国——走向现代化的历程·经济卷(1900—1949)》,是国家社会科学基金委托的重大项目,由人民出版社出版,从经济体制、经济政策、财政状况、农业和手工业的现代化、工业发展、外贸变化、区域经济结构、中外经济关系等方面整理编辑了翔实的相关史料,并对现有的有关研究提出新的见解。在商会史研究方面,从商人外交的角度进行研究,承担了《商人外交与近代中国的殖民地化和反殖民地化》(国家社会科学重点项目)。此外,还从商会史研究延伸出近代社团史研究,相继发表了《民国初年的实业团体活动》《清末民初经济伦理的资本主义化和经济社团的发展》《辛亥革命和中国经济近代化的社会运动》《西学东渐与中国现代社团的兴起——以戊戌学会为中心》《清末以后城市同乡组织形态的现代化——以宁波旅沪同乡会为中心》等论文。依据上述文章资料,虞和平老师组织编写了《中国社团发展史》一书,2001年由当代中国出版社出版发行。

在资料整理方面,虞和平广泛地收集整理了国民外交和民间经济外交相关的资料,运用外交史与经济史以及社会史相结合的研究方法进行研究。全面揭示了商人外交的全貌,由此开创了一个全新的研究视角和研究领域,对中国近代史学科的发展具有开拓意义。资料除原有的涉及内容，如参与清末的商约修订、反对美国的华工禁约、反对日本的二十一条、参与五四运动和五卅运动外，大部分资料是以前研究未曾涉及的，绝大多数资料是从国内外的旧报刊和外文书籍中新收集的。基于这些资料，虞和平首次提出“商人外交”的概念和研究体系，给中国近代史学科开创了一个新的学术研究热点，“有助于加深对近代资产阶级、工商社团、经济发展、民间经济外交和反帝斗争等问题的研究”[①]，从一个新的视角展示了中国早期现代化的历程。

2010年8月，作为国家清史纂修工程“文献丛刊”之一的《近代史所藏清代名人稿本抄本》，在虞和平老师牵头负责下正式启动，该书是一部详细、可信、公允的清代历史文献丛刊，为清史研究领域做出了重要贡献。由于近代史研究所收藏的清代史资料存在“多、乱、散、新”的特点，为了克服这些缺点困难，虞和平通过“谨于梳理，善于分析，去粗取精，去伪存真，由此及彼，由表及里”[②]的细致工作，整理和编辑了该套丛刊。该丛刊所包含的材料来源于中国社会科学院近代史研究所图书馆所藏的原始档案，选取50位清代名人的稿本和抄本档案编辑而成。该丛刊共457册，分为三辑，每辑所收录的档案，以档主生年早晚的顺序排列，“内中所包含的档主家族成员和文书往来相关人物达数百人，有清朝的皇亲国胄、中枢重臣、封疆大吏、地方官员、军事将领、外交大臣、幕僚谋士、绅商名流、文人墨客、平民百姓、来华洋人等。其中，既有史书中的常见者，更有罕见者，覆盖从朝廷顶端到社会末梢的各个层面。档案内容涉及内政、外交、军事、吏治、法制、科举、教育、经济、文化、社会等各个方面。时间跨度包含第一次鸦片战争到辛亥革命，延及民国中期”[③]。“资料种类涉及奏折、咨文、禀文、札文、饬文、布告、奖凭、电报、照会、书信、手札、讲稿、诗文、供词、笔记、日记、试卷、履历、家谱、章程、账单、预算表、薪水表、体检表以及其他文稿、统计表、登记表”。该丛刊“编辑和印刷采取编档如档的原则，即尽量保持文档原貌，全部扫描影印。除了对原档整理错误者作必要纠正，其余一仍原状”[④]。编排的主要基本原

---

① 虞和平、谢宝耿：《努力创建中国现代化史学科——虞和平研究员访谈》，《学术月刊》2004年第4期。

② 虞和平：《近代史所藏清代名人稿本抄本》总序，大象出版社，2012年。

③ 虞和平：《近代史所藏清代名人稿本抄本》前言，大象出版社，2012年。

④ 虞和平：《近代史所藏清代名人稿本抄本》编者说明，大象出版社，2012年。

则是：1.文档编排顺序以原档的档主及其分函、分册为基本单位，按原档分册设卷。只对每一卷内的文档按件进行编排，不跨卷进行文档编排。2.凡一题多件的文档，只要内容和应用有所不同，均予编入，如初稿、修改稿、誊清稿、抄录稿等。3.对原档的残缺文件，如缺页、破损、字迹淡化等，照原档辑录。4.凡原档中保存的民国时期档案亦全部编入，以保持档案的完整性。5.对所收录的每件文档编制篇目，置于相关各册之首，并编成总目，分若干册置于全集之末。该套丛书所收录的50位档主的档案，绝大多数为首次公布，从丛书中可以看到晚清历史的各个方面及发展变化，可以透视晚清社会和官场的内情细节及其变幻奥妙。该丛刊的公开出版，是对晚清研究史的刷新和开拓。

虞和平还整理编辑了《吴禄贞集》，华中师范大学出版社1989年出版，29万字；《周学熙集》，华中师范大学出版社1999年出版，64万字。还有许多其他文章可以了解虞和平老师对史料整理的特色和贡献，这里不再赘述。

综上所述，虞和平在近代史资料整理方面形成了自己独特的且具有创新意识的风格，那就是扎根于中国的国情和史学，在收集大量详细、可信的史料基础之上，勤于梳理，善于分析，去粗取精，去伪存真，由此及彼，由表及里，并顺应时代，进一步从所研究和整理的资料中开拓发展和探索创新，深入结合当代社会的现状和热点，把有用的、从众多背景中剥茧出来的近代史信息呈现给当代社会，为当代社会提供了可资借鉴的现实意义。

虞和平与中国商会史研究

水海刚[①]

兴起于20世纪80年代的中国商会史研究,由于研究群体具备的思想解放和理论自觉,故在相当程度上也代表了当时中国史学研究的新方向和新进展,并大大促进了中国近代城市史、经济史、社会史和现代化史的研究。[②] 中国社会科学院近代史研究所的虞和平研究员,自学术生涯伊始即开始投身于中国商会史的研究,反映了他与时俱进的学术敏锐性,而他对中国近代商会独辟蹊径的研究,也确立了他成为中国商会史及中国史学研究潮流引领群体中重要成员的地位。

一、与时俱进、立足潮头

众所周知,中国商会史研究的萌发与起步是与学术界对辛亥革命、中国近代资产阶级的研究密不可分的,事实上,早期的商会史研究即是后者的一个重要组成部分。在中国近代史乃至整个中国历史的学术话语体系中,“资产阶级”是一个无法回避的问题,关于此方面的研究更是不可胜计,也因此是中国近代史研究中的一个热点。中华人民共和国成立初期的十余年间,学界集中讨论中国民族资本主义的发生与发展、民族资产阶级的形成、买办资产阶级的形成与发展、民族资产阶级与买办资产阶级的关系问题等,且侧重于讨论旧中国资本主义发展水平的“低下”及资产阶级反动性与软弱性的一面,这一现象出现的主要原因是研究者过多地受到了现实政治的影响,因

① 水海刚,1976年11月出生,男,河南洛阳人。历史学博士,曾求学于厦门大学历史学系(获历史学博士学位)、新加坡国立大学中文系与中国社会科学院近代史研究所(从事博士后研究)。现为厦门大学历史系副教授。

② 马敏:《商会史研究与新史学的范式转换》,《华中师范大学学报(人文社会科学版)》2003年第5期。

此具有较明显的时代局限性。[1] 改革开放后尤其是进入20世纪80年代后，受思想解放潮流的影响，学界对资产阶级的研究也进一步走向深入和全面化。1983年8月，在上海举行了由《历史研究》编辑部与复旦大学历史系联合举办的“近代中国资产阶级研究”学术讨论会，80余名与会学者就20世纪以来的近代中国资产阶级的产生发展、内部结构、政治派别及其活动、历史地位及作用等展开了热烈讨论，在此次讨论会上，学界对近代中国资产阶级的评价趋于多元化。[2]

学界当时集中关注近代中国资产阶级研究的一个目的是深入研究中国民族资产阶级领导的辛亥革命，汪敬虞先生即称：“要研究中国的资产阶级革命，必先研究中国的近代资产阶级，而要研究中国的近代资产阶级，又必先研究中国的近代社会。”[3]而依章开沅先生的看法，当时学界对辛亥时期中国近代社会状况的研究是很不够的，“往往满足于‘民族资本主义获得初步发展’‘民族资产阶级区分为上层和中下层’之类现成的结论”，少有“对20世纪近代中国社会的经济基础与阶级结构进行系统而又深入的具体研究”。他进而指出，对于资产阶级研究而言，“应该扩大我们的科学视野，要从这个阶级的整体着眼，认真考察他们社会生活的各个方面”，并同时指出当时甚少有学界关注的中国近代商会，其实是“从整体上考察资产阶级不可缺少的重要课题”[4]。

在章开沅先生等前辈学者的倡导下，中国商会史研究自20世纪80年代初开始受到国内学界的重视，与此同时，天津、苏州、上海等地的商会档案也开始陆续整理出版，成为学界商会史研究得以开展和深入的重要基础，相关学术讨论文章纷纷问世，形成中国商会史研究的第一个热潮。该时期的商会史研究成果不单数量突出，同时“从一开始就不仅仅局限于一般的历史

---

① 虞和平：《50年来的中国近代经济史研究》，《近代史研究》1999年第5期。

② 参见潘君祥、李荣昌、沈祖炜：《近代中国资产阶级研究学术讨论会观点概述》，《上海经济研究》1983年第9期；杨立强、沈渭滨：《“近代中国资产阶级”讨论会综述》，《历史研究》1983年第6期；傅德华、胡礼忠：《“近代中国资产阶级研究”学术讨论会综述》，《社会科学》1983年第9期。

③ 汪敬虞：《中国近代社会、近代资产阶级和资产阶级革命》，《历史研究》1986年第6期。

④ 章开沅：《辛亥革命史研究中的一个问题》，《历史研究》1981年第4期。

叙事和厘清线索，而具有较为宽广的理论视野和很强的问题意识"[①]，因而迅速成为海内外中国近代史研究的一个热点，"不仅自身发展迅速，而且还带动了经济史、社会史、城市史、现代化史等相关领域的发展"，商会史研究更是成为一个相对独立的学术领域，"并初步提出了以大陆本土话语为中心的一套话语体系和早期的理论框架"。进入20世纪90年代后，商会史研究更是进入高潮，各地商会档案资料纷纷得以整理，众多学术专著得以出版。这些著作多在前一时期研究的基础上取得了突破性的学术进展，且对后继研究产生了深远的影响。20世纪80—90年代中国商会史研究堪称中国近代史乃至中国史的研究热点之一，对改革开放后的史学发展起到了重要的推动作用，其系列研究成果甚至为"形成具有中国风格的学术流派奠定了可靠的学术基础"。[②]

虞和平的中国商会史研究即是这一潮流的重要组成部分。实际上，研究生涯初期的他也是以辛亥革命、资本主义以及近代资产阶级为研究对象的。与之前该领域的研究相比，虞和平显然也趋同于对中国近代资本主义和资产阶级持与以往不同的正面看法，如他认为辛亥革命后中国出现的实业救国热潮，之前论者所持的基本观点是片面的，通过具体的史料梳理和仔细研究，他进一步认为这一"实业救国热潮"实际是辛亥革命所带来的其中一项成果，"它反映了中国民族资产阶级要求发展民族资本主义的迫切愿望"，"不仅直接推进了这一时期实业的发展，而且为接踵而来的中国资本主义的'黄金时代'作了精神和物质准备"。[③] 在此基础上，他提出不能因为中国近代民族资产阶级在政治上的软弱和妥协性而对其作用持全面否定甚至抹杀的态度，强调学术研究实事求是的历史唯物主义原则。

中国近代资产阶级的研究是虞和平中国商会史研究的衔接点。从1986年发表关于中华全国商会联合会与中国资产阶级形成之间关系的研究论文开始，他先后以中国近代商会的国际交往、中国近代商会的性质、中国近代商会与行会的关系、商会与中国资产阶级的发展、近代商会的作用、中国商

① 马敏：《改革开放以来的中国商会史研究》，《史学理论研究》2009年第3期。

② 马敏、付海晏：《近20年来的中国商会史研究（1990—2009）》，《近代史研究》2010年第2期。

③ 虞和平：《试论辛亥革命后的实业救国热潮》，《贵州社会科学》1983年第2期。

会史研究领域的回顾与展望等为主题撰写了一系列学术论文,并出版了以博士论文为基础的学术专著,而且积极参与中国近代商会史研究领域内的诸热点问题讨论,同时在此基础上形成了自己对中国近代商会及商会史研究的系统观点,由此成为20世纪90年代中国商会史研究阵营中的重要一员,引领了该领域研究的潮流和风向。步入21世纪后,虞和平在中国近代商会的社团性、经济功能、对外交往研究等方面继续深入,并在此基础上开拓了中国现代性社团、商人外交、商会经济功能、商会商事仲裁等新的研究领域,可以说他一直身处中国商会史研究领域的先行群体内,或深耕细究,或拓殖新枝,长久立足于该研究领域的潮头。

二、独辟蹊径、自成体系

虞和平的中国商会史研究,自一开始就具备了自己鲜明的特征。具体来说即是从自身积累出发,寻找具体研究问题和兴趣点,同时积极回应该研究领域的诸热点问题,以自成一家之言,试详叙如下。

(一)商会与资产阶级的形成发展以及整合问题的讨论。前文叙及,资产阶级研究是虞和平的中国商会史研究的衔接点,借着在中国近代民族资产阶级研究领域内的良好积累,他顺利地实现了两个研究领域的对接。

首先,他以全国商会联合会为研究对象,通过对比分析清末的华商联合会、民国成立之后出现的中华全国商会联合会,研究其组织过程和活动情况,指出中华全国商会联合会的成立,实际上是中国资本主义和资产阶级发展的结果,其政治前提是辛亥革命,在革命运动创造的有利条件下,资本主义经济得到空前发展,资产阶级经济和政治活动领域也大为扩展。“商联会的成立过程,是中国资产阶级中一部分上层分子带动中下层分子共同走向联合的过程,这个过程应该是资产阶级进一步克服封建性,加强资本主义性的过程。”因此中华全国商会联合会的成立在中国资产阶级发展史上具有重要意义,它“提高了资产阶级的政治深情、增强了阶级意识”,“形成了中国资产阶级的领导中心”,“使资产阶级严密了队伍,增强了力量”,同时还“提高中国资产阶级的国内和国际地位”,从而“使中国资产阶级在经济上、政治上、组织上、思想上渐趋成熟”，标志着中国资产阶级完整形态的真正形成。[①]

其次，虞和平进一步放宽历史的视野，创造性地运用马克思主义经典作家关于工人阶级“自在”与“自为”的论述，提出对资产阶级的分析也可运用这一分析概念，同时比照经典作家利用工会来分析工人阶级的做法，利用商会组织出现、发展作为分析中国资产阶级发展状态的参照。他以1904年商会成立为起点，将之前19世纪末中国的资产阶级称为“自在”状态；1904年至民国成立的1912年为中国资产阶级由“自在”向“自为”状态过渡的阶段；1913年中华全国商会联合会正式成立之后，中国资产阶级进入了基本“自为”的阶段。[②]

在此可以看出的是，在介入中国商会史研究的初期，虞和平采用的方法和选择的突破口均来自自身原有的研究积累。在早期对辛亥革命、资产阶级研究的基础上，他以商会这一资产阶级组织的成立、发展为参照，将之前对中国资产阶级的研究细化和体系化，与此同时，也强化了自身对中国商会发展历史的认知，为随后开展的商会史研究奠定了坚实的基础。

（二）商会的组织结构问题讨论。沿着“商会通过自身组织的发展来整合资产阶级”的思路，虞和平也系统地关注和回应了学界对中国近代商会的组织系统问题的讨论。他提出，“商会作为一种地区性社会团体，具有与团体组织规模相应的内部组合结构和组织外延系统”。就内部组织结构而言，主要是指商会往往都由所在地的各业行会和新式企业的代表组成，可以区分为个人会员和团体会员。而商会的外延系统则更为复杂，他将其区分为三种：其一是同一省区内的商务总会与商务分会、商务分所的纵向系统，它们分别分布于各省省城或通商大埠、县治或商业较为发达的城镇、其他商业小镇，总会、分会、分所在组织上和联络关系上上下贯通，从而在实际上形成了一种“逐级控制体系和信息互传体系”，做到了声气相连，联络互通。其二是商会与其从属团体的系统。中国近代的商会多为其他社会团体的创办者、兼任者或经费资助者，如商团、商学公会等。虞和平通过考察发现，商会

① 虞和平：《中华全国商会联合会的成立与中国资产阶级完整形态的形成》，《历史档案》1986年第4期。

② 虞和平：《商会与中国资产阶级的“自为”化问题》，《近代史研究》1991年第3期。

的从属团体“由于与商会有着人事渗透、经费资助和目的相共的关系，所以基本处于商会的直接控制之下”。其三是商会与本地其他社会团体的关系系统。由于商会成员具有多重社会属性，商会往往与本地其他社会团体在人员上有着程度不一的重叠关系，故商会能与本地的各式社会团体之间产生常态式的联系和影响，这也决定了商会在各地社会中的地位。[①] 事实上，在近代，商会往往能成为地方社会的领导力量，如近代厦门商会的领导人即称：“厦门为通商口岸，商会为领袖社团。”[②]这一说法也许含有自夸的成分，但就商会对其他社会团体的影响力而言，料不为过。

上述商会的内外组织系统显然是就单一地区内的商会及商会系统而言的，就全国的情况来看，商会的组织系统也有进一步演化的趋势。虞和平通过研究中华全国商会联合会的组织情况指出：在商联会成立后，其本身内部组织系统呈现出“三级二线”体系。所谓的“三级”即全国商联会总部、各省事务所、各省总分会所；“二线”是指由上述“三级”逐级传递形成的组织联系，也是主线，另一线指由商联会总部直接与各省总分会所之间的联系，也称为辅助线。同时由于商联会各省事务所往往设于各省最有影响的总商会内，其干事长和评议员也从全省各商会的正、副会长中选出，故上述主、辅两线通过各省事务所相互交叉，从而形成了一个比较完整的全国商会的组织和权限体系。就商联会的外部系统来看，虞和平也将其称为“三级二线”，这里的“三级”是与商联会内部系统三级相应的三级政府和工商团体，即中央政府和全国性工商团体、省市政府和省市工商团体、县级政府和工商团体；“二线”指商联会与各级政府的关系为一线，它与各级工商团体的关系为另一线。[③]

（三）商会与行会关系讨论。学界早就注意到中国近代商会与行会之间的复杂关联：一方面有学者从“传统与现代”的角度出发，认为以会馆、公所为代表的传统行会与商会这一近代组织之间势必存在着“原则和本质区别”，进而判定近代商会的产生即是对传统行会组织的历史否定；另一方面商会与传统行会之间往往也会呈现出某种组织联系，如商会在成立时往往

① 虞和平：《商会与中国早期现代化》，上海人民出版社，1993年，第92~93页。

② 厦门市商会：《厦门问题》，1945年。厦门市档案馆馆藏档案，全宗A34，卷213。

③ 虞和平：《商会与中国早期现代化》，上海人民出版社，1993年，第117~120页。

会借用会馆或公所的场址，再比如行会也会以商会组织成员的面貌出现，即行帮会员。虞和平从商会整合会员的角度出发，认为正是因为行会成了商会的组织性会员，才使得前者的性质必然会发生变化。他进而指出，其实早在商会成立之前、鸦片战争之后，“随着通商口岸的开辟、增加，对外贸易的发展，城市经济结构和功能的外向化和资本主义化，使通商口岸特别是上海、汉口、广州、天津等外贸中心城市的传统行会走上了近代化的历程，逐步向适应对外经济往来和本国资本主义经济发展需要的方向转化”。传统行会组织的近代化主要表现为组织构成的近代化和社会功能的近代化，具体而言是指传统行会组织通过自我调整，以适应通商口岸资本主义经济发展的要求，并非行会原有基本组织形式和功能的完全消失或改变。传统行会近代化转化的推动因素一方面来自通商口岸城市经济的外向化和资本主义化，另一方面也是行会组织本身存在的对近代化的潜在适应性使然。也正是因为发生了近代化的转化，传统行会才能在辛亥革命之前普遍成为近代资产阶级社团即商会的成员和基层组织。在此基础上，行会与商会还形成了一定程度上的结构性相通和依赖关系。[①] 可以看出，在这里，虞和平把行会和商会置入到一个长时期的历史动态发展过程中，清楚地呈现了两者间关系的演变历程，同时也兼顾了“传统”与“现代”关系的讨论：一方面把自己之前关于商会整合会员的论断进一步细化推向深入，另一方面也对商会史研究中的商会组织成员问题给出了自己的回应和判断。

（四）商会的社会属性讨论。毋庸讳言，学界最初之所以关注中国近代商会，在于它的产生和发展同近代中国的政治、经济、思想、文化、教育等方面息息相关，特别是同中国民族资产阶级的活动密切相关，而由于民族资产阶级本身的特性（如其与生俱来的软弱性与由此产生的妥协性），导致学界普遍关注商会这一资产阶级集中存在的社会组织的社会属性或政治属性。在20世纪90年代以前，学术界有关商会的社会或政治属性的看法主要有三种不同观点，即认为近代商会是“官办机构”“半官方机构”和“官督商办社团”。对于此三种观点，虞和平认为他们“是从商会与政府关系的角度进行考察”的，因而过多地强调了政府对商会的干预和控制。他另辟蹊径，借鉴社会学和法学的学科方法，提出中国近代商会实际是一个社团组织，并且

---

① 虞和平：《鸦片战争后通商口岸行会的近代化》，《历史研究》1991年第6期。

还是一个法人社团。

具体而言,虞和平认为,中国近代商会虽是在清政府的"劝谕"下成立的,但究其实际,是某一地区或行业的商人对商会的宗旨先有了一个基本的认同,然后在此基础上组建起来的。其次,商会对其成员有着明确的界定,从而最大程度上保证了成员的同质性和规模性。它同时还具备一种"与团体组织规模相适应的组织协调体系",这一体系一分为二,分内外两个系统:在商会内部设置一系列职位,各职位负责人"各有责成,各有权限";对外则以省为单位,形成以各地商务总会为核心的组织联系网络,从层级上区分为总会、分会和分所三级,这三级组织虽没有明确的统辖关系,但相互间的联系十分密切,在众多议题上遥相呼应。通过这三种方式,中国近代商会实现了对区域乃至全国工商群体的社会整合,成为工商群体的社会代表。从这个意义上讲,中国近代商会既是商人的社会团体组织,也完全符合社会学对社会团体的定义。除此之外,虞和平还依据法学原理,从组织、财产、社会资格及活动类型等方面论述了商会的法人社团性,他指出,中国近代商会"依法组成,有完整的组织体系,有自己的固定组织机构和职能,有一定数量的成员","有自己独立支配的经费和财产","有法律所赋予的'人格'权利","有法律所赋予它的享受权利和承担义务的能力",因而具有法人社团所具有的特性,那种"认为商会是官方、半官方机构或认为商会是官督商办社团的论者,恰恰是把上述商会的法人性特征看成是官方特征"。[①] 而作为社团法人的中国近代商会,其与政府的关系即为政府依法来管理商会,但在中国近代历史演变的大环境下,"依法"是一个非常态,"超法"(即超越法律和法规的界限与范围)反而是一种常态,商会与政府的关系遂演变为"超法的控制与反控制"关系,严重影响了商人社团法人作用的正常发挥。

(五)商会的功能及作用的讨论。中国近代商会的功能一向多被放在社会功能的视野下来考量,论者也多讨论其在促进中国近代社会发展、转型方面的功能和作用,如学界关于从"市民社会""公共领域""第三空间"等角度对商会作用的讨论。从商会的社会属性和与政府的关系讨论出发,虞和平鲜明地提出:近代商会的功能,其一是促进自身现代化;其二是促进近代社会的现代化,包括对经济、政策制定、社会变革、政治等方面的参与施加影

① 虞和平:《近代商会的法人社团性质》,《历史研究》1990年第5期。

响。虽是以“现代化”的维度来进行考量,但显然学界关于商会功能的讨论已给予了自己系统的回答。

首先,中国近代商会除了通过日常性的事务促进各地资本主义工商业的发展,还积极地参与近代经济法规的制定,在清末时,全国各商会代表两次在上海集会讨论商法制定问题,提出和确定了制定商法的大纲;产生了引进西方商法与中国商事习惯相结合的立法方法;通过了《公司法》和《商法总则》草案。在民国时期,商会不仅在舆论上敦促政府加速经济法制建设,而且对政府所拟订和颁行的各种经济法规详加讨论,提出不少修改、补充和实施意见,大多为政府所采纳,促使经济法规初成体系,具有较高的科学性和可行性,也较多地体现了资产阶级的利益,从而在较大程度上改善了资本主义经济社会秩序。①

其次,从商会的商事仲裁制度建设出发,提出商会对中国近代司法和法制的制度化和规范化等现代性变革方面的影响。中国近代商会的商事仲裁制度,产生于清末,确立于民国初年,并从“商事裁判所”演变为“商事公断处”。这一转变说明了“随着清末资本主义经济的发展,资产阶级民主政治和司法制度改革运动的兴起,商人开始不同程度地产生了扩大司法参与权的要求,政府有关部门也开始认识到给予商人以一定的司法参与权的必要性”。而随着商事公断处的商事仲裁功能的逐步制度化和规范化,“使商会的组织体系和功能臻于完整,也成为近代中国司法制度现代化的一个重要表现”②。

再次,虞和平还从资产阶级对近代中国的民主政治和民族平等及独立运动的参与阐释了商会对近代政治的参与。作为资产阶级的集中代表,商会自清末立宪运动开始即开始积极投身于资产阶级民主政治的尝试,同时商会也作为社会主要群体的代表出现在民国初期的各项政治风潮中,努力在民国初期的政治变动中追求资产阶级民主政治在中国的实践,此为其一。其二,中国近代的民族平等和独立运动中,资产阶级是一支主要的领导力量,这也主要反映在商会的积极参与上,它们不仅对涉及自身具体利益的条约、协定发声,同时也在很大程度上回应了民族独立与解放的时代呼声,从

① 虞和平:《商会与中国早期现代化》,上海人民出版社,1993年,第202~220页。
② 虞和平:《清末民初商会的商事仲裁制度建设》,《学术月刊》2004年第4期。

一个侧面显示了资产阶级在中国近代史上的地位和作用。①

总的看来,虞和平关于中国商会史的研究,是在强烈的问题与关怀意识基础上,透过中国近代商会这一载体实现了对既有问题的解答,同时也大大丰富和促进了已有关于中国近代商会的研究与讨论。从方法论上来看,他的这一研究具有以下鲜明的特征。

第一,虞和平的中国商会史研究是一个总体的研究,带有明显的大局意识。关于这一点,章开沅先生早已指出,他在《商会与中国早期现代化》一书的序言中即称:"和平著力最深的,则是商会的总体研究。"这一总体研究的实施并非是以全国各地商会已有的研究为基础,而是以中华全国商会联合会这一全国性的组织为研究对象,提纲挈领,透过对商联会的考察,实现对中国近代商会组织的整体把握。与此同时,虞和平也时刻注意利用已有的各地商会档案,在充分了解各地商会组织特性的基础上加强对商会的总体性研究。

第二,虞和平的中国商会史研究是一个带有"开拓性"的研究,这里所讲的"开拓",指的是他对中国商会史研究主题和时段上的拓展。一是研究主题。中国近代商会史研究的主题多为政治性的,这首先表现在商会是被当作辛亥革命史研究、中国资产阶级研究的一个分支领域被开拓出来的,研究者多强调商会在近代革命运动中的表现;与此同时学者早期曾集中讨论的商会的社会属性,其根本问题也是商会与政府关系的讨论。虞和平的中国商会史研究当然也延续了这一主题,但同时他也强调分析商会的经济功能,在其《商会与中国早期现代化》这一专著中,他着重分析了商会在制定经济法规、维护经济秩序,提倡实业教育、培养实业人才,寻求平等互利的对外经济合作等方面的功能及影响。当然,以今日的眼光来看,商会的经济功能在微观层面上如何体现仍是一个亟须研究的领域,但以当时的情形来看,虞和平显然已在有意识地扩展中国商会史研究的主题。二是研究时段。早期中国商会史研究的重点时段在清末民初,下限往往止步于北洋军阀统治时期,这其中的原因当然在于近代商会所处的特殊社会环境。章开沅先生曾指出:"中国商会稍能奋发有为并体现独立品格的岁月,多半是在中央政府衰微或统一的政治中心已不复存在的时期,乃至相对稳定与统一的中央政府

① 虞和平:《商会与中国早期现代化》,上海人民出版社,1993年,第276~365页。

建立以后，它反而堕为附庸，湮没独立品格，很难有大的作为。”他同时对这一现象产生的原因进行分析：“这是由于中央集权乃是中国的传统政治体制，统治者著意加强归于一统的各级政府，却无意（甚至害怕）扶植各种社会团体的独立、健康发展。”①早期中国商会史研究的学者往往为清末民初商会的“活跃”所吸引，对南京国民政府成立之后的商会缺乏兴趣，或认为该时期的商会只是政府的一个附庸，没有学术讨论的空间和价值。相比较而言，虞和平的中国商会史研究在时段上不但没有自我限制，反而一以贯之。这一方面使得历史进程不致人为地中断，另一方面在长时期下的研究，更能对商会史研究中的诸多问题进行全面的解释和说明。

第三，虞和平的中国商会史研究是一个比较的研究。这里所说的“比较研究”包含两个方面含义，其一是指他时刻注意商联会与各地商会之间、各地商会相互之间的对比；其二是指他的商会史研究是在中西比较间得以起步和发展的。毫不讳言，作为组织性的中国近代商会，是在对近代在华西洋及日本商会的模拟与效仿间产生的。早在1902年组织的上海商业会议公所，其倡议者盛宣怀即称是“依照西人商会之意，设立华商公所”②，其后张之洞与袁世凯分别在汉口、天津设立了类似组织，日本学者仓桥正直评价这三个尝试“都是企图把欧美、日本式商业会议所制度引进到中国”③。1904年在商部的“劝谕”下，各地纷纷组织商会，制定章程，规范成员构成、会董资格、会章制定、设立手续等，大多数中国近代商会的章程是参照欧美和日本商会的章程制定的。以此历史实际为基础，虞和平顺理成章地指出：中国近代商会与西方及日本商会一样具备社团性和法人性，只不过当时西方社会的民主和法治远较当时的中国发展充分而完善，所以其社团性和法人性比较完备，而近代中国由于法制建设的滞后，故商会的法定权限和自主性受到限制，但只是程度大小的差别，并不影响对中国近代商会属性的判断。虞和平关于中国近代商会的“法人社团”性提出后，在商会史研究甚至中国近代史研究领域均产生了较大影响，而这项研究成果归根到底与其所持的中外

---

① 虞和平：《商会与中国早期现代化》序，上海人民出版社，1993年，第1~3页。

② 盛宣怀：《愚斋存稿》卷三，文海出版社印行，1974年，第61页。

③ [日]仓桥正直：《清末商会和资产阶级》，《中国近代经济史研究资料》，上海社会科学院出版社，1984年，第49页。

商会比较研究的视角是分不开的。

在此特别值得一提的是虞和平对于日本商会史研究的关注及在此基础上对中国商会史研究的前景展望。他于 1996 年 10—12 月赴日本东京大学进行短期访问,在此期间对日本商会史研究及商会史档案资料的收藏进行了翔实的考察,在此基础上,他还结合日本商会史研究的现状,对中国商会史研究进行了逐一比较,提出了许多在今天看来仍十分重要的判断,在《访日归来谈商会史研究》一文中,他进行了详细的归纳,为明其详,简列如下:其一是借鉴日本近代商会的经济调查提出应重视商会在政府经济政策制定和实施中的作用。他认为当时学界缺少对商会在经济法规实施中的角色和作用问题的考察,这"既是商会参与经济政策研究的一个缺陷,更是经济政策研究的一个缺陷"。其二是从日、中商人外交活动专项资料出发,提出应重视商人外交与国际经济关系问题的研究,并在此基础上开辟出"商人外交""民间外交"等中国近代史研究新领域。其三是借鉴日本在华商会的活动,提出应重视研究国外的华商商会问题,他提出,"研究国外华商商会,厘清它们与祖国商会之间的关系,考察它们与祖国的经贸活动及其对祖国经济发展的作用,分析它们在沟通国际关系中的地位和作用,对研究中国商会史、中外经济关系史和国际商业网络,都具有重要的学术意义"①。2012 年,由朱英先生主持的"近现代海外中华商会研究(南洋地区)"课题获国家社科基金重大项目立项,从一个侧面证明了虞和平学术眼光的敏锐与超前。其四是他提出应注意研究在华外国人商会问题及日占时期东北地区商会问题,这些问题时至今日仍是中国商会史研究的薄弱甚至空白。

第四,虞和平的中国商会史研究是一个跨学科的研究。从研究方法上来看,早在 20 世纪 80—90 年代,他已开始将多学科理论引入自己的研究中。前文叙及,中国商会史研究之所以能成为中国近现代史学科中的一个重要研究领域,甚至在学科发展中起到重要作用,其中一个原因即在于该研究领域对新的学科理论的引入和使用。马敏在谈及商会史研究与新史学进展的内在关联时即曾指出,"商会史研究能在不长的时间中异军突起,取得较好的学术成果,首先便在于广大商会史研究者能够勇于解放思想,更新观念,自觉地将社会学、社会心理学、法学、政治学等相关学科的理论及方法引

① 虞和平:《访日归来谈商会史研究》,《近代史研究》1997 年第 6 期。

入史学研究,从而带来了研究视野的开拓和研究层次的提升”①,上述引文里谈及的社会学和法学的理论和视角均反映在虞和平的中国商会史研究当中。如他引述社会学关于“社团”的定义,将商会视为“一种认同作用体系,由具有某种共同目的或利益的一群人自愿联合组成;具有明确的成员界定;拥有众多的成员”等。与此同时,他还从法学的角度出发,将商会进一步界定为“法人社团”,即在组织上按照法定程序组织,拥有自己能够独立支配的财产或经费,符合国家有关法规的规定并为政府有关部门所认可,在政府的有关方针政策与统一指导下开展活动等。除此之外,虞和平在跨学科理论引入方面,最突出的成就即是将现代化理论与中国商会史研究相结合。他运用马克思主义的现代化思想和西方现代化理论的基本原理,以商会为考察对象,一方面对中国自 1840—1949 年的早期现代化历程进行了典型透视,显示了他强烈的历史与时代关怀;另一方面也在中国早期现代化的历程中对中国近代商会的产生、发展、作用及影响进行了系统和全方位的研究。

第五,虞和平的中国商会史研究是一个具有全球史视野的研究,强调中国近代商会的世界交往及影响。众所周知,中国近代史既是一部争取民族独立、由落后趋向发展的历史,在一定意义上也是一部与世界交往不断增强的历史,在全球史视野下关注中国近代史近年来已是一个主要研究趋向。虞和平较早就关注了清末民初中美商会的互访与合作,1910 年美国太平洋沿岸联合商会代表团对中国进行首次访问,1915 年中国各商会组织代表团回访美国。虞和平认为,这种中美商会间的互访和合作,不仅促进了中美贸易的扩大,增加了中国资产阶级对美国先进资本主义经济的认识和了解,还大大加速了中国资产阶级在全国范围内的联合和走向世界的前进步伐。在此基础上,中国甚至于 1928 年加入了国际商会,成为世界商会联合组织中的一员。

三、上下求索、开拓进取

从时间上来看,虞和平的中国商会史研究可以分为两个阶段:一为 20

① 马敏:《商会史研究与新史学的范式转换》,《华中师范大学学报(人文社会科学版)》2003 年第 5 期。

世纪80—90年代,二为21世纪初至今。在第一个阶段,虞和平以中国近代资产阶级研究为基础,以商会为研究对象和研究视角,构建了一个中国资产阶级研究和中国早期现代化研究的体系,同时在此过程中对中国近代商会进行了总体性的考察,系统地回应了中国商会史研究领域内的诸多热点问题,形成了自己体系化的观点和认识。在第二个阶段,他在前一阶段研究的基础上,以商会和商人为研究基点,从组织和个体出发探讨深化中国商会史研究的可能性,并逐步开拓出数个新的研究领域,如商人对近代政治及经济发展的参与、近代商会的国际交往、近代商人外交(民间外交)等。

(一)关于商人对近代政治、经济发展的参与

早在2001年,在接受一次学术访谈时,虞和平即指出:从商会史的角度出发,研究商人与近代政治的关系是一个很好的课题。他同时也指出,已有研究成果主要集中于考察商会对一些重大政治运动的参与,但对于商人在近代中国政治中究竟处于何等地位,在近代中国政治制度和政治状况的发展变化中究竟发挥了怎样的作用,则缺少翔实的研究。[①] 言外之意,他对商会史研究与近代政治史、社会经济史的微观结合充满了期待。

值得一提的是,关于商会对近代政治活动的参与对于虞和平来言并非一个全新的课题,他有关这一关系的讨论早见于《商会与中国早期现代化》这一专著。该书的出版曾被誉为“通论性的商会研究专著”,“它不仅探讨了商会发展的全部历史过程,探讨了商会的内部关系,而且也探讨了商会的外部关系,探讨了商会的功能与作用”。[②] 但它对商会与近代中国政治发展演变的关系讨论,则是建立在对重大政治事件关注的基础上。进入21世纪后,虞和平进一步努力把早前对这一关系的讨论予以细化。以近代的“废督裁兵”运动为例,在《商会与中国早期现代化》一书中,他认为“废督裁兵”运动的提出与开展标志着中国资产阶级政治觉悟的提高,并从“革命史”的角度来评判以商会为代表的资产阶级群体行为,认为他们在不断破灭的政治理想面前,“逐渐与军阀政权离异,重新与自己的政治领袖携手,走上了回归

---

① 虞和平、王天根:《近代史研究中的热点和难点——访虞和平研究员》,《社会科学家》2001年第2期。

② 虞和平:《商会与中国早期现代化》序,上海人民出版社,1993年,第2页。

革命的道路”[1]。从理论视角来看,这一评判仍带有较强的时代烙印,即着重强调中国资产阶级在革命过程中的表现及其转变。相较而言,2012 年虞和平发表的《1920 年前后废督裁兵运动中的商会与孙中山》一文,将之前关于此一政治事件的研究予以细化,通过详细考察,他提出:1920 年的“废督裁兵”运动因与商人的自身最大利益息息相关而获得了他们最大的支持,这一支持与孙中山的革命行动不谋而合,遂形成一股合力,在 20 世纪 20 年代成为推动中国政治演变的重要力量。商人及商人组织的这一努力在客观上为国民革命和北伐战争的兴起做了一定的社会动员,成为国民革命的前奏,“也因此成为近代中国人民争取和平民主历史中不可忽视的一环”[2]。对照前后两种评判我们可以看出,虞和平关于商会对近代政治参与的研究一方面在进一步细化,另一方面也在此基础上对商人群体对近代政治的参与给予了尽可能客观的评价。

(二)关于近代商会的国际交往及商人外交的兴起与发展

中国近代的商人外交是属于国民外交的一个组成部分,而国民外交则是形成于 20 世纪初期,“是近代民族主义和民主主义相结合的产物”[3],故研究者多自近代中国政治事件史中追踪和研究国民外交,虞和平一开始也是沿着这一思路开展商人外交研究的。他以五四运动为切入点,讨论其对近代商人外交发展的影响,从而也丰富了学界关于五四运动的讨论。

具体而言,虞和平通过对五四运动前后中国商人外交活动的长时段考察后认为:“五四运动的特殊国际和国内环境,使商人外交从萌芽阶段进入到基本成熟阶段。以五四运动为界,中国近代的商人外交活动有明显的进步,如由被动变为主动、由间接转向直接、由依附走向独立,并日益趋向频繁化和国际化,商人的外交意识进一步强化,其出发点由原来的谋求自身的国

① 虞和平:《商会与中国早期现代化》,上海人民出版社,1993 年,第 318 页。

② 虞和平:《1920 年前后废督裁兵运动中的商会与孙中山》,《广东社会科学》2012 年第 3 期。

③ 周斌:《清末民初“国民外交”一词的形成及其含义述论》,《安徽史学》2008 年第 5 期。关于中国近代的“国民外交”,周文强调应关注其蕴含的“政府外交须尊重民意,而国民有权监督政府外交的含义”,并认为其内涵主要表现为三个方面:一是将人民主权思想应用于外交领域,含有视外交为国民的外交,政府应尊重民意办理外交的意思;二是指国民可通过国会参与外交,以舆论监督外交,将自己的意志反映贯彻于外交事务;三是通过国际民间交往增进友谊,进而改善邦交,促进世界和平。

际商务合作和作为政府的外交后援,日益发展为争取国际和平平等关系、自主开展外交斗争、获取中国应有的国际待遇,并由'在商言商'观念向'天下兴亡匹夫有责'观念转变。"商人外交的特点渐趋成熟,具体标志为"在组织上由自由联合转向全国统一,在目的上由防御走向进取,在认识上由感性发展为理性,在手段上由经济上升到法律"。[①] 值得注意的是,虽然聚集于五四运动影响之下中国近代商人外交的日渐成熟,但虞和平仍清楚地指出,五四时期的中国商人外交仍在很大程度上具有民间经济外交的意义,这事实上也成为他之后构建"商会与商人外交研究领域"的重要链接点。

沿着"民间经济外交"的视线,虞和平凭借其对商会及其关联组织国际交往活动的持续关注,厘清了早期世界博览会对中国近代商人外交的重要影响,他甚至明确提出:中国商人及其组织对早期世界博览会的参与在事实上促生了中国近代的商人外交,而这一外交在早期主要是利用世界博览会的外交功能而展开的经济外交活动,随着世博会的持续举办,中国近代商人外交也得到持继进步,并在很大程度上改善了近代中外经济关系。[②]

商人是中国近代资产阶级的重要构成,由此也是中国近代社会变迁的重要推动群体。但作为中国近代民族主义和民主主义相结合的产物,包括商人外交在内的近代国民外交被更多地赋予了政治史的含义,从而也在很大程度上模糊了商人群体的原本面貌。随着虞和平对商会史研究的深入,他不仅成功地通过商会的世界交往梳理了商人外交的发生与演变历程,最大可能地将历史的动态进程再现于后人眼前,而且还将政治史意义上的商人外交予以丰富化和生动化,可谓是独具慧眼。与此同时,他还借此开拓出了近代"商人外交"这一新的研究领域。

之所以说这是一个新的研究领域,首先指的是它虽是中国商会史研究深入的结果,但更多的是中国近代政治史研究的视野,且更注意这一研究视野下的商人群体。进入21世纪后,中国商会史研究似乎遇到了一个瓶颈,

① 虞和平:《五四运动与商人外交》,《近代史研究》2000年第2期。

② 虞和平:《早期世界博览会与清末民初商人外交的兴起》,《史林》2010年第4期。

众多学术综述性文章纷纷出炉[①]，这一方面标志着这一研究领域的成熟与壮大，另一方面也在一定程度上说明已有研究需要反思和改进的地方仍为数不少。由于遭遇到了研究视野、研究理论和研究方法的同质化，许多商会史研究的成果在研究思路和结论方面呈现出相当的重复，虽然全国有众多的商会个案研究，但却没能为研究的深入提供深厚的积淀。在研究视野上，虞和平一向重视中国近代商会的国际交往，从早期对中美商会互访及合作的研究、对中国商会参加太平洋商务会议的研究[②]，到对商会组织参加世界博览会的研究，他一直在研究视野上寻求商会史研究的扩大化。但"商人外交"研究概念的提出，则是传统中国近代政治史研究思想的延续，以五四运动为例，商民在这场声势浩大运动中的参与一向是学界关注的重点，虞和平一方面沿着这一思路细化出商人群体的作用，另一方面又将关注焦点还原到商人身上，形成了一次思想上的回归，进而提出"商人外交"的概念，并对其定位和演变进行了初步的探讨。

其次，之所以称"商人外交"是一个新的研究领域，还在于它一方面丰富了近代国民外交，同时还将这一研究聚集化，突出近代商人个体、群体及商人组织在其中的地位和作用。"商人外交"中的商人可以是群体，可以是组织，当然也可以是个体。值得一提的是，20世纪80年代初商会史研究作为一个新领域被开拓出来，其部分用意在于改变原有中国资产阶级研究和辛亥革命史研究中对特定资产阶级个体和代表性人物关注过多的现状，但这

① 马敏：《近十年中国的商会史研究及展望》，《近代史学刊》（第1辑），华中师范大学出版社，2001年；马敏：《商会史研究与新史学范式转换》，《华中师范大学学报》2003年第5期；朱英：《中国商会史研究如何取得新突破》，《浙江学刊》2005年第6期；冯筱才：《中国商会史研究之回顾与反思》，《历史研究》2001年第5期；冯筱才：《最近商会史研究之刍见》，《华中师范大学学报》2006第5期；应莉雅：《近十年来国内商会史研究的突破和反思》，《中国社会经济史研究》2004年第3期；张芳霖：《中国近代商人、商会组织研究的问题意识与阶段性特点》，《江西社会科学》2004年第7期；魏文享：《大陆当代商会及海外华商会研究之评述》，《政大史粹》（第8期），台湾政治大学，2005年；刘芳：《近二十年来中国商会研究综述》，《历史教学问题》2006年第4期；王永进：《商会研究范式的回顾与反思》，《兰州学刊》2006年第11期；章开沅：《商会档案的原生态与商会史研究的发展》，《学术月刊》2006年第6期。

② 虞和平、贾中福：《中国商会代表团参加太平洋商务会议述论》，《史学月刊》2004年第7期。

不等于说商会史研究可以完全覆盖特定商人个体的研究,恰恰相反,特定个体商人的研究仍具有其典型性和代表性。以虞和平对吴锦堂的研究为例,作为特殊的商人个体,吴锦堂对中日两国间商人外交的产生和发展起到了重要的推动作用,这大大丰富了我们对20世纪20年代中日关系的认识。[①]

在虞和平的开创和直接或间接带动下,近代商人外交成为21世纪中国近现代史研究的一个热点,他同时也引领了众多学者的参与,从而也涌现出一批新的成果。在直接带动方面,虞和平把自己的这一研究领域传授给自己的研究生。如虞和平的第一个博士研究生贾中福,以"中美商人外交"为选题,作为其当时主持的国家社科基金重点项目"商人外交与近代中国的殖民地化与反殖民地化"的一个子课题,在其已有研究的基础上,对1905年至1927年中美商人外交活动进行全面系统的研究。贾中福的博士论文后来以《中美商人团体与近代国民外交(1905—1927)》为题,由中国社会科学出版社于2008年出版,认为该时期中美商人团体间开展的商人外交是国民外交的一个组成部分,且与本国的政府外交形成了较强的一致性,商人外交在一定程度上体现了政府外交的主旨,由此成为政府外交的重要和必不可少的补充。[②] 又如虞和平的博士后于文浩,以"中日民间经济外交(1919—1928):以商人团体为主体的历史考察"为博士后研究课题,对1919—1928年年间商人团体为主体的中日民间经济外交进行了讨论,并以这一课题的浓厚学术意义和现实意义获得中国博士后科学基金的两项资助。于文浩认为,随着该时期日本在中国侵略和扩张的加深,起源于晚清的中国商人民间经济外交意识被进一步强化。她以时间为经,以重大历史事件为纬,从七个方面详细考察了巴黎和会后至1928年的以商人团体为主体的中日民间经济外交。在此基础上,于文浩认为中日民间经济外交对两国政府的外交而言不但具有补充、监督作用,且当政府外交与民间外交发生冲突时,还具有折中交涉的作用;从经济发展的角度而言,这种民间经济外交也起到了促进

① 虞和平:《吴锦堂与民国初年的中日商人外交》,《宁波大学学报(人文科学版)》2010年第5期。

② 贾中福:《1905年至1927年中美商人社团与国民外交的考察》,《湖北行政学院学报》2007年第3期。

民族经济发展、强化经济交流意识的作用。[①] 在间接带动方面，继虞和平而后起者亦不乏其人。同样以对日商人外交为主题，王静考察了 1935 年发生在中日航运公司间的一桩航运冲突事件。随着该事件的妥善解决，王静认为在国民政府时期，商人外交成为民间外交的主体，它虽是半官方性的，是政府外交的一种补充，但在实施中却较政府外交更具多样性和灵活性。[②] 除此之外，也不断有学者和研究生从商人外交的视角开展中外商人外交交涉和交往的研究，或撰写学位论文。[③] 不难看出，学界以“商人外交”为主题，实质上是对中国近代政治史、外交史的补充，在宏大的政治叙事史背后，为我们丰富和深化了近代国民外交的内涵。

四、小结

以虞和平的学术成就来看，中国商会史研究可谓其研究的基础和切入点，是其构建学术体系的重要视窗。从中国近代商会的自身发展和社会影响出发，他以“现代化”为理论依托，着力构建中国近代社会发展和演变的线索；[④]同时他以商人群体及商人组织为对象，构建了中国资产阶级与近代社会转型关系考察的宏大体系。[⑤] 中国现代化研究和中国资产阶级研究均成为中国近现代史学科研究中的重要领域，由此确立和巩固了他在中国近现

① 于文浩：《中日民间经济外交（1919—1928）：以商人团体为主体的历史考察》，《中国经济史研究》2012 年第 2 期。

② 王静：《近代吴地航商与商人外交》，《江南论坛》2012 年第 6 期。

③ 贾中福：《中美商人外交活动研究（1905—1927）》，中国社会科学院近代史研究所博士论文，2004 年；严荣华：《北洋时期的商人外交》，华中师范大学硕士学位论文，2006 年。

④ 虞和平主编：《中国现代化历程》（三卷本），江苏人民出版社，2001 年。该书以整合的方式，打通各个被人为分隔的历史发展阶段，对近代以来直至今天的中国社会发展变迁过程建立一种长时段的、一以贯之的新的解释系统。“现代化”一词是该书的主题，也是作者用以重新检验和思考中国近现代历史上诸多问题的重要工具。

⑤ 虞和平：《资产阶级与中国近代社会转型》（三卷本），中华工商联合出版社，2015 年。该丛书分别以“中国近代资产阶级的产生和形成”“资产阶级与中国近代政治运动”“资产阶级与中国近代经济及社会”为主题，从整体上对中国近代资产阶级和中国近代社会转型的关系给予了系统的梳理，正如该书序言中的说明，它的出版“有助于全面认识中国近代资产阶级的历史地位和作用，进一步认识中国近代社会的状况和性质；也有助于中国近代经济史、政治史、社会史和思想文化史研究的发展和深入”。

代史学科研究中的重要领军地位。

时至今日,中国商会史研究仍是虞和平关注的一个重心,他仍在该研究领域内着力开辟新的研究方向和研究热点。值得一提的是,虞和平的中国商会史研究体现了他作为一个历史学家和一个中国人对近现代中国发展前途和命运的诸多思考。与此同时,结合今天中国社会的发展变化,他也不遗余力地在具体研究中体现时代变迁的主题,如他将对改革开放后中国日新月异变迁的关注融入他对商会现代化的研究之中,也将当今中国活跃的对外经贸往来融入近代商会的国际交往研究之中。除此之外,他还从知识普及和学术体系构建的角度加深社会对中国近代商会的了解,同时也深化商会史的相关研究。2000 年,他撰写《商会史话》一书,回顾百年来中国商会的发展历史,在严谨的学术研究之余致力于向外界系统地普及中国商会的发展历史。该书因其科学性和知识性兼具,颇受公众好评,2011 年由出版社再版发行。2015 年虞和平参与编写《中国近代商会通史》,负责对 1912—1927 年的中国商会发展历程进行系统、全面的研究,并将其研究与其他时段的商会研究相结合,由此形成了体系化的中国近代商会史研究。

自 20 世纪 80 年代起至今,虞和平对中国近代商会的研究仍在持续。从早期的立足潮头、引领学科新发展到开辟新的研究路径、自成体系,再到对该研究领域的不断探索,努力寻求新的研究方向和研究热点,他情有独钟、孜孜不倦、上下求索,不仅成果斐然,得到学术界的广泛认可,同时也为后辈学者树立了一个为学和研究的典范。

触类旁通　见微知著

——虞和平与中国近代政治史研究

王　瑶①

20世纪90年代，虞和平先生因商会史研究的卓越建树而享誉学界。以商会史研究为基点，虞和平先生在数十载学术生涯中不断扩展研究视域，通过现代化研究范式的开拓与深入，将中国近代政治、经济、社会、文化等各方面融会贯通于其研究之中，而其中更是以经济史研究见长。然而，无论是社会现实，还是学术研究，经济与政治都是密不可分的两个领域。因此，虞和平先生在中国近现代经济史研究领域成绩斐然的同时，触类旁通，在政治史研究领域亦开辟出一片崭新的学术境地，并以其独到的观点和鲜明的研究特色，为中国近代政治史研究做出了杰出的贡献。

一、虞和平中国近代政治史研究的成就与贡献

综观虞和平先生的学术生涯，政治史研究并非局限于某一固定时期，而是贯穿于其各阶段研究主题。无论是早年的商会史研究，还是后期的现代化史研究，抑或近来的资产阶级整体研究，都不乏政治史的关涉。这种关涉包括微观层面个体人物的政治行为，中观层面社团的政治活动，以及宏观层面阶级的政治运动。

（一）近代人物的政治思想与政治行为研究

1.经元善与晚清维新改良活动

20世纪80年代，虞和平先生在中国社会科学院近代史研究所工作期间，因参与《中国近代史稿》编纂的相关工作，开始“收集和整理有关洋务运

① 王瑶，1985年3月出生，女，辽宁铁岭人。2011年9月至2014年6月在中国社会科学院研究生院攻读博士学位。现任长春理工大学讲师。

动时期的官督商办企业和洋务派绅商的资料”[①]。以此为契机，晚清绅商经元善进入了虞和平先生的研究视野。虽然旧式商人出身的经元善早年间的社会活动与作为多集中于工商业与慈善事业领域，但基于特殊的时代背景和复杂的社会环境，通过洋务运动与晚清官场不断接触的经元善不可避免地与政治产生瓜葛。虞和平先生以其敏锐的洞察力捕捉到这种联系，开启了对经元善与上海绅商维新改良活动的研究，同时也因《经元善集》的编辑出版成为经元善研究的开拓者。

对经元善政治活动的系统梳理。作为晚清绅商的代表性人物，经元善的社会活动并未局限于经济领域。在对经元善的研究中，虞和平先生系统梳理了其在1894—1900年间涉足的筹集义饷义兵、创办中国女学堂、组织经正集会、反对己亥立储等十余项主要社会改良运动。其中经元善的政治参与方式主要表现为利用其在商人中的地位与号召力，组织集会、学堂用以改良社会风气，以及通过洋务时期结识的清廷官员表达其政治态度。为其卓越的经营才能所助，以及热心公益的社会责任感所驱，历经了洋务运动和戊戌维新的经元善最终完成了从旧式绅商到“近代资本主义企业的商董”[②]，再到“资产阶级改良主义者”[③]的角色转变。

对经元善政治改良思想的全面总结。对于经元善改良思想的发展历程，虞和平先生将其归纳为三个阶段：1894年前后的产生阶段，表现为资产阶级代议性质机构的设想；1898年前后的成熟阶段，表现为通过政治改良发展工商实业认识的提升；1900年前后的保持与发展阶段，表现为将救亡图存的希望转投于国民联合和觉醒。虽然与维新派在改良旧制的基本方向趋同，但经元善思想则相较于维新派更具现实性和保守性。

由经元善个案研究到上海绅商群体研究的初步升华。经元善研究是虞和平先生近代绅商研究的开端，但虞和平先生的研究却不局限于经元善个人政治经历与思想的整理概述，而是以此为基点将研究视域扩大到上海绅商群体层面，不仅展现了其作为“一支以资产阶级分子为主干队伍”[④]在戊

① 虞和平、谢宝耿：《努力创建中国现代化史学科——虞和平研究员访谈》，《学术月刊》2004年第4期。

② 虞和平：《从经元善看洋务企业中的官商关系》，《北方论丛》1985年第1期。

③ 虞和平：《略论戊戌前后的经元善》，《近代史研究专刊》第3期，1986年。

④ 虞和平：《略论戊戌前后的经元善》，《近代史研究专刊》第3期，1986年。

戌时期的群体面貌，而且从经元善极具代表性的个案中提炼出绅商群体保守性与软弱性的特点，进而初步完成了由点及面、见微知著的学术升华，并且为日后商会研究与资产阶级研究奠定了基础。

2.张謇与民国初期体制建设

张謇作为“中国最早的儒商”，虽满怀救国济民的社会责任感，但这种责任感多体现在实业领域，真正投身于政府工作的时间相对短暂。张謇在1913—1915 年担任中华民国农商总长期间，通过推行自身经济思想与主张，为民初经济体制的建设“发挥了继往开来的作用”①。虞和平先生不仅全面梳理了张謇这一时期的思想与举措，而且在现代化的研究范式下对其贡献给以首肯。

民国初创，“中国经济面临新转机和新困难之际”，张謇可谓临危受命，担任农商总长。在此之前，张謇已有多年从事工商实业的经验，因此其在上任之初提出的“加速经济法规制定”“革新稳定金融市场”“改革税收制度”“奖励补助民营企业”“改革官办企业制度”及“利用外资振兴实业”等六项施政纲领，不仅响应了工商界振兴实业的呼声，而且契合了中国社会发展的时代需求。为了实现上述纲领，张謇不仅力争袁世凯与相关政府部门的配合，同时也广泛采纳工商界的建议。在获得上下普遍支持与拥护的基础上，张謇首先通过精简中央政府的经济管理机构，改变了政府职能；其次推行“棉铁主义”，对重点产业给予奖励和保息政策；同时制定并贯彻了系列经济法规，进而“为近代中国的资本主义经济法制体系打下了基础”②。

虞和平先生十分重视张謇对于中国早期现代化过程中的贡献，不仅深入挖掘了他尽职尽责尽力的精神③，而且超越以往对于张謇“保守性和反动性”“农商总长任上的无所作为”的传统评价，从顺应并推进中国现代化进程、提出现代化意义思想创见、做出开创性现代化事业、实现传统与现代的历史性统一等方面，将其定位为“中国早期现代化的前驱”④。

经元善、张謇是虞和平先生近代人物政治史研究中较有代表性的人物。

---

① 虞和平：《张謇与民国初年的经济体制改革》，《社会科学家》2001 年第 2 期。

② 虞和平主编：《张謇——中国早期现代化的前驱》，吉林文史出版社，2004 年，364~427 页。

③ 虞和平：《张謇的民族企业家精神》，《中华爱国工程 2005 高级论坛文集——张謇的爱国实践和当代民营企业发展取向》，经济日报出版社，2006 年。

④ 虞和平：《张謇——中国早期现代化的前驱》，《光明日报》2000 年 9 月 1 日。

作为商人、企业家,他们的政治作为虽然不能与政治领袖、政府要员相提并论,然而,以其所属阶级为依托,他们亦为中国政治的民主化、法制化进程做出了不可磨灭的贡献。值得注意的是,对于这些人物的研究,虞和平先生从未局限于人物政治思想、政治活动本身的整理与论述,而是与其所处的时代背景及群体阶层紧密联系在一起,一方面从人物个体身上体现出其所属阶级群体的特性,另一方面也从大历史视角对人物思想、行为进行分析,从而真正凸显了史学研究中"因小见大""以大观小"的研究特点。

3.陈兰彬与出国华工维权

近代以来大批华人出洋承工,海外华工问题成为晚清政治史的重要问题,它不仅关系到清政府的海外华人政策,而且也从一个侧面反映了中国外交现代化的历程。局限于清政府闭塞、没落的固化印象影响,以往的研究多认为清政府是不顾华工死活的。虞和平先生以 1873 年陈兰彬奉旨调查古巴华工状况的过程为线索,以史料为依据进行实证性研究,在澄清了历史真相的同时避免了以往研究中认为清政府置华工权利于不顾的武断评判。

陈兰彬之所以奉旨调查古巴华工状况,缘于清政府得知海外华工遭受凌虐而停办古巴招工一事。对于陈兰彬出行的直接原因,虞和平先生虽然承认是"在西班牙的逼迫之下和驻华各国使臣的怂恿之下而作出的艰难选择",但仍然肯定了此举是清政府维护出国华工权利的一种积极表现,并认为其开启了中国维护出国华工权利的实际行动。陈兰彬在对古巴华工情况进行全面调查后,向总理衙门据实呈递调查报告,使总理衙门得以有理有据地与西班牙及其他各国使臣展开谈判。1877 年,清政府与西班牙使臣签订《会订古巴华工条款》,由此开启了中国政府对待出国华工政策的新时期。[①]

除了近代人物的政治行为,虞和平先生在学术研究中还广泛关注了中国近代早期启蒙思想家的启蒙思想,如徐继畲的"开眼看世界"思想[②]、严复的早期现代化思想。在对人物思想进行总结、提炼的同时,虞和平先生十分注重各种现代化思想跨时代的借鉴意义,例如他认为严复思想中科学与民主的启蒙意识,不仅符合清末的时代需求,而且就其发挥不断改革生产力和

① 虞和平、陈君静:《陈兰彬与中国维护出国华工权利的起始》,《安徽大学学报》2013 年第 4 期。

② 虞和平:《徐继畲的"开眼看世界"思想》,《晋阳学刊》1992 年第 2 期。

全面实现人尽其才的作用而言,可谓抓住了现代化的根本所在,因此对我们今天的现代化建设也极具启示价值。①

(二)近代组织团体参政、议政研究

诞生于清末新政时期的中国商会,作为一个由商人组成的团体组织,虽然从性质而言属于民间社团,然而从其自身利益角度出发,它必然支持和欢迎有利于己的政治变革,反对和抵制不利于己的政治动乱。而作为中国近代社会具有重大影响力的社团,商会对于统治者的决策、执政政府的制度建设乃至政权的变迁,都发挥着至关重要的作用。因此,商会研究在近代中国政治史研究中占据着举足轻重的地位。

虞和平先生的商会研究始于20世纪80年代末,并成为其攻读博士学位时期的具体研究题目。1993年,虞和平先生在博士论文的基础上完成了《商会与中国早期现代化》一书的写作与出版。该书一举获得中宣部组织评定的"国家社科基金项目优秀成果"三等奖。同时,该书是国内外最早出版的中国商会研究综合性专著,开启了在现代化范式下对商会与中国近代社会互动关系的研究,更是成为工商联干部学习参考资料。专著出版前后,虞和平先生在《历史研究》《近代史研究》等重要刊物上发表了十余篇论文,对商会的产生发展过程、社会属性、组织结构、功能作用、与政府的互动关系、商人外交等问题的相关理论与观点,进行了扩充与完善,从而形成了一个完整的商会研究体系。可以说,作为虞和平先生学术研究中的重要领域,商会研究亦为整个中国近代政治史研究开辟了一个新颖独特的视角。

1.中国近代商会的社会属性与法制化建设

中国近代商会的社会属性,可谓是商会研究中的基础问题,是厘清商会与政府关系、商会的政治参与、商会的社会活动、商会的外交行为等系列问题的前提。而对于商会性质,学界亦是众说纷纭,基本形成以仓桥正直为代表的"官办机构"、以邱捷为代表的"半官方机构"、以徐鼎新为代表的"民间商人社团"和以朱英为代表的"官督商办社团"四种不同观点。② 独立于这些观点之外,虞和平先生跳出"官方-民间模式"的固定思维,结合社会学与

---

① 虞和平:《严复与中国早期现代化的思想启蒙》,《福建师范大学学报》2004年第2期。

② 马敏、付海晏:《近20年来的中国商会史研究(1990—2009)》,《近代史研究》2010年第2期。

法学原理另辟蹊径，形成一种考察商会属性的独特视角，进而提出“法人社团”观点，并获得学界的广泛重视与认同。虞和平先生首先在社会学的观念下，通过对自愿联合组成的初衷、明确的成员界定、适合的组织协调体系和特定的社会整合功能几个方面的分析，确立了近代商会的社团性质；其次从法学原理出发，从固定的组织机构和必要的职能部门、独立支配的财产或经费、人格化的权利和义务、特定的权利能力和行为能力几点特征的阐释，界定了近代商会的法人性质；最后将商会的法人特征与以往论者所谓的“官办性质”进行了区分，从而更加明确了“商会基本上是一种商办法人社团”这一观点。①

在厘清了中国近代商会法人社团性质的基础上，商会与政府之间的关系也随之云开月明了。对此虞和平先生认可商会与政府之间理论上应处于管理与被管理的关系，但同时也提出了在实际中两者超越法律之外的控制与反控制关系。以清末、北洋时期和国民党政府三个不同时期商会与政府间的实际关系为依据，虞和平先生剖析了这种超法关系的原因在于政府与商会虽然在“联商”“振商”上存在某种认同，但两者之间根本利益终归是矛盾的，并据此进一步反驳了“依据政府对商会的干预与控制，作为商会的‘官方’特征”的“官方”论论点。

既然近代商会是在历史条件下依法设立的“商办法人社团”，那么其存在和发展则需受到法律的承认和保护，而其活动也应该依据法律规范来进行。因此，商会发展与晚清、民国时期的法制化建设存在着密切联系。确立于清末民初的现代性商事仲裁制度，就是商会制度自身不断完善的结果。对于近代商事仲裁制度，虞和平先生不仅划分了其从无专职机构，到商会自设专职机构，再到依法设立专职机构的三个阶段，而且详细梳理了商会自设机构从“商事裁判所”到“商事公断处”的演变过程，同时更是剖析了从这一过程中折射出来的商人政治参与权利的扩大以及中国司法制度的现代性变革。②

2.商会与中国资产阶级的形成

作为中国近代的新兴阶级和主体阶级之一，资产阶级无疑在中国政治

① 虞和平：《近代商会的法人社团性质》，《历史研究》1990 年第 5 期。

② 虞和平：《清末民初商会的商事仲裁制度建设》，《学术月刊》2004 年第 4 期。

舞台上发挥着不可或缺的重要作用。一方面,中国近代资产阶级的产生与形成,是中国近代资本主义发展的客观结果;另一方面,无论是在争取国内民主的政治风云中,还是在维护民族主权的政治斗争中,都涌现出资产阶级积极而活跃的身影,成为一支不容小觑的政治力量。在中国资产阶级形成过程中,商会起着关键性的社会整合作用,它通过"把整个工商界紧密地联结起来形成一个大而有力的利益集团,为实现自己的利益而奋斗",进而促进了资产阶级自身从分化到整合的现代化发展过程。①

就各地区而言,商会充分发挥其组织结构功能,与本地的下属分会、从属团体、其他社团之间形成广泛联系。同时,商会通过成员宗旨认同、民主化选举、规范化管理显示出它的"集众商之心"的功能,通过打破旧式行商组织的屏障和狭隘主义实现了它的"联众商于一体"的功能,通过充任商人与政府联络的主渠道以及众商利益的代表者和保护者表明了它"取信于商"的功能。在对这些组织功能与特定功能的综合运用中,商会"促使工商界各子系统与其整体组织和整体活动保持基本一致",进而基本完成了资产阶级的地区性整合。②

就全国范围而言,虞和平先生认为,1912 年成立的中华全国商会联合会,通过其组织结构中的目标整合、信息整合、组织整合和民主整合等功能,把全国各层次、各地区的商会联成一体,从而实现了资产阶级的全国性整合。同时中华全国商会联合会激发了中国资产阶级的政治觉悟,形成了其领导核心,增强了其阶级力量,提高了其国内、国际地位。自此中国资产阶级进入到全国性的有领导、有组织、有纲领的高级阶段,形成了完整的阶级形态。③

对于资产阶级整合的研究,是虞和平先生现代化视域下商会研究的重要组成部分。虽然在此时期,虞和平先生尚未开始对资产阶级的政治表现进行全面、系统、整体性的研究,但基于其在学术研究中极具创见性的长远目光,虞和平先生已然开始注意到"从商会史的角度出发,研究商人与近代

① 虞和平:《商会与中国早期现代化》前言,上海人民出版社,1993 年,第 2 页。
② 虞和平:《商会与中国早期现代化》,上海人民出版社,1993 年,第 87~92 页。
③ 虞和平:《中华全国商会联合会的成立与中国资产阶级完整形态的形成》,《历史档案》1986 年第 4 期。

政治的关系就是一个很好的课题”,同时对于资产阶级在近代中国政治中的地位、资产阶级在近代中国政治制度和政治状况的发展变化中发挥的作用等具体问题,也开始进行了深入思考。① 可以说,商会研究不仅是虞和平先生中国现代化研究的切入点与发轫期②,同时也为其后来的资产阶级整体性研究开拓了全新的角度并做出了前期的铺垫。

3.商会与中国近代政治运动

除了促进中国资产阶级自身的现代化,商会在早期现代化过程中所发挥的另一方面重要作用,表现为促进经济和政治的现代化,即资本主义的工业化与民主化。也就是说,就政治史的角度而言,商会在中国早期现代化历程中承载的历史使命,是联合其他团体、阶级一同,实现从民众革命开始的脱离专制统治的政治变革。然而,有别于西方国家自发性现代化,中国早期的现代化是在半殖民地的社会状态下展开的,因此于工业化、民主化之外,更多了一层民族化的核心内涵。这就意味着,商会在促进中国政治民主化的同时,还担负着反对帝国主义侵略,争取民族独立的政治任务。

就促进中国政治民主化方面而言,商会在清末民初风云诡谲的政权变迁中所表现的面貌是多重而复杂的。为了对商会的这种复杂性进行全面而客观的评述,虞和平先生通过广泛搜集、查阅几十种相关中文报刊、外文书籍和大量档案,为我们呈现了商会在不同时期的政治活动,在不同事件中的政治立场,针对不同党派、人物的态度。在中国早期现代化的历程中,商会一方面对于清末预备立宪表现出积极的热情,一方面却对国会请愿运动响应不足;时而抗拒革命乐于清廷继续执政,时而却又在急剧发展的革命形势下支持革命,间或支持袁世凯,反对革命党人的“二次革命”,间或又在袁世凯复辟帝制后,抛弃袁世凯加入讨逆阵营。商会既能够在联邦运动中努力争取自身民主权利,又会因为脱离民众和内部斗争而造成颇具民主进步色彩的民治委员会失败……在商会早期参与政治的历程中不难发现,如果不能把握商会根本性的政治心态,我们很容易为当时变幻动荡的局势以及商会自身纷繁多变的政治立场所迷惑。因此,虞和平先生在全面论述了商会

① 虞和平等:《近代史研究的热点和难点——访虞和平研究员》,《社会科学家》2001年第2期。

② 吴敏超:《虞和平与中国现代化研究》,《史学月刊》2015年第6期。

早期的参政历程的同时，更是运用多学科理论分析与历史学实证方法相结合的研究手段，总结了商会政治参与的总体特点，阐释了各种不同表现的根本原因，从而揭示社会发展现象背后的社会机制和经济机制。虞和平先生认为，贯穿于商会参政始终的是一种从自身利益出发的矛盾心理：既要求参与政事，改革有利于资本主义经济发展的旧制度和一切弊政，又害怕暴力革命引起社会剧变，进而损害工商界利益。在这种心理的驱使下，商会虽然对各时期的重大政治事件一度产生过不同程度的影响，但终归难脱思想意识的局限性和行为方式的软弱性。[①] 可以说，虞和平先生对于中国近代商会这种客观的认识和评价，对此前的商会研究，带来了一种拨云见日般的启示。

如果说在争取国内民主方面，商会的立场还多少显得有些游移、徘徊，那么，在力争国际平等、奋挽国家利权的民族独立运动中，商会的态度则更加明确而坚决。在清末反美爱国运动、抵制“二十一条”运动、五四运动、五卅运动、关税自主运动等反帝爱国主义运动中，商会以鲜明的态度展示了自身维护国家主权的民族观念。虽然在一些运动中，商会并非主角，但其依然能够通过发表通电、抵制洋商洋货、开展筹款募捐等形式，有力地支持、声援政府及社会各界。同时，在上述民族独立运动中，商会还展露出其理性的一面，在国家观念和斗争策略等方面，都表现出进步性。对于这种进步性，虞和平先生进行了更为深层的挖掘，将其与近代绅商民族观念从传统到现代的突破与转变联系起来，从而不仅对商会有理有据有节的爱国运动提供了合理解释，同时更是从现代化的理论角度，归纳了近代绅商阶层普遍的民族观念，并对这种既反对列强的侵略也主张学习各国的先进文明，既争取民族独立也不抗拒与各国互通有无，既要求与列强各国平等相处也承认人强我弱的现代性民族观念给予了充分的肯定。[②]

作为工商界的最有力量的社团，商会在中国早期现代化的使命中，虽然竭力而为，但囿于时代所限，结果并不理想。纵观各时期商会作为与效果，虞和平先生给予了“中国早期现代化的一个失败的承担者”这样十分中肯的评价，并从政府腐败无能、自身力量软弱、政治文化素质相对低下三个方面解释了其失败的原因。在对商会参与的政治活动、表达的政治立场、达到的

① 虞和平：《商会与中国早期现代化》，上海人民出版社，1993 年，第 276~334 页。

② 虞和平：《商会与中国早期现代化》，上海人民出版社，1993 年，第 335~365 页。

实际效果进行了系统、深入的研究后，虞和平先生对于中国近代商会的政治文化素质进行了综合评估，并从政治目标、参政意识、政治责任感、参政行为方式与参政能力五个方面提出依据，认为在清末民初之际，商会自身的政治文化素质虽然在发展中显示出逐渐提升之势，但是由于受成员构成及法人社团性质所限，整体素质依然相对较低，因此，非但未能完成现代化的历史使命，而且更未实现其所追求的政治民主目标。①

在"商会与中国早期现代化"研究基础上，虞和平先生采取了"循序渐进、滚动发展、开拓创新"的方针②，分别向着"商会史"研究与"中国现代化"研究两个专题方向开展自身的学术进程。其中，以商会史研究为中心，虞和平先生延伸出中国近代社团史研究，先后在国内重要期刊上陆续发表了《清末民初经济伦理的资本主义化与经济社团的发展》③《西学东渐与中国现代社团的兴起——以戊戌学会为中心》④《清末以后城市同乡组织形态的现代化——以宁波旅沪同乡会为中心》⑤等论文，还组织编写了《中国社团发展史》一书。虽然虞和平先生关于中国近代社团史研究多集中于社会史、经济史领域，但研究中亦涉及社团与政府之间的关系、社团对政府行为所产生的影响等问题，从而不仅在多维度下勾勒出中国近代社团的实际面貌，同时也从不同的角度解释了中国近代政治变革中各方面因素相互交错影响的复杂关系。

（三）近代资产阶级的政治活动研究

中国近代资产阶级是国内外史学界十分关注的一个重要研究领域，亦是中国近代政治史无法回避的重要研究课题。在中国政治现代化的进程中，资产阶级在步履蹒跚中谱写了双重命运：一方面，脱胎于中国早期现代化过程中的资产阶级对于实现中国政权民主化、法制化发挥了不容忽视的

① 虞和平：《商会与中国早期现代化》，上海人民出版社，1993 年，第 366~387 页。

② 虞和平、谢宝耿：《努力创建中国现代化史学科——虞和平研究员访谈》，《学术月刊》2004 年第 4 期。

③ 虞和平：《清末民初经济伦理的资本主义化与经济社团的发展》，《近代史研究》1996 年第 4 期。

④ 虞和平：《西学东渐与中国现代社团的兴起——以戊戌学会为中心》，《社会学研究》1997 年第 3 期。

⑤ 虞和平：《清末以后城市同乡组织形态的现代化——以宁波旅沪同乡会为中心》，《中国经济史研究》1998 年第 3 期。

关键作用;另一方面,成长于半殖民地半封建环境下的资产阶级却终究未能承担领导中国人民实现现代化的历史使命。资产阶级在中国近代这种双重命运,使其不仅吸引了不同时期、不同领域学者的广泛、深入关注,亦获得了毁誉参半、争议不断的评价。然而,在学界对资产阶级长久以来的研究中,研究者或囿于理论能力、学术视野等方面的局限,着眼点多限于一时一事一面的阶段化、片面化研究,或陷于时代背景的窠臼,对其评价与解释难脱革命史、政治论框架下的偏颇。因此,一直以来中国近代资产阶级虽是史学界研究焦点,但终未能形成全面、翔实、客观、合理的研究体系。

早在 20 世纪 80 年代学术生涯之初,虞和平先生即对中国近代资产阶级产生了研究兴趣,并围绕着资产阶级的形成与发展等问题陆续发表了一系列原创性论文。虽然这时尚未形成完整的研究框架和明确的研究思路,然在治学过程的各个阶段,虞和平先生已开始有意识地关注资产阶级与中国近代社会各领域变革的关系。2004 年,在总结、积累、完善多年研究成果的基础上,虞和平先生主持了“资产阶级与中国近代社会转型”课题项目,获得国家社科基金重大项目立项资助,其中期成果——《中国近代资产阶级的产生和形成》《资产阶级与中国近代经济与社会》《资产阶级与中国近代政治运动》三卷巨著于 2015 年面世。凭借翔实的史料依据、扎实的理论功底、开阔的学术视野,虞和平先生在著作中为我们呈现了中国近代资产阶级的全景式画卷。在高屋建瓴的现代化理论统摄下,虞和平先生一方面论述了资产阶级产生、形成的历史轨迹及其在中国近代政治、经济、社会、外交等各领域的活动,另一方面也为其在中国近代社会转型中的正反作用、成败得失、经验教训等提供了合理阐释。作为首部资产阶级整体性研究专著,该书不仅具有学术开拓性,同时也进一步推动了中国近代经济史、政治史、社会史各领域研究的发展与深入。

1.资产阶级概念的辨析

“资产阶级”概念的厘清,是各领域资产阶级研究的前提,它不仅决定了研究内容与范围的界定,而且关系到其政治参与影响与作用的评价体系。而对于这一问题,学界向来疑问与分歧颇多,从早期政论性色彩较浓的著作中将资产阶级判定为反动势力,到中期随着资产阶级研究学术性的加强,而强调其革命性与妥协性的双重性质,以至近年来为避免以往资产阶级反动的固化形象,而矫枉过正地试图对“资产阶级”概念的弃之不用,可以说,随着整体研究环境日益自由化，研究视域逐渐开阔，研究范式逐步跟进，研究角度不断创新，对资产阶级的定义与评价也更加多元化，而随之而来的争议也越来越多。

对于种种争议与分歧，虞和平先生首先正本清源地区分了资产阶级的广义与狭义概念。前者指代将资产阶级党派、资产阶级知识分子等代表资产阶级利益的人群涵括在资产阶级整体范围内的概念，而后者着重强调资产阶级的主体——具有现代性的商人或资本家。同时，虞和平先生承认，资产阶级的广义概念由于界限不明，难以研究，而只有极少数研究者用以进行研究，而资产阶级的狭义概念，虽然在现有著述中未有完整、明确的界定，但在字里行间是有所表述的，因而也是为广大研究者所承认的。虞和平先生的这种区分明确了资产阶级研究的研究对象，避免了其概念外延模糊对于研究者的干扰，从而也解决了以往学者对“资产阶级”概念使用的诟病与指陈。

在辨析资产阶级概念的同时，虞和平先生也针对学界近年来出现的用商人称谓进行中国近代资产阶级研究的现象进行了相应的解释与反驳。有学者认为，在群体研究中应完全以商人概念取代资产阶级概念，其理由可概括为资产阶级概念的虚构性、先入为主的政治立场、内涵界限不清以及不为主体人群所认可四个方面。关于商人概念与资产阶级概念的关系，以及以前者完全取代后者的提法，虞和平先生解释道：首先，“资产阶级”一词虽为舶来品，然亦已成为近代历史研究的普遍用语，而其所指代的具有共同经济利益的商人群体，于中国近代社会确实是客观存在的。即便中国资产阶级存在有别于西方的特点与不同，这种不同也应该成为资产阶级研究的对象与内容，而非否定使用资产阶级概念的理由。其次，资产阶级先入为主的学术偏见，是与学术研究的时代需要及研究范式紧密联系的，而非概念本身使用的弊端所致。对于这种政治立场的预设，理应由研究者通过加强学术研究过程中实事求是的学术精神及客观公正的研究态度予以避免、纠正，而不能因噎废食地以概念上的取代进行杜绝。最后，在中国社会由传统向现代转型的过程中，商人也发生了转变，逐渐由传统的群体性职业概念，转变为包含了经营工商两业的民间资本。在经历了这种转型后，继续沿用商人概念，已不足以明晰与现代资本主义、现代工业有着千丝万缕联系的“新兴”阶级，反而会造成概念主体内涵的混乱。有鉴于此，虞和平先生提出，对于商人与资产阶级两个概念兼而用之，既以资产阶级作为近代商人的特有称谓，又以近代商人为资产阶级的固有本体，这样既有助于学术上的继承和发展，也更加契合中国近代历史的特点。[①]

虞和平先生对于"资产阶级"概念的厘清，使资产阶级的研究对象与内容有了更加明确的指向性与针对性，同时也区分了资产阶级、资本家、商人不同概念的差异及其背后蕴含的历史意义。而这种辨析也在一定程度上克服了目前史学研究中缺少全局思考、研究趋于碎片化的不足，无论是对于资产阶级研究，还是中国近代政治史研究，都产生了宏观而深远的影响。

2.资产阶级的产生与形成过程

根据以往的研究习惯，中国近代资产阶级通常被分为买办资产阶级、官僚资产阶级和民族资产阶级。然而近年来随着学术研究的细化，这种区分屡遭质疑，因此有论者主张以职业类别划分资产阶级。关于这两种划分方法，虞和平先生提出，职业类别划分是根据资产阶级的经济属性做出的，而在分析资产阶级的来源构成与民族属性时，原有的类别划分则更适用。因此无论是考察资产阶级的产生与形成，还是研究其结构状况，研究者都需根据研究角度进行与之相契合的选择，而不可固化于单一的类别划分之下。[②]

在资产阶级研究之初，对于中国资产阶级形成于何时以及其形成标志是什么，研究者向来众说纷纭：或以资本主义经济形态的发展程度为衡量标准，将资产阶级完全形成时间定于19世纪末期；或将政治参与表现纳入考察范围，将民族资产阶级的形成时间锁定于19世纪七八十年代到20世纪初之间；或以资产阶级政党维新派的出现为标志，提出19世纪90年代基本形成的观点。[③]

在总结这些观点基础之上，虞和平先生将马克思主义阶级理论灵活运用于资产阶级研究之中，提出资产阶级在形成过程中存在"自在"和"自为"两种状态的观点。"自在"与"自为"原是马克思在论述工人阶级形成时提出的两个概念。但是基于两个概念在阶级研究中具备的普遍性，虞和平先

① 虞和平：《中国近代资产阶级的产生和形成》序言，中华工商联合出版社，2015年，第8~16页。

② 虞和平：《中国近代资产阶级的产生和形成》序言，中华工商联合出版社，2015年，第21~22页。

③ 杨立强、沈渭滨：《"近代中国资产阶级研究"讨论会综述》，《历史研究》1983年第6期。

生举一反三地将其引入中国近代资产阶级研究中，将阶级的发展过程划分为“自在”阶段、“自在”开始向“自为”状态转变阶段、“自为”阶段三个阶段。虞和平先生认为，中国资产阶级在1904年商会出现之前处于自然形成的“自在”阶段，在这个时期内中国社会虽出现了数量可观的资产阶级人群，但其在社会组织方面尚处于传统的低水平状态，在政治上亦为与维新派这一客观上代表资产阶级利益的政治派别形成有效联动，因此当时的中国资产阶级尚未在整体上形成规模较大的联合。从1904年到1912年之间，资产阶级开始由自然存在阶级向“自为”阶级过渡，在这一过程中中国资产阶级随着商会的产生与发展，在组织规模上完成区域性联合，阶级和国家意识逐渐明显，同时与其政党的内在联系日趋密切。以1913年中华全国商会联合会正式成立为标志，中国资产阶级基本进入了“自为”的阶段。商联会作为具备商务与政治双重属性的组织，一方面使资产阶级建立起较为稳定的全国性联系，另一方面也承担起领导整个阶级进行政治斗争的使命。虽然囿于封建性、买办性、软弱性等缺点，中国近代资产阶级在某些方面的政治表现不尽如人意，“自为”程度较低，但并不能以此否定其“自为”状态的形成。①

虞和平先生对于资产阶级形成的研究，不仅体现于在大量的实证性研究基础上提出的一系列富有价值的独到见解，而且还表现在运用马克思主义“自在”“自为”的阶级研究理论考察中国近代资产阶级各时期的特征与表现，衡量其发展程度，形成了极具创见性的理论体系，进而从理论高度升华了中国资产阶级研究。

3.资产阶级的政治活动

自中国社会进入现代化进程之初，资产阶级的身影便贯穿于整个中国近代政治史。虽然近年来随着学界对资产阶级研究的日益关注，资产阶级政治重要性在各种论著中多有提及，并得以肯定，但终缺少一部以中国近代资产阶级自身为主要线索与研究对象的政治史论著。就此而言，虞和平先生的《资产阶级与中国近代政治运动》可以说填补了此项空白。② 该书既以政治史研究的通史性宏观视角把握了资产阶级在中国近代政治活动中不断

---

① 虞和平：《商会与中国资产阶级的“自为”化问题》，《近代史研究》1991年第3期。

② 虞和平：《资产阶级与中国近代政治运动》，中华工商联合出版社，2015年。

历练并逐渐成熟的基本脉络,同时又以资产阶级专题研究的理论视角,辨析了不同类别、不同地区、不同时期的资产阶级参政特点,并从整体式对资产阶级的政治作用、成败得失给予了恰如其分的评价。具体而言,其贡献包括以下几点:

第一,系统梳理、总结了近代政治运动中资产阶级的表现。资产阶级对近代政治参与主要集中于两个方面:对内反对专制独裁,拥护民主共和;对外抵制殖民侵略,争取民族独立。之于前者,资产阶级根据近代历届政府不同性质,开展政治活动的方式亦有所区别:在清政府时期,资产阶级通过开展宪政活动、参加国会请愿等形式拥护政府的预备立宪,试图凭借君主立宪制的建立实现参政议政权利;在民国成立前后,资产阶级通过支持辛亥革命、振兴民国实业、反对复辟帝制等形式,积极争取、巩固得来不易的民主共和制度;在北洋政府时期,当共和制度已名存实亡之际,资产阶级又通过发起、筹备国是会议、领导民治运动等方式,表达自身的政治诉求。之于后者,资产阶级整体上始终以鲜明的政治立场捍卫国家主权。在历次反帝爱国运动中,资产阶级一方面通过发表爱国通电、宣言,抵制洋货,开展对日经济绝交运动等形式,表达了自身抵御帝国主义侵略、维护国家主权的坚决态度,另一方面通过积极参与、组织、领导各种救国团体,筹募救国捐款、公债等形式,成为抗日前线的有力物质后盾。

第二,充分肯定了资产阶级对于中国政治现代化的重要作用。实现国内民主与国际独立是近代中国政治现代化的核心任务。资产阶级以其雄厚的物质基础、深远的国际视野、广泛的组织联系以及强大的社会影响力,活跃于中国近代政治舞台,积极争取中国政治的民主化与独立化。虽然在不同人物、不同党派发生矛盾时,资产阶级曾一度做出不利的判断与选择,例如在民国初期孙中山与袁世凯之间的政治纠葛中,较多地支持袁世凯。但虞和平先生以一种宏大的视角对其进行全局性考察后提出,资产阶级支持的实质,是中华民国的民主共和制度,是民主和平发展环境,而非具体的某一个人、某一个党派。因此在彻底认清执政领袖、党派真实面目后,资产阶级能够果断调整自身政治立场,一如既往地拥护民主,反对专制。而在这种调整中,资产阶级的政治能力也得到了提高。而在实现民族独立过程中,资产阶级则充分展示了其在国际商业资本密切接触中形成的国际视野和世界意识,例如在"济南惨案"发生后,各地资产阶级团体纷纷发表宣言援引国际公法谴责日本出兵行为，甚或致函日本商业会议公所间接劝阻日本政府，在弥补了政府外交之不足的同时，亦展现了其参政方式的理性化。

第三，展现了资产阶级参政能力不断增强、政治影响力逐渐扩大的过程。在产生之初，资产阶级尚处于阶级意识朦胧的“自在”阶段，虽然因缺乏具体的组织形态而不能表达自身明确的政治诉求，但是以郑观应、经元善为代表的绅商，已经开始奔走于各种社会活动，试图通过改良社会风气影响政府决策，进而实现自身的政治目的。随着商会、商联会的成立，资产阶级形态日趋完整，其参政形式也更加多样化、具体化，例如在预备立宪中以商会名义向政府提交请愿书，在辛亥革命中筹募巨款支援革命军，在民国初期自治运动浪潮中发起国是会议就中国面临的重大内政与外交问题进行探讨并提出主张。在此期间虽然基于部分有识之士高瞻远瞩的政治视野，资产阶级的参政主张表现出明显的先进性，例如在国是会议中拟就的《宪法草案》，充分体现了宪政民主精神，成为当时联省自治运动的最高阶段，但是受困于军阀混战的时局，以及商会成员整体政治素养低下，资产阶级争取民主的政治活动往往虎头蛇尾、收效甚微。及至抗日战争爆发，资产阶级政治活动进一步升级，各地各业的商人团体在商会带领下，积极参与民众抗日救国运动，发挥力所能及的作用，在这一过程中资产阶级的政治参与呈现出基层化、整体化、理性化、常态化的进步特征，阶级独立性增强。同时，在历练中资产阶级的政治觉悟不断提高，认识到国民党在经济、政治上的专制独裁后，逐渐与共产党展开密切联系，并开始转向靠拢共产党。由此可见，正如资产阶级的形成经历了由“自在”到“自为”的长期发展过程，其政治判断力、组织力、影响力亦非一日形成，而是在历次运动中逐步走向成熟。

第四，解释了资产阶级政治参与热情的根本原因。中国近代资产阶级积极参政议政的根本原因，正如其民国初期调和党争时所言“一为生命财产，一为国家存亡”。概言之即经济利益的驱使以及救亡图存的民族责任感。之于前者自不言自明，商人以经商谋利为天职，“在商言商”为其所标榜。而从整体性的阶级利益出发，资产阶级在各项政治参与中争取的并非锱铢毫厘，而是从长治久安的角度谋求阶级利益的最大化。因此，当政治制度的变革和时局的变迁影响到他们经商谋利的时候，他们就会主动或被动参与到政治中来，在争取自身权益的同时力求及早结束动荡时局，恢复经济的发展，进而迈出了“在商言政”步伐。对于资产阶级“言商”与“言政”，虞和平先生一语中的地指出“言商和言政是资产阶级的自我保护的两只手，互为补充，以言商为根本，言政为手段”，进而从根本上解释了资产阶级在辛亥革命前后政治立场截然不同的原因。然而，单纯以“皆为利往”的经济因素，并不足以解释资产阶级在系列反帝爱国运动中的政治态度。例如在以资产阶级为实践者的对日经济绝交运动中，许多相关行业的商人都蒙受了不同程度的经济损失，有的甚至到了濒临破产的境地，但是为了反对日本侵略暴行，对日本商界施加压力，对日经济绝交运动在各地商会的带领下广泛、持久地展开，并一度取得较好实效，使日本对华贸易呈现减缓局面。而抗日战争全面爆发后，许多爱国商人更是倾囊相助，积极组织，为抗战前线提供后备保障。可以看出，在民族危机面前，资产阶级从民族责任感与爱国热情出发，也开始对自身经济利益进行让渡。总而言之，谋利与爱国构成了资产阶级积极参政议政的主要动机。

第五，区别了不同行业、不同类型、不同区域资产阶级的政治表现。对于来自不同行业的资产阶级，虞和平先生区别了其在中国近代政治活动中的导向结构，即主导与从属关系。在民国之前，商业资产阶级处于主导地位，其不仅是反帝反封建运动的领导者和主体力量，而且还掌握着资产阶级最大社团——商会的领导权。然而进入民国后，资产阶级内部的主导权逐渐向工业资产阶级和金融资产阶级倾移，由于他们逐渐开始掌握宽广的资本覆盖面、广泛的社会人脉网络、各地商会的领导权和较高的文化知识水平，因此在政治运动中对于其他商人群体具有组织制约力和心理吸引力。而这种主导权的转移，也表现了近代中国资产阶级现代性逐渐增强的趋势。对于不同类别的资产阶级，虞和平先生遵循了以往研究惯例中买办资产阶级、官僚资产阶级和民族资产阶级的划分，同时也承认买办资产阶级是外国侵华势力的走卒和附庸，官僚资产阶级与国家政权紧密相连并且是外国侵华势力的代理人，民族资产阶级虽有较强的进取心和奋斗精神，但带有一定妥协性和软弱性这种迥然有别的政治立场。在半殖民地半封建的近代中国社会，中国各地资本主义经济发展程度差异较大，导致各地资产阶级成长程度亦有所区别，因此各地区资产阶级政治参与能力及程度亦不可同日而语。上海作为中国较早开放的通商口岸，其资本主义经济繁荣程度非其他内陆城市可比，因此也是资产阶级最为集中和最具能量的地方。所以在历次政治运动中，上海资产阶级多处于主导地位，一方面以其敏锐的政治判断力发挥了身先士卒的先锋表率作用，另一方面也依赖其雄厚实力扮演着领导者的角色。总体而言，对于具有不同属性的资产阶级，虞和平先生以严谨客观的治学理念进行了详细的区分与阐述，而非一概而论地称赞或否定。

二、虞和平中国近代政治史研究的特色

在虞和平先生的政治史研究中，商人、商会、资产阶级等经济方面的社会势力成为其主要考察对象。商界人士对于中国政治，虽不如政党、领袖的决定性作用，却也发挥着不容低估的重要影响。而虞和平先生的这种基于经济史、社会史与政治史相互交叉的研究路径，不仅拓宽了史学研究的视域，丰富了各领域研究的内容，同时也可以发现中国近代政治史、社会史领域原本被遮蔽的问题。以这种独特的研究视角，虞和平先生的中国近代政治史研究具有如下特点：

（一）现代化史的研究视角

虞和平先生的学术生涯始于20世纪80年代初期，其时正值现代化研究方兴未艾，一方面，统摄史学研究30余年的“革命史范式”因对研究视域与思路的制约与局限而遭到质疑；另一方面，改革开放后的现代化建设实践，也开始“向中国近代史研究提出了重建一个以现代生产力、经济发展、政治民主、社会进步、国际性整合为参照的新的分析框架的要求”①。而虞和平先生早在北京大学历史系就读期间，就曾受教于中国现代化理论的开拓者——罗荣渠先生，而后又于读博士期间师从于另一位中国现代化研究的先行者——章开沅先生，深受二者治学思路的影响，同时也继承了其优厚的学术资源和宽广的学术视野。因此，在治学之初虞和平先生在研究方式方法上已然显示出“现代化范式”的特征。在此后的研究进程中，虞和平先生又围绕着现代化理论研究先后发表了数篇原创性论文，并组织、参与编著了系列中国现代化史相关著作，其中尤以主编的《中国现代化历程》收获反响为巨，先后获得“江苏省迎接党的十六大优秀出版物”一等奖、第六届国家图书奖、中国社会科学院优秀科研成果奖、第三届郭沫若中国历史学奖二等奖等奖项。通过理论方法阐释与研究实例论证两个方面，虞和平先生进一步

① 左玉河：《中国近代史研究的范式之争与超越之路》，《史学月刊》2014年第6期。

明确阐释了中国早期现代化史的研究路径与内容。可以说,"现代化范式"贯穿了虞和平先生学术研究的各领域,其在政治史方面的特征表现为:

政治史研究关注点的倾移。中华人民共和国成立以后,由范文澜开创的"革命史范式"在很长时间里一直是中国近代史学者所遵循的基本学术范式。[①] 在"一条线索、两个过程、三次高潮、八大事件"铸成的"革命史范式"中,不仅整体研究焦点集中于以人民的革命斗争为主要内容的政治史方面,而且在这种政治史中也是围绕着对立阶级之间的基本矛盾展开的。在这种"革命史范式"为主导的学术氛围下,虞和平先生在其导师章开沅先生带领下筚路蓝缕、推陈出新,将以往为人忽视的社会经济史与一度为人苛责的资产阶级作为研究的关注点与立足点。在治学过程中,虞和平先生不仅将资产阶级作为重点研究对象深入挖掘其形成、发展过程,而且以实事求是的治学精神,积极肯定其在中国近代历次政治运动中举足轻重的作用。通过这种研究视角的倾移,虞和平先生真正实现了将现代化理论运用于近代史研究中,从而为中国现代化史的早期研究做出了杰出贡献。

民主化与民族化作为政治评价标准。在以往"革命史范式"的研究中,往往存在基本的思维定式:对人民群众(相对于政府)、无产阶级(相对于有产阶级)、造反者和革命者(相对于统治者和改良者)、中国(相对于外国列强)的所言所行一味地加以颂扬和肯定,对他们的相对一方则几乎都持批判和否定的态度。虞和平先生在进行现代化史研究时,勇于突破这种定式的局限,将能否推进社会发展,是否有利于人民生活改善,是否符合历史进步方向作为近代史研究的整体评价标准。[②] 虞和平先生一方面尊重现代化的普遍性与世界性,将民主化作为政治进步的衡量标准,一方面也分析了中国现代化的特殊性,兼顾反侵略的民族化斗争,从而形成客观、完整的近代政治评价体系。在以民主化与民族化为标准的评价体系中,虞和平先生对于曾被否定批判的资产阶级,在不否认其一定阶段下的妥协性与软弱性的同时,也客观地承认其在辛亥革命、废督裁兵、联省自治、抗日战争等时期的政治进步性。

---

① 张海鹏:《20世纪中国近代史学科体系问题的探索》,《近代史研究》2005年第1期。

② 虞和平:《现代化研究与中国历史学的创新》,《上海交通大学学报(社会科学版)》2002年第3期。

值得注意的是，作为中国现代化研究最具影响力的学者之一，虞和平先生虽然在近代史研究中力行“现代化范式”，但其亦不赞成完全以“现代化范式”完全取代“革命史范式”，而是试图在相互包含的视角下，努力融合两种范式的矛盾与冲突。他认为现代化史作为近代史的一个方面，其包含的近代反帝反封建的改革和革命的内容，并不包含“革命史范式”和整个革命史，而主要是从中国近代的历史事实出发。这些改革和革命是近代中国现代化如何进展的前提条件，于是也就成了近代中国争取现代化的应有之义。①

（二）紧密把握经济基础与上层建筑的关联

作为以社会经济史见长的近代史研究学者，虞和平先生的中国近代政治史研究多是从商会、商人、资产阶级的社会角色出发，形成触类旁通的关涉。在这种经济视角下的政治史阐释中，经济基础与上层建筑间的辩证关系，成为贯穿虞和平先生各类课题研究的隐形线索。基于这种关系，虞和平先生一方面从现代化进程上把握了中国近代资产阶级参政能力与资本主义经济发展的密切关系，一方面也从资产阶级内部提示了经济实力与政治参与程度及影响力之间正相关的关系。

根据马克思历史唯物主义，生产关系是生产方式的社会形式。因此，无论是中国近代资产阶级自身的诞生与成长，还是其对中国政治、文化、社会活动的参与，都与资本主义在中国的发展过程息息相关。对此，虞和平先生开宗明义明确指出：“资产阶级是近代中国资本主义生产方式的化身，在它的身上包含着中国近代资本主义化的发展程度。”②在这种高屋建瓴的理论统领下，虞和平先生的中国近代政治史研究，无论主角是整体资产阶级，还是其具体的组织社团代表，都从不同层面展示了资本主义生产方式在中国落地生根的发展过程。近代以来，资本主义生产方式伴随着西方的坚船利炮进入中国，并促发、带动了中国自身资本主义经济的产生。作为这种生产方式的产物，诞生于清末民初之际的中国资产阶级，虽然表现出一定的滞后性，但其整体形成、发展与壮大过程与资本主义经济还是基本一致的。因

① 虞和平：《近年来史学理论与历史研究》，《史学理论研究》2012 年第 2 期。

② 虞和平：《中国近代资产阶级的产生和形成》序言，中华工商联合会出版社，2015 年，第 1 页。

此，在中国资本主义经济初生阶段，分散、羸弱的资产阶级的参政方式多以社会层面的奔走呼告为主，而其政治诉求尚停留在较为初级的层面，即试图通过拥护一个君主立宪制的政府来获得社会地位与权益的保护。同时，虽然在逐渐的整合、壮大下，资产阶级已开始对政府政治运作产生一定的影响，但是作为新兴阶级，其并未能真正参与到中国政治决策中。民国成立后，随着资本主义经济日益成为国民经济发展的主导方向，资产阶级的社会地位不断提高，其参政方式、政治意识以及政治影响力亦经历了不断进步的过程：不仅在政治主张上产生了对资产阶级代议制政府的向往，而且一些资产阶级人物也开始直接进入政府经济领导机关任职。资产阶级参政程度的这种变化过程，与资本主义经济的发展是相契合的。而这种经济与政治的互动关系与发展规律，同样解释了资产阶级未能完全实现中国现代化历史使命的根本原因，即资本主义经济在近代中国的不完整发展状态。

经济基础与上层建筑间的这种关系不仅从外部支配着中国近代资产阶级的发展过程，同时在内部左右着资产阶级因经济能力分野而造成的参政程度分层。在资产阶级参与的历次政治运动中，主导权基本掌握在拥有雄厚资产的大资产阶级手中。一方面，他们掌握着大型企业，资本的涵盖面和影响面宽阔，足以左右同类中小企业；另一方面，他们通常掌握着各地商会的领导权，对广大的中小资产阶级有着较大的组织制约力和心理吸引力。同样，在整个民国时期，真正能够参与到政府领导机构中的资产阶级，如朱葆三、虞洽卿、张謇、穆藕初、卢作孚、刘鸿生等人，亦俱为经济实力雄厚的大实业家。而与这些拥资百万的富豪相比，大多数中小资产阶级在运动中多处于跟从（甚至被迫胁从）的地位，他们尚要为自己的实业活动四处告贷，通常不可能拿出较多的资金用于政治活动，因此也往往很难真正参与到政治中去。

虽然在研究中虞和平先生遵循着马克思唯物主义历史观的指导，但其对于商会、资产阶级的政治研究也始终坚持“据之于实情”，从中国历史实际出发对相关现象提出合理解释。因此他虽然把握这种经济与政治的关联，但同样注重文化心理、社会环境等多方面因素的影响作用。例如在解释不同地区资产阶级参与辛亥革命的差别时，除了地域性的经济繁荣程度原因，更是联系到不同地区的革命激烈程度。

纵观虞和平先生 40 余年的治学生涯，他对于中国近代政治史研究始于微观层面的人物研究、商会研究,并于宏观层面的资产阶级研究中得到系统性的升华。政治史研究虽非虞和平先生专长,然以其见微知著、触类旁通的治学能力,打破了不同领域的研究壁垒,从独特的角度提出了系列启人深思的观点。可以说,虞和平先生不仅以其丰硕的研究成果使后辈学人受益,同时更是在研究方法与治学精神上彰显着史学大家的风范与魅力,成为我辈晚学心向往之的典范。

第二编　书评与书论

《中国现代化历程》与中国近代历史研究的新体系

——《中国现代化历程》鉴定意见之一

吴承明①

关于中国现代化历史的研究,已有不少论著问世,但是尚缺少全过程、全方位的研究,2001 年由江苏人民出版社出版的虞和平主编的《中国现代化历程》一书填补了这一空白。据我所知,虞和平是国内最早进行这一课题研究的学者之一,至今已有 10 余年的时间,积累较多,在国内外发表过不少颇有影响力的有关文章,他的早期著作《商会与中国早期现代化》曾获得国家社科基金优秀成果奖,其学术功底是相当深厚的。现在出版的这一新著,是虞和平在既有研究基础上的新发展,是现有同类研究中的优秀者,为中国的现代化研究做出了新的贡献。

贡献之一是形成了比较完整的现代化研究理论方法。在总结和检讨国内外现代化理论,发掘马克思现代化思想的基础上,提出了中国现代化的特定含义,把争取民族独立、制度变革和道路选择作为中国现代化的主体内容和重要动力之一。这一理论方法既包含了中国现代化的一般性,也揭示了中国现代化的特殊性,有助于中国现代化史研究体系的建立。

贡献之二是对中国现代化的全过程进行了比较系统全面的研究。全书

① 吴承明,1917 年 1 月出生,2011 年 7 月逝世。男,河北滦县人。1949 年前,是北平爱国学生运动领袖之一。1947 年年初,任上海中央信托局信托处襄理,兼任上海交通大学、东吴大学教授等。1949 年后,任职于中央外资企业局、工商行政管理局等处。1958 年,主持中国科学院经济研究所(中国社科院经济所前身)和中央工商行政管理局共同设立的资本主义经济改造研究室,兼任经济研究所研究员。1977 年起,先后担任中国社会科学院经济研究所学术委员会委员、研究生院博士生导师,兼任南开大学教授、博士生导师。1980 年任日本东京大学客座研究员,1986 年任美国加州理工学院客座教授。学术兼职主要有中国经济史学会会长、中国国史学会理事、中国投资史研究会名誉理事长、中华全国工商联特约顾问等。荣获国家颁发的社会科学突出贡献专家特殊津贴证书。本鉴定意见题目系编者所加。

涵盖了从鸦片战争之前到 2000 年,中国现代化发生发展进程中的内外条件、动力因素、思想意识、发展状况、经验教训等问题,基本上反映了中国现代化过程的全貌。

贡献之三是为中国近代以来历史的研究提供了一个新的学科体系。不仅贯通了近代以来的近代史、现代史、当代史三个阶段,反映不同阶段之间的继承和发展关系,而且把在各个阶段中的政治、外交、经济、社会、文化等方面用现代化的主线整合于一体,从而推进了中国历史学的学科创新,也充分体现了历史研究为现实服务的作用。

贡献之四是对一些旧问题做出了新的解释。如用“传动”和“外部资源利用”的观点解释中外关系和对外开放;用“动力系统”和“道路选择”分析反帝反封建斗争、国共斗争和体制改革;从“队伍结构”的角度考察各个阶级、阶层和党派的状况和作用;从“新模式探索”和“现代化错位”的角度透视“大跃进”和“文化大革命”时期的经济调整等,都有其独到之处,从而显示了研究中国近代以来历史的一种新的解释体系。

总的来说,《中国现代化历程》一书,在同类研究成果中可以说是迄今为止的一本最佳之作。

对中国现代化史学科体系第一次完整的理论模式设计和实际研究尝试

——《中国现代化历程》鉴定意见之二

汪敬虞①

中国现代化史是一个研究难度很大的课题,也是一门尚在形成中的学科。近10余年来,有关这一课题的研究成果已出版了一些,但专题性研究较多,整体性研究较少,尚没有比较全面、系统、完整的能够反映中国现代化特色的研究成果。江苏人民出版社于2001年出版的由虞和平主编的《中国现代化历程》一书,弥补了上述不足,可以说是迄今为止同类研究中最优秀的成果。

该书的一个最突出的贡献,是对中国现代化史的学科体系做出了第一次比较完整的理论模式设计和实际研究尝试。现代化整体历史的研究,既是一种专门史研究,又是一种通史性研究;既要突出自己的学科特点,也要整合社会多方面的问题;既要反映人类社会现代化的共同性,又要体现中国现代化的特殊性。对这些学科特点,该书都十分重视,做出了合理的安排,不仅在绪论中详细地论述了这些问题,而且贯穿于全书的研究之中,其内容结构覆盖了现代化的指标体系、动力系统、环境因素和道路选择等各个方面,从而形成了自己独有的现代化研究的理论和内容体系。

该书的另一个突出贡献是突出了中国现代化的特殊性。中国的现代化是世界现代化中的一部分,既有普通性又有特殊性,因此研究中国现代化就必须兼顾这两个方面。该书很好地处理了这两个方面的关系,不仅研究了

① 汪敬虞,1917年7月出生,2012年逝世。男,湖北蕲春人。1943年毕业于武汉大学经济系,同年进入中央研究院社会研究所读研究生,1946年1月任助理研究员。1950年任中国科学院社会研究所助理研究员,1955年任副研究员,1979年任研究员,1986年8月任研究生院博士生导师,1988—1998年任中国人民政治协商会议第七届、第八届全国委员会委员。本鉴定意见题目系编者所加。

中国现代化的普通性,如工业化、民主化等的现代化指标体系在不同历史阶段的实现程度,而且更多地研究了中国现代化的特殊性,把争取民族独立、制度变革和道路选择作为中国现代化的主体内容和重要动力之一,并分析了发展道路的转换及其必然性。因此,该书既具有很强的学术意义,也具有很强的现实意义。

此外,该书还对中国现代化史研究中难度较大、争议较多、研究较少的传统与现代、外因与内变、革命与建设、反帝与开放等四对矛盾问题,进行了具体而深入的研究,提出了自己独到的见解,如传统对现代的"潜在适应性",外因与内变关系从"传动"到"互动"的转变,革命对现代化建设的制度创新和道路选择作用,反帝与寻求外部资源的合理利用。这些见解的提出,克服了以往有关研究中所存在的片面性,不只是着眼于它们之间的矛盾关系,而且分析了它们之间的互动关系,反映了这些矛盾的内在运动在中国现代化进程中的动力作用。

该书之所以能成为如此优秀的成果,是与虞和平持之以恒的努力分不开的。虞和平进行中国现代化史的研究已有10余年的时间,积累较多,已在国内外发表过一系列的论著,并取得了很好的成绩,他的专著《商会与中国早期现代化》,以及他参与写作的专著《比较中的审视——中国早期现代化研究》,同时荣获国家社科基金项目优秀成果奖,在同行中颇有影响。因此,《中国现代化历程》一书是虞和平积自己多年研究才得以完成的。

中国是如何走向现代化的

——《中国现代化历程》鉴定意见之三

彭　明①

何为现代化？中国是如何走向现代化的？学术界已存多种讨论，但结合中国近现代史的发展，给予系统的理论的分析，却不多见。《中国现代化历程》一书（虞和平主编，江苏人民出版社，2001年出版）从现代化的角度全面审视和解释了1840—2000年的历史，全书分为三卷："前提与准备"（1911年之前传统经济发展，为与外来资本主义的对接准备了条件）、"启动与抉择"（1912年至1949年10月的资本主义现代化启动与艰难发展，及其与社会主义现代化道路的抉择）、"改道与腾飞"（1949年10月至2000年的社会主义现代化的建设和道路转变）。在每一个阶段中，又按现代化进程的发展特点变化分为连通交叉的若干小阶段。

全书的研究方法很有特色。它以马克思主义为指导，运用了包括马克思的现代化思想在内的现代化理论，以及历史学、社会学、经济学、政治学等方法，并在研究过程中特别注意现代化理论与历史学的有机结合。

本书的现实价值在于，通过迄今为止中国现代化全过程的研究，反映了不同发展阶段的传承关系、同质因素和不同性质，对今后的现代化建设不无借鉴意义。如中国早期现代化中出现的某些精英人物所提出的发展战略，法制建设，股份制、租赁制、合资制等的生产组合模式，经济体制和伦理关系的调整，工商界自我管理的组织体系，争取平等互利的国际关系，合理有效

① 彭明，1924年12月出生，2008年6月逝世。男，河南夏邑人。1945年12月，入华北联合大学教育学院史地系学习；1947年、1948年在华北联合大学和华北大学先后师从胡华与范文澜先生攻读研究生；1949年担任华北大学中国革命史助教，1950年中国人民大学成立后，一直从事教学和科研工作；曾担任中国人民大学学术委员会副主任，全国哲学社会科学规划学科组成员，中国现代史学会常务副会长、名誉会长，黄埔军校史研究会会长，中华炎黄文化研究会理事等职。本鉴定意见题目系编者所加。

利用外资和引进科技的思想和实践等,对目前我国的现代化建设具有一定的借鉴意义。书中所叙述的中国现代化进程由资本主义道路转变为经典社会主义道路,再转变为有中国特色社会主义道路的历史过程,有助于人们理解这一道路转变的历史必然性和正确性,进一步坚定走有中国特色社会主义现代化道路的决心和信心。

从总体上看,本书在迄今为止的同类研究中,属于创新力度最大、体系最为完整、结构最为合理、内容最为全面的著作。

对以往中国近现代史框架的突破

——《中国现代化历程》鉴定意见之四

章开沅①

有关中国现代化研究的学术专著,海内外自20世纪80年代以来出版已有多种,但此项课题成果自有其特色:

1.突破以往中国近现代史框架(或体系),截取中国数千年历史的近两个世纪(1840—2000),对中国现代化作长时段的完整研究。这样就超越了旧史传统的帝王世系与新史传统的事件系列的束缚,真正以中国现代化为研究主体,并把其进程区分为三个阶段,进行全方位的审视。

2.本项成果在以宏观研究的同时,以点面结合的方式,对各个阶段的论述除阶段特征的理论概括之外,还有更为具体的发展变化的细节描述(区分为若干相互交叉的小阶段)。这样,就更为突显中国现代化进程的繁复多变与丰富多彩。

3.全书内容围绕一条主线,突出两个转变,反映三项主体内容,注意四种关系,表明项目参与者对中国现代化进程已有全局在胸,所以能作比较符

---

① 章开沅,1926年7月8日出生,男,浙江吴兴(今浙江湖州)人。1946年10月入南京金陵大学历史系,后于该校肄业。1948年12月赴中原解放区,在中原大学政治研究室当研究生。1949年7月随校南下武汉,在教育学院历史系任助教、教员。1951年9月入华中大学(今华中师范大学),在历史系先后任教员、讲师、副教授、教授,1984年至1990年任该校校长。1980年参与创建中南地区辛亥革命研究会并任理事长,1984年任孙中山研究学会理事,1986年任湖北省社会科学联合会主席,1983年至1990年任国务院学位委员会历史学科评议组成员、召集人,1990年至1993年,历任普林斯顿大学历史系与普林斯顿神学院客座研究员、耶鲁大学历史系鲁斯学者、加州大学圣地亚哥分校历史系客座教授,1993年9月至1994年1月,任台湾政治大学历史所客座研究教授,1994年2月任台湾"中央研究院近史所"访问学人,1995年1月至7月任香港中文大学第14届"黄林秀莲访问学人"。在美国期间,奥古斯坦那大学授予其荣誉博士学位,田纳西州长授予其荣誉公民证书。本鉴定意见题目系编者所加。

合历史实况与本质的理论体系营造,这正是既往中外学者所发表的相关论著的不足之处。

4.本书有自己考察现代化进程的指标体系,并且着重探讨了动力系统、外因内变、思想观念、制度和道路表象背后的制约因素。作者既借鉴了西方现代化的理论与方法,又根据中国国情加以改造或扬弃。由于项目负责人和参与者大多已有较长时期的相关研究积累,所以全书能形成自己的创意、风格与特色。

5.当然,中国现代化历程研究涉及许多带根本性的理论问题,其中有些不仅长期困惑着既往的现代化参与者,而且也为现今的现代化研究者所面临的难题,如传统与现代化的关系,发展与稳定的关系,利益联动与社会伦理的关系,科技发展与人文关怀的关系等。本书虽然努力寻求合理的解答,但毕竟还有待于学术界的讨论与历史及现实两方面的验证。这些尚有若干不足之处,需要在今后继续深入研究,以求更加完善。

总之,我认为此书的出版必将引起中外学术界的高度关注,并对中国现代化的研究有所推动,同时亦可为当今的现代化建设提供许多有益的借鉴。

《中国现代化历程》与现代化研究理论体系的建立

——《中国现代化历程》鉴定意见之五

龚书铎①

江苏人民出版社出版的由虞和平主编的《中国现代化历程》一书,是虞和平积多年研究之心得而完成的。他进行中国现代化史的研究已有10余年的时间,积累较多,在国内外的同行中颇有影响。他的早期研究成果《商会与中国早期现代化》曾获得国家社科基金优秀成果奖,也在国内外发表过颇有影响力的有关现代化研究的文章。因此,与已有同类研究成果相比,虞和平的这一新作在理论和学术上多有创新之处。

在理论方法上,对现有的国内外的现代化理论进行了检讨,进一步发掘了马克思的现代化思想,提出了中国现代化的特定含义,把争取民族独立、制度变革和道路选择作为中国现代化的主体内容和重要动力之一,形成了自己独有的现代化研究理论体系。

在体系结构上,对2000年之前的中国现代化全过程进行了系统全面的研究,并以自己的现代化理论体系划分了中国现代化发展的"前提与准备""启动与抉择""改道与腾飞"三个阶段。这一体系结构,既有利于揭示中国现代化所包含的现代化的一般性与特殊性,也有助于中国现代化史研究体系的建立,对中国历史学的学科创新和社会功能的进一步发挥有较大的推进意义。

在重点内容上,除了考察现代化发展表象的指标体系,还探讨了表象背后的制约因素,如动力系统、外因内变、思想观念、制度和道路等问题,从而

---

① 龚书铎,1929年3月出生,2011年11月逝世。男,福建泉州人,马克思主义历史学家、教育家,全国五一劳动奖章获得者,国务院学位委员会历史学科评议组原召集人,中国史学会原副会长,北京市历史学会原会长,北京师范大学历史学院原教授、博士生导师。本鉴定意见题目系编者所加。

基本上反映了中国现代化历程的全貌,突出了中国内在因素和制度变革、道路选择的决定性作用,克服了以往某些研究中侧重指标体系和外部影响的片面性,也有助于人们理解这一道路转变的历史必然性和正确性。

需要特别指出的是,关于中国现代化(近代化)问题的研究,以往大多以考察现代化的指标(如工业化、民主化、城市化、教育、科技等)所达到的程度为主,对现代化的道路问题虽然有所论述,但缺少比较系统全面的深入研究,因而往往忽视与道路选择密切相关的反帝反封建的革命斗争,有的甚至把革命斗争与现代化对立起来,中国共产党所领导的为社会主义现代化开辟道路的革命斗争更是隐而不现,没有反映中国现代化的全貌,也不能揭示制约现代化进程的深层次问题。虞和平的《中国现代化历程》不仅研究了现代化的指标体系实现过程和程度,而且研究了指标体系如何实现的问题,紧密结合现代化的发展进程,阐释近代中国反帝反封建革命对现代化的推进作用,把两者有机地结合起来,从而对中国现代化的道路进行了全面系统的深入研究,无疑是对国内外现有的现代化问题研究的一个重大的理论突破。

该书至少具有四点重要的学术价值和意义:一是有助于中国现代化问题研究的深入和发展,弥补以往研究之不足,澄清和纠正以往有关研究中的某些不正确的和片面的见解;二是能够体现近代中国的反帝反封建革命斗争,特别是中国共产党及其所领导的革命斗争在中国现代化进程中应有的历史地位和作用;三是有助于进一步说明和理解中国现代化进程从资本主义现代化转入苏式经典社会主义现代化,再转入有中国特色社会主义现代化的历史必然性;四是通过对中国共产党在现代化道路选择中的地位和作用的阐释,反映了中国共产党从诞生之日起就具有历史进步性。

总的来说,在同类研究成果中,该书可以说是一本最优秀的著作。

学术性和思想性、学术传承和学术创新的有机结合

——《中国现代化历程》鉴定意见之六

李文海①

虞和平同志主持的"中国现代化历程"研究课题已经完成,并出版了其最终成果——三卷本的专著《中国现代化历程》。

本书有两个显著的特点及优点:一是学术性和现实思想性的有机结合;二是学术传承和学术创新的有机结合。

具体地说,这部专著的学术价值与现实意义,突出表现在以下三个方面:

一、以中国现代化的历史进程为主要线索,审视、分析、评论了1840年至1949年的中国近代史以及1949年至2000年的中国现当代史,历史跨度很长,却理出了一条历史发展的清晰脉络。由于指导思想明确,澄清了有些人人为地把政治变革与经济发展、社会进步割裂开来、对立起来的错误观点,深化了对我国近现代历史的认识。

二、对马克思的现代化思想做了深入的研究和论述,且与国外一般现代化理论进行对比分析,并以此为参照,审视中国近两个世纪的现代化历程,得出一些很有深度的认识。

三、概括了中国现代化所经历的两次大的历史性的转变,即从资本主义

① 李文海,1932年2月28日出生,2013年6月7日逝世。男,江苏无锡人。1949年11月在无锡参加革命,1952年2月加入中国共产党。1952年9月进入中国人民大学学习,1955年7月毕业。1985年9月起任中国人民大学副校长。1987年10月起任中国人民大学党委书记。1991年9月,兼任清史研究所所长。1994年6月至2000年9月,任中国人民大学校长。曾任国务院学位委员会历史学科评议组召集人和教育部邓小平理论研究中心主任、国家社科基金中国历史学科评审组组长、教育部历史学教学指导委员会主任、《高校理论战线》编委会主任、中国史学会副会长、中国高教学会副会长、中华人民共和国国史学会副会长、北京市高教学会会长等职务。本鉴定意见题目系编者所加。

现代化转变为社会主义现代化，又从经典的社会主义现代化转变为有中国特色社会主义现代化，很有说服力地说明了中国人民在中国共产党的领导下，探索现代化道路的艰难过程，又充分说明了今日道路选择的科学根据和历史必然性。它对现实生活中群众存在的某些问题做出了合理的阐释，必将在学术界和思想界产生积极的影响。

对中国历史学的学科建设具有启迪意义

——《中国现代化历程》鉴定意见之七

从翰香①

一、全新的阐述体系。该书涉及的历史阶段是1840—2000年。在传统史学分期中,1840—2000年这160年的时间,既包含了近代史、现代史,又包含中华人民共和国史。虞和平主编的《中国现代化历程》一书,用“现代化进程”这一主线,将这160年的历史整合成为一部完整的长时段的断代专史,这对中国历史学的学科建设具有重要启迪意义。

二、“中国现代化历程”是一项重大研究课题,理应受到广泛重视。它既是了解近两个世纪以来的中国国情必不可少的一课,也是了解18世纪以来世界范围内发生的资产阶级革命和工业革命对中国的影响(即中国处于一种什么样的地位)的不可或缺的一课。从这个角度衡量,虞和平主编的《中国现代化历程》一书具有鲜明的理论色彩和学术价值。其出版将会引起很好的反响。

① 从翰香,1933年8月出生,女,湖北阳新人。1955年复旦大学经济系毕业,1959年北京大学经济系中国经济史专业毕业,获副博士学位。1960年1月到中国社会科学院近代史研究所,后任研究员、所学术委员。本鉴定意见题目系编者所加。

现代化史研究领域的一项重大进展

——《中国现代化历程》鉴定意见之八

陈争平①

虞和平同志主持的"中国现代化历程"研究课题已完成。本项课题研究是对19世纪中期至20世纪末中国现代化历程进行了视野开阔,研究对象时间跨度最大、最为全面系统的研究。在研究指导理论和方法上,本项研究以马克思主义历史唯物主义与辩证唯物主义为指导,综合运用了历史学、社会学、经济学、政治学等方法,特别注意包括马克思现代化思想在内的现代化理论与历史学方法的有机结合,因而取得了在现代化史研究领域的重大进展。本项课题研究成果在体系结构上将160年中国现代化历程分为"前提与准备""启动与抉择""改道与腾飞"这三大阶段,每一大阶段中又按现代化进程的发展变化特点分为若干小阶段,其中有关中国现代化历史道路的两个转变(即由半殖民地半封建社会的资本主义现代化转向苏式经典社会主义现代化,又从苏式经典社会主义现代化转向有中国特色社会主义现代化)的论证;有关中国后发外生型现代化进程中四种关系(即内因与外因的关系、传统与现代的关系、政治变革与经济和社会发展的关系、政府与社会的关系)的分析研究;有关争取民族独立、制度变革和道路选择不仅是中国现代化的主体内容,而且是重要动力等重要观点的提出等,都有着重要的理论创新意义。

本项课题的完成,在学理上有助于推动有关中国现代化理论探讨的深入,也有助于促进中国历史学科的创新及社会功能的进一步发挥;在社会现实意义上有助于加强爱国主义教育和深化对国情的认识;有关对现代化进

① 陈争平,1951年11月出生,男,经济学博士。曾任中国社会科学院经济研究所副研究员、研究员,现为清华大学人文学院历史系教授,主要兼职有中国经济史学会常务理事、近代史专业委员会副会长。本鉴定意见题目系编者所加。

程中四种关系的分析,对中国近现代史上法制建设经验教训的总结,以及对多种生产经营组合模式、经济现代化与文化教育的关系和中央与地方的关系等的分析,可以为当前与今后的中国现代化建设提供重要的历史借鉴,有较高的现实价值。

总之,本项课题的成果是一项优秀的科学研究成果。

百年中国历史演变的新诠释

——《中国现代化历程》鉴定意见之九[①]

王奇生

虞和平同志主持的课题“中国现代化历程”，其最终成果是一部已定稿并即将出版的三卷本、120余万字的大型学术专著，该成果的创新之处主要表现在如下几个方面：

一、新的解释体系：《中国现代化历程》选取1912年和1949年作为界标，将1840年至2000年这一长达160年的历史进程分为三个大的时段：1911年以前为中国现代化的“前提与准备”期，1912年至1949年为中国现代化的“启动与抉择”期，1949年后为中国现代化的“改道与腾飞”期。按国内学术界通行的分期，1840—2000年的中国历史被分割为中国近现代史、中华人民共和国史和当代中国研究等多个不同的专业领域来进行研究。虞和平在设计《中国现代化历程》的编写体例时，显然有意以整合的方式，打通和纵贯各个历史发展阶段，对进入近代以来的中国社会发展变迁过程建立一种新的解释系统。从全书纲目可以看出，主编试图对横跨近两个世纪的中国现代化历程作一个长时段的综合考察，强调历史过程的连续性，力图弥补过去分段研究所造成的人为裂痕。

国内的中国近现代史研究，史学界曾提出过多种发展线索。从近代以来中国人所一直追求的目标和中国社会的实际发展进程来看，现代化无疑是一条贯穿始终的线索，而且可能比以往强调的一些线索，涵盖面更宽，视野和包容性更广。因为现代化是一种涉及社会各个层面的变化过程。比如过去在革命高潮主线和阶级斗争主线下所忽视的一些历史面相，却在现代化主线下鲜活地呈现出来。当然，也有一些被过去革命和阶级斗争线索所突显的一些矛盾和现象，在现代化线索下隐而不彰。《中国现代化历程》一

① 本鉴定意见题目系编者所加。

书试图提出一种不同于以往中国近现代史和中华人民共和国史的解释体系。在这一解释体系下,像鸦片战争、甲午战争、义和团运动等在中国近代通史中所重点描述的重大历史事件的过程被淡化处理。而过去忽视的一些制约和影响现代化进程的动力因素、思想理念、指标体系和社会动员机制等则被浓墨重彩地描画出来。在革命和阶级斗争线索下,像三元里人民抗英和太平天国等农民起义一直是历史叙述的中心,而在现代化的视角下,则被排挤到边缘位置,甚至不见踪影。而如实业救国、地方自治、维新新政和立宪运动等,则被作为资本主义现代化的启动尝试而受到重点关注。《中国现代化历程》虽然亦大致按历史进程的发展脉络来叙述,但其所取所舍,所轻所重,以现代化进程中的社会发展变迁指标为依凭,与传统的中国近现代史写法已判然有别。

二、学术观点的创新:现代化是人类历史上最剧烈、最深远也是最普遍的一场社会变革。各个国家和地区的现代化进程虽然遵循着某些共同的基本路线,但各国国情又决定其必然闯出一条独特的道路。《中国现代化历程》尤其关注中国独特的历史遗产:哪些是回应外来挑战所导致的骤然飞跃,哪些又是本土因素的静悄悄的绵延。研究中国现代化的历程,除了要反映中国现代化发展过程的基本状况,最重要的是揭示这些状况背后的各种制约因素。作为后发外生型现代化国家,中国现代化是在遭受先现代化列强侵略的大背景下启动的。因此,作者强调近代以来中国朝野为争取国家和民族的独立富强是贯穿中国现代化历程的一条主线。

另外,作者总结中国现代化的目标和模式,经历了两次大的历史性转变,即从1949年以前的资本主义现代化转变为1949年后的苏联经典式的社会主义现代化;1978年以后,又由经典式的社会主义现代化,转变为有中国特色社会主义现代化。《中国现代化历程》不仅突出描述了这两次转变,而且分析了这两次转变在这个现代化历程中的必然性和重要性。但作者也注意到这种转变,并不意味着前后模式之间完全断裂和对立,而是存在着一定的传承性和延续性。

三、研究方法的创新:虞和平在设计该书的框架结构时,试图将现代化的理论与历史学的方法结合起来,即一方面运用现代化的理论原理来诠释19—20世纪的中国历史,另一方面也从历史的角度来考察和描述中国现代化从起步、抉择、挫折、发展直至腾飞的全过程。这两方面的结合,既有利于揭示中国现代化所包含的共性和独特性,加深人们对中国现代化历程的纵深理解,也有助于中国历史学的学科创新,使中国近百年来的历史演变在现代化的视角下得到一种新的诠释,具有相当大的创新意义。

但同时,该成果也存在一定的问题:课题成果是一部多位专家学者共同完成的大型学术专著,因作者研究能力和研究基础的差异,体现在全书不同部分难免参差,少数章节尚显薄弱;书中观点创新之处不少,但个别结论和提法尚有推敲和商议的余地。

总体而言,《中国现代化历程》堪称一部优秀研究成果。

析薪破理　史信文新

——《中国现代化历程》评介

周新国[①]　朱季康[②]

虞和平主编的《中国现代化历程》(以下简称《历程》)三卷本,于2001年由江苏人民出版社出版。这是一部有关中国百年现代化历程研究的最新力作。该书洋洋百万余言,从崭新的视角出发,集中外百年中国现代化研究之精髓,忠于历史,敏求渊后,经数名专家同人之功,终成此皇皇巨著。全书读罢,思绪万端,特作如下述评。

现代化是一个国家从传统农业社会向现代工业社会发展的过程,这个过程是当今世界任何一个国家都无法回避的。现代化的成功与否对一个国家、一个民族的繁荣富强而言,具有决定性的意义。故而《重新认识百年中国》的主编冯林先生曾说:"一百年来的中国近代史其实是一场现代化史。"[③]中国近代史学的泰斗胡绳,1995年在他的《从鸦片战争到五四运动》"再版序言"中指出:"至今尚未有以现代化为主题写出来的中国近代史(也许我孤陋寡闻未见到过)。但是我认为这种意见(指以现代化为主题研究近代史——作者注)是可行的。从1840年鸦片战争以后,几代中国人为实现现代化作过些什么努力,经历过怎样的过程,遇到过什么艰难,有过什么分歧、什么争论,这些是中国近代史中的重要题目。以此为主题来叙述中国近

---

① 周新国,1951年出生,男,江苏南京人。扬州大学历史系二级教授,博士生导师。历任扬州师范学院历史系副主任、主任,扬州大学师范学院副院长,1997年6月任扬州大学党委常委、副校长。曾获国务院高级专家特殊津贴,现兼任中国史学会理事,江苏省历史学会会长,江苏省哲学社会科学界联合会副主席,中华口述史研究会常务副会长。本文原载于《史学理论研究》2003年第4期。

② 朱季康,扬州大学社会发展学院中国近现代史教研室副教授。

③ 冯林主编:《重新认识百年中国》上卷,改革出版社,1998年,第4页。

代史显然是很有意义的。"①

作为中国社会科学院"九五"基础研究课题成果,《历程》达到了迄今为止国内外同类研究的最新水平。20世纪70年代末80年代初,美国以及中国台湾和中国香港等地的学者就此课题展开了较为集中的研究。大陆学者则于20世纪80年代中期开始起步,并展现了后来居上的态势,迄今已有不少论著问世。其中如罗荣渠的《现代化新论》、章开沅主编的《比较中的审视——中国早期现代化研究》、许纪霖主编的《中国现代化史》等,都堪称优秀论著,各成一家之言。但是就内容的系统性、理论的创新性、研究的深入性而言,皆无出《历程》右者,这固然有《历程》出版较迟的原因,但此书别具一格的笔调和论断的新颖才是其成功的关键。恰如此书"绪论"所述:"研究中国现代化的历程,既要运用现代化的有关理论原理,更要建立和运用适合中国现代化特点的解释体系;既要放眼世界潮流,又要深入了解本国国情,还要细察外因和潜在的内变因素。只有这样,才能对中国现代化的发展规律、表现形式、现实状态和未来走势进行比较实事求是的分析,从而展现有中国特色的现代化历程。"②

一、完整、全面、有序

时间的完整性、内容的全面性、结构的有序性是《历程》的显著特点之一。

在时间上,其跨度之大,开中国现代化研究完整性之先河。《历程》起于1840年并上溯至鸦片战争之前的中国社会状况,止于2000年并兼及未来展望,尤以1978年以后的研究更为人所瞩目。这部书的时间跨度包含了中国近现代史和中华人民共和国史,因而能较好地反映中国现代化的全貌,1978年后的部分则是采集近年来国内外专家学者的最新研究成果,给予世人以充分的理论说明及展望。正如著名美籍华人史学家唐德刚先生所倡"历史三峡"③之意,此书作者特设"'三个代表'学说:现代化的新方针"一章,集中

① 胡绳:《胡绳全集》第6卷"再版序言",人民出版社,1998年,第8~9页。

② 虞和平主编:《中国现代化历程》第一卷,江苏人民出版社,2001年,第1~2页。

③ 唐德刚:《晚清七十年》,岳麓书社,1999年,第7页。

阐述了改革开放后中国共产党的自我改革、现代化与“三个代表”学说、新时期的党性与先进性等内容,予中国现代化历程以尽可能完整的说明。对于有中国特色社会主义现代化的理论和以“三个代表”重要思想为核心的领导现代化的新理论和新方针,给予了新时期及大历史观下的解释。特别是全书结尾所设的“后论:中国共产党对现代化事业的贡献”,以丰富生动的事例、数字说明中国现代化的辉煌成就,归纳中国现代化的基本经验,并着重指出中国共产党在中国现代化理论创新上所做出的历史性贡献,从执政党自身现代化的角度阐述了“三个代表”学说对中国共产党自我建设的重要意义。这些内容及其论述不仅弥补了以往有关论著的空白,更勾勒了中国现代化历程的完整框架。由此构成了由鸦片战争起的“前提与准备”阶段、1912年后的“启动与抉择”阶段、1949年后的“改道与腾飞”阶段这三部分完整的中国现代化历程。

在内容上,把现代化这一线索贯穿始终,不仅构筑了中国现代化历程的研究体系,而且构筑了近代以来中国历史的现代化解释体系。全书的内容紧紧围绕现代化这一主线,同时内蕴阶级斗争、外国侵略、反帝反封建、资本主义、民族运动、经济发展等基本线索,外延政治、经济、社会、文化、人类等涉及领域,其涵盖之宽、体系之恢宏,诚为少见。基于中国现代化课题的地位之特殊及牵涉领域之广,该书作者精心研究,巧妙构思,在删繁就简的前提下给予各研究领域尽可能多的关注。在各个领域的研究中突出中国现代化历程的主线,以中国现代化历程为中心主导,辅之以各领域的历史状况及旁证。体广而不妨主,谋多而不乱心。以政治、经济、思想、文化、法制建设等为各阶段中国现代化主体,辅之以每阶段的重大现代化建设事件,如“商人外交”“联省自治”“虚置政府”“湖南自治”“南通模式”“乡镇建设”“苏南模式”“温州模式”“深圳模式”等。作者精辟分析每一阶段的现代化过程,有原因、经过、结果三个基本分析,并予以每阶段现代化成就在发展程度上的客观评论。史实、史因、史果、史评一目了然,于读者裨益甚多。

在结构上,突出重点,兼顾全面,纵横捭阖,独出心裁。《历程》以考察近代以来中国人民和政府如何为争取国家独立富强而奋斗的过程为主线,突出中国的现代化如何从资本主义现代化转变为苏联式经典社会主义现代化,又如何从苏联式经典社会主义现代化转变为有中国特色社会主义现代化的两个转变,并以有中国特色社会主义现代化道路为最终落脚点;包含民族化、民主化、工业化三项中国现代化的主体内容以及帝国主义和中华民族(包括外国资本与民族资本)、专制主义与民主主义、计划经济与市场经济(包括国营经济与私营经济)三对主要矛盾;注意内因与外因、传统与现代、政府与社会、政治变革与经济和社会发展的四种关系为内在逻辑结构。在写法上纵横结合,在卷和编的划分上体现纵向的发展阶段,有一定的时间界限,以章来讨论专门问题,在时间上可有一定的追溯和延伸,以求内容的相对集中和完整。全书分“前提与准备”“启动与抉择”“改道与腾飞”三卷,共12编63章。不仅在卷、编、章、节的编排上体现着合理的有序,在每一具体问题的叙述论理上也充满着逻辑关联。如关于中国资产阶级的形成这一问题的阐述,先从何谓“阶级形成”入手,界定阶级形成的基本条件,后分资产阶级形成过程中存在的“自在”与“自为”两种状态,并分述之,再谈中国资产阶级两个状态的转变到最后的初步“自为”及这种中国资产阶级“自为”状态的局限性。分析始终以商会为考察对象,环环相扣,有理有据,出新不乱,其结构之有序可见一斑。

二、三项主体内容,有机结合,丝丝入扣

如该书所言:与英、美、日等国家现代化相比,中国的现代化经历了“早期现代化”(1949年10月之前,以资本主义现代化道路为主体)、“经典社会主义现代化”(1949年10月至1978年,按照马列主义基本学说和苏联模式而实行的现代化道路)以及1978年后,主要是以马克思的社会主义学说与中国的具体国情相结合而开创的有中国特色社会主义现代化道路。三种道路都包含着现代化抽象含义上的工业化、民主化等社会发展指标的共性。而民族化则是半殖民地的中国必须面对的难题,因此中国现代化,特别是早期现代化的核心含义,还应该增加一项民族化——反对帝国主义侵略、争取民族独立和统一。工业化、民主化、民族化构成了中国现代化的全部内容。

提起长达160年之久的中国现代化,工业化是最为人所关注的问题,也是该书的重点。在抵制洋商侵略的窘境下,中国工业化开始了艰难的起步。从最早进入中国的外国资本,到洋务运动、维新运动、清政府新政,再到民国经济现代化的社会动员、资本主义的“黄金时代”、民国政府的国家资本、共产党的新民主主义实践、抗战时期的西部工业化、振兴实业梦的破灭直至中

华人民共和国成立后社会主义工业化的启动、现代化的社会动员受挫、工业化的新战略，该书向我们展开了一幅筚路蓝缕的创业长卷。作者同时进行了系统的理论归纳：三民主义、新民主主义、有中国特色社会主义、“三个代表”现代化方针中的工业化纲领和蓝图被予以详细的解剖。在大的框架体系下，该书也给予重点问题以适当笔墨。如“抗战时期的西部工业化”一章中，描述了这种异常的工业化空间传动的情况，指出其特点与局限性：（抗战结束后）由厂矿内迁带来的工业化空间传动作用几乎消失，这是非经济性动力引起空间传动必然具有的弊端。一言中的，深刻揭示了抗战时期西部工业化的尴尬局面，读之令人深思。“工业化中突起的异军”一章，分别就乡镇企业、外资企业两支“异军”进行论述。该书指出了中国乡镇企业不同于欧洲国家农村工业的起源，论述了三代乡镇企业的渊源及发展历程，高度重视中国农民的伟大创造性，着重介绍了农村工业化模式的典型——无锡模式，并分析引进外资的必要性和可能性、中国利用外资的基本情况等，史料价值较高。

上溯至20世纪初孙中山先生的三民主义，“民主”一词便一直为人耳熟能详，民主化是中国现代化历程中另一必跨之坎。中国的民主化由三民主义起步，经新民主主义理论发展，到新中国的社会主义民主，再到市场经济下的民主政治，直至建立现代化民主国家。实现民主化不仅是现代化的必然要求，也是实现现代化的根本保证。该书着重指出民主化和工业化的有机联系，通过史实说明民主化与工业化在不同时期的相互制约和影响，从而揭示民主化的根本内涵、目标，展示了社会主义民主的历史进步意义及发展方向。如“民主与专制理论分野”一节，作者从抗战时期的大背景入手，讨论了张君劢等人的法西斯言论的危害，强调了法西斯理论与真正民主化理论的不同发展前景。“民主政治：目标与内涵”一节，作者依据中共十三大制定的政治体制改革蓝图，指出：（此后）我国的政治体制改革开始向建设民主政治新秩序的方向发展，而不再是对旧体制的“修补”。言简意赅，一下子阐明了我国民主化开始的新方向。作者基于对十三大报告的深入分析，相应分析该时期各项政治体制改革，丝丝相扣，深入浅出。如以上两者，全书较大篇幅的民主化描述，给予此问题以令人信服的说明。

争取民族独立是任何一个殖民地、半殖民地国家的现代化所不可或缺的一项核心内容。该书作者将民族化提到一个全新的高度，将其与工业化、民主化并列为中国实现现代化的基本因素。反对列强侵略,争取民族独立,既是中国早期现代化的主体目标之一,也是中国早期现代化的主要动力之一。“争取民族独立的现代化动力”一章中,作者给予民族主义一个界定:主要是指文化民族主义,即因某些政治、经济、文化、历史的原因而形成的民族国家的民族概念,不包括人类学上的自然民族观念。从鸦片战争前的反清到鸦片战争后,特别是中日甲午战后,中国人的民族观念开始逐渐向现代性民族观念转变,并逐渐兴起了以现代性民族为指导的民族独立运动。而在这些民族化运动之中,又蕴含着工业化与民主化的烙印,有力地推动了中国早期现代化的进程。作者还认为,中华人民共和国成立后民族化已经实现,但是民族独立和爱国主义仍然是中国进行社会主义现代化建设的一个基本原则和重要动力,只不过其程度和方式在不同的时期有所不同而已,赋予了民族化在新时期的新内涵。

工业化、民主化、民族化是中国现代化的三项主体内容,三者有机结合,丝丝入扣,是该书极其鲜明的特点。

三、新理论、新视角、新观点

面对30余年来中外专家对于中国现代化的研究成果,在“拿来主义”的同时,该书作者立足今天,关注现实,对该领域的研究进行了客观冷静的审视与反思,用新的理论去研究问题,开辟了新的视角,提出了不少新观点。

在理论方法上,该书对现有的国内外的现代化理论进行了检讨,进一步发掘了马克思的现代化思想,提出了中国现代化的特定含义。文中指出:西方的现代化理论是总结西方国家现代化经验而产生的,带有明显的“西方化”色彩和局限性。马克思的现代化思想,不仅提出了发达资本主义社会是现代社会及其主体特征,而且把社会形态发展阶段与现代化进程相结合,指出了资本主义现代社会与社会主义和共产主义现代社会之间的区别、传承和发展关系;殖民地、半殖民地国家只有在取得独立以后才能真正实现现代化;生产方式的内在运动规律、社会主义取代资本主义的必然性与科学技术均是现代化的动力。因此,该书在运用西方的一般现代化理论的同时,以马克思的现代化思想为指导,结合中国历史事实,提出了争取民族独立、制度变革和道路选择不仅是中国现代化的主体内容之一,而且是重要动力,并据此设计全书的体系结构。

在该书的“绪论”中，作者提出了研究中国现代化的几个必须重视的问题，分别是：传统与现代，外因与内因，政府、社会与外国资源的关系问题及关于现代化的发展道路问题。这些问题提纲挈领，帮助研究者打开思索之门。该书作者力图开辟新的角度研究问题，如“传统人文社会的分化”一章，作者分析了西学传播促进中国社会的职业和政治分化的几种表现，解释中国的人文社会由单一的传统因素结构转向新旧兼有的二元因素结构，并以新因素为主导方向的发展趋势。“民国成立与现代化因素整合”一章，则通过对军阀官僚投资创办企业，尤其是对这类企业经营权、所有权与运营状况的具体分析，评价了此类企业在中国现代化历程中的历史进步作用。“新民主主义的现代化构想”一章，则通过新民主主义的现代化实施阻力和动力的阶级分析，指出如何动员更多的力量为中国社会的现代化创建更好的条件。

在内容结构上，该书除考察现代化发展表象的指标体系之外，重点考察了发展表象背后的各种制约因素。书中以较多的篇幅探讨了动力系统、外因内变、思想观念、制度和道路等现代化制约因素，从而使中国现代化历程的面貌有了更为全面的反映，突出了中国内在因素和制度变革、道路选择对现代化进程的决定性作用，较好地处理了抵制帝国主义侵略、民主主义革命与现代化进程的内在关系，使之成为一个有机的整体，克服了以往国内外某些相关研究中侧重于指标体系和外部影响的片面性。如：在第一卷中所论述的现代化的世界化过程及其影响中国的过程，中国传统社会因素与现代化的相抵性和潜在适应性，中国传统人文和政治社会的变异，争取民族独立的现代化动力作用，经济伦理的资本主义化，戊戌维新、清末新政、预备立宪、辛亥革命对中国早期现代化启动的作用和地位等问题。在第二卷中所考察的辛亥革命精神的现代化社会动员作用，政治现代化与经济现代化的关系，各种现代化的思潮和道路选择，中国共产党的社会主义现代化思想和早期实践，中央政府与地方政权的角色结构，某些精英人物所领导的区域现代化建设模式，抗日战争时期的现代化非常结构状态和道路的再选择等问题。在第三卷中所探讨的问题有：中国的现代化如何从资本主义现代化转变为社会主义现代化，再转变为有中国特色社会主义现代化的必然过程；中国共产党的现代化发展战略；毛泽东、邓小平、江泽民的现代化思想及其历史贡献；有中国特色社会主义现代化的内容构成和腾飞效应；现代化的社会动员和资源利用方式;政策调整和制度改革中产生的新模式等。

新的视角拓展了研究的空间,为新观点的产生提供了基础。“绪论”中,作者通过内因与外因关系的研究,辨别英、美、日等国现代化的类型,明确表示:不同意以前不少学者所提出的中国1949年之前的早期现代化是一种“外源性”现代化(也有学者称之为“传导性”现代化),而代之以“传动性”现代化。作者认为“传导”所包含的主要是外国现代社会因素的注入及其所引起的中国人的学习和仿效;“传动”所指除“传导”所包含的这一层意思之外,还指中国人因外国的压迫而激起的谋求自强的动机。“传导”含有长期的意思,而“传动”突出初期的促动意义。这一观点可以更好地体现内因、外因的辩证关系及中国现代化由被动向主动的能动转变。

在“现代化的危机:体制问题”中,作者指出:“民国初年民主政治失败的原因,可能并不能完全说明民主政治不合乎中国国情,而是别有原因,它的原因可能还不足以构成中国人拒绝政治民主化的充分理由。”[①]这一章分别对“现代化对民主政治的诉求”“权利危机的出现”“宪法体制的破坏”“洪宪帝制对现代化的挑战”等节做了探析,讨论了民国初年政治民主化与当时国情磨合的艰难及中国人需求政治现代化道路的决心,指出这一时期政治民主化的不成熟并从中留意到民国初年社会中已开始酝酿政治民主化成熟的条件。

有关资产阶级形成的论述中有新的阐释,在“资产阶级的形成”一章中,作者基于以往判断和界定资产阶级形成标准的不可量度,借鉴马克思理论中关于工人阶级产生的标准,提出判断中国资产阶级的产生也适用“自在”“自为”两种评判状态,指出衡量一个阶级形成与否,不能笼统地谈“形成”,而应该区别分析它是在“自在”状态上的形成,还是在“自为”状态上的形成。作者运用这一理论分析中国资产阶级的“自在”状态;“自在”向“自为”的转变过程及中国资产阶级的初步“自为”化,并强调中国资产阶级进入基本“自为”阶段,只是从一般概念出发,结合中国资产阶级发展壮大的具体过程提出的,并不具备与其他国家同样的水准。

像其他任何著作一样,该书限于各种原因也不可避免地存在一些不足之处。在面与点的结合上,虽然在章节体系结构上反映了中国现代化的全

---

① 虞和平主编:《中国现代化历程》第二卷,江苏人民出版社,2001年,第454页。

过程,但是在具体内容中较侧重于点的研究,对面上的叙述较少,因而显得专业性较强而普及性不足。点上的研究由于受篇幅和研究基础的限制,有些问题的论述比较薄弱,如关于科学技术、文化教育、法制建设等方面。

从总体上来说,该书的出版使中国现代化问题的研究向前推进了一大步。该书在体系结构上有重大的突破,在内容上有较大的开拓和深入,具有明显的学科创新意义,是迄今为止在相关研究中处于前沿地位的一部著作。

中国现代化解释体系的创新与实证

——评虞和平主编《中国现代化历程》

危兆盖①

江苏人民出版社新近出版了一部由中国社会科学院近代史研究所虞和平研究员主编的三卷本、120余万字的大型学术专著《中国现代化历程》。中国现代化研究是最近10余年间兴起的新课题,海内外学术界已有不少研究成果问世,其中不乏名家大作。但近年来,以“现代化”为名的书未免出得有些过滥。在这种情况下,要再撰写一部有关中国现代化史的学术专著,若没有充足的准备和自信,是不敢轻举妄动的。虞和平近十年来一直从事于这一课题的研究,已出版和发表了不少相关的研究成果,正是有了这种先期研究的成果和心得积累,才铸就了现在的这一成果。

该书的内容特色,主要是对1840—2000年的中国现代化全过程进行了比较全面系统的研究,从现代化的角度审视和解释1840—2000年的历史。在内容结构上力求面与点的合理结合,既反映中国现代化过程的全貌,又对一些以往缺少研究,或有争议,或无现代化诠释的重要事件和重要问题进行重点研究。主要内容是:第一,围绕一条主线。即以考察近代以来中国人民和政府如何为争取国家独立富强而奋斗的过程为主线,如做过什么样的努力,受到过什么样的遭遇,有过什么样的分歧和争论,有哪些经验和教训,取得过什么样的成就,犯过什么样的错误,在世界现代化进程中占有什么样的地位。第二,突出两个转变。即中国的现代化是如何从资本主义现代化转变为苏联式经典社会主义现代化,又如何从苏联式经典社会主义现代化转变为有中国特色社会主义现代化。第三,反映三项主体内容和三对主要矛

① 危兆盖,湖南新邵人,北京师范大学历史系毕业,现为光明日报社高级编辑。本文删节版以“现代化视野下的中国历史——《中国现代化历程》简评”为题,发表于《光明日报》2002年2月19日。收入本书时,题目有所变动。

盾。即以争取民族独立、民主化、工业化为主体内容;与此相应,以帝国主义与中华民族、专制主义与民主主义、计划经济与市场经济(国家资本与民间资本)的矛盾运动为现代化进程的主体脉络。第四,注意四种关系。即以内因与外因、传统与现代、政治变革与经济和社会发展、政府与社会的四种关系,作为影响中国现代化进程的最重要的因素和特点进行研究。

该书的学术创新之处主要有:在理论方法上,对现有的国内外的现代化理论进行了探讨,进一步发掘了马克思的现代化思想,提出了中国现代化的特定含义。文中指出:西方的现代化理论是总结西方国家现代化经验而产生的,带有明显的西方化色彩和局限性。马克思的现代化思想,不仅提出了发达资本主义社会是现代社会及其主体特征,而且把社会形态发展阶段与现代化进程相结合,指出了资本主义现代社会与社会主义和共产主义现代社会之间的区别、传承和发展关系;殖民地半殖民地国家只有在取得独立以后才能真正实现现代化;生产方式的内在运动规律、社会主义取代资本主义的必然性与科学技术均是现代化的动力。因此,本书在运用西方的一般现代化理论的同时,以马克思的现代化思想为指导,提出了争取民族独立、制度变革和道路选择不仅是中国现代化的主体内容之一,而且是重要动力,并据此设计全书的体系结构。

在体系结构上的创新主要是对1840年至2000年的现代化全过程进行研究,并以现代化的解释体系划分了发展过程。全书以现代化进程的大阶段和道路转换为标准,分为三卷:第一卷,“前提与准备(1840—1911)”,主要内容是中国传统社会中所萌生的资本主义现代化的前提条件,以及这一时期中逐渐产生的资本主义现代化的社会环境和因素及其积累状况;第二卷,“启动与抉择(1912—1949.10)”,着重论述这一时期的资本主义现代化的启动和艰难发展,以及社会主义现代化道路的抉择;第三卷,“改道与腾飞(1949.10—2000)”,主要内容包括社会主义现代化道路的确立、成就、失误和经验教训,以及由经典社会主义道路转向有中国特色社会主义道路的过程和成效。在每一个大阶段中,又按现代化进程的发展和特点变化分为互有交叉的若干小阶段。在第一卷中,分为“前提和外因(1840年前)”“传统社会的裂变(1840—1894)”“动力因素的增加(1895—1911)”“酝酿启动(1898—1911)”四编;在第二卷中,分为“现代化的启动与异化(1912—1916)”“自由发展与道路选择(1917—1927)”“畸形发展与道路分野

(1928—1936)”“外患内乱与道路抉择(1937—1949)”四编;在第三卷中,分为“改道与转型(1949—1956)”“受挫与调整(1957—1978)”“改革与发展(1978—1991)”“辉煌岁月(1992—2000)”四编。这一体系结构,提出了中国现代化发展过程的历史阶段及其划分依据,自成一说,揭示了中国现代化过程所包含的现代化的一般性与特殊性的关系,体现了中国现代化进程的制度变革和道路转换,以及以内外、新旧因素互动为主要动力的特点,是一种新的中国现代化史研究体系,对中国近现代史和当代史的学科创新和社会功能的进一步发挥也有着重要的推进意义。

中国现代化的历程本身是一个连续发展的过程,但是迄今为止的历史学研究专业分工,把这一连续发展变化的历史过程分割为古代史、近代史、现代史、中华人民共和国史等多个不同的专业领域来进行研究。《中国现代化的历程》显然有意于以整合的方式,打通各个历史发展阶段,对近代以来直至今天的中国社会发展变迁过程建立一种一以贯之的新的解释系统。该书试图对横跨近两个世纪的中国现代化历程作一个长时段的综合考察,强调历史过程的连续性,力图弥补过去分段研究所造成的人为裂痕。

在内容结构上的创新,除了考察现代化发展表象的指标体系,还重点考察了发展表象背后的各种制约因素。书中以较多的篇幅探讨了动力系统、外因内变、思想观念、制度和道路等现代化制约因素,从而使中国现代化历程的面貌有了更为全面的反映,突出了中国内在因素和制度变革、道路选择对现代化进程的决定性作用,较好地处理了抵制帝国主义侵略、民主主义革命与现代化进程的内在关系,使之成为一个有机的整体,克服了以往国内外某些相关研究中侧重于指标体系和外部影响的片面性。如:在第一卷中所论述的现代化的世界化过程及其影响中国的过程,中国传统社会因素与现代化的相抵性和潜在适应性,传统人文社会的分化,争取民族独立的现代化动力作用,经济伦理的资本主义化趋势,戊戌维新、清末新政、预备立宪、辛亥革命对中国早期现代化启动的作用和地位等问题。在第二卷中,除了论述中国资本主义现代化的具体实践、成果和穷途末路,还探讨了现代化社会动员作用,政治现代化与经济现代化的关系,各种现代化的思潮和道路选择,中央政府与地方政权的角色结构,某些精英人物所领导的区域现代化建设模式,抗日战争时期的现代化非常结构状态和道路的再选择等问题。在第三卷中所探讨的问题有:中国的现代化如何从资本主义现代化向社会主义现代化,再向有中国特色社会主义现代转变的必然过程;中国共产党的现代化发展战略;毛泽东、邓小平、江泽民的现代化思想及其历史贡献;有中国特色社会主义现代化的内容构成和腾飞效应;现代化的社会动员和资源利用方式;政策调整和制度改革中产生的新模式等。

现代化是一种涉及社会各个层面的变化过程,它必然比以往各个时期的历史研究所强调的一些其他体系或主线具有更宽的涵盖面、更广的视野和包容性,这在该书中也有明显的体现。以近现代史研究而言,在以往其他主线下所忽视或很少研究的一些历史问题,在现代化主线下被鲜活地呈现出来,如制约和影响现代化进程的动力因素、思想理念、社会动员机制及社会经济发展状况等受到重点关注;实业救国、经济伦理、地方自治、维新变法、清末新政和立宪运动等,被作为资本主义现代化的动力因素、区域模式、启动尝试加以考察。对鸦片战争、太平天国、甲午战争、义和团运动、辛亥革命、各次国内革命战争和抗日战争等重大政治和军事事件,不像通史那样描述其具体过程,而是以分析其对现代化进程的影响作用为重点。《中国现代化历程》虽然亦大致按历史进程的发展脉络来叙述,但其审视的角度,内容的取舍选择、轻重搭配,均以现代化进程中的社会如何发展变迁为依凭,与传统的通史写法已判然有别。

该书所论述的内容,除了具有很高的学术性,也具有很强的时代性。它的现实价值在于,通过对中国现代化全过程的研究,反映了不同发展阶段的传承关系、同质因素和不同性质,对今后的现代化建设不无借鉴意义。如中国早期现代化中出现过的某些精英人物所提出的发展战略,法制建设,经济体制和经济伦理的调整,工商界自我管理的组织体系,政府与企业的关系,争取平等互利的国际关系等,对目前我国的现代化建设具有一定的借鉴意义。书中所叙述的中国现代化进程的两次道路转变的历史过程,有助于人们理解道路转变的历史必然性和正确性,进一步坚定走有中国特色社会主义现代化道路的决心和信心。书中所论述的孙中山、毛泽东、邓小平的现代化理论和江泽民的"三个代表"重要思想,有助于人们了解他们在中国现代化进程中所占的历史地位和作用,明白江泽民"三个代表"重要思想对21世纪中国现代化建设取得最终成功的重要性。

该书不仅在体系结构上反映了中国现代化的发展过程和基本状况,而且在内容构成上阐释了中国现代化历程中的一些重要问题。书中对所涉及的绝大多数内容，都进行了详细的实证性研究，每一个章节几乎都是一个专题研究，有的吸收了最新的研究成果，有的取得了新的突破。特别是对那些以往较少研究的问题和在某一时段较为突出的问题，进行了详细的论述，同时对那些已有较多研究的重要问题，则在卷首语、按语和结语中加以综述和评介，从而体现了详略结合、突出重点，在有限的篇幅内包含较多的内容，使读者既能了解中国现代化历程的基本状况，也能比较深入地了解中国现代化历程中的重点问题。

像其他任何著作一样，本书限于各种原因也不可避免地存在一些不足之处。在面与点的结合上，虽然在章节体系结构上反映了中国现代化的全过程，但是在具体内容中较侧重于点的研究，对面上的叙述较少，因而显得专业性较强而普及性不足。点上的研究由于受篇幅和研究基础的限制，有些问题的论述比较薄弱，如关于科学技术、文化教育、法制建设等方面。

从总体上来说，该书的出版使中国现代化问题的研究向前推进了一大步，在体系结构上有重大的突破，在内容上有较大的开拓和深入，具有明显的学科创新意义，是迄今为止在相关研究中处于前沿地位的一部著作。

新视角中的中国现代化历程[①]

缪亚奇

江苏人民出版社新近出版了由中国社会科学院近代史研究所研究员虞和平主编的《中国现代化历程》三卷本,120余万字,系统而深刻地考察了中国现代化的历史进程。

对中国现代化历程的分析可以是多种多样的。美国著名学者吉尔伯特·罗兹曼主编的《中国的现代化》(江苏人民出版社,1995年出版)以1900年为界,将中国现代化的历史划为前后两大阶段,每个阶段都从国际环境、政治结构、经济结构、社会整合、知识与教育等方面论述中国的现代化。虞和平主编的《中国现代化历程》则以1912年和1949年为界标,将1840年至2000年这一长达160年的历史进程划分为三个大的阶段,即1911年以前为中国现代化的"前提与准备"期,1912年至1949年为"启动与抉择"期,1949年后为"改道与腾飞"期;再根据各阶段的具体情况,作更细的划分,并选择对中国现代化进程有重大影响的要素作为着力分析的对象。

一、新的解释体系

按中国历史研究通行的分期,1840年至2000年的中国历史被分割为中国近现代史、中华人民共和国史及当代中国研究等多个专业领域来进行研究。虞和平在确立该书的写作宗旨时,有意于对进入近代以来的中国社会的发展建立一个新的解释系统,为此而把这160年的历史重新整合划分。

对近代以来中国社会的发展历史可用多个视角来考察,梳理出多条线索。事实上学者们在这方面已经做了许多各有侧重的研究工作。从近代以来中国人一直追求的目标和中国社会的实际发展进程看,"现代化"无疑也

---

① 本文原载于《全国新书目》2002年09期。

是一条贯穿始终的线索,而且要比以往强调的一些线索(如阶级斗争线索、生产力发展线索等)有更宽广的涵盖面。在《中国现代化历程》的解释体系下,社会各领域、各层面的变化都在视野之内,但鸦片战争、甲午战争、义和团运动等在中国近代通史中重点描述的重大历史事件的过程被简化处理,而过去忽视的一些影响现代化进程的动力因素、对外关系、思想观念、社会动员机制等则被浓墨重彩地突现出来;在阶级斗争线索下,太平天国农民起义等历史事件一直是历史叙述的中心,在现代化的视角中,它们被弱化、淡化。该书既运用现代化理论(特别是马克思的现代化思想),也运用历史学的方法,两者结合,在陈述现代化的历史过程中考察现代化的各个方面,总结经验教训。

二、以道路和模式研究为总纲

各国的现代化都走着自己独特的道路,形成了自己的模式。它是受制于各国国情的。而对道路和模式的研究也必须从国情出发,才能得到本质的规律性的认识。《中国现代化历程》从160年的现代化历程中归纳出三种道路和模式,作为研究问题的总纲:1949年10月前的资本主义现代化(书中称“早期现代化”),1949年10月到1978年的“经典社会主义现代化”(也即苏联模式)和1978年以后的有中国特色社会主义现代化。走第一种道路,当时是势所必然,有极大的被迫性和不自觉性,终因资本主义的不可行性及国民党政权被推翻而告结束;走第二种道路时遭受巨大的挫折,虽作调整,但在理论上、体制上受到诸多限制;走第三种道路,实行改革开放,确立市场经济,中国的现代化事业飞速发展。对这三种道路和模式的归纳,是虞和平解释系统的核心,也是这本大著的结构框架之一。这个核心所包含的问题是:中国的现代化如何从传统社会的基础上起步发展资本主义现代化,如何从资本主义现代化转变为苏式经典社会主义现代化,又如何从苏式经典社会主义现代化转变为有中国特色社会主义现代化,并以此为落脚点。对这些过程的系统描述,即为该书的内容;对这些问题的述解,即为该书的精华所在。

三、指标系统中不可或缺的民族化

工业化和民主化是国际共用的发展现代社会的指标体系和目标体系。虞和平强调,中国的现代化,特别是早期现代化,民族化是不可或缺的核心内容。民族化就是实现民族的独立和统一,改变殖民地、半殖民地的社会性质。

鸦片战争后的百余年间,中国沦为半殖民地,帝国主义对中国的军事侵略、经济掠夺、政治压迫,造成中国的贫穷落后,并给以后几十年的经济建设带来深刻影响。在中国现代化的准备阶段、启动阶段,殖民化与民族化的矛盾一直影响中国现代化的性质、道路和模式以及进程;由这一对矛盾产生的内因与外因的关系,构成早期、中期中国现代化运动的内在机理。《中国现代化历程》以大量篇幅对此作了系统揭示,它包括清末政权结构及功能局部改革,民主运动兴起,现代化的社会动员,实业救国与地方自治,各种现代化思潮涌动……但是传播西方文明并非殖民主义者的初衷。他们迫使中国处于屈从地位,控制了中国的财政、关税权和金融市场,掠走无数财富,造成中国早期现代化的畸形和缓慢发展。

反对帝国主义侵略、争取国家独立的民族化,是开展和实现本国现代化的重要前提,否则就没有完整意义上的现代化。民族化与工业化、民主化一起,共同构成殖民地、半殖民地国家及地区实现现代化的核心目标。中国人民长期为此奋斗,努力寻找适合自己发展的现代化道路,在艰难曲折的过程中积累了许多宝贵的经验和教训。这些经验教训,在世界现代化潮流中具有广泛的借鉴作用。

工业化、民主化、民族化与中国现代化

——评虞和平主编《中国现代化历程》

周东华①

20世纪初,梁启超先生在《申报》创刊50周年纪念文集中,对中国1860年以来的现代化探索,有如下论述:中国现代化经历洋务运动制度层面的现代化尝试,戊戌变法制度层面的尝试及最近的文化层面尝试的"器物—制度—文化"层层进步的现代化历程②,实为中国学者研究中国现代化历程的滥觞之作。此后,关于中国现代化研究大都属于专题研究,如20世纪30年代对中国现代化的专题讨论等③,缺乏通史性质的成果。第二次世界大战结束后,现代化研究在意识形态和外交战略支配下在美国兴起,涌现出大批代表人物和代表作。在其影响下,我国香港和台湾学者纷纷掀起中国现代化研究,代表人物有金耀基、张朋园等诸位先生,其研究成果,例如金耀基先生的《中国现代化与知识分子》等著作中,也有涉及中国现代化历程研究,但其主要观点还是梁启超先生的"器物—制度—文化"三层演进说④。又如以张朋园先生为首的台北"中研院近代史研究所"诸位先生的"中国现代化区域丛书",则更为关注沿海地区及部分内陆地区的现代化进程,但缺乏通史性质的总体研究著作。大陆学者,以北京大学罗荣渠先生和华中师范大学章开沅先生为代表,以从世界看中国、从中国看世界的角度,对现代化理论、进程、专题各方面做了开拓性研究,林被甸和董正华两位先生的论文《现代化研究在20世纪中国的兴起和发展》(《历史研究》1998年第5期),对国内现代化研究的概况做了相当精辟的论述。自20世纪90年代以来,仅通史性

---

① 周东华,1976年出生,男,浙江杭州人。北京大学历史学系博士研究生毕业,现为杭州师范大学人文学院历史系教授。本文原载于《史学月刊》2003年第2期。

② 梁启超:《五十年中国近代化概论》,《申报》创刊50周年纪念文集《最近之五十年》。

③ 罗荣渠主编:《从"西化"到现代化》,北京大学出版社,1990年。

④ 金耀基:《中国现代化与知识分子》,台北时报文化出版公司,1988年。

的研究著作,就出了10余种,其中具有代表性的有胡福明主编的《中国现代化的历史进程》(安徽人民出版社,1994年),许纪霖、陈达凯主编的《中国现代化史》(上海三联书店,1995年),何晓明著《百年忧患——知识分子命运与中国现代化历程》(东方出版中心,1997年),陈勤等著《中国现代化史纲》(上、下卷)(广西人民出版社,1998年),左玉河著《失去的机遇:中国现代化历程的再认识》(云南人民出版社,2001年)等几部,几乎以每年至少一部的速度在增加。这在目前中国近现代史学界仍处于"革命史范式"与"现代化范式""两种范式并存",但"主导范式仍然是革命史范式"[①],以及众多研究者"未敢苟同""以'现代化'作为更主要的视角来建构近代史研究'新范式'的理论框架,从而将近百年中国历史概括为'一场现代化史'"[②]的情况下,用"现代化范式"来研究近代以来中国社会变化的研究成果的不断问世,的确是一件可喜的事。这其中,关于中国现代化进程研究的最新成果,亦是目前分量最重的著作,当推中国社会科学院近代史研究所研究员虞和平先生主编的三卷本的《中国现代化历程》(以下简称《历程》)。

虞和平先生从20世纪80年代中期开始就致力于中国现代化研究,在师从章开沅先生攻读博士学位期间,其博士论文即后来出版的《商会与中国早期现代化》(以下简称《商会》)一书,就已经对中国现代化问题的理论架构等问题提出自己独到的见解,从这个角度而言,虞和平先生关于中国现代化历程研究的理论建设、进程、架构等问题的思考,至少已有15年,是中国现代化研究的"老兵"了。由此而言,《历程》是对《商会》研究的进一步深化。说其是深化的原因在于《历程》基本上是在《商会》的一些基本理论架构上,吸收学界大量新研究成果,不断深入思考,并与近现代史众多学有所成的专家群力而成之作。当然,《历程》虽然是众家通力合作之结晶,但是其理论框架、结构体系以及主体思路均由主编提出,亦使讨论有了基础。

一

在《历程》第一卷绪论部分,着重解决了全书的理论架构问题。在简要

① 罗荣渠:《走向现代化的中国道路——有关近百年中国大变革的一些理论问题》,《中国社会科学辑刊》(香港)1996年冬季卷,收入《现代化新论续篇》,北京大学出版社,1997年。

② 吴剑杰:《关于近代史研究"新范式"的若干思考》,《近代史研究》2001年第2期。

回顾西方现代化理论后,专设“马克思现代化思想研究”一节,解决全书的指导理论问题,这里特别值得强调的是对马克思现代化思想的研究。20 世纪 50 年代后期美国的现代化研究,以帕森斯的结构—功能主义为指导,很少涉及对马克思现代化思想的挖掘,但到 60 年代初,罗斯托的《经济成长的阶段论——非共产党宣言》一书,以批判马克思理论的姿态,对马克思的现代化思想进行比较研究,提出许多精辟见解。70 年代初“依附论”学者以新马克思主义的姿态出现,批判早期现代化理论时,对马克思的现代化思想做了进一步的深入研究。在我国学者中,罗荣渠先生所努力创建的“中国学派”的现代化研究,其理论创新的一个突出表现是对马克思的现代化思想进行剖析,提出“一元多线历史发展观”等理论。《历程》的作者在阅读马克思原著基础上,提出较具特色的观点:一是发现马克思本人就使用过“现代化”一词,解决了“现代化”这个关键词使用问题上的疑惑(虽然这种解决存在问题,我们在下面会谈到)。二是认为马克思的现代化思想主要体现在“马克思的社会发展阶段理论、工业化推动社会发展理论、资本主义世界化理论”三方面,由此概括出马克思的现代化思想包括“资本主义和资产阶级社会是现代性的社会”等观点,从而得出《历程》一书是以西方现代化理论的基本原理以及马克思的现代化思想,“特别是关于西方资本主义扩散、殖民主义与落后国家的资本主义现代化关系、社会形态发展过程与现代化进程相结合的思想为指导的”。

就中国现代化历程研究的方法论而言,《历程》提出“既要运用现代化的理论,特别是马克思的现代化思想,也要运用历史学的方法”。从学理角度而言,即“从历史事实出发,研究中国现代化过程”和“用现代化的理论原理考察和解释”“近代以来 160 年的中国历史”。这种方法论具体表现在《历程》的结构框架和内容安排上。

《历程》认为中国 160 年的现代化历程,经历了三种道路的转化:1949 年 10 月前,是中国“早期现代化”阶段,以资本主义现代化道路为主体;1949 年 10 月至 1978 年,是经典社会主义现代化道路时期;1979 年至今则是有中国特色社会主义现代化时期。三种道路转换作为对中国现代化历程的总体概况,虽非首创(林被甸教授在总结罗荣渠先生关于中国现代化进程研究成果时说,罗先生提出中国现代化“经历了三次大的模式转换,出现了三次现代化的局部断裂”。具体内容我们在下面还要谈到,这里省略),但是的确言简意赅。在中国早期现代化的核心内容上,《历程》一书继承1993年出版的《商会》一书的观点,认为中国现代化除工业化、民主化作为核心内容外,还应加上“民族化”,即赢得民族独立才能真正现代化的观点,很有意义。

在目前的中国近现代史研究中,有一种实质上受自由主义思想影响的观点,借助“依附论”外壳,认为近代中国通过革命达到重建国家并不能真正抑制“边缘化”和“衰败化”。“抵御‘帝国主义的’资本主义的最好办法就是发展资本主义并加入到世界资本积累的进程中去。”“在一个没有现代资本主义经济作为广泛社会基础的前提下重建国家体制,它又可能是一种怎样的国家体制呢?就中国而言,那只会是与一种东方专制主义历史并无本质区别,完全体现‘国家阶级’利益和意志的国家体制。”①这些观点,从根本上反对革命,反对民族化,反对国家建设。而无论是《历程》的作者,还是其他现代化研究者,如罗荣渠的《现代化新论》《走向现代化的中国道路》等,张朋园先生的《“中国现代化的区域研究”:架构与发现》等,都反对这一观点。可以说,《历程》将“民族化”概念引入中国现代化历程研究,对持这种观点者的批评意义重大。此外,对于“革命史范式”的内部变革,意义也十分明显,因为在这里,“革命”不再被视为与“现代化”无关,相反,“革命既是现代化的一个组成部分和一种重要动力,也为现代化建设解决制度、道路问题,并扫除障碍”。这就表明“革命”是“无法告别”的,“现代化”与“革命”也不是水火不容的。

理论部分所解决的另外一个重要问题是关于中国现代化启动的动力问题。关于中国现代化启动的动力问题,学术界在20世纪50年代开始形成两大流派:以费正清为代表的美国学者,用“挑战—应战”模式,提出外力驱动说,成为美国学术界在二战后一段时间内的主流观点。我国的台湾学者在20世纪70年代开始的区域现代化研究中,借鉴了“挑战—应战”模式,认为中国现代化的启动因素当为外力冲击。同一时期,大陆学者掀起关于“资本主义萌芽”讨论,用西方现代性的一些基本标准,在中国历史中寻找事实根据,从而形成没有“帝国主义入侵,中国或早或迟也会发展出资本主义”的观点,强调内因说。《历程》对两派学者的观点进行综合,提出“传导性”现代化(罗荣渠先生用“传导性”现代化,《历程》的作者认为用“传动性”一词

① 冯钢:《关于中国近代史研究的“现代化范式”》,《天津社会科学》2000年第5期。

更为恰当)的观点,一方面强调外国资本主义入侵对中国现代化的诱导作用,另一方面强调中国人的自主追求作用。这种仿效学习和自主追求的精神,在中国传统文化中已经有所触及。而关于发展经济等思想,亦在例如晚清的“经世致用”思想中有所涉及。这就表明,中国现代化实际上是内外因合力的结果,也是传统与现代性不相矛盾的表现。从学术史角度而言,这既是20世纪60年代美国比较现代化研究强调传统与现代性调和的反映,也是对国内20世纪70年代后“新儒学”兴起的回应。

作为《历程》最具创新的部分,当是对如何看待外国资本问题的解决,其理论部分的价值在于对殖民主义“双重使命”的正确认识。如前所论,传统“革命史范式”的一个基本理论支柱是“两个过程论”,其中的“帝国主义侵略”的一个重要组成部分就是外国资本的侵略和剥削。例如有的学者至今仍然认为近代中国的资本主义,可以分为外国资本主义和中国资本主义两类,前者占了很大比重,并控制着后者的发展,帝国主义冲击下的封建经济的解体造成了帝国主义对农村更为严重的剥削,而农村的资本主义生产关系并没有多少发展。如何认识外国资本与中国现代化的关系,不仅是一个历史问题,更是一个现实问题。《历程》运用马克思关于《不列颠在印度统治的未来结果》一文中提出的殖民主义“双重使命”理论,认为殖民者为更好地把殖民地、半殖民地变成其原料产地、商品生产、资本来源,不可避免地按照宗主国的社会模式,建立一些现代性的东西,从而为殖民地、半殖民地现代化的产生提供客观条件。这些客观条件的载体就是外国资本在殖民地、半殖民地开设的工厂、修筑的铁路、发行的报刊、建设的医院、开办的学校等。具体到历史史实,《历程》特别考察政府、社会和外国资源问题。这就为目前的现代化建设中如何引进外国资本提供了历史背景和经验教训。

以上所论是《历程》在理论架构方面的特色,下面就《历程》的主要内容简单加以评论。

二

作为一部通史性质的专著,三卷1516页,120余万字之巨,从工业化、民主化、民族化三个角度主要描述1840—2000年160年间中国现代化的历程,这本身就是一项巨大的工程。而《历程》所抓住之“工业化、民主化、民族化”主题，非常恰当地概括了晚近现代化国家，特别是第三世界国家现代化的一般内容。在具体架构上，《历程》根据现代化阶段论，分为三卷：1911年之前是第一卷，作者认为是中国现代化的“前提和准备”阶段。中国现代化是世界现代化浪潮的必要组成部分，因此，《历程》用一章笔墨追溯世界现代化浪潮，重点考察世界现代化进程三个阶段的三个代表，即“早发内生型”——英国、“原态移植外生型”——美国和“嫁接移植外生型”——日本，总结其经验，概括其特征，以作为中国现代化的参照物。在余下的三编14章中，《历程》探讨了中国传统社会因素与现代化的相抵性和潜在适应性，并就西方入侵，特别是外国资本对中国传统社会的冲击，其中包括西方人文社会模式的影响，西学的影响及国人的反应，传统政治结构的变迁，经济结构中官方上层以“自强”“自富”为口号的资本主义现代化的初步尝试与下层传统行会现代性变异等内容做出探讨。在接下来的探讨中，民族化方面，分析收回利权、抵制美货、实业救国等运动；工业化方面，探讨晚清经济伦理资本主义化的倾向，商办工业的初步发展以及中国资产阶级的初步成长；民主化方面，分析从戊戌变法到晚清新政，再到预备立宪，最后是手段转换，实行辛亥革命，一举完成中国现代化启动所需条件，如中国第一个资本主义现代化纲领——三民主义，选择了在当时历史条件下唯一行之有效的方法——暴力革命，形成了最广泛的早期现代化的社会动员和资源整合，即社会支持系统。这样就自然过渡到第二卷的内容中去。

第二卷“启动与抉择”，论述时间从1911年到1949年。中国现代化在1911年辛亥革命后正式启动，但是启动后的中国现代化，并没有像日本一样一帆风顺，不久就发生现代化的“异化”现象。这种“异化”现象的出现，主要原因在于中国资产阶级的不成熟性和辛亥革命的不彻底性。具体而言，在工业化方面，《历程》考察了军阀官僚振兴实业活动，经济现代化的社会动员进一步完善，经济法制的初步形成，资产阶级的形成。在民主化方面，中华民国的建立是中国现代化主要内容的国家建设(nation-building)的重要标志，但是，所谓中国现代化的“异化”表现就是中国很快面临一个“国家重建”(罗荣渠语)的任务：袁世凯的篡权以及洪宪帝制的出现，是对中国政治现代化的最大挑战，这种现代化的“异化”表现在1927年得到暂时解决。而在1917—1927年间，政治现代化方面，有许多方案可供选择：苏俄十月革命的胜利对中国共产党而言，无疑有了新的道路——社会主义——的选择，而对其他团体而言，仿效西方资本主义模式的“联省自治”等也就成为可选之路。在政治现代化失意之时，借助第一次世界大战的契机，中国的经济迎来现代化的第一个小高潮，即有所谓“黄金时代”（白吉尔语）之说。手工业、农业等得到发展，现代教育也得到发展，甚至在区域现代化方面，也涌现出“南通模式”。1927年后，中国现代化道路发生分野：共产党的新民主主义实践以及国民党的资本主义现代化。就前者而言，既有人民民主政治体制的萌生，也有新民主主义经济模式的尝试；就后者而言，既有政治领域集权政治的建立，也有经济领域资本主义现代化建设，特别应强调《历程》对农业现代化的研究，以及对西部工业化的考察。两条道路、两种模式最终以国内战争的形式进行决战，结果是资本主义道路和模式退出大陆；社会主义道路和模式成为主导，这就有了1949年的道路转换和模式变迁。

《历程》第三卷以“改道与腾飞”为题，以1978年为分界线，论述经典社会主义现代化道路和有中国特色社会主义现代化道路的经验和教训。改道的含义有二：一是指中国大陆资本主义现代化道路向社会主义现代化道路的改道；二是指社会主义现代化道路内部的道路变化，即从学习、仿效苏联社会主义现代化模式向中国人自己探索有中国特色社会主义道路的改道。为什么会发生这两类改道？对于前者，前文已有说明；对于后者，这是吸取中华人民共和国成立后中国现代化的经验教训的成果。在1949—1978年间，中国现代化有取得巨大成就的经验，如社会主义工业化启动后的第一个五年计划取得巨大成就。但是，对于中国现代化而言，教训可能是更加弥足珍贵的，具体表现为现代化社会动员的受挫，知识分子的边缘化和乌托邦式的、激进现代化构想与实践，以及“文化大革命”期间中国现代化的全面危机。在外交方面，20世纪50年代“一边倒”的外交策略使得外资，特别是西方发达国家的资本与技术引进方面，受到很大影响。这种艰难的外交选择直到20世纪60年代后期，特别是中美建交后，才有所改善。这一时期中国现代化的经验教训成为1978年改革开放后有中国特色社会主义现代化模式的历史坐标，这直接表现为社会主义现代化道路内部的模式转换：1978年后，中国现代化进入全新阶段。在经济方面，既有现代化总体方案的设计，又有工业化的全面发展以及农业现代化的加速进行，这其中，农业现代化的“苏南模式”“温州模式”，工业化中的“无锡模式”等，均是值得称赞的。“点—线—面”的立体发展规划，使得沿海经济现代化的成就格外引人瞩目，使得这一时期外资引入的个案研究集中于“深圳模式”。为配合经济现代化，科教新体制也随之完善起来。伴随经济体制转轨的不断深化，政治现代化的步伐也在加快，领导体制改革的推行，民主政治目标的确立，法制建设的进一步完善，为1992年以后中国现代化的“辉煌岁月”奠定了基础。1992年邓小平南方谈话后，有中国特色社会主义现代化进入一个全新的发展时期：经济方面，市场经济扎根，国有企业深化改革，加快改造；政治方面，现代法制体系进一步确立，并确立“三个代表”重要思想为现代化的新方针，中国现代化步入“辉煌岁月”。1911年后，特别是中华人民共和国成立后中国现代化历程表明，无论是成就的取得，还是对教训的规避，都与中国共产党的领导分不开，全书最后总结了中国共产党对中国现代化事业的巨大贡献。

从上述对《历程》主要内容的介绍，可以发现《历程》在内容方面的几大特点：

第一，脉络清晰地勾勒出中国现代化历程的基本情况。以“工业化、民主化、民族化”为现代化的核心内容，将160年历史概括为“两大模式三条道路四个阶段转换”。“两大模式”是资本主义现代化模式和社会主义现代化模式；“三条道路”指资本主义现代化道路、经典社会主义现代化道路和有中国特色社会主义现代化道路；“四个阶段”是1840—1911年的前提和准备阶段，1911—1949年的启动和道路抉择阶段，1949—1978年的模式内的道路探索和现代化再准备阶段，1978—2000年的有中国特色社会主义现代化建设阶段。

第二，选材独具匠心。史论结合、宏观与微观研究结合的方法论问题，我们已经在前面谈论过，不再赘言。但是关于《历程》一书在选材上独具匠心、取舍得当，还是有必要多言几句。例如，对于外资利用问题，《历程》避开如义和团运动等题材，而是致力于挖掘中国利用外资的经验教训，从而避免许多既无法论证又容易陷入死胡同的后果。再如《历程》强调将“革命化”引入现代化研究，提出现代化的“民族化”内涵，但是在具体论述中，除辛亥革命有正面的直接论述外，其他如太平天国运动，倒袁的“二次革命”，第一次国内革命战争以及后来的国内革命战争等，作者基本没有涉及，从而使这些内容以隐线的形式出现，既达到包含革命的目的，又可以避免落入革命史话柄的囹圄，从而真正做到“从固有的‘线索’‘分期’‘高潮’‘事件’等空泛化格局中解脱出来，认真研究中国走出中世纪并向现代社会转型的曲折而又复杂的历史过程”(章开沅语)。

第三,创新与继承并进。从《历程》的研究内容及观点来看,基本上是这一领域学有所成、研有所得的专家的意见,充分体现了创新与继承并进的局面。如对外国资本如何利用的研究,这是创新点之一;如对“南通模式”的研究,明显又是继承已有学术成就,在其基础上的创新和发展。

第四,“鉴往而知今”,现实意义重大。古人修史,“究天人之际,通古今之变”,目的在鉴往而知今,《历程》内容上强烈的现实感,更加深了这一层含义。鉴于我国的现代化研究本身就是在改革开放、探索有中国特色社会主义现代化道路的形势下展开的,寻求历史的经验为现实服务本来就是现代化研究的出发点之一。《历程》所总结的发展战略、法制建设、股份制、合资制等生产组织形式,成功企业和企业家的经营管理思想和经验,争取平等互利的国际关系等,对现实的现代化实践无不有极强的借鉴、指导意义。

三

《历程》这部目前为止规模最大、内容最多、水平最高的研究著作,从学术角度而言,优点十分明显。但是,其缺点的存在也在所难免,正所谓“白璧微瑕”。大致而言,《历程》有以下几点不足:

第一,对学界既有研究成果的学术史分析还不足,从而在绝对的创新度和学术起点上不够完善。这个问题集中在对现代化研究的学术史上。《历程》的作者有一个基本出发点,即认为所谓的现代化理论就是西方现代化理论加上马克思的现代化思想。这个出发点的危险之处在于对中国学者的现代化研究成果的忽略。就现代化理论而言,罗荣渠先生的研究工作是不能忽视的,具体到中国现代化进程研究中,罗先生就曾提出过“近代以来中国现代化经历的清政府的衰败化、中国的半边缘化、国人为抑制衰败化和半边缘化而进行的革命化、现代化‘四大趋势’交替。三大矛盾——殖民主义侵略和反殖民主义侵略的矛盾,资本主义新生产方式与中国古老的小农与手工业结合的生产方式的矛盾,以基督教文化为核心的现代工业—商业文明与以儒家文化为核心的农耕文明的矛盾——交织。‘三次模式’——一是以辛亥革命为标志,在君主制下自上而下的渐进改良型的现代化进入共和体制下的国家重建时期,20 年代开始的国民党统治下仿效德国保守型的资本主义现代化;二是以 1949 年革命为标志,由资本主义模式转变为社会主义模式,开始了仿效苏联模式的激进型社会主义现代化;三是以 1979 年改革为标志,开始从封闭式的现代化路线向开放式现代化路线的重大转变,探索具有中国特色社会主义现代化转换"的观点。这些提法与《历程》所谈到的"民族化"与"三大道路"转换,仅仅是表述上的不同。又如台湾学者的区域现代化研究,也是值得借鉴的。但《历程》却一笔带过,认为已有的现代化研究"或有关中国现代化的理论和模式问题,或有关现代化历程中某一时期的某些问题,或有关中国现代化的某些专题,或有关中国现代化各个时期的发展水平。但是对中国现代化全过程进行比较深入、全面、系统研究的成果尚缺",这样的学术史总结有待进一步完善。

第二,对于部分文献的研究及史料判断方面尚不够严谨。突出的一例是对马克思是否使用过"现代化"这个关键词的判断。"现代化"一词,英文为"modernization",德文为"modernisierung",其动词形态分别为"modernize"和"modernisieren",而其形容词则均为"modern"。考察马克思是否使用过"现代化"一词,是指其名词形式而非动词或形容词形式。在《历程》所列举的马克思使用"现代化"一词的例子中,则指其形容词形式。马克思原著的表达为:"大工业……创造了交通工具和现代化的世界市场","它建立了现代化大工业城市(它们像闪电般迅速成长起来)来代替从前成长起来的城市"。[①] 这样的表述,不用找英文版和德文版原著就知道是使用了"现代化"的形容词形式而非名词形式,而词性的不同,直接关系到对关键词"现代化"的研究,因为"术语本身经常是比文献更为重要的证据"[②]。除词性上判断的不严密外,另外一个小问题是《费尔巴哈》一文是马克思与恩格斯合作的结晶,很难说明这个词就是马克思本人使用过的。这个例子虽然十分细小,也不关乎《历程》通篇的结论,但确是一个关乎学术价值的严肃问题。

第三,除引文方面的不够严谨之外,引文注解的规范化和某些小的笔误也应该予以纠正。例如第一卷绪论第 5 页,作者谈到西方各学派对非西方后进国家的现代化建设中对待传统与现代性关系的两派学者的分类的观点,本来源于沈宗美撰写的亨廷顿《变化社会中的政治秩序》中译本序第 2~

① 见《费尔巴哈》,《马克思恩格斯全集》第 3 卷,人民出版社,1960 年,第 68 页。

② E.J.Hobsbawm, *The Age of Revolution :1789–1848*, the New American Library, 1964, p.17.

3页,而《历程》在下一段谈到的东亚和中欧国家的现代化研究情况,沈著并没有涉及,但在注释时,《历程》却在前一段该在两派学者分类加上注释的地方没有加注,下一段已非沈著内容的地方加上沈著,这是不够规范的。至于笔误方面,典型例子还是在绪论中。绪论第25页有“世界现代化历程的事实(详见本书第一卷第一章)”这样的表达,但顺着作者的提示到第一卷第一章去寻找世界现代化历程的论述时,我们发现,第一章的内容是谈鸦片战争前的中国社会,而第二章的内容才是19世纪世界现代化浪潮。这样的笔误,同样影响到著作的学术性。

第四,从选材来说,由于受主编规定的现代化的“工业化、民主化、民族化”核心内涵的局限,《历程》对中国现代化历程中思想现代化探索的历程没有做160年的长时段分析,只是集中在为上述“三化”服务时才谈到某些方面,这不能不说是一个遗憾。因为中国现代化历程首先是思想上的现代化过程,无论是经济方面的工业化,政治方面的民主化和民族化,都是在一定的思想启蒙后进行的,这是中国现代化历程研究无法规避的问题。所幸,罗荣渠先生的《中国近百年来现代化思潮演变的反思》一文,对1840—1949年百余年的思想现代化历程做了总结,算是一个好的开端。

虽然对于《历程》的一些基本观点,如主张现代化阶段论等,笔者也不尽同意,以上吹毛求疵总结出来的四大缺陷,当然明确表示反对,但是总的说来,《历程》不失为代表目前中国内容最丰富、体裁最新、研究水平最高的中国现代化研究的通史性著作。

对以往中国历史的叙述框架的突破

——虞和平《中国现代化历程》导读

黄进华①

名著拾萃：

这里需要特别强调的是，由于中国的早期现代化是在半殖民地社会状况下展开的，因此中国现代化，特别是早期现代化的核心含义，还应该增加一项民族化——反对帝国主义侵略、争取民族独立和统一。

实际上，争取民族独立是任何一个殖民地、半殖民地国家的现代化所不可或缺的一个核心内容。世界现代化历程的事实（详见本书第一卷第一章）表明，一些非西欧国家的现代化虽然起源于殖民地、半殖民地时代，但只有在取得国家独立之后才真正走上健全发展的道路，才能建成完善的现代化国家……

总之，殖民地、半殖民地国家有一个资本主义现代化的过程，但这是一种依附性的、畸形的、难以完善的现代化……这种现代化不能形成结构合理和完善的经济体系，只能成为殖民者的原料产地、商品加工场和销售市场，即依附性的经济体系；不可能建立健全的由本国人民广泛参与的和自主的民主制度，也不可能完全体现现代化的最终目的——提高本国人民的物质和精神水平……因此，殖民地、半殖民地国家只有在取得独立后，才能在殖民地入侵时期所激发起来和积累下来的资本主义化的基础上，开展和实现完整意义上的现代化……

① 黄进华，1976年7月出生，男，安徽巢湖人。哈尔滨工业大学人文与社会科学学院硕士生导师、中国社会科学院“马克思主义理论”科研博士后。本文收录于黄进华主编：《“中国近现代史纲要”名篇名著导读》，中国社会科学出版社，2009年。

由此可见,是否获得国家的独立是殖民地、半殖民地国家能否开展和全面实现本国现代化的关键之一。它不仅成为这些落后国家现代化的前提条件,而且直接成为这些落后国家现代化的基本内容之一。因此,反对帝国主义侵略,争取国家独立的民族化,与工业化、民主化一起,共同构成殖民地、半殖民地国家实现现代化的核心含义。

中国的早期现代化既然属殖民地、半殖民地国家现代化的范畴,它的核心含义中当然也少不了民族化。这不仅是由理论逻辑所得出的推论,也是中国早期现代化的历程所证实的结论。

在中国早期现代化的历程中,入侵的殖民主义者同样扮演了他们在其他殖民地、半殖民地的现代化中所扮演的双重角色。他们的入侵,一方面使清王朝的声威"扫地以尽,天朝帝国万世长存的迷信破了产,野蛮的、闭关自守的、与文明世界隔绝的状态被打破了"①,"即使是为了军事防御的目的,也必须敷设铁路、使用蒸汽机和电力以及创办大工业"②,迫使中国走上资本主义化的道路;另一方面,殖民主义者在把中华民族强行纳入世界资本主义体系的同时,使中国处于屈从的地位,并从中国掠夺走无以计数的财富,从而造成中国早期现代化的畸形、缓慢和曲折发展的状态……因此,只有争取民族独立,在被压迫的现状改变以后,才能使民族工业复兴繁荣,才能与外资建立起平等互利的关系,才能由中华民族自己主宰自己的现代化进程。在中国早期现代化的历史进程中,自始至终都以民族化为一个重要的动力和内容,即使在中华人民共和国成立以后,民族化虽然已经实现,但是民族独立、爱国主义仍然是中国进行社会主义现代化建设的一个基本原则和重要动力,只不过其程度和方式在不同的时期有所不同而已……

——虞和平:《中国现代化历程》第一卷,南京:江苏人民出版社,2001年,第25~29页。

---

① 马克思:《不列颠在印度统治的未来结果》,《马克思恩格斯选集》第2卷,第771~772页。

② 马克思:《中国革命和欧洲革命》,《马克思恩格斯选集》第1卷,第691页。

名著导读：

古人云：鉴往而知来！自从近代以来，“现代化”一直是中国人民追求的目标。为此，100 多年来，中国人民一直孜孜以求，不懈奋斗。尤其是改革开放 30 年来，在中国共产党领导下，中国的现代化建设日新月异，取得了巨大的成就，举世瞩目，令国人振奋。如何总结中国现代化运动 100 多年来的经验教训，使有中国特色社会主义现代化事业更加顺利、稳健地向前发展？如何使人们对有中国特色社会主义现代化的前程更加坚信不移？回顾中国现代化的历程，阐述中国共产党和其他社会力量在中国现代化进程中的地位和作用，总结其成功经验和挫折教训，了解其特殊性和艰巨性，明白其从资本主义现代化转变为经典社会主义现代化（即所谓“苏联模式”），再转变为有中国特色社会主义现代化的必由过程，无疑是十分有益的。

为此，以虞和平研究员为首的课题组历时数年，运用“现代化”理论，对 1840—2000 年的中国现代化进程进行考察、分析，并形成一部三卷本、120 余万字的著作——《中国现代化历程》（江苏人民出版社，2001 年出版）。该书力图纵贯中国现代化进程中各个发展阶段和不同发展道路，阐明对外开放的必要性，揭示在殖民地、半殖民地社会的特殊国情下，中国现代化的畸形发展和难以获得真正成功的一般规律，并对从畸形的资本主义现代化转向经典社会主义现代化，进而转向有中国特色社会主义现代化的必然性进行论证。

该书共三卷 63 章，并附有绪论、后论，每卷开篇又有卷首语。第一卷“前提与准备”，介绍中国 1911 年辛亥革命之前传统经济的发展，以及早期现代化的酝酿和有效启动；第二卷“启动与抉择”，考察 1912—1949 年中国资本主义现代化的启动和艰难发展；第三卷“改道与腾飞”，阐释 1949—2000 年中国社会主义现代化建设的进程及其道路转变。

在体例上，《中国现代化历程》一书突破以往中国历史的叙述框架，建立了一套全新的阐释体系。该书以“中国现代化历程”为研究主题，以工业化、民主化和民族化为现代化的核心内容，从三种矛盾（帝国主义与中华民族的矛盾、专制主义与民主主义的矛盾、计划经济与市场经济的矛盾）、四种关系（内因与外因、传统与现代、政治变革与经济社会发展、政府与社会的关系）出发，对中国现代化进程进行探究，着重探讨制约中国现代化的一些制约因素（如动力系统、思想观念、制度和道路等），从而深化了我们对中国 100 多年现代化进程的认识,有助于中国现代化史研究体系的建立,这对学术界的相关研究产生了极大的启迪和推动作用。

尤其值得一提的是,结合殖民地、半殖民地的特殊国情,以及这些国家早期现代化的历史实践,该书将“民族化”列为现代化的核心内容之一,极大地丰富和完善了现代化理论。书中强调,在中国的现代化,特别是早期现代化进程中,民族化是一个不可或缺的核心内容。

通过鸦片战争,西方殖民者用大炮强行轰开了中国的大门,中国从一个独立国家逐步沦为一个半殖民地半封建国家。从此,西方殖民者大举涌入中国,对中国进行军事侵略、经济掠夺、政治压迫,造成中国的贫穷、落后,这对中国的现代化进程产生深刻的影响。在中国现代化的准备和启动阶段,殖民化与民族化的矛盾一直影响着中国现代化运动的性质、道路及进程。在1949年以前,在西方外力的压力下,中国虽然启动了现代化进程,并取得一定的成就,但西方殖民者控制着中国的财政、关税权和金融市场,掠走无数财富,中国被迫处于屈从地位,中国的早期现代化运动也呈现出一种畸形和缓慢的发展。因此,反对资本主义侵略、争取国家和民族独立,是中国开展和实现本国现代化的重要前提;中国只有实现民族独立和统一,才能进行完整意义上的现代化。

根据马克思关于殖民地、半殖民地国家的论述,作者从中国实际出发,指出:在评估现代化的社会发展指标——工业化、民主化之外,还应当增加一个民族化;民族化与工业化、民主化一起,共同构成殖民地、半殖民地国家实现现代化的核心目标。这对国内外通行的现代化理论是一个重大的补充和完善。

总之,《中国现代化历程》是目前学术界体裁最新、规模最大、内容最丰富、研究水平最高的一部中国现代化研究的通史性著作。该书先后荣获第六届国家图书奖(2003年)、中国历史学界最高奖——“郭沫若中国历史学奖”第三届二等奖(2007年),并多次再版,在学术界影响很大。

中国现代化史观与历史教学

——试论虞和平《中国现代化历程》①

高玉林

时下正当全国全面实施高中课程教学改革的转型时期,高中历史教师用什么样的理论来解释历史现象,用什么样的理论来指导新一轮历史教学,是目前高中一线教师必须思考的重要问题。显然过去的如革命史观、唯物史观都无法适应新课改下的历史教育,虞和平则在《中国现代化历程》这本书中认为现代化史观以其独特视角诠释历史,显示其探索历史的生命力,它正好对接了新课程由传统社会向近代社会发展的进程,理应成为新一轮高考命题的主导理论。

通过对《中国现代化历程》的阅读,我认为虞和平主要从以下几个方面论述了中国现代化历程:

首先,中国现代化历程是世界近代化潮流中的一种。它是随着资本主义向全世界扩散和社会主义的出现而形成和发展起来的,它既有世界现代化历程的共性,又有自己的特点;既会受到世界现代化潮流的影响,又有自己的内在因素和道路选择。因此在目前高中历史教学中必须既要运用现代化的相关理论原理,更要建立和运用适合中国现代化特点的解释体系;既要放眼世界潮流,又要注目本国国情,还要慧眼识别外因和内变,只有这样,学生才能对中国现代化历程的发展规律、表现形式、现实状态进行比较实事求是的分析,从而形成有中国特色现代化历程的思维。

其次,中国现代化历程的发展脉络。以工业化、民主化、民族化为现代化的核心内容,将近代中国160年的历史概括为两大模式(即资本主义现代化模式和社会主义模式)、四大阶段、三条道路(即1949年10月前,以资本主义现代化道路为主体,称之为“早期现代化”。其中,1911年之前为“前提

① 本文原载于《课程教育研究(新教师教学)》2015年第3期。

和准备”阶段，1912 年至 1949 年 10 月为“启动和抉择”阶段。1949 年 10 月起至 1978 年，是在世界资本主义和社会主义两大阵营冷战形势下，基本效仿苏联模式和依靠自己的力量进行的，称之为“经典式社会主义现代化”阶段。1979 年至 2000 年，是在依据国情实行改革开放和世界冷战基本解除的情况下发展的，即“有中国特色社会主义现代化”阶段。所以，中国现代化经历了资本主义现代化、经典社会主义现代化、有中国特色社会主义的道路转换）。同时本书还翔实地揭示殖民地、半殖民地社会制度下，中国现代化的畸形状态和难以成功的一般规律；论证从半殖民地社会条件下的资本主义现代化转向经典社会主义现代化，又从经典社会主义现代化转向有中国特色社会主义现代化的必然性。只有这样，在教学中才能让学生理解中国的现代化和西方现代化的差异，并能深入讲解民族化也是现代化的核心内容之一，从而在考试答题中做到要点多元化。

最后，中国的现代化历程有其特殊性，具体表现在以下几点：

1.传统与现代的关系问题。中国是在传统农业文明基础上被迫开始资本主义现代化的，传统因素里的阻碍因素特别多，也有一些推动中国与外国资本主义文明对接的地方，比如明清资本主义萌芽、商人行帮组织的变异等。这一点在教学中很容易忽略。

2.外因与内因的关系问题。中国的现代化是一种后发现代化，特别是在 1949 年前，也可以说是一种“外源性现代化”或“传导性现代化”。虞和平则提出了“传动性”现代化理念。他认为中国的现代化首先是在外国现代社会因素的注入及其所引起的中国人的学习和效仿之外，还包括中国人因外国的民族压迫而激起的谋求自强自立的动机；其次“传动”突出初期的促动意义。随着列强的入侵，由以前的被动向主动学习演变。这主要靠自己来做，外国的传导就不再占主要因素。

通过对这本书的阅读，我认为它不仅丰富了我们广大一线历史教师的教学内容，更重要的是它能够明确指出新时期高中历史教育的方向，使我们不至于在新课改背景下迷茫于传统教育而不能自拔。

第一，历史教育本身意义就在于鉴古而知今，为我国现代化建设把握方向。古人修史本来就是“究天人之际，通古今之变”，目的在于鉴古而知今，《中国现代化历程》内容上强烈的现实感更能教育我们学生了解历史、利用历史、创造历史，做好新一代建设有中国特色社会主义的接班人，同时也为改革开放背景下党和国家决策者提供了现代化建设的新思路。

第二，历史教育一定要重视选材要独具匠心，论证要史论结合，对号入座。新课标下更重视史实而非结论，这种观念在这本书中有明显体现，比如在说到利用外国资本主义先进文明成果时，这本书尽量避免义和团运动等题材，而尽量挖掘一些中国利用外国资本主义先进文明成果的经验教训，从而避免了许多既无法论证又容易陷入死胡同的后果，这对于我们做高考历史 41 题很有借鉴意义，教育学生尽量选择有史实依托的观点来评述；再比如这本书将革命引入现代化研究，提出现代化内容、民族化内容，但在具体论述中，除辛亥革命正面直接阐述外，其他如太平天国运动、二次革命、国内革命战争等作者基本不提。

第三，历史教育要与时俱进，切不可落入"本本主义""教条主义"。新课标下更重视活学历史、活用历史，一定时期的历史都是在特定历史时期发生的，没有无缘无故的历史，这本书在介绍中国现代化内容时，特别加上民族化，就是鉴于中国现代化过程中要反对帝国主义侵略、争取民族独立，所以我们在历史课教学中一定要有最先进的历史理念，大胆讲解目前历史前沿观点。

综上所述，读了这本书，作为历史一线教师，我对中国现代化历程的理解更充实更透彻，在对学生讲这个问题时也更得心应手。

中国早期现代化研究的新收获

——《张謇——中国早期现代化的前驱》评述

张晨怡①

近年来,对于中国近代人物现代化思想和实践的研究,已经成为我国学界的一个热门课题,相关的论述著作也不断出现。其中,虞和平先生主编的《张謇——中国早期现代化的前驱》(以下简称《张謇》),就是由吉林文史出版社于2004年12月出版的该研究领域的一部力作。全书共分9章,论述了张謇在中国早期现代化进程中的一系列贡献和影响。与同类著作相比,《张謇》一书具有自己独特的风格和面貌。

一、定位合理　主题明确

研究历史人物,首先必须要回答的一个问题就是所要研究人物的历史定位问题。张謇作为中国近代历史上一个非凡的人物,自然也一直受到各方面的关注。而正如《张謇》一书在"序"和"前言"里指出的那样,在过去的一个世纪里,人们对张謇的认识可谓一波三折,评论也是形形色色,褒贬不一。早在张謇在世的时候,当时的新闻界就称其为"中国大实业家",盛赞其考取状元后离仕途而办工厂的旷古之举和为了救国救民而敢于改变重官轻商传统观念所起的表率作用。张謇去世不久,胡适又高度评价他为近代中国"一个很伟大的失败的英雄""三十年的开路先锋"。中华人民共和国成立以后,毛泽东在谈论中国的民族工业时,再次指出,"讲到轻工业,不能忘

① 张晨怡,1976年出生,浙江绍兴人。中央民族大学历史文化学院教授,历史学博士。毕业于北京师范大学历史系,曾在中国人民大学清史研究所从事博士后研究工作。主要研究领域为中国近现代史。主持教育部人文社科项目"近代化视野下晚清理学的流变与价值研究"、北京市社科基金项目"二十世纪前期北京婚姻家庭变革研究"等多项课题。著有《罗泽南理学思想研究》《清咸同年间湖湘理学群体研究》等。

记张謇”，肯定了他在民族工业发展历史上的贡献和地位。此后，随着中国近代历史研究的不断深入和开拓，对张謇的研究也逐渐扩展到各个领域。但由于受到政治时势的影响，一些论者对张謇的经济和社会活动，在肯定其某些客观进步意义的同时，更多的是批判其企业经营管理中存在的封建主义和家族主义等落后思想。甚至有人认为张謇并不懂得经济，因此在农商总长任上无所作为。对于张謇的政治活动，除少数论著对其“改良主义”的进步性和保守性及由主张立宪向支持共和的转变，采取一分为二的方法进行实事求是的分析评论之外，大多数采取了一味批判张謇的保守性的立场。

那么，究竟应该怎样看待这些褒贬不一的评论和观点呢？《张謇·序》强调，“对于历史人物的评论，最重要的是要用历史的尺度，把他放到当时的历史阶段和历史环境中加以考察；要把握他最主要的历史贡献和影响，并以此界定其在历史发展过程中的地位和作用；要总结他最有现实价值的经验教训”。这也是近年来学术界一直在倡导的严谨的治学立场，即要努力地回归历史和还原历史，进而在具体的历史语境中实现对研究对象的“理解之同情”。从张謇这个研究对象来说，作为一个近代中国开始由传统社会向现代社会转型中的过渡性前驱人物，他的身上不可避免地既有现代社会的元素，又有传统社会的遗留，因此对他的认识就更加不易。新时期以来，一些学者正是从这样的认识前提出发，对张謇进行了重新的思考和研究。特别是该书的作者之一、著名学者章开沅先生，多年来对张謇进行了持之以恒的研究，并且在许多方面都有所突破。正是在严谨的治学思想指导下，以及对相关历史资料和前期学术成果进行全面把握和充分汲取的基础上，本书将张謇定位为“中国早期现代化的前驱”，并以此为主题对他进行了深入、全面的研究，力求给张謇以实事求是的评论和应有的历史地位。

《张謇》一书认为，张謇至少在以下四个方面为中国早期的现代化进程做出了贡献：第一，张謇顺应和推进了中国早期现代化的进程。在清末民初，面临“三千年未有之变局”，中国社会进入一个急剧的转型时期。张謇作为这一时期一个身兼多种角色的代表性人物，领导和参与了当时诸多的政治、经济、社会和思想文化的变革。他同情和参与过戊戌变法运动，策划和支持过立宪运动，组建和领导了江苏咨议局，在资产阶级革命的高潮时期，他反对袁世凯复辟帝制，从立宪的立场转向拥护共和，这些无一不表现出对时代潮流的顺应和促进。他为了救国救民，在考取状元后毅然弃官从商，提出“实业救国”的主张,成为中国最早的大儒商,改变了沿袭千年之久的重官轻商传统观念。第二,张謇提出了不少具有现代化意义的思想主张。他在清末民初的变革运动中提出的“实业救国”和“教育救国”思想,以及“棉铁主义”“开放主义”“村落主义”“民办官助”等主张,虽然不能说是近代中国寻求现代化进程的正确道路,却也为这一过程做出了积极和具体的探索和尝试,其社会经验和历史价值值得重视。第三,张謇做了许多开创性的现代化事业,在中国早期的现代化进程中处于先导地位。他一手创办的“大生模式”,推进了近代中国企业的股份制度,创建了近代中国最早的大型农垦公司和企业集团。他创建和开设了一系列具有现代化色彩的文化和教育事业,例如师范学校、纺织学校、博物馆、新式剧院等,以及体育场、公园、幼儿园、养老院等公益和慈善机构。他还是近代中国社团的最早提倡者和实践者之一,最早提出了设立商会和农会,参与组建了预备立宪公会、江苏教育会、中国教育会、劝业研究会等政治、经济和教育社团。第四,在张謇身上,较好地实现了传统与现代的历史性统一,突出地体现了中国早期现代化的转型特点。张謇从晚清状元、改革思想家到资本主义企业家和政府官员的身份转变,集中反映了传统士人向现代化思想者和实践者转化的曲折行程和心路历程,也凸显了其所处的时代精神。

通过上述四个方面的概括,《张謇》一书为读者基本勾勒出张謇在中国早期现代化进程中的思想和实践。而作者重点考察和论述的张謇具有现代化意义的言行、地位和影响,既可以让该书主题明确和脉络清晰,也容易让研究有所突破和创新。实际上,该书在张謇现代化思想的渊源及特点,他的企业经营模式和行政管理思想对现代企业制度变革和政府职能转变的价值,以及他的社团思想的现代化因素和地方自治活动的区域现代化意义等方面均有所涉及,而在作者言简意赅的表述后面处处不乏创新之见。例如,作者在第三章“创建大生资本集团”中,通过对张謇一手创办的“大生模式”进行分析,考察其在企业产权关系明晰、依靠股份公司制度兴办社会化大生产、建立公开而严明的企业管理机制、按资与按经营劳动相结合的利润分配制度、重视市场营销的经营方针、实施重视人才开发与管理、重视新式教育的发展战略、从实际出发的劳动制度等一系列制度创新,对我国的现代企业制度建设有着重要的历史借鉴意义。再如,第四章“张謇的盐业改革思想和实践”,不仅展示了中国社会早期现代化进程的一个侧面,还重点考察了张謇重视、善待劳动者的思想观念,这其实也是现代经济管理中以人为本思想的最早体现。特别需要强调的是,对张謇现代化思想和实践中所体现出的内在的传统文化与现代化的关系问题进行研究,应该是张謇研究中的一个重点,却在以往的很长时间里没有得到足够的重视。而该书在这一方面的研究,不仅是全书的一个亮点,更可以为当下中国的现代化建设提供颇有价值的借鉴。

二、提出命题　进行思考

当前,学术界对现代性叙事的思考仍然面临许多问题。其中一个关键问题就是:究竟是只有一个现代性(即西方的现代性道路),还是有各种各样的现代性(即不同的国家有适合自己国情的独特的现代性道路)？正是在这个问题上,一些学者对“五四”以来的激进的中国现代化道路进行了反思。他们认为,这种激进的现代化道路导致了许多问题的产生。而其中最大的问题就是对于西方现代性思潮不加反思地全盘承接,同时也是对于民族遗产和传统过于简单的告别,即将“传统”和“现代”过于僵化地“构造”成一组二元对立的关系,而忽视了其间的互动和转化。

德国社会学家马克斯·韦伯正是基于对现代性问题的思考,才写出了《新教伦理与资本主义精神》,将西方的现代化经济发展和其独特的思想文化传统联系起来。近年来,在学术界又掀起了一场对文化政治的关注,认为一个完整的现代民族国家,必须是一个拥有自己成熟的文化传统的国家。那么,在中国的现代化道路上,究竟应该如何处理内在的传统文化与现代化的关系问题呢?

张謇作为“中国早期现代化的前驱”,必然要解决内在文化传统和外来思想文化的矛盾问题。让人佩服的是,张謇很好地将这两种不同性质的思想文化有效地融合在一起,把一些传统思想运用于自己的各项现代变革之中,并富有成效。张謇创办各种企业主要是为了富国强民,他在创办第一个企业大生纱厂时,之所以取名“大生”,就是取儒家的“天地之大德曰生”的含义,并以“衣被所及遍我东南”自勉。此后,他所涉及的各项具有现代化意义的变革事业,“亦离不开此宗旨”。张謇在进行各种现代化探索的同时,也始终抱有“以天下为己任”的传统思想,从而尽到“儒者应尽的本分”。正如

《张謇》一书所明确指出的:“张謇虽然长期受传统文化陈腐思想的束缚,然而并非食古不化,他在转向现代化的过程中颇能利用自身传统文化的素养。传统文化作为一种精神资源,其中有些价值体系的合理核心是可以超越时代的。”实际上,正是张謇将传统的儒家经世思想和现代化诉求有效地结合起来,才成就了他的卓越。同样地,也正是在张謇身上的传统遗留,造成了他在一些现代变革运动之中思想和实践的犹豫和不彻底。但是,长期以来,评论者过多地注意到了传统思想在张謇的现代化实践中所造成的封建主义和家族主义等落后、保守和反动性,却对其中的积极因素和进步意义缺乏重视。《张謇》一书正是在这个问题上一反前人做法,通过对张謇的个案研究,对传统与现代的历史性统一命题进行了深入的思考。作者认为,生活在过渡时代的张謇,虽然一生经历了太多的角色转换,但是骨子里却始终存在着一种“儒”的精神。而“所谓儒绝不仅仅是一种社会身份,它还是一种抱负,一种学养,一种情结。张謇对儒情有独钟,但对他而言,儒也并非是无法突破的坚壳,因为儒毕竟是一种文化积淀,它本身就在不断自我调适以适应世变的过程之中”。因此,“张謇带着儒的抱负、儒的学养和儒的情结进入商界,这些文化因素虽然不能直接用于企业管理与市场运营,然而却使他超越于一般唯利是图的市井商贾,而从一开始便着眼于国计民生乃至国际商战,终于成为高瞻远瞩追求社会整体革新的现代化前驱”。故而,从第一章“言商仍向儒”开始,全书就为张謇打下了身处传统与现代之间的基调;具体在各章节中,也处处涉及传统思想对张謇的现代化实践的影响。而在全书结尾,通过比较“南通自治”和“宛西自治”,考察“儒家教养型自治”和“强力钳制型自治”的不同,又将这种思考和影响由张謇个案推广和上升到对集体、地域乃至整个中华民族的现代化发展上。

可以肯定,对以儒家思想为代表的中国文化传统与现代化发展的历史性统一命题的思考,在今天的中国现代化建设中仍然具有重要的意义。这也是撰写和出版《张謇》一书的价值之一。不过,白玉微瑕,如果说《张謇》一书还有不足,那就是对这个命题的挖掘还不够全面和充分。当然,这也需要学术界同人的不断努力。

三、论述严密　澄清问题

《张謇》一书的内容结构,主要是按照张謇的言行和业绩所具有的各种现代化价值,分类设计章节,以突显主题。对此,全书分为三个层次、九个方面撰写。第一个层次论述张謇的现代化素质,其中包括第一章和第二章,分别论述了张謇个人的潜在现代化素质及其发展过程,他的现代化思想及其特点,重点考察了张謇对中国传统文化的现代性改造和对外来现代性文化的中国化改造,从而形成的中西结合、新旧结合的中国早期现代化思想。第二个层次论述张謇个人的现代化事业及其意义,其中包括第三章到第六章,分别考察了张謇所从事的企业集团、盐政改革活动、各种教育活动和民主政治活动。其余章节分属第三个层次,论述张謇对社会和国家的现代化进程所做出的贡献和影响,包括具体分析他担任农商总长期间的经济体制改革业绩和贡献,参与和领导各种社团现代化活动的情况及其所产生的社会动员作用,以及对南通地区现代化建设的贡献及其所具有的区域现代化模式的意义。这样的结构安排既让全书上下层次分明,主题明确,论述严密,逻辑性和整体感突出,又符合张謇因为儒家精神而产生的强烈的社会责任感和使命感。另外,全书的叙述方式也非常自然流畅。在时间顺序上,它按照张謇早期、中期和晚期的社会活动依次叙述,既符合具体历史人物的个人成长和发展逻辑,又暗合了清末民初这个急剧的转型时期中国社会的整体现代化发展过程。在人物叙述上,全书注意将张謇个人的思想言论和他的具体社会实践相结合,二者对照,既可以让读者容易理解张謇进行具有现代化意义社会实践的动机和目的,也可以对他的内在思想、高尚人格和儒家精神有进一步的了解。在这样的结构安排和叙述方式下,全书虽然由诸多学者合力写成,洋洋大观约50万字,却整齐划一,毫无松散杂乱之感,其材料和论点繁多,却无不运用和阐释得合情合理,并且都能为全书的基本主题服务。

值得一提的是,该书在论述张謇对中国早期现代化进程所做出的贡献的同时,还对以往论者的一些观点进行了重新的评判。例如,在第三章"创建大生资本集团"中,针对以往学术界在判定通海垦牧公司经营性质上的巨大分歧,作者强调,"在这一问题上要做出符合实际的评价,需要实事求是,需要考虑历史发展的阶段性。以往学者们有关通海垦牧公司性质的争议,往往没有考虑到其企业制度历史演变的阶段性特点"。同时,作者还具体列举了其他学者的论点,并从资本来源、公司经营性能、机器的使用等三个方面,对一些不当的论点进行辨析。再如,在第六章"追求资本主义民主"中,作者认为,以往的部分论述,对张謇在辛亥革命和建立民国期间的表现和贡献没有给予应有的肯定,反而将他作为一个反面人物的典型加以批判,这是不符合历史事实的,因此有必要给予重新考察。随后,作者从"从立宪转向革命是否政治投机""不愿担任财政总长是否拆临时政府的台"等九个问题切入,在大量材料的基础上进行合理的分析,澄清了以往研究中的许多问题,肯定了张謇在推翻封建王朝,建立中华民国的过程中做出的重要贡献。全书类似的再解读和再评估还有很多,此处不再赘述。

总之,《张謇》一书是全国多名历史和经济领域专家长期潜心研究的一个重要成果,是十几位学者共同参与的集体智慧结晶,具有坚实的学术研究基础。全书通过对历史人物张謇的全方位重新解读,对中国早期的现代化发展进程中的一系列问题进行了全面和深入的考察和研究。书中各个章节的论述,有的是作者们长期研究的心得体会,有的则是在汲取了学界同行研究成果的基础上继续思考的结果。尽管《张謇》一书还存在一些不足,但是综观全书,仍然是瑕不掩瑜,不失为一部内容科学严谨、具有学术研究价值和现实借鉴价值的"双效"力作。正如《张謇》一书的"前言"所言:"我们群策群力,从各个侧面重新解读张謇,解读通海,同时也就是为中国的早期现代化作颇有意义的个案研究,以期为21世纪的中国现代化提供若干有益的借鉴。"

商会史研究已成为一门显学

——评《中国近代商会通史》

梁艳玲[①]

近代以来,商会作为商人的社团组织和市场的中介组织,一直在国内和国际经济舞台上扮演着重要的角色。但自20世纪80年代开始,商会史才成为一个新的研究领域和对象受到学术界的高度关注。经过几代学人30年的努力,商会史研究已成为海内外中国近代史研究的热点之一,并拓宽和深化了经济史、社会史、城市史尤其是现代化史、资产阶级史等相关研究领域。作为一部里程碑式的标志性学术成果,《中国近代商会通史》的出版,一定意义上是整个商会史研究的总结和归纳。

《中国近代商会通史》皇皇200余万字,按时间线索分为四卷:第一卷为晚清时期(1902—1911),第二卷为民国初期(1912—1927),第三卷为南京国民政府时期(1928—1937),第四卷为抗战至中华人民共和国成立初期(1938—1953)。该书以商会与近代中国社会变迁中的重大问题为中心,探讨商会制度的演进、商会与政府关系、商会的政治参与、商会与市场经济体制的建立、商会与国家形态间的复杂关系等种种问题,尤其是借鉴和运用政治学、社会学等学科的理论与方法,对商会存在的社会与法理基础、商会的组织与运作原则及其与经济市场化、政治民主化之间的关系等问题进行深入研究,进而探讨了商会与近代中国市民社会发展的关系。由社会科学文献出版社以"国家哲学社会科学成果文库"成果出版后,引起了学术界的强烈反响。学者一致认为,《中国近代商会通史》是中国商会研究领域具有开拓性意义的作品。

这部通史的主要作者,包括虞和平、马敏、朱英以及郑成林、魏文亨等,

① 梁艳玲,1978年11月出生,女,山东烟台人。现为社会科学文献出版社副社长、编审。本文为待刊稿。

是商会史研究的中坚力量,30 年间一直活跃在这一领域的前沿阵地。30 年来,商会史研究经历了革命化、现代化和反思化研究模式的变迁。革命化阶段(20 世纪 80 年代初至 90 年代初),商会史研究主要解决“商会是什么”,标志是 1981 年章开沅提出商会“是从整体上考察资产阶级不可缺少的重要课题”。其研究思路是“资料、问题和领域是新的,但思考的角度和路数却是旧的,多数研究者仍然习惯于从政治史的角度去思考商会问题,以政治因素(又往往化约为革命与否、进步与否)作为商会评价的关键值”。虞和平的《中华全国商会联合会的成立与中国资产阶级完整形态的形成》《论清末民初中美商会的互访和合作》《近代商会的法人社团性质》《商会与中国资产阶级的“自为”化问题》,朱英的《清末商会与抵制美货运动》《辛亥革命时期新式商人社团研究》,以及徐鼎新、钱小明的《上海总商会史》,都是革命化研究模式的产物。现代化阶段(20 世纪 90 年代初至 21 世纪初),商会史研究主要探讨“商会怎么样”,以 1993 年 6 月虞和平《商会与中国早期现代化》的出版为标志,形成了近代商会史研究的现代化范式的主流地位,同时也确立了商会史研究的专门史地位。同时,在虞和平、朱英、马敏等学者的推动下,形成了北京、上海、武汉、天津四个商会研究中心。反思化解阶段(20 世纪初至今),商会史研究主要分析“商会研究向何处去”,标志是 2001—2002 年从商会研究到商人、商民运动等研究的适度转向及其对商会史研究的反思,其虽然涌现了很多较有分量的新论著,但总体上没有跳出现代化范式的研究思路和超越章开沅及章门弟子虞和平、马敏、朱英等人的研究高度。代表性作品包括马敏的《商人精神的嬗变——近代中国商人观念研究》、朱英的《近代中国商会、行会及商团新论》、贾中福的《中美商人团体与近代国民外交(1905—1927)》和李娟婷的《商会与商业行政:北洋政府时期的政商关系(1912—1927)》,以及虞和平对商人这一群体的大范围研究和探索。这一时期,学者集中对商会史研究进行了反思,比如,虞和平对商会史研究的对象、时间跨度和内容的局限性进行了评判;马敏指出现代化理论在给商会史研究带来新的问题意识、概念话语、分析视角与新方法的同时,也存在自身的局限性;朱英则提出中国商会史研究的新突破要在理论和方法上继续创新,注重解决理论阐释与实际论述相脱节的情况。

上述商会史研究的三个阶段变化及其成果,完整地体现在《中国近代商会通史》之中,该著作时间轴从 1902 年写到 1953 年,长达半个世纪;覆盖面几乎涵盖了除西藏之外所有地区的商会；学术上凸显问题意识，勇于开拓新领域，具有强烈的现实关怀，在一定程度上结束了商会史研究的“碎片化”倾向，将研究视野重新拉回到宏大、系统和整体叙事的场域中。《中国近代商会通史》学术贡献巨大，限于篇幅，这里只梳理出几个较为重要的方面。一是该书界定了商会的性质和地位。对商会性质的界定，是学术界一个非常关注的问题，该书正本清源，明确提出商会既非官方、半官方机构，亦非“官督商办”性社团，而是一种商办的法人社团。二是该书指出了中国资产阶级由自然存在阶级向“自为”阶级的过渡。商会的出现使资产阶级形成了真正的地区联合，并得以有组织地参加和发起地区性的乃至全国性的经济和政治活动。特别是 1913 年中华全国商会联合会正式成立，使资产阶级全国性统一行动成为可能。三是该书拓宽了商人外交和商会外交的新领域。商人外交和商会外交是商人自己的有组织的外交活动，大多以商会为主体，它既是国民外交的一个组成部分，也是民间经济外交的主体，是国民外交和民间经济外交的交叉。该书集中考察了商人阶级在近代中国争取民族经济发展、民族独立和国际平等地位中所发挥的作用。四是该书突出了商会的商业行政参与，商会与政府之间的良性互动推动了资本主义的发展，带动了实业革命的到来。

总之，作为目前商会史研究最重要的一部作品，《中国近代商会通史》不但客观地吸收了前人的观点，并且融入了海内外专家学者的最新研究成果。这一开创性工作，必将对商会史研究的理论方法、模式范式等方面，特别是商会史研究的学科建设起到极大的促进作用。

资产阶级是中国近代政治运动的风向标

——读虞和平著《资产阶级与中国近代政治运动》

吴敏超①

资产阶级是中国近代的新兴阶级,其成长不仅反映了中国资本主义发展的程度,更铭刻着中国经济与政治现代化的演进轨迹。中国社会科学院虞和平教授长期致力于中国近代社会经济史和现代化问题研究,成果丰硕。他主持的国家社科基金重大项目"资产阶级与中国近代社会转型"中期成果——《中国近代资产阶级的产生和形成》《资产阶级与中国近代经济与社会》《资产阶级与中国近代政治运动》(中华工商联合出版社,2015年出版)皇皇三卷本,最近与读者见面。从三卷本的书名可知,虞和平力求在中国近代社会变迁的整体视野中,解析与评价资产阶级的发展经历、功过得失与历史地位,从而展示出中国近代资产阶级与近代社会转型之间深入复杂的关系。本文限于篇幅,将聚焦于三卷本的最后一卷《资产阶级与中国近代政治运动》,谈谈读后的感受。

第一,资产阶级是中国近代历次政治运动的风向标。该书细致考察了资产阶级参与近代政治运动的具体状况,从支持晚清的维新与立宪运动,到投身辛亥革命、拥护建立民国,再到支持北伐,参加九一八事变后的抗日救国运动,以及抗战后期从跟随国民党到同情共产党的转变。总体而言,资产阶级紧随时代潮流而动,成为近代历次重要政治运动的风向标。在这些政治运动中,近代资产阶级提出了反对专制政府、反帝爱国、追求民主共和等政治诉求,与近代社会的转型互相促进、相得益彰。当然,限于资产阶级自身的发展阶段与参政经验,以及内部的观点分歧,资产阶级在历次政治运动中的表现,也有很多不尽如人意之处。如北京政府时代上海总商会发起的

① 吴敏超,1979年1月出生,女,浙江海宁人。现为中国社会科学院近代史研究所副研究员。本文发表于《团结报》2016年9月29日。

民治运动,可以说是一次典型的虎头蛇尾的政治参与活动。在这次运动中,资产阶级的参政能力较为低下,也表现出过于重视个人商业利益、缺乏政治责任感的特点。实事求是地看,近代资产阶级参政运动的广泛性、独立性和理性化,是一个逐步提升的过程,但不影响其风向标的地位。

第二,资产阶级拥有财力、物力、资源等独特优势,在历次政治运动中发挥了重要作用。1928年,日本企图阻止国民革命军北伐,制造"济南惨案",引起国内各界人士的抗议。概言之,这次反对日本侵略的活动是由国民党和学生、工人、商人等社会各界共同发起和进行的。通过具体分析可发现,国民党自始至终处于主导者的地位,学生和工人扮演了造势者和监督者的角色,而商人则处于实践者的地位,即实施反日运动的最主要手段——对日经济绝交,取得较好成绩。我们深知,在历史发展的进程中,实践者的意义十分重大。抗战全面爆发后,各地商界除展开对日经济绝交活动外,还组织领导献金运动、献机运动,募集巨额资金,支援了国民政府的财政和军事,对于全民动员、坚持抗战发挥了重要作用。以往近代史领域的研究,对各党派、知识分子、工人等在近代政治运动中的作用关注较多,该书则聚焦于资产阶级在历次政治运动中发挥的不可替代的作用。从经元善、张謇、沈缦云、朱葆三、虞洽卿等个体,到上海总商会、北京总商会、全国商联会等团体,他们逐步走向团结,在社会中发挥的独特作用亦日益增大。

第三,该书在阐述资产阶级参与历次政治运动时,注意到资产阶级内部不同区域、不同阶层之间的分野,以及与其他社会力量之间的合作和分歧。如辛亥革命时,上海商人的参与和支持程度最高,武汉商人在支持力度和广度上稍逊一筹。由于其他地方大多是和平光复,商人参与程度更低。所以,该书指出,各地商人的不同表现,不仅与当地资产阶级的成长程度有关,也与当地革命的激烈程度有关。九一八事变后,上海商界出面组织了抗日救国会,但是不久即因经济利益关系与市党部发生矛盾。抗日救国会部分成员与国民党上海市党部、教育界救国会不准商人出售对日经济绝交之前购进的日货,王晓籁、方椒伯等商会代表认为如何处置封存日货关系重大,为维护商人利益,争取救国与护商的统一,决定退出抗日救国会。此后抗日救国会的领导权落入市党部之手,而上海商界重新组织了商界抗日救国会这一新团体,商界抗日救国会与此前的抗日救国会之间隐然有对抗之意。不久之后,一·二八事变的发生,又使上海各种社会力量的抗日救国运动进入一个新的阶段。这一变迁,反映了历史细节处的复杂与耐人寻味。资产阶级与国民政府之间,在反抗日本侵略方面既有合作又有对抗,资产阶级发起的组织及其活动,也影响到国民政府的政策走向。

纵观资产阶级在近代政治运动中的表现,可发现其诉求核心与价值取向,一是反帝爱国,二是民主政治。这两个方面与资产阶级自身的利益关系密切,也与近代中国社会进步人士的追求一脉相承。他们曾不满于北京政府时期的军阀当道、武人割据,参与“废督裁兵”运动、发起“国是会议”,但成效不大;他们也不满于抗战后期官僚资本对经济的垄断,对国民政府的态度日益消极。1945 年年底,重庆的部分民主工商业者和与之联系的知识分子建立了民主建国会。此后,他们坚决反对内战,日益同情中共的主张。该书提示我们,资产阶级为争取中国的独立与民主所做的贡献,有光辉之处,亦有局限。如何从整体上和细微处进行深入探究,如何恰如其分地予以评价,该书进行了全面尝试,但仍任重而道远。

一部从整体上研究中国近代资产阶级的专著

——读虞和平《资产阶级与中国近代社会转型》

吴鹏程①

中国近代史研究上,资产阶级研究是一个绕不开的话题,不管是从革命史取向,还是从现代化视角,或新文化史角度。以往的研究都是趋于某一专题,较少从整体上全面审视中国近代资产阶级,因而对它的认识也是不全面的。2015年年底,中国社会科学院近代史研究所研究员虞和平先生的《资产阶级与中国近代社会转型》(三卷本)出版,提供了一个很好的从整体上审视中国近代资产阶级的范例。中国近代资产阶级的本体就是广义上的商人,该书可谓是对中国近代商人做了一个集体性的新传记。该书的第一、第二卷,既对中国近代资产阶级的形成与发展做了详细考察,也对近代资产阶级与中国近代经济和社会的关系做了系统论述。

第一,对中国近代资产阶级产生的研究。中国近代资产阶级的来源并不是单一的,而是具有广泛性的特点。作者通过考察买办阶层转化、中国传统商人资产阶级化,以及伴随新式企业产生的工业资产阶级,揭示其产生之特点。同时,透过中国近代资产阶级产生源流的广泛性,进而反映出近代中国社会复杂性的特点。随着近代中国在中西军事竞争中的不断失败,西方在华影响逐步加强,近代中国开始通过向西方学习寻求自强,进而引起社会方面的转变。这种转变形成中国近代资产阶级产生的社会土壤,也体现出近代资产阶级产生的多源性。

第二,对中国近代资产阶级完善的考察。任何事物的产生并非一蹴而就,尤其是一个阶级的产生。因此,中国近代资产阶级的完善是一个逐渐形成的过程,亦需要社会土壤提供完善的环境。在社会环境方面,清末民初的

① 吴鹏程,1990年10月出生,男,湖南祁阳人。现为华中师范大学中国近代史研究所博士研究生。本文发表于《团结报》2016年11月10日。

经济伦理资本主义化,有效推动了中国近代资产阶级的完善。所谓“经济伦理资本主义化”,简而言之,就是政府运用政策措施推动经济发展,确立经济发展在国家建设中的主导地位。清末民初时期,政府重视经济的发展,引起社会原有“四民”地位的渐变,进而提升了资产阶级发展实业的使命感,并提高了资产阶级的自身地位。

近代资产阶级自我完善还体现在组织形式上。这种组织形式就是商会和全国商联会。正如作者指出商会的成立“是资产阶级组织形态逐渐突破传统形式而走向现代性团体的重要标志”(该书第一卷第189页)。而全国商联会的产生,则标志着中国近代资产阶级组织形态的完善。随着中国近代资产阶级逐渐完善,其形成的标准又是什么呢?作者引用马克思主义关于阶级形成的“自在”与“自为”关系,来论述中国近代资产阶级形成的标准。近代资产阶级虽然达到了“自为”阶段,但由于中国近代环境的特殊性,也有其不成熟的一面,体现在作者所说的“力量软弱性、政治文化素质相对低下”(该书第一卷第245~256页)。此外,中国近代资产阶级形成之后,数量在不同时期有所不同,而且构成状况可以通过业别和资产大小及政治属性的划分而有所不同。

第三,对中国近代资产阶级参与国家商政的研究。中国近代资产阶级虽然像世界各国的资产阶级一样,以追求经济利益的最大化为目标。然而中国近代资产阶级在追求自身经济利益的同时,也不断参与国家的商业行政和管理活动。这主要体现在:资产阶级参与实业救国、资产阶级参与清末民初的经济法规制定、资产阶级参与政府经济决策、资产阶级参与近代商事仲裁制度建设、促进清末民初民间经济外交以及参与战时工厂内迁。其中重点考察南京国民政府时期,比如参加1928年全国经济会议和1930年全国工商会议,反映出南京国民政府成立后,虽然政府统治逐渐强化,但是官商仍然存在互动,作者指出:“1931年九一八事变爆发之前,在有关方针政策的制定中,国民政府还是力图与工商界沟通互动,以求得支持”(该书第二卷第70页)。

同时,资产阶级参与中国近代商政还体现在民间经济外交上。作者对中国近代商人参加世博会、与美国商会的互访与合作以及参加太平洋商务会议等对外非经贸交往活动,第一次提出“商人外交”和“民间经济外交”的概念,并以此展开研究。这一系列经济外交活动,反映出中国近代资产阶级力图争取国际平等地位,走向世界、开拓世界的愿望和努力。此外,抗战时期的战时工厂内迁,也是对中国近代资产阶级商政参与考察不可忽略的一环,作者的考察对学界研究抗战时期政商关系颇有启发意义。

第四,对资产阶级与中国近代社会的研究。资产阶级在参与中国近代经济发展的同时,也在发挥自身能力来推动中国近代社会进步。比如资产阶级推动新式教育的发展,一方面是实业教育的提倡,另一方面则是捐办大学教育。尤其是辛亥革命后,资产阶级捐办大学教育推动中国大学教育现代化,正如作者指出,“如果没有以商人为主捐办的私立大学的加入,那么近代中国的大学教育水平将大为降低,教学的现代化水平亦将会显得更加落后,商人队伍的现代化进程亦将严重滞后”(该书第二卷第157页)。

中国近代资产阶级研究是学界研究的一个热点问题,虞和平先生通过其扎实的学术基础和宏大的研究视野,深化了学界对中国近代资产阶级的认识。通过对该书的阅读,我们可以从整体上审视中国资产阶级的产生和形成,以及与近代中国的互动,进一步窥探出近代中国经济的变迁和社会的纷繁复杂。同时,该书从学术研究的角度上,为中国近代资产阶级研究,乃至中国近代史研究提供了很好的借鉴,正如作者指出,对资产阶级的全面考察“既有助于全面认识中国近代资产阶级的历史地位和作用,进一步认识中国近代社会的状况和性质,也有助于中国近代经济史、政治史、社会史和思想文化史研究的发展和深入”(该书序言第1页)。因此,该书对中国近代经济史研究者、中国近代史爱好者而言,都是值得一读的。

中国经济史研究的开拓之作

——评《中华民国经济史》[①]

虞和平

在中国的经济史研究中有不少亟待开拓的领域,中华民国经济史就是其中之一。中华民国经济史应该是中国经济史中最为重要的部分,因为它是旧中国最后约40年的经济史,直接与新中国的经济发展相关联。研究它,不仅有助于人们了解旧中国的经济状况,而且有助于人们进一步理解中国共产党领导革命胜利的历史必然性和新中国经济建设的艰巨性,就是对今天的现代化事业也不无裨益。然而,这一如此重要的课题却长期未能得到系统的研究,自中华人民共和国成立以来,虽然也有学者间或将研究触角伸向其中的某些方面,但是成果多限于论文和资料。1989年6月江苏人民出版社出版的由史全生主编的《中华民国经济史》(下称"史编"),是这一领域的开拓性著作。

全书以民国经济发展变化为主线,以南京国民政府时期经济为重点,内容包括民国时期全国各种不同性质、不同类型、不同部门的经济,如帝国主义侵华经济、沦陷区经济、大后方经济、革命根据地和解放区经济,农业、手工业、工商业、金融业,民族资本、官僚资本等。这就比海内外的同类著作的涵盖面广,使读者得以比较全面地了解民国经济的整体面貌。

1927—1937年南京国民政府统治时期的经济是以往研究的薄弱环节,"史编"以此为重点,可谓是重点突破。作者除比较全面地介绍了这一时期的经济状况之外,还对某些重大问题做了评价,其中有些见解颇有启发性。对于国民政府宣布实行的一系列经济政策和关税自主政策,该书认为,它们虽然没能完全实施,但还是在一定程度上推动了社会经济的发展。关于"四

① 史全生主编:《中华民国经济史》,江苏人民出版社,1989年。本文发表于《近代史研究》1990年第4期。

大家族”官僚资本的问题，该书通过分析官僚资本的形成过程和特点，认为以“四行二局”为核心的垄断资本主要不是蒋、宋、孔、陈等官僚的私人资本，而是以中央政府的名义由国家拨款筹建起来的，只是由于国民政府的最高权力掌握在以“四大家族”为代表的官僚手中，人们就形象地以“四大家族”官僚资本代表国民政府的国家垄断资本。所以，“四大家族”官僚资本的说法实际上是不科学的，称之为国家垄断资本更为妥当。

沦陷区的殖民地经济，在民国经济中也占有一定地位，而在过去民国经济史研究中却甚少触及，“史编”于此填补了不少空白。作者不仅对已有较深研究的东北沦陷区经济做了进一步探讨，而且对台湾、内蒙古、华北、上海等沦陷区的经济做了较为全面的介绍，并就其中某些经济政策和特点做了一定的研究。如关于日本帝国主义所推行的经济统制政策和租赁、收买、中日合作等掠夺手段，及其所造成的殖民地经济性质和特点，都有比较系统的论述。

与沦陷区经济研究相对应的大后方战时经济研究，也是“史编”的一大贡献。这方面包括了国民政府的战时经济体制和政策、工厂西迁、大后方经济的开发和发展、美国对国统区经济的控制和影响。其中关于工厂西迁和大后方经济的开发和发展三节，论述尤为详尽，较以往的研究有较大的进展。由工厂西迁而带来的后方经济开发和发展问题，作者着墨甚多，既详细地论述了国民政府开发后方经济的方针政策，肯定了这一政策对后方经济的发展和保障抗战物资所起的积极作用，也指出了这一方针政策及后方经济发展的局限性。

“史编”关于北伐战争时期广东革命根据地经济的研究，在一定程度上弥补了以往有关革命根据地经济研究中的忽略之处。它着重论述了广东革命政府的财政经济政策及其对工商业发展的促进作用。

“史编”的作者之所以能对中华民国经济史研究有诸多突破，是与他们重视发掘和利用档案资料分不开的，上述的几点“突破”，几乎都是利用档案资料写成的。这既使他们的研究能领先一步，也给其他研究者增加了可贵的参考资料。

此外，“史编”的作者坚持实事求是的态度，对国民党政府的经济政策，既肯定其促进经济发展的一面，也指出其剥削劳动群众、阻碍和破坏经济发展的一面。对帝国主义侵华经济，在着重揭露其侵略和掠夺性质时，也在一定程度上指出了它刺激中国某些经济成分发展的作用。对革命根据地经济,在论述各项经济政策的革命性时,也不回避其失误之处。综观全书,它既使人们看到旧中国经济发展艰难而缓慢的过程,也使人们看到在帝国主义侵略和国民党政府统治下,旧中国经济难以得到健全发展的事实。

“史编”以其涵盖面广并在体例上有所创新为特色,但在这方面仍有其不足之处。作者力图为中华民国经济史设计一个描绘“包括这一时期整个中国这块土地上”的所有经济成分的体例,但实际上并未能完全包括,例如租借地经济、地方割据势力经济、少数民族经济等均未述及。另外,由于涵盖面广,又限于篇幅,势必影响到研究的深度,诸如沦陷区经济的比较研究、政府经济政策实施状况的考察、外国资本对中国经济刺激作用的分析等均甚单薄。

通史之“通”

——评《宁波通史》①

虞和平

由傅璇琮主编的《宁波通史》,现在已由宁波出版社出版发行,全书共5册,210万字。从学术上来说,《宁波通史》作为一个地域性的通史,它既具有一般通史的性质,也具有地域史的特色,将通史和地域史有机地融于一体,是一部很好的地域通史。

作为一部好的通史,第一要素在于“通”,而且要纵横皆通,纵横融会。纵向的“通”,要反映历史发展的全过程,要显示历史发展的阶段性和继承性;横向的“通”,要包括历史事物的各个方面,要说明社会存在的多样性和整体性。而且,要在纵向之“通”中呈现横向之事物,在横向之“通”中揭示纵向之变迁。

通史的这一纵横皆通特性,在《宁波通史》中有明显的体现。在纵向之“通”方面,《宁波通史》第一次详尽而全面地梳理和总结了宁波自河姆渡文化到民国结束的7000年历史,对历朝历代的宁波历史均有叙述,相连不断,既反映宁波在全中国历史进程中的状况和地位,也考察宁波自我发展的整个历史过程。在横向之“通”方面,《宁波通史》的主体内容由政治(包括军事和外交)、经济、文化(包括科技和教育)、社会四个板块构成,几乎每朝每代都有这四个方面的叙述;有些朝代还根据某一方面的特殊情况另外增设章节,如在宋代卷和民国卷中各增设了城市建设一章,在元代和明代卷中增设了城乡和交通的章节。全书内容构成,既呈现出每朝每代历史的全景概貌,也反映出历朝历代历史的全景变迁,纵横交织,浑然一体,显示出编纂者的内在思路。

---

① 傅璇琮主编:《宁波通史》,宁波出版社,2009年。本文发表于《光明日报》2009年11月9日。

做到纵横皆通是相当不易的。宁波历史的原有研究,不仅相当薄弱,而且多有缺口。作者在前人研究的基础上,广泛涉猎、深入解读各种史料,厘清史实,又提出许多有创见的看法,反映出宁波地域社会研究的最新成果。即以首卷而论,从唐代万齐融《大唐越州都督府鄮县阿育王寺常住田碑》中发现了唐中宗时山栖旷和尚"入国造船"的事实;从出土于鄞江区建岙村的邵诰《荥阳潘六郎府君墓志铭》中发现吴越国时期潘承福家族经营有染丝、鬻帛、质赎三务;据唐德宗时的僧人胡幽贞所撰《大方广佛华严经感应传》题记,首次考定了胡幽贞的生活时代。又如唐代医学家陈藏器,以往的有关研究涉及很少,而本书的论述详尽而有深度,令人耳目一新。明代双屿走私港的形成,学术界已有的说法是嘉靖三年(1524)葡萄牙商人进入以后才发展起来的,而本书根据《戴中丞遗集》卷六《海防议》,提出最早来双屿港从事走私贸易的,并非葡萄牙商人,而是中国的福建漳州商人;并从漳船潜入到葡萄牙商人的加入,再到日本商人的加入,清晰地勾勒出了双屿走私港形成发展的三部曲。诸如此类的新史料的运用和深入研究,不但丰富了唐五代宁波历史的内涵,深化了人们的认识,增强了论述的可信度,也反映出编纂者广阔的学术视野和踏实的学风。

作为一部好的地域通史,仅仅有一般通史的纵横皆通是不够的,还必须要突出地域的特色。《宁波通史》在这方面可谓是旨趣明确,成效明显。这部著作在前言中宣称,以"深探历史矿,精取地域魂"为目标,把彰显地域特色作为全书的编纂宗旨和中心内容。在实际编写上,在对宁波地域纷繁复杂的历史现象予以全面记述的同时,注重于显示宁波创造历史的亮点,更着意于提炼宁波地域发展的灵魂,选择海路、商贸、文化作为宁波历史发展的关键因素,着力于记述宁波因海路而开放,因商贸而闻名,因人文而辉煌,三者相辅相成,推动社会不断发展的历史,很好地展示了本土自信的意识。如各册对于宁波商帮的兴起及其"儒魄商魂"有所揭示,对浙东文化的渊源和传承发展及其经世致用精神有所陈述,对历朝宁波社会的慈善救济活动也不乏论述,从而集中体现了宁波地区的社会经济和精神风貌,生动地昭示了当代宁波作为历史文化名城,作为港口城市和"爱心城市"的深厚历史渊源。从这个意义上说,《宁波通史》的编纂既是一项文化工程,又是一项"强魂"工程,他对于"地域魂"的着意雕塑,较为充分地彰显了宁波地域精神的深邃意蕴。

作为一部地域通史，其所叙述的空间范围，应该包括中心城市及其有一定历史和内在关系的周边城镇和乡村，并且要整合城乡两个部分，要显示城乡互动关系，这也可以说是地域通史撰写中最难做到的一个方面。《宁波通史》在这一方面做出了一定的努力，可以称得上是一部真正的地域通史。如在内容构成方面，既有存在于城市里的行政管理机构、工商航运业、文教设施、市政建设，也有存在于乡镇里的农业、渔业、盐业、手工业和集市贸易。在城乡整合和互动方面，在手工业和集市贸易的论述中，反映了农村集市与城镇集市、城市市场，乃至国际市场的商品流通关系。还设有一些章节专门陈述农村、城镇与城市的关系。这些内容，在一定程度上整合了宁波的城乡社会，反映了城乡互动关系。

总的说来，《宁波通史》集宁波历史文化研究之大成，有继承，有提升，也有创新，具有相当高的学术含量。该书使人们得以了解宁波历史的演进过程，感悟宁波文化的绚丽多姿，领略小地域的宏大气魄，它既是我国地域通史编纂系列中的最新佳作，更是传承宁波文明的绝好教材。

《宁波通史》之所以能够取得这样可喜的成功，除编撰者的努力工作之外，与宁波市领导的大力支持是分不开的。它是由中共宁波市委、市政府积极组织宁波本土的学者精心打造的一部力作，也是宁波市的一项重大文化研究工程项目，这既是宁波党政领导重视宁波地域文化建设的一种体现，也是对浙东文化中重视历史研究传统的一种继承和发扬，可以说是宁波文化建设的一项重大的软件建设工程。如果说剧院、学校、博物馆、图书馆等文化硬件建设是一个城市、一个地域的文化形象所在，那么学术研究、文献整理、人才培育等文化软件建设则是一个城市、一个地域的文化魅力和生命力所在。但愿宁波文化的这种软件建设，在《宁波通史》成功之后继续前进，取得新的更大的成就，为把宁波建设成为文化大市，为宁波文化的繁荣和复兴，做出新的建树。

彰显整体性与独特性的商帮史研究

——评《宁波商帮史》[①]

虞和平

宁波商帮是中国近代以来的一个最重要的商帮，在近代以来的经济、社会发展中扮演了重要的社会中坚角色，对它进行全面系统的研究很有学术价值和现实价值。

宁波商帮史研究是一个不新不旧的课题。所谓不新，是指它已历时百余年，从 19 世纪初就有关于宁波商人及其经商活动的记述；所谓不旧，是指它方兴未艾，尚有不少的深入研究空间，且不说初期的有关记述，大多是关于宁波商人及其经商活动和经营方式方法的个案介绍，尚缺少学术研究性质和商帮视野，即便在 20 世纪八九十年代开始进入研究高潮时期以后，虽然各种成果迭出，但是仍存在诸多局限和不足。张守广就是在详细回顾剖析近百年来国内外已有相关研究成果的基础上，选择自己的研究思路，设计内容结构，既利用整合前人研究成果，又开拓创新自己的独到研究。综观全书，其独到之处主要有以下三点：

一是突出整体性。张守广指出以往的宁波商帮史研究存在六点局限和不足之处：1.宁波商帮到底何时形成？形成的标志是什么？2.宁波商帮在发展历程中产生了一批具有代表性的标志性人物，如何评价和定位这些人物？3.宁波商帮研究应该包含的地域范围和时间跨度何在？4.宁波商帮作为一个商帮群体，其独特性到底何在？5.宁波帮与宁波商帮等概念的规范问题。6.台湾及海外宁波商帮的研究明显滞后。他把这些局限和不足之处作为自己的研究重点。这些重点内容，涉及宁波商帮的基本概念、形成和组织状况、发展和变化过程、独特个性，都是对宁波商帮进行整体性研究不可或缺的内容。同时，全书的结构布局以宁波商帮的产生、发展和转型为基本线

① 张守广：《宁波商帮史》，宁波出版社，2012 年。本文发表于《出版广角》2013 年第 15 期。

索,反映了张守广著书的整体性研究视野。

窃以为,对商帮进行整体性研究,主要包括两个方面。一是要把商帮的整体性因素和活动作为研究的核心内容。所谓商帮,最简练的表述就是商人的地缘性群体组织,它的关键在于商(商人)与帮(群体组织)的关系,即一个地域的商人如何组织成帮,如何凝结出帮的精神;帮又是如何保护和培育商的成长和发展,如何维护帮的精神,这应该是整体性商帮史研究的核心内容。二是包含商帮的发展变化全过程和所作所为全景象,并在描述全过程和全景象中反映商与帮的关系及其演变。从该书的内容结构来看,在这两个方面都有较多涉及,特别是对第二方面的研究,内容十分丰富。对第一方面的研究,虽然不如第二方面的意识明确和内容充足,但亦在各个方面有程度不同的论述。由此可言,本书对宁波商帮史的整体性研究具有开创性意义,体现了宁波商帮史研究的一个新台阶和新面向。

二是重视独特性。张守广所设计的重点研究内容第四点,即为探讨宁波商帮的"独特性",并且强调指出:"迄今为止,学术界在探讨或论述宁波商帮的特征或特性的时候,多强调其创新、爱国、团结等,并以此数点为宁波商帮或宁波帮的特征。但仔细考察起来,其他商帮其实也不乏这些所谓的特征,并且同样可以找出许多材料进行实证的罗列。因此,实业救国也好,勇于创新、团结也好,都不能简单地拿来说是宁波商帮的特色或特征。""归纳宁波商帮独具的特色还需要一个学术研究的过程。"

张守广的这一见解,应该说是符合现有商帮史研究的实际状况的,也可以说是找准了宁波商帮史,乃至整个商帮史研究的软肋和突破点。现有的中国商帮史研究,基本上处于一种封闭的各自为营状态,即研究不同商帮的学者,各自研究自己所研究的那个商帮,基本不顾及其他商帮,因而影响到研究的角度和焦点,所总结出来的那个商帮的特征,许多都是各个商帮所共有的,难以揭示那个商帮的独特性。对于商帮史研究来说,只有揭开各个商帮的独特性,才能显示中国商帮的真实面貌,才有更大的学术意义和现实意义。因此,揭示各个商帮的各自独特性,无疑是目前商帮史研究的一个重点任务。

当然,各个商帮共有特性的提炼,也是商帮史研究不可或缺的,最理想的研究模式是共性和特性相结合的研究。由于商帮是一种商人的地缘性群体组织,从商与帮的关系来讲,商的属性是其共性之源,帮的属性是其特性之源,无论哪一个商帮,都有共性和特性。它的成员都是商人,而商人都是经商之人,有共同的全员性基本价值观和行为准则,如追逐利润、维护利益、竞争市场、扩展营业等;它的组织范围都是同一地域之人,有共同的地域性基本文化传承、习俗作风和谋生途径。共性和特性相结合的研究,不仅是考察某一商帮的共性和独有特性的各自表现,而且要揭示两者的关系及其特点,如商帮共性在不同商帮中各有什么独特表现?不同商帮的特性如何体现了商帮的共性?

然而,要真正找到某一商帮的独特性,仅对这一商帮进行封闭性研究是不够的,还应该开展各个商帮的比较研究,在比较中发现某一商帮的独有特征。对于这一点,以往的商帮史研究涉及较少,而张守广则有所涉及。他说:"宁波商帮与明清时期的所有商帮一样,在伦理精神方面,儒家价值观占有绝对的优势地位。""尽管如此,清代宁波帮商人与同时期其他地域商帮群体相比较,仍然有鲜明的特点。这种特点首先表现在宁波商帮的海商特征上。宁波船和沙船自不必说,宁波帮商人经营的其他几乎所有主要行业,如钱庄业、民信业、海产业等也无不与海商、与沿海海上贸易有莫大的关系。其次是宁波商帮到鸦片战争前尚处于快速发展和上升时期,显得生机勃勃……由于徽商已经衰败,宁波商帮在中国地域商帮中实际上已经成为与山西帮、广东帮并驾齐驱的主要地域商帮群体之一。最后是宁波商帮将自己的发展主要建立在商品经济发展的基础之上,而不是依赖官府给予的某种特权。宁波商帮的海商特征使其在明清时期屡受限制甚至因打击而遭受重挫,一旦这种封建压制、限制因素被削弱,宁波商帮势必进入一个迅猛发展的新时期。"

他又将宁波商帮与广东商帮进行比较,认为19世纪80年代之后,在上海的宁波帮买办势力超过广东帮的原因:"首先,宁波商帮在上海的经济实力和影响总体上强于广东商帮。""其次,在沿海(尤其是北洋航线沿海)地区和长江流域,宁波帮商人早已建立了庞大的商业网……在资金调度、商货购销、运输、商情传递,甚至语言、习俗等方面,宁波帮商人都远胜于广东帮商人。此外,宁波帮商人同乡观念很重,因而宁波帮买办常能着力培养乡帮买办势力。""随着上海等口岸的迅速兴起和宁波帮买办的显著发展,宁波帮进出口贸易商很快就在许多进出口行业中超过广东帮商人。"张守广的这一论述,不管其是否完全符合历史事实,也不管其论述是否充足,分析是否到位,但其探索宁波商帮独有特性的用心和努力,无疑是值得称道的,是具有创新意义的。

此外,张守广还注重细节研究,对宁波商帮的地域文化特征、组织源流,以及代表性人物、关键性行业、标志性企业、典型性事件,都有比较详细的考察,增加了不少新鲜内容,既充分利用和整合了前人的相关研究成果,也发掘了不少新的资料。这种细节研究,不仅能使人们更多地了解宁波商帮的历史,而且从细节中显示了宁波商帮的特性所在。

宁波商帮是中国近代以来的一个最重要的商帮,在近代以来的经济、社会发展中扮演了重要的社会中坚角色,对它进行全面系统的研究很有学术价值和现实价值。本书虽然不无缺陷,但仍可谓是迄今为止有关宁波商帮史研究中内容最为完整、视角最为新颖、分析最为深入的具有启发性意义的著作。

第三编　序人与自序

《20 世纪中国企业家风云录》前言[①]

虞和平

《20 世纪中国企业家风云录》,以介绍典型的民族资本企业家的生平业绩为主线,以考察企业家们对近代中国经济发展的推动作用为目的,通过描述典型企业家的经济活动而再现近代中国经济发展的历程。

它以典型企业家介绍与群体企业家介绍相结合、人物描述与史事描述相结合、研究与普及相结合为特色,既不同于一般的企业家传记,也不同于一般的经济史读物。它将奉献给读者一幅活生生的中国近代经济发展历程的画卷。

它将有助于读者了解:中国的经济现代化走过了一个怎样的历程?在近代中国经济建设中,民族资本企业家们做出了怎样的贡献,又经历了怎样的遭遇?怎样对待外国资本?怎样变革传统体制?怎样成功?怎样失败?

1840 年,鸦片战争的炮火惊醒了中国人,使他们逐渐明白贫弱就要挨打,贫弱就不能自立于世界民族之林的道理。越来越多的有识之士走上了“振兴实业,拯救中华”的道路。从此,以“兴办实业”“为民兴利”为己任的企业家相继出现,在旧中国的经济建设中演出了一幕幕可歌可泣、可喜可悲的场面,并在一定程度上为中华民族的现代化经济建设做出了贡献,打下了基础,积累了经验。

他们曾为中国的工业化设计过种种方案。有的提出官办—官督商办—官商合办—商办的工业化方案,主张由政府倡导和支持民间兴办企业,发展中国的资本主义经济。有的提出“棉铁主义”,主张由政府扶助棉纺织业和钢铁业优先发展,抵制洋纱、洋布、洋钢、洋铁倾销,挽回利权,带动民族工业发展。

他们曾为挽回中国的经济利权,争取平等互利的国际经济合作关系,不

① 虞和平等著:《20 世纪中国企业家风云录》,青岛出版社,1992 年。

断与外资的侵略和压迫作斗争。有的领导全国工商界进行抵制洋货运动，打击了外资的侵华排华气焰，促进了中国工业的发展。有的联合工商界集资建筑铁路，抵制外国的侵略性铁路投资，推动了清末商办铁路的高潮，使外资侵占中国路权活动一度受挫。

他们曾为近代中国的资本主义经济法制建设发挥过重要的参与作用。有的发动全国工商界展开商事习惯调查，参考外国的经济法规，中西结合，制定中国的资本主义经济法规，敦促政府加紧经济法制建设。有的利用自己执掌的一部分权力，积极推进经济法规的制定和颁行，使近代中国的经济社会秩序渐趋资本主义化，为第一次世界大战时期中国资本主义“黄金时代”的出现创造了内部条件。

他们曾为振兴中国的资本主义经济而努力学习外国的先进经验。学习和引进外国的先进管理制度者有之，引进“科学管理法”者有之，引进企业“团体主义”者有之，使近代中国的企业管理水平逐渐提高，甚或有能力与外资企业相抗衡，并产生了中西合一、富有中国特色的资本主义企业管理体制。有的学习外国的先进科学技术，如引进外国的先进生产设备，引进外国的先进生产技术理论，引进和仿造外国的优良产品，使近代中国的工业生产水平逐渐提高，甚或有能力与外资同类企业及其产品相竞争并取得胜利。

他们曾为保卫民族工业，支持抗日战争而付出过自己的生命和血汗。在抗日战争期间，有许多企业家为不使民族工矿企业落入敌人之手，进行了举世罕见的工矿企业大迁徙。他们不畏敌人的炮火，不惧旅途的艰险，有的牺牲于敌机的轰炸之下，有的毁财于旅途之中，有的为拆运机器与职工血汗同流，有的为迁厂重建与日月昼夜共度，终于将数百个工厂企业从沿海沿江地区迁入四川、贵州、云南、陕西等后方地区，不仅保住了民族工业的一大批成果，支援了中华民族的抗日战争，而且开拓了内地工业，使中国工业地区布局的畸形状态有所改善。

他们曾经受过创业的艰苦、守业的辛酸、成功的喜悦和失败的痛苦。在创业过程中，有的遭受过封建势力的排斥和打击，甚或被毁机封厂；有的为筹措创业资金而四处告贷，类若化缘和尚。在守业过程中，有的遭受过外资的排挤和欺压，有的遭受过反动军阀官僚和地痞恶棍的敲诈勒索。他们中也曾有依靠自己的经营才能，或凭借民族的集体力量，或托庇官府的势力，取得成功，甚至获得过辉煌的成就，享受过成功的喜悦。但是，他们大多难逃失败的最终结局,或因经营不善而稍盛即衰,或遭官府勒索而破败损业,或遇时局动荡而闭门停业。

所有这一切,构成了一幅近代中国民族资本企业家在外国资本和官僚资本的夹缝中谋求生存和发展,在奄奄一息中艰苦挣扎,在寒风严霜中努力培植民族工业的悲壮画卷。他们不屈不挠的创业精神值得今人学习;他们的曲折遭遇值得今人深思;他们的成功经验值得今人借鉴;他们的失败教训值得今人吸取。

本书选择了各个方面和各个时期经济建设的代表人物,合成一部中国近代资本主义经济发展简史。由于它把人物描述与史事描述相结合,以人现史,以史托人,具有明显的历史色彩,使以旧事为研究对象的史迹充满活力,富于动态。这是本书的特点之一。

本书虽以单个民族资本企业家为描述对象,但把单个企业家放到整个近代中国经济发展历程中加以考察,从而反映出个人的企业活动与整个近代中国经济建设的互动关系。在章节安排上,以经济发展的历史过程为纲,以典型人物的企业活动为目,纲目同现,共同编织近代中国经济发展的图案。在人物情节选取上,既考虑人物本身的业绩评价,更注重其在整个近代中国经济发展过程中所发挥的作用;既顾及个人生平业绩的介绍,更突出其社会贡献的重点所在。因此,本书比一般的人物传记具有更广阔的视野和更明显的个人特性,比一般的经济史读物具有更生动的情节和更丰富的内容,初步构筑起一种“人物经济史”的写作体例。这是本书的特点之二。

历史研究的目的是探讨社会发展的规律,它的作用在于为今人的新的历史创造活动提供借鉴。但是,只有当历史研究的成果为广大人民群众接受之后,才能充分发挥它的作用,才能真正显示它的意义所在。因此,历史学家不仅要深入研究历史,不断探讨历史发展的规律,还应该向人民群众普及历史知识。本书以通俗易懂的文字,以讲述故事的形式,把中国近代经济史研究的成果介绍给今天的读者。但本书不为讲故事而讲故事,不以猎奇取俗为手段,而是深入浅出地阐述中国近代经济发展的规律、经验和教训,既讲究可读性,又具有现实性,试图为历史学研究和普及的结合略尽绵薄之力。这是本书的特点之三。

本书将告诉读者:一个国家的经济建设,不仅有待于一支由素质良好的企业家组成的中坚队伍的形成,而且有待于一种由经济法制保证的良好经济社会秩序的确立,更有待于一个能积极支持和统一领导经济建设的强而有力的国家政府的建立。过去民族企业家们的爱国思想和希望,是无法实现的。只有在中华人民共和国成立了以后,新的生产方式的确立和人民政府的强有力的领导,才能建设富强的国家和兴盛的现代化工业。

1992年1月于北京寓所

《商会与中国早期现代化》前言[①]

虞和平

目前,现代化运动的高潮已经席卷中华大地,多少人为之热血沸腾,多少人为之殚精竭虑。然而,此景此情并非绝无仅有,自 1840 年以来的百余年中,中华民族一直在致力于现代化的事业。由于那个时期的现代化以实现资本主义为目标,所以资产阶级在其中扮演了主角,出现过许多热烈而可悲的场面。因此,要研究中国的早期现代化,就不能不考察中国资产阶级在其中所走过的路程,总结他们致力于中国早期现代化的成败得失的经验教训。

"资产阶级"是一个抽象的概念,它的面貌和功能体现在资本家和资本主义企业上,但是单个资本家和资本主义企业都不足以代表整个资产阶级。这是因为资产阶级作为一个阶级来说,不是单个成员或单个成员的机械相加所能代替的。因此,研究资产阶级,与其从抽象概念或单个资本家和资本主义企业入手,不如从资产阶级社团入手更富有典型意义。对此,章开沅教授曾经指出:"马克思在《资本论》中曾把资本家称作'经济范畴的人格化',实即代表资本主义经济领域的一系列规定和关系的综合。这些规定和关系,在资本家个人或单个企业中固然已经存在,并以多种样式表现出来,而在一定集团(如资本集团、行会、商会等)中则往往可以更为丰满也更为明确地得到表现。"[②]在这些能体现资产阶级特性的资产阶级集团中,商会无疑是最主要的一种。无论从理论逻辑出发,还是从本书将要谈到的历史事实出发,都可以说明商会是中国早期现代化的一个主要承担者。如果把商会放到中国早期现代化过程中来加以研究,那么无论是对商会本身的研究,还是对早期现代化的研究,或是对资产阶级的研究,都将会产生一种"柳暗花

---

① 虞和平:《商会与中国早期现代化》,上海人民出版社,1993 年。

② 章开沅:《关于改进研究中国资产阶级方法的若干意见》,《历史研究》1983 年第 5 期。

明又一村”的感觉。

关于商会问题的研究,近年来随着辛亥革命史研究的深入,已取得不少成果。从已有的成果来看,对清末商会的产生、性质和某些政治、经济作用方面做了较多的探讨,其重点除少数经济史的角度之外,主要是从资产阶级在辛亥革命时期的作用这一角度来考察商会。但是,商会作为一种资产阶级社会团体,既有资产阶级的属性,又有社会团体的属性。从资产阶级的属性来说,它反映了资产阶级的利益,力图促进中国资本主义的发展,支持和欢迎有利于己的政治和经济变革,反对和抵制不利于己的政治和经济动乱;从社会团体的属性来说,它反映了一切社会团体所固有的社会整合功能,力图把整个工商界紧密地联结起来形成一个大而有力的资产阶级利益集团,为实现自己的利益而奋斗。也就是说,商会在早期现代化过程中所发挥的作用主要有两个方面:一是促进资产阶级本身的现代化——从分化到整合;二是促进经济和政治的现代化——资本主义工业化和民主化。因此,对商会的研究,除了已有的领域和方法,还应开辟与其现代化功能相应的领域和采用相应的方法。运用现代化理论把商会和中国早期现代化结合起来进行研究,或许可以更为确切而全面地说明商会在近代中国历史中的地位和作用。

所谓现代化理论,就是探讨一个国家如何从传统农业社会过渡到现代工业社会的理论,重点是探讨落后国家如何实现现代化的问题。它是一种综合性理论,涉及政治学、经济学、社会学和文化人类学,其中运用得最多的是社会学。现代化理论起源于欧洲,至今为止,大约经历了三个阶段。第一阶段:从18世纪末到20世纪初,代表人物有法国的圣西门(Claude Henri de Saint-Simon,1760—1825)、孔德(Auguste Comte,1798—1857)、杜克海姆(E. Durkheim,1858—1917),德国的马克斯·韦伯(Max Weber,1864—1920)等古典社会学大师,以研究欧洲工业社会为主,但尚未正式提出“现代化理论”的名称,而称之为“社会进化论”,这是现代化理论的孕育时期。第二次世界大战以后,随着世界资本主义中心从欧洲移向美国,现代化理论也于20世纪60年代在美国正式形成而进入第二阶段。这一阶段的主要代表人物有美国社会学大师帕森斯(Talcott Parsons,1902—1979)、经济史学家罗斯托、政治学家阿尔蒙德(Gabriel Almond)、历史学家布莱克(Cyril E. Black)等人。他们大多从西方和美国的社会模式出发探讨非西方发展中国家的现代化道路,把西方社会的模式作为非西方国家的发展模式,实质是一种传播西方现代化的理论或“西方化”的理论,并试图以这种理论作为一种适用于一切社会的普遍概念。从20世纪70年代起,现代化理论进入了修正和提高的第三阶段,除继续对现代社会的发展机制和社会特征作进一步研究之外,最主要的是探讨非西方后进国家如何利用西方的先进科学技术实现现代化的方式和方法问题,重点则放在从传统社会向现代社会过渡的具体过程上。由此可见,现代化理论作为一种比较完整的理论体系是刚刚形成的,并非十分成熟。

对现代化理论的研究,中国学术界起步较晚,直到最近几年才有少数学者开始介绍国外的现代化理论,并有个别学者提出研究马克思主义现代化理论的问题。[①] 在中国史学界,对中国早期现代化(或称近代化)的研究也刚刚起步。1987年4月底到5月初,由章开沅、张仲礼、丁日初等经济史学者发起和主持,在华中师范大学举行的“对外经济关系与中国近代化”国际学术讨论会,可谓是中国早期现代化研究之滥觞,并已引起史学界和理论界的热烈反响。

用现代化理论研究中国早期现代化的历史,无疑是一个富有意义而充满活力的课题,同时也是一个新兴而颇为困难的课题。然而,科学研究的基本任务和可贵之处就在于克服困难,不断探索,不断创新,即使是失败的,也是有意义的。正是从这一点出发,笔者选择了这一课题,力图运用马克思主义的现代化思想和西方现代化理论的基本原理,以商会为考察对象,对中国早期现代化的历程作一个典型透视,希望能从中得出一些可鉴之处。

1993年3月8日于中国社会科学院近代史研究所

① 罗荣渠:《建立马克思主义的现代化理论的初步探索》,《中国社会科学》1988年第1期。

《中国现代化历程》绪论

虞和平

实现现代化是当今中国的最大任务，中国共产党正领导全国人民为此而努力奋斗。改革开放20余年来，中国的社会主义现代化在中国共产党领导下以日新月异的步伐向前迈进，令世界瞩目，令国人欣喜振奋。但亦因社会、经济体制的重大变革、利益关系的剧烈调整和腐败现象的出现，有人困惑，有人迷惘。如何使有中国特色社会主义现代化更加顺利而稳健地向前发展？如何使人们对有中国特色社会主义现代化的前程更加坚信不移？回顾中国现代化的整个历程，阐述中国共产党和其他社会力量在中国现代化进程中的地位和作用，总结其成功经验和挫折教训，了解其特殊性和艰巨性，明白其从资本主义现代化转变为苏联式经典社会主义现代化，再转变为有中国特色社会主义现代化的必由过程，无疑是十分有益的，即所谓“鉴往而知来”。这就是编写本书所要努力追求的目标。

现代化是人类社会发展的共同潮流和规律，它以资本主义社会因素在欧洲的产生和初步发展为起点和早期形态，随着资本主义向全世界的扩散和社会主义的出现而形成和发展。中国的现代化是世界现代化潮流中的一种，它既有世界现代化历程的共性，又有自己的特点；既会受世界现代化潮流的影响，又有自己的内在因素和道路选择。因此，研究中国现代化的历程，既要运用现代化的有关理论原理，更要建立和运用适合中国现代化特点的解释体系；既要放眼看世界潮流，又要深入了解本国国情，还要细察外因和潜在的内变因素。只有这样，才能对中国现代化的发展规律、表现形式、现实状态和未来走势进行比较实事求是的分析，从而展现有中国特色的现代化历程。

一、国外的现代化理论

从现代化理论的原本含义而言，它是探讨一个国家如何从传统农业社会向现代工业社会（以下简称“从传统到现代”）发展的理论，因而实质上也就是关于经济和社会发展的学说。从学理上来说，它是一种综合性的理论体系，涉及政治学、经济学、社会学、文化人类学等。它的产生和发展，从总体上来说是随着人类社会的现代化进程而逐步演进的，因此也可以说是对人类社会现代化进程规律的理论总结。反过来，现代化理论又指导人类进行现代化建设。

与人类社会的现代化起始于欧洲一样，现代化理论也发端于欧洲。从18世纪开始，有一些欧洲的社会学家就以欧洲工业社会为对象，研究人类社会从传统到现代的发展规律，其中杰出的学者如法国的圣西门、孔德、杜克海姆和德国的韦伯。他们虽然尚未正式提出“现代化理论”这一名称，而称之为“社会进化论”，但该理论实际上已包含着现代化理论的内核——对人类社会如何从传统到现代的变迁过程的认识。特别是韦伯，他系统地论述了西方资本主义文明的发展过程、特点及其原因，并对东、西方资本主义现代化的前提条件和成败原因做了比较研究，指出了现代化过程中精神与物质的互动关系。[①] 此外，马克思阐述人类社会发展阶段和资本主义社会发展过程的理论也具有现代化理论的意义（详论见后）。不过，直到20世纪初期，现代化理论尚处于孕育时期。这是现代化理论产生和初步发展的第一阶段。这一阶段的现代化理论，以总结和探讨西欧国家自身的资本主义现代化经验和面临的问题为主。

第二次世界大战以后，世界资本主义现代化的中心从欧洲移向美国，现代化理论也逐渐在美国兴起并形成比较完整的理论体系，进入第二阶段。这一阶段的主要代表人物和典型理论模式有：社会学大师帕森斯，他处于社会进化论与现代化理论的过渡时期，提出了社会进化的文化传播模式和结构功能模式，认为落后国家的现代化是通过先进国家文化的传播而得以实

① 参见弗兰克·帕金：《马克斯·韦伯》，四川人民出版社，1987年中译本。

现的，并且特别强调建立适应现代化需要的社会结构系统的重要性。[①] 经济史学家罗斯托，他提出了经济成长理论，从经济发展的角度论述了现代化的过程和标志，把经济现代化过程分为传统社会、创造前提、发动、走向成熟和高额的群众消费等五个阶段。[②] 历史学家布莱克，他运用比较历史学的方法，对东方国家的现代化作比较研究，提出了落后国家的现代化动力、模式和特点，认为帝国主义国家的文化传播和挑战虽然会对落后国家的现代化产生促动作用，但是只有在落后国家的领导者和人民群众形成了强烈的现代化欲望之后，现代化才能以能动的形式展开。[③] 社会学家利维，他从社会结构变迁的角度，提出了社会的现代化过程和模式，认为现代化就是一个社会的成员利用"无生命的能量"与"工具"以增加其努力之效果；这种现代化是一种"普遍性的社会溶解剂"，即西方的现代化社会对非西方社会的一种科技性的"同化力"。[④] 政治学家亨廷顿，他在考察第二次世界大战后第三世界国家现代化建设状况的基础上，提出了"强大政府论"的政治现代化理论，认为只有建立一个有能力制衡政治参与和政治制度化的政府，才能根除第三世界国家现代化建设中的政治动荡和衰朽，并提出了强大政府的模式和建立途径。[⑤]

这一阶段的现代化理论除继续阐述西方国家的资本主义现代化的特征和过程之外，更主要的是从西方和美国的资本主义现代化社会模式出发，探讨非西方的第三世界国家的现代化道路，把西方国家的社会模式作为第三世界国家的发展模式。这实质上是一种传播西方现代化的理论或"西方化"的理论，并试图以这种理论作为一种适用于一切社会的普遍概念，因此它有明显的为美国对外政策服务的一面。

随着在第二次世界大战后取得独立的国家的现代化建设的兴起，从 20 世纪 60—70 年代开始，现代化理论进入了批判和修正的第三个阶段。以美国学者为主体的西方现代化学派，除扩大现代化理论的研究领域和方法，更加注重发展经济学、社会学、政治学方面的研究之外，把重点转移到非开放

① 参见帕森斯：《社会行动的结构》，三联书店，1988 年中译本。
② 参见罗斯托：《经济成长的阶段——非共产党宣言》，商务印书馆，1962 年中译本。
③ 参见布莱克：《现代化的动力》，四川人民出版社，1988 年中译本。
④ 参见金耀基：《中国现代化与知识分子》，台北时报文化出版公司，1984 年。
⑤ 参见亨廷顿：《变化社会中的政治秩序》，三联书店，1988 年中译本。

的后进国家的现代化问题上。如布莱克等对日本、俄国和中国的现代化过程中的前提条件、发展特点和实现程度等问题做了比较研究。[①] 罗兹曼等则专门研究了中国的现代化历程，特别注重于研究中国社会中所固有的现代化促进因素、阻碍因素、速度和模式特点，以及与先现代化国家的差距。[②] 也有一些学者从落后国家的现代化受先现代化国家的影响和控制出发，提出了依附性现代化理论。[③] 各学派对非西方后进国家的现代化建设中所不可避免的传统与现代的关系问题，提出了两种截然不同的观点。一种是以加布里埃尔·阿尔蒙德为代表的、被称为正统现代化论的观点，他们不仅把世界各国截然分为现代化国家和传统国家两类，而且认为传统的第三世界国家只有逐步引进和采纳现代性的全部价值标准，摒弃并排除传统社会的历史积累，才能过渡到现代社会。另一种是以约瑟夫·古斯菲尔德、莱因哈德·班迪克思和艾森施达德为代表的、被称为现代化修正论的观点，他们认为传统性和现代性并不是两个对立物，传统的东西也会通过吸收现代性的某些成分而获得新的生命力，问题不是去消灭传统，而是借助它们来实现社会动员和整合，从而最终实现现代化。

一些东亚和中欧国家也于20世纪60年代开始进行现代化理论研究。1960年，欧美和日本学者在日本箱根举行了一次"现代日本"国际学术会议，以日本和现代化为中心议题，并提出了现代化社会的八条标准。1964年，日本东京大学又举办了现代化专题讨论会，就日本学者的现代化理论概念进行了讨论。1965年，韩国也召开了一次"亚洲的现代化"国际学术会议，着重讨论了现代化的概念、亚洲的传统社会与现代化，现代化与政治、经济和人口等问题。同年，尼日利亚的伊巴丹大学也举行了一次"政治和社会变化"国际会议，就现代化以及政治发展问题展开了讨论。[④]

这一阶段的现代化理论，不仅继续对现代化的发展机制和特征做了进一步的研究，而且着重探讨了非西方后进国家如何利用西方的先进科学技

① 参见布莱克：《日本和俄国的现代化》，商务印书馆，1984年中译本。

② 参见吉尔伯特·罗兹曼：《中国的现代化》，江苏人民出版社，1995年中译本。

③ 参见瓦尔马：《现代化问题探索》，上海知识出版社，1983年中译本。

④ 参见罗荣渠：《现代化新论》，北京大学出版社，1993年，第25~45页；亨廷顿：《变化社会中的政治秩序》中沈宗美所作的中译本序，三联书店，1988年；钱乘旦、陈意新：《走向现代国家之路》，四川人民出版社，1987年。

术自主实现现代化的方式和方法问题,重点则放在如何从传统社会向现代社会过渡和如何处理好这两者关系的问题上。持传统与现代对立观点者和持传统与现代兼容观点者各执己见,这表明,落后国家的不同国情已开始被作为现代化的一个重要因素加以考虑,根据各国国情自主选择现代化的道路和模式的思想开始兴起,那种普世式的现代化理论开始受到质疑和批判。

这些国外现代化理论所包含的现代化含义,从总体上来说是一种关于社会如何从传统(或低级)向现代(或高级)发展的理论,既考察发展的过程和程度,又探讨发展的原因、模式和特点。那么其具体的内容、含义究竟是什么?对此,各种现代化理论从各自的学科范畴出发,有不尽相同的解释。

在社会学家看来,现代化是一个传统社会的变革过程,也就是欠发达社会获得较发达社会共有特征的过程。在经济学家看来,现代化就是经济由不发达到发达的发展过程、社会消费由低级向高级上升的过程。在政治学家看来,现代化是传统政体向现代化政体的转变过程、政权的合理集中化和科层化(制度化)的过程。在历史学家看来,现代化是随着人类科学技术水平的提高,从历史上发展而来的各种体制适应客观环境的过程。在人类文化学家看来,现代化是促使社会、文化和个人各自获得科学知识,并把它运用于生产和生活的过程。

各派现代化理论还给现代化社会开列了许多具体特征,综合起来大致有:

经济方面:工业化、发达的市场和货币经济、高额的群众消费、严密的劳动分工;

政治方面:以民族国家代替宗教和种族控制、普遍的法制、公民权、有代表性的政府、能胜任的行政机关;

社会方面:众多的社团和利益集团、社会规模的扩大、都市化、以国家利益为重的社会精英、人口控制;

文化方面:大众传播工具作用的扩大、活跃的知识界、文化的世俗化。

如果对这许多的现代化具体特征作一归纳,不难看出,现代化主要体现为:经济上的工业化——由产业革命开始的使用非生物动力资源和高效工具的生产技术、生产方式和经济结构的变革和实现过程;政治上的民主化——从民众革命开始的脱离专制统治和建立民主国家的变革和实现过程;社会的整合化——由经济和政治变革引起的社会结构的重组和完整合一过程;文化的大众化——从公共教育开始的知识普及的实现过程。

但是,国外的现代化理论,特别是由社会学衍生出来的那一派,又认为现代化是社会的整体发展过程,各个方面是互相联结在一起的。如社会学家丹尼尔·勒纳认为:"现代化是一个具有某种独特性质的过程,因此,按照现代化规则生活的人们认为它是一个连贯一致的整体";"都市化、工业化、世俗化、民主化、教育,以及传播媒介的参与等等,并不是零乱地偶然发生的";"这些因素如此紧密地联系在一起,使人难以相信它们是完全独立的因素,它们经常有规则地一起出现,从历史上看,也许是因为它们必须并肩同行"。[①] 这就是说,现代化的各个方面既有互相独立的性质,又有彼此联结的结构,每一个方面可以暂时领先或滞后于变革,其最后的成功,则不是带动其他方面的变革,就是被其他方面的变革所促成。

那么现代化中的诸因素是否就没有主次之分了呢?不是。一般说来,最主要的因素是经济上的工业化和政治上的民主化。

首先,从最终目的来说,现代化是为了不断提高人类的生活水平。人类生活水平的高低,主要取决于两个方面:一是人类利用自然条件为己所用的能力,二是人类协调内部相互关系的能力。这两种能力的提高,只有通过工业化和民主化才能达到。所谓工业化,这里是指广义的工业化,即人类使用非生物动力资源和高效工具进行自然资源开发和各种生产技术的不断提高,如机械化、电气化、化学化、信息化等等,这些技术不仅普遍地用于工业领域,而且广泛运用于农业和其他一切生产领域。随着工业化进程的发展,人类将获得日益丰富和高级的生活资料。所谓民主化,这里主要是指人类社会管理的大众化和合理化。一方面人的基本权利日益得到保障,另一方面人类自我管理的能力日益提高,从而使人类的社会生活日益平等和有序。因此,工业化和民主化可以说是现代化的主要目标。

其次,从现代化社会各种特征的相互关系来看,工业化、民主化与其他各方面的关系,是一种目标与前提或结果的关系。因为在社会一切因素中,经济是最活跃的因素,它始终处于动态之中;人类生存的第一需要是物质生活,作为改善人类物质生活根本途径的工业化自然至关重要。工业化的发展必将带动其他方面的变革,也只有当其他方面作相应变革之后,工业化才

① 亨廷顿:《变化社会中的政治秩序》,三联书店,1988年,第32~33页。

能不断发展。除各种社会条件之外,工业化本身的动力则在于把先进的科学技术应用于生产,这种先进的科学技术可以采用自本国,也可以吸取自外国。同样,民主化的发展既有待于其他方面的变革,也必将促进其他方面的发展,特别是政治现代化方面诸因素的变革和发展。

现代化理论还认为,落后国家现代化的关键,一在于善于引进和消化外国的先进科学技术,以加速现代化建设进程,并促进本国科技和教育的发展;二在于对本国的传统因素和外来的现代因素进行双向改造,使之合理结合,逐渐过渡,以避免双方过分激烈的冲突而引起过多的社会动荡;三在于建立有强烈现代化意识的统一而有能力的国家政权,以利于发展战略的制定、贯彻和有限资源的充分运用,使现代化建设有序而快速地发展。

那么这种现代化为何能产生和持续发展?其根本的动力是什么?国外的现代化理论所论及的现代化动力,主要有这样三种:一是科学技术的发展。如以研究现代化动力见长的布莱克等认为,现代化是“在科学和技术革命影响下,社会已经发生和正在发生的转变过程”;罗兹曼等也宣称“我们把现代化视作各社会在科学技术革命的冲击下,业已经历或正在进行的转变过程”。[①] 二是追求理性的精神。这一观点以马克斯·韦伯为代表,他认为:“归根到底,产生资本主义的因素乃是合理的常设企业、合理的核算、合理的工艺和合理的法律,但也并非仅此而已。合理的精神,一般生活的合理化以及合理的经济道德都是必要的辅助因素。”[②]三是现代化各部门的内部运动和互动以及对外发展的动力,这主要是就先现代化国家持续发展和对后现代化国家的影响而言的。

由上可见,国外现代化理论所谓的现代化,就是人类社会伴随着科学技术的发展和社会各方面的变革,由传统农业社会向现代化工业社会转变的过程。对落后国家来说,现代化就是从本国的具体国情出发,利用国内外的一切先进的科学技术,迅速地从传统农业社会向现代工业社会过渡的过程,工业化和民主化是其主要的奋斗目标。国外的现代化理论是随着世界现代化的发展进程而逐步发展和完善起来的,从总体上来说主要是对西方国家

---

① 布莱克等:《日本和俄国的现代化》,商务印书馆,1984 年,第 18 页;吉尔伯特·罗兹曼:《中国的现代化》,江苏人民出版社,1995 年,第 4 页。

② 马克斯·韦伯:《世界经济通史》,上海译文出版社,1981 年中译本,第 301 页。

的现代化及其向世界扩散过程的理论总结。到了20世纪六七十年代以后的第三阶段,该理论虽然兼顾了东西方不同国家的不同现代化道路和模式,包含了现代化的世界共同性和国别特殊性,在世界共同性概念上应该说是比较完整的,但是在国别特殊性上则不尽全面。因此,在研究中国现代化历程时,既要借用这一理论,但也不可简单照搬。

二、马克思的现代化思想

在国外的现代化理论中,马克思的现代化思想具有独到之处。马克思虽然未曾专门系统地研究过现代化问题,也没有集中提出过现代化理论概念,但是在他的论述社会发展阶段、资本主义和资产阶级社会的著作中已涉及现代化问题,显示出不少的现代化思想。其中有的与现代化理论词异意合,有的为现代化理论所吸收,有的为现代化理论所不及。

首先,马克思的现代化思想体现在他的社会发展理论中。马克思的社会发展理论把人类社会形态的发展过程分为五个阶段:原始社会、奴隶社会、封建社会、资本主义社会、社会主义社会和共产主义社会。这五个社会发展阶段的递进是随着生产方式的发展而进行的,意味着人类社会由低级向高级的不断发展过程,也就是从传统到现代的连续发展过程。其中由封建社会向资本主义社会的过渡开始了从手工生产向机器生产的转变,也就标志着传统社会向现代社会的转变,而发达资本主义社会的形成就是进入了现代社会;在生产力高度发展的基础上建立起来的社会主义社会(就马克思理论中的社会主义概念而言——作者注)和共产主义社会则是高度发达的现代社会。

马克思自己也把发达的资本主义社会称为现代社会。仅在《共产党宣言》中就有"现代资产阶级社会""现代大工业""现代国家政权""现代生产力""现代生产关系"等概念。马克思所说的"现代",不仅是与"过去"相对的时间概念,而且更是与传统社会(或封建社会)相对的社会性质概念,有其不同于传统的特定含义,实质上是对资本主义现代社会特征的概括。如在《资本论》第一卷第二版的跋中,在谈到德国的历史条件时说"……妨碍我国资本主义生产方式发展,因而也妨碍我国现代资产阶级社会建立",明确地把资本主义生产方式作为现代资产阶级社会的基础和特征,把资本主义生产方式和资产阶级社会并称,并视为现代社会。接下来又说“在德国的现实中没有现代的经济关系”,使用了“现实”和“现代”两个概念,其所说的“现代”,明显具有现代化的意义。[①] 在《费尔巴哈》一文中,马克思更是明确使用了“现代化”这个词,把大工业所造成的发达的世界市场和城市称为“现代化的世界市场”和“现代化大工业城市”。[②]

马克思还从商品经济推动社会发展的角度阐释了现代化进程与社会形态发展阶段的关系。他在论述商品经济与人际关系的互动关系时指出:“人的依赖关系(起初完全是自然发生的),是最初的社会形态,在这种形态下,人的生产能力只是在狭窄的范围内和孤立的地点发展着。以物的依赖性为基础的人的独立性,是第二大形态,在这种形态下,才形成普遍的社会物质交换,全面的关系,多方面的需求以及全面的能力的体系。建立在个人全面发展和他们共同的社会生产能力成为他们的社会财富这一基础上的自由个性,是第二个阶段。第二个阶段为第三个阶段创造条件。因此,家长制的、古代的(以及封建的)状态随着商业、奢侈、货币、交换价值的发展而没落下去,现代社会则随着这些东西一道发展起来。”[③]这就是说,在最初的社会形态中,人与人之间的关系是直接的依赖关系,处于自然经济的社会状态中。在第二阶段,人已成为独立的人,人际关系被发达的商品关系所代替,并由此而形成全面的关系,使资本主义的现代社会成长起来。它不仅以发达的商品经济摧毁封建社会,而且为下一阶段更高级社会形态的到来创造条件。在第三阶段,一方面是人的个性更加解放,实现真正的民主、自由;另一方面是共同生产和占有财富,建立起以公有制为基础的生产关系。马克思划分的这三个社会发展阶段,其最初阶段是指资本主义之前的传统社会,第二阶段是资本主义的现代社会,第三阶段是共产主义社会(包括社会主义社会)。在这里,马克思不仅把发达的商品经济作为资本主义现代社会的一项重要因素,而且把它视为人类社会从最低级到最高级形态发展过程中的一个不可逾越的环节。

这种把社会形态发展阶段与现代化进程相结合的思想,特别是分析资

---

① 《马克思恩格斯选集》第2卷,人民出版社,1995年,第211页。以下引用此书只注页码。

② 《马克思恩格斯选集》第1卷,第67页。

③ 《马克思恩格斯全集》第46卷,人民出版社,1980年,第104页。以下引用此书只注页码。

本主义现代社会与社会主义和共产主义现代社会之间的区别、转换、传承和发展关系，是马克思现代化思想的独到之处。

现代化理论虽然不完全同意马克思的社会发展阶段论，特别是关于社会主义和共产主义的理论，但是仍然从社会由传统到现代的发展过程这一角度出发，把他们所划分的社会现代化发展阶段与马克思所划分的封建社会以后的几个阶段相比拟。如现代化理论的经济学派代表罗斯托就表示："我们可以把我们所列举的各阶段——传统社会、创造前提条件阶段、发动阶段、成熟阶段以及高额群众消费阶段——和马克思的封建主义、资产阶级的资本主义、社会主义和共产主义相比。"①

罗斯托还承认马克思的社会发展阶段论与现代化理论的社会成长阶段论有下列相似之处：(1)两者都是从经济角度来看一切社会演变问题，都是对在所有社会的习惯和制度中奠定利润增长规律的作用和结果进行探讨；(2)两者都同意经济变化产生社会和文化后果；(3)两者都同意在政治和社会发展过程中，与经济利益相联系的集团和阶级的利益是必定存在的；(4)两者都同意经济利益有助于决定引起某些战争的背景这一事实；(5)两者都把物资的真正丰富作为现代化的目标；(6)两者都通过对成长过程中的各部门的分析，提出经济技术的作用问题。尽管罗斯托把其叙述这一观点的《经济成长的阶段》一书加上了一个"非共产党宣言"的副标题，以示"对马克思主义的挑战"，但是也恰恰在"挑战"中承认了马克思的现代化思想。

其次，马克思的现代化思想体现在他的工业化推动社会发展的理论中。马克思认为资本主义社会的产生发展及其被社会主义社会和共产主义社会所取代，都是机器大工业发展的结果。他指出："分工、水力，特别是蒸汽力的利用，机器的应用。这就是从18世纪中叶起工业用来摇撼旧世界基础的三个伟大的杠杆。"②机器大工业不仅使封建主义社会崩溃，而且使资本主义社会确立，并成为生产力高度发达的社会，"资产阶级在它的不到一百年的阶级统治中所创造的生产力，比过去一切时代创造的全部生产力还要多，还要大"，"变成了生产中的真正的狂飙时期"。③ 机器大工业的发展还造成

① 罗斯托：《经济成长的阶段——非共产党宣言》，商务印书馆，1962年中译本，第164页。

② 《马克思恩格斯全集》第2卷，1957年，第300页。

③ 《马克思恩格斯选集》第1卷，第256页；第3卷，第301页。

了资本主义社会的其他现代化特征,它“使竞争普遍化了……创造了交通工具和现代化的世界市场,控制了商业,把所有的资本都变为工业资本,从而使流通加速(发达的货币制度)、资本集中……它建立了现代化大工业城市……造成了社会各阶级间大致相同的关系,从而消灭了各民族的特殊性”①,等等。

马克思所指出的资本主义现代社会的特征,几乎都可以从现代化理论所提出的现代社会的特征中找到对应之处。两者所提出的现代社会特征基本一致,有的完全相同,有的在文字表达上相异,内含的意思则相似。罗荣渠曾就马克思、恩格斯的有关现代化论述与西方现代化学派的有关论述开列出 7 个方面 17 个共同点和相似点。②

马克思还指出,机器大工业高度发展的结果,必然是社会主义取代资本主义。由于资本主义工业化的社会化生产与生产资料私人占有的矛盾,使“社会文明过度,生活资料太多,工业和商业太发达。社会所拥有的生产力已经不能再促进资产阶级文明和资产阶级所有制关系的发展;相反,生产力已经强大到这种关系所不能适应的地步,它已经受到这种关系的阻碍”③。于是,以公有制的社会主义取代私有制的资本主义成为势所必然。对于社会主义取代资本主义的含义,马克思主要是指“废除资产阶级的所有制”和政治统治;对资产阶级所创造的“全部资本”“一切生产工具”则不仅要集中到“无产阶级手里,并且尽可能快地增加生产力的总量”,④使大工业进一步发展,使社会进一步现代化。于此,马克思不仅充分肯定了工业化在资本主义社会和社会主义社会发展中的基础和核心地位,而且指出了工业化致使资本主义社会转变为社会主义社会的历史必然性。

最后,马克思的现代化思想体现在他的资本主义世界化的理论中。马克思认为,资本主义在欧洲产生之后,随着对外贸易的发展,它不断向世界各地扩散,逐渐形成世界性的市场、生产体系和社会体系。他指出:“不断扩大产品销路的需要,驱使资产阶级奔走于全球各地。它必须到处落户,到处

① 《马克思恩格斯选集》第 1 卷,第 67 页。
② 罗荣渠:《现代化新论》,北京大学出版社,1993 年,第 85 页。
③ 《马克思恩格斯选集》第 1 卷,第 257 页。
④ 《马克思恩格斯选集》第 1 卷,第 272 页。

创业，到处建立联系……使一切国家的生产和消费都成为世界性的了。”在物质方面，“过去那种的地方的和民族的自给自足和闭关自守状态，被各民族的各方面的互相往来和各方面的互相依赖所代替了”；在精神方面，“各民族的精神产品成了公共的财产”；在生产方面，“它迫使一切民族——如果它们不想灭亡的话——采用资产阶级的生产方式”；进而在民族关系方面，使“各国人民之间的民族隔绝和对立日益消失了”。[①] 因此，“工业较发达的国家向工业较不发达的国家所显示的，只是后者未来的景象”[②]。当然，这种景象不光是资本主义工业文明，还包括因资本主义工业化而产生的其他社会矛盾。

马克思还分析了西方资本主义向世界扩散的几种途径。一是以其先进的生产方式和发达的商品经济把落后国家卷入世界市场，并迫使落后国家做出相应的反应。他指出“大工业发达的国家也影响着或多或少非工业的国家，因为非工业国家由于世界贸易而被卷入普遍竞争的斗争中”[③]。二是通过殖民地占领，直接进入落后国家，在客观上破坏落后国家的传统社会体系，建立资本主义社会体系。如对英国占领印度的客观作用，马克思论述道：“英国在印度要完成双重的使命：一个是破坏性的使命，即消灭旧的亚洲式的社会；另一个是建设性的使命，即在亚洲为西方式的社会奠定物质基础。”它所进行的政治、军事、新闻、土地、教育、机器工业、铁路等建设，不仅破坏了印度传统社会的基础，而且“在亚洲造成了一场最大的、老实说也是亚洲历来仅有的一次社会革命”。当然，殖民地国家的人民只有在取得独立之后，才能收到殖民主义者“在他们中间播下的新的社会因素所结的果实”。[④] 三是落后国家应该主动引进资本主义先进文明而加快向现代社会过渡。马克思在论述俄国的发展前途时说：“俄国为了采用机器、轮船、铁路等等，难道一定要像西方那样，先经过一段很长的机器生产发展的孕育期吗？……他们怎么能够把西方需要几个世纪的发展才建立起来的一整套交换机构（银行、信用公司等）一下子就在自己这里建立起来呢？”[⑤]这就是说，

① 《马克思恩格斯选集》第1卷，第254、255、270页。
② 《马克思恩格斯选集》第2卷，第206页。
③ 《马克思恩格斯选集》第1卷，第68页。
④ 《马克思恩格斯选集》第2卷，第70、67、73页。
⑤ 《马克思恩格斯全集》第19卷，人民出版社，1963年，第431页。

俄国可以引用已有的西方成果,加速自己的发展进程。

上述马克思关于资本主义社会发展的世界化,以及殖民地国家必须推翻殖民主义统治、把殖民主义者留下的资本主义现代社会因素转变为本国现代化建设的基础,落后国家必须学习资本主义国家的先进文明以加速自己发展进程的理论,实质上已显示了现代化的全球化思想。

除上述三个方面之外,马克思的现代化思想还在关于科技与社会发展、民主和法权等理论中有所体现。这一切表明马克思的理论中不仅含有比较丰富的现代化思想,而且已形成了现代化理论的核心部分。

综合马克思的上述有关资本主义社会的论述,可以归纳出这样几点现代化思想:一是资本主义和资产阶级社会是现代性的社会;二是大工业及其所带来的发达的城市和市场经济是资本主义社会的主要现代性特征;三是殖民地、半殖民地国家只有在取得独立以后才能真正实现现代化;四是由资本主义发展而来的社会主义和共产主义是更高级的现代性社会;五是关于现代化的动力因素,除与一般现代化理论相同的科学技术和现代化发展的一般运动规律之外,还提出了以生产力与生产关系互动为主要特征的生产方式内在运动规律、社会主义取代资本主义的必然性所包含的社会发展动力,以及西方资本主义向全世界扩散所带来的对落后国家资本主义现代化的有限传动作用。

因此,在研究中国现代化的历程时,既要采用现代化理论的基本原理,也要以马克思的现代化思想,特别是关于西方资本主义扩散、殖民主义与落后国家的资本主义现代化关系、社会形态发展过程与现代化进程相结合的思想为指导。

三、中国现代化的特殊问题与研究方法

如果说1840年的鸦片战争开始把中国卷入世界资本主义体系,使中国传统社会逐渐发生新的变化,标志中国现代化的开端,那么中国的现代化已经历了160年的时间。在这160年中,从社会环境和发展道路来说,中国的现代化经过了四个阶段和三种发展道路的变化:1949年10月之前,是在世界资本主义和殖民主义的影响和刺激下,在延续2000多年的传统社会基础上被迫开始的,是在外国侵华势力急剧扩张下的半殖民地半封建社会中逐

步展开的。其中1911年之前为“前提与准备”阶段,1912年至1949年10月为“启动和抉择”阶段。1949年10月至1978年,是在世界资本主义与社会主义两大阵营冷战的形势下,基本仿效苏联模式和依靠自己的力量进行的,本书称之为“经典式社会主义现代化”阶段。1979年至2000年,是在依据国情实行改革开放和世界冷战逐渐解除的情况下发展的,即有中国特色社会主义现代化阶段。至此,中国经过了资本主义、经典社会主义和有中国特色社会主义的道路转换。这是中国现代化已经经历的历史事实,研究中国的现代化历程不仅不能脱离这一事实,而且要对这一已经存在的历史的必然性进行解释,说明其为什么会有这样的一个过程,总结其中的规律所在。基于这一历史事实,中国的现代化历程有不同于其他国家的更为突出的特殊问题,这也是研究中需要特别重视的问题。具体说来有这样几点:

第一,关于传统与现代的关系问题。由于中国是在传统农业文明的基础上被迫开始资本主义现代化的,而且传统社会因素根基深厚,传统思想意识更是根深蒂固,因此,传统与现代的关系特别复杂。这种传统因素既是中国现代化的前提和基础,也是中国现代化的国情所在,对此既不可简单地视为对立物而予以全部抛弃,也不可笼统地称之为优越性而给予全面弘扬,而是应持批判继承的态度。一般来说,在制度和意识形态方面,传统因素对民主化有较多的阻碍作用,基本上处于现代化的对立面。如君主专制和独尊儒术的意识形态和现代化是不相容的。在伦理道德和民族意识方面,传统因素对社会整合和民族化既有不利的一面,也有可资利用的一面。如传统的“德政”和“仁、义、礼、智、信”观念,既是一种封建礼教,也对改善政治、协调人际关系、稳定社会有一定的借鉴意义;传统的“天下”意识,虽然是一种君临天下、夜郎自大的封建帝国观念,但是也由此形成了牢固的中华民族观念和凝聚力,成为近代以来反对帝国主义侵略和振兴中华的一股强大的精神动力。在经济思想和经济素质方面,则存在着对现代化的潜在适应性。如重农抑商意识和政策的缓慢变异、商品生产和市场交换的存在和缓慢扩大、商人和商人行帮组织的发展和变异、手工业生产中的资本主义萌芽等,成为近代与破门而入的外国资本主义文明对接和中国资本主义产生的基础。

第二,关于外因与内因的关系问题。由于中国的现代化是一种后发现代化,必然会受外国的影响,特别是在1949年之前。中国的现代化是在外国资本主义的侵略下开始和展开的,两者几乎并肩而行,因而使得现代化的外因与内因的关系变得特别复杂。由洋务运动开端的中国早期现代化实践,以“师夷长技以制夷”为最初的动力和模式,以后又从救亡图存出发,逐步发展到仿效和引进西方的资本主义生产方式、思想文化和民主制度,仿效西方资本主义文明和抵制西方资本主义的侵略和压迫,共同构成早期现代化的一个主要动力。基于这一史实,研究中国现代化的学者,大多认同1949年之前的中国早期现代化是一种“外源性”现代化(也有学者称之为“传导性”现代化①)。笔者认为,中国早期现代化的这种特点主要反映了外国对中国早期现代化的最初促动作用,因而称之为“传动性”可能更为合适。一是因为“传导”所包含的主要是外国现代社会因素的注入及其所引起的中国人的学习和仿效,而“传动”所指的除“传导”所包含的这一层意义之外,还指中国人因外国的民族压迫而激起的谋求自强自立的动机。二是因为“传导”含有长期的意思,而“传动”突出初期的促动意义。当中国自己产生了现代化的意识和行动之后,外国现代社会因素的促动作用逐渐减少而日益转变为可资中国利用的外国资源,两者的关系也相应地从注入与学习、压迫与应对的不正常关系,逐渐朝着引进与应用、互动与互利的正常关系转变。这就更能够突出中国现代化进程中的外因通过内因起作用和由被动向主动转变的特点。

第三,关于政府、社会和外国资源的关系问题。一个国家的现代化建设既需要有一个具有强烈现代化意识的权力集中的政府来领导,也需要有全社会的力量共同奋斗,还需要利用国外的有用资源。关键则在于三个方面的合理结合。在1949年之前,由于中国的现代化是在缺乏前提与准备的情况下和处在半殖民地半封建的社会制度中而被迫开始和逐渐展开的,不仅政府的现代化领导能力、社会的现代化动员和国外资源的有效利用需要有一个养成和争取的过程,而且三者之间的合理结合更非易事,特别是政府长期不能扮好自己的角色,国外资源长期得不到合理利用。中国现代化进程中的这三个方面的不正常关系,最突出地表现在经济方面,主要是国家资本(官僚资本)和外国资本对民间资本(私人资本、民族资本)的压迫和侵夺,即政府和外资的与民争利。就政府与民争利而言,在晚清时期,由于国家资

① 罗荣渠:《现代化新论》,北京大学出版社,1993年,第240页。

本尚较薄弱，两者之间的关系，先是洋务运动中的“民为官用”，然后是甲午战争前后的“官民分途”，清末新政时则曾有过“官为民用”的改革；在北洋军阀统治时期，因中央政府力量的削弱和军阀忙于战争而使这种政府与民争利的现象暂时中断，同时政府也基本失去了对现代化领导的能力和作用，社会力量虽然因此而成为现代化建设的主体，但也使得国家的现代化进程处于无序自流的畸形状态；在国民党政府统治时期，政府的力量虽然加强，但是政府与民争利也日益严重，而且是超越市场之外的利用政权的争利，使现代化进程逐渐步入国家资本和官僚资本垄断的另一种畸形状态。就外资与民争利而言，外资不仅利用其在华特权，而且通过对中国的国家资本、官僚资本乃至民间资本的渗透，压迫和控制民间资本和国家资本，三者之间的明争暗斗大大多于互动互利，更谈不上合理结合。在 1949 年之后，这三个方面的关系也经过了相当长一段时间的磨合。随着中华人民共和国的成立，外国在华资本、国民党政府的国家资本、官僚资本和民间资本都先后被收归为中华人民共和国的国家资产和人民集体资产，加之西方帝国主义势力敌视中国，使中国不得不采取“自力更生”“奋发图强”的现代化建设方针。这一切虽然使政府的现代化意识和领导力量大大加强，曾显示了它的威力，但是也在客观上使现代化建设的力量从三种变成一种，从社会动员和资源利用的角度来说，利弊得失各有所在。其中最突出的表现是国家与企业、计划经济与市场经济的产权关系和管理关系上的矛盾，过分注重国家利益和计划管理，严重忽视企业利益和市场调节。直到 1979 年之后，随着政企逐步分开、市场经济机制逐步建立、改革开放逐步深入和发展，才使政府与社会的关系真正得以逐渐理顺，国外有利资源得以正常利用，政府、社会和外资这三个方面逐渐实现了合理的结合，中国的经济现代化出现了腾飞。

第四，关于现代化发展道路的问题。由于中国的现代化既受到外部世界的多方影响，又受到内部传统因素和其他因素的各种牵制，究竟什么样的制度和道路最适合于中国的现代化，不是一朝一夕所能解决的，因此使得制度和现代化发展道路的选择成为最为重要的问题。中国现代化进程之所以缓慢而曲折，可以有多种分析，或曰科技落后，或曰资金短缺，或曰社会动乱，或曰人口过多。但笔者认为，这些原因都是次生和次要的，最根本的原因则是制度和道路的问题。中国的现代化虽然是一种后发的现代化，本国的社会经济基础落后，但在世界上已有许多可资利用的现代化资源，本国的现代化资源也在逐渐产生和增加，只是由于制度和道路问题长期未能得到全面而正确的解决，从而不能合理、有效和充分地利用国外和国内的现代化资源。1949年中华人民共和国的成立虽然使制度和道路得到了一次根本性的变革，也使中国的现代化从资本主义道路转入社会主义道路，但是仍然存在着各种体制内的问题；加之国际冷战和国内政策失误的影响，使国外现代化资源的利用严重受阻，国内现代化资源的利用也受到不同程度的限制。直至1979年开始改革开放以后，随着有中国特色社会主义制度的逐步建立及其道路的不断开拓，中国的现代化才得以充分利用国外和国内的现代化资源，也使现代化进程结束了缓慢而曲折的状态，进入快速而健康发展的阶段。总而言之，如果没有合理的制度和道路，即使有可资利用的资源，也不能被合理利用，甚或被弃置不用；如果有了合理的制度和道路，不仅能够充分利用本国的资源，而且能够合理地利用国外的资源，弥补和解决本国的资源短缺和其他社会问题。

第五，关于改革、革命与现代化的关系问题。由于中国的早期现代化是在半殖民地半封建社会制度下开展的，使之受到严重的阻碍，因此必须改变社会制度和发展道路，并由此引起各种各样的改革和革命，使得革命与现代化的关系问题显得特别重要和复杂。对于中国的现代化与改革和革命的关系问题，有的论者把两者对立起来，认为革命打断和妨碍了现代化的进程；有的论者把两者分离开来，认为近代中国有两个基本问题和两条发展主线，一个是反帝反封建的革命斗争，另一个是要求实现工业化和近代化（早期现代化）。笔者认为，前一种观点有失偏颇，后一种观点是就整个近代史的主体构成内容而言的，并只从工业化等现代化事业的建设方面来看待近代化。如果就完整意义上的现代化而言，反帝反封建的改革和革命应该包含在现代化进程之中。这是因为，反帝是为了争取国家独立、建立平等互利的国际关系，以便合理地利用国外资源；反封建是为了争取民主、建立政府与社会的良性互动关系，更好地进行现代化的社会动员。所以反帝、反封建的改革和革命既是现代化的一个组成部分和一种重要动力，也为现代化建设解决制度和道路问题，并扫除障碍。问题的关键是如何分析改革和革命的现代化意义。我们认为既不可一概否定，也不可全盘肯定，应对不同的改革和革命作具体的分析，从动机、实践、效应等方面考察，分析其具有怎样的和何等程度的现代化意义，改革和革命是否到位，是否过激，是否符合现代化的发展方向，从而实事求是地评价其历史作用，总结历史的经验教训。

对中国现代化历程的研究，也就是对中国的现代化过程作纵向的考察，既要着重探讨上述现代化进程中存在的特殊问题，也要反映现代化的各个方面和整个过程。因此，研究中国现代化的历程既要运用现代化的理论，特别是马克思的现代化思想，也要运用历史学的方法，力求两者的有机结合，在陈述现代化的历史过程中考察现代化的各方面状况，总结历史的经验教训。从学理上来说，一方面是从历史的角度考察中国现代化道路的发展过程，也就是要从历史事实出发，研究中国的现代化过程；另一方面是从现代化的角度研究近代以来160年的中国历史，也就是要用现代化的理论原理考察和解释这一段历史。这两方面的结合，既有利于揭示中国现代化所包含的现代化的一般性与特殊性，实事求是地显示道路选择和中国共产党的领导在中国现代化历程中的重要性和必然性，也有助于中国历史学的学科创新和社会功能的发挥，使中国的近代史、现代史和当代史在现代化的线索上得以有机地贯通，突出历史唯物主义世界观。

所谓现代化的理论，已如上述。所谓历史学的方法，则主要应注意下述几点：

一是要尊重史实。根据历史事实说话是一切历史研究的基础，中国现代化历程的研究也不能例外。所谓历史事实，不仅是指现代化进程中的具体事件、人物、思想、实践、成就、失误等方面的史实，而且是指中国现代化道路已经走过来的、从半殖民地半封建社会的资本主义现代化到独立自主的苏联式经典社会主义现代化，再到有中国特色社会主义现代化的这一整体进展过程的史实。这也就是说，既要对现代化进程中的一些具体问题做出实事求是的陈述和解释，说明其为什么会有一些这样的事情，这些事情对中国的现代化产生了什么样的作用和影响、具有怎样的历史地位，更要对现代化的整体进展过程做出陈述和解释，说明其为什么是这样的一个过程而不是别样的过程。这种解释和说明，是从历史事实出发的解释和说明，而不是从理论逻辑出发的解释和说明，更不是以某些假设为基础的解释和说明。

二是要包含各方面的因素。历史研究所追求的是再现历史发展的原状，揭示其内在的运动机制和规律，总结历史的经验教训。用历史学方法研究中国现代化的历程，就应该力求再现中国现代化进展过程的全貌，考察其内在的运动机制和规律，分析其成败得失的经验和教训。因此，研究中国现代化历程就需要对中国现代化进程中的各种因素及其变化过程进行考察，如现代化的领导力量和队伍结构，现代化的动力和阻力，现代化的国际和国内环境，现代化的道路和模式，现代化的进展状况和实现程度等，以及能够影响和改变这些因素的传统的、新生的、外来的、政治的、经济的、思想的、制度的、科技的、社会的等一切问题。革命和改革问题，尤其是以上所述的中国现代化进程中的一些特殊问题，如果只从现代化的内容和指标出发，注重考察不同历史时期的现代化实现程度，就很难说是对中国现代化历程的全面研究，而只能是一种现代化现象的研究，或现代化的某一个层面的研究，不可避免地会带有某种局限性。

三是要重视事实发展变化的过程。历史本身就是过程，没有过程也就没有历史，“如果研究历史而忽视过程，则必然失之于肤浅乃至失真”①。用历史学方法研究中国现代化的历程，也应该重视对现代化发展变化过程的考察，不仅要对现代化进程中的具体事情考察其产生、实施、发展变化和成效，而且要对现代化进程的各个阶段之间考察其继承和发展关系，还要注意考察现代化过程中新旧质素的兴衰及其互动关系。特别是因政治革命和改革造成政权和制度的变更而使现代化历程进入新的阶段时，既要指出其比前一阶段的发展和进步之处，分析其进入新阶段的关键性因素，也要注意其与前一阶段的现代化社会质素的传承与积累关系。由于政治革命和改革可以在一夜之间使政权和制度发生完全不同于前的变更，但是现代化的社会质素则不可能在一夜之间发生明显的变化，甚至还会受政治和社会秩序变动的影响而出现一时的停顿、混乱乃至倒退的现象，新政权和新制度对现代化的推动作用也需要有一个体现的过程。因此，研究者如果缺乏过程观念，就会从政权和制度的变更或从社会现象出发，对政治革命和改革对现代化的作用做出片面的评价，或曰产生了巨大的推动力、取得了巨大的成就，或曰没有产生什么作用、社会还是照旧没变，乃至认为中断和破坏了现代化的进程。

四、中国现代化的特定含义

关于这一问题，本人在写作《商会与中国早期现代化》一书时已有论述，

① 见章开沅为虞和平著《商会与中国早期现代化》所写的序，上海人民出版社，1993 年。

但是由于这一问题仍是本书中的一个重要内容体系，因此这里有必要再次复述。迄今为止，中国的现代化已经历了160余年的历程，经过了三种道路的转换。1949年10月之前，以资本主义现代化道路为主体，本书称之为"早期现代化"；1949年10月至1978年，基本是按照马克思列宁主义学说而实行的社会主义现代化道路，本书称之为"经典社会主义现代化道路"；1979年之后，主要是以马克思的社会主义学说与中国的具体国情相结合而开创的有中国特色社会主义现代化道路。这三种现代化既有不同的道路和模式的区别，也有现代化抽象含义上的工业化、民主化等社会发展指标的共性。这里需要特别强调的是，由于中国的早期现代化是在半殖民地半封建社会状况下展开的，因此中国现代化特别是早期现代化的核心含义，还应该增加一项民族化——反对帝国主义侵略、争取民族独立和统一。

实际上，争取民族独立是任何一个殖民地、半殖民地国家的现代化所不可或缺的一个核心内容。世界现代化历程的事实（详见本书第一卷第一章）表明，一些非西欧国家的现代化虽然起源于殖民地、半殖民地时代，但只有在取得国家独立之后才真正走上健全发展的道路，才能建成完善的现代化国家。

从殖民地、半殖民地国家的现代化过程来说，尽管殖民主义者在客观上使这些落后国家卷入了世界现代化的潮流，但是殖民主义者的主观目的绝不是要把这些国家变成现代化的国家，这些国家只有自己产生了对现代化的追求，特别是取得独立之后，才能真正逐渐实现自己的现代化。这是因为殖民主义者为着把殖民地、半殖民地作为它的原料产地和商品市场，为着保障和适合本国移民的利益和生活需要，他们必须使殖民地具有满足其需要的生产能力和社会环境。如开办机械化出口品加工厂、机械化船舶修理厂和矿冶企业，以生产他们所需要的原材料，修理他们的运输工具；开辟新式交通运输业，扩大国际贸易，设立银行和发行通用货币，以服务于他们不断扩大的原材料掠夺和商品倾销的需要；用西方的文化知识培养经济和政治代理人，以充当他们的经济扩张和政治侵略的工具；在租界和租借地内进行现代城市建设和推行资本主义社会体制，以适应他们移民的生活；出版西式书报杂志，以满足其移民的文化生活需要，并宣传西方的思想观念；等等。这就使得殖民主义者不可避免地按照西方资本主义社会的模式，在其势力所及的范围内，局部改造和影响殖民地、半殖民地国家的经济和社会，使旧有传统的思想意识和社会体制发生动摇乃至瓦解，为新的资本主义体制的产生和发展提供客观条件。

殖民主义者虽然客观上给殖民地、半殖民地国家带来了资本主义生产方式和社会形态，并在一定程度上促动了这些国家的资本主义化，但是他们在主观上却竭力控制殖民地、半殖民地国家的资本主义化。他们占领殖民地的目的只是掠夺原料、开拓市场、积累资本。“贵族只是想征服它，金融寡头只是想掠夺它，工业巨头只是想用低廉销售商品压垮它”；在殖民地开办企业也是考虑到要把殖民地“变成一个生产国对他们（指殖民者——引者注）大有好处”。[①] 在权利和利益上，由殖民者在殖民地开办的企事业当然完全由殖民者控制和受益。就是殖民地、半殖民地国人自己兴办的资本主义化企事业，殖民者也要从维护自己的权益出发，以其占有优势的经济和军事力量加以控制和干预，使殖民地、半殖民地的资本主义化永远受制和依赖于他们。因此，殖民主义者是“决不能容许中国和亚洲实现工业化和政治上的独立”的[②]。尽管殖民地、半殖民地国家力图通过自己的资本主义化以争取独立，但是由于缺乏各种社会基础，加之已经丧失主权，所以不得不受制于殖民主义者。殖民地、半殖民地的资本主义化，不仅在方式上模仿殖民者的模式，而且在资金和科学技术上也要求助于殖民者。而殖民者在给殖民地、半殖民地国家的资本主义化提供需求的时候，总是力图由此进一步掠夺和控制求助者。从这个意义上说，殖民地、半殖民地国家的资本主义化过程，既是抵制殖民地化的过程，又是加深殖民地化的过程，直至它们取得独立为止。

总之，殖民地、半殖民地国家有一个资本主义现代化的过程，但这是一种依附性的、畸形的、难以完善的现代化。因为这种现代化实质上是在殖民主义者的控制和影响下进行的，而不是真正根据殖民地、半殖民地国家的本身需要而展开的。这种现代化不能形成结构合理和完善的经济体系，只能成为殖民者的原料产地、商品加工场和销售市场，即依附性的经济体系；不

① 马克思：《不列颠在印度统治的未来结果》，《马克思恩格斯选集》第 2 卷，人民出版社，1995 年，第 769 页。

② 此语出自美国总统麦金莱的顾问亨利·亚当姆斯之口，参见卿斯美：《辛亥革命时期列强对华政策初探》，《纪念辛亥革命七十周年学术讨论会文集》中册，中华书局，1983 年，第 1336 页。

可能建立健全的由本国人民广泛参与的和自主的民主制度，也不能完全体现现代化的最终目的——提高本国人民的物质和精神生活水平。从根本上说，殖民者在对一个落后国家实行殖民侵略的过程中，尽管为这一落后国家的资本主义化创造了某些物质和精神因素，但是他们“既不会给人民群众带来自由，也不会根本改善他们的社会状况，因为这两者都不仅仅决定于生产力的发展，而且还决定于生产力是否归人民所有”。因此，殖民地、半殖民地国家只有在取得独立后，才能在殖民者入侵时期所激发起来和积累下来的资本主义化的基础上，开展和实现完整意义上的本国的现代化。犹如马克思在总结英国对印度殖民统治的作用时所指出的：“在大不列颠本国现在的统治阶级还没有被工业无产阶级推翻以前，或者在印度人自己还没有强大到能够完全摆脱英国的枷锁以前，印度人民是不会收获到不列颠资产阶级在他们中间播下的新的社会因素所结的果实的。”①

由此可见，是否获得国家的独立是殖民地、半殖民地国家能否独立开展和全面实现本国现代化的关键之一。它不仅成为这些落后国家现代化的前提条件，而且直接成为这些落后国家现代化的基本内容之一。因此，反对帝国主义侵略，争取国家独立的民族化，与工业化、民主化一起，共同构成殖民地、半殖民地国家实现现代化的核心含义。

中国的早期现代化既然属殖民地、半殖民地国家现代化的范畴，它的核心含义中当然也少不了民族化。这不仅是由理论逻辑所得出的推论，也是中国早期现代化的历程所证实的结论。

在中国早期现代化的历程中，入侵的殖民主义者同样扮演了他们在其他殖民地、半殖民地的现代化中所扮演的双重角色。他们的入侵，一方面使清王朝的声威“扫地以尽，天朝帝国万世长存的迷信破了产，野蛮的、闭关自守的、与文明世界隔绝的状态被打破了”②，“即使是为了军事防御的目的，也必须敷设铁路，使用蒸汽机和电力以及创办大工业”③，迫使中国走上资本主义化的道路；另一方面，殖民主义者在把中华民族强行纳入世界资本主义体系的同时，使中国处于屈从的地位，并从中国掠夺走无以计数的财富，

① 马克思：《不列颠在印度统治的未来结果》，《马克思恩格斯选集》第2卷，第771~772页。

② 马克思：《中国革命和欧洲革命》，《马克思恩格斯选集》第1卷，第691页。

③ 《恩格斯致弗·阿·左尔格》，《马克思恩格斯选集》第4卷，第737页。

从而造成中国早期现代化的畸形、缓慢和曲折发展的状态。仅就经济方面而言，在国际贸易上，中国处于严重的入超地位，到1936年累计入超达30.7亿元，且进口之物多为机器工具、工业原材料和消费品；出口之物则多为农副产品、矿产资源、半成品和手工制品。[①] 这不仅使中国的资源大量外流，而且表明中国已成为殖民者的商品推销市场和原料产地。在工业上，殖民者控制了中国的工业命脉，成为中国近代工业结构中的主导因素。据1936年的统计，外国在华产业资本占中国产业资本总额的57%，他们已控制了中国生铁产量的97%、钢产量的83%、机器采煤量的66%、纱锭数的46%，织布机数的56%、铁路运输量的90%。[②] 在财政金融上，殖民者通过索取战争赔款、政治贷款和设立银行，使中国的财政破产、金融混乱，进而控制了中国的财政、关税大权和金融市场。这一切都直接制约着中国本身的早期现代化进程。正如一些华商纱厂资本家所感受到的："中国纱厂业的唯一致命伤，在于帝国主义对中国的压迫。"[③]因此，只有争取民族独立，在被压迫的现状改变以后，才能使民族工业复兴繁荣，才能与外资建立起平等互利的关系，才能由中华民族自己主宰自己的现代化进程。在中国早期现代化的历史进程中，自始至终都以民族化为一个重要的动力和内容，即使在中华人民共和国成立以后，民族化虽然已经实现，但是民族独立、爱国主义仍然是中国进行社会主义现代化建设的一个基本原则和重要动力，只不过其程度和方式在不同的时期有所不同而已。

五、本书的内容、结构和特点

对中国现代化问题进行较为集中的研究是从20世纪70年代末80年代初开始的，先是在美国和中国的台湾、香港的学者中开展此项研究。美国学者的研究，以1982年在美国出版的吉尔伯特·罗兹曼等所著《中国的现代化》一书最具代表性。中国台湾方面，最突出的研究成果是由台湾"中研

---

① 严中平：《中国近代经济史统计资料》，科学出版社，1955年，第64、72页。

② 严中平：《中国近代经济史统计资料》，科学出版社，1955年；许涤新、吴承明：《中国资本主义发展史》第3卷，人民出版社，1993年，第722页；《中国资本主义的发展述略》，《中华学术论文集》，中华书局，1981年。

③ 《申报月刊》第4卷第2期。

院近代史所"的学者们所作的中国现代化的区域研究,分别就中国各省区的现代化历程进行研究。中国香港方面,香港大学亚洲中心于 1979 年出版了一部国际性的论文集《现代化在中国》;香港中文大学的金耀基教授对中国现代化有很深的研究,论著颇丰。大陆方面的现代化研究起步稍晚,开始于 20 世纪 80 年代中期,但发展势头颇猛,召开了多次与现代化研究相关的学术会议,出版和发表了许多著作和论文,如罗荣渠的《现代化新论》、章开沅主编的《比较中的审视——中国早期现代化研究》、许纪霖主编的《中国现代化史》、张琢的《九死一生——中国现代化的坎坷历程和中长期预测》等。这些研究所涉及的内容,或有关中国现代化的理论和模式问题,或有关现代化历程中某一时期的某些问题,或有关中国现代化的某些专题,或有关中国现代化各个时期的发展水平。但是对中国现代化全过程进行比较深入、全面、系统研究的成果尚缺。为此,本书试图作一尝试。

如果从现代化的世界性和主体目标——工业化和民主化来讲,中国的现代化起始于 1840 年的第一次鸦片战争后;从世界学术界比较公认的现代化发展阶段标准来讲,中国的现代化经过了 1911 年之前的准备阶段和 1912 年中华民国成立之后的启动阶段。从中国特有的现代化道路来讲,可分为 1949 年 10 月之前的半殖民地半封建社会条件下的资本主义现代化、1949 年 10 月至 1978 年的经典社会主义现代化、1979 年至 2000 年的有中国特色社会主义现代化。本书对中国现代化历程的研究,力求纵贯其各个发展阶段和不同道路阶段,力图通过比较系统而全面的研究,阐明对外开放的必要性;揭示殖民地、半殖民地社会制度下,现代化的畸形状态和难以获得真正成功的一般规律;论证从半殖民地半封建社会条件下的资本主义现代化转向经典社会主义现代化,又从经典社会主义现代化转向有中国特色社会主义现代化的必然性。

《中国现代化历程》在时间跨度上包含了中国近现代史和中华人民共和国史,它虽有纵贯中国近现代史和中华人民共和国史的体系结构,但并非就是这三史的综合体,也不是对这三史的替代,而是追求对进入近代以来的中国社会发展变迁过程建立一种新的解释系统。对近现代的中国历史,史学界提出过多种发展线索论,[①]但从近代以来中国人所一直追求的目标和中国

① 参见曾景忠:《中国近代史基本线索讨论述评》,《近代史研究》1985 年第 5 期。

社会的实际发展趋向来看,现代化无疑也是一条贯穿始终的线索,而且可能比其他线索的涵盖面更宽。其他线索,如阶级斗争线索、外国侵略线索、反帝反封建线索、资本主义化线索、民族运动线索、经济发展线索等,几乎无一不与现代化有关,可以说现代化是一条由多股线条绞合而成的缆线。现代化作为一种对中国近代以来历史的解释系统,虽然会涉及其他线索论的原理,但并非各种线索论原理的机械组合,而是有自己的内在体系原理。中国的现代化是一种后发外生型现代化,其基本原理是:在先现代化国家对华侵略的影响下,从民族自强自立的目的出发,推动本国现代化;学习外国先进文明,并使之与本国实情相结合,改造本国的传统社会因素,创造现代因素,逐步由传统社会向现代社会过渡。这一原理表现在具体的研究体系下主要有这样五点:一是反映社会发展的过程和阶段,且以现代化发展阶段的标准划分历史阶段;二是注重研究推动社会发展的诸因素和结构模式及其互动关系;三是从外因与内变关系和世界一体化的角度,分析外国列强对华扩张的双重作用和国际关系;四是以考察经济发展的速度、水平、结构和模式为中心,并分析由此而引起的社会诸因素的变革;五是从社会发展过程的连续性出发,研究现代与传统的批判继承关系,以及不同发展阶段间的积累关系。

从上述中国现代化历程研究的体系、原理出发,本书按中国现代化的发展阶段和宏观模式结构,把本书分为如下三卷:第一卷"前提与准备"(1911年之前传统经济发展,为与外来资本主义的对接准备了条件);第二卷"启动与抉择"(1912年至1949年10月的资本主义现代化启动和艰难发展及其与社会主义现代化道路的抉择);第三卷"改道与腾飞"(1949年10月至2000年社会主义现代化的建设和道路转变)。在具体的研究上,采取总体研究与个案研究结合、宏观研究与微观研究并举的体系结构,既反映中国现代化的发展脉络和基本状况,又突出对一些重大问题和典型事例的分析研究,在吸收已有研究成果的基础上有所突破和创新,反映出中国现代化研究的即时水平和新动向。在第一卷中,着重研究现代化的世界化过程及其影响中国的过程、中国传统社会因素与现代化的相抵性和潜在适应性,论述学习西方文明、改造传统、放大潜在适应性和尝试局部资本主义化的过程。现代化思想意识的产生和初步形成、传统社会结构和思想观念的逐渐裂变、工业化的初步尝试和资产阶级的初步形成、清末政权结构及功能的局部变革和资产阶级民族、民主运动的开展等问题均在探讨的视野之中。在第二卷中,除论述中国资本主义现代化的具体实践、成果和穷途末路之外,还探讨了现代化的社会动员、政治现代化与经济现代化的关系、各种现代化的思潮和道路选择、中央政府与地方政权的角色结构、某些精英人物和割据政权领导下的区域现代化建设模式、抗日战争时期的现代化非常结构状态和道路的再选择等问题。在第三卷中,以中国的现代化如何从资本主义现代化向社会主义现代化,再向有中国特色社会主义现代化转变的过程为主线,在阐释其成功和挫折缘由的同时,主要将研究这样一些问题:新民主主义、经典社会主义和有中国特色社会主义在现代化过程中的地位、作用和效果,现代化的社会动员和资源利用方式,中国共产党的现代化发展战略和领袖人物的现代化思想,有中国特色社会主义现代化的内容构成和腾飞效应。

研究中国现代化的历程,除要反映中国现代化发展过程的基本状况之外,最重要的是要揭示这些状况背后的各种制约因素,还必须从中国现代化的特点出发进行研究。因此本书的主要内容拟包括以下四点:

第一,围绕一条主线。即以考察近代以来中国人民和政府如何为争取国家独立富强而奋斗的过程为主线。涉及的内容如:作过什么样的努力,经历过什么样的遭遇,有过什么样的分歧和争论,有哪些经验和教训,取得过什么样的成就,犯过什么样的错误,在世界现代化进程中占有什么样的地位。

第二,突出两个转变。即中国的现代化是如何从资本主义现代化转变为苏联式经典社会主义现代化,又如何从苏联式经典社会主义现代化转变为有中国特色社会主义现代化,并以有中国特色社会主义现代化道路为最终落脚点。分析这两个转变在中国现代化历程中的必然性和重要性。

第三,包括三项主体内容和三对主要矛盾。即既要论述工业化和民主化这两个一般现代化含义所包括的主体内容,又要论述民族化——争取民族独立这一中国现代化所特有的内容。要分析争取民族独立与中国现代化的内在决定性关系,指出争取民族独立不仅是中国现代化的一项不可或缺的内容,而且是中国现代化进程的一个重要动力和前提条件,把民族化、民主化、工业化有机地结合起来。与这三项内容相应,中国的现代化过程集中表现为三对主要矛盾的运动过程,即帝国主义与中华民族的矛盾(包括外国资本与民族资本的矛盾)、专制主义与民主主义的矛盾、计划经济与市场经济的矛盾(包括国营经济与民营经济的矛盾)。这三对矛盾的主导方面由前者转换为后者的程度和进程如何,直接决定着中国现代化的模式转换和进程。前两对矛盾主体方面的转换使中国共产党领导的社会主义现代化取代国民党领导的资本主义现代化成为必然,后一对矛盾主要方面的转换则导致苏联式经典社会主义现代化向着有中国特色社会主义现代化的转变。当这三对矛盾协调得当时,现代化进程就顺当一些;反之则曲折一些。

第四,注意四种关系。即内因与外因的关系,传统与现代的关系,政府与社会的关系,政治变革与经济、社会发展的关系。这四种关系是影响中国现代化进程的最重要的制约因素,也是中国现代化历程的特点所在,需要特别注意分析研究。如外国资本主义文明虽然在一定程度上促进了近代中国资本主义现代化的产生和发展,但是只有通过中国的内部因素及其变革才能产生这种作用,因此内部因素及其变革的状况,在中国资本主义现代化过程中处于决定性地位。中国传统社会因素并非与现代化绝对对立,其内部包含着某种对现代化的潜在适应性,这种潜在适应性通过改造和放大,可以成为现代化的社会基础和有利条件。政府与社会之间究竟存在着一种什么样的互动关系,这种关系经过了一些怎样的调整,对中国经济的现代化各占有什么样的地位,产生过什么影响;以反帝反封建为主体内容的政治变革,既是中国现代化道路选择和制度变革的必然需要,也是经济和社会发展的主要动力,但每次重大的政治变革究竟对经济和社会的发展产生了什么样的作用,是怎样产生作用的——这些问题也是本书所要研究的。

上面已经提到现代化是一个连续发展的过程,在这一过程中固然有不同的发展阶段和道路模式,但是在各个阶段和各种模式之间并非完全隔绝和对立,而是有着一定的传承和同质因素,分析提炼这种传承和同质因素,如中国现代化过程中出现过的某些精英人物所提出的发展战略,法制建设,股份制、租赁制、合资制等生产组合模式,成功企业和杰出企业家的经营管理经验和思想,工商界自我管理的组织体系,争取平等互利的国际关系,合理有效地利用外资和引进科技的思想和实践等,对今后的现代化建设不无借鉴意义。目前我国的现代化建设正在与世界接轨,应以更大的胆识和在更大的范围学习世界资本主义文明。毫无疑问,这种学习并非照搬照套资本主义文明,而是把引进的资本主义文明与我国的实情相结合,经过双向改造,使之适合我国现代化建设的过程。上列中国早期现代化中出现过的建设思路、体制,都是中国人引进外国资本主义文明并经过改造而又行之有效的,这方面的经验更有直接的借鉴作用。研究中国早期现代化中的国际关系和资本主义文明,当然是研究中国现代化历程的主要内容,这不仅使中国近现代史研究的现实意义和作用从爱国主义和革命传统教育扩大到为有中国特色社会主义现代化建设提供历史借鉴的广泛领域,而且可以深化爱国主义和革命传统教育。

本书的编写采取纵横结合的结构体系。在卷和编的划分上体现纵向的发展阶段,有一定的时间界限,主要是反映发展道路和主体特征的转变过程。但由于现代化是一个连续的过程,这种时间界限也不是绝对的。为了保持某些经济和社会发展连续过程的相对完整性和便于写作而不一定严守这种时间界限,因而在时间上有一些重叠和交叉。章的安排是讨论横向的专门问题,所论述的内容以其所处的编章的时段为主,但也根据内容需要而有一定的追溯和延伸,以求内容的相对集中和完整;有些专门问题,因限于篇幅,只在其最有意义和最有影响的阶段中论述,不一定在每一阶段中都作专题论述,而在有关卷首语和按语、结语中略作评介,因而详略各异。

本书的结构体系、编章设置和主体思路由主编提出,邀请国内有一定研究的专家撰写各有关章节,在遵循主编所提出的主体思路的基础上,各章的内容、范围和思想观点由作者自主定夺,最后由主编审阅、修改定稿。因此,本书的主编和各位作者各有责成,文责自负,权利各有。

本书的出版得到江苏人民出版社的大力支持,参加本书编辑工作的各位编辑人员对本书的章节目录、文字表述、引文注释,乃至部分观点提出了许多宝贵的意见和校正,谨此表示衷心的感谢。对本书各位作者的支持和合作,一并致谢。

2001 年 5 月于北京

《近代天津商会》序[①]

虞和平

近些年,我国研究商会史的学者越来越多,并出版了一批高质量的研究成果。从已有的研究成果来看,尚有许多领域有待进一步开发和研究。在时间跨度上,已有研究主要集中于1928年之前,关于1928年以后的商会状况,则很少研究。在内容结构上,对商会在城市管理和市场经济中的功能和作用,洋商商会及其与华商商会的关系,中国商会与外国商会的关系,商会与政府的互动关系,有的尚未研究,有的尚不够深入。在个案研究上,目前只对上海、苏州、杭州等少数商会有较全面的研究,对天津、武汉等商会有局部的研究,当然没有必要对每个地方商会都作研究,但是对那些具有某种典型意义的地方商会还是需要有比较全面的研究的,如天津、北京、大连、武汉、广州等城市的商会,以解剖不同地区的商会及其所代表的资产阶级的状况和特点。

现在呈现在读者面前的、由宋美云撰写的《近代天津商会》,将给我们以耳目一新的感觉。这部著作是作者在长期研究天津商会档案资料的基础上,以其特有的视角,经悉心研究所得的成果。这也是迄今为止的第一部关于北方商会史的区域性研究专著。而且作者在本项研究中利用了大量的原始档案,结合当时的社会经济状况,对近代天津商会的产生与衰亡的全过程进行了分析研究,这也可能是目前对某一商会的整个历史进行研究的第一项成果。书中还对商会的运行机制、组织网络系统的建构、参与政治的情况、对政府决策的影响以及商会在市场经济和城市管理中所发挥的作用等问题,进行了详细的介绍和细致的分析。值得一提的是,作者在分析天津商会在市场经济中的作用时,运用了交易成本理论,颇有新意。作者由于参与编辑《天津商会档案》的经历,掌握了大量的第一手资料,使本书具有翔实的

① 宋美云:《近代天津商会》,天津社会科学院出版社,2002年。

资料、扎实可信的论据和言之成理的观点，不失为中国商会史研究中的又一项优秀之作。

2002 年 5 月 1 日于中国社会科学院近代史研究所

《清季的洋务新政》编后记[①]

虞和平

现在呈现在读者面前的《清季的洋务新政》是樊百川先生的遗著。樊先生生前是中国社会科学院近代史研究所的研究员，他于1923年在河南郑县（今郑州市）出生，1951年从北京大学历史系毕业后即进入近代史研究所工作，以研究中国近代经济史见长，1985年由四川人民出版社出版的《中国轮船航运业的兴起》是他的第一本著作，曾获中国社会科学院第一届优秀科研成果奖。他生前有一个庞大的研究计划：一是要撰写多卷本的《清季的洋务新政》，二是要撰写多卷本的《中国资本主义史》，三是要编辑一套《中国近代工业史资料》。其中的《清季的洋务新政》，在他完成了《中国轮船航运业的兴起》之后即着手撰写，在即将完成之时不幸积劳成疾，于1996年10月13日去世，只有此项研究的副产品——《淮军史》得以完成，于1994年由四川人民出版社出版。其他两项研究计划虽已有写作设想和许多的资料积累，但因樊先生的去世而成为憾事。

樊先生去世后，我与他的夫人谈起樊先生的后事，樊夫人说最遗憾的是《清季的洋务新政》一书，大部分已经写完，但尚未全部完成，现在人走了，书稿也就成了废物，十分痛心，希望我能把樊先生未完成的部分完成。我想，这是樊先生的遗作，我即使狗尾续貂，也难以与樊先生的思路、观点、风格保持一致，最好能把遗作整理成一个相对完整的东西出版，以反映樊先生的思想。于是我就把遗稿接了过来。按照樊先生原来的计划，《清季的洋务新政》是三卷本，约150万字。但在他去世时，书稿没有一卷是完整的，特别是第三卷欠缺较多。于是，我根据樊先生的思路及其所设计的体系结构，调整了内容，并做了一些文字和技术加工，改编成现在的两卷本，虽然不能完全保持原设计的面貌，但也能反映樊先生的基本思想，书中许多宝贵的统计资

① 樊百川：《清季的洋务新政》（全二卷），上海书店出版社，2003年。

料也是研究这一段历史的人所不可多得的。书稿编成以后,得到中国社会科学院出版基金的资助,并得到上海书店出版社的支持,使本书得以出版,樊先生如果地下有知是会感激不尽的。

我与樊先生是老少校友,又是同事师徒。1976 年,我从北京大学历史系毕业来到近代史研究所工作,选择了近代经济史的研究方向,由樊先生指导我的研究工作,我们以师徒相处。当时与我一起跟随樊先生做研究工作的还有我的同学闵杰,樊先生对我们两个的研究工作十分负责,制订了我们的研究计划,闵杰研究辛亥革命以前 10 年的经济,我研究辛亥革命以后 10 年的经济,并指定我们逐日查阅相关 10 年的数种报纸,凡有关经济的资料都做成卡片,使我找到了民国初年社会经济史和商会史研究的方向,打下了扎实的基础。樊先生还定时给我们讲课,不仅孜孜不倦地传授经济史知识,而且谆谆教导做学问的方法和精神。我记得樊先生曾这样比喻做学问的态度:"做学问有四种人:一是地方天方,即坐得住但不善思考;二是地圆天圆,即坐不住只善于思考;三是地圆天方,即坐不住又不善于思考;四是地方天圆,即坐得住且善于思考。其中第三种是最没有前途的,第四种是最有前途的,因此光有坐冷板凳的精神是不够的,还要勤于思考,善于思考。要善于思考,就要多学习理论。"当时,樊先生虽然没有明说我是哪一种人,但旁敲侧击批评我是第一种人。自此,我下定决心要做第四种人,于是有了后来的去华中师范大学攻读博士研究生之事。因此,我现在的成就要感谢樊先生的早年教诲。

附:

师情、友情的结晶——《清季的洋务新政》读后

翟清福[1]

樊百川先生遗著《清季的洋务新政》(以下简称《新政》)一书,最近由上海书店出版社出版。这部经济史专著,约 125 万字,共两卷十章,是樊百川

① 翟清福,中国社会科学院历史研究所副研究馆员,已去世。本文原载《中国社会科学院院报》2003 年 11 月 11 日。

先生的高足虞和平先生在樊老遗稿的基础上整理完成的。该书得到了中国社会科学院出版基金的资助,可以说《新政》不仅是一部中国近代经济史的科研成果,也凝聚了两代人浓浓的师情和友情。虞和平在编后记里说:"按照樊先生原来的计划,《清季的洋务新政》是三卷本,约150万字。但他去世时,书稿没有一卷是完整的,特别是第三卷欠缺较多。""樊先生有一个庞大的写作计划",除《新政》外,他还"要撰写多卷本的《中国资本主义史》","要编辑一套《中国近代工业史资料》"。《新政》是樊先生几十年辛勤浇灌的产物,为什么只是接近完成的遗稿呢?我们从樊先生自己写的专著计划里,找到了答案。在樊先生的计划里一共列出九部专著书名,并有如下记录:

"……以上各专著,资料早齐备,腹稿早形成,因集体工作限制,缺乏写作机会,故此只计写作时间。"

我们可以看出,樊先生如果从20世纪60年代开始,一部一部地按照计划写作,他庞大的写作计划是完全可以付诸实现的。因为专著的"资料早齐备,腹稿早形成"了。这段文字表明了樊先生先公后己的高尚,为集体课题牺牲了个人著书立说的机会,而集体项目用去的正是他精力最充沛、最能出成果的年华。所以樊先生的时间,只够将《新政》写到接近完成的程度。

读《新政》,看得出樊先生是一位坚持唯物史观的学者。他以马克思主义为指导,在占有大量史料的同时,运用唯物史观研究、分析历史事件和历史人物。如他对洋务派所办工业的性质进行剖析时指出:"这完全是一种自给自足的性质,与封建社会的自然经济相一致,当然谈不上什么商品生产。""机器生产之能否成为资本主义的近代工业,首要关键是看它是不是在从事商品生产。"又如因限于篇幅而未收入本书的"代序二"——《关于"洋务新政"研究中的若干问题》一文中,作者针对研究"洋务新政"中,诸如不承认世界历史的客观存在问题,以及某些人在对"洋务"一词的含义尚未弄明白的情况下就随意乱用等现象,运用马克思主义的理论进行了剖析,批评了这些错误观点和做法,指出错误产生的原因,给人们以启迪,令人信服。

《新政》立足于历史科学的角度,从经济运动自身来研究中国近代经济史,并尝试使之避免成为政治史的陪臣,这一点难能可贵。

值得一提的是,《新政》一书,较范文澜的《中国近代史》、胡绳的论著中有关"洋务运动"的内容更加翔实。范、胡二先生的有关论述,较为简略,其中不少未论及的重要内容,在《新政》中都有了较具体的交代。例如,洋务派同外国侵略者的关系问题,范著和胡著就缺乏一个发展过程的阶级分析,这容易给人以错觉,似乎洋务派一开始就不存在为维护封建统治者利益而同侵略者之间的矛盾。

《新政》的另一特点,是以资料取胜。这符合樊先生详细地占有资料,善于思考,绝不"强历史就我",忠于史料根据的一贯主张。《新政》正文中的每一件事、每一个历史人物的言行,都有据可查。书中的每一章统计表、每个附录,都有资料来源及说明。人们从书中大量的注释和附录里,可以看出樊先生是下过苦功的。众所周知,经济史专著离不开统计数字,《新政》的统计数字尤其多,那是樊先生从旧报刊、旧档案、文献中一点点检索、摘录、整理、计算出来的。

《新政》的研究方法也是科学有效的。作者尽可能多地搜集资料,经过对资料的筛选,去伪存真,去粗取精,然后将之按洋务派的产生、形成性质、分歧等,排比分类,区别其共同的东西和各别的、特殊的现象,再参证以其他资料,做出判断,指出各个阶段的特点和实质。比如,作者对洋务派思想的产生,清流派的倏兴倏败等方面的研究,首先甄别资料的真实、可靠程度,弄清事实,再通过阅读去理解和运用它,避免了主观臆断、断章取义。既一事一物地具体分析研究,又按照全局与整体,进行综合探讨。

《新政》还有一个特点,是敢于向旧我挑战,敢于修正自己的错误观点。如樊先生早年是接受"洋务运动"一词的,还为这一名词作了诠释:"洋务运动是地主阶级在外国侵略和农民革命打击下,由一部分人进行的自救运动。"他"并将此意写进郭沫若主编的《中国史稿》第 4 册有关章节中"。后来,樊先生通过深入细致的研究,发现"洋务运动"这一名词,"与文不通,与事不符,缺乏历史根据,造成许多误解,贻害于人",认为"应当改用'洋务新政'一词,以符合历史实际"。《新政》为此提出如下理由:一种运动,一是要有起因方向和目的;二是要有主动性,不断地主动向目标前进;三是一定的群众性;四是要有算得上的大的规模。洋务派四个条件都不具备,是被外国人逼的、被动的,既无规模也没有群众。因此,用"洋务新政"一词,最为适宜于概括洋务派因"洋务"而引发的向西方"借法"全部活动的科学词语了。又如:樊先生认为,许多通史、断代史书中政治、经济、文化思想方面条条块块的写法,实际只是一种政治史,而配以经济、文化思想等部分,以及以经济现象服从政治史的叙述的做法,不应该让其长此延续下去了。他主张“改变中国近代经济史只是一些近代政治史,仅居一种闰月和陪臣的地位”的做法。他指出,“这是由从历史学角度研究近代经济史之过分薄弱所造成的”。他还对某些史学工作者搬出20世纪三四十年代的旧观点当新观点进行炒作的错误做法进行了揭露。作者对一些观点和方法提出了挑战,这与樊先生耿直的性格不无关系。为了真理,他是无所畏惧的,他的专著针对性很强。

《新政》一书,因为是不完整的遗稿加工整理而成,所以留下了不少的遗憾。正如虞和平先生讲的那样:“我即使是狗尾续貂,也难以与樊先生的思路、观点、风格保持一致”,“只能把遗作整理成一个相对完整的东西出版,以反映樊先生的思想、渊博的历史知识,以及他极强的责任感”。整理《新政》,并使之得以出版,这是不幸中的万幸。因此,我们要感谢并提倡虞先生的做法,后学为前辈整理出版有学术价值的书稿,尽可能多地抢救一些可能被埋没的、集几十年心血和汗水的研究成果。

《张謇——中国早期现代化的前驱》序[①]

虞和平

张謇作为中国近代的一个非凡人物,历来颇受各方关注,也曾有过各种各样褒贬不一的评论。

早在张謇事业初成的1910年,就有附设于上海商务总会内的“华商联合会办事处”在其主办的《华商联合会报》[②]上刊登张謇的照片,名之曰“中国大实业家通州张殿撰謇”,并加评语说:“殿撰通籍后,即无意华膴,专一振兴工商农渔诸业,手创公司甚多,均有成效,若江浙渔业、通崇垦务、大达步轮、大生纱厂其尤著者,一时推为中国实业家。陈伯严吏部赠诗云:‘避世甘居廉贾下,忧时槁立野人前。’可以见殿撰之为人矣。”

该报记者雪塍接着评论道:“自托辣斯风潮起,战人国者,不以兵,多以商。中国积习轻商,业商者辄目为市井驵侩,士大夫羞称之,遂至商业堕落。农所生、工所成者,悉壅滞而不通,洋货日乘隙入,利权外漏,经济日困,民贫而世乱,国且幸存,其流毒可胜言哉。殿撰独见其大,于举世相轻之际,毅然纡苑阁之尊,而游厘市之末。使国中之人,咸晓然于商之足重,闻风而起,年来农工渔矿诸端,渐见兴举。虽时会所趋,然实殿撰提倡之力为多。殿撰家故儒素,初无厚蓄,徒以热忱毅力,号召一世。每创一公司,股本辄巨万,人鉴其诚,争相投资,集股为易,而殿撰乃得发挥经济而操胜焉。吾于此乃有感也。夫今之假公司为聚敛,而营业利害非所顾,假股票为赌博,而公司虚实非所问者,盖比比然,商业大蠹莫此为甚。吾闻殿撰凡创一业,于利害虚

① 虞和平主编:《张謇——中国早期现代化的前驱》,吉林文史出版社,2004年。本项研究得到中华爱国工程联合会张謇研究基金资助,并选入国家清史工程“清代人物丛书”。

② 1907年冬,上海商务总会、商学公会和预备立宪公会召集全国各商会代表在上海举行商法讨论会,会上提出设立全国商会的联合组织——华商联合会,委托上海商务总会负责筹备工作,并设立“华商联合会办事处”。该办事处于1909年3月创办《华商联合报》,1910年2月改称《华商联合会报》,可谓是当时在全国工商界中最有影响的刊物。

实之间，必预算精审，求夫稳妥而行之。故亿则屡中，附股者得岁取赢息，欣然色喜，而殿撰家业，且亦隆隆起也。昔史迁传货殖，陶朱、白圭之徒，辄侈然述之，以视殿撰殆过之矣。余颇欲叙述晚近商界巨子，作新货殖列传，若殿撰者，盖吾书中之重要人物也，不可谓难欤。”[①]《华商联合会报》的这一评论，高度评价了张謇考中状元后离官场而去办工厂、开农场的旷古之举，称赞其为了救国救民而敢于改变重官轻商传统观念的表率作用。

中国近代的著名学者胡适，在张謇去世不久的 1929 年也有过这样的评论："张季直（即张謇）先生在近代中国是一个很伟大的失败的英雄，这是谁都不能否认的。他独力开辟了无数新路，做了三十年的开路先锋，养活了几百万人，造福于一方，而影响及于全国。终于因为他开辟的路子太多，担负的事业过于伟大，他不能不抱着许多未完成的志愿而死。这样的一个人，是值得一部以至于许多部详细传记的。”[②]

中华人民共和国的第一位领袖毛泽东，则在 1956 年时指出："讲到中国的民族工业，有四个人不能忘记：讲到重工业，不能忘记张之洞；讲到轻工业，不能忘记张謇；讲到化学工业，不能忘记范旭东；讲到交通运输业，不能忘记卢作孚。”[③]这肯定了张謇在民族轻工业发展史中的贡献和地位。

上述各种评论都限于张謇的经济和社会事业方面，多持赞扬和肯定的评价，尤其称赞其对当时当地的经济和社会发展的倡导和开拓作用。此后，随着中国近代史研究的深入和开拓，对张謇的研究也逐渐扩展到各个领域，并受政治时势的影响，评判标准趋向多元化和复杂化，评价的论调日益显得褒贬不一。对张謇的经济和社会活动及其业绩，在肯定其某些客观进步意义的同时，更多的是批判其企业经营管理中的封建主义、家族主义、不懂经济，农商总长任上的无所作为；对张謇的政治活动，除少数论著对其“改良主义”的进步性和保守性及其由主张立宪向支持共和的转变，采取一分为二的方法进行实事求是的分析评论之外，大多采取一味批判其坚持君主立宪、反对共和革命的保守性和反动性。

---

① 《华商联合会报》第 4 期，1910 年 4 月，“海内外图画影片”。

② 张孝若：《南通张季直先生传记》“胡序”，中华书局，1930 年，第 3 页。

③ 《张敬礼同志谈话记录》，张季直先生事业编纂处编：《大生纺织公司年鉴》，江苏人民出版社，1998 年，第 407 页。

之所以出现这种褒贬不一的评论,除受时代、论者的不同视角和不同见解的影响之外,从张謇这个研究对象来说,则主要在于他是近代中国开始由传统社会向现代社会转型中的过渡性前驱人物,也就是本书所说的"中国早期现代化的前驱"。张謇作为一个中国早期现代化的前驱,在他的身上,既有现代社会的元素,又有传统社会的烙印;从他的言行中,既可以看到许多发人所未发、做人所未做的革新开拓之处,也可以看到一些改末保本、循序渐进的因循守旧之处;在他的社会实践中,既取得过成功的业绩,也免不了失败的悲剧。因此,张謇不是一个易于认识的历史人物,如果从不同角度和不同层次出发,就会得出不同的评论。

对于历史人物的评论,最重要的是要用历史的尺度,把他放到当时的历史阶段和历史环境中加以考察;要把握他最主要的历史贡献和影响,并以此界定其在历史发展过程中的地位和作用;要总结他最有现实价值的经验教训。从这一点出发,本书认为张謇可以称得上是一位"中国早期现代化的前驱",值得以此为主题进行深入全面的研究,力求给张謇以实事求是的评论和应有的历史地位。所以说张謇是中国早期现代化的前驱,其理由至少有下述四点:

第一,顺应和推进了中国早期现代化的进程。张謇是19世纪晚期和20世纪初期中国社会急剧转型时期的一个身兼多种角色的人物。19世纪晚期和20世纪初期,中国遭受了甲午中日战争和庚子八国联军侵华战争的失败,割地赔款达于极点,外国资本迅速扩张,半殖民地社会由此定型;同时,中国的爱国志士和人民群众,在屈辱中奋起,发生了戊戌维新、清末立宪、辛亥革命、五四运动等政治和文化改革运动,提出了"实业救国""教育救国"等求富图强主张,兴起了民营资本主义工商业、改造传统农业和开办新式学校的潮流,使中国的政治制度、经济成分、教育事业和社会生活向着资本主义现代化的方向转变,在洋务运动中开始萌发的以发展资本主义和争取国家富强为主体取向的中国早期现代化由此逐渐启动和推广。张謇可谓是这些爱国志士中颇具代表性的一员,在清末民初的重大政治、经济和社会变革中,每每可以看到他的身影。他同情和参与过戊戌维新运动;策划和支持过立宪运动;组建和领导了江苏咨议局,并使之成为全国的典范;当资产阶级革命高潮来临之时,他从主张立宪而转向拥护共和;在袁世凯复辟帝制之时,他不念旧交而毅然离去,坚决反对复辟帝制,从而表现了对时代潮流的顺应。他不仅自己提出过一系列的改革主张,而且向朝廷大员出谋划策,甚至代拟改革奏章,在一定程度上促进了清政府的新政改革。他为了救国济民,在摘取状元桂冠之后,决然弃官从商,力图走"实业救国"之路,成为中国最早的儒商,为改变千年沿袭的重官轻商旧观念开风气之先。

第二,张謇提出了不少具有现代化意义的思想创见。他在清末民初投身各种改革活动和担任民国北京政府农商总长的同时,提出过"实业救国""教育救国"和"棉铁主义""开放主义""民办官助""村落主义"等思想和主张。他的"实业救国"和"教育救国"思想产生于甲午战争时期,他是这两种思想的最早和最主要的倡导者之一。他早在1895年,就在为张之洞代拟的《代鄂督条陈立国自强疏》中,比较系统地阐明了这两种思想,提出了加强国防、广开新学、提倡商务、讲求工艺等建议,尤其强调了发展实业和教育对救国图强的重要性。他指出:面对列强即将汹涌而来的经济扩张,中国最好的抵御办法是采用保护政策,设立公司,尽快发展资本主义工商实业,抵制洋货倾销;而要发展工商实业,就必须要发展新式教育,培养各种实业人才,并把教育和工业置于致国富强的首要地位。他明确地指出:"人皆知外洋各国之强由于兵,而不知外洋之强由于学";"世人皆言外洋以商务立国,此皮毛之论也。不知外洋富民强国之本实在于工"。[①] 后来逐渐形成其著名的"父教育而母实业"的救国思想。其"棉铁主义""开放主义"和"民办官助"的思想,在清末时已开始产生,到出任民国北京政府农商总长时形成为比较系统的思想理论,并将其作为自己的施政纲领而提出,从而在国家政策层面上第一次把民生国计所必须的棉纺织工业和矿冶工业作为重点和突破产业;更加全面系统地提出自主引进外资的方针和方法;明确提出把官营一般民用企业改为民营,并把保护和扶植民营工商业的发展作为国家工商行政部门的主要职责。他的"村落主义",可以说是他在家乡的经济和教育活动与时并发的,到20世纪以后逐渐形成了比较系统的地方自治理念,在近代中国的地方自治思想库中,不仅在时间上处于领先的地位,而且在内容上最为完整。张謇的地方自治理念,融实业开发、教育建设、慈善设施、公益事业、城市建设于一体,他曾明确指出:"查地方自治,以进增社会之能力,弥补人民

① 张謇:《代鄂督条陈立国自强疏》,曹从坡等编:《张謇全集》第1卷,江苏古籍出版社,1994年,第29~41页。

之缺憾为其职志。而进行之事业,属于积极之充实者,最要为教育;属于消极之救济者,最要为慈善。教育发展,则能率于以增进;慈善之周遍,则缺憾于以弥补。"[①]"地方自治条理甚繁,当以实业、教育为先务。"[②]旨在充分利用地方资源,广泛动员地方力量,有部署有计划地建设好地方,而不是后来20世纪20年代的一些地方势力和军阀官僚所热衷的以与中央政府分权为主要目的的地方自治,因而具有比较典型的区域现代化意义。张謇所提出的这些思想和主张虽然不能直接解决中国现代化的根本问题——独立、自主、民主和统一,因而也不能说是近代中国寻求现代化的正确道路,但它作为近代中国现代化建设的具体方法,则不能不令人赞叹,也反映了近代中国先进人士探求现代化道路的步履足迹。

第三,张謇做了许多开创性的现代化事业,在中国的早期现代化进程中处于先导的地位。他进行过各种开创性的经济建设活动,如以成功创办大生纱厂而刷新和推进了中国近代企业的股份制,创办了近代中国最早的大型农垦公司,创建了近代中国最早的企业集团,从而形成了"大生模式",较好地解决了官与商的关系。他创建和开设了一系列的新式教育和文化事业,诸如师范学校、纺织学校、盲哑学校、博物馆、刺绣艺术馆、新式剧院等。他开拓和推进了许多公益和慈善事业,如体育场、公园、幼儿园、养老院等。他还是中国近代社会团体的最早倡导者和实践者之一,如最早倡议设立商会和农会,组建和参与了预备立宪公会、江苏教育会、中央教育会、通州教育研究会、劝业研究会、盐政研究会、华商纱厂联合会等清末民初的政治、教育和经济社团。

第四,张謇较好地实现了传统与现代的历史性统一,突出地体现了中国早期现代化的转型特点。他的一生经历过晚清状元、改革思想家、资本主义企业家、新式教育家、公益活动家和政府官员的职业生涯,而且把各种角色及其资源融为一体,把一些传统思想运用于自己的各项建设事业之中,并取得了较好的社会效益。他创办各种企业虽然离不开赢利,但其最终目的不

---

① 张謇:《为教养公积社备案事致南通县长书》,杨立强等编:《张謇存稿》,上海人民出版社,1987年,第612页。

② 张謇:《对于东台欢迎答词》,曹从坡等编:《张謇全集》第4卷,江苏古籍出版社,1994年,第426~427页。

在于赢利，而是为了利国福民，并把经营企业的赢利所得大量投资于教育和公共福利事业，充分发挥了“以天下为己任”的传统思想。如在创办他的第一个企业大生纱厂时，所以名之为“大生”，即取儒家所谓的“‘天地之大德曰生’的涵义”①，并以“衣被所及遍我东南”自勉②，后来在创办通海垦牧公司时，“亦不离此宗旨”。其最终目的是为了“没有饭吃的人，要他有饭吃，生活困苦的，使他能够逐渐提高”，从而尽到“儒者应尽的本分”。③ 在从事地方自治事业时，所确立的出发点和目标是：“盖犹以孔子富而教之之义，使地方无不士、不农、不工、不商之人。”④

由此可见，张謇的经历和言行既反映了这一时代的剧变，也表现了他个人的现代化素质和贡献。而且以其取得非凡业绩的大实业家风范，改革资本主义经济政策和法制体系的途径，组建和参与多种社会团体活动的渠道，首创全国模范县的榜样，对时代的变迁产生了不可忽视的影响，更为地方和国家的发展做出了不可磨灭的贡献。当然，在半殖民地半封建的近代中国，张謇作为早期现代化的一个前驱，他的言行之中也不可避免地存在着时代、阶级和认识的局限，如他所主张和实践的“实业救国”“教育救国”、社会改良并不能救中国，也不能使中国实现现代化，这已被近代历史所证实，也正是其前驱性的一种表现。总结其正反两方面的经验教训，可以为当今中国的现代化建设提供颇有价值的借鉴之处。

本书在借鉴和吸收现有研究成果的基础上，围绕所设定的主题，着重论述张謇的具有现代化意义的言行及其所具有的历史地位和影响，力求对张謇研究做出新的贡献。如张謇的现代化思想和活动中所体现的内在的传统文化与现代化的关系；张謇的现代化思想的渊源及其特点；张謇的企业经营模式及其在近代中国企业制度变革中的价值；张謇在担任农商总长时期的管理机构和经济制度改革及其对政府职能转变和资本主义经济秩序建设的影响；张謇对社会团体的参与和支持及其所具有的现代化社会的动员作用；张謇的地方自治活动及其特点和所体现的区域现代化意义。同时，也要总

---

① 刘厚生：《张謇传记》，上海书店，1985 年影印本，第 252 页。

② 《南通纺织史图录》编辑部编：《南通纺织史图录》，南京大学出版社，1987 年，第 30 页。

③ 刘厚生：《张謇传记》，上海书店，1985 年影印本，第 252 页。

④ 张謇：《对于东台欢迎答词》，曹从坡等编：《张謇全集》第 4 卷，江苏古籍出版社，1994 年，第 427 页。

结张謇为实现中国早期现代化而努力过程中的成败得失和经验教训,为当前我国的现代化建设提供借鉴。

本书的内容结构,按照张謇的言行和业绩所具有的各种现代化价值,分类设计章节,以突显主题。全书分为三个层次、九个方面撰写。第一个层次论述张謇自身的现代化素质,内中包括第一和第二章,分别论述张謇个人的潜在现代化素质及其养成过程,他的现代化思想及其特点;第二个层次论述张謇个人的现代化事业及其历史意义,内中包括第三章至第六章,分别考察张謇所从事的"大生"企业集团、盐业和盐政改革活动、各种教育活动和民主政治活动;第三个层次论述张謇对社会乃至国家的现代化进程的贡献和影响,内中包括第七章至第九章,分别剖析他担任农商总长时期的经济体制改革业绩和贡献,参与和领导各种社团现代化活动的情况及其所产生的社会动员作用,对南通地区现代化建设的贡献及其所具有的区域现代化模式意义。

本书的撰写工作得到了中华爱国工程联合会张謇研究基金的资助,得到了中华全国工商业联合会副主席张绪武先生的支持,得到了我的恩师华中师范大学教授章开沅先生的指导。书稿编写完成之后,正在寻求出版之际,承蒙李文海先生的赏识和推荐,经几位专家审读并提出修改意见,使书稿臻于完善,荣列"国家清史编纂委员会·研究丛刊"之一。对他们的支持和关心,谨此表示衷心的感谢。

本书虽由我负设计、主编和统稿之责,但主要依靠多位学者的共同努力才得以完成。各章节的撰稿者分别为:

序:虞和平(中国社会科学院近代史研究所研究员)

前言、第一章:章开沅(华中师范大学教授)

第二章:朱英(华中师范大学教授)

田桐(华中师范大学副教授)

第三章:第一、二节,林刚(中国社会科学院经济研究所研究员)

第三节至第五节,陈争平(中国社会科学院经济研究所研究员)

第四章:邱涛(中国社会科学院近代史研究所助理研究员)

曾凡英(四川师范大学副教授)

第五章:马勇(中国社会科学院近代史研究所研究员)

第六章:第一节,苑书义(河北师范大学教授)

第二节至第五节,侯宜杰(中国社会科学院近代史研究所研究员)
第七章:虞和平(中国社会科学院近代史研究所研究员)
第八章:第一节,马勇(中国社会科学院近代史研究所研究员)
第二节,马敏(华中师范大学教授)
第三节,虞和平(中国社会科学院近代史研究所研究员)
第九章:王奇生(中国社会科学院近代史研究所研究员)
结语:虞和平(中国社会科学院近代史研究所研究员)

2004 年 3 月 6 日于中国社会科学院近代史研究所

《中国民间组织年志》前言[①]

虞和平

眼前的这本《中国民间组织年志》,是关于中国民间组织和活动状况的第一本年志。所谓年志,应该是一年之志,也就是中国民间组织在某一年中各种相关情况的记录。但是,由于眼前的这本年志是第一本年志,所以它不仅有当年的内容,还有回顾中华人民共和国成立以来民间组织发展过程和相关的文献资料,有助于读者比较完整地了解中华人民共和国的民间组织发展过程。因此,眼前的这本年志是中国民间组织发展的产物和事实写照,是参加民间组织活动和关心民间组织建设的人们值得一读的书籍,也是管理民间组织和研究民间组织的人们值得利用的一种参考资料。在中国民间组织建设和民间组织研究中颇具意义。

民间组织这一概念,目前我国官方将之界定为包含三个方面内容的民间非营利机构,即社会团体、基金会和民办非企业单位。而中华人民共和国成立以来,最早纳入国家行政管理体系的,仅仅是社会团体(以下简称为社团),所以它在本书当中占有较大比重,笔者也想就此发些议论。

社团是随着人们的社会活动和社会生活的丰富发展而产生发展起来的,中国的社团自古以来就有之,经过了古代、近代和当代三个大的发展阶段。

在1840年之前,中国的社团虽已达到相当的数量和规模,也有不少社团的组织体系已达到比较完善的程度,如行会和秘密结社之类的社团,但是在组织和活动方式上,在功能作用上,始终没有超越传统社团的范畴。

1840年之后到1949年之前,受在华外国人所设社团的影响和本国资本主义发展的带动,一些传统的社团除在组织上进一步扩大和完善外,其他方面也逐渐向现代性方向转化;新生的具有现代性的社团也不断大量涌现。

---

① 古俊贤、潘继生主编:《中国民间组织年志》,中国社会出版社,2005年。

也就是说,自1840年之后尽管仍然有一些传统性社团存在,但是现代性社团已逐渐成为主体。这一时期的现代性社团是在资本主义的社会环境下产生和发展的,程度不同地带有资本主义的社会性质。如大多数社团以私有制和私人利益为基础,因而使其成员的私人利益追求性较强,社团成员利益维护的意识和功能较强,参政意识和作用大多限于经济方面,与政府的对抗性较强,组织的随意性较大。但是,值得特别注意的是,在这一时期中,1919—1949年是社会主义性现代社团的创始阶段,随着中国共产党的成立及其领导的革命斗争的展开,由中国共产党领导的和革命根据地内的社团逐渐产生和发展起来,它们具有较强的革命动员性质,为中华人民共和国成立以后社团的发展打下了基础。

1949年之后至今,社团的现代性进一步加强,而且随着中国的社会制度由资本主义转入社会主义,社团被赋予社会主义的性质。其主要特征是:社团的基础转向以公有制和公共利益为主;成员的国家和集体利益维护观念加强,而私人利益的追求相对弱化;社团的利益维护目标中个人成员的分量减少,国家和集体的分量增加;社团的参政地位有所提高,尤其以工会、青年团、妇联等的特殊法人社团为突出;社团与政府的对抗性基本消失,转而成为党和政府的参谋与助手;社团组织的随意性减弱。在这一时期中,1949年至1979年是社会主义性现代社团的初期发展阶段,一方面是在革命时期已经出现的社会主义性现代社团趋于完善,另一方面是一些资本主义性现代社团改造为社会主义性现代社团;但是,在反右派斗争和"文化大革命"期间社团的发展和活动一度停滞和受挫。1980年以后是社会主义性现代社团的繁荣发展阶段,不仅原有的社团得以恢复和进一步发展,而且随着改革开放政策的进展,各种社团大量涌现,使中国的社团呈现出一派欣欣向荣的面貌,并开始走上规范化发展的道路。中国社团在这一发展过程中的经验教训是值得我们认真总结和吸取的。

社会团体是人们在社会活动和社会生活中自愿结成的社会组织,也可称为民间组织。它介于国家的政府组织和人民的自然组织(如家庭、宗族、社区等)之间,是构建现代社会的一个中介环节,具有重要的社会整合功能,它的发展状况是社会发展程度的一个重要标志。从理论上来说,社会团体一般都应具有这样几种基本功能:

第一,社会团体是一种目标认同作用和社会动员作用体系,具有对其成员的思想和行动的导向功能。社团由分散的众多个人在某一共同目标下自愿结合而组成,从而通过组织整合而起到社会动员的作用。团体的普及率越高,构成面越宽,涵盖面越广,规模越大,成员越多,那么其所形成的认同面也就越大,社会整合范围越广,其所起到的社会动员作用也就越大。每一个团体都有明确的宗旨,要求全体加入者承认其宗旨,并为之工作。这就使得加入团体的人们,尽管各有各的私下打算,但对自己所加入的团体都有一定的宗旨认同,并不得不承担一定的义务,或为达到个人的目的而去尽团体的义务,从而使成员有了自觉维护团体利益的行为准则和自我约束力即社团自律,由此形成团体内部的统一思想和协作行动。这种统一和协作的过程也就是广大成员受团体宗旨引导和取得认同的结果。而且,每一个团体为了扩大自己的规模,都要向社会广泛地宣传自己的宗旨,力图使自己的宗旨获得更多更广泛的社会认同,动员更多的社会人士加入自己的组织。

第二,社会团体又是一种利益集团,它能把集团的总体利益和成员的个人利益融于一体,在带领成员努力实现总体利益的同时,也能保护、帮助和促进其成员实现个人利益,这也就是社团的维权功能。因此,团体特别是一些办得较为成功的团体,对成员具有较大的吸引力和号召力,能把许多利益相关的人士聚集到自己的旗帜之下。尤其是那些功利性和服务性较强的团体,由于它们的活动宗旨往往能直接给成员带来实际利益,因而在利益关系上对其成员具有更大的吸引力和号召力。

第三,社会团体也是一种互动作用体系,具有互相促进、共同提高的功能。团体往往由多种阶层和层次的人员组成,并由上层精英人物掌握领导权。这不同阶层和层次的人共处于一个团体之中,互相之间必然要发生程度不同的影响和协作。其结果必将是掌握领导权而又具有较高知识水平和较宽视野的上层精英人物去影响和带动较低层次的成员,使之改变乃至放弃原有的评判标准,从而提高思想认识水平,改善行为方式和扩大活动范围。团体的这种互动作用不仅发挥于团体的内部,而且还可发挥于团体的外部。一般地说,团体与团体之间,往往存在着互相竞争、攀比和对抗关系,尤其是一些同类性团体显得更为突出。因此,当某一团体产生,或采用先进而有效的组织和活动方式时,往往会有同类的其他团体产生,或采用相似的组织和活动方式。这种团体内部和团体之间的互动作用,既有利于团体成员目标认同水平和行为水平的提高,也促进了团体的组织普及。

第四,社会团体还是一种社会中介组织,具有沟通社会与政府信息联系的中介功能。一般来说,社团都拥有广大的会员,大多又为法人社团,负有贯彻执行政府各项相关政策和法令的义务,也具有向政府反映社会各界要求的权利和能力。社团的这种组织及其所具有的义务和权利,使它能够起到上情下传和下情上达的辅助作用,成为联系社会各界与政府的中介。如政府可以通过社团向社会各界贯彻政策、法令和各种措施,并吸收社会各界的意见和建议;社会各界可以通过社团更好地接受政府的政策和法令的指导,并向政府提出意见和建议,乃至派出代表直接与政府有关部门协商和参与相关政策、法令的制定。社团的这种中介功能,有利于沟通政府与社会各界之间的信息联系,从而增强政府政策法令制定的科学性和执行的可行性;也能使社会各界在政府的正确指导下取得更快更好的发展,形成上下一致为国家的现代化建设事业而共同奋斗的局面。

当前,随着我国社会主义现代化建设和市场经济建设的快速发展,社会结构趋于多元化,社团也迎来了蓬勃发展的大好时机,在党和国家的社团政策指导下,做好社团建设和管理工作,使之充分发挥功能作用,更好地促进社会整合,更好地为社会主义现代化建设服务,无疑是一件非常重要的事情。

对当前和今后的社会团体建设来说,总结社团发展过程的历史经验和教训是不可忽视的,这就需要有对社团历史和现状的研究。对中国社团史的学术研究是由外国人开其首的。大约在19世纪末20世纪初,就有少量的西方人士在对中国社会作考察时,注意到了中国的社团组织,在社会调查的基础上作了一些初步的研究。当时的调查研究对象主要限于工商行会组织,有少量的调查报告和研究性论著问世。其中学术研究性较强的有马高温的论文《中国的行会、商会和贸易团体》(Macgowan, *Chinese Gilds or Chambers of Commerce and Trades Unions*, Journal of the North China Branch of the Royal Asiatic Society, 1888-1889)、马士的专著《中国公行考》(H.B.Morse, *The Gilds of China*, 1909)。当时也正是西方国家的第一次社团史研究高潮兴起之后,这也可能是这些西方人士开始研究中国社团的一个国际学术背景。

中国人对中国社团史的研究大约兴起于20世纪初,到二三十年代有初步发展。研究范围主要集中于秘密会党和工商行会,研究的内容以社团的史实考察和现象陈述为主。当时的主要著作有陶成章的《会党原始》《教会原流考》(载《浙案纪略》,1916 年)、文宙的《中国新旧秘密结社》(载《东方杂志》,1927 年 8 月)、全汉升的《中国行会制度史》(1934 年)。到 40 年代,会党史研究比较兴盛,出版了许多资料性和记述性的书籍。

中华人民共和国成立以后的前 30 年内,中国的社团史研究有所进展,但研究范围仍较窄,主要集中于某些秘密会党、少数革命团体和工商行会。研究的角度大多是从研究农民起义和资产阶级革命的组织状况出发的,尤其在太平天国起义、义和团运动和辛亥革命的研究中涉及较多,带有较多的政治革命史属性,而缺少社团史的特色。在研究的对象上,研究较多的是一些规模较大的秘密会党,地区性的会党和少数主要的革命团体则较少研究。在工商行会的研究上,主要的成果是整理出版了几种资料集,论著很少,且多从封建生产关系和经济制度的角度进行研究,很少有社团史的特色。

1980 年以后,中国的社团史研究逐渐兴盛起来。就研究的范围而言,从原来的会党、行会和革命团体扩大到商会、农会、工会、商帮、同乡会、同业公会、各种经济团体、文化团体、教育团体、市民团体、少数民族团体等。就研究的程度而言,已从个别社团研究发展到某类社团的系统性、综合性研究。如蔡少卿的《中国近代会党史研究》(1987 年),贾植芳的《中国现代文学社团流派》(1989 年),朱英的《辛亥革命时期新式商人社团研究》(1991 年),虞和平的《商会与中国早期现代化》(1993 年),周育民和邵雍合著的《中国帮会史》(1993 年),桑兵的《清末新知识界的社团与活动》(1995 年),孙子梅的《南社研究》(2003 年),朱英、马敏等合著的《近代中国同业公会研究与当代行业协会》(2004 年),张剑的《科学社团在近代中国的命运——以中国科学社为中心》,均属此类著作。就研究的视角和方法而言,有些著作已具有较强的社团史特色。如在会党史研究中,已把会党作为一种社会组织和力量来分析,较多地论述了会党的形成、流变、组织结构及其社会功能和作用,也着意于探讨会党与当时当地社会的相互关系。在商会史研究中,已从一般的产生发展过程论述和官办或商办性质之争,进入到商会的社会属性、角色地位、组织结构、功能作用及其与政府之间的互动关系等深层问题。在行会史和同业公会史研究中,已开始探讨行会和同业公会的组织状况、与商会之间的组织关系、结构和功能的现代化过程,及其在中国早期现代化进程中所发挥的具体作用。

目前,中国的社团史研究,虽然在某些领域已达到相当深入的程度,但有待于进一步的深入和开拓。在研究方法上缺少相应新方法的运用,大多数论著仍采用传统的史学研究方法,以社团历史现象的陈述为主,不能充分显示出社团史的学科特色意义;在研究领域上还存在许多欠缺,如体育团体、农村社团、在华外国人社团、华侨社团、基金会等几乎没有研究,慈善团体、市民社团、少数民族社团等也很少研究,尤其是对改革开放以来新兴起的民办非企业单位的研究更显薄弱,尽管其作为民间组织的一个重要组成部分,近年来愈来愈受到社会的关注,但在其理论研究方面,与社团的研究相比,则很少有人涉足。

我相信《中国民间组织年志》的问世,也将对中国民间组织史研究的发展起到一定的促进作用。

我之所以会写这一小篇文字充作这本年志的前言,只是由于我与这本年志的主编古俊贤先生曾经有过的合作关系。约 10 年之前,我应民政部社团司的邀请,参与了该司所直接指导的中国社团研究会编写的《中国社团发展史》(由当代中国出版社于 2001 年出版)的编撰,除负责该书的文字编写和部分组稿工作之外,还为该书撰写了 20 万字左右的绪论和近代部分某些章节。此书编写完成以后,没能及时定稿和出版,后来由于主编古俊贤先生的努力才得以出版。此次,古俊贤先生又负责主编《中国民间组织年志》,约我写一前言,情意难却,勉从其命。这一篇名为"前言"的文字,只不过是我在读了这本年志书稿后的一个简单的感言,不妥之处敬请编者和广大读者批评指正。

2005 年 5 月 16 日于中国社会科学院近代史研究所

“中国商人谋略坊”丛书总序

虞和平

“中国商人谋略坊”丛书的第一批四本著作终于和读者见面了，它们是《话说徽商》《话说晋商》《话说京商》《话说津商》①。本丛书的策划者兼责任编辑寿乐英女士，在开始筹划这套丛书时就与我探讨过它的主体内容和布局结构，现在又读了这第一批出版的四本书，觉得其含义所在是欲将中国近代(有的商帮上溯到明清时期)各地各业商人的经营之道、处世之理总结出来，形之于书，传之于世，继之于今。正如寿乐英女士在丛书编后记中所说：“这套丛书讲述的是近代中国各地商人的传奇故事，展现的是异彩纷呈、悲喜交织的商战大戏。丛书名中的谋略是广义的谋略，不仅包括经营的谋略，更包括人生的大方略、大智慧。”中国商人的经营之道和处世之理，也可以说是一种商业或商人文化，因此，从本丛书所设定的范围和涵盖的内容来看，它是一套关于中国近代商业文化研究的丛书。

从本丛书的设计和现出版的四本书来看，其所研究的商业文化的载体，不是分散的一个一个的商人，而是不同地区的商人群体，这种以商人群体为载体的近代商业文化，或可称为商帮商业文化，是近年来近代社会经济史研究中的一个新兴领域。已有的这一研究，主要是与商帮、商会、行会、同业公会等商人团体的研究结合在一起进行的。有关的研究成果，既有单个群体的研究，如徽商、晋商、宁波帮、广东帮、上海商会、苏州商会、天津商会、上海银行公会、上海钱业公会等的研究，也有各类别群体的综合性研究，如商帮、商会、行会、同业公会都已有这种综合性的研究。本丛书虽然与这些已有的商人群体研究有一定的渊源，但更有它的特色所在和独到之处。

① 中华工商联合出版社，2006 年 6 月。此后陆续出版，2007 年 7 月出版《话说沪商》《话说川商》，2008 年 1 月、2 月和 4 月出版《话说粤商》《话说浙商》和《话说汉商》，2009 年 4 月出版《话说海外华商》，2011 年 11 月出版《话说苏商》。

第一,开创了对近代商帮商业文化的专项研究。以往的商帮商业文化研究,主要从作为其载体的商人群体的研究出发,其着眼点主要在于群体的组织方面,只是在考察组织的经济功能和活动时不同程度地涉及了商业文化。本丛书则与之相反,以商业文化为研究主体,只是把各种商人群体作为考察的一个范围和载体。因此,能够对商帮商业文化进行更为全面、深入、具体、生动的研究,如其内容的构成,每一个商帮都从九个方面加以论述,每一个方面再分为九种表现,既有某一方面的总体抽象概括,又有某一个案的具体事例考察。

第二,扩展了以商人群体为载体的商业文化的研究范围。中国自明清以来产生了不少地域性的商帮,并延至近代。其中比较突出的如徽州商帮、山西商帮、广东商帮、宁波商帮、陕西商帮、山东商帮、福建商帮、洞庭商帮(江苏)、江右商帮、龙游商帮等,有所谓"十大商帮"之称,它们也是以往商帮商业文化研究的主要对象,尤以前四个商帮的研究较多。本丛书除了对这些商帮所承载的商业文化进行研究,还对某一城市全体商人所承载的商业文化进行研究。一个城市的商人包含着众多的商帮,特别是像本丛书已经涉及的天津、北京,以及尚未涉及的上海、武汉等工商业大城市,几乎所有的商帮都涉足其中。因此,以一个城市全体商人为载体的商业文化研究,不仅要提炼出这一城市特有的商业文化,而且必须包含融合于这一城市中的各种商帮商业文化,还应考察这两者之间的关系,即一个城市的商业文化是如何融合各种商帮商业文化的,各种商帮商业文化又是如何塑造城市商业文化的,本丛书中的有关某一城市商人所承载的商业文化研究,在这方面也做出值得注意的探索。

第三,揭示了各商帮、各地域商业文化的特点。各商帮商业文化和城市商业文化,既以不同商帮和不同城市的商人为载体,就必然有各自不同的特点。这个特点,至少应包括三个方面:一是地域特点。由于不同的商帮产生于不同的地区,因而就会带有其原生地的地理、文化和经济的烙印;不同城市的商人也会带有其所在城市的地理、文化和经济的烙印。二是行业特点。不同商帮往往有不同的主营行业,如徽商之于盐业、海上贸易,晋商之于票号业、边境贸易,粤商之于外贸商业,宁波商之于运输业、钱庄业,津商之于外贸商业、工矿业,京商之于娱乐商业、文化商业,因而就会有不同的经营之道和处世之理。三是时代特点。不同的商帮繁盛于不同的时代,如徽商繁盛于明清,晋商繁盛于清代中期,粤商繁盛于晚清,宁波商繁盛于晚清和民国;即使是同一个商帮也会经历不同的历史时期,因此处于不同时期的商帮,其特点也应该会有程度不同的变化,体现出传统商业文化与近代商业文化之间的继承、演变和发展关系。考察和探讨各商帮商业文化的这些特点,可以说是商帮商业文化研究的重点和难点所在,也是其亮点所在,只有抓住和突出了这些特点,才能显示出商帮商业文化的丰富多彩和整体面貌。本丛书已注意到了这一问题,并在一定程度上体现了这些特点。

第四,显示了各商帮、各地域商业文化的丰富内涵。各商帮商业文化和城市商业文化,无论它以哪个商帮或城市商人为载体,作为一种商业文化,都有一些最基本的共同内涵,如诚实守信、开拓进取、乡族观念等,但也会因其承载体的不同而存在不同的具体做法,各有各的行为准则和奇招妙法。同时,各商帮在对资金的运筹、对利润的支配,与官方的联系、与外商的关系,协调同行的措施、选用人员的办法,招徕客户的方式、拓展业务的途径等经营之道方面,也有各自不同的观念和做法。本丛书在这一方面着力甚多,力图反映不同商帮和不同城市商人所承载的不同的商业文化、不同的地域社会历史文化禀赋、不同的经商智慧和经验积累。

与上述四点的主要理论贡献相应,本丛书在论述中还列举了大量的实例和资料。这些实例和史料所涉及的范围包括某一商帮、某一商人家族、某一商业行业、某一商业部门和单位、某个杰出商人,也包涵着各地风土人情、各行商业制度、各种经商理念、各种职业道德,以及多方征集所得的各地各业的商业谚语和各种历史图片。有了这些实例和史料,既使本丛书所提出的理论观点建立在大量的实证研究之上,也给相关商业文化的进一步研究提供了不少可资利用的史料。

这种自明清以来延及近代的商帮商业文化或城市商业文化,是那个时代商业经济发展的产物,也是各商帮和城市商人在激烈的商场竞争中逐渐摸索出来的成功经验,它既具有一般商业理论的普遍意义,也各具自己的国情和地域特点,是中国传统优秀文化中的一块瑰宝。改革开放以来,随着我国商品经济和市场经济的发展和繁荣,随着国内和国际经济竞争的日益激烈,来自各地域和城市的商人群体重现商场,各展风采。因此,对这些传统商业文化作系统的整理、总结和提炼,既具有对传统商业文化的内容和精神进行深入发掘和全面积累的学术意义,也具有为当今商人群体的健康发展和事业成功提供历史借鉴的现实价值,是一项很值得做的事情。

总而言之,本丛书内容丰富,深入浅出,史论结合,风格活泼,体现了商业文化与传统文化、地域文化的兼容并蓄,包含着经济与文化的联姻,历史对现实的观照。希望包括商人、学生、教师、学者在内的各类读者,能够从中汲取自己所需要的知识营养。

2005 年 12 月 19 日于中国社会科学院近代史研究所

《〈中国近代社会史研究集刊〉第一辑：近代中国的城市与乡村》序[1]

虞和平

近年来，社会史研究已成为国内外史学研究中的一个热门学科和新的生长点，发展迅速，成果辉煌，人才辈出；研究方法多种多样，研究领域广泛多层，形成了许多各具特色优势的社会史研究群体。

与国内外的史学界一样，中国社会科学院近代史研究所也十分重视社会史这一新兴学科。在20年之前，近代史研究所就提出要重视和开展社会史研究，建设和发展社会史学科。在这一段时间中，近代史研究所的社会史学科取得了长足的进步，已形成了一支有较强研究能力的队伍和一个有较多学术生气的学科，出版和发表了一批颇有影响的研究成果，研究的领域已涉及人口史、社会组织史、社会文化史、社会经济史、社会生活史、社会思潮史、宗教史、灾荒和灾荒救济史等。在此基础上，于2005年8月成立了"近代史研究所中国近代社会史研究中心"，旨在整合本所的社会史研究力量，使之逐步成长为本所的一个新的优势学科；搭建一个学术活动的平台，进一步推进与国内外社会史学界的交流与合作，为社会史学科的继续繁荣和发展做出我们应有的贡献。

社会史研究方兴未艾，前途广阔。社会史研究虽已取得了丰硕的成果，但仍有诸多问题需要我们继续深入探讨。特别是关于社会史的理论和方法、社会史的范畴和体系、社会史的内容和结构等有关社会史学科建设的基本问题，尚存在着不少疑惑之处。也有诸多的领域期待着我们去做进一步的开发，如人口史研究中的人口社会结构问题，社会组织史研究中的在华外人团体问题、海外华人团体问题、自由职业者团体问题，社会经济史研究中

---

① 中国社会科学院近代史研究所社会史研究中心主办，李长莉、左玉河主编：《〈中国近代社会史研究集刊〉第一辑：近代中国的城市与乡村》，社会科学文献出版社，2006年。

的人力资源问题、劳资关系问题,等等。

现在展现在读者眼前的《中国近代社会史研究集刊》,是近代史研究所社会史研究中心主办,由近代史研究所文化史研究室和经济史研究室负责编辑的一个不定期学术专刊,也是该中心的一项主要学术工作。

第一辑收入的文章,选自 2005 年 8 月,由中国社会科学院近代史研究所和青岛大学师范学院主办,首都师范大学、山东大学、中山大学、山西大学、苏州大学、贵州师范大学等单位协办,在山东青岛大学召开的"近代中国的城市 · 乡村 · 民间文化——首届中国近代社会史国际学术研讨会"上,与会中外学者提交的部分论文。这些论文从不同的侧面,对中国近代的城市与乡村的各种问题展开论述,使我们从中看到中国城市和乡村近代化过程的种种曲折及多姿多彩。会议的另一主题"中国近代的民间文化",将作本刊第二辑的主题。本集刊也是全体社会史研究者的学术园地,面向国内外中国近代社会史的研究者和爱好者,刊登关于中国近代社会史各个方面的学术文章,力求内容丰富,思想活跃,新见不断。

有志于中国近代社会史研究的同人们,让我们携起手来,共同办好这个《中国近代社会史研究集刊》。

2006 年 5 月 1 日于中国社会科学院近代史研究所

《清末民初罪犯作业研究》序[①]

虞和平

现在与读者见面的《清末民初罪犯作业研究》这本著作，是作者在博士论文的基础上，经过认真修改而写成的。作者高艳，在读我的博士研究生之前，曾在警官学校任教，接触过一些相关的学科知识，讲授过监狱管理方面的课程，并进行过一些相关问题的初步研究，使之具有研究该项课题的一定的理论基础和资料积累。

尽管作者有一些相关的经历，但要对清末民初的罪犯作业作系统深入的研究仍然是有许多难处的。一是该项研究的内容，在以往的相关研究中很少涉及，在法律界的有关研究中可能有少量的、片段的涉及，但从历史学的角度，将罪犯作业制度的产生发展与近代历史进程相结合，对此作系统的考察，则尚属首创，无前例可供借鉴。二是在理论方法上，除了运用历史学的方法，还需要有监狱学、监狱经济学等专门知识。三是在资料上，由于前人研究的缺乏，资料积累极少，需要从各种文献、报刊、档案中细心收集。对于这样的一个研究课题，作为导师的我，可谓是知之甚少，不能给予具体的指导，只是依靠作者自己的刻苦学习和研究才得以完成。

所谓罪犯作业，也就是由监狱实施的改造罪犯的劳动，既牵涉法律制度和监狱制度方面的问题，也牵涉经济方面的问题。这就意味着对罪犯作业的历史进行研究，也是一项法制史和经济史的交叉研究，说得再专业一点，也就是监狱经济史的研究。因此，研究罪犯作业，不仅需要考察法律制度、监狱制度的变革和罪犯作业的基本状况，也要从经济学的角度来分析罪犯作业的经费来源和投入、劳动力结构、产品处置途径和劳动收益等问题。对于这些需要考察和分析的问题，该项研究都有所呈现。

近代的罪犯作业是随着清末新政时期的法制改良而产生的，可以说是

① 高艳：《清末民初罪犯作业研究》，中国社会科学出版社，2008 年。

中国法制早期现代化的产物。罪犯劳动，在中国的历史上自古有之，但它原本是作为体罚性刑罚来实施的，目的是为了“苦人”“辱人”，亦称为“苦役”，不讲究劳动方式方法的改进，也不讲究经济效益。到了清末新政时期，随着新法律体系的建设，单纯惩罚的刑罚观念开始改变，新式监狱也应运而生，由监狱直接管理的罪犯狱内劳动随之产生，并受资本主义经济发展和早期工业化的影响，开始注意罪犯劳动的经济效益，进而注意到劳动方式的改进。这种罪犯劳动的现代性转变，在作者的研究中颇受重视，多有陈述，从而开拓和加深了中国法制早期现代化的研究。

在这本著作里，作者考察了从 19 世纪 70 年代中国开始倡议学习西方监狱制度和罪犯劳动制度，到 20 世纪 20 年代新型的罪犯作业制度初步建立的过程，其中着重探讨了四个问题：近代的罪犯作业经过了一个怎样的产生、发展过程？罪犯作业在清末民初时期发展到什么样的水平？哪些因素制约了罪犯作业的发展？政府有关方面和有关人士提出及采取了哪些解决制约的思路？由此比较全面地反映了清末民初罪犯作业制度的基本面貌。

中国近代罪犯作业制度的研究，既是一个新的研究课题，也是一个难度较大的研究课题，作者的研究只是取得了阶段性的成就，甚或是一次尝试，尚有不少问题值得作进一步的研究。但是，有一点应该是可以相信的，这就是：这本著作将给中国近代史的研究者和广大的读者带来不少新的启发和信息。

2008 年 5 月 3 日于中国社会科学院近代史研究所

《招商局与中国现代化》序言[1]

虞和平

本书是2007年10月下旬在深圳举行的"招商局与中国现代化——纪念招商局创立135周年国际学术讨论会"的论文集。这次会议由招商局集团与中国社会科学院近代史研究所、中国经济史学会联合举办。我作为这次会议合办者中国社会科学院近代史研究所的代表,在会议论文集出版之际说几句话。

首先要说的是这次学术讨论会的主要承办者——招商局史研究会。招商局开展自己历史的研究历时已久,在1991年就资助和委托中国经济思想史学会于1992年举办了"纪念招商局成立120周年学术研讨会",会后出版了《招商局与中国近现代化》论文集。招商局史研究会的成立,则是其自身历史研究登上一个新台阶的标志。它是招商局的一个研究自己企业历史的常设学术组织,成立于2004年12月,由招商局集团的董事长秦晓、总裁傅育宁、副总裁胡政分任会长、副会长和秘书长;其成员都是来自本企业各部门的员工,并聘请复旦大学教授朱荫贵,华东师范大学教授易惠莉,澳大利亚昆士兰大学教授黎志刚,原《中国水运报》及《中国水运》杂志社总编、编审张后铨,以及本人等五位对招商局史及相关人物和历史有较深研究的学者为特邀顾问和特约研究员;近来又特邀朱荫贵教授为副会长,聘请两位在招商局史研究上取得新成就的年轻研究者为特约研究员。它自成立到这次会议举行的近三年时间里,投入大量的财力和人力开展了一系列的研究工作,已组织编写出版和修订重版多本著作,有力地推进了招商局与中国近现代史的研究。这表明,该研究会受重视之程度是令人赞叹的,所做出的成就也是令人瞩目的。

在我看来,招商局的这一做法是颇有远见、魄力和倡导意义的。招商局

---

① 虞和平、胡政主编:《招商局与中国现代化》,中国社会科学出版社,2008年。

史研究是企业史研究的一部分,两者息息相关。企业史研究,在一些发达的国家早就是历史学研究中的一个重点和热点,尤其是美国、日本、英国的研究成果更为丰硕,出版了不少颇有影响的著作。中国的历史学界和企业界,在改革开放之前虽也编写了一些企业史的书籍,但大多是宣传性的简易读本,且以讲述本企业的革命斗争、阶级斗争和社会主义改造的故事为主体内容。改革开放以后,随着企业制度改革和"三资企业"的兴起,对企业史的学术性研究开始起步。尤其是1993年11月中共十四届三中全会提出建立现代企业制度以后,近代企业史研究引起了诸多学者的重视,已成为中国近代经济史研究中一个比较引人注目的新方向。招商局在这个时候介入企业史研究,应该说是顺应了时代和学术发展的趋势。企业与学术界合作开展自己历史的研究,应该说是促进企业史研究的一种很好的方式,既有利于企业史研究的繁荣发展,也有利于企业的文化建设和品牌建设。企业自己,或与学术界合作研究自己的历史,虽然以前已经有之,但是像招商局这样的精诚合作则实属难得。

其次要说的是这次会议的主题。此次会议的主题是招商局与中国现代化,它包含着招商局自身的现代化过程和成就,及其对中国现代化进程的贡献和影响,即历史价值。会议希望探讨的内容,除与主题相关的各个方面问题之外,提倡注重从文化的角度考察、提炼和总结招商局的历史价值,即"招商局历史文化价值"的研究,其内容除以往已有较多研究的企业的爱国主义精神和民族主义精神之外,还包括:一、招商局自身的历史文化,其中包括招商局历史文化的渊源、形成、变迁、形态、内涵和特质等内容。二、招商局与中国传统文化的现代化转型,其中包括企业制度、用人制度、经营理念、管理方式、价值取向、科技应用、员工教育等方面。三、招商局与中西文化的交流、碰撞和融合,其中包括对西方文化的认知、引进、采择、传播和改造,以及在这些过程中所发生的冲突和妥协,及其所带来的企业和社会效应。四、招商局与中国传统和谐文化,其中包括招商局所进行的企业和谐环境建设、社会救济活动、社会公益活动、安全保险事业等方面。这一重点,是鉴于招商局史研究,也是鉴于中国企业史研究中的薄弱环节而提出来的。

就招商局史研究而言,迄今已历时70多年,以其研究主流的转变大致可以分为四个阶段。中华人民共和国成立之前,发表的研究成果很少,主要是有关企业的史实和效益的考察。中华人民共和国成立后,发表的研究成果,从绝对数量上来说不算多,但从单个企业研究来说也不算少,除专门研究招商局的论著之外,在关于洋务运动史、航运史、企业制度史、洋务人物和买办阶级的研究论著中也多有涉及。改革开放之前,随着中华人民共和国成立后意识形态的转换,所研究的内容主要是企业的政治性质,重点是分析和批判它的封建性和买办性。改革开放以后到1990年前后,随着洋务运动史研究视角的转变,除对企业的封建性和买办性进行重新审视,提出不同于前的观点之外,还较多地关注到企业的经营问题。从1990年前后开始,随着现代化史研究的兴起,招商局与中国现代化的关系成为研究的主流,其转折点主要有二:一是1989年举行的第五次洋务运动讨论会将主题定为"洋务运动与中国近代化进程",开始有人研究招商局与中国现代化这一课题;二是上面已经提到的1993年举行的"招商局与中国近现代化学术讨论会",推进了这一方面的研究。在这一阶段中,1994年之前的研究主要是从总体上考察招商局与中国现代化的关系;此后则主要是从企业制度现代化的角度展开研究,但较多的是政治性和经济性的分析,很少有文化上的分析。

就中国企业史的研究而言,近年来正在朝着更广阔、更深入的方向发展,在研究方法、研究领域和学术观点上的创新和开拓着力甚多。已有的研究成果,运用历史学与经济学、管理学、社会学、行为学相结合的方法,并从现代化和工业化的角度,以企业制度、企业管理和企业文化为重点,既研究企业与政府的关系,也研究企业与社会的关系;既研究企业的政治属性,也研究企业的经济属性;既研究企业的组织结构模式,也研究企业的组织协调机制;既研究企业的内部生产,也研究企业的市场竞争;既研究企业的管理方式,也研究企业的精神理念;既研究企业的成功经验,也研究企业的失败教训。这些创新和开拓,对企业制度涉及较多,而对企业文化涉及较少,对企业的历史文化价值涉及更少,这说明企业历史文化价值的研究已经在不知不觉中开始,但尚需要大力加强和深入。虽然本次会议实际收到的论文中涉及这方面研究的较少,但是这一重点的提出,无疑为招商局史和中国企业史研究指出一个发展的新方向。

最后要说的是招商局与中国现代化这一命题的内在含义。对于这一命题的含义,招商局史研究会会长秦晓董事长已经有过精辟的阐释(参见《招商局历史研究的现实意义》,载易惠莉、胡政主编《招商局与近代中国研究》;另见本集所刊论文),本人在学习秦晓先生论文的基础上,再在此谈一些补充想法。这一命题应该包含着三重意思:一是招商局自身的现代化历程,二是招商局在中国现代化进程中的地位和作用,三是招商局自身现代化如何受中国现代化进程的影响。这三方面既有分界,又有联系,既可进行分别考察,也可进行综合研究。

从第一个含义来看,招商局是中国企业现代化历程中一个不可多得的典型企业和成功的英雄企业。作为一个典型企业,招商局是与中国现代化同时起步,又伴行至今的一个力行现代化的龙头企业,它自身有着先进的、完整的、丰富的、曲折的企业现代化经历,有许多宝贵的经验教训可以总结,可供借鉴。对此,秦晓先生说得好:“招商局史作为一部企业史,以其独有的企业发展历史的特点,为中国近现代史的研究提供了一个特殊的视角。”作为一个成功的英雄企业,不妨参见一下胡适对近代著名企业家南通张謇的评价,胡适说:“张季直(张謇的字)先生在近代中国是一个很伟大的失败的英雄,这是谁都不能否认的。他独力开辟了无数新路,做了三十年的开路先锋,养活了几百万人,造福于一方,而影响及于全国。终于因为开辟的路子太多,担负的事业过于伟大,他不能不抱着许多未完成的希望而死。这样的一个人,是值得有一部以至于许多部详细传记的。”招商局不仅为中国的现代化做出了重大贡献,也开辟了许多事业,而且取得了伟大的成功,仍在蒸蒸日上之中,那么相对于张謇及其所办的大生企业集团,我们可以说招商局是一个成功的英雄企业,它的成功经验值得好好总结,它的历史应该大书特书。

从第二个含义来看,招商局在中国现代化进程中发挥了一定的先锋、模范和英雄的作用。这一作用的发挥,尤其突出地表现在中国已有现代化历程的前后两端,即洋务运动时期的工业化启动阶段和改革开放时期的现代化起飞阶段。在洋务运动时期,它虽然不是最早产生的第一个洋务企业,但它是第一个现代性较为完整的洋务企业,它的组织和经营模式为后来的洋务民用企业的组建和改组树立了样板,并成为洋务企业中最大的成功者,可以说为中国工业化的启动拉响了第一声汽笛。在改革开放时期,它是中国经济发展新模式——工业区和经济特区的最早蹚路者,并很快创造了举世瞩目的“蛇口模式”,为中国现代化的起飞开辟了第一条跑道。即使在中国现代化起伏不定、多灾多难的中间阶段,它也在某些重要事件中做出过举足轻重的行动,为国家的独立和民主大业做出过一定的贡献。这诚如胡政副总裁在讨论“百年航程——招商局 135 周年”电视专题片框架时所概括的那样：“两头是重点，中间有看点。”这种作用，不仅仅是政治上、经济上和器物上的，而且是文化上、思想上和精神上的，构成了中国现代化进程的一种不可缺少的民间推动力量。

从第三个含义来看，招商局与中国现代化进程共命运、同发展，是中国现代化进程的产物和见证者。招商局以其完整的现代化过程和悠久曲折的历史，虽然在自身现代化和国家现代化方面都有比较突出的成就和贡献，但这些都只是整个国家现代化进程的一个组成部分，都是在中国现代化的大背景下发生的，都会受到时代的影响，带有时代的局限和特点；考察和把握招商局在不同时代的局限和特点，也应该是我们研究中的应有之义和应持之尺。唯有如此，才能对招商局史进行全面而客观的研究，从而反映出中国现代化进程的特点，体现有中国特色社会主义现代化道路的历史源流。

总的来看，可以说招商局是中国现代化进程中的一个典型、一个先锋、一个缩影，以招商局与中国现代化为主题研究招商局史，既富有学术意义，又富有时代意义。包括这次研讨会在内的现有相关研究，虽然在这一课题的研究上已取得了一定的成绩，但还有许多问题尚缺少认真而深入的研究，还有待于开辟和创新。愿有志于招商局史研究的人们，为此而不懈努力，取得更大的成果。

2008 年 5 月 30 日于中国社会科学院近代史研究所

《中美商人团体与近代国民外交（1905—1927）》序[①]

虞和平

贾中福的《中美商人团体与近代国民外交(1905—1927)》终于要出版了。这本著作,是中福在博士论文的基础上经过认真的修改而定稿的,其博士论文的原题是《中美商人外交活动研究(1905—1927)》,是我于2002年申请到的国家社会科学基金重点项目“商人外交与近代中国的殖民地化与反殖民地化”的一部分。题目的改变,说明作者意欲从商人的外交活动观察国民外交。

在近代中国,商人外交对于国民外交来说,既是其中的一个构成部分,又是其中的一个主流部分。从外交活动的主体来说,商人外交以商人为主体,国民外交以国民为主体,商人包含在国民之中,因而商人外交也是国民外交的一部分,也就是说国民外交所涵盖的范围比商人外交宽大。从商人的外交活动入手研究国民外交,自然有利于丰富和深化国民外交研究的内容。

从外交活动主体的能量来说,商人有较广的社会联系网络,上与官绅相维相系,外与洋商相连相争;又有较高的团体组织水平,各种固定的、临时的组织,不仅涵盖了全体商人,而且联结了其他的社会阶层。因此,商人具有较多、较强的外交诉求和外交能力,他们的外交活动不仅作为民间经济外交主干载体而在国民外交中频繁出现,而且作为社会的主要代表力量往往在诸多的国民外交运动中处于领导和核心的地位。

从外交活动的内容构成来说,国民外交所涉及的内容虽然很广泛,包括政治、军事、经济、文化、教育等方面,但是涉及最多的还是经济方面。这是因为,政治和军事方面的国民外交主要在重大事件中涉及,在平时涉及较少;文化和教育方面的民间对外交流,较多发生在缺乏外交意义的分散的个体国民层面,而较少发生在富有外交意义的团体组织层面;经济方面的国民外交,则既在重大事件中有较多涉及,也在平时有较多涉及,既在个体国民

① 贾中福:《中美商人团体与近代国民外交(1905—1927)》,中国社会科学出版社,2008年。

层面有较多涉及，也在团体组织层面有较多涉及。而经济方面的国民外交，无疑以商人外交为主干载体。因此，从商人的外交活动考察国民外交，应该说是既可以抓住国民外交的主流，又可以深入到国民外交的核心。

关于中国近代商人外交活动的研究，虽在某些商会史和反帝爱国运动史、中外关系事件的研究中已有所涉及，但仍然处于初步研究的状态，且大多限于中国商人单方面的和发生在中国国内的外交活动的研究。中福的著作力图对中美商人双方的，并兼及在国内和美国展开的外交活动进行研究，既考察中国商人对美国政府和商人的外交活动，又考察美国商人对中国政府和商人的外交活动，也考察中美商人的外交互动关系。这样的研究，具有更广阔的视野、更丰富的内涵，更符合商人外交的命题，不仅对商人外交活动的研究富有开拓和深入的意义，而且更有利于揭示中国商人外交的特点。

中福的这一研究框架，与我当初向国家社会科学基金申请项目时所设定的目标相一致，也与我已有的少数相关个案研究相一致。现在，中福的这本著作，可以说是在这一框架下进行比较全面系统研究的第一项成果。在近代中国的商人外交活动中，发生最频繁和影响最深刻的是中日、中美两个方面，其次是中英方面，中福的这本著作承担了中美方面的研究，并取得了较高的成就。因此，作为我的"商人外交与近代中国的殖民地化与反殖民地化"课题的一个支课题，中福的著作可以说已经达到了预期的目标，我向他表示衷心的祝贺和感谢。

中福这样的研究自然会受到资料收集困难的限制。关于商人外交的研究，本来就没有比较集中、系统的资料可以利用，加之他的研究框架还要包含美方的内容，使资料的收集更为困难，特别是有关中国商人在美国进行外交活动，以及美国商人在其本国进行对华外交活动的资料不易获得。为此，他竭尽全力，四处查找，终于获得了一些颇有价值的新资料，使研究得以完成。由于美方资料难得，他的研究程度必然受到限制，著作中对中国商人在美外交活动，以及美国商人在其本国进行对华外交活动方面的研究显得有些单薄，这是其美中不足之处。不过，做到现在这一步已经很不容易了，已经取得了相当的进步。我相信，中福的这本著作，会给近代中国商人研究和经济史研究、中外关系史研究增添新的色彩，会给读者带去不少新的信息。

2008 年 8 月 8 日于中国社会科学院近代史研究所

《国家与经济：抗战时期知识界关于中国经济发展道路的论争——以〈新经济〉半月刊为中心》序言[1]

虞和平

2006年6月4日,我参加了我的老同学清华大学历史系蔡乐苏教授的学生阎书钦的博士论文答辩,由此认识阎书钦。当时,阎书钦的博士论文题目是《抗战时期国统区知识界经济建设思想研究》,其主要内容是考察分析抗战时期国统区知识界对中国现代化、工业化和国家建设问题的认识和见解,论题颇有新意,论述也较精到,获得答辩委员们的一致好评。对于我来说,由于多年从事中国现代化史研究,对阎书钦的这一研究课题自然很感兴趣,也关注着它的出版问世。现在,阎书钦已完成了对自己博士论文的精心修改,在即将正式出版之际,盼我为之作一序言。我对这一课题虽然很感兴趣,但没有什么研究,也知之不多,权且以第一个读者的几点所感所想,充作"序言"。

现在,阎书钦奉献给读者的著作,其题目是《国家与经济:抗战时期知识界关于中国经济发展道路的论争——以〈新经济〉半月刊为中心》。这也即是说,其研究的主要对象是《新经济》半月刊,其研究的主体内容是抗日战争时期知识界对中国经济发展道路的讨论,其研究的中心问题是揭示国家与经济的关系。

近年来,以一个报刊作为对象的研究多有所见,如《大公报》《申报》《独立评论》《少年中国》《现代评论》《益世报》《东方杂志》《国闻周报》《努力周报》等都已有多少不等的研究成果问世,它们都从政治史和文化史的角度进行研究。阎书钦所选择的研究对象——《新经济》半月刊是一个经济刊物,所采取的研究视角也是经济思想史的视角,开辟了同类研究的一个新领域。

① 阎书钦:《国家与经济:抗战时期知识界关于中国经济发展道路的论争——以〈新经济〉半月刊为中心》,中国社会科学出版社,2010年。

而且，把研究对象从《新经济》所刊文本本身扩大到作者群体，又以作者群体为线索，延伸到与该作者群体密切相关的汉口版《大公报》和重庆版《大公报》的《经济建设季刊》，以及他们的其他著作，从而既提高了考察该作者群体所持思想的完整性和系统性，也扩大了分析有关问题的视野和背景，使研究所得更加接近事实。这种因刊及人，又因人及刊、及书的研究方法，颇有创意，当然也需要投入更多的精力。

关于抗日战争时期中国知识界对中国经济发展道路的讨论问题，阎书钦考察了以《新经济》半月刊作者群体为核心的国统区知识界的有关言论，归纳出他们所讨论的主要内容集中于中国需不需要走现代化和工业化道路的问题，以及如何走这条道路的问题。前者涉及了知识界如何认识现代化和工业化，如何选择中国的现代化和工业化道路；后者涉及了知识界对处理农业与工业关系，采用什么经济体制和企业制度，如何利用外资的主张。所有这些，既是中国近代经济思想史中的一个重要问题，也是中国现代化思想史中的一个重要问题。以往，在有关近代经济思想史研究中，对工农业关系问题和经济体制问题有所论及；在有关中国现代化史研究中，对中国的现代化和工业化思想也有所论述。阎书钦在借鉴前人研究成果的基础上，以更集中的时间段、更完整的考察面研究了这一问题，从而使抗日战争时期中国现代化和工业化思想的研究更具有系统性和深刻性，也将给读者带来更多的知识信息。

阎书钦在本书中关于中国抗日战争时期知识界的现代化和工业化思想的研究，在对以往较有研究的内容作更为细致的考察之外，还拓展了以往相关研究较少涉及的内容，其中值得注意的是关于各种思想的异同所在、内在原因和彼此联系，以及它们发展变化来龙去脉的研究，从中可以看出这一时期国人的现代化、工业化理念的发展状况和水平。如：国人对现代化含义的理解，是如何从简单的以西化过程向中西双向改造、彼此融合的过程转变，如何从单纯的文化问题向以工业化为核心的社会经济问题演变的？对现代化过程中工农业关系的认知，是如何从对立、主次的观念向兼顾、并重的观念扩大，如何从彼此地位的考察向互相依存的审视深化的？对工业化的理解，是如何从单纯的机械化向整体经济变革进展，如何从知识界的理论探讨向学、政、工、商各界的基本共识发展的？

特别值得注意的是阎著中关于知识界对工业化与社会改造关系讨论的

考察,作者虽然只设一个专目考察这一方面的内容,但是其学术含量则十分值得重视。就笔者所见,这似乎是有关近代中国现代化思想史研究中首次涉及的内容。笔者曾在《史学月刊》2004 年第 6 期上刊有《关于中国现代化史研究的新思考》一文,为了明确界定现代化史的研究对象,提出"现代化史研究的总体对象是工业社会史"。这是因为现代化社会虽有除工业化之外的众多社会经济指标,但实际上其他各种指标都是工业化的派生物,都是随着工业化的产生发展而产生发展的,它们与工业化一起共同构成一个工业社会,所以,现代化史研究的总体对象就是工业社会的各种特性及其发展变化。换句话说,现代化社会是被工业化改造而成的工业社会,工业化的产生、发展和实现也必然伴随着对社会的相应改造。后来,在河南大学出版社于 2005 年出版的《现代性基本读本》(汪民安等主编)中,看到了一个外国学者在前些年发表的一篇关于工业社会史研究的文章,以为与本人观点不谋而合。看了阎著之后,笔者第一次知晓在抗战时期中国学者的现代化思想已开始涉及这一理论问题,他们所讨论的工业化与社会改造问题,虽然尚未从现代化史研究对象和工业社会建构的高度来认识这一问题,但其中已蕴含着这种元素。他们在讨论中所涉及的内容包括工业化与社会的工业化变革、以工业化为导向的社会改造、工业化的社会整体改造意义、企业家的精神、工业化的精神、工业化的道德、工业化的心理、工业化的文化、技术观念与社会意识和生活态度、现代工业文明等。作者对于这些内容的论述虽然尚较简单,但为这一问题的研究迈出了可喜的第一步,也为以后的进一步研究提供了一条重要的线索。

关于国家与经济的关系问题,是政治史和经济史研究中都会涉及的问题,不过,把它作为一个中心问题来研究尚不多见。阎著所考察的是抗战时期国统区知识界关于抗战时期及抗战胜利后中国应如何建设,如何才能走向富强的思想。作者不仅对前人已有较多研究的"以农立国"论和"以工立国"论的内涵演变作进一步的深入考察,而且通过梳理知识界对国家建设与现代化、工业化关系,以及抗战与国家经济力量关系、中日经济力量对比的各种认识,呈现了知识界乃至社会各界把现代化、工业化作为增强国家经济力量,建设战后中国必由之路的基本共识,以及如何进行现代化、工业化建设的各种见解。这些内容,有助于读者比较系统地了解抗战时期知识界在现代化、工业化问题认识上所达到的广度、高度。

在思想史研究中，常见的现象是就思想论思想，大多停留在文本思想的层面上，较少考察思想的实际社会影响。在这方面，阎著做了一些努力，在其所考察的知识界的参政议政情况中，可以看出知识界的经济建设思想对政府经济建设思路和方针的某些互动关系，分析了两者之间的趋同和分歧所在，既可以从其趋同之处看到前者对后者发生影响的一面，也可以从分歧之处看到难以发生影响的一面，还可以看到国民党政府在抗战胜利后走向经济上垄断和政治上独裁的思想理论根源。当然，在思想史研究中，研究思想的实际社会影响是难度最大的，对阎书钦来说亦是如此，他虽然经过努力做出了力所能及的成绩，但在这方面还显得不够突出，论述也比较单薄，有待于今后的进一步研究。

上述只是笔者的一孔之见，不足以反映阎著的全部内容和学术价值，其中的精华所在和不足之处，自然需待读者的鉴别。不过，在鄙人看来，本书虽难免会有这样那样的不足之处，但不失为一部值得一读的著作，尤其是对关心中国现代化的历史和现实的人来说，更是一部具有启发和借鉴意义的著作。

中国现代化思想史，是一个缺少研究的课题，阎著为这一课题的研究做出了一个值得重视的成果，可喜可贺。但愿在这一课题的研究中有更多的后起之秀出现，有更多、更优秀的著作问世，使中国近代以来的现代化思想得到更全面、更系统的显现。

2010 年 2 月 28 日于中国社会科学院近代史研究所

《中国商民运动的历史命运》序言[①]

虞和平

乔兆红的著作《中国商民运动的历史命运》终于出版了,这是中国近代商人和商人组织史研究中的又一新的成果,值得重视。

本书是乔兆红在其博士论文基础上修订而成的,是她10年研究的结晶。乔兆红于2000年入中山大学读博士研究生,以《1920年代的商民协会与商民运动》为学位论文的题目,到2003年6月毕业,基本完成了这项研究,并于2002年开始发表第一篇专题论文。[②] 毕业后,又对论文作了修订和补充,使之更加完整和系统,成为现在的这一专著。在她写作博士论文之前,中国学界对以商民协会为主体的商民运动的研究成果还很少见,已发表的专题论文只有一篇,有所涉及的也只有几本关于资产阶级和商会史的著作,且只限于对商民协会兴衰过程及其与商会和国民党的关系方面的简略考察,尚未采取商民运动的审视角度和考察范围。[③] 因此,乔兆红可谓是对商民运动最早进行系统研究的国内学者;尽管在她的这本著作之前,已有其他学者出版了同类的著作,发表了一些相关内容的论文,但乔兆红在这一课题研究中的开创性贡献应该同样受到肯定。

本书是一本对1924—1930年的商民协会和商民运动进行系统研究的专著,所陈述的史实达到了新的广度和深度。作者在书中纵横结合对此次

---

① 乔兆红:《中国商民运动的历史命运》,光明日报出版社,2010年。另发表于《上海经济研究》2010年第6期。

② 乔兆红:《论1920年代商民协会与商会的关系》,《近代中国》第149期,台北,2002年。

③ 张亦工:《商民协会初探》,《历史研究》1992年第3期;黄逸峰等:《旧中国民族资产阶级》,江苏古籍出版社,1990年;徐鼎新、钱小明:《中海总商会史(1902—1929)》,上海社会科学院出版社,1991年;虞和平:《商会与中国早期现代化》,上海人民出版社,1993年;朱英:《转型时期的社会与国家——以近代中国商会为主体的历史透视》,华中师范大学出版社,1997年。

商民运动进行了全面的陈述。在纵向上,陈述了此次商民运动的兴起、发展和结束的全过程,循着商民运动的推进路径,既对以往有较多研究的广州和上海的商民协会和商民运动作了更为细致深入的考察,也对以往很少研究的广东、湖南、湖北三省的商民运动作了全面的考察,并兼及长江流域各省商民运动的基本状况,以及天津的商会与商民协会之争。在横向上,陈述了商民协会和商民运动与国民党和原商会的关系,不仅进一步考察了这些关系在商民运动推进过程中的种种表现,也涉及了这些关系在商民协会具体活动中的某些表现,还考察了商民运动兴衰与国民党对民众运动方针政策变化的内在关系。因此,本书不仅在商民运动史研究上取得了新的进展,而且丰富和开拓了商会史和商人史研究,也有助于国民党史、中华民国史和国共关系史研究的深化。

而且,作者除了广泛而系统地利用已刊各种文献资料外,还发掘了大量新的原始资料,查阅了与此次商民运动有关的各省市的档案馆所藏的相关档案资料,以及所发行的各种刊物,还查阅了台北国民党党史馆所藏的资料,特别是对国民党发行的《商民运动周刊》这一因商民运动而刊发的,与商民运动直接相关而又极少被利用的刊物,进行了广泛搜集,获得总数 22 期中的 16 期,这可谓是研究商民运动至关重要的资料,弥足珍贵。因此,对资料的充分发掘也是本书的一个特色,更是在这一课题研究上的一个进步和新贡献,对学界继续深入这一课题具有不可或缺的参考价值。

商民运动,从广义上来说,也就是商人的运动,它在近代中国应该可以说是绵延不绝的。从狭义上,或从特定概念上来说,它专指 1924—1930 年间的商民运动,也可以说是整个近代中国商民运动中的一个独特时期和一种特殊形式。这次商民运动,伴随着第一次国共合作的国民革命的兴衰而起伏,以商民协会为载体,是一种由政党组织领导的,有正式特定称谓的,有完整过程的,自成体系的,与工人运动、农民运动等各类民众运动相并列的政治参与运动,这在近代中国是绝无仅有的,因而有其独特之处。本书所研究的是 1924—1930 年间的特定的商民运动,当然要以揭示其独特之处为要旨。作者在这一方面,有很强的意识,在研究中着力甚多。读者可以通过阅读作者所描述的商民运动史实,及其对商民运动性质和特点的论述,以及商民运动兴衰原因的分析,清楚地看到此次商民运动作为一次由国民党动员起来的附属政治运动的独特之处和必然结果,既反映了对这一特定课题研究的成功之处，也显示了对整个近代中国商人政治参与活动研究的发展意义。

商民运动史研究，是商会史研究的一种延伸和发展，也是革命史和商人史的交叉研究。在2000年之前较早涉及商民协会的论著中，除张亦工的论文，是专论商民协会及其与国民党的关系，兼及商会与商民协会的关系之外，黄逸峰、徐鼎新、虞和平、朱英的著作，都在论及商会与政府的关系问题中涉及了商民协会，主要着眼点在于商民协会如何作为国民党的政治工具，与商会争夺对工商界的领导地位，从而涉及商民协会与商会的关系问题，但并没有对商民协会及其所承担的商民运动引起重视，也未开展对商民协会的单独研究。2000年后，商民协会和商民运动的研究开始受到重视，有关的专题论著逐渐多了起来，据我所知，至今已发表了七八篇论文，出版了一种著作。[①] 这些论著，既有关于商民运动总体状况的研究，也有关于广东、湖南、湖北、上海、江苏、浙江、四川等地区商民运动的研究，除继续深入研究商民协会的始末过程及其与国民革命的互动关系，在国民革命中所发挥的作用及其局限之外，还将研究范围推向商民协会与商会的组织和功能比较，商民协会与商民运动的关系，商民运动的特点及其与工人运动、农民运动、学生运动的关系和异同，商民协会和商民运动在各地的推广和特色，商民运动与商人政治意识增长的互动关系。由此可见，对1924—1930年间商民协会和商民运动的研究是在考察商会与政党及政府关系问题中引发出来的，并随着对商民协会研究的拓展和深入，使商民运动逐渐成为一个相对独立的研究领域。

把1924—1930年间的商民运动作为一个独立的研究领域，当然是没有任何问题的，但是，如果把商民运动的概念及其研究领域仅仅限定在1924—1930年间的商民运动，则是有很大问题的，是远远不足以揭示近代中国商

① 乔兆红：《论1920年代商民协会与商会的关系》，《近代中国》第149期，台北，2002年；《大革命初期的商民协会与商民运动》，《文史哲》2005年第6期；《大革命时期的湖南商民运动》，《求索》2005年第9期；朱英：《国民党推行商民运动的方略》，《江汉论坛》2004年第7期；《国民党与商民运动兴起》，《华中师范大学学报》2005年第6期；彭南生、李玲丽：《略论大革命时期的湖北商民协会》，《江汉大学学报》2006年第3期；李柏槐：《商民的利益集团：商民协会——成都与上海等地商民协会差异之比较》，《社会科学战线》2005年第1期；冯筱才：《北伐前后的商民运动（1924—1930）》，台北“商务印书馆”，2004年。

民运动的全貌的,这也就是上面已经指出的商民运动的狭义概念和广义概念的问题。目前的商民运动研究只是对狭义概念上的商民运动进行研究,对广义概念上的商民运动来说,目前的商民运动研究只是近代中国以商会为主干载体的商人政治参与运动中的一个独特阶段;从这个意义上来说,目前商民运动研究,不仅为中国近代商民运动研究迈出了开创性的第一步,而且为中国近代商会史或商人史研究开启了一个新的面向。乔兆红的这本著作,似乎已朦胧地反映了这一问题,因为它的题目——《中国商民运动的历史命运》已有意无意地蕴含了这一意思。当然要对中国近代商民运动的整体进行研究,是一件十分艰难的事情,但也是一件很有前途的事情,但愿包括乔兆红在内的有志于这一课题研究的学者,在这一课题的研究中取得新的成就。

学术研究总是一步一步前进的,不太可能做到一步到位,尤其是像商民运动这样的开发不久的课题,其研究的内容和范围,特别是研究的视角和方法仍有进一步发掘和开拓的余地。乔兆红的这一著作,虽然较前人的同类研究成果有明显的进步,具有值得重视的学术意义,但也不可避免地存在不足之处,以及目前限于资料尚不能解决的问题。对此,有的她自己已在书中指出,有的则尚待发掘。让我们期待着乔兆红在今后的继续研究中,取得更为圆满的成果。

2010年3月22日于中国社会科学院近代史研究所

《〈中国近代社会史研究集刊〉第四辑：近代中国社会流动与社会控制》序一[①]

虞和平

读者眼前的这本文集，是中国社会科学院近代史研究所社会史研究中心主办的《中国近代社会史研究集刊》的第四辑。此前已经出版的三辑，题目分别是《近代中国的城市与乡村》（2006年）、《近代中国社会与民间文化》（2007年）、《晚清以降的经济与社会》（2008年）。这个集刊是社会史研究中心每两年举行一次的学术研讨会的论文集，因第一次研讨会与会论文较多，分两辑出版，现在出版的第四辑、第五辑是第三次研讨会的论文集。

我们已经举办的三次研讨会，其主题分别是："近代中国的城市·乡村·民间文化""晚清以降的经济和社会""近代中国的社会流动、社会控制与文化传播"。我们选择的这些会议主题，看起来比较广泛，但是我们的出发点，主要是希望推进这些领域中一些理论问题、前沿问题、热点问题的研究，会议的结果也在一定程度上达到了目的。如2005年的第一次研讨会，主旨在于提倡社会文化史研究，这是当时方兴未艾的一个研究领域，会上对市政建设、市民生活，乡村建设、乡村生活，城乡社会文化、民间习俗等问题进行了研讨。2007年的第二次研讨会，重心在于推进社会经济史或经济社会史的研究和学科建设，使社会史与经济史更好地结合，会上研讨的主要内容，一是从社会经济史的角度考察经济发展与不发展的状况及其社会原因；二是从"三农问题"的角度关注农民生活与农村建设问题；三是区域经济与区域社会的问题。2009年的第三次研讨会，则以推进社会史研究的深入发展为目的，就一些比较前沿的领域展开研讨，会议主题所提出的社会流动、社会控制和文化传播三个领域，都是近几年开始受到关注的新问题。

---

① 中国社会科学院近代史研究所社会史研究中心主办，欧阳恩良主编：《〈中国近代社会史研究集刊〉第四辑：近代中国社会流动与社会控制》，社会科学文献出版社，2010年。

本辑所编入的第三次研讨会论文，像前三辑一样，不仅内容丰富，涉及广泛，而且对会议主题所包含的社会流动、社会控制、文化传播三个领域都有不同程度的体现。其中有关社会流动的论述，体现了不同社会阶层间的社会流动和不同地域间的空间流动，在社会流动方面，论及了社会地位上下变动的垂直流动和从业领域变动的平行流动。有关社会控制的论述，在盗匪、宗教、帮会等问题的研究中，体现了控制者和被控制者两个方面、控制的制度和控制的运作两个层次。在控制者方面和控制的制度层面，显示了三种控制系统，一是国家通过权力、法制而实行的制度性控制状况；二是各类社会组织通过自己的体系、规制而存在的自治性控制状况；三是各种公众的道德观念、思想意识通过名誉、信仰而发生的自律性控制状态，以及三者之间的互动关系。在被控制者方面和控制的运作层面，反映了制度实施状况、反控制状况、失控状况和缺控状况及其原因所在。有关文化传播的论述，既涉及了传播的内容和载体，也涉及了传播的形式、途径和效果；论述的对象包括图画、电影、戏曲和小说，虽新老话题都有，但均不无新意。

近年来，对于中国近代社会史研究的学术意义和价值，赞扬者有之，批评乃至否定者亦有之。赞扬者认为它丰富、开拓、发展和深化了中国近代史的研究；批评者认为它所研究的是历史的边缘问题，不入主流，无足轻重，有“离心”（边缘化）倾向；否定者认为它所研究的内容鸡零狗碎，不见整体历史，有把历史“碎片化”的倾向。这些评论当然大多是各有所指，亦各有所持。其中的批评和否定性的意见，虽然不符合现有近代社会史研究的整体状况，但亦不可否认在近代社会史研究中的确有一些探小不顾大、见零不见整的现象存在。因此，怎样克服近代社会史研究中的这种所谓的“离心”和“碎片化”现象，加强近代社会史的丰富、开拓、发展和深化整个近代史研究的功能和作用，是近代社会史研究中值得认真思考的一个重要问题。

对此，近年来有不少研究社会史的学者提出了颇有价值的见解①，我本

---

① 参见赵世瑜：《社会史研究向何处去》，《河北学刊》2005 年第 1 期；王先明：《中国近代社会史研究的异军突起》，张海鹏主编：《中国历史学 30 年（1978—2008）》，中国社会科学出版社，2008 年；行龙：《二十年中国近代社会史研究之反思》，《走向田野与社会》，生活·读书·新知三联书店，2007 年。

人也曾在有关社会史学科概念的论述中提出过自己的意见①,把这些论述归纳起来,可以看到一个基本的共识,这就是要增强社会史的整体史(总体史)意识。具体而言,主要有两种主张,一是要用整体史的眼光选择和研究具体的课题;二是要把社会史作为一种研究范式。所谓整体史的眼光,就是在研究对象上不可把社会史仅仅作为其他各专门史研究的拾遗补阙,更不可是采稀猎奇;在研究视野上不能是对某一历史事物的孤立考察、就事论事,而是要关注其前因后果、上下互动、左右关联,揭示其历史的地位和作用,也就是要考察所研究事物对整体历史的渊源性、联动性、代表性、象征性。所谓研究范式,就是要把社会史的研究方法和视角运用于一切适用的研究领域和问题,尤其是要运用在一些重大历史事物的研究上,使之获得新的解释和更为全面的显示,亦使社会史研究靠近、渗入和进驻历史的中心领域。这在太平天国史、义和团史、辛亥革命史、中华民国史,乃至中共革命史的研究中,都已取得了良好而明显的效果。当然这种整体史的眼光和研究范式的运用,也是其他专门史研究所需要的,只不过是针对社会史研究中的"离心"和"碎片化"现象来说,显得更为重要。

还需要指出的是,这里所说的把社会史作为一种研究范式,并不是说社会史不能作为一个专门史学科。所谓研究范式,说得直白一点就是研究的方法和视角,这并非社会史所特有的,而是每一个专门史学科都必不可少的,如近年来说得较多的"革命史范式""政治史范式""现代化史范式",而且它们都可以运用自己的研究范式对其他学科所研究的领域进行相应的新的研究。那么,为何就唯独是社会史只能作为一种研究范式,而不能成为一种专门史学科呢?对于这一问题,自社会史研究兴起以来一直都在讨论,分歧颇大。依我之见,分歧的关键点是如何认定社会史的研究对象和范围的问题。范式论者着眼于广义的社会,即包括政治、经济、文化、思想等所有人类社会构成元素在内的社会;专史论者着眼于狭义的社会,即相对于国家和政府的民间社会,这种社会概念也被范式论者和广义社会史研究者常常提到,也是目前社会史研究者的基本对象。如果把社会史的研究对象和范围认定为广义的社会,那么它当然不能成为一个专门史,在实际的研究中恐怕

① 虞和平、郭润涛:《中国近代社会史研究述评》,《历史研究》1993年第1期;虞和平:《再谈社会史研究的对象与方法》,《光明日报》2000年11月3日。

也难以操作，但是，如果把社会史的研究对象和范围认定为狭义的社会，那么它无疑可以成为一个专门史。如果能把社会史作为一个专门史学科，使之具有自己的基本研究方法、研究对象和学科体系，使广大的社会史研究者有一个基本的共同研究范畴，那就更有助于克服社会史研究中的“离心”和“碎片化”现象。

我们近代史研究所社会史研究中心所举办的每一次学术研讨会，都想为克服社会史研究中的“离心”和“碎片化”现象，促进社会史的整体性研究和推广社会史的研究范式，略尽绵薄之力。我们每一次会议所设定的研讨主题以及实际的研讨内容，或是历史研究中的重点和热点，或是已有研究中的弱点和空白点，或是与其他学科的交叉点，或是与现实有较多联系的历史节点，都有较强的整体性研究特色、较大的学术价值和一定的现实意义，希望能为社会史的健康发展和学科建设发挥一定的作用。

本次学术研讨会，由近代史研究所社会史研究中心与贵州师范大学、首都师范大学、华中师范大学、山西大学、苏州大学、中山大学历史人类学研究中心、东华大学等兄弟单位联合主办；由中国社会科学院近代史研究所文化史研究室、《近代史研究》编辑部、贵州师范大学历史与政治学院承办。由于会议在贵阳市举行，作为东道主的贵州师范大学，为本次会议的顺利举行作了大量的筹备工作和服务工作，在本论文集出版之际，我代表本次学术研讨会向他们表示衷心的感谢。

我们近代史研究所社会史研究中心所举办的每一次学术研讨会，都是与一些大学的有关院、系、所合办的，只有在他们的支持和合作之下，才使每一次研讨会得以按时而成功地举行。在此，我代表近代史研究所社会史研究中心，对所有给予支持和合作的单位表示衷心的感谢，并希望能一如既往地得到大家的支持和合作，也希望能有更多的朋友加盟到我们的这一学术研讨活动中来，使这一学术活动能够持续下去，使中国近代社会史研究不断发展，更加繁荣兴旺。

2010年3月25日于近代史研究所

《被误读的群体——香山买办与近代中国》序言①

虞和平

本文集是广东省社会科学界联合会和中山市文史资料编辑委员会联合主办、中山市香山文化研究会承办的，于 2009 年 11 月在中山市举行的“香山买办与近代中国”学术研讨会的论文集，取名为《被误读的群体——香山买办与近代中国》。书名中的“被误读的群体”，代表着本次研讨会举办者的学术志向，其意在于力图纠正以往的，特别是改革开放之前的买办研究中所存在的一些学术扭曲之处，如片面化、成见化、脸谱化、政治化等现象，使买办研究更加全面、更加理性、更加实事求是。此次研讨会以香山籍买办及其在近代中国的作用和影响为主体内容，其深层含义在于由此透视香山地域文化的特色，具有发掘和提炼本地域历史文化基因，使其中的合理因素能为当今的现代化建设所用的意义；所涉及的具体内容，包括香山买办的历史渊源、群体构成、网络建构、地域特点、经济活动、社会活动等，较之以往的研究，有新论、有创见、有突破、有特色，显示出一定的纠正“误读”的意义。

下面，我借此机会，对近代中国买办研究中的“误读”问题谈一点浅陋之见。

在历史研究中，发生误读的事情并不少见，或是对文献资料的误读，或是对统计数据的误读，或是对概念含义的误读。其发生原因，有的出于理解不全，有的出于疏忽大意，有的出于时代局限。对于理解和疏忽而造成的误读，有悖历史事实，造成学术性和技术性的缺陷，只要认真检视较易纠正。对于时代局限所造成的误读，有的可以说是误读，有的则属于认识局限和主观选择的问题，主要表现为片面性，即从现实需要出发，只考察甚或放大事物的一个方面，而无视或忽略另一个方面，只有随着时代的改变才能逐渐得

① 王远明、胡波、林有能主编：《被误读的群体——香山买办与近代中国》，广东人民出版社，2010 年。

到克服。这种时代性误读及其逐渐克服的过程，可以说是中华人民共和国成立以来整个中国近代史研究所走过的基本路径，而在有些研究领域则表现得尤为突出，除太平天国史、洋务运动史、义和团运动史的研究之外，近代买办研究也可以说是一个颇为突出的领域。

对于近代中国买办的研究，迄今已经过三个时代。一是在民国时代，纯研究性的专门论著发表甚少，所论主要涉及买办和买办制度的由来。政论性的相关论述，则在20世纪20年代国民革命兴起后渐成热点，瞿秋白、毛泽东等中国共产党的早期领导人都对买办有过论述，并提出了买办阶级的概念。所论主要是关于买办的阶级和政治属性，从反帝反封建的革命观念出发，认为买办是一个反动阶级，甚至是一个最反动的阶级，是革命的主要对象之一。这一时代的研究视角及主要观点，为中华人民共和国成立后的买办研究继承和发挥。

二是在中华人民共和国成立到1979年的继续革命时代对买办的学术研究开始受到重视，但实际研究成果并不多，目前所见的第一篇论文发表于1957年，到1979年为止，在报刊发表的有关论文10篇左右，出版的著作仅有一本。[①] 研究的角度主要是从继续革命和"以阶级斗争为纲"的观念出发，延续和强化国民革命时代的观念，着重考察和分析买办的阶级属性和政治属性，认为买办是外资侵华的重要合伙者和支持者，是外来资本主义势力与中国封建势力相结合的产物，是完全依附于外国资本的反动阶级，代表中国最反动的生产关系，阻碍和破坏了社会生产力的发展[②]；只有个别学者在这一时代临近结束的1979年提出：买办阶级与民族资产阶级有若干共性，在一定条件下有相互转化的可能。[③] 在"文化大革命"期间，买办概念被"四人帮"进一步政治化，并以"买办资产阶级思想"攻击中国利用外部资源进行经济建设的举措，"批判"持这一主张的刘少奇、周恩来、邓小平等领导

① 参见中国社会科学院近代史研究所经济史研究室编：《中国近代经济史论著目录和提要》，上海社会科学院出版社，1989年，第569~570、686页。

② 代表性论文有：黄逸峰：《关于旧中国买办资产阶级的研究》，《历史研究》1964年第3期；伍丹戈：《论旧中国买办资本的落后性和反动性》，《光明日报》1964年8月12日。

③ 聂宝璋：《中国买办资产阶级的发生》，中国社会科学出版社，1979年。

干部。①

三是在1980年以来的改革开放时代,买办研究逐渐成为一个热点,发表的有关论著明显增多,除了延续买办的对外资依附性和反动性研究外,新的研究领域和视角也逐渐开拓,尤其在买办的构成状况、历史作用和文化现象三个方面有较为明显的表现。在社会状况研究方面,所涉及的有:买办的单个人物、买办的家族、买办的地域分布、买办的阶级属性转换等。在历史作用研究方面,所涉及的有:买办与中国近代经济的发展、买办与西方文化的引进、买办与洋务运动、买办与中国近代的资产阶级改良和革命运动等。在文化现象研究方面,所涉及的有:买办的职业语言、买办的经济观念、买办的政治意识、买办的地域文化渊源、买办的生活方式等。这些论著,有的澄清了历史事实,有的开拓了研究领域,有的进一步论述了买办的历史消极性一面,有的探讨了买办的历史积极性一面。就买办的历史积极性一面而言,有关论述认为,买办既是外资侵华的桥梁,又是中国资产阶级的先导,他们可以转化为民族资产阶级而放弃原来的立场,有的成为中国早期工业化的先驱,有的成为早期资产阶级民主政治运动的思想启蒙者,有的成为抵抗外资侵略的参与者和鼓吹者,因而具有一定的争取国家现代化、抵抗外资侵略的进步性表现;至于买办文化,除了具有依附性、扭曲性、奴役性、掠夺性等消极方面,也存在开放性、冒险性和先导性等积极方面。②

由此可见,随着时代变迁而带来的认识角度的开拓和转变,像诸多被时代性误读过的历史事物一样,对近代买办进行新的研究,提出新的见解,对于克服认识上的片面性,更具体和深入地研究其历史状况,更全面和确切地认识其历史的本来面貌,更客观和适时地评判其历史作用,发掘其与现实社会相关联的历史基因,亦不无益处。本论文集对近代香山籍买办的研究,其出发点就在于此。

需要指出的是,改革开放以前的买办研究中固然存在着误读之处,但是改革开放以来的买办研究中也存在着一些误读现象,值得注意的有以下

---

① 参见张春桥:《中国人为什么必须反对洋奴哲学》,《红旗》1976年第4期;高路、常戈:《评邓小平的买办资产阶级经济思想》,《红旗》1976年第7期。

② 汪熙:《关于买办和买办制度》,《近代史研究》1980年第3期;丁日初、杜恂诚:《买办与洋务企业》,《历史研究》1984年第5期;李燕编著:《买办文化》,中国经济出版社,1995年;胡波:《香山买办与近代中国》,广东人民出版社,2007年。

几点：

一是以偏概全的现象。以偏概全，也就是片面性，是时代性误读的主要表现。改革开放以前的买办研究，只看到买办的对外资依附性，并以此进行演义，论定买办全部行为的卖国和反动属性。改革开放以来的买办研究，则较多地看到买办在吸引西方先进文明，以及中国经济资本主义化过程中的桥梁和引导作用，较多地论述买办在中国早期现代化进程中的积极因素一面，并以此认定买办的历史地位和作用。不过，改革开放以来的买办研究中，这种以偏概全的现象，较之以前有明显的减少，虽然较多地考察分析买办的积极作用一面，但也没有忽视其消极作用一面。需要注意的是在某些具体的研究中，有顾此失彼和言过其实的现象存在。因此，如何兼顾、评价买办历史作用的两重性，如何处理好对买办历史作用的总体把握和具体研究之间的关系，是以后的买办研究中需要注意的一个问题。

二是以人论群的现象。买办作为一个群体或阶级，是由数以万计的单个买办组成的，既有共同的职业范围和经济基础，也有不同的个人背景和社会关系，使单个买办之间存在着诸多的差异，其所作所为的历史意义，有的可能消极性多一点，有的可能积极性多一点，并各有其突出的代表性人物，但无论哪一个买办人物都不足以代表买办这一群体的共性。然而，在已有的研究中，在论述整个买办群体的社会属性及历史作用时，往往以人论群，即列举几个甚至一个买办人物作为论据，从而由单个买办的多样性决定了研究结果的多样性；消极论者选取有较多消极表现的买办人物作为例证，积极论者选取有较多积极表现的买办人物作为例证，各有各的说法，各持各的观点，公说公有理，婆说婆有理。这样的以人论群的研究，无论是消极论者，还是积极论者，其所得出的结论都是缺乏说服力的。

构成分子的多样性，本来是各个社会群体或阶级的共有现象，但在其他群体的研究中，却没有发生像买办研究中这样大的分歧。究其原因，就在于较少有买办研究中那样的以人论群的现象，而基本是人以人论，群以群论。也就是说，对单个人物的研究以这个人物的事例为研究对象，对整个群体的研究则以这个群体的事例为研究对象。如在资产阶级研究中以商会等的商人组织作为其群体研究的对象；在工人阶级研究中以工会等的工人组织作为其群体研究的对象。这种群以群论的研究方法应该是值得买办群体研究借鉴的。虽然从现有的资料来看，买办群体没有像商人、工人群体这样系统的组织,但至少有三个方面值得我们从群体研究的方向进行深入发掘。第一个方面是由买办商人领导和参与的商人组织,如上海的广肇公所、四明公所,以及某些行业组织,乃至一些商会。这些组织虽然不是全部由买办组成,但买办不仅参与其中,而且还在一定时段上掌握了领导权,通过考察买办与这些组织的关系,透视其对这些组织活动的引导作用,以显示买办的群体取向和作用。第二个方面是买办的地域群体,特别是具有代表性意义的地域群体,如香山籍买办、宁波籍买办等。这些地域性买办群体,相对于整个买办群体而言,有明确的边界限定,又有较多的资料,因而在群体研究上也有较大的可操作性。第三个方面是由买办领导和参与的群体性事件,如四明公所事件、广州商团事变等。这些事件具有表示商人政治意向的意义,而又有买办一定程度的参与,通过考察其中的买办参与及其发挥作用的状况,可以透视买办的政治意识和倾向。

三是以一时论一生的现象。任何一种社会群体,都是一个开放的系统,都是在不断地新陈代谢的,既不断地有新的成员进入,也不断地有老的成员退出,这也就是所谓的社会流动性。买办这一群体,也同样具有社会流动性,不断地有新人进入买办行列,也不断地有买办退出这一行列。把买办作为一种身份、一个群体或一个阶级,其界定的基础是买办这一职业,也就是说,一个人之所以能成为买办分子,就是因为他从事了买办这一职业;那么,反过来说,当他离开买办这一职业的时候,就不再是买办分子了,这也就是买办身份转换的问题。其实,在众多的买办中,只有少数是终身,甚至几代为买办的,而多数则是一时为买办,也就是说多数买办都是有身份转换的。对于这一点,早在改革开放之初就已经有学者在个别买办人物研究中有所论及。但是,不要说在改革开放以前,就是在改革开放以后的买办研究中,对买办身份转换的问题并没有引起普遍的重视,往往被具体的研究所忽视,对一时为买办的人作一生的买办论证,不仅将他退出买办职业后的言行继续引用为论证买办作用的论据,而且将他一时任买办的身份继续使用于退出买办职业后的身份界定。这也就是说,有不少的研究者,把一时为买办的人当作一生是买办的人来对待了。这种现象,在唐廷枢、徐润、郑观应、容闳、虞洽卿等发挥过较大历史作用的人物的研究中显得尤为明显。

当然,做过买办的人,在退出买办群体而进入其他群体以后,担任买办的经历会对他以后的职业活动和社会活动带来一定的影响,将担任买办时期所获得和积累的知识、经济和社会资源运用于新的职业活动和社会活动。但是，这时候，他的服务对象、活动领域和生存基础已经转变，原有资源的运用只不过是他在新生活中的谋生手段，已不再与买办职业和买办群体相联系；这就像其他同一群体中不同出身的人会运用其原有资源作为谋生手段，而不再属于原来的群体一样。如果以这种原有买办资源的运用，来论述买办的后续影响尚属可行的话，那么以此论述买办本身的历史作用未免牵强附会。

除了纠正“误读”这一用意，此次研讨会还具有另一个创意，即对买办进行区域群体性的研究。以往的买办研究，大多注重于两头，或对单个买办人物进行个案研究，或对整个买办进行笼统研究，即使有涉及某一地区买办之处，也仅作为例证而已。此次研讨会，意在提倡对香山籍买办作群体性的研究，而且意图非常明确。在近代中国，买办的存在状态，依据其生存集中的状况，可分为两类地域性集群，一类是籍贯属地性集群，如小一点的有香山籍买办、宁波籍买办，大一点的有广东籍买办、浙江籍买办、江苏籍买办、福建籍买办；另一类是从业属地性集群，如广州的买办、上海的买办、武汉的买办、天津的买办等。对于这些地域性买办群体，迄今尚少见及专门的研究著作，此次研讨会当有首倡之意义，将会对以后的此类研究起到一定的启发和带动作用。

香山是近代中国买办的发源地，并出现过不少具有历史影响的著名买办。对于这样一个独特的地域买办群体，从多个角度加以深入研究，不仅对推进中国近代买办史和资产阶级史的研究具有重要价值，而且还有助于充实中国近代的经济史、现代化史，乃至文化史、政治史、中外关系史的研究。在近代，香山买办在中国的发展进程中做过不少开全国之先的实事，说过不少领时代之锋的话。在当今，中山市有关机构的领导和学者在香山买办的研究上迈出了新的步伐，作出了新的成绩，可谓是在香山买办的研究中继承了香山买办的敢于创新的精神，令人钦佩，前程可期。

2010 年 4 月 15 日于中国社会科学院近代史研究所

《郑观应思想与当代中国社会》序言

——兼论郑观应的历史地位①

虞和平

2009年11月,中山市社会科学界联合会举办了“郑观应思想与当代中国社会”学术研讨会,本书即是这次研讨会的论文集。较之以往的郑观应研讨会论文集,本论文集有两个值得注意的特点。

第一个特点是,给读者提供了一些郑观应研究的新信息,显示了一些新方向。迄今为止,学术界对于郑观应的研究,已有众多的成果,专题学术研讨会也开过多次,研究的内容已涉及郑观应的生平和家族,以及宪政、工商、外交、军事、法律、文化、新闻、宗教、医学、民族、普通教育、妇女解放、慈善公益等思想。本论文集的研究内容,在已有成果的基础上又有所进展,既有深入之处,也有开拓之处。深入者,如在郑观应的综合性研究上,有文章从发展路径、治学路径和修身路径三个方面考察郑观应的处世之道、应变能力和修身理念,提出郑观应是一个“近代通人”的观点;在郑观应思想研究上,有文章再次分析了郑观应的中西文化异同观,认为其中不存在“中体西用”的思想,而是“中本西末”的思想,两者有本质的不同;其所论及的“体用”之说,也不是中学与西学之别,而是西方的政制和技艺之别,即以政制为本,以技艺为用。开拓者,如思想方面,有较多的文章分别涉及了郑观应的农业思想、旅游思想、职业教育思想、社会管理思想、精神文明思想、办报思想、辨古援今思想、“总地球而浑一之”的世界“大同”思想的研究;社会作用方面,有文章论及了郑观应在东南互保中所发生的影响、郑观应等香山籍买办与世界博览会的关系;本土文化方面,有文章分析了郑观应思想的香山文化渊源、郑观应思想对当代香山人文建设的价值。因此,这是一本在学术上有所贡献并值得一读的文集。

---

① 尹绪忠主编:《郑观应思想与当代中国社会》,广东经济出版社,2010年。

第二个特点是，体现了中山市在本土文化研究中的开放心态和远见卓识。乡土文化研究，在中国有悠久的传统，但以往通常是关起门来自行研究，自说自话，缺少与外界的交流和互动。近年来，中山市则采取以本地学者为主，联络部分外地著名学者参与的方式研究本土文化，既带动外地学者对中山文化研究的重视，也促进本地学者对本土文化研究的发展和深入。这种以内联外引方式研究本土文化，在中山市已进行多年，亦颇有成就，以整体性的香山文化研究开其端，继之以专题性的香山买办文化研究，此次的郑观应思想研究则是又一个专题研究。从本论文集中可以看到，论文的作者大多数是中山市本地的学者和文化工作者，他们不仅在作者数量上是本次研讨活动的主体，而且在研究内容上也触及了一些新的问题，碰撞出了一些思想火花，上述新开拓的研究内容，大多为他们所提出。在此次研讨会上，还成立了“中山市郑观应文化学会”，有众多的理论和文化工作者参加了这一学术团体，使研究的群体得以扩大，并具有了一定的大众性。本土文化是一个地域特有的精神结晶、历史基因和人文资源，科学地发掘它、提炼它、总结它、发扬它、丰富它，无疑有助于增强当地人民的地域认同感、自豪感和凝聚力，继承和发扬优秀的地域历史文化精神，延续优质的地域文化基因，使之在本地区的和谐社会和现代化建设中发挥应有的作用。中山市的这种立足本地、面向大众的本土文化研究，在全国的各地域文化研究中，虽说不是独有者，但亦可说是领先者，不能不说是颇具远见卓识之举。

郑观应是中山市的一位杰出历史人物。中国史学界对他的思想和事功已多有研究，但对其历史地位的定位尚不够准确。已有研究对郑观应的历史地位提出过多种定位，如中国现代化的前驱、改良主义理论家、思想家、实业家等。这些定位，虽都有其道理所在，但亦都有其局限性。一是只能反映郑观应历史地位的某一方面，理论家、思想家、实业家，都是就郑观应的某一方面而言的，是几个方面并行的定位；二是不能体现郑观应历史地位的独特性，无论是中国现代化的前驱，还是理论家、思想家、实业家，都不足以体现郑观应历史地位的独特之处，因为近代中国具有这些历史地位的人大有所在，郑观应是他们中的一员，这些称号可以戴在郑观应的头上，也可以戴在诸多同类人物的头上；三是不能显示郑观应最突出、最重要的历史作用，已有的这些历史定位，都只是笼统的定位，甚或是一种职业身份的界定，看不出郑观应的特殊历史贡献所在。因此，对于郑观应历史地位的定位，还可以作进一步的研究,我借此机会,亦略谈一点自己的看法。

对一个历史人物作历史地位的定位,应该主要从其所经历的时代中最为突出之处,即包括最有突出建树的社会领域、最有历史影响的事业成就、最有时代作用的历史阶段中,去综合,去认定,而且,这种综合和认定,不仅仅是人物自身的单独综合和认定,更重要的是在与同时段、同类人物的比较中进行综合和认定,因为只有通过比较才能显示其在时代和社会中的突出之处和特有地位,否则就只能总结出其本人生平中的突出之处,而不足以显示其历史地位。据此而言,我觉得郑观应所具有的历史地位,应该是"中国早期现代化思想启蒙高潮的引领者"。这主要有如下几点理由:

第一,就郑观应的生平事功而言,最有突出建树的社会领域,应该是在思想领域。郑观应的生平事功虽然涉及众多领域,他当过买办、办过实业、做过官吏、办过学校、参与过社会改良活动等,但在这些领城中,他与同代同类人物相比,所取得的业绩并不是很杰出,其所发生的作用并不是很明显。唯有在思想领域,因其所写的倡言资本主义改良的著作《救时揭要》《易言》《盛世危言》持续出版,在当时思想界具有突出地位。

当时著书立说,言及资本主义改良的人物,除郑观应之外,还有王韬、何启、胡礼垣、郭嵩焘、薛福成、马建忠、黄遵宪、崔国因、宋育仁、冯桂芬、陈炽、陈虬、汤震、宋恕、邵作舟等人。其中建树较大的有:冯桂芬于 1861 年著成《校邠庐抗议》文稿,于 1876 年作为其文集《显志堂稿》的第十卷、第十二卷首次出版,1883 年经过删改增订出版单行本。薛福成于 1865 年向曾国藩提出改革科举、学习西方军事技术的建议,1875 年应诏上改革内政外交万言书,1886 年出版《筹洋刍议》,言发展工商、增进外贸之策。王韬于 1873 年在香港创办日报《近事录》和《循环日报》,宣传变法自强,至 1983 年将发表的文章选择收集为《弢园文录外编》一书出版,1887 年再版。陈虬在中法战争后写成《报国录》,开始倾向维新,1890 年向山东巡抚张曜献《东游条议》,言"创设议院"等变法之事,1892 年写成《治平通议》,广论富国强国之策。汤震于 1887 年开始撰写《危言》,1890 年成书出版,1892 年再版,就议院、吏制、学校、西学、海军、开矿、筑路等方面指陈时弊,提出变法主张。邵作舟约于 1894 年出版《邵氏危言》,亦广言改良之事。何启、胡礼垣于 1894 年撰写《新政论议》,1895 年正式刊行。

与上述这些早期的改良主义思想家相比,郑观应在中国近代早期改良主义思想产生发展历史中具有三点突出之处。一是时间较早,从 19 世纪 60 年代初就开始撰写和辑录议论时政和经济问题的文章,于 19 世纪 70 年代初即将所写之文辑成《救时揭要》一书出版,是当时同类著作中最早出版的。二是持之以恒,在出版《救时揭要》后,又在此基础上进行不断的修改扩展,于 1980 年出版《易言》,接着又对《易言》进行修订,将其扩充为《盛世危言》,于 1884 基本写成,1891 年完稿,1894 年出版,此为其他同类思想家所未有。三是内容最为广泛,在《易言》中,郑观应已提出了一系列以国富、御侮为中心的改革内政、学习西方的主张和措施,内容涉及公法、税务、鸦片、商务、开矿、火车、电报、开垦、治旱、机器、船政、铸银、邮政、盐务、游历、议政(议院)、考试、吏治、边防、交涉、传教、出使、水师、火器、练兵、民团、治河、虚费、廉俸、书吏、招工、医道、犯人、栖流、借款、裹足、贩奴、国债、西学等 39 项,已基本形成改良主义的思想体系;在《盛世危言》中,内容进一步扩展,除《易言》中已有内容之外,还增加了道器、学校、女教、藏书、公举、原君、自强、日报、典礼、禁烟、条约、入籍、阉宦、限仕、汰冗、革弊、建都、户口、旗籍、教养、训俗、刑法、巡捕、罚赎、善举、僧道、盗工、厘捐、捐纳、停漕、度支、商战、商船、保险、修路、驿站、银行、圜法、纺织、技艺、赛会、农功、海防、江防、炮台、练将、卫屯、间谍、弭兵等 49 项,合计 88 项,对当时亟待解决的危难和求强问题几乎涉及无遗,思想体系更趋完整,而其所言措施具体,有较强的可行性。翰林院编修蔡元培,在 1896 年 3 月读了《盛世危言》后就评价说:此书“以西制为质,而集古籍及近世利病发挥之,时之言变法者,条目略具矣”①。湖广总督张之洞在 1897 年 12 月读了《盛世危言》,并与同类著作作比较后评价说:“论时务之书虽多,究不及此书之统筹全局,择精语详,可以坐而言即以起而行也”,“上而以此辅世,可为良药之方,下而以此储才,可作金针之度”②。还有称为黄山道人者说:“《校邠庐抗议》《易言》《盛世危言》《劝学篇》诸书,均邀乙览。且《盛世危言》皆阐明中外政治得失,闻各省书坊辗转翻刻,已售至十余万部之多。早识先几,朝野称赏。”③由此可见,郑观应以最早、最完整的改良思想体系,而居于同代同类思想之首。

① 高平叔:《蔡元培年谱长编》上册,人民教育出版社,1996 年,第 83 页。

② 张之洞:《增补盛世危言统编·序》,光绪二十三年(1897)仲冬。

③ 《知耻图说跋》,夏东元编:《郑观应集》下册,上海人民出版社,1988 年,第 336~337 页。

第二，就郑观应生平事功中最有历史影响的业绩而言，应该是他所著的《盛世危言》。《盛世危言》是在《救时揭要》和《易言》的基础上逐渐积累而写成的，是郑观应用一生中最宝贵的30多年而写成的巨著，是他一生中用心最多的一件事业。正如安徽巡抚邓华熙在1897年奏保郑观应时所说的：郑观应虽然"历办招商、织布、电报等事，措置井井有条"，亦被"调赴广东委办营务……决策运筹，深资襄助"，但其"精力所萃，尤在辑著《盛世危言》一书"[①]。而且，《盛世危言》是郑观应一生所做事业中社会影响最为广泛和最为重要的一件，从它的前身《救时揭要》《易言》出版之时起，就受到社会的关注，并很快流行到日本和朝鲜等国。至于《盛世危言》，早在文稿初成的1885年初，兵部尚书彭玉麟读了以后就深受感触，先行写下序言说："余赋性木讷，不谙洋务，今阅是书，所说中西利病情形了如指掌。其忠义之气，溢于行间字里，实获我心。故缀数语，亟劝其刊行问世，以期与海内诸公采择而力行之。""彼族（西方）之器我能制造，日新月异。自然国富兵强，四夷宾服。奚不可以是书为左券也哉。"[②]既抒发自己的感受，又建议尽快出版，以便为改进洋务举措、致国富强所用。在1894年正式出版以后，《盛世危言》既受思想界欢迎，亦得政界重视，"都中各处求者"，"络绎不绝"，发行量极为可观，相继在1895年和1900年修订再版，除郑观应自己修订再版之外，还被别人翻版，到1900年时，此书已被翻印20多次，印量达20多万，还流传到日本、朝鲜等邻国，风行一时。

《盛世危言》所产生的影响也比较深远，为同时代同类著作所不及。首先是对接踵而至的维新变法运动的影响。1895年4月，在朝野刚刚开始筹议维新之时，江苏布政使邓华熙就给光绪皇帝上奏，专门推荐此书，说："《盛世危言》一书，于中西利弊透辟无遗，皆可施诸实事，前兵部尚书彭玉麟称为时务切要之言……其语皆征实说，集众长……谨陈管见，并录原书一函五册

① 《皖抚邓筱帅奏保荐人才折》光绪二十三年（1897）二月十六日，夏东元编：《郑观应集》下册，上海人民出版社，1988年，第1520页。

② 《时务分类文编》，卷一，叙。另见《彭序》，夏东元编：《郑观应集》上册，上海人民出版社，1982年，第227页。

随折恭进。”[①]到6月初，盛宣怀即告知郑观应：“《盛世危言》一书，蒙圣上饬总署（总理各国事务衙门）刷印二千部，分给臣工阅看。”[②]后来，邓华熙升任安徽巡抚后，又在1897年3月保荐郑观应的奏折中评价说：“《盛世危言》一书，别类分门，抉发中西利弊，剀切详明，实为救时要策”；1898年4月再次保荐时又说：“《盛世危言》一书，缕析条分，事多切要。”[③]接着，户部尚书、光绪皇帝的老师翁同龢和礼部尚书孙家鼐，亦将《盛世危言》“先后点定进呈”朝廷，并得光绪皇帝“不时披览”[④]。孙家鼐还在将冯桂芬的《校邠庐抗议》、汤寿潜的《危言》、郑观应的《盛世危言》先后向光绪皇帝推荐之后。又于1898年7月正当变法高潮之际，上奏强调说：该三书“皆主变法，臣亦欲皇上留心阅看，采择施行”[⑤]。此外，《盛世危言》还影响到科举考试的主题，有记载说：该书“所载中外各事，中华人近以该书作南针，迩来场中考试常出该书所序时务为题目”[⑥]。这必然增强广大应考知识分子的讲求时务意识。此书也为康有为、梁启超所重视。康有为于1895年在上海时曾阅读过此书，且有意将其列入西学书目之中，推荐给维新人士阅读；1896年7月，此书即被梁启超作为“中国人言西学之书”[⑦]之一编入《西学书目表》附卷。此书对孙中山也曾产生过一定的影响。就是到了民国时期，此书的魅力犹存，青年毛泽东“很喜欢”此书，在家里偷着阅读，并激起“求学的欲望”，进而“脱离家庭”，走向新的生活之路。

因此，《盛世危言》的印数之多，流传之广，作用之大，影响之远，在当时

---

① 邓华熙：《进呈盛世危言疏》光绪二十一年（1895）三月二十六日，《皇朝经世文三编》卷三，学术三；另见《头品顶戴江苏布政司布政使臣邓华熙跪奏》，夏东元编：《郑观应集》上册，上海人民出版社，1982年，第226页。

② 郑观应：《上皖抚邓筱帅书》，夏东元编：《郑观应集》下册，上海人民出版社，1988年，第361页。

③ 《皖抚邓筱帅奏保荐人才折》光绪二十三年（1897）二月十六日，《皖抚邓筱帅奏保荐道员胪列实迹以备擢用折》光绪二十四年（1898）三月二十八日，夏东元编：《郑观应集》下册，上海人民出版社，1988年，第1520、1522页。

④ 《郑观应年谱简编》，夏东元编：《郑观应集》下册，上海人民出版社，1988年，第1555页。

⑤ 孙家鼐：《请饬刷印校邠庐抗议颁行疏》光绪二十四年（1898）五月二十九日，中国史学会主编：《中国近代史资料丛刊·戊戌变法》（二），上海人民出版社，1957年，第430页。

⑥ 《新闻报》1897年3月2日。

⑦ 上海图书馆编：《汪康年师友手札》（三），上海古籍出版社，第2978页；中国史学会主编：《中国近代史资料丛刊·戊戌变法》（一），上海人民出版社，1957年，第454页。

的同类著作中是无与伦比的。

第三，就郑观应所经历的时代而言，他最有时代作用的历史阶段，应该是在洋务运动中后期，即19世纪70年代中期到90年代中期。郑观应一生虽然经历过洋务运动、戊戌维新、清末新政、预备立宪、建设民国等重要的历史时段和事件，但他发挥最大作用的阶段无疑是在洋务运动中后期，在此后的其他几个阶段中，他虽发挥了一定的作用，但他的思想和事功也还在发展之中，均不再居于时代的主要地位，而是退居次要地位，甚或渐趋隐没。

正值早期改良主义思潮兴起之际，出现了众多的早期改良主义思想家，产生了各种改良思想。这些改良主义思想，均以救亡图存、议院政治和振兴工商为核心，涉及了中国早期现代化的三大主题——民族化、民主化和工业化，可谓是中国早期现代化思想的初期形态。这种中国的早期现代化思想，最早于第一次鸦片战争之后在少数开明知识分子和官员中局部萌生起来，到这一时段，不仅具有这种思想的人及其著作大量出现，而且思想体系渐趋完整，并通过他们的著作传播到较为广大的人群中，影响到戊戌维新运动和以后的资产阶级改良和革命运动，起到了中国早期现代化的社会启蒙作用，并在1895年前后形成高潮。其中，郑观应的早期改良主义思想，以其最先形成、最为全面、最为完整、最具影响而发挥了中国早期现代化思想启蒙高潮的引领作用。

对于郑观应的研究，仍然还有待于我们去作进一步的深入和开拓，但对于中山市来说，除郑观应之外，还有很多历史文化宝藏值得发掘。中山市，旧为香山县，是一个富有历史文化资源的地区。特别是在清代以来，它的独特地理区位，首先造就了中西结合的独特地域文化，出现了一批开风气之先的先进人物，在近代中国产生过不少关键性的影响。中山市所具有的这种独特的历史文化土壤、多彩的历史文化构造、诸多的历史精英人物、广泛的历史文化影响、丰富的历史文化文献，都是中山地域文化研究值得开展的领域。愿中山市在本土历史文化的研究中取得更大的成就。

2010年6月19日于北京寓所

《近代史所藏清代名人稿本抄本》序言[①]

虞和平

作为国家清史纂修工程的"文献丛刊"之一,《近代史所藏清代名人稿本抄本》(以下简称"本集")于2008年6月立项,2010年8月落实出版事项,正式启动编辑工作。

中国社会科学院近代史研究所图书馆收藏的丰富资料,为海内外中国历史研究者所珍视,晚清档案为其中之一宝。国家清史纂修工程启动后,编纂委员会的领导非常关注本所的这部分档案,2006年初编委会主任戴逸教授亲自前来调研,希望我们将所藏的清代名人稿本和抄本档案整理出版,作为清史纂修工程的"文献丛刊"之一。本所领导步平、王建朗、赵葛田,以及我本人都十分重视此事,经所长办公会讨论,一致同意开展此项工作,以此为清史工程做一些贡献,并委托本人牵头负责。随后,即请时任图书馆馆长的闵杰对馆藏此类档案进行摸底调查,并于2007年4月向清史编纂委员会递交调查报告,提出拟选档案。后经过本人和闵杰与清史编委会项目中心、文献组的多次商谈,申请立项。经清史编委会组织专家评审通过,得以正式立项,由本人担任本项目的主持人。

本集所辑档案涉及档主50名,内中所包含的档主家族成员和文书往来相关人物数百人,有清朝的皇亲贵胄、中枢重臣、封疆大吏、地方官员、军事将领、外交使臣、幕僚谋士、绅商名流、文人墨客、平民百姓、来华洋人。其中,既有史书中的常见者,更有罕见者,覆盖从朝廷顶端到社会末梢的各个层级。档案内容涉及内政、外交、军事、吏治、法制、科举、教育、经济、文化、社会等各个方面。时间跨度从第一次鸦片战争到辛亥革命,延及民国中期。从这些档案中,可以看到晚清历史的各个面相及其发展变化,可以透视晚清社会和官场的内情细节及其变幻奥妙。

① 虞和平:《近代史所藏清代名人稿本抄本》(第一辑),大象出版社,2012年。

尤其是一些鲜为人知的重要人物的档案，更富有学术研究和开发利用的价值。其中特别值得介绍的有如下几人的档案：

一是阎敬铭档案。阎敬铭(1817—1892)，字丹初，号约盦、荔门，晚年号无不悔翁。道光二十五年(1845)考取进士。咸丰九年(1859)，发往湖北，随官文、胡林翼差遣，总司粮台营务。咸丰十一年(1861)授湖北按察使。次年，署湖北布政使，旋调署山东盐运使，继而署理巡抚，进剿捻军。同治三年(1864)，实授山东巡抚，会同曾国藩、李鸿章剿捻不遗余力。同治六年(1867)，因病归里。光绪三年(1877)，奉命察视山西赈务。光绪八年(1882)，起用为户部尚书。次年，兼署兵部尚书。光绪十年(1884)，充军机大臣、总理衙门行走，晋协办大学士。光绪十一年(1885)，授东阁大学士。光绪十四年(1888)，因上疏请暂缓修建圆明园和太后驻跸，并参劾疆臣随意开缺属员而遭申斥，随即以病坚请辞职。次年，获准辞职回籍。

阎敬铭档案，内容涉及其赴湖北掌胡林翼粮台营务至辞职还乡的为官全程，也涉及经营乡里和家庭之事。特别是他任职山东期间，在镇压捻军中所扮演的角色所为人少知，其所保存的有关当时当地社会经济状况的记录不可多得；他在视察山西赈务的档案中所述及的当地灾情和赈灾情况，亦颇有资料价值。这些都是富有研究价值的题材。

二是孙毓汶档案。孙毓汶(1834—1899)，字莱山，亦作莱衫，号汇溪、迟盦(亦作迟庵、迟龚)，山东济宁人。咸丰六年(1856)，以榜眼授翰林院编修，与状元翁同龢为同榜。咸丰十年(1860)，因丁父忧及办团抗捐被劾，遭革职遣戍。同治元年(1862)，以捐军饷恢复原官。同治五年(1866)，擢侍讲学士。此后出任乡试考官、学政等职。光绪七年(1881)，授工部右侍郎。光绪十年(1884)，以工部左侍郎兼署刑部左侍郎，奉旨赴湖北、江西、河南查办案件。光绪十一年(1885)，奉旨在总理各国事务衙门行走，又在军机大臣上行走。光绪十五年(1889)，晋刑部尚书，兼署户部尚书，后又兼署兵部尚书。光绪十九年(1893)，调任兵部尚书，加太子少保衔。次年，兼署都察院左都御史。光绪二十一年(1895)，因病解职。生平工书法，善鉴别书画，喜好收藏，并笃信佛教，有半禅、大禅宗之称。

孙毓汶家族自乾隆后期至光绪晚期，五代连续为官，有五进士、五高官，可谓是清朝北方汉人第一士族。《清史稿·孙玉庭传》说：“子善宝，以举人荫生授刑部员外郎，官至江苏巡抚。瑞珍，道光三年进士，由翰林官至户部尚书，谥文定。孙毓溎，道光二十四年一甲一名进士，官至浙江按察使。毓汶亦以一甲二名进士，官至兵部尚书，自有传。曾孙楫，咸丰二年进士，翰林院庶吉士，官至顺天府尹。四世并历清要，家门之盛，北方士族无与埒焉。”孙玉庭本人，则系乾隆四十年(1775)进士，官至两江总督、体仁阁大学士。孙玉庭之父孙扩图，乾隆元年举人，历任浙江乌程、缙云、嘉兴、钱塘等县知县，长于诗文，多有著述。孙毓汶家族与南方第一士族翁同龢家族，在科场、官场可谓是旗鼓相当，而且孙瑞珍与翁心存、孙毓汶与翁同龢同期为官，同为中枢重臣，互相既有配合，也有争执，但其真相不为人知。迄今为止，翁家已是不乏研究的清代名门，而孙家仍埋没在历史的尘埃中。本档案在孙毓汶的为官经历、书画嗜好、宗教信仰及其家族脉络等方面，均有较系统之反映，实为研究孙毓汶及其家族珍稀之资料。

三是张曾敭档案。张曾敭(1842—1921)，直隶南皮人，系张之洞族侄孙。字筱帆，亦作晓帆，又字润生，亦作闰生、韵笙，另字抑仲。号渊静、静居主人、天鬻主人。同治十年(1871)考取进士。光绪三年(1877)，充会试同考官。光绪十一年(1885)出任湖南永顺府知府。光绪十六年(1890)，调补广东肇庆府知府。光绪十九年(1893)，调署广州府知府。次年，调补福建盐法道。光绪二十一年(1895)，迁福建按察使。光绪二十五年(1899)后历任四川按察使、福建布政使、湖南布政使、广西布政使、四川布政使。光绪二十九年(1903)，升山西巡抚。光绪三十一年(1905)，调署湖南巡抚、浙江巡抚。光绪三十三年(1907)，调任江苏巡抚，又调任山西巡抚，旋因病解职回籍。

张曾敭档案，是其一生档案之汇存，文件的起讫时间为同治七年(1868)至光绪三十三年(1907)，大多是其为官公务记录及往来函电。由于张曾敭为官地域较多，涉及湖南、广东、福建、四川、广西、山西、浙江七省，其内容包括财政、经济、军事、学务、考吏、外交等方面。因此，本档案对张曾敭生平及其为官之道的研究，对19世纪末20世纪初南方各省政情民生及社会变革的综合研究和地域研究，都具有独特资料价值。

四是陈璧档案。陈璧(1852—1928)，字玉苍、佩苍、雨苍，晚年号苏斋，福建闽县人。光绪三年(1877)考取进士，旋任内阁中书，后历任礼部司官。光绪二十一年(1895)补授都察院湖广道监察御史，署陕西道监察御史、刑科给事中等职。光绪二十五年(1899)，旋充山西道监察御史。次年，在八国联军占领北京时，署理巡视中城事务，会办五城（北京城内东西南北中五个城区）事宜。光绪二十七年（1901）后，先后补授顺天府府尹、太仆寺少卿、会办五城事宜。光绪二十九年（1903），补授商部右侍郎，转左侍郎，又会办五城练勇局事宜。光绪三十一年（1905），卸管理五城任，调署户部右侍郎。次年，改度支部右侍郎。光绪三十三年（1907），补授邮传部尚书。宣统元年（1909）罢官。

陈璧档案是他会办五城事宜时的各种公文和部分奏折，以及他本人的履历、科考试卷，由其自编为《五城公牍汇存》，起于光绪二十六年二月，止于光绪三十一年六月。在此任内，他为维持京城秩序，设法办理团练、粥厂、平粜、路灯；禁赌、禁娼、禁盗、防范义和团；先后与德国侵略军大参谋裴克尊汉、总税务司赫德协商开市事项；与各国交涉撤军接收和善后事宜；主持南苑、天坛的修筑工程。同时，为确保朝廷财政用款和社会金融信誉，整顿京城金融秩序，保护劝谕钱商、票号、炉房开业。本档案可谓是八国联军占领时期，有关北京社会状况的最为完整的资料。

五是奕譞（醇王府）档案。奕譞（1840—1891），是道光帝第七子、光绪帝生父。道光三十年（1850），封为醇郡王。咸丰十一年（1861），任正黄旗汉军都统。奉慈禧太后之命缮就谕旨，将载垣、端华、肃顺解任、拿问。后历任御前大臣、正黄旗领侍卫内大臣等职。同治十一年（1872），晋封醇亲王。光绪六年（1880），管理神机营事务。光绪十年（1884），会同礼亲王世铎办理军机处紧要事件。次年，负责三海修理工程。旋出任海军大臣，总理海军衙门，节制沿海水师。光绪十四年（1888），因原太平湖宅邸系光绪帝出生之地升为宫殿，奏准另建醇王府，由朝廷拨款建造，称北府。

奕譞档案中不仅有奕譞本人的档案，亦有其子载沣的档案，最主要的是醇王府内部生活和财产管理的档案。涉及范围包括王府的宅邸建筑、礼尚往来、祭祀供奉、饮食物品、家用器具、服饰轿马、日常费用、仓库管理、庄园管理等，是了解王府日常生活状况、家产管理制度和旗地管理制度不可多得的资料。其中的载沣档案，有相当一部分是民国以后的档案，从中可见载沣在民国时期作为一个平民的生活景象。

六是张之洞档案。张之洞（1837—1909）的生平已众所周知，他仕途经历丰富，为官时间久长，各方关系众多，历史影响巨大。他的档案是本所保存最完整、最系统的档案，奏折、公文、电稿、试卷、信函、家书、藏札、履历等一应俱全,其珍贵价值自不待言。

本集编辑公布的张之洞档案,其文献数量将大大超过已经出版的各种张之洞文集。除张之洞本人所作的各种文献,较已出版文集有所增加,弥补缺漏之外,本档案的最大扩增是收录了他人给张之洞的公文、信函和电文,以及张之洞档案中所保存的其他相关人物的档案。这将有助于读者更全面地了解张之洞,更系统地看到张之洞的历史经历,更广泛地领略张之洞的历史作用。

七是锡良档案。锡良(1853—1917),字清弼,蒙古镶蓝旗人。同治十三年(1874)考取进士,后在山西任职20年,历任知县、知州等职。甲午战争时调至山东,任道员等职。后调任山西按察使、湖南布政使。光绪二十六年(1900),任山西巡抚。后历任河南巡抚、热河都统。光绪二十九年(1903),晋闽浙总督,调署四川总督。光绪三十三年(1907),调云贵总督。宣统元年(1909),授钦差大臣,调东三省总督。其生平经历,以出任四川总督和东三省总督最为重要,多有所为。

锡良档案为数巨大,内容丰富,包括其任知县以后的札牍,任按察使,特别是任巡抚以后的奏稿、电稿、朋僚函牍。所存奏稿中的2000余件,100万字,已于1959年时由近代史研究所整理为《锡良遗稿·奏稿》,其字数约为档案总数的5%,仍有不少奏稿未曾编入。所存电稿,起于光绪二十六年(1900),直至宣统三年(1911),多涉及清末大事。所存朋僚函牍,大多有关地方事务、人际关系、家族内情。本档案所涉内容广泛,重要者如川汉铁路之修筑、西藏骚乱之平息、贵州新军之编练、东北铁路及各项新政之建设、鼠疫之防治等。本档案对于锡良研究、清末四川和东北地方史研究来说,其珍贵之处不言自明。

除上述七位档主的档案之外,其他档主的档案亦各有可贵之处。如奕劻、荣禄档案之于晚清政局,李盛铎档案之于清末新政,梁敦彦档案之于晚清外交,唐景崇档案之于清末教育改革,长顺档案之于晚清新疆、东北军务。

本集的公开出版,对晚清史研究的刷新和开拓,裨益良多。

本集得以出版,得益于各方的支持和帮助。国家清史工程的领导给予了高度重视和大力支持,近代史研究所的领导给予了大力支持,近代史研究所图书馆给予了积极配合。国家清史工程编纂委员会副主任马大正先生以及项目中心、出版中心和文献组各位专家给予了多方指导。大象出版社的领导和编辑做了大量的编辑出版的组织工作和具体工作。对所有这些支持和帮助,谨表示衷心的感谢。

由于数量巨大,编辑时间匆促,本集在编辑工作中难免有错误之处,敬请读者批评指正。

2011 年 10 月 6 日于北京寓所

《国难中的学术与政治：中国经济学界的争鸣（1932—1937）》序言[①]

虞和平

吴敏超在她的著作《国难中的学术与政治：中国经济学界的争鸣（1932—1937）》一书出版之际，邀我为之作序，作为导师和本书第一读者的我似乎不应推辞。吴敏超在博士研究生毕业后的5年中，潜心研究，多方求教，终于在她的博士论文基础上补充修改成现在的这一著作。在修改期间，她曾就著作中的若干重要问题写成9篇专题论文，发表在《近代史研究》等学术刊物上，有两篇被《中国社会科学文摘》部分转载，显示了对这一课题研究的先期成就。

吴敏超的这一研究，应属中国近代经济思想史的学科领域。其研究的主体对象是20世纪30年代刊行的《中国经济》《经济学季刊》《中国经济情报》三个经济刊物及其分别集聚的三个作者群体，即以国民党内的经济学者为主体的汪精卫系经济学派、以留学西方的经济学者为主体的自由经济学派、以马克思主义经济学者为主体的左翼经济学派。并与时代背景相结合，透视从九一八事变到七七事变间中国经济理论界对强国之路的探讨，重点揭示三大经济学派的政治和学术背景、所持主张的异同及其思想交锋和学术分派，以及对国民政府经济决策的影响。

1932—1937年间，是中国经济理论界较大发展和较为活跃的时期。这五年，一是通过清末民初出国留学和国内新式教育而成就的新式经济学家已进入成熟之时，使中国的经济学界呈现出规模化、群体化和多元化的状态。二是中国获得政权统一之后兴起新的经济建设高潮之时，经济学界关心国家经济建设的情怀得到激发，对中国经济发展途径的探讨相应进入新

① 吴敏超：《国难中的学术与政治：中国经济学界的争鸣（1932—1937）》，中国社会科学出版社，2014年。

的时期,各种主张纷呈不已。三是九一八事变后日本和其他列强经济侵华活动及其所带来的中国经济危机,刺激了中国经济学界,使他们防范和抵制日本及其他列强侵略的意识逐渐增强。四是因第一次国共合作破裂之后马克思主义经济学家阵营的出现和初步成长,成为探讨中国经济发展之路的另一种理论源流。与此同时,这五年,既是中国近代经济由自由经济体制向统制经济体制过渡,并形成第二次发展高潮的时期,也是中国近代经济面临诸多新问题和新挑战的时期。与此相应,经济理论界发表了众多的对策性言论,他们的政治和学术背景虽各有不同,主张亦各有所持,但却有一个共同的时代性特点,即为中国经济的进一步发展和抵御列强经济侵略寻找有效之路。在这样的时代背景之下,这五年中的经济理论界所阐发的经济思想,自有其独特之处和承上启下的地位,是中国近代经济思想发展史中的一个重要阶段。

吴敏超的这一著作,作为一本中国近代经济思想史研究的著作,其值得关注之处,不仅在于它的题材、内容和观点将给读者提供不少新的信息,更在于它的研究路径颇有开拓创新之意,这主要表现在以下三个方面。

其一是将研究对象从个人扩展到群体,又从单一群体扩展到多元群体。中国近代经济思想史研究,长期以来多以单个杰出人物的经济思想为一个单元研究的对象,如郑观应、康有为、梁启超、孙中山、张謇、马寅初等人的经济思想;到 1990 年前后,社会经济思潮研究开始兴起,如重商主义思潮、实业救国思潮、振兴实业思潮、抵制洋货思潮、提倡国货思潮、工业化思潮、统制经济思想等;2000 年前后,有一些学者开始关注群体性经济思想的研究,主要是对某一个派别或某一个刊物的经济言论进行研究,如派别方面的洋务派、早期改良派、维新派、革命派等的经济思想,刊物方面的《大公报》、《新经济》半月刊等的经济言论。现在,吴敏超的著作,更进一步地将三个经济刊物及其作者群体作为一个单元进行研究,且聚焦于当时社会舆论的四个热点问题——抵御列强对华经济侵略问题、挽救农村经济破产问题、改革金融财政制度问题、选择国民经济建设之路问题,从而不仅将研究对象从个体人物拓展到多元群体,而且将个人经济思想、群体经济思想和社会经济思潮糅合在一起,有助于读者能够更为丰富、更为全面地了解这一时期的经济思想。

其二是将经济思想与经济实体运作状况和政治局势相结合,突破就思想论思想、就经济论经济的传统框架，含有社会经济史研究的特色。以往的经济思想史研究，基本上限定在经济思想的领域，既缺少与经济实体相融合，也缺少与政治局势相联系。但是，在实际上，经济思想与实体经济运作和政治局势变动都有着千丝万缕的关系，经济思想既是经济实体运作状况的反映和需求，也是政治局势变动的酵母和产物，顾及这两方面的关系，无疑可以显示经济思想史研究的新面貌。吴敏超在这方面做出了力所能及的努力，对三刊作者群体的经济思想进行了一定的实体经济状况印证；对他们的经济思想在政府政策层面和社会经济层面所产生的影响进行了不同程度的考察，揭示了他们在应对白银危机、改革货币制度、开征所得税等政府重大经济政策制定中所发挥的理论参与作用；对每一份刊物和每一个群体背后的政治派系和主义进行了较为详细的分析，探讨了经济学者与政府、政党、社会的关系。

把经济思想、经济实体和政治局势结合起来进行研究，可以说是社会经济史的研究方法。我在不久前完成的《中国近代社会经济史》的前言中，根据国内外学者关于社会经济史研究范畴的阐释，总结提炼了较可操作的社会经济史体系应该包含的五个层面，即思想观念层面、经济决策层面、政治和社会环境层面、经济活动承载层面、生产和管理技术层面。吴敏超的著作，涉及了前三个层面，具有社会经济史专题性研究，或从社会经济史角度研究经济思想史的色彩。

其三是将研究对象主体与关联的时人群体和后人研究相结合，跳出就事论事的思维定式，构建更为宽广的评判系统。思想史研究不仅是对一个人或一个派别的思想的罗列和陈述，而且要对其思想的时代价值和社会影响进行评判，这就既要考察和分析其言论本身的价值，还需要观察它与当时其他相关言论之关系。特别对于一些社会热门问题，除了会受到相关理论界主体的关注而发表言论外，还会受到其他各方面的关注，会有各方面的言论，后者与前者的异同和关系如何，对评判前者的价值和作用来说便是一种社会测量器。吴敏超的著作注意到了这一点，由于她所讨论的四大经济问题是当时最为人们所关注的热点问题，除上述三个刊物的作者群体有集中的言论发表之外，还有其他的刊物发表其他学者的言论。为此，书中还广泛运用了《银行周报》《社会经济月报》等经济刊物，以及《东方杂志》《大公报》等综合性报刊的相关言论作为参照，力求从宏观上把握经济学界的言论。这样的研究,既有利于反映整个经济学界乃至社会各界对这四大经济问题的思想状况,也有利于显示这三大刊物作者群体的思想特点。

此外,由于书中所讨论的四大经济问题,也是二战后及中华人民共和国成立后国内外中国经济史研究者所研究的重要问题,提出了不少的“事后认识”。如果说,书中所研究的三大刊物作者群体对其面临的四大经济问题的见解,是一种“即时认识”的话,那么它与后人研究中的“事后认识”有什么样的关联,也可以说是评判这些“即时认识”学术价值的另一个测量器。对此,吴敏超的著作亦有所涉及,特别是对于当时外资对华扩张程度和中国经济发展水平的考察方面,书中较多地以后人研究成果予以印证。这两类认识的异同,不仅可以印证这些“即时认识”的学术价值,揭示“即时认识”与“事后认识”的继承和发展关系,为这些问题的进一步研究提供有价值的参考,也可以体现经济思想史研究中的学术性因素和时代性因素。

吴敏超的著作虽然显示了一些研究角度的开拓创新之处,但是尚属尝试,还有待强化和深化。其中第二和第三方面的开拓创新,应该说是本书最有价值之处,但在具体的研究中还显得比较薄弱,有些关联性研究还有待进一步挖掘和展开。尽管本书存在这样那样的不足和缺陷,其上述三点的开拓和创新还是值得称道和重视的。

2014 年 1 月 8 日

《卢作孚年谱长编》序言[①]

虞和平

在张守广的《卢作孚年谱长编》出版之际，应邀为之作序，十分荣幸。张守广对卢作孚有很深的研究，而我只不过略知一二，就谈一点学习心得吧。

国内外学界对于卢作孚的研究已有不少成果，或论文、或专著、或文集。论文和专著主要是以卢作孚事功为主的专题性研究，文集则可谓是卢作孚的言论汇集。张守广的《卢作孚年谱长编》，则展现了另一种研究成果，将卢作孚的事功和言论，乃至生活和情趣，共融于一体，给我们复制了一个全面的卢作孚。

卢作孚作为近代中国的一位杰出实业家，他既有与其他实业家共同的品格，也有与其他实业家不同的特色，受到过时人和后人的高度评价。早在卢作孚创业有成的 20 世纪三四十年代，就有著名教育家黄炎培将其誉为“建设健将”，“是耐劳耐苦的，是大公无私的，是谦和周到的，是明决爽快的，是虚心求进的，是富于理想而又勇于实行的”；有同乡国民政府高官张群评其为“一个没有现代个人享受要求的现代实业家，一个没有钱的大亨”；有著名银行家陈光甫赞其为“创业奇才”；有著名教育家陶行知视其为“建设新中国的缩影”。在后世的卢作孚研究者中，有的称其为中国船王，有的称其为航运巨子，本书作者张守广则评其为具有“书生”本色。这些评论各有所指，各有所持，也揭示了卢作孚的某一特色。

在我看来，卢作孚的最大特色在于他的时代意识和实践模式。他的时代意识集中体现在他的建设思想上，其代表作有 1925 年发表的《两市村之建设》、1930 年发表的《乡村建设》、1934 年发表的《四川嘉陵江三峡的乡村运动》《建设中国的困难及其必循的道路》以及 1935 年由上海生活书店出版的《中国的建设问题与人才的训练》一书，还有 1936 年发表的《我们对于国

① 张守广：《卢作孚年谱长编》，中国社会科学出版社，2014 年。

家的责任》一文。综观他的这些论著,我们可以看出,他的建设思想不是一般的经济建设思想,而是一种相当全面的现代化建设思想,其中包含着四个层面。

第一个层面是指出现代化建设对于当时中国的重要性。他认为,当时的中国虽然面临着严重的外患和内忧,但是中国的最重要问题不应是简单的"救亡",而应是现代化"建设",只有做好现代化"建设"之事,才能真正达到"救亡",才能保证中国"不亡"。他在《中国的建设问题与人才的训练》一书中明确表示:"中国的根本办法是建设不是救亡,是需要建设成功一个现代的国家,使自有不亡的保障。"他还说:"内忧外患是两个问题,却只需一个方法去解决它,这个方法就是将整个中国现代化。"又在《我们对于国家的责任》一文中说:"我们的责任绝不是救亡,而是将一个国家经营到像一个国家——像一个现代的国家。"

第二个层面是指出乡村的现代化建设在国家现代化建设中的意义。他认为,乡村是国家的基础,是农民集聚的地方,是中国最贫穷落后的地方,也是致使整个中国落后的关键原因所在;而农民则是中国人口的大多数,也是中国救亡图强的最大潜力所在。因此,乡村是最需要现代化建设的地方,只有通过现代化建设解决乡村贫穷落后的问题,才能将农民的潜力发掘出来,也才能使中国实现救亡,实现现代化。他在《乡村建设》一文中说:无论从哪个方面看,"一个乡村问题放大起来,便是国家的问题"。要解决中国的问题,必须"赶紧解决乡村问题","解决政治问题、经济问题、教育问题,都从一个当前的乡村起"。又在《四川嘉陵江三峡的乡村运动》一文中指出:"中国人——尤其是大多数的农民——的衰落、腐朽、钝滞、麻木和种种的退化现象,更叫中国整个社会的问题严重到不可收拾。"要挽救民族危亡,"在民族没有力量之前,一切的一切都是虚话","非在自己身上想办法,非靠自己的力量谋更生不可。这就是所谓自力更生的觉悟"。要实现自力更生,就必须发动农民的力量,这是因为:"中国的大多数人是农民,而他们的生活基础是乡村,民族的基本力量都蕴藏在这大多数人——农民——的身上,所以要谋自力更生,必须在农民身上想办法。而自力更生的途径也必须走乡村建设的一条路。"而乡村建设的目的,除在乡村进行现代化建设之外,更重要的是为整个中国的现代化营造基础,促成整个中国的现代化,"在这一个乡村里为中华民国做小小的试验,供中华民国小至于乡村大至于国家的经营参考”,“赶快将这一个国家现代化起来”。

第三个层面是指出现代化建设的具体目标。这个目标涉及了现代化的硬件建设和软件建设。在硬件建设方面,他提出了国防、经济、文化、科学的现代化建设目标。他在《建设中国的困难及其必循的道路》一文里,明确提出:这个需要建设的现代化国家是,“要从国防上建设现代化的海陆空军;从交通上建设现代化的铁路、汽车路、轮船、飞机、电报、电话;从产业上建设现代化的矿山、工厂、农场;从文化上建设现代化的科学研究机关、社会教育机关和学校”。

在软件建设方面,他提出了社会秩序和人的现代化建设目标,不仅指出了这两者对于现代化建设的必要性,而且提出这两者建设的具体方式方法。对于秩序的现代化建设,他在《乡村建设》一文中指出:现代化“建设的根本问题在哪里?不在经济,也不在教育……却在秩序。无论何种事业,秩序建设不起来,绝对不会有良好结果的”,“秩序问题,是包含着自治事业的经营问题和组织问题,是乡村建设中不可避免亦不可疏忽的根本问题”。其建设的方法之一,就是“对于任何事业,事前应有精密的计划,事后应有精密的整理”。他在《四川嘉陵江三峡的乡村运动》一文中,又强调指出:乡村建设“首先要创造的尤其是安定的秩序”。对于人的现代化建设,他提出要训练人们具有世界的、全国的和组织的现代化眼界,并具有从中选择和开辟适合自己发展的方向和办法的能力。他在《四川嘉陵江三峡的乡村运动》一文中指出:“现代化是由现代的物质建设和社会组织形成的,而现代的物质建设和社会组织又都是由人们协力经营起来的,人都是训练起来的。人的训练有三个要点:第一要他们的头脑有现代整个世界那样大,能够在非常明了的整个世界的状态之下决定他们自己的办法;第二要他们的问题至少有中华民国那样大,在非常明了的国家紧急状态之下决定他们自己的任务;第三是要他们在可能的范围内创造一个现代的物质建设和社会组织起来,无论在交通方面、产业方面、文化方面或者其他公共生活方面”。

第四个层面是指出现代化建设的目的是提高人民的生活生平。这主要体现在他的民生思想和集体生活思想中。所谓民生思想,就是要解决人民的生存问题,改善和提高人民的生活状况;所谓集体生活思想,就是要把与自己相关联的全体民众组织起来,让他们都过上安乐、健康的生活,而且要使人们都树立乐于为公众造福的精神。关于民生思想,他在《四川嘉陵江三峡的乡村运动》一文中提出:“要把三峡经营成为一个灿烂美好的乐土,影响到周围的地方,逐渐都经营起来,都成为灿烂美好的乐土”,使这里的人民“皆有职业,皆受教育,皆能为公众服务,皆无嗜好,皆无不良的习惯”,使这里的自然生态环境和社会环境“皆清洁,皆美丽,皆有秩序,皆可住居,游览”。关于集体生活思想,他在《建设中国的困难及其必循的道路》一文中说:“我们要进入现代,一向的集团生活不能不有所转变,不能不有现代的集团组织,不能不有现代的比赛标准,不能不有现代的道德条件,不能不有现代的训练,不能不训练个人去创造现代的社会环境,同时又不能不创造现代的社会环境去训练个人。这是当前根本的问题,任何事业不能避免,虽万分困难亦是必须解决的”;“人生的快慰不在享受幸福,而在创造幸福;不在创造个人的幸福,供给个人享受,而在创造公众幸福,与公众一同享受”。

上述卢作孚的现代化建设思想,虽然不如理论界人士说得那么专业、那么全面、那么系统,但在当时的中国实业界人士中却是极其少见而可贵的,其所产生的效力则是理论界人士的现代化思想难以比拟的。与缺少现代化思想的一般实业家相比,卢作孚所关注的不仅仅是自己企业的盈亏和发展,而是整个家乡地区的进步和建设,所用心的不仅仅是自己企业的管理和经营,而是整个家乡地区的规划和开发。与只探讨理论的一般理论家相比,卢作孚作为一个实业家,可以将自己的思想直接转变为实践,可以想到哪里就做到哪里,而不像理论家的思想转变为社会实践那样,不能由自己直接完成这一转变,而是需要依赖于实业家等的现代化建设实践者的接受和实行;而且卢作孚把自己的思想与实践紧密结合,将思想作为实践的蓝图,将实践作为思想的实验,并且通过两者的互动实现相互完善。这也是卢作孚成功之所在。

卢作孚的现代化建设实践模式,可以概括为:以现代化建设为目标,以企业建设为龙头,以乡村(社会)建设为归宿,以科学技术为基础,以政治权力为外援。其现代化建设包括了三大系统,即企业建设系统、乡村建设系统和科学建设系统。就企业建设系统而言,主要是创立了以民生轮船公司为核心的民生企业集团。他于 1925 年开始创建第一家企业——民生轮船公司,从仅有一艘 70 吨的小轮船,发展到 1935 年的 30 余艘、7000 多吨的轮船;抗战时期的 137 艘、36000 余吨的轮船;1949 年的 150 余艘、72000 吨的轮船,并创办“太平洋轮船公司”,从长江航运扩展到海洋航运,成为集江海航运于一体的大企业。同时,从抗战时期开始,以民生轮船公司所赚利润投资合办 90 余家企业,遍及工、商、交通和文化事业。

就乡村建设系统而言,他于 1925 年在创办民生轮船公司的同时,开始调查规划家乡合川县城及嘉陵江三峡地区的乡村建设之事,发表《两市村之建设》一文,提出开发合川和嘉陵江三峡的设想,拟定了开发煤矿和进行交通、文教等建设的方案,计划把三峡地区建设成一个工业区和游览区。随后便陆续建成了北川铁路、天府煤矿、三峡织布厂等骨干企业;还架设电话线、建立温泉公园、修筑公路、开辟运河、创办农场、建立体育场、设立医院、成立图书馆和博物馆以及各种学校。从而逐渐将家乡地区建成为一个初具现代化气象的新式乡村,成为当时全国乡村建设的一个突出典范。

就科学建设系统而言,卢作孚对科学技术在现代化建设中的重要作用有明确的认识。他指出:"中国的弱点只在没有走入现代,没有完成现代的物质建设,没有完成现代的社会组织,没有运用现代的科学方法去完成物质建设和社会组织。"这也就是说,科学方法是中国实现现代化和克服"弱点"的不二法门。于是,与家乡的现代化建设相配合,他先于 1928 年设立嘉陵江科学馆,内设物理实验室、化学实验室、生物研究室、地质研究室、卫生陈列室;然后在此基础上,于 1930 年秋创立中国西部科学院,开中国民办科研机构之先河。院内先后设立理化研究所、农林研究所、地质研究所、生物研究所。其宗旨所在,则是:"从事于科学之探讨,以开发宝藏,富裕民生。"在实际上,各研究所取得了一定的成果,如理化研究所分析化验了川康地区的矿产原料和水质;农林研究所发明和推广了一些优良品种;生物研究所调查改良了一些鸟禽、鱼类及植物品种;地质研究所经过勘探,写出《宁属七县地质矿产》报告,首次披露了攀枝花地区所蕴藏的矿产资源。

当然,卢作孚的现代化建设思想和实践,不是凭空和孤立产生的,而是时代的产物。他的现代化建设思想和实践起始于 1925 年前后,成就于南京国民政府时期,发展于抗日战争时期。从创业的时间来说,卢作孚属于中国近代的第二、三代企业家。他所处的时代已不同于创业于晚清的第一代企业家,也不同于创业于民国初年的第二代企业家,1925—1949 年的中国,无论是经济状况、社会环境和国际地位都发生了重大的变化。就经济状况而言,当卢作孚开始创业之时,中国现代经济的发生发展,已有了半个多世纪的时间,并刚刚经历 1912—1922 年的第一个黄金时期,经济水平已达到一定的程度；两年后，又遇上了1927—1936年的第二个黄金时期；1937年抗日战争全面爆发后，被日本侵占的沦陷地区的经济遭受了巨大的损失，而卢作孚所在的西南大后方地区的经济却遇上了空前的发展机遇。就社会环境而言，1927年以继承孙中山遗志为口号的南京国民政府成立，不久统一全国，建设意识日益增强，于1928年设立“建设委员会”，从孙中山的建国方略和建国大纲的基本精神出发，以研究筹备及实行关于全国之建设计划为职责，并负责指导监督各省区建设厅，其具体权限是“凡国营事业如交通、水利、农业、渔牧、矿冶、垦殖、开辟商港商埠及其他生产事业之须设计开创者皆属之”；1938年提出“抗战建国纲领”，其主旨虽在强化自身统治力量，但也在社会上营造了建设气氛。从南京国民政府时期到抗日战争时期，现代化建设的思想和呼吁，逐渐成为理论界的一个主要思想和口号。就国际地位而言，第一次世界大战结束后，中国作为战胜国之一，民族自决意识逐渐增强，利用有利的国际条件，开始了废除不平等条约运动，争取收回已失的国家主权，并力图通过提倡国货，发展经济，增强抵抗列强侵略的力量，将建设与救亡相结合。

在其20余年的奋斗中，卢作孚的政治身份和社会见识也在发生变化。他于1927年2月出任江(北)巴(县)璧(山)合(川)峡防团务局局长，1929年出任四川省政府川江航务管理处处长，1935年出任四川省建设厅厅长。1937年出任国民政府大本营第二部副部长。1938年出任国民政府交通部常务次长。这些政治身份，都成为他进行现代化建设实践中利用外部资源的一个重要条件。他还于1922年和1930年两次前往上海、南通、东北、北平、青岛、南京等地考察，拜访了张謇、黄炎培、蔡元培、翁文灏、丁文江等人。这些人对他的思想和实践势必产生一定的影响。

因此，卢作孚的所言所行，既是他个人作用的体现，也是时代变迁的一个反映。

2014年1月16日于北京寓所

《商会与商业行政——北洋政府时期的政商关系（1912—1927）》序言[①]

虞和平

李娟婷的这本著作由她的博士论文修改而成，她以中国近代的商会与国家商业行政（简称商政）关系作为自己的研究课题，应该说是一个颇为敏锐的选择，也是一个颇有难度的选择。

李娟婷通过大量阅读已有相关成果，全面了解已有研究状况，找到了商会与国家商政关系这一已有研究中的薄弱环节，表现了她的敏锐的学术嗅觉。中国近代商会史研究，从20世纪80年代兴起以来，至今已有众多成果问世，研究内容已有相当广泛的涉及。如整体性研究方面的单个商会研究、区域商会研究；组织特性研究方面的商会组织体系研究、商会功能结构研究；政治作用研究方面的商会与革命运动研究、商会与反帝运动研究；经济作用研究方面的商会与民间经济外交研究、商会与商业网络研究、商会与国家商政研究。其中，最后一个方面可谓是研究最为缺少的一个方面。李娟婷选择商会与国家商政作为自己的研究课题，抓住了商会史研究的突破点，对中国近代商会史研究无疑是颇有学术开拓创新价值的。

不过，商会与国家商政关系研究也是一个牵涉面较宽、难度较大的课题。进行这一课题的研究，第一要界定国家商政的内涵，即何为国家商政；第二要构建商会参与国家商政的内容体系，即商会应该和能够参与哪些商政；第三要揭示商会参与国家商政的机制体制关系，即商会参与国家商政的权利和路径；第四要总结商会参与国家商政的作用和意义，即商会参与国家商政的即时效果和未来影响。此外，可能还有一些其他问题可以研究，但这四者可以说是商会与国家商政关系研究中的最主要问题。

① 李娟婷：《商会与商业行政——北洋政府时期的政商关系（1912—1927）》，经济管理出版社，2015年。

对于这四个方面的问题,该书都提出了自己的特定目标。对于第一个方面,该书提出其所研究的商政,专指政府及其所属机构制定、实施商业政策、商业法规、商业税收、商业金融等规定和维持商业秩序等措施,以及运用行政权力对商业活动所采取的组织、管理、指导、监督、协调和服务等活动的总称。对于第二个方面,该书包括了八个部分,即商会参与国家商政的主要方式、商会与经济政策、商会与经济法制、商会与金融改革、商会与财政税收、商会与市场秩序、商会与商情调查、商会与实业教育。对于第三个方面,该书将政府与商会在相关商业行政上的合作和对立关系,作为最重要的观察视角和考量对象,评估商会在政府的框架内为什么及如何能参与商业行政,怎样参与及参与哪些商业行政,着重观察政府与商会是怎样通过协商与对话的方式在体制内解决争端和纠纷的。对于第四个方面,该书考察了商会参与国家商政的效果所在及其得失和缘由。

该书还对其研究范围作了一定的限定,即不包括商会自身制定和实施的商业规定、措施及其开展的商业活动,也不包括以商业为名开展的商业性社会活动或与商业无关的纯政治活动。这一范围限定从设定自己的研究领域来说是完全必要的,有利于突出自己的研究重点和内容特色。但是从商会与国家商政关系的完整体系来说,不无有待开拓和深入之处。

在我看来,商会与国家商政关系既有商会方面的因素,亦有国家商政方面的因素,更有政府与商会互动方面的因素。从商会的方面来说,主要是考察分析其作为一个由商人组成的法人社团,具有哪些本能的维护和改进国家商政的要求和功能,又有哪些法律和政府所赋予的协助国家商政的责任和权利。从国家商政的方面来说,主要是考察和分析国家商政的构建和实施状况及途径如何,其与商界的利益关系如何,其需要商会协助的内在联系如何。从政府与商会互动方面来说,主要考察和分析两者对国家商政建设及其实施的认同程度如何,沟通渠道如何。

北洋政府时期,可谓是商会参与国家商政的一个典型时期。从国家政府的方面来说,这个时期承接清末时期,国家商政接续清末刚刚开始的转型,需要继续延伸和完善,而国家的商业行政系统却处于建设和动荡的弱势状态,因此,无论是国家商政的建设还是实施,都离不开商会这一商界主力团体的协助。从作为商界代表的商会方面来说,自清末开始兴起的振兴实业潮流,受到民国精神的激励而进一步高涨,商界迫切希望政府建设新的、完善的、更符合自身利益的经济政策和商政体制，因而积极支持和参与国家商政的建设和实施，并表达自己的意愿和要求，争取实现自己的诉求。从政府与商会的互动关系来说，除双方有振兴实业这一共同的出发点，使之有较好的合作基础之外，新建的民国政治制度亦使商会参与国家商政有了一个制度性因素；同时，由于政府和商界对国家商政有不同的思想认识和利益诉求，民国政治制度的民主程度亦有诸多缺陷，使两者的互动效果受到限制。该书以北洋政府时期为研究的时间界限，从其所论述的内容中，读者不难看到这一时期商会与国家商政关系的时代特色。

该书是对近代中国商会与国家商政关系进行整体性研究的第一部著作，也是李娟婷的第一本学术专著。这两个第一，既意味着该书在中国近代商会史和商业行政史研究方面的创造性贡献，也意味着该书在这一课题研究中不可避免地存在着不够成熟和不够精到的缺陷。但是该书对中国近代商会史研究乃至对现实的商会建设和国家商政建设，应该都有其推进学术研究的价值所在。正如她自己所言："在具体论证过程中，笔者只是选取了上述一些领域，难免有挂一漏万和疏于深刻之处，期冀随着时间的推移和学界的努力，相关研究能再上新台阶。"也希望李娟婷循着自己所开辟的这一研究方向继续努力，做出新的更大的成绩。

2015年6月10日于北京寓所

《资产阶级与中国近代社会转型》序言[①]

虞和平

一、已有的研究状况

这里所说的资产阶级,其内涵是指资产阶级的本体,即近代商人或资本家的群体,不包括有的学者所附会的资产阶级党派、资产阶级知识分子等代表资产阶级利益的人群。资产阶级无疑是中国近代的新兴阶级和主体阶级之一,也是近代中国资本主义生产方式的化身,在它的身上包含着中国近代资本主义化的发展程度,也铭刻着中国早期现代化的进程轨迹。对它在中国近代所处的状况,及其为中国近代社会发展变化所做的努力和所产生的作用、所经历的遭遇进行全面的考察,总结其发展经历、成长程度、正反作用、成败得失的基本状况、特点和经验教训,既有助于全面认识中国近代资产阶级的历史地位和作用,进一步认识中国近代社会的状况和性质,也有助于中国近代经济史、政治史、社会史和思想文化史研究的发展和深入。

这一课题是国内学者已有较多评论和研究而又有较多分歧和疑问的课题。早在民国中晚期就有一些关于中国资产阶级的政论性论著出现,主要由中国共产党人为明确革命对象而作,并根据革命形势的变化而调整观点。如 1923 年瞿秋白发表的《论中国资产阶级的发展》《自民权主义至社会主义》二文[②],陈独秀发表的《资产阶级的革命和革命的资产阶级》《中国国民革命与社会各阶级》二文,1925 年毛泽东发表的《中国社会各阶级的分析》一文,他们不仅提出了资产阶级这一概念,而且划分了资产阶级的三个部

① 虞和平:《资产阶级与中国近代社会转型》,中华工商联合出版社,2015 年。

② 瞿秋白:《瞿秋白文集》“政治理论编”,第 2 卷,人民出版社,1988 年,第 87~110 页,第 193~226 页。

分——官僚资产阶级（或归大资产阶级）、买办资产阶级（或归大资产阶级）、民族资产阶级（或归中产阶级），指出三者不同的经济背景和政治属性，但是对买办资产阶级和大资产阶级并非一概否定。如瞿秋白还论述了买办资产阶级与民族资产阶级之间的关系，认为“买办阶级之中亦发生阶级分化，一部分大买办逐渐工业化，逐渐增加其‘独立性’”，因而“买办阶级之中会生出民族资产阶级来”①。陈独秀则将“长江新兴的工商业家之一部分”划为“革命的资产阶级”；将以“小工商业家”为主体的“小资产阶级”划为“中立的”“非革命的资产阶级”，只是将“官僚资产阶级”划为“反革命的资产阶级”②；他还认为“一部分向上发展的大资产阶级固然可以趋向革命，而一部分向下崩坏的小资产阶级（手工工业家及小商人）亦可以趋向革命”③。毛泽东在后来又根据革命形势的变化，多次评论过资产阶级两个部分——买办资产阶级（包括大资产阶级）和民族资产阶级——的政治属性区别，并在抗日战争初期曾一度把大资产阶级归入民族资产阶级的范畴；在抗战结束前后，又将资产阶级划分为官僚垄断资产阶级（到解放战争时期即称“官僚资产阶级”，并等同于“大资产阶级”④）和自由资产阶级（即原先的民族资产阶级）两部分。陈伯达在1942年发表《中国工业与中国资产阶级》⑤一文，从经济状况和社会地位方面，说明了大、中、小资产阶级的人员组成成分和政治态度。许涤新在1947年写了《官僚资本论》⑥一书，书中亦谈及了官僚资产阶级，并列举了盛宣怀、张季直、交通系的梁士诒与叶恭绰、国民党的五大财团。这些著作的政论性很强，论述的主要是各类资产阶级的政治属性。

中华人民共和国成立后，对资产阶级的学术性研究逐渐展开。从研究的成果来看，除有较多的论文发表之外，还出版了一些专著。其中较有综合性研究意义的著作，主要有：1980年之前出版的，李青著《中国民族资产阶

① 瞿秋白：《论中国资产阶级的发展》，《瞿秋白文集》“政治理论编”，第2卷，人民出版社，1988年，第87～110页。

② 陈独秀：《资产阶级的革命和革命的资产阶级》，《向导周报》第22期，1923年4月25日。

③ 陈独秀：《中国国民革命与社会各阶级》，《前锋》第2期，1923年12月1日。

④ 毛泽东：《目前形势和我们的任务》（1947年），《毛泽东选集》合订本，人民出版社，1964年，第1253页。

⑤ 《解放日报》1942年2月4、5、7、8、9日连载。

⑥ 许涤新：《官僚资本论》，海燕书店，1947年。

级的历史道路》[1],冯定著《有关中国民族资产阶级的某些问题》[2];1981—2000年出版的,黄逸峰、姜铎编著《旧中国的买办阶级》[3],黄逸峰等著《旧中国民族资产阶级》[4],朱英著《中国早期资产阶级概论》[5],马敏著《过渡形态:中国早期资产阶级构成之谜》[6],吴序光主编《中国民族资产阶级历史命运》[7],章开沅等编《中国近代民族资产阶级研究,1860—1919》[8],2001年之后出版的,朱英著《近代中国商人与社会》[9],唐力行著《商人与中国近世社会》[10]。此外,还有不少专题性、地区性以及商帮、商会研究的著作。

从已有的成果来看,研究所涉及的问题主要有十个方面:(1)关于资产阶级的来源,从资本主义性工商、金融企业投资创办者的原有身份予以考察,所涉者包括传统商人、早期买办、官僚、地主、绅士、手工业主、科技人员、归国华侨等。(2)关于资产阶级的类别构成,或从其出身和政治属性出发,把他们分为买办资产阶级、官僚资产阶级、民族资产阶级;或从其经营行业出发,把他们分为工业资产阶级、商业资产阶级、金融资产阶级;或从其所拥有资本的大小和政治属性出发,把他们分为大资产阶级、中等资产阶级、小资产阶级,并以此原则,把民族资产阶级分为上层、中层和下层。(3)关于资产阶级的数量,以全国商会会董数量为依据,对清末的资产阶级数量有过几种估计。(4)关于资产阶级的形成,或从资本主义经济发展的水平出发,或从资产阶级数量出发,或从资产阶级的政治参与活动出发,或从资产阶级性党派产生出发,进行论述,提出了19世纪70年代形成说、1895年前后形成说、戊戌形成说、辛亥形成说。(5)关于资产阶级的组织状况和社会地位,近年来较多从商会、会馆公所、同业公会、商民协会等商人团体进行研究,尤以商会研究为多,认为商会的产生和发展使资产阶级成为一个独立的阶级,力

① 李青:《中国民族资产阶级的历史道路》,工人出版社,1953年。
② 冯定:《有关中国民族资产阶级的某些问题》,人民出版社,1956年。
③ 黄逸峰、姜铎编:《旧中国的买办阶级》,上海人民出版社,1982年。
④ 黄逸峰等著:《旧中国民族资产阶级》,江苏古籍出版社,1990年。
⑤ 朱英:《中国早期资产阶级概论》,河南大学出版社,1992年。
⑥ 马敏:《过渡形态:中国早期资产阶级构成之谜》,中国社会科学出版社,1994年。
⑦ 吴序光主编:《中国民族资产阶级历史命运》,天津人民出版社,1993年。
⑧ 章开沅等编:《中国近代民族资产阶级研究,1860—1919》,华中师范大学出版社,2000年。
⑨ 朱英:《近代中国商人与社会》,湖北教育出版社,2002年。
⑩ 唐力行:《商人与中国近世社会》,商务印书馆,2003年。

量和地位得到明显提高。(6)关于资产阶级的政治活动和态度,主要是在研究戊戌维新、晚清反美爱国运动、立宪运动、辛亥革命、民初反袁运动、五四运动、五卅运动、四一二政变等政治运动中论及,并认为资产阶级的态度是被动的、软弱的,摇摆的,正面作用是很小的。(7)关于资产阶级的经济活动,早期的研究认为官僚资产阶级、买办资产阶级、金融资产阶级、大资产阶级的经济活动,在政治上依附于帝国主义和反动统治集团,并为之服务,在经济上有碍于民族资本的发展,是中国半殖民地半封建经济的代表,因而也是反动的;其他资产阶级,则因其力量有限,只能在帝国主义和封建主义的夹缝中艰难地生存,缓慢地发展,因而不仅作用有限,而且亦带有程度不同的半殖民地半封建性。改革开放以后的研究,则较多地注意到了各种资产阶级在实业救国和振兴实业中的积极作用。(8)关于资产阶级与中国早期现代化(近代化)的关系,从资产阶级对近代中国经济、政治、外交、教育等各方面发展中所做出的贡献进行研究,认为民族资产阶级具有主干载体的地位和作用,官僚资产阶级和买办资产阶级亦发挥了一定的积极作用,但其所发挥的实际作用因受到国内外环境及自身条件的限制,难以承担起应有的历史使命。(9)关于资产阶级的思想,已不同程度地探讨了资产阶级团体和人物的民族主义、实业救国、资本主义民主的主张和思想。(10)关于资产阶级的单个人物,已涉及众多人物,其中研究较多的有郑观应、唐廷枢、盛宣怀、张謇、虞洽卿、刘鸿生、范旭东、荣氏兄弟、穆藕初、周学熙、卢作孚等。

此外,台湾地区学者也对中国近代资产阶级作过一些研究。就近20年的研究成果而言,他们的研究领域主要在于清末民初的上海总商会、苏州会馆公所和商会,以及资产阶级与清末民初政府、资产阶级与城市建设、资产阶级与政府经济管理、资产阶级与经济民族主义运动、资产阶级与社会政治运动等。在研究空间上主要集中于上海和江苏地区。[①]

中国学者的这些已有研究,从视角、内容和评判上来看,可以分为两个不同阶段。在1980年之前的第一阶段中,基本依据毛泽东的有关论述进行

① 主要研究成果有:邱彭生:《十八、十九世纪苏州城的新兴工商业团体》,台湾大学出版委员会,1990年;张恒忠:《上海总商会研究(1902—1929)》,台北知书房出版社,1996年;赵祐志:《日据时期台湾商工会的发展(1895—1937)》,台北稻乡出版社,1998年;另有李达嘉研究近代商人的多篇论文。

研究,研究视角较多从传统政治概念和政治斗争出发,对资产阶级的种类构成、政治立场和属性、经济和社会作用进行评论。研究的重点是揭示买办阶级、官僚资产阶级的反动性,以及民族资产阶级的两面性。研究时间集中于南京国民政府成立之前,尤其集中于五四运动以前。研究范围主要着眼于资产阶级的来源和种类划分、政治性质及其与帝国主义和封建主义的关系。研究结论以否定性评判为主调,尤其是对官僚资产阶级、买办资产阶级、大资产阶级、金融资产阶级,几乎所有研究都持全盘否定的观点。在1980年以后的第二阶段中,随着改革开放的实行,对资产阶级政治属性的研究逐渐淡化,而对经济属性和社会属性的研究逐渐增加。研究视角开拓到早期现代化、市民社会、社会与国家的概念。研究时间扩展到抗日战争爆发之前,并开始向战时和战后延伸。研究范围深入到组织形态变迁、政治参与、经济思想、商人外交、文化教育、社会慈善等领域。研究结论趋向多元化和客观化,力求实事求是地考察资产阶级的历史地位和作用,除继续深化分析各类资产阶级的特点和弱点之外,较多地探讨了资产阶级组织的发展和活动状态,及其在中国近代经济、政治和社会发展中的具体贡献和促进作用。同时,在名称的使用上,亦从资产阶级概念向商人概念转换,特别是2000年以后,这种转换几成一统,用资产阶级概念的日见减少。

外国学者对中国近代资产阶级的研究,先行于中国学者。如日本学者,早在1929年由东亚印刷株式会社大连支社出版了志村悦郎的《浙江财阀》一书,研究了在上海的"江浙资产阶级"的状况、成为财阀的缘由,及其与北伐战争和蒋介石的关系。1932年日本《中央公论》第六号,发表了《中国资产阶级分析》一文,由国民党人雷啸岑译成中文在中国刊出,论述了中国资产阶级产生和发展的经济背景,并重点分析了浙江系的构成情况①。1938年东京日本评论社又出版了山上金男的《浙江财阀论》一书,对江浙资产阶级及其与蒋介石政权的关系进行进一步的研究。如美国学者,斯潘塞(Frederick Speneer)在1934年发表《蒋介石的独裁错误》一文,研究了资产阶级与蒋介石独裁政权的关系。鲍华伦(Robert W.Barnett)在1941年出版《上海经济——政治的抵押品,1937—1941》一书,研究了资产阶级对国民政

① 雷啸岑译:《中国资产阶级的分析》,《时事月报》第7卷第1期(1932年7月、8月),专文,第23~28页;第2期(1932年8月),专文,第81~85页。

府的支持。

1949年以后，外国学者对中国资产阶级的研究有较大拓展。他们的研究成果除众多的相关论文之外，也出版了一些重要的著作，研究内容主要涉及这样几个方面：(1)关于买办资产阶级。对此研究较多的是美国学者郝延平，他于1970年出版了《十九世纪的中国买办：东西间桥梁》一书，研究了买办的产生、职业、经济地位和作用，以及买办制度，认为买办是沟通中外经济关系的桥梁，且是中国近代资本主义工商业产生和发展的一个重要源泉。[1] (2)关于资产阶级与政府和地方政治的关系。进行这方面研究的主要有美国学者小柯布尔，他于1980年出版了《上海资本家与国民政府，1927—1937》一书，着重研究了以江浙财阀集团为核心的上海资本家阶级与国民党政府的关系，分析了他们之间的利益合作和矛盾冲突关系，认为江浙财阀一方面在政治和经济上支持了国民党政府，他们的某些代表人物成为国民党政府经济管理部门的官员，另一方面又与国民党政府的经济政策存在着一定的矛盾冲突。[2] (3)关于资本家阶级的自我发展和政治参与状况。对此进行较多研究的是法国学者白吉尔，她于1985年出版了《中国资产阶级的黄金时代，1911—1937》一书，着重讨论了资本家阶级的政治和经济地位的变化，及其参与社会政治运动和从事经济活动的状况及作用。她的主要观点：一是认为资本家阶级不是辛亥革命等清末民初社会政治运动的主要力量，并以此认证辛亥革命不是一场资产阶级革命；二是认为袁世凯垮台以后，随着政府经济和政治控制力量的削弱，以及第一次世界大战带来的有利于中国的环境条件，资产阶级的经济力量取得了快速的发展，政治独立性也明显增强，从而出现了中国资产阶级的黄金时代，并试图建立自己的政府，但最终归于失败，转而依附于国民党。[3] (4)关于资产阶级组织状况及其作用。如美国学者傅士博对上海商人组织的研究，他于1985年出版专著，从上海商人组织与政党和国家关系的角度，探讨了上海资产阶级的政治参与

① 参见[美]郝延平著，李荣昌、沈祖炜、杜恂诚译：《十九世纪的中国买办：东西间桥梁》，上海社会科学院出版社，1988年(哈佛大学出版社，1970年)。

② 参见[美]小柯布尔著，杨希孟、武莲珍译：《上海资本家与国民政府，1927—1937》，中国社会科学出版社，1988年(哈佛大学出版社，1980年)。

③ 参见[法]白吉尔著，张富强、许世芬译：《中国资产阶级的黄金时代，1911—1937》，上海人民出版社，1994年(巴黎，弗拉马里翁，1985年)。

状况，着重考察了1890—1930年间，以商会为中心的上海资本家团体与上海地方政治和城市管理的关系及其所处的角色和所发挥的作用，认为资本家阶级是上海政治运动和城市管理中的精英群体。[①] 又如美国学者陈忠平于2011年出版专著，从社会网络的角度对晚清时期长江下游地区商会与社会变迁进行了研究，探讨了通过各地商会关系而建立起来的社会网络的状况，及其所展开的活动对该地区社会变化所发挥的作用，颇有创新意义。[②]

外国学者对中国近代中产阶级的研究，既有与中国相同之处亦有自己的特色。在20世纪70年代之前，他们也对中国资产阶级的来源构成、类别划分及其政治属性和表现有较多的研究，尤以苏联学者为多。此后，他们的研究有明显开拓，除对中国资产阶级的类别划分提出否定性的不同观点，对买办资产阶级、官僚资产阶级的历史地位和作用提出正面性评论之外[③]，也与中国学者的后期研究渐趋接近。他们的研究视角，大多采用现代化、社会与国家的概念。他们所研究的内容，较多地倾向于资产阶级的能量及其与政府和地方社会的关系，分析其所处角色、地位和作用的变化，也比较重视会馆、公所、商会等资产阶级团体组织的研究；在时间上主要集中于1937年之前，特别是1890—1937年这一时期。

上述国内外的相关研究，都相对较少对中国近代资产阶级及其与社会变迁关系的整体性研究。虽有少数研究成果涉及整体性研究，但或注重某一方面，或限于某一时段，或在评判上有失偏颇，或在视野上不够全面，且内容比较单薄。

二、关于“资产阶级”概念的问题

由于在早期的资产阶级研究中，对资产阶级的概念有一种说法，即资产

① Joseph Fewsmith, Party, State, and Local Elites in Republican China: Merchant Organizations and Politics in Shanghai, 1890-1930, Homolulu: *University of Hawaii Press*, 1985.

② Zhongping Chen, Modern China's network revolution: chambers of commerce and sociopolitical change in the early twentieth century, *Stanford University Press*, 2011.

③ 外国学者相关研究的总体状况参见：张仲礼等：《国外有关中国资产阶级研究概述》，《历史研究》1983年第3期；潘君祥：《苏联学者关于中国资产阶级研究的部分材料》，《上海经济研究》1983年第8期；杨立强等：《近年来国外近代中国资产阶级研究述评》，《历史研究》1989年第2期。

阶级包括了资产阶级党派、资产阶级知识分子等代表资产阶级利益的人群，因而被有些学者指陈为界限不明，难以研究，且不能反映资产阶级本体——资本家或商人的真相。但大多数有关研究者则认为，把资产阶级包括资产阶级的党派和知识分子在内的说法，是一种资产阶级的广义概念，也只是极少数学者以此进行研究；一般所谓的资产阶级只是指资产阶级的本体，大多数有关学者所进行的资产阶级研究的也只限于此。于是，为了表达上的清晰起见，有些专门研究资产阶级本体的学者采用了资本家阶级或商人的称谓，以代替资产阶级的称谓；后来，又从避免阶级斗争的概念、资产阶级是反动阶级的成见出发，使用资产阶级和资本家阶级称谓者渐趋减少，而使用商人称谓者逐渐增多。

近年来，用商人称谓进行中国近代资产阶级研究达到了极致的程度，这就是冯筱才所明确提出的完全以商人概念取代资产阶级概念。他的理由主要有如下四点：

1.中国近代没有资产阶级。他说："所谓'阶级'，最起码要存在稳定的基于经济利益的群体认同或者'阶级自觉性''阶级集体行动'等。依据笔者对近世商人的观察，至今仍未发现这些'自觉性'与'阶级集体行动'有多少实际存在的证据。""'资产阶级'这个概念，我认为只有在讨论国民党及共产党的经济政策或者商人政策时，或者有社会主义倾向的知识分子的言论时，方可使用，这是历史事实。而此时'资产阶级'这一名词并不是指工商界人物本身，而是党人或文人口中的一种'想象出来的形象'。"①

2.使用资产阶级概念就会有预设和先入为主的立场。他指出："为什么我们不能先放弃预设立场，或者避免使用一些容易引起争论的概念（如'资产阶级''资本家阶级'），从商人所经历的事实本身出发去作适度的分析呢？"②学界"讨论清末民初后则多根据阶级分析法，将工商业者归入不同类型的资产阶级：官僚资产阶级、买办资产阶级（亦有称买办阶级）、民族资产阶级等等。此种分析明显带有先入为主的政治判断，对历史人物的客观评

① 冯筱才：《在商言商：政治变局中的江浙商人》，上海社会科学院出版社，2004年，第316页。

② 冯筱才：《在商言商：政治变局中的江浙商人》，上海社会科学院出版社，2004年，第7页。

价颇为不利"①。

3.资产阶级概念的内涵界限不清。他认为:"'资产阶级'一词,由于其概念范围甚广,把党人、军人甚至学生等政治志趣相距甚远的群体均包括其中,所以笔者认为这个词语最不适合用作分析商人的概念。"②"如果要对近世中国商人的经历切实地进行考察,我认为研究者便必须先跳出'资产阶级'的概念体系。"③

4.资产阶级是商人们不承认的一个概念,而"商人"则是商人们自己认同的一个概念,是社会上惯用的称呼。他认为:"商人从来都不大称自己为'资产阶级'。如果我们在使用一个概念的同时,被指代的对象自身都不承认,那么我们为什么要使用这个概念,而不使用他们自己认同的概念。"④"讨论某一历史主体最好直接使用社会上惯用的称呼,或者他们自己所使用的名词,最好不要使用带有褒贬色彩或者意识形态成分较浓的词语。"⑤

冯筱才所提出的上述理由,自有其一定的道理所在,有助于实事求是地研究中国近代商人或资产阶级。如果将商人概念与资产阶级概念共存,共同作为商人或资产阶级研究的概念,将商人作为资产阶级的本体进行研究,不仅是毫无疑问的,而且是多有益处的,但是将商人概念作为唯一的概念,并完全取消资产阶级概念则颇有疑问。

第一,中国近代是否真的没有资产阶级?如上述第一点中所言,作为阶级存在标准的,"基于经济利益的群体认同或者'阶级自觉性''阶级集体行动'",是否完全不存在于中国近代商人身上。在已有的关于商会等商人团体的研究中,应该说不乏这方面的论述。即便可以说以商会等商人团体的主张和行动大多没有直接征求全体商人的意见,只是由商会领导层,甚或个别领导者提出和发起的,但也不可否认经过了一定的民主程序,并大多获得一般商人们的响应和支持,理应可以作为一个阶级的集体觉悟和行动;至于确为个别领导人所言所为,且得不到一般商人响应甚至反对者,实属寥寥无几。这种由领导阶层通过民主程序做出决定并代表本阶级发表主张、组织

① 同上书,第8页。
② 同上书,第8页。
③ 同上书,第314页。
④ 同上书,第316页。
⑤ 同上书,第8~9页。

活动的方式,亦为国内外任何阶级所共有;而那种由全体一般成员自发联合起来发表主张、采取行动的现象是极为少见的。即便可以说中国近代商人没有达到形成一个阶级,即自觉自为的资产阶级的标准,那么作为一个客观存在的具有共同经济利益的群体,即自在的资产阶级是否存在?(关于中国近代资产阶级的自在状态和自为状态本书将有专章论述)

资产阶级这个概念是否是中国人臆造出来的?资产阶级这一概念是从国外引进的,主要是通过马克思主义理论的传播而传入的,但亦是西方近代时期的产物和研究近代历史的普遍用语,应该说是符合西方近代社会事实的。外国学者不仅用资产阶级概念研究他们本国的近代史和近代商人,而且也用这一概念研究中国的近代史和近代商人,上述所谈及外国学者的相关研究成果,几乎都使用了资产阶级概念。如果说在1949年后外国学者使用这一概念有受中国学者影响的因素,那么在1949年之前他们对这一概念的使用,应该是他们自己的选择(当时的中国学者尚少使用这一概念,而外国学者已不乏使用)。如1929年出版的日本学者志村悦郎著《浙江财阀》一书,就使用了资产阶级的概念,该书的《前言》指出:所谓浙江财阀,主要是以上海为大本营的江浙两省出身的金融业者及其实业家的概称,或叫作上海财阀或"江浙资产阶级",也是与国民政府结成密切利害关系的"新兴资产阶级"的主体。1938年出版的山上金男著《浙江财阀论》一书,作者在书中说:浙江财阀"是在上海以浙江出身者为中心的新兴资产阶级基于地方主义的团结意识而构成的地缘集团"①。又如美国学者斯潘塞在1934年发表的论文中评论说:"改组后的国民党系建立在上海银行家、城市工商资产阶级及农村地主阶级等新的社会基础上。"鲍华伦在1941年出版的一书中说:1927年后,"一个进取的但又是反革命的中国资产阶级给予执政的国民党以主要的鼓励和支持"②。由此而言,资产阶级已是世界近代史中的一个通用概念,难道就唯独不能用在中国近代史和中国近代商人身上?当然中国近代的资产阶级及其词汇概念不能等同于西方的资产阶级词汇概念,这个不同之处也就是中国资产阶级的特点,正是资产阶级研究需要重视和揭示

---

① [日]山上金男:《浙江财阀论》,日本评论社(东京),1939年,第71~72页。

② 转引自[美]小柯布尔著,杨希孟、武莲珍译:《上海资本家与国民政府,1927—1937》,中国社会科学出版社,1988年(哈佛大学出版社,1980年),第2页。

之处,但以此否定中国近代有资产阶级存在,进而否定以资产阶级概念对它的本体——商人进行学术研究,这是需要谨慎斟酌的。

更为重要的是,如果近代中国真的没有资产阶级,而只有分散的一个一个的商人,那么将有一系列的中国近代史问题需要重新解释,整个近代史的体系结构亦需要重新构建。如:资产阶级是否是中国近代的新兴阶级?如果没有资产阶级而只有商人,那么是否可以说商人是新兴阶级?又如:是否存在工人阶级?如果有,那么是否可以存在没有以资产阶级为对应的工人阶级?再如:是否存在资本主义经济?如果有,那么是否可以存在没有资产阶级的资本主义?如果没有,那么近代新式企业又是一种什么性质的经济?此种疑惑可谓是不一而足。因此,断言中国近代没有资产阶级,未免缺少全面思考,亦过于武断。

第二,以往使用资产阶级概念中存在不妥之处,是否就必须废除这一概念?上述第二、第三点中所指的使用资产阶级概念的不妥之处,在以往的资产阶级或商人研究中,有不同程度的存在,注意和避免"预设"和"先入为主"意识,分清资产阶级的概念内涵,自然有助于实事求是、恰如其分地研究商人或资产阶级。但是,其中将资产阶级划分为不同等级和类型,一概视为是"预设"和"先入为主",未免言过其实。实际上,对资产阶级的等级和类型划分是依据他们的经济状况和职业身份而做出的,其中划分是否恰当的问题,则另当别论。至于将资产阶级及其不同等级和类型者机械地一概与一定的政治立场直接挂钩,当然是一种"预设"或"先入为主"。

所谓对资产阶级及其不同等级和类型者政治立场的"预设"和"先入为主",其实是一种多年来形成的片面成见。这种成见,一说到大资产阶级、买办资产阶级、官僚资产阶级,就认定其为反动阶级;一说到中小资产阶级、民族资产阶级,就认定其有"反动性"的一面和"软弱性"的本质。这种论说,产生形成于新民主主义革命时期,是从革命的角度作为一种革命理论而提出的,它具有明确革命对象、划分革命阵营、进行革命动员的意义,也是一种时代的需要,并且是就资产阶级及其不同等级和类型者整体状况而言的,并非指其中的所有单个分子。在对资产阶级进行学术研究上,当然不能简单套用这种论说,尤其对资产阶级的历史地位和作用进行全面性研究上,如经济史、教育史、慈善史、现代化史的研究中,更不能简单套用这一论说。在早期的有关研究中,由于主要是从革命史的角度,或从资产阶级概论的角度出发,因而套用这种论说的现象较多,甚至将其从资产阶级整体属性研究延伸到单个分子研究,并由此形成了一种片面性的成见。这种成见,在对资产阶级进行学术研究中当然是需要避免和纠正的,也正是需要进一步实事求是研究的。

然而,这种由成见而带来的所谓“预设”和“先入为主”,以及僵化的“阶级分析”,不是通过简单地改用商人概念就能纠正的,因为对商人亦有自古带来的成见,也可以作阶级分析。就商人整体而言,自古以来就有所谓“无商不奸”“市侩作风”“市井小人”“商人习气”等的贬义性成见。对此,冯筱才的著作也多有论述,他说:近代之前,“在士人眼里,商人获利的途径既不脱欺诞之术,对其角色的评价自然属于低贱之流。一般民众的观念中,商人自然不会有好名声。李陈顺妍的研究便显示,认为商人奸诈成性,好不劳而获,实是农业社会中的大众心声”①;到了晚清,“人们完全可以一边利用商人的劳动丰富生活,一边仍骂着‘无商不奸’”②;“1910 年 4 月,有人撰文指出对商人的评价至‘晚近之世,愈趋愈下,轻之曰经济中人,贱之曰市侩,斥之曰奸商’,商人‘遭举世之白眼,受举世之诟病’。实际上直至 20 世纪 40 年代,仍有所谓‘罪在商人论’,将一切经济秩序的扰乱归咎于‘奸商’的破坏”③。此外,以商人为研究概念,是否就可以将所有商人一刀切,不需要对其做分层、分类研究,如大商人、中等商人、小商人,买办商人、钱业商人、贸易商人、工业商人等?如果仍需划分,那么对不同等级和类型的商人亦存在着雷同于官僚资产阶级、买办资产阶级、民族资产阶级、金融资产阶级、商业资产阶级、工业资产阶级的评判。

第三,资产阶级概念的内涵界限是否划分得不清晰?是否不可以指代商人?上文已经谈及,资产阶级概念内涵有狭义和广义之分。所谓资产阶级的狭义概念,就是指资产阶级的本体,具体而言是指资本家阶级或近代商人群体,这是大多数进行资产阶级专题研究者所采取的概念含义,其界限应该说是清晰的。所谓资产阶级的广义概念,实质上是在运用阶级分析方法下对其本体概念的外延,其所延伸的主要是“资产阶级性”,也就是通常所说

---

① 冯筱才:《在商言商:政治变局中的江浙商人》,上海社会科学院出版社,2004 年,第 28 页。
② 同上书,第 39~40 页。
③ 同上书,第 41 页。

的代表资产阶级利益，或为资产阶级服务、属于资产阶级阵营等。由于中国近代已开始逐渐扩展的资本主义化，资产阶级的这一外延自然会涉及社会的各种事物和各类人群，如政党、革命、政府，文化、思想、教育，知识分子、军人等等，虽然其界限不很清楚，但也不无道理，不悖史实。这种狭义概念与广义概念的关系及其运用，对中国近代历史及其研究而言，不只是资产阶级这一概念，也存在于其他的概念之中，如资本主义这一概念，狭义上指资本主义经济，而广义上延及的“资本主义性”则涉及各个方面，其广泛性不亚于资产阶级。与此类似的，还有工人阶级、无产阶级等概念。如果将此类概念都排除在中国近代史及其研究之外，可能也就不能成其为中国近代史了。如果以商人概念取代资产阶级概念，那么其概念外延的使用是不可以完全取代的，必将带来相关事物的概念混乱。

所谓狭义概念的资产阶级，其具体内涵是指具有现代性的商人或资本家。这种现代性的商人或资本家是随着工业化的进程而产生发展的，是近代的“新兴阶级”。这种概念含义虽然在中国的政治家和学者的有关论述中未曾见到有完整的界定，但在字里行间是有所表达的。从最早提出资产阶级概念的几位中共领导人的论述中就有这种意思的表达，如瞿秋白说，“中国的宗法社会遇着帝国主义之政治经济的侵入而起崩溃，方开始有真正的资产阶级的发展”；在这一真正的“资产阶级之中”，有“大商阶级”“海外侨商”“小商人”“新兴的工业阶级”①。这也就是说，资产阶级随着宗法社会的崩溃和资本主义经济的产生发展而产生发展，也指出了“新兴”性。陈独秀则将“长江新兴的工商业家之一部分”划为“革命的资产阶级”②。这无疑是说“新兴的工商业家”是资产阶级最主要的构成部分。毛泽东说，“大银行家、大商人、大工业家是大资产阶级”，并列举了陆宗舆、陈廉伯、唐绍仪、何东、张謇、盛恩颐诸人，这些人都是新兴资本主义银行和工商企业的参与者和创办者；在他说的“中产阶级”（即民族资产阶级）的构成中，把“华资银行、工商阶级”列在第一位，虽特别注明，“因在经济落后的中国，本国资本银行工商业的发展尚限在中产阶级地位，所谓银行业乃指小银行及钱庄，工业

① 瞿秋白：《论中国资产阶级的发展》，《瞿秋白文集》“政治理论编”第 2 卷，人民出版社，1988 年，第 87、108 页。

② 陈独秀：《资产阶级的革命和革命的资产阶级》，《向导周报》第 22 期，1923 年 4 月 25 日。

乃指小规模工厂，商业乃指国货商”，但又指出，“这个阶级代表中国城乡资本主义的生产关系”，这就意味着这个阶级的构成者是已发生变化而尚未壮大起来的金融和工商业者。

在国外学者的相关研究中，对中国资产阶级的这一概念含义亦有所阐释。在1949年之前，有日本学者所发表的《中国资产阶级的分析》一文中提出，“中国资产阶级依工业化而抬头”[①]。上述所列举的其他论著中亦将资产阶级界定为中国近代的一个“新兴阶级”。1949年以后有两位法国学者论述得更为明白。一位是白吉尔，她在1968年发表的《资产阶级的作用》一文中指出：“资产阶级”即指“商业资产阶级”，其中包括现代企业家、大商人、银行家和实业家，即使说商业资本主义自明代以来即已处于萌芽状态，但只是到了20世纪，由于中国经济的某些部门发生了变化，商业资产阶级才存在[②]。另一位是巴斯蒂夫人，她认为，自近代以来，由买办以及投资于现代工商企业的官员、绅士、商人所构成的“这个现代社会精华阶层”，“具有许多资产阶级的特点”；“在清朝的最后五年，真正的资产阶级才开始出现，那是一批现代或半现代的实业家、商人、金融家和大工业家：他们在物质利益、共同的政治要求、集体命运感、共同思想和与众不同的日常习惯等等联系在一起。”[③]这两段论述，不仅指出了资产阶级的本体由拥有较大资本规模的现代性的各业商人和企业家构成，而且提出了产生和形成的时间和标志。

“商人”是一个自古就有的概念，进入近代之后它之所以被作为资产阶级本体的主要构成者，则是因为它发生了资产阶级化的变迁，逐渐由传统群体转变为“新兴”阶级。“商人”，在近代之前是一个职业概念，且主要是指从事商贸及相关之金钱、贩运等业者，不包括工业，即被称为“四民”的“士农工商”之一。近代以后，随着资本主义工商业的产生发展，商与工的关系渐趋密切，其界限亦被逐渐淡化，商人的概念则趋于泛化，乃至将从事工业之人包含在内。从洋务运动时期开始创办的新式企业所采用的“官督商办”

① 雷啸岑译：《中国资产阶级的分析》，《时事月报》第7卷第1期（1932年7月、8月），专文，第23~28页；第2期（1932年8月），专文，第81~85页。

② 参见张仲礼、李荣昌、潘君祥、钱小明：《国外有关中国资产阶级研究概述》，《历史研究》1983年第3期。

③ 巴斯蒂：《社会变化的潮流》，费正清主编：《剑桥中国晚清史》，中国社会科学出版社，1985年中译本（剑桥大学出版社，1980年），第621页。

“官商合办”“商办”“招商”“商股”等方法,其中的“商”已不单指“商人”或“商业”,而是含有民间资本之意,包含了经营商工两业之人。到清末劝办商会、设立商务局时,其中的“商”更是明确地包含了商工两业及其经营者。

到中华民国成立之后,不仅商人概念的这种泛化现象成为法定概念,而且设置了商人的等级界定。民国北京政府于1914年3月2日颁布的《商人通例》,其中第一条规定:“本条例所称商人,谓为商业之主体之人。凡下列各种营业,谓之商业:一、买卖业;二、赁贷业;三、制造业或加工业;四、供给电气煤气或自来水业;五、出版业;六、印刷业;七、银行业、兑换金钱业或贷金业;八、担承信托业;九、作业或劳务之承揽业;十、设场屋以集客之业;十一、堆栈业;十二、保险业;十三、运送业;十四、承揽运送业;十五、牙行业;十六、居间业;十七、代理业。”第二条规定:除上列各种行业之外,“凡有商业之规模布置者,自经呈报该管官厅注册后,一列作为商人”。这就是说,能作为商人者,其所经营的企业需要达到一定的资本规模。又对商人的等级和权利作出界定,其第三条规定:“凡是沿门或在道路买卖物品之商人或手工范围内之制造人、或加工人及其他小商人,不适用本条例商号、商业注册、商业账簿各条之规定。”[①]1914年7月19日颁布的《商人通例施行细则》第三条又规定:“商人营业资本总额不满五百元者,以商人通例第三条之小商人论。”[②]这也就是说,资本在500元以下者为小商人,处于同等地位的还有沿门负贩、沿街摊卖的商贩,以及手工业制作人员,他们没有正式注册开办企业的权利,言下之意即小商人不是合格的商人。

近代的商人,除概念含义被泛化之外,内在实质也发生了重大变化。他们与资本主义工业的关系趋于密切,日益成为后者的投资创办者和产品推销者;他们的经营方式和经营规模、经营范围也在发生变化,逐渐采用股份制、公司制、银行制、经理制、连锁制、联营制、商工兼营等的资本主义商业企业制度和经营方法。商人在近代时期的这些变化,我们可以称之为商人的近代化或现代化,也可以称之为资产阶级化,或资本家化,即传统商人逐渐

① 《商人通例》,中国第二历史档案馆沈家五编:《张謇农商总长任期经济资料选编》,南京大学出版社,1987年,第153~154页。

② 《商人通例施行细则》,中国第二历史档案馆沈家五编:《张謇农商总长任期经济资料选编》,南京大学出版社,1987年,第161页。

转变为近代资产阶级,这也是近代商人区别于传统商人的时代性所在。因此,在研究中固然可以采用《商人通例》中所界定的被泛化的商人概念,即"近代商人"的概念,但亦需要做出特别说明,以表明其时代性,而这个时代性的核心也就是资产阶级化。而采用资产阶级概念,则可以直接表示近代商人的这一时代性。就此而言,从时代性出发,以资产阶级指代近代商人应该是可成立的。

鉴于上述思考,本书继续采用资产阶级概念,但不排除商人概念,而是两者兼而用之。所谓两者兼而用之,就是既以资产阶级为近代商人的特有称谓,又以近代商人为资产阶级的固有本体,或通俗称谓。这一方法,较之单一的采用资产阶级概念或商人概念,更有助于学术上的继承和发展,更契合于中国近代历史的各个方面,也更有助于反映中国近代历史的特点。

三、本书所研究的基本内容和思路

本书把近代中国资产阶级与近代中国社会发展变化结合起来进行研究,对近代中国资产阶级的产生、发展和构成的过程和特点,及其在近代政治、经济、文化教育等社会发展变化过程中的组织形式、角色地位、思想意识、活动方式、实际作用进行全面系统的考察;不仅对以往国内外有关研究中尚未考察清楚的问题进行进一步的系统研究,而且努力开拓许多缺少研究和未曾研究过的领域和时间阶段,使近代中国资产阶级的研究更加系统、全面和深入,实现较大的突破和创新。

1.研究内容:本课题研究的主要内容有四个方面。

第一,关于资产阶级的发展和结构状况。在发展状况方面,包括产生发展过程;各种类型的典型代表;各个发展阶段的来源变化;各个重要阶段的数量变化;组织和阶级形成状态。在结构状况方面,包括业别结构(如工业资产阶级、商业资产阶级、金融资产阶级);层次结构(如上层资产阶级、中层资产阶级、下层资产阶级);政治和社会结构(如买办资产阶级、官僚资产阶级、民族资产阶级的存在状况及其地位和作用);能量结构(如经济能量、政治能量、社会能量);群体结构(如行业公会、商帮和同乡组织、江浙财阀等)。这些内容,虽在以往的研究中都已有所涉及,但对其发展变化的全过程、来龙去脉和社会政治原因尚未考察清楚,本书将对这些内容分别进行详细的考察,做出比较切实的评估和评价。

第二,关于资产阶级的政治和外交参与。在政治参与方面,包括资产阶级政治参与意识的产生和强化过程;对社会政治运动的参与状况及其角色和作用;对政府的国家事务管理和方针政策制定的参与状况及其影响力。旨在通过这方面的考察,分析资产阶级从单纯的“在商言商”到“言商”与“言政”互补的变化,透视他们在近代中国资本主义和新民主主义民主政治斗争中的地位、立场、作用和能量,及其作为一个利益集团具有怎样的发挥政治助力和压力作用。在外交参与方面,包括资产阶级外交参与意识的产生和发展过程;对政府外交的参与程度及其作用;自我独立开展外交活动的状况及其作用,由此透视资产阶级的民族主义意识及其在近代中国反对帝国主义侵略争取民族独立进程中的地位、作用和能力。

第三,关于资产阶级与近代中国的经济发展。主要内容为:资产阶级的经济发展思想和主张,如重商主义思想、实业救国思想、抵制洋货主张、提倡国货主张、经济体制改革主张、利用外资主张等;资产阶级的经营管理理论和方法,如管理企业的各种理论和方法、发展工农业生产的各种方式和方法、推销产品的各种方式方法、与外资企业和外国商品竞争的各种方式方法等;资产阶级的经济活动形式,如血缘关系、地缘关系、业缘关系、同僚关系、官商关系等。以此揭示资产阶级是如何推进近代中国资本主义经济发展的,以及他们在其中的遭遇和作用。

第四,关于资产阶级与近代中国的社会事业。主要内容为:资产阶级参与教育和文化的活动,如关于改革教育和文化体制的主张、资助和创办各种教育和文化团体、资助和开办各类各级学校、设立各种基金会、开办文化娱乐产业和事业等;资产阶级的社会救济活动,如灾害救济、疾病救助、残疾救助、鳏寡孤独救助等;资产阶级的社会治理活动,如施行地方自治、参与城市管理、渗入基层权力系统等。由此考察资产阶级对近代中国社会公共事务的改进所做的努力和成败得失。

2.研究的思路和框架:由于本书是对资产阶级及其在中国近代社会中的地位和作用进行全面性、总结性和创新性研究,因此需要注意下列几点:

第一,注意系统性。既要注意1840—1956年间,中国资产阶级本体从产生、发展、分化到消灭的全过程的系统性,也要注意资产阶级作用在各个方面发展变化的系统性,要对各个方面做动态研究。

第二,注意全面性。既要研究资产阶级自身的产生发展状况,也要研究资产阶级在近代中国政治、外交、经济、文化、教育、慈善等各方面发展变化过程中所扮演的角色及其所发挥的作用,从而对资产阶级作一个全面系统的总结性研究。

第三,注意创新性。在发掘新史料的基础上,做出新分析,研究新问题,提出新见解。不仅要对已有研究中的欠缺和疑难问题作进一步的研究,如资本家的数量问题,官僚资产阶级问题,资产阶级的组织系统问题,资产阶级的形成问题,资产阶级的政治参与问题等。而且要对以往很少甚或未曾研究过的问题,进行开创性的探索,如资产阶级与近代中国的外交斗争,资产阶级与近代中国的文化教育事业,资产阶级与近代中国的慈善事业等。

第四,注意突出重点。一是由于资产阶级是一个已有较多研究的课题,因此本课题的研究重点应放在以往较少研究和未曾研究的领域和时段上,如上列的需作开创性研究的问题和国民党政府统治时期的资产阶级。二是由于本课题以资产阶级与近代中国社会为题,因此要把资本家阶级对近代中国社会发展变化所具有的作用及其实际遭遇作为中心线索。

第五,注意与中国早期现代化过程相结合。近代中国资产阶级,尤其是民族资产阶级是近代中国资本主义化的中坚力量,也是争取民族独立和民主制度的一个支持力量,而近代中国的资本主义化、民族独立化和民主化是中国早期现代化的主体所在。因此,在考察资产阶级对近代中国发展变化所具有和发挥的作用中,要体现资产阶级与中国早期现代化进程的关系。

根据以上的研究内容和思路,本课题研究的主体框架是:整个课题分为四大部分,第一部分:资产阶级的发展过程和结构状况,着重研究资产阶级本体的发展变化过程;第二部分:资产阶级与近代中国的政治和外交,着重研究资产阶级在中国近代争取民族独立和民主政治斗争中的地位和作用;第三部分:资产阶级与近代中国的经济,着重研究资产阶级对中国近代经济资本主义化所做出的努力和贡献;第四部分:资产阶级与近代中国的社会事业,着重研究资产阶级对中国近代教育、文化、科技、公益事业、地方建设的作用和贡献。其中拟作重点研究的有以下几个方面:

第一,关于资本家的数量估计和"官僚资产阶级"及大资产阶级的再考察。以往的有关研究,只对 1911 年时的资本家数量有过估算,本课题不仅将对1911年的资本家数量进行修订,而且将对1927年、1936年和1949年等重要年份的资本家数量做出估算。关于“官僚资产阶级”的问题,以往有关研究概念比较混乱,有的以资本家与政府的关系作为界定标准,有的以资本家的出身作为界定标准,并相应地在“官僚资产阶级”的产生发展时间上存在着各种说法,或认为它产生于洋务运动时期,初步发展于北洋政府统治时期,形成于国民党政府统治时期;或认为北洋政府统治时期是它的衰退时期;或认为它只存在于国民党政府统治时期。至于“官僚资产阶级”和“官僚资本”是否存在,有多大能量,有什么作用,现有的研究不仅存在较大分歧,有的认为存在,有的认为不存在,有的主张以“国家资本”替代“官僚资本”,且尚不明了。本书将对此作进一步的研究。

第二,关于资产阶级的民族主义观念和外交活动。以往的有关研究,对资产阶级的民族主义观念、外交意识及其与近代中国外交的关系问题,尚未有过专门的研究,只是在关于资产阶级参与民众反帝运动的研究中涉及了一些有关活动,如1905年的反美爱国运动,1915年的反对“民四条约”运动,1919年的五四运动,1925年的五卅运动等。本书将系统考察资本家阶级的民族主义观念、“商人外交”意识的产生形成和发展变化过程,并从商人外交的角度对资本家阶级的外交活动状况及其作用进行全面系统的研究。在研究内容上,除对他们在参与民众反帝运动中的商人外交的表现和作用进行新的考察之外,还将对他们独立展开的外交活动进行全面系统的研究。

第三,关于资产阶级的参政意识、参政能力及其与政府的关系。对于资产阶级的政治参与活动及其与政府的关系以往已不乏研究,但是研究的内容和角度大多限于资产阶级对社会政治运动的参与状况及其所表现的立场和态度;从资产阶级参与政府政治运作的角度,对资产阶级的参政意识和能力及其与政府的关系,则很少研究,或只作一些表象陈述,缺乏内在利益关系的考察和分析,或认为没有真正的参政意识,而只有被迫的参政活动。本书将对资产阶级参政意识产生发展的原因和过程,他们的参政目的、能力和方式,他们在参政过程中与政府的利益关系,他们的参政活动对政府的政治、经济等方针政策产生了什么影响等问题,进行具体深入的探讨。

第四,关于国民党政府统治时期的资产阶级。以往的资产阶级研究,较多地集中在清末和北洋时期,对国民党政府统治时期则较少研究,即使有研究亦较肤浅和片面,如关于四一二政变中的资产阶级;关于江浙财阀与国民党政府的关系。本书除将对已有研究的问题作进一步考察之外,还将对这一时期的资产阶级进行较为全面的研究,从而对中国的资产阶级有一个比较全面、系统的认识。

第五,关于资产阶级的发展中国教育、文化、科技、公益事业的主张和实际活动。以往对这些方面虽有少量研究,但大多是阶段性的,或专题性的,或人物性的研究,本课题将力图对此进行总体性的研究。

3.基本观点:就现有的想法而言,对本课题研究框架中四个方面的某些重大问题主要有以下基本观点:

第一,关于资产阶级的发展过程和结构状况。对于资产阶级的类别,近年来有些研究不赞同把资产阶级分为买办资产阶级、官僚资产阶级和民族资产阶级,特别对官僚资产阶级的质疑较多,而主张以业别划分资产阶级。本书认为,以业别划分资产阶级的类别是可以的,但它只是一个角度,不能完全取代原有的类别划分。业别划分主要是为了分析资产阶级的行业分布状况,是通过考察资产阶级的经济属性而作出的,而在分析资产阶级的来源构成和民族属性时,就仍可采用原有的类别划分。还需要按照拥有资本数量之多少,划分大资产阶级和中小资产阶级。对于资产阶级的形成问题,不能只就资产阶级的数量,或资本主义经济发展的程度,或资产阶级参与政治活动的状况,从单方面作出论断,而应按照马克思列宁主义有关阶级形成的理论,结合前述这些因素,以资产阶级的组织状况为核心考察其形成过程和时间,并指出其特点和成因。对于资产阶级与近代历届政府的关系,不能笼统地一概论定其依附性,而是有一个从基本独立转向被迫依附的过程,即使在国民党政府统治时期的依附阶段中也有依附合作和矛盾冲突的两个方面,且不同类别的资产阶级有不同的表现。

第二,关于资产阶级与近代中国的政治和外交。就资产阶级的绝大部分——民族资产阶级(或普通资产阶级)而言,他们的基本政治态度是追求民主制度和国家独立,因此他们主动或被动地参与了不少的民主政治运动和反侵略运动,甚至企图建立资产阶级政府,开展独立的外交活动,为争取中国的民主和独立作出了一定的努力和贡献,也曾发挥过一定的积极作用。但是,由于他们自身力量的弱小、对列强的幻想、“在商言商”的局限性,使他们在民主政治运动和反侵略运动中往往妥协退让、半途而废,较少达到既定目标,甚或被统治者和侵略者所利用。

第三,关于资产阶级与近代中国的经济。中国近代的资产阶级是随着资本主义经济的产生发展而产生发展起来的,它是中国近代资本主义经济的主干载体。它对资本主义经济发展的推进作用,不仅在于直接创办资本主义工商企业和改造传统工农业方面,更重要的是在于提出和实践了许多发展民族资本主义工商业的主张;督促政府制定有利于经济发展的方针政策;引进国外先进的生产技术和企业管理方法;采取了各种抵制外资侵略和与外资竞争的积极措施。它在中国工业化和资本主义经济的发展过程中处于主力队伍的地位,但由于历届政府的独裁统治和腐败无能,使资产阶级的作用不能得到应有的发挥,也严重阻碍了中国近代工业化和资本主义化的进程。

第四,关于资产阶级与近代中国的社会事业。资产阶级在致力于发展经济的同时,也关心其他社会事业的发展和改良。在教育事业方面,他们不仅直接创办和资助了一些学校,而且向政府提出了不少有关教育发展和改革的建议和方案,在一定程度上促进了新式教育事业的发展。在文化事业方面,他们除了投资创办一些文化产业,还资助了文化界的文化改良活动。在科技事业方面,他们既以自己创办和资助的学校传播科技知识,还创办和资助了一些科研机构和团体,开展科技研究和改革工作。在社会公益事业方面,他们开展了多种多样的慈善活动,并把慈善事业从传统方式发展到现代方式。

2015 年 7 月于北京寓所

《中国抗日战争史料丛刊》前言[①]

虞和平

本丛刊是2015年度国家出版基金资助项目,是一部全面反映中国人民反抗日本侵略的文献史料库。本丛刊收集文献种类之多、涉及范围之广,超过以往任何同类文献丛刊,为抗日战争史研究汇集和开发了众多的史料。本丛刊的问世,既蕴含着揭露日本右翼政客公然歪曲和否认日本侵略中国的历史、呼唤世界和平的深远历史意义,也具有让我们的子孙后代牢记伤痛,进而奋发图强,以实现民族伟大复兴的中国梦的现实意义。

2015年是中国抗日战争胜利暨世界反法西斯战争胜利70周年,抗日战争史研究掀起了新的高潮,取得了新的进展。抗日战争史研究,不但要揭露日本的侵华罪行,显示中日战争场景,颂扬中国人民的抗日精神和贡献,证明中国的抗日地位和作用,而且要揭示中国抗日战争的民族复兴转捩意义,中国抗日战争与世界反法西斯战争的关系乃至中国在抗日战争时期的社会经济状况,考察抗战与建立中华人民共和国之关系及实际状况。这一切,既是当前抗日战争史研究的主要任务,也是本丛刊各种文献所记录的主要内容。

本丛刊所收集的文献,多题材、多视角记录了日本侵华战争给中国人民带来的深重苦难和中国人民艰苦卓绝的抗战历程。除全面反映和记录中国各族人民、各党派、各阶层爱国人士、海外侨胞在正面的主战场到敌后的游击战场的抗战史实外,还涉及苏联远东战场、太平洋战场、东南亚战场以及战时中国与美、英、苏等各盟国的军事合作和外交关系,以及战时的中国经济社会状况。

本丛刊所收集的文献中有不少为价值珍贵而至今尚少利用者。这些文献都是抗战时期的即时作品,是同一时代各界人士对抗战亲身经历、亲眼所

① 虞和平主编:《中国抗日战争史料丛刊》,大象出版社,2015年。全书1037册。

见、实情记录、实地考察、即时感受,既体现着中国人对抗日战争的即时认知,也蕴藏着全面研究抗日战争的重大史料价值。

关于第二次世界大战及其与中国抗日战争之关系,在抗日战争的当时就已有中国学人在关注着。本丛刊中与此主题相关的文献有近 50 种,其中有关太平洋问题和太平洋战争者较多,有 34 种。这些著作,或介绍和研究太平洋战争及第二次世界大战,或考察和分析欧洲和日本的法西斯问题,或探索第二次世界大战及太平洋战争与中国抗日战争之关系。

日本为何要不断地加剧侵略中国?这是当今抗日战争史研究者一个十分纠结的问题,也是抗日战争时期中国人苦苦思索的一个问题。中国人对这个问题的思索,可以说是与日本侵略中国同时开始的,为了探索日本侵华的原因,研究日本本土的著作大量出现,推动了中国人对日本研究的发展。本丛刊所收集的相关文献有 150 多种,这还不包括有关中日关系的著作。其所涉及的内容主要是关于日本政治、军事、经济等方面的,其中有关政治和军事者 63 种,有关经济者 52 种,有关文史者 17 种,有关总体状况者 17 种,有关社会因素者 7 种。这些文献,除从经济、政治、军事、文化的角度进行研究之外,亦有从民族、人种、环境、心理、观念的角度进行研究的,如《日本民族性研究》《日本之人种》《日本人文地理之特征》《日本人之病态心理》《日本人的中国观》等著作。

关于抗日战争与中华民族复兴转捩点的问题,是近年来中国学者研究抗日战争的一个热点。在抗日战争全面爆发后不久的 1940 年,冯友兰对此就有深刻的见解,对今天的研究来说仍不无启发意义。他从经济和历史的角度论述这一问题,指出抗日战争不仅是中华民族有史以来关乎生死存亡的最为严重的关键点,是中国最需取胜的抵抗外敌入侵之战,而且是中华民族由弱转强、由贫转富的最有希望的转捩点。他说:

"我们民族,现在又遇着了重大底危机。在四千年底历史中,我们也曾经过许多重大底危机,不过我们现在所遇到底危机,与我们以前所遇者,有性质底不同。以前我们所遇底危机大概都是军事上底,顶多也不过是政治上底,而不是经济上底。在以前,我们在军事上或政治上,虽有时有很大底失败,但我们的生产技术,总是高于我们的敌人,因此我们在经济上总是占着优势,我们曾经丧失过政权,但没有丧失过经济权,我们在以前底危机中,所以都终能化险为夷,其主要原因在此。

"但是，自从西洋有了工业革命以后，我们的生产技术，不幸落后。又不幸，我们的东邻，亦先我们有了工业革命，我们的生产技术，对于他亦是落后。我们在东亚遇着了这个敌人，他是在经济上对于我们占优势底。我们现在所遇到底危机，与以前我们所遇者，其性质底不同在此。由这一方面说，我们现在所遇到底危机，在我们的历史中，可以说是空前底。

"我们现在所遇底危机，到现在底中日战争，发展到了顶点，半世纪以来中日间底旧账，都要在这次战争中得以总清算。在这次战争中，我们若失败了，我们即无法渡过这个危机。在以前我们所遇底危机中，我们失败了，不久即又恢复，这是因为我们虽在军事上、政治上失败，而尚有经济权在手。但现在我们的敌人的主要底目的，正是要夺我们的经济权，所以这一次我们若失败了，以后虽非不能恢复，但其困难要比以前大得多，这是可以断言底。

"反过来说，在这次战争中，我们若得了胜利，则这次底危机，即已闯过大半。我们的生产技术，近来已有很大底进步，只要政治上、军事上能保全独立自由，则十年之后，我们在经济上可以'迎头赶上'世界任何国家，则别方面的进步，亦自然随之而赶上世界任何国家。到那时候，我们不但可以中兴，而且其伟大光荣要超汉轶唐，真可以说是震古铄今，这也是可以断言底。由这方面看，这一次中日战争，实是我们民族将来判云泥的转折点。"①

抗日战争对中国社会带来了什么样的影响？中国的所谓"抗战与建国"进行得怎么样？这虽是多有研究的问题，但仍有很大的研究空间。在本丛刊所收集的文献资料中，反映各地社会经济状况的各种年鉴应该是对这一问题研究的不可多得的资料。这些年鉴有 48 种，其中包括：全国综合性年鉴——1937 年世界知识年鉴、申报年鉴第三回（1935 年）、申报年鉴（1944 年）、时事年鉴（1935 年）、实用国民年鉴（1941 年）、内政年鉴第三回（残缺，年份不清）；地方综合性年鉴——安徽省民国 28 年年度统计工作年鉴（1939 年）、山西省统计年鉴（1934 年）、广州年鉴（1935 年）、广东年鉴（1942 年）、濠州（台湾）年鉴（日文，1940 年）、青岛特别市市公署行政年鉴（1930 年）、湖南年鉴（1935 年、1936 年）、湖南年鉴（1933 年）、广西年鉴第 1—3 回（1933 年、1935 年、1944 年）、上海市年鉴（1935 年、1936 年）、国货年鉴（1934 年）、陪都工商年鉴（1945 年）；全国经济性年鉴——铁道年鉴第一、

① 冯友兰：《本刊旨趣》，《中日战事史料征辑会集刊》第 1 期，1940 年 6 月发行，第 1~2 页。

三卷(1933 年、1936 年)、全国银行年鉴(1934 年、1935 年、1936 年、1937 年)、中国经济年鉴(1934 年、1935 年、1948 年)、保险年鉴(1935 年)、中国保险年鉴(1937 年)、航业年鉴(1935 年)、中国金融年鉴(1938 年、1939 年)、财政年鉴(1935 年、1943 年);地方经济性年鉴——山西造产年鉴(1936 年)、广州工商年鉴(1936 年)、上海经济年鉴(日文,1943 年)、云南省合作年鉴(1941 年);全国外交性年鉴——中国外交年鉴(1933 年、1934 年、1940—1941 年)、世界政治经济年鉴(1942 年);全国及地方文教性年鉴——东省特别区民国 19 年年度教育年鉴(1930 年)、中国文艺年鉴(1936 年)。此外,还有众多的各种公报,可为这一问题的研究提供大量而系统的统计数据;还有可观的各地社会经济调查统计资料,可为这一问题的研究提供丰富的纪实资料。

本丛刊的出版亦可谓是对抗日战争时期文化事业的一次大检阅。毛泽东曾高度赞扬和评价过抗日战争时期中国文化的发展和作用,学界亦不乏这方面的研究,本人曾在纪念抗日战争胜利 60 周年时发表过《抗日战争与中国新文化的新发展》一文,但当时所考察的主要是狭义的文化事业即文艺。本丛刊所展示的则是比较广泛的文化事业,不仅有文艺方面的,而且有出版、新闻、宣传、教育、研究等方面的大量作品,与此相应,还可以看到众多的新文化机构和团体的出现,这一切真实地绘制了一幅抗战时期中国新文化之新发展的大画卷。

本丛刊所收集的 4400 多册文献,从世界各地搜集而来,将原本分藏于各地的文献资料汇集于一,将极大便利对这些文献的检索和使用,研究者先前四处奔波而难得之所需资料,现在一览可知,伸手可获。愿抗日战争史的研究者们,利用本丛刊的文献资料,取得新的更多的研究成果;愿抗日战争史的教学者们,利用本丛刊的文献资料,获得新的更深的思想认识;愿一切正义的热爱和平的人们,利用本丛刊的文献资料,作为揭露和批判日本军国主义和法西斯主义的素材。

2015 年 12 月于北京寓所

第四编　访谈和发言

近代史研究的热点和难点

——访虞和平研究员

王天根[1]

王天根(以下简称王):虞博士,您能否介绍一下改革开放以来我国近代史研究的进展情况,以及今后的发展方向。一方面我们广大读者可以借此对改革开放以来我国近代史研究的成就和经验有所了解;另一方面,您从学术史的角度作一回顾和展望,也可以让我们站在21世纪门槛上的青年同志对新世纪的中国近代史研究有所借鉴和参照。

虞和平(以下简称虞):好的。关于改革开放以来中国近代史研究的进展情况,在各种学术杂志上已有不少介绍,就不需要再多说了。这里,我就集中谈一谈目前中国近代史研究中存在的一些热点和难点问题。近年来,中国近代史研究取得了很大的进展,也形成了许多新兴的而又有较多研究成果的课题,即所谓的热点,同时也存在不少有待进一步探讨的问题,即所谓的难点。

我首先谈谈中国现代化史的研究问题。目前,现代化运动的高潮已席卷中华大地,中国现代化历史的研究成为一个热点也已有多年。就时间而言,中国现代化历史的开端可以追溯到1840年。有人把1840—1949年的中国现代化称为近代化或现代化,我则主张称为早期现代化,这样一则可以表明现代化概念的统一性,二则可以区别现代化发展的阶段性,以区别1949年之前和之后的中国现代化的不同发展状况和不同发展道路。中国早期现

[1] 王天根,1971年出生,男,安徽芜湖人。现任安徽大学新闻传播学院教授,博士生导师,教育部“新世纪优秀人才支持计划”入选者。先后在广西师范大学获得历史学硕士学位(2000年)、北京师范大学获得历史学博士学位(2003年),2005—2007年在复旦大学新闻学院传播学流动站做博士后研究,2007年破格评为安徽大学教授。2010年至2011年,在英国威斯敏斯特大学从事访问研究。本文原载于《社会科学家》第16卷第2期(总第88期),2001年3月。

代化较之现代化的一般含义来讲,还应该增加一个民族化——反对帝国主义的侵略和争取民族独立。正如胡绳同志在他的新版《从鸦片战争到五四运动》一书的序言中所指出的:可以从现代化的角度写中国近代史。但那种借现代化视角试图否认近代中国殖民地性的观点是不可取的。刘大年同志也曾提出:中国近代史首先是反帝反封建的历史,同时也是中国争取近代化的历史,但反帝反封建决定中国近代化的进程。

王:您觉得用现代化的视角来检视中国近代史,对近代史学的社会功能有何影响?目前还有哪些理论难点?

虞:应该说用现代化理论阐释中国近代史,有助于把过去视近代史学的社会功能为单纯的爱国主义教育扩大到方方面面。因为,从现代化的角度来看,近代中国社会处在由传统社会向现代社会转型的变化过程中。我们要特别注意转型过程中新、旧质素的消长及其相互之间的错综复杂关系。近代社会过渡性的内在原因就体现在这里。从经济的角度来说,在近代社会中市场经济逐步发展,其中也形成了有别于中国传统商人的近代第二代企业家,也形成了很丰富的有别于传统经营模式的现代企业管理经验。这些经验,在今天看来还有可供借鉴之处,并未完全过时,因为我们当今社会也正由传统的社会主义计划经济向有中国特色的社会主义市场经济转变,从现代化的角度来看,近代的许多历史经验值得汲取。从文化的角度来看,近代中国的科学技术、思想意识、宗教信仰、文化教育、传媒、文艺等方面,都不同程度地引进改造了不少对我们有用的外国文化,其引进改造外国文化过程中的经验教训,对我们今天也有可鉴之处。从社会的角度来说,近代中国随着经济和文化的多元化,人们的政治取向、社会阶层和群体、结社方式、生活方式也逐渐趋向多元化,其中出现的矛盾冲突和互相协调,今天也可引以为鉴。

至于说到中国早期现代化研究过程中的理论难点问题,我看有这样几个问题值得深入探讨:

首先是现代化与半殖民地半封建化的关系是什么?这个理论难点若能取得优秀的研究成果,可能会对世界的现代化理论有所突破。从全球的角度来审视现代化发展的历程,我们可以看出早期的世界现代化是伴随着殖民地化而兴起的:自哥伦布发现新大陆以后,早期资本主义国家的现代化就伴随着殖民活动而发展起来,同时也在客观上引发和刺激了殖民地的早期现代化,如英国对北美洲的殖民占领,以及北美早期现代化的启动;英美对亚洲的中国、日本的殖民地化,以及中日早期现代化的萌发等。从这一点来说,殖民地化不自觉地充当了现代化的世界化的传动链。当然,这种被殖民地化所传动的现代化,是一种畸形的、不健全的和依赖型的现代化,所以这些国家的现代化都需要有一个民族化,只有取得民族独立以后,这些国家的现代化才走上了健康的道路。对这个问题应该怎么看,怎样进行理论分析?值得深入探讨。

其次是现代化与传统的关系。对近代中国这样后发现代化的国家来说,存在着一个二元型现代化的问题。通俗地说,就是一方面直接引进外国的先进文明,从机器设备等硬件到科学技术和企业管理经验等软件,在传统的土地上直接进行现代化建设;另一方面就是自身的由传统向现代转变。因此,社会中传统因素与现代化存在着不可避免的相互冲突、沟通和融合的过程,既不能把传统与现代对立起来,也不可把此二者简单地结合起来。具体地说,如传统文化与现代化的关系,早些时候,有不少人认为中国的传统文化与现代化是格格不入的,甚至主张全面否定传统文化,实行全面西化;近些年来,由于亚洲四小龙的经济腾飞,人们对东亚的传统儒学与现代化的关系产生了浓厚的兴趣,纷纷对其重新解释,并由此推理出以儒学为代表的中国传统文化,不仅不与现代化相矛盾,而且是适应和促进现代化的,甚至可以用来解决西方现代化国家所面临的难以解决的社会问题。这两种观点都有失偏颇。窃以为,传统社会和传统文化有着某些潜在的对现代化的适应性(或称调适性),即某些传统的社会因素和文化,通过改造和新释,是可以适应,甚或有助于现代化的,包括中国的儒学也是这样。

再次是关于中国早期现代化的实现程度问题。尤其是近代中国的资本主义化程度问题,即资本主义在近代中国社会发展中占多大比重。比如说近代中国的资本主义化水平、国民收入的提高程度、经济的国际化程度、生产的科技化程度等都值得考察。

王:近年来,社会史研究成为学术热点,您能否谈谈这方面的情况。

虞:应该说社会史研究和现代化研究是有联系的。中国早期现代化研究是以探讨近代中国的整体社会如何由传统封建社会(或农耕社会)向现代资本主义社会(或工业社会)转变为主旨的,既要考察社会构成各个方面和各个层次的发展变化,又要分析它们彼此之间的互动关系,可以说是近代社会发展过程的一种整(总)体性研究,这就需要有社会史的研究。社会史研究在1949年以前就已有之,近年来的社会史研究可以说是一种复兴和发展。要研究社会史,当然首先会遇到研究对象和范围的问题。就目前而言,学者们对这一问题有着不同的看法:(1)有的认为社会史就是一种全面的历史,而真正能够反映一个过去了的时代全部面貌的应该是通史,因此社会史就是通史。(2)有的认为社会史以人们的日常生活和生活方式为研究对象实际上就是社会生活史。(3)有个别论者认为社会史研究对象就是其他专门史不研究而剩余的问题,如黑社会、赌博、娼妓、吸毒等问题,更无所谓作整(总)体性研究的社会史,即整(总)体性社会史。(4)也有学者认为不需要考虑社会史的学科概念问题,或者说社会史不是一门学科,只要作具体问题的研究就可以了。

20世纪90年代,我曾在《历史研究》(1993年第1期)上发表过一篇文章,对社会史研究对象提出过一些看法,后来有人写文章与我商榷(见《历史研究》1997年第1期),借此机会,我就这一问题再作一些说明。在我看来,社会史应当是一门学科,也应该有自己的研究对象和体系。其实在每一个社会史研究者的头脑中都有一个社会的基本概念,否则又如何确定自己所研究的问题是社会史研究,只不过没有形成系统的思考而已。社会史的研究对象,应该是历史上的人和人群的生存和生活状态、相互间的结构、互动关系及其发展变化过程,至少应包括社会结构和社会生活两个方面。就社会结构而言,主要包括人口、家庭、宗教、社区、职业、阶级、社团、帮会、教派等;就社会生活而言,则涉及社会的方方面面,除衣食住行和风俗习惯之外,还包括政治、经济、文化等领域内的社会生活,以及病态社会生活,如赌博、吸毒、娼妓、乞丐等。对这些内容的整(总)体状况及发展变化全过程进行研究的就是整(总)体社会史,可以叫作"中国近代社会史",或其他类似的名称;对其中的某一方面在某一时期或整个近代的发展变化状况进行研究的就是专题社会史,如可以叫作"近代中国(或某一时期)的人口""近代中国(或某一时期)的家庭"等等,犹如人所共知的"中国近代政治史""中国近代经济史""中国近代文化史"等整体专门史,以及其中的某一专题史研究那样。

至于社会史研究的范围,它可以与其他学科交叉,涉及各个领域,其涉及范围的宽窄则决定于它的方法,当它的方法被运用于某一领域时,这一领域也就有了社会史的研究,这个问题的研究也就成了社会史的研究。如果把社会史研究对象限定为其他学科不研究的问题，那么首先会使社会史的概念含糊不清，究竟什么问题是其他学科不研究的？其实社会史研究中的许多重要问题或早已被其他学科所包含，如帮会、黑社会、阶级、政治团体、宗教等问题已为政治史所涉及；或正在被逐渐纳入其他学科的研究范围之中，如生活习俗、服饰、饮食、文教团体等问题日益成为文化史研究的内容，人口、家庭、职业、经济团体等问题也正在不同程度地为经济史研究所关注。其次会使社会史研究失去人们所期望的学术发展价值，研究其他学科所不研究的问题能否成为一门学科要打一个很大的问号，即使有所剩无几的问题可以研究，也只是一些枝节问题，不可能对历史学研究产生较大的推进作用和影响，犹如前些年有人所讽刺的“社会史研究是鸡零狗碎”一样。

因此我们进行社会史研究的时候，一定要注意方法问题，研究实践已经证明，只有综合运用历史学、社会学及各种专题社会史相关的学科理论方法，才能使社会史研究得以深化而富有特色。

王：在您看来，目前社会史研究有哪些热点和难点问题？

虞：应该说，社会史主要是社会学与历史学的结合体，虽然有的学者有不同的看法，但我还是坚持这一观点，它的学科优势不仅在研究方法上，更为重要的是体现在多学科交叉的研究方法上。近年来的社会史研究，主要表现为专题社会史研究，其中新兴的成绩比较显著的主要有下述几个方面：

人口史研究是热点之一。近年来发表和出版的人口史研究论著颇多，用人口学与历史学相结合的方法，对历史上人口数量的增减状况及其原因，人口的性别、年龄、地区结构，以及人口迁移等问题的研究取得了较大的新进展，但是在研究的理论模式上尚未取得新的突破，大多仍然限于20世纪二三十年代以来的人口数量和自然结构状况及其变化过程的研究，很少对人口的社会结构加以研究。如果用社会学、人类学等与历史学相结合的方法，从人口与历史发展关系的角度来研究人口史，更为重要的是要考察人口的社会结构，如知识素质结构、职业结构、城乡分布结构以及身体素质结构等，这些都是目前基本没有研究的问题。过去我们对人口在战争中的大量死亡，遭受帝国主义侵略者（特别是日本帝国主义侵略者）的大规模屠杀，只是着眼于人口数量的减少和帝国主义的侵略罪行，如果要深入分析其对中国社会造成的后果，光着眼于这两个方面是不够的，还需要具体分析这些死亡人口的社会结构及自然结构，从而才能具体揭示其对中国社会发展造成的危害。

社团研究,特别是经济社团史研究,如商会、行会、同乡会等的研究是又一个热点。就研究成果而言,商会史研究可以说是最突出的,它是20世纪90年代前后新兴的一个研究课题,从事此项研究的人虽然不多,除我本人之外,主要有上海社会科学院的徐鼎新和钱小明二人,武汉华中师范大学的章开沅、马敏和朱英三人,天津社会科学院的胡光明、宋美云、任云蓝、蓝长云等人。但影响却较大,四个地方的研究者都发表和出版了不少论著,引起了较大的反响。1998年天津曾举行过一次商会史研究的国际学术研讨会,与会的国内外学者有近百人。我本人的《商会与中国早期现代化》一书,1993年由上海人民出版社出版,得到了全国工商联系统的关注,1995年台湾的东大图书股份有限公司也重版了我的这本书,1999年该书还有幸被评为国家社科基金项目优秀成果三等奖。近20年来我国历史学研究中的许多新兴领域,大多是向外国学习的,但在中国商会史研究方面,中国学者则处于领先的地位,在中国学者有较多的论著问世以后,美国、日本和中国的台湾、香港才有一些学者从事中国商会史研究,当然在研究角度和方法上有所创新,如从市民社会的角度、商人与政府关系的角度来研究商会,也引起了中国学者的关注。商会史研究虽然已有近10年的时间,但至今仍吸引着不少学者,而且研究的领域在逐渐拓宽。

近年来中国学者对商会史的研究,主要是就商会产生发展过程、社会属性、组织机构、功能作用、与政府的互动关系、商人外交、中外商会比较等问题进行了探讨和争鸣。如对商会的性质,朱英认为清末商会具有"官督商办"的色彩;我认为它是一种商办法人社团。对其组织构成中与行会的关系,马敏、朱英认为商会与行会是截然不同的;我认为两者在协调成员关系和官商关系、经济管理、利益自维等基本功能上,具有相同和相互依赖的关系,两者有机地结合在一起。对商会在中国早期现代化过程中的作用,朱英、马敏、徐鼎新比较全面地论述了它的经济促进作用;我还从改善资本主义经济秩序、有助于资产阶级的政治参与和民族独立运动,以及商人外交的产生和发展等角度,考察了商会的这一作用。对商会与资产阶级成长的关系,朱英从商会的组织状况和政治活动及其与政府关系的角度,提出清末商会的诞生是资产阶级初步形成的重要标志,最近还以此论证了近代中国市民社会的成长状况;我则认为,清末各地商会的诞生使资产阶级进入从自在状态向自为状态转化的过渡阶段,民国初年中华全国商会联合会的成立,则标志着资产阶级进入了基本自为的阶段。对商会与政府的关系,朱英认为在清末民初时期主要是良性互动的关系;我认为在 1904—1930 年间,呈现为由依法管理与被管理关系向着超法的控制与反控制关系转变的趋势。

王:请问虞博士,关于商会研究,还有哪些问题值得深入探讨和进一步拓展?

虞:在我看来,从商会史的角度出发,研究商人与近代政治的关系就是一个很好的课题。现有的研究成果虽然对这一问题有所涉及,但不够全面系统,主要集中于考察商会对当时一些重大政治运动的参与状况,对商人在近代中国政治中究竟处于何等地位,在近代中国政治制度和政治状况的发展变化中究竟发挥了怎样的作用,尚少研究。现在台北的“近代史研究所”已设立了这样的课题,我们也应该展开这一问题的研究,当然还可以开辟一些其他的领域。目前商会研究主要集中于 1927 年之前的上海、天津、苏州三个地方商会,而 1927 年之后的状况和其他重要地方商会则很少研究,有很多空白地带。

以商会为主体的商人外交也是一个亟待研究的课题。商人外交是国民外交的重要组成部分,而商人外交较多的是经济外交,而且是民间经济外交,因此研究商人外交兼及国民外交和民间经济外交两个方面。无论是国民外交还是民间经济外交,都是我们缺少研究的课题,而国外则颇重视这方面的研究。这一课题不仅具有重要的学术价值,而且具有重要的现实意义,随着我国经济体制改革的深入和进入世贸组织,民间经济外交将日益发展而显示其重要作用,研究近代的商人外交将给现实的民间经济外交提供历史经验。我自己对这一问题的研究在开始研究商会时已有涉及,这在我的著作中已有反映,目前则正在从事这一课题的专门研究,《近代史研究》2000 年第 2 期上发表的我的《五四运动与商人外交》一文,是一篇关于北洋政府时期商人外交的概论性文章。所谓商人外交是指商人的有组织的外交活动,不包括个别商人个人的外事活动,这种商人外交,在近代中国主要是在商会产生以后才产生和发展起来的,应该作为商会史研究的一个重要内容。

以上谈的是以商会为主的经济社团研究,其他社团的研究近年来也有不少论著问世,尽管对各种社团的研究可以采取相应不同的角度和方法,但是从社会史研究的角度来说,社团研究都有这样几个问题值得思考:一是社团与社会整合的关系，也就是社团如何通过其组织系统和认同体系，使与其相关的人群形成一个整体；二是社团与社会动员的关系，这主要是研究社团如何动员其全体成员及相关人群，形成一个共同的认识和目标，以及为之努力的共同行为；三是社团与政府之间的关系，如从利益集团、压力集团的角度考察和分析社团对政府行为所产生的影响力。

王：近年来，区域史研究逐渐为学者所注目，请您谈谈这方面的情况。

虞：近年来，区域史研究确实比较热，发表和出版的论著也颇多，并且在学科概念和学术水平上有较大的进步。以往所研究的区域史，大多是一种行政地区史，即以省、市、县的行政区域为区域，近年的区域史研究，除原有的行政地区史继续发展之外，已扩大发展到自然、人文和经济区域史，即以具有基本相同的自然和人文环境，以及内在经济关系密切的地区为研究对象，如东北、华北、华南、长江中下游、长江上游、珠江三角洲、苏北等地区，湖湘文化、岭南文化、巴蜀文化，华东、华南、东北亚等经济圈。但是与国外最新的运用地缘学理论从地缘关系的角度进行区域史研究相比，仍存在较大的差距。所谓地缘关系就是作为研究对象的区域，其内部的不同地区之间有着密切的文化、经济渊源关系和互相依存关系，而不是行政和地理概念上的各个小地区的简单相加，这在近年的区域史研究中已有所体现。用地缘学理论研究区域史，更为重要的是在于着重分析区域内各个地区之间的依存和互动关系，及其所带来的对该区域发展的作用。具体而言，至少有这样几个要素需要考虑：

第一，区域的资源结构及其优势和劣势。这主要是考察区域内各地区所具有的资源状况，分析其优势和劣势，以及各地区之间可以实行怎样的资源优势互补，克服劣势。在此基础上明确区域的整体资源结构及其优势和劣势。

第二，区域内各地区资源互补作用的发挥状况及其对各地区和区域的社会经济发展的影响。这主要是考察区域内各地区之间是怎样实现优势互补和克服劣势的，相互间的资源依存度如何。如果各地区和区域的社会经济取得了较快发展，而且资源互补在其中发挥了重要的作用，就表明该区域不仅有区域优势，而且较好地发挥了这种优势；如果各地区和区域社会经济没有取得较快发展，或通过利用区域以外的资源而获得了较快发展，则不是表明该区域缺乏区域优势，就是表明区域优势没有很好地发挥。

第三,区域内各地区之间的社会经济网络及其对区域社会经济发展的作用。作为一个有地缘关系的区域,其中必然存在着连接不同地区的各种社会经济网络,考察这种网络的存在状况和运作过程,分析这种网络在区域社会经济发展中所发挥的作用,便成了区域史研究的又一个重要内容。至于这种社会经济网络的构成要素,至少应该包括三个方面,一是金融货币的流通网络,如不同货币的使用、换算和汇兑关系,金融机构之间的联络、合作和代理关系等;二是商品和文化的交流网络,如运输和交流渠道、贸易机构的分派、代理和连锁关系等;三是社会组织的沟通网络,主要是通过经济、文化、地缘等团体的各种组织而形成的互助、合作和代理网络。

王:您以上谈的关于区域史研究的见解很有新意,是否可以结合您自己的研究情况谈一点体会。

虞:我认为上述三方面的内容,对区域史研究的深入和发展应该说是不可缺少的,值得我们重视和参考。我本人曾对此作过尝试,从上述地缘关系的角度考察分析了改革开放以来的环黄海经济圈,觉得颇有收获。我发现该圈内的中国地区的经济虽然取得了一定的发展,但是其发展速度与华南、华东经济圈相比存在较大差距,其主要原因就在于区域优势没有得到很好发挥。因为作为该圈内资本和技术优势地区的韩国,特别是日本,对圈内中国地区的直接投资很少,贸易关系也主要是向中国地区输出工业品和输入农副产品及原材料,圈内中国地区经济发展对日本和韩国的依存度很低,而对圈外地区,特别是对中国香港的依存度却大大超过日韩两国。而华东,特别是华南经济圈,圈内大陆地区的经济之所以取得了较快的发展,其主要原因则在于区域优势得到了较充分的发挥。因为作为该圈内资本和技术优势的中国香港和台湾把圈内大陆地区作为其重点投资和贸易地区,使大陆地区经济发展对中国香港和台湾具有很大的依存度。这样,就使近20年来的环黄海经济圈研究不仅限于现象的描述,而且比较深入而明确地指出了该经济圈之所以有所发展而又不能快速发展的原因所在,也找到了今后努力的一个重要方向和具体途径。

王:最后,作为一个青年学子,我想请教您如何寻找与发现有价值的研究课题。

虞:在我看来,学术研究发展的取向主要有两个方面:一是按照学术研究本身的发展逻辑循序渐进,也就是加强、深化和弥补以往研究中的那些薄弱、浅简的空白领域。二是根据本国和世界的未来社会发展趋势,开辟适应社会发展需要的研究领域。当然,要把握好这两个方向,不是轻而易举的事情。它首先要及时而准确地了解国内外学术研究的动态,去寻找研究中的薄弱和空白领域,发现新的研究动向和方法;其次要掌握多方面的理论知识,这是寻找和发现问题的基本条件,否则就是问题摆到了你的面前,也会相遇而不相认;再次要有强烈的时代意识,要从时代发展中不断出现的新问题出发,在现实与历史的结合点上去寻找新的课题,开辟新的研究领域。我以上所谈的所谓热点和难点问题,依照的也是这个思路。

努力创建中国现代化史学科

——虞和平研究员访谈

谢宝耿[①]

谢宝耿（以下简称谢）：虞先生，北京人才济济，也许可用“美不胜收”“目不暇接”来形容，使我访谈大获丰收。这不，刚访谈过中国人民大学黄朴民教授，又立马找到了中国社科院近代史所的您。我们虽然萍水相逢，但从文章中早已神交，您在中国近代经济史和现代化史的研究中有很多创见，令人心仪。按照常规，请先谈谈您在学术上是如何起步的。

虞和平（以下简称虞）：可以。我出生在浙江省宁波市北仑区乡村的一个工人家庭，由于我父亲在上海工作，我家的户口属于农村消费户。我自小在家乡的小学读书，三年级之前学习不太好，记得有一次上课时把书本顶在头上玩，被罚站到教室的角落。四年级起开始知道要学习，成绩明显进步，也当上了班干部。到初中以后，学习更有进步，成绩在年级名列前茅，在次全年级数学比赛中获得第一名，颇受老师和同学的青睐，一直担任学习委员和副班长，连年被评为三好学生，也加入了中国共产主义青年团。1965年初中毕业，此时我父亲患病，使原本不宽裕的家庭经济更加困难，靠我母亲做手工裁缝维持家境。我本想选考中专，以便早日工作，但我的班主任老师觉得我很有造就，竭力说服我和我的父母让我上高中，于是我就到离家30多里路的柴桥中学读高中。因此，我有今天，既要感谢我的父母，更要感谢我的初中老师。1966年“文化大革命”爆发，我和同学一起“停课闹革命”，1968年便回乡当知识青年。在当知青期间，我积极劳动，参加大队和公社的工作，担任团支部书记、民兵连连长、文艺宣传队队长，也加入了中国共产党，还当过水库工地的会计、小学教师。同时，我相信大学迟早是会恢复的，在晚上和闲余时间继续自学高中的课程。1971年，部分大学开始重新招

① 谢宝耿，《学术月刊》编辑部编审。本文原载于《学术月刊》2004年第4期。

生，由地方和单位推荐。1973年曾有考试招生之举，也就是“张铁生交白卷”的那一年，我所在的大队党支部推荐我去应考，结果我考了个数学全宁波地区第一，语文和政治也名列前茅，加之党员这一条件，被北京大学历史系录取。当时，我所在的县、公社、大队和我的家庭都高兴至极，但我自己在高兴之余还有一点遗憾，因我从初中开始一直喜欢理科，成绩也是理科好，在填写报考志愿时我报考的是上海交通大学，到了北大以后，我还向学校提过转到数学系的要求，但没有实现，我只好硬着头皮去学中国历史，由此改变了我的学术追求，决定了我的学术生涯。

谢：据我接触学者的感受，理科好的人，搞文科容易出灵感。

虞：您说得有一定道理，我的理科基础对我做历史研究工作确实有益处。它锻炼了我的比较灵活的头脑，培养了我喜欢追根究底和多途探索的习惯，因我在做数学题时总是不满足于一种解法，追求一题多解，这就促使我在研究经济史时，比较注重开辟新的领域和新的视角。

在北京大学学习期间，我有幸聆听了许多学术大家的讲课，如周一良、邓广铭、商鸿逵、许大龄、张传玺、罗荣渠、张寄谦、王晓秋等教授，他们或给我们开过专题讲座，或给我们讲过基础课程，使我开阔了眼界，增加了求知欲望。特别是罗荣渠教授和王晓秋教授给我教益最多。罗荣渠教授曾带着我和几个同学组成的一个小组下厂开门办学，一边给我们讲授世界历史，一边要我们参加工人学习小组，分配给我的任务是给工人学习小组辅导政治经济学，迫使我较多地学习政治经济学，也初步学习了马克思的《资本论》，为我以后研究经济史打下了一定的理论基础。

1976年9月，我从北京大学毕业来到中国社会科学院（当时是中国科学院哲学社会科学部）近代史研究所工作，我选择了中国近代经济史这一研究方向。所里安排樊百川先生辅导我和我的一位同时分配到研究所的同学学习和研究。樊先生是当时近代史研究所内唯一研究经济史的学者，他知识渊博、治学严谨、积累丰厚。他一边给我们讲授经济史的基本知识，一边安排我们的研究工作。

谢：能否介绍一些印象深刻的教益？

虞：在讲课中，樊先生除传授经济史知识之外，还讲授研究工作的诀窍，给我印象最深刻的是这样一段话：“做研究工作的有四种人，第一种是地方天方，即坐得住但不善思考；第二种是地圆天圆，即坐不住只善于思考；第三种是地圆天方，即坐不住又不善于思考；第四种是地方天圆，即坐得住且善于思考。其中第三种人是最没有前途的，第四种人是最有前途的。因此，要做好学术研究，光有坐冷板凳的精神是不够的，还要勤于思考，善于思考。要善于思考，就要多学习理论。”当时，樊先生虽然没有明说我是哪一种人，但旁敲侧击批评我是第一种人。自此，我下决心要做第四种人，于是就有了后来的去华中师范大学读博士研究生的事情。在研究工作方面，樊先生指定我研究辛亥革命后10年的经济史。第一步工作是查阅这一时期的主要报纸，如《时报》《民国日报》《新闻报》《时事新报》等我都逐日查阅过，凡是有关经济史的资料都做成卡片，当时我就注意到了商会及其他经济社团的问题，使我找到了民国初年社会经济史和商会史的研究方向，为后来的发展打下了扎实的基础。我的第一篇文章就是在这些资料的基础上写成的，题目是《民国初年的实业救国潮流》。当时国内还没有人研究这一问题，再加上史料比较丰富，因此经所里推荐参加了1981年由中国史学会主办在长沙举行的“纪念辛亥革命70周年青年学术讨论会”。初写文章，缺点不少，但由于选题新颖，得到章开沅等与会指导专家的好评，章先生说这一问题没人研究，正需要有人研究，应该鼓励，因而被会议评为优秀论文。此外，樊先生还带领我们参加刘大年先生主编的《中国近代史稿》的资料收集和整理工作，我的任务是收集和整理有关洋务运动时期的官督商办企业和洋务派绅商的资料，由此经元善和洋务运动时期经济史又进入了我的视野，也就有了我的第二篇文章《经元善与洋务企业中的官商关系》，并在此基础上编辑了一册《经元善集》，此书出版后颇受欢迎，被不少研究者所引用，我也因此成了经元善研究和民间赈灾研究的开拓者。

谢：遇到好的导师能促使自己顺利成长，樊百川先生对您学术研究起步起了重要的作用，可说是三生有幸。除了樊先生，还有谁对您有重大影响？

虞：在近代史研究所，另一位对我有重大学术影响的前辈学者是王庆成先生。1981年近代史研究所正式成立经济史研究室，由王先生任主任，我为成员之一。王先生虽然不是研究经济史的，但他在太平天国史领域已取得了杰出的成就，有丰富的历史研究的经验，深知一个新领域的研究应该如何开始，应该怎样培养年轻人。他指教我说，经济史研究在我们研究所虽然是一个新的领域，但是在学术界已有不少学者做出了优秀的成果，特别是本院经济研究所和上海社会科学院经济研究所的几位前辈，都是成绩斐然的，我们要做出成绩来、做出特点来，不是一件容易的事情，先要全面了解和学习前辈们的研究成果，然后选择我们的研究方向和课题。这就使我开始明白了学术研究和选择课题的基本路子，即学习→继承→找题→发展→创新的研究过程。王先生还带领研究室成员进行基础性研究工作——编写《中国近代经济史论著目录和提要，1949—1985》一书，叫我负责全书的具体编写工作，包括选文、分类、摘要、统稿，最后由王先生定稿。在这项工作中，我仔细阅读了200多篇重要文章，又审阅了200多篇文章的提要，阅览了全部的已版著作和资料，全面地了解了近代经济史的研究状况，并在此基础上写成了《中国近代经济史学的历史和现状》一文。

谢：我刊每年要搞学术综述，在搜集资料时得知，此文在当时颇有影响，被同行学者誉为有关近代经济史学产生发展过程研究的一篇最系统的文章。除此之外，您在学术上还得到哪些锻炼？

虞：除上述之外，王先生还叫我参加中国史学会主编的《历史学年鉴》和《史学情报》的工作，先是写作当年近代史研究方面的某些专题评述和文摘、书摘，继而负责整个近代史的专题评述和文摘、书摘的组稿、统稿，使我对国内的学术动态有比较全面及时的了解。此外，王先生还叫我参加由他主编的"中国近代史译丛"的工作，先担任常务编委，后任副主编、并列主编，除参与挑选原著之外，还参与校稿、审稿和部分翻译工作，此项工作促进了我对国外中国近代史研究状况的了解。总之，这些工作对我了解学术动态、扩大视野、选择研究课题都有很大的帮助。我在各位师长的培养和影响下，逐渐养成了较强的学术创新意识，力求每一项研究都有所创建，逐步开辟新的研究领域，这可能是我有所成就的关键之处。

1986年9月，我考取了华中师范大学历史研究所的博士研究生，拜著名历史学家章开沅先生为师，使我的学术生涯发生了一次关键性的转折。

谢：我与章开沅先生有过一些接触，前年他到上海参加学术会议，我还专门拜访过他。他不仅是一位杰出的历史学家，也是一位深受尊敬的教育家。他曾形象地将自己比喻为"一只忙忙碌碌的老鸡，成天到处啄啄扒扒，如发现什么谷粒、昆虫之类，便招呼小鸡前来'会餐'"。可见他对后学的提携。前不久，他还推荐学生的稿子给我，从来稿可以看出，名师出高徒啊。

虞：我不敢自称"高徒"，但诚如您所说，章先生确实学问好，且提携关怀后学。我考博士研究生的时候，既没有学士学位，也没有硕士研究生的经历，只有工农兵大学生的学历和刚被评聘一年的助理研究员职称，而章开沅先生已是非常著名的史家，并担任华中师范大学的校长，一开始我不敢报考，后来我的一位华中师范大学的朋友向章先生转达了我的愿望，章先生当即就让他转告欢迎我报考，结果我终于如愿以偿。章先生不拘一格收我这个学生，应该说是对我的一种知遇之恩，我将铭记终身。我之所以选择华中师范大学和章先生作为我的深造之所和导师，还因为章先生和华中师范大学的史学研究有较强的理论特长和氛围，有较强的创新意识，去那里学习可以弥补我的短处、扩大我的学术视野，有利于自己成为樊百川先生所说的“地方天圆”的那种史学研究者。因此，到了华中师范大学以后，我特别重视有关理论的学习和研究，结合自己的博士论文写作，除进一步学习马克思主义的历史唯物主义理论和研究马克思主义的现代化思想之外，还学习和研究现代化理论、社会学、经济社会学、制度经济学等理论。章先生给我们讲课也大多是关于史学研究的理论和方法方面的，如关于历史学的土壤问题、史学研究的时代意识问题、国外有关研究的最新理论动态等。这就使我认识到研究中国历史，必须扎根于中国的国情和史实；必须与时代相结合，使自己的著作有助于读者认识、理解和解决现实问题；必须注意和借鉴国外的研究动态和相关的研究方法和理论，同时要避免食洋不化和简单搬用，既要对引进的研究方法进行中国化的改造，又要使研究方法与研究内容达到有机的结合。我的博士论文的题目就是本着这一指导思想而确定的。当时我根据自己的学术积累，向章先生报了两个题目，一个是“经元善与清末江浙的资产阶级及社会发展”，另一个是“商会与中国早期现代化”，后来章先生和我都觉得后一个题目更有时代意义和创新价值，于是我的博士论文题目就这样选定了。如果说我现在已形成了微观与宏观相结合、国内与国外相结合、重视实证、讲究理论、追求创新的学术性格的话，那也是北京大学风格、近代史研究所风格和华中师范大学风格共同熔铸的结果。

1989 年 12 月，我提前半年完成在华中师范大学博士研究生的学业，获得历史学博士学位，重新回到中国社会科学院近代史研究所工作，继续进行我在博士研究生期间选定的研究方向，先是修改完成博士论文《商会与中国早期现代化》，于 1993 年由上海人民出版社出版。

谢：据悉尊书因全面系统地考察了商会与近代中国发展的互动关系，质量较好，故获得中宣部组织评定的国家社科基金项目优秀成果三等奖、中国社科院近代史所优秀成果一等奖,并作为工商联干部学习参考资料,以及日本有些大学博士研究生专业学习参考书。而且我发现该书由于学术价值高,常常被研究者引用,如我刊今年第一期发表的杜恂诚先生的一篇文章,在论证近代中国社会阶层排序时就有引用。请简要地介绍一下此书的学术贡献。

虞:拙书的学术贡献主要在于开拓商会研究和近代化研究两个方面。就商会研究而言,中国的研究处于国际领先地位,并促动了美国、日本等国学者对中国商会问题的研究。拙书是国内外最早出版的中国商会研究专著之一,就内容而言,当时乃至现在的国内外有关研究大多限于商会个案研究,关于全国商会的综合性研究则拙书是第一本专著。在我从事本项研究时,可供利用的现成资料非常稀少,故研究中所运用的资料大多是从几十种有关中文报刊、外文书籍和大量档案中新开发的。拙书对当时国内外有关研究未曾涉及或比较薄弱的一些问题作了重点探讨,如商会的组织结构系统,中国传统行会组织性质及其功能的资本主义化,商会的外交活动及其作用,商会在为中国早期现代化而努力中的能力表现及其原因,等等。

就中国早期现代化研究而言,当时已经问世的相关研究成果,大多是一时一地、一事一物的考察,或专题研究的组合,或理论模式的研究,尚缺少比较系统而具体的中国现代化历史过程的研究,至今亦基本如此。拙书运用马克思主义现代化思想的基本原理检讨了国外现代化理论体系,首次把反对列强侵略争取民族独立作为中国早期现代化的主要内容和特点之一;从商会的角度对1936年之前的,包括工业化、民主化、民族独立化在内的现代化过程及其结果作了比较系统的考察;同时对这一过程中的发展阶段及其特点、队伍结构和商会的历史使命、商会的实际地位和作用、达到的程度等重要问题,进行了具体研究,提出了自己的见解,从而突出了中国早期现代化的中国特色,力求避免简单套用西方的现代化研究模式,设计了自己的中国早期现代化理论解释体系框架。

由于本课题是一种跨学科的研究,因此除努力运用马克思主义作指导外,还运用了经济学、社会学、法学和现代化理论,用多学科理论分析与历史学实证方法相结合进行课题设计和研究,力图使研究成果既有扎实的资料又有较为深入和独到的理论分析,正确揭示社会发展现象背后的社会机制和经济机制。

谢:请具体说说您在书中提出了哪些新见解。

虞:第一,关于商会的组织结构问题。这一问题以往很少研究,拙书从商会的内部结构和外部结构两方面探讨了这一问题。就单个商会的内部结构而言,各行帮和大企业是商会的基础组织,它们各推选代表作为商会的会董或会员,直接参与商会的日常事务活动;各业商人均以行帮和大企业为单位加入商会组织。因此,入会的行帮和大企业既是商会的成员组织,又是商会联结广大成员的中间环节。就外部结构而言,在总商会、商会、分会之间,存在着一种法定和自发相结合的逐级控制和信息互传体系,使一省之内的商会形成一种以总商会为领袖的区域联盟。中华全国商会联合会成立以后,形成了一个三级二线的组织结构体系,即以商联会总部为最上层,商联会各省事务所居中,各省各级商会为基层的三级组织关系;以这三级组织构成的组织联系,以及商联会总部与各省级商会直接联系的两条组织联络系统。从而形成了比较完整的全国商会的组织和权限体系。

第二,关于商会与行会的关系问题。以往的研究大多认为商会是现代性的组织,而行会是传统性的组织,两者处于性质对立的状态,也是商会的封建性所在。拙书从鸦片战争后行会组织性质和功能的现代化,以及行会与商会的内在功能结构关系两个方面,分析了行会成为商会基层组织的必然性。中国近代的行会已不完全与古代和西方中世纪的行会性质相同,而是具有更多的社会性、民主性、独立性、开放性和自主性,使之具有对现代社会的潜在适应性,并成为其与商会结合的同质因素。行会与商会还具有某些相同和互相依赖的社会和经济功能。

第三,关于商会促进清末民初经济法制建设问题。以往的有关研究,大多局限于描述法规条文的制定与当时经济发展的表象关系,或泛论经济法制建设的意义和作用,而对法规制定的阶级性、法规内容的经济制度机制、法规实施状况的分析和考察则十分缺乏,拙书的研究弥补了这些不足。认为清末时全国商会的两次集会讨论商法制定问题,提出和确定了制定中国商法的大纲,产生了引进西方商法与中国商事习惯相结合的立法原则。在民国时期,商会不仅在舆论上敦促政府加紧制定经济法规,而且对政府所拟定和颁行的各种经济法规详加讨论,提出不少修改、补充和实施意见,促使经济法制初成体系,并具有较高的科学性和可行性,较多地体现了资产阶级的利益,从而在较大程度上改善了资本主义经济社会秩序。

第四,关于商会与资产阶级的政治性格和参政能力问题。以往对于资产阶级政治运动的研究,大多注重考察立场不稳的表现及其本身的封建性原因,很少从资产阶级的政治性格、政治文化和政治操作能力方面进行研究。拙书对这些薄弱点作了探索,认为以商会为核心力量的资产阶级,在其"在商言商"政治性格的制约下,表现出实用主义的政治取向、有限的政治参与行为、力不从心的参政能力、摇摆不定的政治态度等特点。

第五,关于商会与资产阶级的民族主义理性化问题。这一问题以往基本上没有研究,拙书通过考察商会的商人外交活动和抵制外国侵略活动的观念和方式,认为清末民初的中国资产阶级已形成了相当理性化的民族主义观念和行为方式。

第六,提出了中国早期现代化的理论概念。在中国的现代化研究中,一直存在"现代化"和"近代化"两个概念混用的问题,学术界对此亦有争议,这两个概念各有所持。拙书从现代化运动历史过程的一体性和道路、模式转换的阶段性结合出发,首先提出用早期现代化作为 1949 年之前中国现代化运动的概念称谓,现已为不少国内研究中国现代化问题的学者所赞同和采用。

第七,分析了中国早期现代化的发展阶段及特点。关于中国早期现代化的发展阶段,有关研究的较为通行的说法是以鸦片战争为开端,以洋务运动为启动,然后以各个重要历史事件划分为几个发展时期,如从洋务运动的器物层次,发展到戊戌维新的制度层次、五四运动的文化层次。本人以为,这种划分法以各事件的主体目标为依据,并不能反映社会的实际变化状况,且不能涵盖 1949 年之前的全部历史过程。对此,拙书采用现代化发展过程的大阶段理论,根据社会实际状况、领导力量和发展道路的变化,以 1912 年中华民国的建立分为两个阶段,前一阶段为前提与准备阶段,后一阶段为正式启动阶段,直至 1949 年中华人民共和国成立以后才进入新的阶段。

第八,把抵制帝国主义侵略、争取民族独立作为中国早期现代化的关键制约因素和主要内容之一。在中国早期现代化研究中,有一种把反帝与现代化相对立的倾向,或过高地评价外国的影响作用,甚至否定列强侵略的反动性。拙书依据马克思主义理论原理,认为列强侵华势力虽然对中国早期现代化产生过一定的影响,在研究中不能不考虑这一因素,但其目的是要把中国改造得适应其侵略、掠夺的需要。因此,中国早期现代化研究必须把反帝和争取民族独立作为主要内容之一,并具体分析其对中国现代化的影响和制约。

第九,提出了传统对现代的潜在适应性概念。在以往的研究中,往往把传统与现代对立起来,拙书在研究行会与商会内在关系的基础上,提出在有些传统事物中有着某种与现代社会相通的本质内涵,也就是潜在适应性。这种潜在适应因素,通过改造和放大,可以成为现代化建设的基础和有利因素,更是中国这样一个具有悠久传统国家的现代化建设的一个重要方面。

第十,对国民所得状况和投资增长理论的修正。以前国内外经济史学者对 1887 年和 1936 年的国民所得的研究,大多采用匡算方法,并对增长程度估计过低。拙书根据多种资料,按不同阶层进行计算,使之建立在更为可靠的实证资料之上,并重新提出了估计数字和各阶层的收入水平。

谢:经您这么一说,我再读尊书,就能更深刻理解了。请再谈谈在此专题基础上,您又是如何发展的。

虞:此后,我对自己的研究进程确定了循序渐进、滚动发展、开拓创新的方针,即把原来研究的"商会与中国早期现代化"这一课题一分为二,分别对商会史和中国现代化史作专题研究,同时也因学界需要进行商人阶级、近代经济史方面的研究。

在中国现代化史研究方面,国内外已有不少研究成果,特别是我的两位老师罗荣渠先生、章开沅先生,已有《现代化新论》《比较中的审视——中国早期现代化研究》问世,美国的罗兹曼教授的著作《中国的现代化》也已翻译成中文出版,这些都是很有影响的著作。我在吸收他们研究成果的基础上,经过 7 年左右的努力,于 2000 年完成了由我主编的《中国现代化历程》一书(三卷本,123 万字),2001 年由江苏人民出版社出版。此书在理论上用马克思主义对国外的现代化理论进行了进一步检讨,提出了自己的现代化研究体系,较好地处理了现代化与反帝反封建革命的关系、传统与现代的关系、外因与内因的关系、现代化指标体系与现代化道路选择的关系、中国共产党与中国现代化进程的关系;在内容上对鸦片战争之前到 2000 年的中国现代化全过程作了比较全面系统的研究。因此,该书出版以后获得了很好的反响,发行量已达到 7000 多套。

谢:听说此书在去年 12 月获得第六届国家图书奖。我还想了解的是,研究现代化史对史学研究有怎样的促进作用?

虞:我个人心得,研究现代化史对史学研究的促进作用有以下几项:第一,现代化研究有利于更好地整合历史学科。传统的历史学科体系,在纵向的时间结构上划分为古代史、近代史、现代史和当代史四个二级学科,在横向的内容结构上又区别为政治史、中外关系史、经济史、社会史、文化史、科技史等各种专门史,它们不仅各为一个研究领域,而且互相之间缺少沟通和整合,特别是四个二级学科之间各把一段、各守一摊的现象更为明显。现代化研究,特别是全过程、整体性的现代化研究,由于在过程上需要反映其从前提条件到启动发展的整个进程,在内容上需要考察现代化各项指标实现的水平状况、动力系统、道路选择和发展模式等各方面的相关因素,因此必须贯通古代史、近代史、现代史和当代史,从而反映不同历史阶段之间的继承、积累、变迁和发展关系,更清晰地显示近代中国在整个现代化进程中的地位和影响,而且把在各个阶段中的政治、外交、经济、社会、文化、科技等各方面的发展变化用现代化的主线整合于一体,并分析它们之间的互动关系。

第二,历史学科的整合,虽然不限于现代化研究体系,也可以用其他的研究体系,如世纪通史、中国通史等,但是现代化研究体系可以说是一种比较具有创新意义和时代意义的体系。因为就研究的具体内容而言,现代化研究带来了近代史研究内容的两种转变:一是在通史性研究的内容构成上,从以往的以研究一个个重大政治事件为主,只是在有关事件发生前后的背景和影响中才论及社会经济现象,转向力求再现中国现代化进展过程的全貌,考察其内在的运动机制和规律,分析其成败得失的经验和教训。因此,在现代化研究中,不仅对现代化的现象,即现代化指标体系在各个重要历史阶段的实现程度及其过程进行考察,而且对现代化的内在运动机制,即现代化进程中的各种制约因素及其变化过程进行考察,如现代化的领导力量和队伍结构、现代化的动力和阻力、现代化的国际和国内环境、现代化的道路和模式;能够影响和改变这些因素的传统的、新生的、外来的、政治的、经济的、思想的、制度的、科技的、社会的等一切问题;尤其是革命和改革、传统与现代、外因与内变等中国现代化进程中的特殊问题。二是在历史事件和人物的评判标准上,从以往的着重突出其人民性、阶级性、革命性和爱国性,转向兼顾其现代性、科学性、合理性、先进性和世界性。如关于资本家的改进企业管理制度和方式,以往的评判只是批评其加大了对工人的压迫和剥削,从而否定其应有的进步作用;现代化研究则从提高管理和生产效率的角度,肯定其先进性和合理性的一面。由现代化研究而带来的这些分析角度的转变和扩大,体现了中国历史学的一种学科创新。

第三,由于现代化是一个不断发展的历史过程,因此研究现代化史,必须重视事实发展变化的过程,即不仅要对现代化进程中的具体事情考察其产生、实施、发展(变化)和成效,而且要考察现代化进程中各个发展阶段之间的继承和发展关系,还要注意考察现代化过程中新旧质素的兴衰及其互动关系。特别是因政治革命和改革造成政权和制度的变更而使现代化历程进入新的阶段时,既要指出其比前一阶段的发展和进步之处,分析其进入新阶段的关键性因素,也要注意其与前一阶段的现代化社会质素的传承与积累关系。由于政治革命和改革可以在一夜之间使政权和制度发生完全不同于前的变更,但是现代化的社会质素则不可能在一夜之间发生明显的变化,甚至还会受政治和社会秩序变动的影响而出现一时的停顿、混乱乃至倒退的现象,新政权和新制度对现代化的推动作用也需要有一个体现的过程。因此,研究者如果缺乏过程观念,就会从政权和制度的变更或从社会现象出发,对政治革命和改革对现代化的作用做出片面的评价:或曰产生了巨大的推动力,取得了巨大的成就;或曰没有产生什么作用,社会还是照旧没变,乃至认为中断和破坏了现代化的进程。

谢:据我所知,用现代化的范式研究历史,在国外已有几十年的时间,在中国也已有十几年的时间,在此期间,随着世界社会经济发展模式的多元化和学术研究的发展,无论是国外还是国内都有人认为现代化的理论范式及其学术研究已经过时,请问您怎么看待这一问题?

虞:我认为,相对于新近出现的一些研究范式,现代化研究范式可能已不是最新者,但这不能说明它已经过时;其实,它仍然是目前很具有时代意义和学术价值的一种范式,至少在中国是如此。其理由是:第一,现代化研究是时代的产物,具有强烈的现实意义。中外史学发展史已经证明,一种新学科的产生和发展都是与时代的要求相适应的,都具有一定的时代效用,这也就是史学的时代性,现代化及其历史的研究也同样具有这种时代性。现代化理论在西方的兴衰,是以西方国家的现代化进程为基础的,是西方国家现代化历史经验的理论总结。目前,西方发达国家已实现了现代化,甚至进入了所谓的“后现代化”时期,也有一些小国家的人民生活现代化不需要本国的工业化,可以通过资源输出和发展旅游业或其他途径而达到现代化,因此,有不少西方学者认为现代化理论已经过时,在批评现代化理论的同时而构筑别的新理论、新模式。对一些先现代化国家来说,对现代化理论的这种认识改变有一定的合理性,也是史学时代性的一种表现。但是,从全世界范围来说,从现代化的完整意义来说,目前现代化仍然是大多数国家追求的目标和首要任务,且不能脱离工业化而实现现代化。而且在西方国家,现代化研究虽然已经不是什么热门课题,但是也并未绝迹,仍然有相当一部分学者在从事这方面的研究;尽管他们的现代化研究视野已不在自己的国家和西方社会,而是集中关注于尚未实现现代化的国家和地区,但是也同样表明他们继续在运用和发展现代化理论,在研究现代化的历史和现实问题,只是随着世界现代化进程的变化而转变了研究的重点。对中国来说,现代化不仅是中国在近代以来所追求的主体目标,而且是 20 世纪 80 年代以来和未来 50 年的中心任务。面对这样的历史和时代任务,历史学不可视而不见,而是应该有责任去研究和总结中国与世界现代化历程的经验教训,为现在和将来的中国现代化建设服务,中国的现代化研究之所以在 20 世纪 80 年代以后兴起,正是历史学时代性的一种突出表现,也是它的现实意义所在。如果我们因为西方一部分学者所提出的现代化“过时论”,而亦跟着不再进行中国现代化历史的研究,那么不仅将严重影响中国历史学的时代性,而且将使中国历史学陷入盲目追随西方的误区。

第二,现代化研究范式并非机械套用外国的现代化理论,而是赋之以马克思主义唯物史观和中国特色。现代化研究范式的运用虽然是受国外现代化研究理论的启发而开始的,但在引用这一理论时,经过了认真的思考,对之进行了改造,不仅糅合了国外的各种现代化理论,吸收它们的有关工业化、民主化、科学化、全球化等现代性指标体系方面的合理内核,而且把它与马克思主义的唯物史观和现代化思想相结合,与中国近代以来的历史和现实相结合。许多研究中国现代化的学者都是这样做的,如罗荣渠、章开沅和本人所撰写和主编的著作中都做了这方面的努力,力求使现代化理论既具有中国特色又符合马克思主义唯物史观基本精神。目前,这种具有中国特色的现代化研究范式虽然还不能说已十分完善,但至少已明显有别于西方的现代化理论,除研究现代化指标的实现程度之外,更重视研究制约现代化指标实现过程和程度的国家主权、传统文化、制度变革、道路选择、民众动员等问题。对于这一范式的不完善之处,应该继续去完善它,而不应该简单地抛弃它。因此,用具有中国特色的现代化范式研究中国近代以来的历史,仍然有它的现实意义和学术创新价值。这也是我们努力创建中国现代化史学科的目的所在。

事实上,用现代化范式研究中国近代以来的历史,已获得学术界日益广泛的认同。1999 年中宣部进行"国家社科基金项目优秀成果"评奖时,罗荣渠的《现代化新论》获二等奖,章开沅主编的《比较中的审视——中国早期现代化研究》和拙著《商会与中国早期现代化》获三等奖。在众多学者专家的努力下,最近经国务院学位委员会核准,中国社会科学院研究生院近代史系将中国现代化史列为二级学科,由我任学科带头人,作为一个新设的硕士点,从明年起开始招生。

谢:祝贺你们创建的中国现代化史学科获得国务院学位委员会的认可。您前面说到将"商会与中国早期现代化"这一课题一分为二,刚才谈了中国现代化史的研究,在商会史和其他方面的研究也请作些介绍。

虞:好的。在现代化史研究并兼及经济史研究方面,我于 1999 年承担了由彭明先生主持的国家社会科学基金委托重大项目《20 世纪的中国——走向现代化的历程 · 经济卷(1900—1949)》目前已经完稿,即将由人民出版社出版。该书的内容涉及经济体制、经济政策、财政状况、农业和手工业的现代化、工业发展、外贸变化、区域经济结构、中外经济关系等方面,并对现有的有关研究提出新的见解。

在商会史研究方面,开始从商人外交的角度进行研究,2002 年以"商人外交与近代中国的殖民地化和反殖民地化"为题被立为国家社会科学基金重点项目,现在正按计划研究之中。此外,还从商会史研究延伸出中国近代社团史研究,除发表《民国初年的实业团体活动》《清末民初经济伦理的资本主义化与经济社团的发展》《辛亥革命与中国经济近代化的社会动员》《西学东渐与中国现代社团的兴起——以戊戌学会为中心》《清末以后城市同乡组织形态的现代化——以宁波旅沪同乡会为中心》等论文之外,还组织编写了《中国社团发展史》一书(82 万字),于 2001 年由当代中国出版社出版。

谢:我知道"商会史"和"商人外交"研究专题是您当前和今后若干年研究的重点,请问您的研究思路如何?

虞:我的研究思路,主要是通过考察近代中国(1937 年之前)与日本、美国、英国、法国之间的商人自我组织的外交活动，分析近代中国的殖民地化和反殖民地化过程中，帝国主义国家的资产阶级和中国资产阶级充当了什么样的角色，发挥了什么样的作用，从而从一个方面揭示近代中国殖民地化和反殖民地化的具体过程和状况。“商人外交”这一概念是指商人自己的有组织的外交活动，大多以商会为主体，它既是国民外交的一个组成部分，也是民间经济外交的主体，是国民外交和民间经济外交的交叉。具体而言，除考察中外商人外交活动的产生发展过程之外，还需要考察和分析中外双方商人外交与政府外交的关系、双方的不同特点和方式及其在近代中国社会殖民地化和反殖民地化过程中的影响和作用。

本项研究将开创一个新的研究领域，在近代中国的殖民地化问题、反帝斗争问题、资产阶级问题、对外经济关系史和外交史方面开辟了新的研究视角。它将弥补近代中国的帝国主义侵华史、中外经济关系史、外交和反帝斗争史研究中对商人参与问题研究的不足；也将比较全面地考察近代中国商人的外交观念、外交活动和外交能力，进而显示商人阶级在近代中国争取民族经济发展、民族独立和国际平等地位中所发挥的作用；同时将考察主要帝国主义国家侵华过程与其商人阶级的关系。目前国内对国民外交很少研究，对民间经济外交则全然没有研究，而这却是近代中国外交史和经济史中两个客观存在的重要问题。本课题还将为中国进入 21 世纪以后，特别是加入世贸组织之后，面对中国经济的多元化、全球化和激烈的国际竞争，如何组织好和进一步发挥工商界的民间经济外交作用，提供历史借鉴。

谢：那你采取什么样的研究方法？

虞：拟采取国民外交和民间经济外交相结合，外交史与经济史、社会史相结合的方法进行研究。因为商人外交既是国民外交的一部分，更是民间经济外交的主体，因此只有把两者结合起来才能揭示商人外交的全貌。商人外交作为民间经济外交的主体，对近代中外经济关系的发展有着重要的影响，也是近代中国外交和反侵略斗争的一个重要组成部分；又由于商人外交以商人团体为主体，体现着资产阶级的思想意识和利益追求，故必须彼此结合才能全面评价商人外交的作用和意义。

谢：那么其学术创新表现在何处？

虞：本专题的学术创新之处，一是开创了一个全新的研究视角和研究领域，对中国近代史学科的发展具有开拓意义；二是除少部分研究内容（如参与清末的商约修订、反对美国的华工禁约、反对日本的二十一条、参与五四运动和五卅运动)在以往的研究中有所涉及之外,大多数内容是以往研究所未曾涉及的;三是绝大多数资料是从国内外的旧报刊和外文书籍中新搜集来的;四是所提出的观点大多是以往未曾提出过的,并对以往已提出的某些观点作更进一步的具体考察和分析。

谢:请问有何理论意义?

虞:其理论意义,一是在国内外首次提出"商人外交"的概念和研究体系,并将之运用于实际研究;二是给中国近代史学科的发展开辟一个新的学术增长点,有助于继续加深对近代资产阶级、工商社团、经济发展、民间经济外交和反帝斗争等问题的研究;三是从一个新的方面揭示近代中国民众如何为祖国的独立富强而努力奋斗,揭示改变半殖民地半封建制度是中国现代化的重要内容之一。

谢:除上述课题之外,能否再介绍一下您已完成的即将出版的成果,以及透露一些您目前承担的重大科研项目?

虞:已完成的即将出版的成果有:(1)《中华民国史新编》,约160万字。本人为主编和主要作者,待出版;(2)《张謇——中国早期现代化的前驱》(张謇研究基金会资助项目),约50万字,本人为主编和主要作者,将由中国人民大学出版社作为"清代人物传记丛书"之一出版;(3)《20世纪的中国——走向现代化的历程·经济卷(1900—1949)》(本人独著,国家社科基金委托重大课题),约70万字,即将由人民出版社出版;(4)《公开选拔党政领导干部考试辅导读本·史学部分》(含中国古代史、近代史、中华人民共和国史、世界史和国情国力部分),15万字,中共中央组织部组织编撰,本人为主编,即将由中组部党建读物出版社出版。目前承担的重大科研项目,除上述国家社科基金重点项目"商人外交与近代中国的殖民地化和反殖民地化"之外,还有中国社会科学院重大课题《近代中国通史》第三卷。

孙中山研究：现代化的和社会经济史的

——虞和平研究员访谈

胡　波　赵　军　肖骏峰①

问：虞和平老师，您好，这次我们特地从中山到北京来采访您，目的是通过对您的访谈，帮助我们解读一个多世纪以来孙中山研究的过去、现状以及未来研究的趋势。首先，请简单回顾一下您个人的治学历程：您是什么时候走上学术研究之道路的？又是如何选择自己的学术方向，并涉足孙中山研究领域的？

虞和平（以下简称虞）：从北京大学毕业以后，我开始涉足现代史研究。1976年，我从北京大学毕业，接受分配到中国社会科学院近代史研究所工作。我记得当时近代史研究所仍属于中国科学院哲学社会科学部下的一个研究机构。

甫履职于本研究所，我就在近代史经济组研究近代经济。组里有个老先生名叫樊百川，他带着我和我同学闵杰，三个人开始研究近代经济史。樊先生给我和我同学分配任务：我同学研究辛亥革命前十年，我则研究辛亥革命后十年。我们的日常工作便是找资料、查阅报刊，我对辛亥革命以后十年的主要报刊一种一种地查，比如《申报》《时报》《新闻报》《民国日报》等。现在这些报纸一般都存有影印本甚至电子本，因而比较普遍，查阅和选取资料也比较方便，可以照相，甚至下载，可我们所查阅的报纸却是没有影印本的，都是原本的报纸，需要小心翻阅以免损坏报纸，看中的资料只能做卡片摘录，耗时颇多。在看原本报纸的时候，主要是为了找到自己感兴趣的东西，而我感兴趣的东西便是商会，所以我后来在做博士论文的时候，也就选

---

① 胡波，历史学博士，教授，曾任电子科技大学中山学院人文社科系主任、中山市文联主席，现任中山市社科联主席、广东省优秀社科普及专家，中山市第四、第五期优秀专家、拔尖人才。本文由胡波、赵军访谈，胡波、肖骏峰整理，原载于《孙中山研究口述史：京津卷》，广东人民出版社2017年1月版。

择了“商会与中国早期现代化”作为我的博士论文题目。

要研究商会与中国早期现代化，就会涉及早期现代化这一领域，进而涉及中国人对中国现代化道路的追求或设想，即主张什么样的道路。因此，不可避免地要对孙中山的一些近代化思想进行研究。

博士论文写完以后，我研究的重心就一分为二了。我围绕商会与中国早期现代化这一主题，一方面研究商会，另一方面研究中国早期现代化。后来我投放较多精力于中国早期现代化研究，还主编了一套《中国现代化历程》①的书；而对于商会这一块领域，我的研究范围发展得更广了，我试图从商会与商人外交的角度来分析问题，为此也做过一些课题项目，写过一些文章。前不久，我参与了华中师范大学教授马敏主持的《中国近代商会通史》②四卷本的著作，将要出版。由是，“商会”与“中国早期现代化”两方研究可谓齐头并进。

在我看来，从商会史的角度出发，研究商人与近代政治的关系就是一个很好的课题。现有的研究成果虽然对这一问题有所涉及，但不够全面、系统，主要集中于考察商会对当时一些重大政治运动的参与状况，对商人在近代中国政治中究竟处于何等地位，在近代中国政治制度和政治状况的发展变化中究竟发挥了怎样的作用，尚少研究，我们应该进一步展开这一问题的研究。当然还可以开辟一些其他的领域。目前商会研究主要集中于1927年之前的上海、天津、苏州三个地方商会，而1927年之后的状况和其他重要

① 本书包含了中国近现代史和中华人民共和国史，力图纵贯中国现代化进程中各个发展阶段和不同道路，阐明对外开放的必要性；揭示在殖民地半殖民地社会，中国现代化的畸形状态和难以获得真正成功的一般规律；论证从半殖民地半封建社会条件下的资本主义现代化转向经典社会主义现代化，又从经典社会主义现代化转向有中国特色社会主义现代化的必然性。全书按时间序列分为三卷——第一卷《提前与准备》：1911年之前传统经济的发展；第二卷《启动与抉择》：1912年至1949年10月的资本主义现代化的启动和艰难发展；第三卷《改道与腾飞》：1949年10月至2000年社会主义现代化建设及道路转变。本文所采用的是江苏人民出版社2001年版。

② 本书已于2015年由社会科学文献出版社出版，是一部对中国近代商会发展历程进行系统、全面研究的开创之作。书中以商会与近代中国社会变迁中的重大问题为中心，探讨了商会制度的演进、商会与政府的关系、商会的政治参与、商会与市场经济体制的建立、商会与国家形态间的复杂关系等种种问题，尤其是借鉴和运用政治学、社会学等学科的理论与方法，对商会存在的社会与法理基础、商会的组织与运作原则及其与经济市场化、政治民主化之间的关系等问题进行深入研究，进而探讨了商会与近代中国社会发展的关系。

地方商会则很少研究,有很多空白地带。

以商会为主题的商人外交也是一个亟待研究的课题。商人外交是国民外交的重要组成部分,而商人外交较多的是经济外交,而且是民间经济外交,因此研究商人外交兼及国民外交和民间经济外交两个方面。无论是国民外交还是民间经济外交,我们都缺少研究的课题,而国外则颇为重视这方面的研究。这一课题不仅具有重要的学术价值,而且具有重要的现实意义,随着我国经济体制改革的深入和进入世贸组织,近代的民间经济外交将给现实的民间经济外交提供历史经验。我自己对这一问题的研究在开始研究商会时已有所涉及,这在我的著作中已有所反映,目前则正在从事这一课题的专门研究,《近代史研究》2000 年第 2 期上发表了我的《五四运动与商人外交》一文,是一篇关于北洋政府时期商人外交的概论性文章。所谓商人外交是指商人有组织的外交活动,这种商人外交,在近代中国主要是在商会产生以后才产生和发展起来的,应该作为商会研究的一个重要内容。

以上谈的是以商会为主的经济社团研究,其他社团的研究近年来也有不少论著问世,尽管对各种社团的研究可以采取不同的角度和方法,但是从社会史研究的角度来说,社团研究都应该有这样几个问题值得思考:一是社团与社会整合的关系,也就是社团如何通过其组织系统和认同体系,使得与其相关的人群形成一个整体;二是社团与社会动员的关系,这主要是研究社团如何动员其全体成员及相关人群,形成一个共同的认识和目标,以及为之努力的共同行动;三是社团与政府之间的关系,如从利益集团、压力集团的角度,考察和分析社团对政府行为所产生的影响力。

问:您刚刚提到,因为要研究商会而不可避免地牵涉到孙中山研究。请问您刚涉足这个领域的时候,孙中山研究在学界中的状态是怎样的?当时有哪些举足轻重的研究者和著作?

虞:我一开始研究商会史,跟孙中山研究的关系并不紧密,只是在研究中国现代化的历史思想的过程中稍有涉及孙中山的内容。我认为,全国范围内孙中山研究的主要领地有三个。

20 世纪 80 年代初,我开始研究孙中山。当时,华中师范大学是一个重要的领地。我的导师章开沅先生虽然打出来的旗子不是做孙中山研究,但他是辛亥革命研究的首创者之一,而辛亥革命又是由孙中山领导的,因此辛亥革命研究就无疑离不开孙中山研究了。除章老师以外,华中师范大学也在孙中山研究方面出现了许多成果，发表了许多论文和著作。1986 年，孙中山诞辰 120 周年，犹记得中山市的翠亨宾馆刚盖好不久，第一届孙中山国际学术讨论会正是在那里举行的，华中师范大学的章老师带领学生参加会议，那是当时最强大的与会团队，其中大多是章老师的学生，应届学生包括我、马敏、桑兵、韩明和莫世祥，另外有一些老学生。可见，章老师还是很注重孙中山研究事业的，华中师范大学虽然还没有专门研究孙中山的机构，但是章老师跟他的学生做孙中山研究是很用心的。

第二个孙中山研究的重镇要数广州了。广东省社会科学院和中山大学历史系孙中山研究中心，早期合作编了《孙中山全集》，对孙中山研究做出了很大的贡献，这是一项基础工程。特别是广东省社科院孙中山研究所，前几年对《孙中山全集》又做了修订和增补，使之更完整、更全面。《孙中山全集》第一次编辑的时候，其中一个编者叫王杰，他跟我建立友谊正是从那时候开始的，他后来也成了章老师的学生。为了编《孙中山全集》，他曾经到北京来查资料，当时就住在我的办公室里，因此我和他有相当一段时间是在一起的。虽然那时候做研究比较艰苦，但是等到有空我们会一块儿出去玩，到北京郊区走走，现在我时常会想起那些美好的时光。王杰的领导者黄彦①是孙中山研究中重要的一员，他除参与编写《孙中山全集》之外，也写过许多专著。另外，中山大学里的很多老师都做出了重要贡献，有些老师跟我的研究方向是相近的，像中山大学的林家有教授，我仔细读过他写的《孙中山与中国现代化道路研究》，那本书对我的研究有很大参考价值。

还有一个孙中山研究的重要地方——北京，我们近代史研究所算是其中一个重要领地。我们研究所是早期参与《孙中山全集》的编辑单位之一，我们这里最早研究孙中山的就是尚明轩先生，可能国内的第一部《孙中山传》就是尚先生写的。他之前写的《孙中山传》和《宋庆龄传》分别写了 70 万字和 80 万字，因此我认为他在孙中山研究领域的贡献是很杰出的，地位是很崇高的，他可谓是孙中山研究领域的奠基者之一。其他学者比如像杨天石先生、耿云志先生、王学庄先生等对孙中山都有一定研究。北京的除了我们研究所还有中国人民大学胡绳武先生、李文海先生，他们也写过很多关于孙中山研究的论文；还有中央文献研究室的金冲及先生，他在辛亥革命史

① 黄彦，广东省社科院孙中山研究所所长。

研究的基础上对孙中山做了很多的研究,是一个大家。他跟胡绳武先生合写了《辛亥革命史稿》,里面当然有很多孙中山研究的内容了。

问:据我了解,您好像没有写过孙中山研究的专著,但是写过关于他的一些论文,也参加过一些相关的学术研讨会,能否列举一二?

虞:我是从现代化的角度和社会经济史的角度来研究孙中山的。一方面讲孙中山与资产阶级革命派在推动中国经济现代化的进程中所居的地位、为中国经济现代化所做的贡献;另一方面是思想方面的,讲孙中山的民生主义内涵和现代化目标及其思想动员作用。

我认为,孙中山的三民主义应该是中国早期现代化最完整的方案,它实际上涉及了现代化最主要的三个方面,即政治上的民主化、经济上的工业化和主权上的独立化。当然,关于国家和民族独立,他的思想是逐步形成的,到新三民主义之后才形成比较完整的概念;政治上的民主化从同盟会成立他就一直追求着,经济上的工业化也同样是从同盟会成立开始已经追求。后来中华民国成立,从原来的“平均地权”发展到“节制资本”以后,经济现代化的思想体系就更加完整了——他提出国家和民间力量分工发展中国工业经济的方案,认为上游产业和大型企业若涉及国计民生的或国家资源的部分,应该由国家来经营;下游产业和一般的民生产业即由民间来经营。他设想的这个方案可谓是比较符合我国国情的,这对防止个人大资本垄断与控制国民经济和国计民生有积极意义。

可到后来国民党政府利用国家资本控制了上游产业和大型产业,为国民党一党所利用、所服务,政策出现了变化。从形式上看,国民党政府所做的仿佛是继承了孙中山的节制资本的做法,但从实质内容上看,国家掌握了上游产业或大型产业以后它的方向是什么、为谁服务,这是个很重要的问题。如果国家政府掌握了资源和资产以后只是纯粹为了政府服务,而不是考虑到为民生和带动民营企业服务,不是为民营企业创造一个更公平合理、更好的环境,某种程度上是变了味儿的。

从实践的角度看,孙中山和黄兴等资产阶级革命派从南京临时政府让权给袁世凯以后,宣称自己要从事实业了,他们做起了建设铁路,发展矿业、交通这些事情。他们不仅在全国宣传干实业的事情,而且还带头发起组织了很多实业团体和经济团体,比如中国实业会、黄兴创办的中国拓殖协会和孙中山挂名的中国铁道协会等。民国初年,孙中山和资产阶级革命派的经济社团活动和社会动员，通过社团组织来动员民间开展振兴实业的活动。关于孙中山和资产阶级革命派组织过的一系列实业组织，我曾经写过专门的文章来探讨，而1986年我参加孙中山国际学术讨论会，在会上也讨论了同样的问题。

中国共产党成立，第一次国共合作以后，孙中山接受了共产党的意见，受到共产党的影响，他又把他的民生主义从平均地权这一块发展到耕者有其田，耕者有其田就是要让进行耕种的农民都有土地，所以这个地不能掌握在地主手上，虽然核定地价了，可以避免他们的暴利，但是还应该让农民有土地，让耕者有其田，这个就引发了土地改革。以前的平均地权只是解决地主的土地与合理收益的问题，后面的耕者有其田就是解决农民的土地问题，这是他受到共产党影响以后的一个新政策。后来孙中山去世以后，共产党和国民党都对孙中山所提出来的这些政策有所继承，但是两个党派，不同的做法，造成了两个党派后来在政治立场上的不一样。

民生主义是孙中山思想和革命方针中的一个重要组成部分，不仅要研究它的理论体系和学术价值，更要研究它的实践过程和社会影响。孙中山的民生主义包括“平均地权”和“节制资本”两大方面，但它是随历史的进程而逐步发展和形成的，在不同的历史时期有不同的重点目标，发挥着不同的社会作用，不可一概而论，特别在考察它的社会作用时，更需要分而论之。我写过一篇文章，通过考察孙中山及其同人们在中华民国成立到北伐战争之前（以下简称民国初年）发起的民生主义社会运动，揭示民生主义对北伐战争之前资本主义经济发展的促进作用。

孙中山所提出来的三民主义，就是为中华民国成立以后中国的发展方向和道路制定了一个比较合理的设计，而这样的设计，在孙中山的同一个时代，在中国共产党产生以前，或许当毛泽东提出新民主主义理论以前，没有一个人对中国所设计的发展方向可以和孙中山所设计的东西去比的。孙中山所设计的这个方向是最完善的，应该说以后来的历史发展过程，即一百年以来历史的发展过程来看，他这个设计也算得上是一个最合理的方案。所以，他实际上对后面中国的无论是国民党统治时期还是共产党在新民主主义革命理论以前，乃至新民主主义革命理论的早期，都有很明显的实践指导意义。所以，他对中国一百年以来的影响应该是很深远的。

问：您是研究工商业历史的，请问工商各界是如何响应孙中山的振兴实业的号召的呢?

虞:由于孙中山及其同人们把民国初年的实行民生主义主要目标定位于振兴实业,使他们的民生主义实践活动得到了以工商界为主的社会各界的广泛响应。

这集中表现在以下两个方面:首先是对“振兴实业是实行民生主义切实之务”的认同。社会各界,特别是工商界,考虑问题和行为取向的出发点是与政党不同的,他们理想主义的未来追求较少,眼前面临的实际利害权衡和自我价值实现较多。他们经历了晚清水深火热的生活,目睹了民国初年的社会经济困境,迫切地希望民国成立后能给他们带来新的生机,尽快恢复经济,使民生改善,人尽其才。如上海工商界人士在1912年1月30日发起中华民国民生国计会时说:“溯自满清专制毒害我国民,迄今二百余年,俾我同胞权利尽失,生计日蹙,忧患之来,盖非伊朝夕矣。”今“推倒此专制政体,而为我国民造日后无穷之幸福,热心志士自当交换知识,开通社会,俾我同胞皆能自立”,巩固国家“富强之基础”。分别于1月和3月成立的以工商界为主体的中华民国实业协会和西北实业协会,都在其章程和缘起中提出:因革命战火而遭受损失的国民经济亟待恢复,濒临崩溃的国家财政急需扶持,日益猖獗的外资侵略急需抵制,否则,民国政权将难以巩固,国民生计将难以改善。因此,无论是为开拓财源、挽回利权计,还是为“纾解民困”计,“振兴实业已为当务之急”。有一些科技知识界人士于2月组建了中华民国商学会,在其缘起中表示:民国成立,“君主不存,民主之幕既启”,以往那种上书献策均“空谈无补”,只得“义取独善,星散四方”,学而无用的遭遇已经过去,今后该是广结团体,研究商学,“下苏民困,上纾国难”的时候了。因此,孙中山及其同人们提出要以振兴实业为主体实行民生主义,要求全国各界同心协力共振实业,并要扶持资本家举办实业,这些无疑深深打动了工商各界人士的心,因此也很快获得了他们的认同。

在民国初年,以工商界为主的社会各界人士几乎都认识到振兴实业实行民生主义的迫切性,当时成立的许多经济团体,大多在其缘起、章程或宣言中强调了这一点。如中华民国实业协会的宣言书中说:“中山先生三民主义,以今日观之,民族渐趋统一矣,民权自兹日伸矣,民生问题独未解决……同人安得不各竭所知,聊尽绵薄欤。”表示了他们要努力协助孙中山实行民生主义振兴实业的意愿。接着又有上海中华民国工业建设会,在其发起书中强调："政治革命，丕焕新猷，自必首重民生，为更始之要义。尤必首重工业，为经国之宏图。"又指出了实行民生主义和振兴实业互为纲目的关系。地处内陆的湖南工商界，在发起成立湖南实业协会时宣布其组织动机说："民国成立，首重实业。振兴实业责在吾民。蚩蚩者氓，散布大地，必有一巩固团体维持提倡，方可着手。"就是处于边远地区的黑龙江工商界也有同样的认识，在组织黑龙江实业总会时指出："三民主义中之民族民权主义已达目的，此后当视为要图而亟待规划者，宜莫民生主义"；要实行民生主义，就必须组织团体"经营实业"。

其次是对组建经济团体的广泛响应。中华民国一成立，工商界在共和国精神的鼓舞下，在孙中山和南京临时政府的振兴实业号召下，迅速产生了联合起来共振实业的意识。1912 年 2 月，上海工商界人士组建工商勇进党①就是受共和国精神的鼓舞所致。其发起宣言说：以往由于封建主义的束缚和影响，工商界"未能联为一体"，"共谋进行之方"，今则"国体改为共和……此为转弱为强之大好机会矣"，应"各输其能力"，积极从事实业建设。中华民国实业协会的发起者们，则从增强实业建设的队伍和力量出发，一致认为只有广结团体，群策群力，共振实业，才能把民国建设成为一个能与欧美"东西对峙"的"东亚第一富国"。在孙中山及其同人们直接从事经济团体活动之后，更进一步带动了工商界的经济团体活动。孙中山及其同人们的团体活动方式成为工商界的榜样。如黑龙江实业总会成立时，在其发起书中明确表示：民国成立后，"东南各省志士，无不奋然兴起，纠合同志，力图进行，或创协会以厚企业之声援，或设公司以集实业之资本，或立报社以输物质之文明，着着推行，不遗余力"，此亦边远地区之"实业家所有心赞同者也"，孙中山及其同人们对工商界实业团体的鼓励和支持，则增强了工商界实业团体的信心和力量。如中华国货维持会在得到孙中山的支持后，大受鼓舞，努力不懈，不久即获得参议院的同意，准许男子"大礼服，式取西式，料用本国纺织品"，使该会提倡国货的事业取得了一个较好的开端。

---

① 中华民国政党，1912 年 2 月 26 日成立，事务所设在上海三马路（今汉口路）鼎丰里对面。自称"纯全之民党"。发表宣言简章，以"振兴工业、扩张商务、扶持工商业之建设"为宗旨。"联合全国工业商业两大团体，互通声气，互换知识，互相保卫，互为维持，以成一巩固广大纯全之民党。"

在孙中山及其同人们的经济团体活动的影响和带动下，工商界的积极组建团体活动蓬勃兴起。据我调查所得，1911 年 12 月至 1915 年 12 月，全国各地建立的由工商界发起，或以工商界为主体的经济团体约有 80 个。加上孙中山及其同人们所组建的经济团体，以及其他各界所组建的以振兴实业和发展经济为目的的实业团体，总数约达 107 个。如果再加上有些全国性团体在各地所设的分会，数量则更为可观。

从这百余个经济团体的成立时间来看，这一兴办经济团体的潮流可分为两个阶段。以 1913 年 6 月中华民国工党被取缔为界，在此之前为第一阶段，共成立实业团体 95 个，约占总数的 90%，可称之为高潮阶段，此后为第二阶段，不仅新成立的团体逐年减少，而且有不少前一阶段成立的团体被迫解散，或因“二次革命”的关系遭到取缔，或因时局的影响停止活动而自行消散，可称之为分化衰落阶段。

问：那么，您所了解的北伐战争前的民生主义运动，对军阀官僚又产生了何种影响？

虞：在民国之前，军阀官僚多热衷于买地建屋，对工商业，特别是对工业涉足甚少，只有少数官僚有较多的工业投资。民国以后，振兴实业的潮流也冲击到了军阀官僚的身上，他们不仅成为民国初年经济团体活动的一个重要组成部分，而且成为投资创办工商企业的一个重要方面军。

在 1914 年之前，军阀官僚的振兴实业活动主要是从事经济团体活动。从 1912 年到 1914 年年初，他们所参与和发起的经济团体有 10 余个。在黄兴等同盟会要员发起的拓殖协会中，有不少军阀官僚担任了重要角色，如担任名誉会长的陈锦涛①、王芝祥②；担任发起人的熊希龄③

① 陈锦涛（1870—1939），字澜生，清末及民国政要，广东南海人。早年毕业于香港皇仁书院。

② 王芝祥（1858—1930），字铁珊，清末及民国政要，直隶通州（今北京通州区）人。光绪二十三年（1897）举人。先在河南任知县，后调广西为知府监司。

③ 熊希龄（1870 年 7 月 23 日—1937 年 12 月 25 日），出生于湖南湘西凤凰县，祖籍江西丰城石滩。著名的教育家、社会活动家、实业家和慈善家，也是一位杰出的爱国主义者，曾实业救国创烧了国家级非物质文化遗产——醴陵釉下五彩瓷。天生聪慧，被喻为“湖南神童”，十五岁中秀才，二十二岁中举人，二十五岁中进士，后点翰林。1913 年当选民国第一任民选总理，由于他反对袁世凯复辟帝制，不久就被迫辞职。熊希龄晚年致力于慈善和教育事业，1920 年创办著名的香山慈幼院。

(后任副会长)、朱瑞[①]、范源濂[②](后任副会长);担任副会长的周学熙[③]、朱启钤[④]、梁士诒[⑤];担任直隶支部长和名誉支部长的曹锐[⑥]和冯国璋[⑦];

① 朱瑞(1905—1948),学名朱敦仲,字剑侠,江苏宿迁人,中共党员,无产阶级革命家,中国人民解放军炮兵奠基人。1905 年出生于宿迁市宿城区龙河镇朱大兴居委会。历任中央特派员、中共中央长江局军委参谋长兼秘书长,红军总司令部科长、红军学校教员、红三军政治委员等职。1946 年 10 月起任东北民主联军和东北军区炮兵司令员,兼炮兵学校校长。1948 年 10 月 1 日,朱瑞在辽沈战役攻克义县战斗中牺牲,时年 43 岁,是中国解放战争中红军牺牲的最高将领。为纪念他,中央军委决定将东北炮兵学校命名为"朱瑞炮兵学校"。

② 范源濂(1875—1927),字静生,湖南省湘阴县人,近代教育家。早年就学于长沙时务学堂,戊戌变法失败后流亡日本,入东京高等师范学校学习。清光绪三十一年(1905)回国,在北京任学部主事,并创办法律学校和殖边学堂。辛亥革命后,曾任教育部次长、中华书局总编辑部部长、北洋政府教育总长。1917 年与蔡元培等人组织中结职业教育社。1923 年赴英国与英政府商洽将庚子赔款用于教育事业。回国后,历任北京师范大学校长、中华教育文化基金委员会董事长、南开大学董事、北京图书馆代理馆长。曾多次到美国考察教育,并邀请外籍学者到中国讲学。

③ 周学熙(1866—1947),字缉之,号止庵,安徽至德(今东至)人,中国近代著名实业家。其父周馥曾任两广、两江总督。周学熙最初在浙江为官,后为山东候补道员。1900 年入袁世凯幕下,主持北洋实业,是袁世凯推行新政的得力人物。1903 年赴日本考察工商业,回国后总办直隶工艺总局。1905 年,他出任天津道,1907 年任长芦盐运使,办商品陈列所、植物园、天津铁工厂、高等工业学堂等。他开办的滦州煤矿公司在数年后与英商投资的开平煤矿公司联合,组成开滦矿务总局。1947 年,周学熙病逝。

④ 朱启钤(1872—1964),字桂辛、桂莘,号蠖公、蠖园,祖籍贵州开州(贵州开阳),1872 年 11 月 12 日生于河南信阳,1964 年 2 月 26 日卒于北京。中国北洋政府官员,爱国人士。中国政治家、实业家、古建筑学家,工艺美术家。

⑤ 梁士诒(1869—1933),字翼夫,号燕孙,汉族,广东三水人。祖籍为如今的佛山市三水白坭镇岗头村。光绪进士,授翰林院编修。曾参与袁世凯胁迫清皇室退位的活动,任袁世凯总统府秘书长、交通银行总理、财政部次长、北洋政府国务总理等职务。为中华民国时期北洋政府交通、财政高级官员,旧交通系首领,是清末和民国初年非常活跃的一位重要政治人物。

⑥ 曹锐(1868—1924),字健亭,直系军阀首领曹锟的弟弟。幼时,他在大沽钰盛号米庄学习做生意。后来曹锟逐渐在军事及政治上影响力增强,曹锐遂弃商从政。1916 年,曹锟任直隶督军。1918 年,经曹锟保荐,曹锐被任命为直隶省省长。

⑦ 冯国璋(1859 年 1 月 7 日—1919 年 12 月 28 日),字华符,一作华甫,直隶河间县西诗经村人,直系军阀。毕业于北洋武备学堂,曾任北洋步兵学堂总办兼督练营务处总办。

担任山东支部长的周自齐[①];担任吉林支部长的陈昭常[②];担任山西支部长的阎锡山[③];担任湖南支部长的谭延闿[④];等等。其他如杨士琦[⑤]联合工商界发起组织了中华实业联合会。徐绍祯[⑥]、黄祖徽(何人?)参与发起了农业促进会。齐耀珊[⑦]参与发起了中国实业共济会。程德全[⑧]参与发起了中华民生实进会。熊希龄参与发起了盐政讨论会。

除参与和联合社会各界发起组织经济团体之外,军阀官僚单独发起组织经济团体的现象也多有所见。如梁士诒、叶恭绰[⑨]、朱启钤、冯元

---

① 周自齐(1871—1923),字子廙,出生于单县,单县单城镇牌坊街人。祖籍浙江秀水,明朝时迁至成武县孙寺镇周郑庄(原属单县)。其曾祖父周鸣銮,清嘉庆己巳恩科进士,后任广东分巡雷琼兵备道;祖父周毓桂,清道光丙戌科进士,后任广东雷州知府。清光绪二十年(1894),他应京兆试,科顺天乡试副榜。历任驻美公使馆参赞、领事,外务部右丞、左丞,山东都督兼民政长、中国银行总裁、交通总长、陆军总长、财政总长、农商总长。1922年3月,署理国务总理。1922年6月2日,摄行大总统职务,是月11日,黎元洪复职大总统,周自齐退出政界。1923年10月21日病故于上海。

② 陈昭常(1868—1914),字简持(墀、池),一字平叔,广东新会潮连乡巷头村(今属江门市郊区)人。民国3年(1914)10月15日,病逝于赴任途中,终年47岁。著有《廿四花风馆诗词钞》《廿四花风馆文集》。

③ 阎锡山(1883年10月8日—1960年5月23日),字百川、伯川,号龙池,汉族,山西五台县河边村人,中华民国陆军一级上将,日本陆军士官学校第六期毕业生,清朝陆军步兵科举人、协军校,同盟会会员,组织与领导了太原辛亥起义。

④ 谭延闿(1880—1930),字祖安、祖庵,号无畏、切斋,湖南茶陵人,曾任两广督军,三次出任湖南督军兼省长兼湘军总司令,授上将军衔,陆军大元帅。曾任南京国民政府主席、行政院院长。1930年9月22日病逝于南京。去世后,民国政府为其举行国葬。有"近代颜书大家"之称。著述有《祖庵诗集》等。蒋介石和宋美龄结婚,谭延闿为介绍人。

⑤ 杨士琦(1862—1918),字杏城,安徽泗县人,祖籍江苏盱眙,出身大官僚家庭,为李鸿章、袁世凯的重要部属。

⑥ 徐绍祯(1861—1936),字固卿,原籍浙江钱塘。中国近代民主革命家,中华民国政治人物。

⑦ 齐耀珊(1865—1946),字照岩,山东省昌邑市齐西村人。光绪十五年(1889)京闱举人。

⑧ 程德全(1860—1930),字纯如,号雪楼、本良,重庆市云阳县人,本籍江苏省苏州府吴县(今苏州)。曾担任清朝奉天巡抚、江苏巡抚,辛亥革命中"反正"加入革命军,任江苏都督、南京临时政府内务总长等职务,后退出政坛隐居上海。

⑨ 叶恭绰(1881—1968),字裕甫(玉甫、玉虎、玉父),又字誉虎,号遐庵,晚年别署矩园,室名"宣室"。祖籍浙江余姚,生于广东番禺书香门第,祖父叶衍兰(兰台)金石、书、画均闻名于时。父叶佩含诗、书、文俱佳。

鼎[①]、施肇曾[②]等发起成立了中华全国铁路协会。冯国璋、吴景濂[③]发起组织了中国农业实进会。梁士诒等人组建了中华民国邮政协会。周学熙、叶景葵[④]、袁世传[⑤]、袁克定[⑥]、李士传[⑦]等组建了中华民国矿业联合会。龙建璋[⑧]等交通部电政司官员组建了中华全国电气协会。广西军阀陈炳焜[⑨]、金开祥[⑩]等发起了广西实业会。军阀官僚所参与和发起的这些经济团体，在全国经济团体活动中占有不可忽视的地位，同样具有振兴实业的社会动员意义。这些团体，除广西实业会之外，均系全国性团体，规模较大，影响也

---

① 冯元鼎，字次台，清末民初肇庆附城五经里西便巷人。冯誉骢之子。光绪十七年(1891)顺天科举人。曾任清廷津浦铁路督办，升铁路总局总文案，邮传部丞参，民国初年(1912)4月，任北京政府交通部次长。民国2年7月，任汉粤川铁路督办。

② 施肇曾，字鹿珊，号省之。生于同治六年(1867)，苏州吴江震泽人。

③ 吴景濂(1873—1944)，辽宁宁远人，中华民国时期著名政治家，自幼聪慧好学，21岁中举人，1897年考取副贡，成为天子门生。因为学识出众，在其家乡兴城颇有地位。甲午战争后，吴景濂开始探讨时务，他支持维新派图强救国的主张，在家乡开馆布学，研授新学，培养学生。在民国政坛上，吴景濂是一位举足轻重的人物，四次出任国会议长，一生几度大起大落。

④ 叶景葵(1874—1949)，小名阿麟，字揆初，号卷盦，别称存晦居士。民国著名实业家、藏书家。浙江杭州人，光绪二十九年(1903)进士，受维新思想影响，赴赵尔巽幕下，掌理财政、商矿、教育，因代为起草《条陈十策》，而闻名当时。八国联军入侵中国后，痛愤于内忧外患，遂弃官经商，走上“实业救国”道路。主持有兴业银行。后被推举为汉冶萍铁厂经理、中兴煤矿公司董事长等。浙江兴业银行董事长。叶景葵有一定的民主思想，1947年5月，国民党政府迫害学生运动，叶景葵为“十老上书”人之一，声援学生运动。

⑤ 袁世传，袁世凯堂弟。

⑥ 袁克定(1878—1955)，字云台，别号慧能居士，河南项城人，袁世凯长子，原配于氏所生。辛亥革命爆发后，拉拢汪精卫。后鼓吹帝制，帮助其父袁世凯复辟。袁世凯去世后，袁克定迁居天津隐居。曾任开滦矿务总局督办。1955年袁克定在张伯驹家中去世，时年77岁。

⑦ 李士传，江苏人。1930年10月任汶上县长。

⑧ 龙建璋，中华民国第一届内阁交通部电政司长。

⑨ 陈炳焜(1868—1927)，字舜琴，广西马平县阳和村(今柳州市阳和开发区)人，广东督军，生于同治七年九月二十七日(1868年11月11日)，陈家先人曾是柳州当地的仕宦大户，承袭祖荫，陈炳焜幼年时便随父母搬到柳州东门内磨盘街居住。其父陈养和，游手好闲沉迷女色，后来竟然为了要纳小妾而将原配向氏(陈炳焜生母)逐出家门。

⑩ 金开祥，贵州贵阳人。光绪二十二年(1896)，以高才生入贵州学正严修开办的经世学堂。后来历任桂林巡抚幕文案，岑溪、怀集、苍梧等县令，兴学校，劝农桑，有政声，迁梧州府知府，中越划界交涉督办。曾劝说陆荣廷反袁，参加护国战争，有功于护国之役。

较广。如以梁士诒为首发起组建的中华全国铁路协会,其会员包括全国铁路系统"曾任及现任职事者,与专门毕业人员,及财产事业与铁路有关系者",历任交通部、财政部、各铁路局的官员和部分司员,以及与铁路有关的工矿运输业、银行和学校的业主、职员和师生皆在其会员之列。不仅人数众多,而且会路合一,覆盖了整个铁路部门。其他团体也都设有众多的分支机构,拥有成千上万的会员。这些团体与其他各界所组建的经济团体一样,也以振兴实业为宗旨,虽所做的实际工作尚少见及,但在一定程度上反映了这些团体发起者及其主要成员的振兴实业意识,也会对其他成员的振兴实业意识产生程度不同的影响。特别是他们能够与工商界和孙中山及其同人们共组团体,表明他们已经可以突破党派的界限、政见的不同和地位的差别,在振兴实业的总体目标上达成共识和合作,从而成为民国初年振兴实业运动的重要角色。

不过军阀官僚组建经济团体活动,还另有所图。他们除与其他各界组建团体一样,有谋求实业发展的动机之外,还有以此扩大自己的社会影响,巩固既得利益的一面。梁士诒所以要组织一个囊括全国铁路系统的中华全国铁路协会,还企图兼并孙中山领导下的中华民国铁道协会,显然带有以会制路的用意。此外,他还发起和资助了中华民国邮政协会和中华民国电报协会,一身兼任交通系统三大协会之会长,旨在借此控制全国之交通事业,谋取交通总长之职。后来梁士诒虽然没有当上交通总长,却在 1913 年 5 月当上了交通银行总裁,继而成为交通系的首领。

又如中华民国矿业联合会,由开滦矿务总局、汉冶萍公司、湖南华昌炼矿公司、山东中兴煤矿公司、井陉矿务局、滦州矿务公司、山西保晋矿务公司、河南六河沟煤矿公司、直隶建永承金银矿公司、江苏贾汪煤矿公司等大矿产企业的代表联合组成。理事长周学熙,副理事长叶景葵,理事李士伟、袁世传、袁克定、杨度[①]、朱曜[②]、刘笃敬[③]。赞成的人有赵秉钧[④]、冯国璋、熊希龄、孙宝琦[⑤]、朱启钤、梁士诒、曹汝霖[⑥]、叶恭绰等政府官员。该会的10个发起会员公司中，至少有6个公司有军阀官僚的大量私人投资。他们企图通过组织此会密切与政府的关系，进一步利用政权保护和发展自己的企业。在组织上，该会只准采用西法机器开采和冶炼技术，只准资本在50万元以上的大公司入盟，其宗旨在于共图矿业——这带有一种调和大企业之间的矛盾，垄断全国矿冶工业的用意。

问：根据您的研究，您认为民国初年振兴实业取得了哪些实质性成果？

虞：在进行经济团体活动的同时，军阀官僚还展开了直接的投资和创办企业活动，成为民国初年振兴实业运动的一个突出成果。从中华民国成立的当年起，军阀官僚就开始以私人资本大规模地投资和创办各种实业，特别是在第一次世界大战晚期和战后，投资于实业者顺势乘时日益增多。据统计，在1912年至1922年的10年中，共有547人次的军阀官僚投资和创办了197家企业。

由此可见，军阀官僚已把资本主义工商企业作为他们投资的主要方向，

---

① 杨度（1875—1932），原名承瓒，字皙子；后改名度，别号虎公、虎禅，又号虎禅师、虎头陀、释虎。湖南省湘潭县姜畲石塘村人。

② 朱曜，字旭初，浙江杭县（今属余杭）人，清光绪十一年（1885）生。毕业于日本法政大学速成科。1915年12月，授中大夫。历任奉天自治局总务科科长，商务局调查所所长，湖北自治局提调，津浦铁路驻济副提调，山东都督府秘书，北京政府财政部公估局局长。

③ 刘笃敬（1848—1920），字缉臣，号筱渠，太平县（今襄汾）南高村人。1867年丁卯科优贡，1875年太原乡试中乙亥科举人。1920年病逝，终年73岁。

④ 赵秉钧（1859—1914），河南汝州人，清末民初政坛上的一代枭雄；在袁世凯担任中华民国大总统期间，被提拔重用为第三任国务总理。曾拟定警务章程，创设警务学堂。是中国近现代警察制度创始人。

⑤ 孙宝琦（1867—1931），字幕韩，晚年署名孟晋老人，浙江杭州人。山东巡抚、北京政府国务总理。幼好学。以父荫任户部主事，后改任候补直隶道员，军机处官报局局长，曾经创设育才学堂及开平武备学堂。

⑥ 曹汝霖（1877—1966），祖籍浙江。民国初年高级官员，新交通系首领。1877年生于上海。幼年入私塾，后去汉阳铁路学堂读书。早年留学日本法政大学。五四运动时期，被指为卖国贼，住宅惨遭烧毁。抗日战争时期，曹汝霖不与日本人合作，拒绝担任伪政府总理大臣一职，后被动挂上伪华北临时政府最高顾问、华北政务委员会咨询委员等虚衔，但并未给日本人出力，算是保持了晚节。

既表明了他们振兴实业意识的强化，也体现了他们在民国初年振兴实业运动中的主导地位和作用，如果没有他们的加入，必将大大降低这一时期中国资本主义工商业的发展水平。

问：有的论者认为，军阀官僚投资企业，会妨碍企业的经营，也会以其政治特权获取经济特权，从而阻碍中小资本同业企业的发展。

虞：但是，事实并非如此，除个别事例之外，一般来说这种情况是没有普遍性的。在他们所投资的 197 家企业中，只有 35 家企业曾由他们中的 29 人担任过董事长、总理、总裁等职务，其余或担任董事、监察人、发起人，或不担任职务。在这担任有职务的 29 人中，如黎元洪等人只挂名不主事；有的因执掌财政、交通之部而出任相关银行的总理等要职，如梁士诒、龚心湛①、曹汝霖、周自齐、朱启钤、王克敏②、张弧③、李思浩④等人；有的已基本转变成企业家，如周学熙、言敦源⑤、李士伟等人。因此，他们所投资和创办的企业，大多由与他们合作的工商资本家负责经营管理业务，作为投资者的军阀官僚虽然对企业的经营管理有一定的参与和干涉，但一般不起决定性作用，企业的经营管理程序与一般私人资本企业没有多大差别。

军阀官僚对其所投资的企业，虽然有利用他们的权力关系为本企业谋取政府的某些支持和保护的现象，但是并未由此获取垄断性特权而阻碍同

① 龚心湛（1871—1943），原名心瀛，号仙舟，安徽合肥人。监生，金陵同文馆毕业后驻英、日、美、法、比等国使馆随员多年，回国后又在广东、云南为官。1912 年起历任汉口中国银行行长，安徽国税筹备处处长、财政厅厅长，又调任财政次长兼盐务署督办，回任安徽省省长。1919 年秋在财政总长任上代理国务总理三个月。后致力于兴办实业，任启新洋灰公司总理、董事长有年。“启新”被日军军管后他愤懑而死。

② 王克敏（1876—1945），字叔鲁。中国近代的政治人物，1937 年日本扶植的傀儡政权“中华民国临时政府”的首脑之一。

③ 张弧（1875—1937），原名毓源，字岱杉，浙江萧山人。清举人出身。曾充长芦盐运使等职。1912 年任两淮盐运使。次年调北洋政府盐务筹备处处长，旋改财政次长，并兼盐务署署长、盐务稽查总所总办。1917 年协助段祺瑞对张勋复辟的讨伐，旋被任为侨工事务局首任总裁。

④ 李思浩（1882—1968），字赞侯，浙江余姚（原属慈溪沿江乡）人。早年肄业于京师大学堂，后考中举人。曾在清政府盐政、税务机构任职。民国成立后任临时政府盐务署科长、厅长，次年为国家税务筹备处委员。

⑤ 言敦源（1869—1932），字仲远，人称仲远公，江苏常熟人，是清末民初著名诗人、政治家、实业家，被称为“北洋儒商”。

类企业的创办和发展，如周学熙在创办华新纺织公司时，曾试图利用他的权力关系，获取在直鲁豫三省专办30年，以及购买机器、原料概免纳税厘的特权，结果在该三省实业界人士的反对下，农商部并未批准其专办特权。又如他们参加投资的天津八大面粉厂，曾以抵制洋货倾销为名由，要求天津总商会转请政府限期禁设新厂，给予专卖权，结果也被总商会以“营业自由载在宪法”而驳回。至于由他们参加投资和创办的某些企业，获得了免税、贸易专利等权利，那属于政府实行企业保护政策的经常现象，不能算作特权，一般的私人资本企业也享有这种权利，至多是他们较易获得这种权利而已。事实上也没有由于他们所投资企业的存在而阻碍其他同类企业的设立。如天津的纺织业，在华新纺织公司成立之后，又有军阀官僚投资的恒源、裕大和由一般商人创办的宝成、北洋第一商业等八家纺织厂相继开办；火柴业，除由他们投资的丹华、北洋两家公司外，又先后有八家工厂问世；面粉业也未被他们投资的八大家工厂所垄断，他们的投资创办企业，对一般商人的投资创办实业没有阻碍的迹象，而是有带动发展的现象。作为军阀官僚投资和创办实业重镇的天津尚且如此，其他各地不言而喻。因此，总的来说，由军阀官僚私人投资和创办的企业，与其他一般商人投资开办的企业一样，在当时的社会经济秩序中按照经济法则共同运转。

问：您是研究中国近代化的，那么中国近代化历程的开端和孙中山的思想乃至他的革命活动彼此有什么样的关系？您如何评价它们之间的关系？

虞：中国近代化，我把它叫作“早期现代化”。“近代化”跟“现代化”按道理来说是一个概念，可是对外交流时我们只能用“现代化”不能用“近代化”，否则有些问题就说不清楚了。我把1949年以前的现代化称为“早期现代化”，这样一则可以表明现代化概念的统一性，二则可以区别现代化发展的阶段性，以区别1949年之前和之后的中国现代化的不同发展状况和不同发展道路。中国早期现代化较之现代化的一般含义来讲，还应该增加一个民族化——反对帝国主义的侵略和争取民族独立。正如胡绳同志在他的新版《从鸦片战争到五四运动》一书的序言中所指出的：可以从现代化的角度写中国近代史。但那种借现代化视角试图否认近代中国殖民地性的观点是不可取的。刘大年[1]同志也提出:中国近代史首先是反帝反封建的历史,同时也是中国争取近代化的历史,但反帝反封建决定中国近代化的进程。

从思想意识上来说,中国的早期现代化起点应该是1840年的鸦片战争,此时中国流入了大量外国资本,产生了早期资本主义萌芽。洋务运动时期,是早期现代化比较正规的开端,但不是政府的举国一致的举动,只是朝廷和地方一部分人在做,还没有形成国策。我认为到了辛亥革命结束、中华民国成立以后,无论是早期资产阶级民主,还是发展资本主义工业,都形成政府的行为,此举称得上是一种国策了。从孙中山临时政府开始,这种政府行为就一直延续下来,甚至后来袁世凯政府虽然取得了政权,都没有也不能改变孙中山原来定下的发展方向,因为这是人心所向。不过,袁世凯在政权上会对此加以控制,企图形成独裁的局面,但他终究没有成功,最后他在企图搞独裁的过程中死去,被民主的潮流所推翻。

私以为,孙中山是为中国早期现代化的启动准备了思想条件的。另外,他也对其思想进行了实践探索。没有辛亥革命,清政府就不会被推倒,中华民国也就不会成立。早期孙中山领导的辛亥革命起到了一种启动中国早期现代化的作用,孙中山是启动运动的领导者,如果把发起运动比作发射火箭,那么孙中山就是设计火箭和按下发射按钮的人。现在研究孙中山的思想和实践,多数人都是持现代化的视角来研究的。

如今在孙中山研究领域里,针对一些具体史实的研究已然汗牛充栋,有人说孙中山研究已经没有什么好研究的了,辛亥革命也没有什么好研究的了。就孙中山现在的研究状况而言,我以为顺着现代化的思路还是可以深入研究下去的。

辛亥革命100周年之际,中山市举办了一次高峰论坛,我的导师章开沅先生也去了,他做了一个题为"辛亥革命三个一百年"的演讲。他指的是要研究辛亥革命"前面一百年""当前一百年"和"未来一百年"。论坛结束后,

---

① 刘大年,1915年8月出生,湖南华容人。1936年肄业于长沙湖南国学专修学校。1938年8月到陕北抗日军政大学,同年加入中国共产党。翌年抗日军政大学第五期毕业。抗日军政大学毕业后他被分配在冀西和冀南抗日根据地工作。以后长期生活、斗争在河北平原和太行山上。1939年起,先后任冀西专区行政干部学校教导主任,冀南行政主任公署、晋冀鲁豫边区政府冀南行署宣传科长、教育科长,冀南抗战学院、政治学校教员,北方大学工学院副主任,北方大学、华北大学历史研究室副主任等职。

湖北的媒体找章开沅老师进一步解释此番观点的含义，并要求章老师推荐一些人谈谈这一问题，章老师推荐了我，于是记者便来询问我，我回答记者说我十分赞同章老师的观点。由于我们的历史研究是从短时段、中时段和长时段三个研究角度来研究的，因此我们去衡量一个研究对象时，就要把它短时段、中时段和长时段的内容结合起来分析。我们研究辛亥革命也可从这三个时段进行分析，它们所涵盖的内容不尽相同，一些观点和看法也不一样。譬如，有人提出“武昌起义是辛亥首义”的观点，对此有异议的人表示质疑——为什么首义是武昌起义而不是黄花岗起义？赞成的人认为使得辛亥革命最终取得成功的历次革命里武昌起义是首义。黄花岗起义是失败的，武昌起义本身虽然也没有成果，但在武昌起义以后，上海和各地起义都纷纷响应，发起一连串的起义，从这个角度看“武昌起义是辛亥首义”是说得通的。

但是，这里存在一个问题：对辛亥革命的研究到底是短时段研究、中时段研究，还是长时段研究？如果是短时段研究，便只须观察武昌起义或者说辛亥革命爆发的那一年，甚至时段还能更短一点，即武昌起义以后到清帝宣布退位不到半年的几个月时间。

如果时间跨度再大一些，那么我们就得研究辛亥革命的时间概念是什么样的了，是否仅仅指 1911 年这一年？虽然辛亥革命通常指 1911 年当年的革命，但这个革命准备了多少年？后来又持续了多少年？辛亥革命目标是什么？这个目标是什么时候提出来的？辛亥革命的领导者是谁？同盟会是什么时候开始成立的？他们的党是什么时候成立的？回答了上述种种问题以后，我们就会发现辛亥革命不仅仅是指武昌起义那一年而已了。既然这样，那么辛亥革命甚至可以追溯到 1894 年孙中山成立兴中会的时候，从孙中山提出革命的纲领一直到 1911 年，他一直为同样的目标持续地奋斗，他是一步步走过来的。所以从这个角度研究的话，辛亥革命就无所谓有首义无首义了，它是一连串的革命活动所组成的，最后的成果就是辛亥那一年把清王朝推翻，以武昌起义为标志的革命取得成功。

1905 年，孙中山和黄兴在日本东京成立了中国同盟会，以“驱除鞑虏，恢复中华，创立民国，平均地权”十六字为政治纲领。驱除鞑虏和成立民国这两项任务在 1912 年就完成了，而恢复中华的目标还需要付出很长时间的努力，我们现在不是说要复兴中华民族吗？我们的民族何时才得以复兴？

虽然辛亥革命已过去100多年了，可我们仍致力于复兴的事业，说明到现在为止我们还不能说我们中华民族已经复兴了，我们还要顺着孙中山提出来的理想继续走下去，才能真正地实现民族复兴，这可能还需要未来100年的建设，这就是从一个更长的时段来观察和研究了。辛亥革命作为一个资产阶级革命，前面100年是从1894年兴中会的成立开始的，虽然它是辛亥革命的起点，但我们还要考虑它作为社会基础的作用、它作为资产阶级革命的作用、它的社会基础开始形成的时间、它走到这条道路上来的原因，还有鸦片战争之后社会制度逐步形成的轨迹。

我就是这样来理解章先生提出的“辛亥革命研究三个一百年”的。

问：章先生的意思是要把辛亥革命或者孙中山研究放到一个更宏大的时间里面去研究、去观察，而不是就时间做一些简单化的具象化的研究。

虞：是的。辛亥革命的意义不仅在于中国人民推翻封建王朝，成立中华民国这个资产阶级民主共和国，更大的意义在于对如何走向中华民族的复兴的启示。最终辛亥革命研究或孙中山研究就是要与中华民族如何走向复兴的研究结合起来。所以辛亥革命后100年，再接下来的100年我们该如何顺着孙中山提出来的这种理想去实现我们中华民族的最终的复兴，是我们进一步要研究的问题。“复兴”当然是指中国实现现代化，这方面我们还有很多研究的课题可做，还有很多问题亟待研究。举一个具体的例子，我们可以研究孙中山先生与商人、商会和资产阶级三者之间的关系。无论是资产阶级本身还是资产阶级所存在的资本主义经济的发展，学者们都已经研究不少了，但是如今仍存在一些问题还没弄清楚。孙中山先生领导的是一个资产阶级民主革命，它的社会基础理所当然就是资产阶级了，那么到辛亥革命爆发为止或者说中华民国成立以后，资产阶级的状况是什么样子的？又如，孙中山的思想和观念在资产阶级振兴实业的过程中具有什么样的影响和地位？我以前对这方面研究做过一些努力，我认为还是有空间可以探索下去的。此外，资产阶级本身的状态我们也不是很清楚，比如，到辛亥革命以前，中国资产阶级的队伍发展规模如何？资产阶级的基础是什么样的？我们不一定要弄清楚资产阶级的状况和每一年情况是什么样的，但是对某些革命的重要年份中资产阶级民主主义革命的状况和革命的社会基础，应作进一步的研究。

问：在我们已有的状况和水平之下，除您刚刚提到的方向以外，您认为未来还有哪些方向值得探讨？

虞：资产阶级与孙中山后来领导的护法运动和护国运动之间的关系可以进一步研究。去年我在《广东社会科学》发表的一篇文章中谈到了1920年前后废督裁兵、商会与孙中山的关系。自辛亥武昌起义之后，督军制度逐渐形成，袁世凯死后益加恶化，成为中国内乱和贫困的一个重要原因，引起社会各界的强烈反对，到1920年前后形成以废除督军制度、裁减军队为目的的废督裁兵运动，并以此为救国之方。在这一运动中，主要的介入者有三股力量，他们分别是军阀、商会以及以孙中山为首的护法派，他们虽然各有动机，但亦互相促动。其中商会的活动是民众废督裁兵运动的中坚力量，不仅乘军阀的表演顺势而进，而且与孙中山的号召彼此呼应，既敦促军阀政府有所举措，也声援孙中山持之以恒，从而为国民革命的兴起做了前期的社会动员。军阀都各自标榜废督裁兵，实际上他们只是为自己涂脂抹粉，表示自己通情民意而已。

1921年1月，孙中山第二次举起护法大旗，重提废督裁兵之主张。他发表《统一南北意见》，强调要将“联省制”和“废督裁兵”作为重开南北议和的两大先决条件，并声明：“广州为护法省份，将来统一告成后，南北应有对等之兵力，而统率南北军权之最高机关，应设在广州。否则，余非达到以南方统一北方之目的不止。”其言辞更为激烈，态度更为强硬。在南北议和破裂以后，南北护法战争演化为西南军阀、北洋军阀各自的内部争斗，战争时起时伏。这时的护法战争性质已发生变化，与其说是为再造共和而战，倒不如说是为军阀争权夺利而战。

护法战争性质的变异，使商人们觉得孙中山依靠西南军阀进行护法前途渺茫。1921年9月，上海六路商界联合会曾致电孙中山等护法领袖说：“广州自树护法旗帜以来，联省解体，两粤自残，国人素抱以宪法奠邦基者，已无几希望。”于是，他们进一步寄希望于废督裁兵。在同年10月召开的全国商会联合会临时大会上，各地商会的代表进一步筹谋废督裁兵的方略。江苏武进商会提出的两件议案指出：“窃思现在之政府，代表军阀，非代表人民”；“督与兵为民国不祥之物……财力尽于养兵，祸乱起于养兵，政治败坏于军阀，教育毁灭于军阀”。因此，欲修明中国之内政，必须裁兵；要裁兵则先须废除拥兵割据之督军。此外，镇江商会提出的《组织和平会议以求统一息兵案》、汉口总商会提出的《组织弭兵会以定国是案》、太仓县商会提出的

《内政外交统一方法意见书》等议案，也都提出了类似的主张。这些商会所提出的废督裁兵主张得到与会代表的一致赞同，形成了废督裁兵的决议，并在大会的《整理内政宣言》中提出了废督裁兵的具体方法。

孙中山标榜废督裁兵也有他的动机——他只想废北洋的督军却从未打算裁自己的兵，借助于民间性质的废督裁兵，就能抑制和削弱军阀的军事力量，这有利于孙中山推动民主革命。不过，他提出来的口号确实深得资产阶级认同，较多商会也支持孙中山的主张和做法，所以他们三者之间能够很好地互相呼应、互相合作。但是，废督裁兵最后还是没有实现，因为废督裁兵不可能仅凭嘴上说说就能让军阀和督军自动放下自己手中的武装、解散军队，不过通过此次废督裁兵运动，军阀的坏处以及打倒军阀的意念已是全民皆知甚至深入民心，因为当时运动规模很大，报纸和其他新闻媒体都纷纷报道军阀对社会的危害，人们清楚地意识到国力不振的根源都在那儿，所以中国要平安、维护和平和谋求发展，就必须要废除军阀。以前的相关研究中有人说，废督裁兵只是资产阶级口头上的宣传，没有什么实际意义，但今天看来，这实际上是为后来北伐战争和国民革命做了思想动员。

在黎元洪发出废督裁兵通电的同日，孙中山为应对北方军阀以徐世昌去职逼停护法，亦发有一电，指出徐世昌去职并未解除中国战乱之祸源，欲使国家“有长治久安之望”，唯有裁撤军队，化兵为工。其具体主张是：将现有军队“以次悉改为工兵”，“先修治道路，次及其他工事”，然后“征集爱国之士，编制国军，定为义务，两年一易，其兵额以二十万至三十万人为止”。当下，应由直系“首先将所部半数，由政府改为工兵，留待停战条件。其余半数，留待与全国军队同时以次改编。直系诸将如能履行此项条件，本大总统当立饬全国罢兵，恢复和平”。兵既全裁，督自废除。可见，孙中山将废督裁兵的切实施行作为护法运动的一个重要目标。

军阀们的废督表演，尽管没有废除武力割据，实行归政于民的实质，孙中山的化兵为工主张，亦无任何效果，但他们的言语举止较前有所进展，因此也获得了商人等社会各界的赞许和支持。黎元洪的通电发表后，6 月 9 日，北京学商各界即予以赞扬说：“凡吾民所吞声饮泣而不敢言者，我公依然言之，直不啻代表我四万万无枪阶级之良民，与彼数十万有枪阶级之军阀宣战，（可谓是）和平之使，自由之神。”16 日，上海广肇公所等工商团体亦向各省总商会发出通电，希望全国商会共同促进废督裁兵。20 日，北京的商会、农会、教育会、全国商会联合会、银行公会、律师公会六团体，联合发起成立“国民裁兵促进会”，“以联合地方公民促进裁兵为宗旨”。7月初，上海中华全国工商协会、中华国货维持会、粤侨商业联合会、华侨联合会、浙江丝绸机织联合会、中国花边联合会、旅沪商帮协会、中华全国道路建设协会、中华工商研究会等20余个工商团体，联合发起成立“裁兵促进会”，发表宣言，主张“废督裁兵”“化兵为工”，敦促各督军：“今既全国民意一致主张裁兵废督，正应顺从民意，永留去思，而救己身与民国之危亡。”

1922年11月23日，全国商联会第四次大会举行特别会议，讨论裁兵问题，决定成立裁兵委员会，推举黄任之（炎培）①、聂云台②、蒋梦麟③、余日章④为裁兵劝告主任，劝政府及各省督军实行裁兵，使商会的废督裁兵运动进入组织化阶段。同时还决议：向国会请愿，“速成宪法”，并增添禁设督军之类的军职和禁止“军人干涉政治”的条文；“联络全国银行界，合组监督财政机关”，以防滥支军费；要求“各国于我国未实行裁兵前，不得接济军械及借款”，试图从民意、法律、财政和外债四个方面促进废督裁兵。

商会参与这场废督裁兵运动，虽然以其本身之力未能也不可能真正实现废除军阀政治和实现社会和平的目的，但亦不可因此而否定其积极作用。

第一，商人们从辛亥革命后的企求依附强权，单纯从事政局调和，到认清社会动乱的祸根所在，敢于提出和敦促废督裁兵，并采取了拒绝承募公债这样的商人们所能采用的最强硬措施，这不能不说是他们政治觉悟提高的一种标志。第二，体现了商人们顺势而进，抓住机会，推进反军阀运动发展和深入的意图。第三，在一定程度上起到了促进废督的作用。这除督军的职位在运动中因包括商会在内的各种社会因素的触动而开始逐渐废除之外，更有1924年12月段祺瑞趁张作霖请辞东三省巡阅使之机，发布了“各

① 黄炎培（1878年10月1日—1965年12月21日），字任之，号楚南，笔名抱一。江苏川沙县（今属上海市）人。

② 聂云台，是我国创办第一家纺织机械制造厂的先驱者。

③ 蒋梦麟（1886—1964），原名梦熊，字兆贤，号孟邻，浙江余姚人，中国近现代著名的教育家。曾参加科举考试并中秀才，1912年于加州大学毕业，随后赴纽约哥伦比亚大学研究院，师从杜威，并获得哲学及教育学博士学位。

④ 余日章，David Z.T.Yui（1882—1936），近代史上非常重要的基督教领袖。湖北蒲圻人，生于武昌（属武汉市）。天下第一首革命歌曲的作曲者，中国最早“红十字会”组织的创立者；“平民教育之父”晏阳初的启蒙老师，蒋介石与宋美龄的证婚人。

省巡阅使均著即行裁撤”的命令，由此从制度上基本结束了督军制，虽然接着又有其他名目出现，但另当别论。此外，对于上海商人来说还有一大收获：1925 年 1 月 15 日，段祺瑞政府应上海总商会之要求，发布三项决定：“淞沪护军使裁；兵工厂停办，招商承领；沪永远不得驻军及设任何军事机关。”其中之兵工厂，先由上海总商会接收、保管。第四，为国民革命和北伐战争的兴起做了一定的社会动员。国民革命和北伐战争的主要目的之一是打倒军阀，废督裁兵无疑具有打倒军阀的内在意蕴。商人们所参与和组织的废督裁兵运动，持续五六年之久，而且广泛联络各地各界人士，参与召集各种群众集会，已使国人皆知军阀之危害及必须去除的道理。同时，通过废督裁兵运动，商人们对孙山的国民革命理念和主张渐趋接近，乃至认同，互相配合。由此而言，废督裁兵运动可谓是国民革命的前奏，应为近代中国人民争取和平民主历程中不可忽视的一环。

问：在废督裁兵运动的过程中，商会有什么样的存在意义和作用？

虞：商会是最坚决呼吁废督裁兵的主体力量。只有商会才是真心实意地想要裁兵，因为他们是军阀真正的受害者，所以他们采取了一些措施，成立了一些组织，比如裁兵委员会，查政府的账和军费开支情况，或是给各军阀发通电。同时，他们也向政府提出主张，比如上海不应该驻军、应该取消兵工厂等，后来都为段祺瑞政府所接受和同意了。从彼时起，兵工厂就被改掉了，上海也不驻军了，这是实质性的改变。然而通过这样的方式改变整个军阀的状况是不可能的，得靠北伐战争推翻，可是北伐战争也没有完成这个任务。庆幸的是，军阀是中国最大的祸害的这种思想已经深入民心了，人们打倒军阀的决心也日益强烈。

在诸如此类的事情里，中国工业化道路的选择、发展方向、处理手法、孙中山与资产阶级之间有哪些相互认同之处，或者孙中山与商会之间有着什么样的关系等问题还要进一步地研究和分析。

问：刚才您也提到，在中国近代化的过程当中，孙中山在他的思想里已经提出了部分具有前瞻性的做法，今天的青藏铁路和三峡大坝两项工程都曾在他的建国大纲里体现出来。您认为他当年提出来的这些救国思想对我们今天中国实现现代化的历程有什么样的意义？

虞：孙中山提出来的思想大体都是值得我们借鉴的，有些方面从形式上看好像有一致之处。当年他提出民营跟国营分开的做法，不就和我们现在经济成分的构成很相似吗？我们现在所说的混合经济制度，其实从他那时候就开始产生了。如果混合经济制度是指多种经济成分构成的话，他就是提倡者，因为他在实业计划里面就提出了。

他曾经提倡利用外资又引进外资，孙中山无论是在领导辛亥革命的时候，还是在辛亥革命成功以后，都非常重视利用外部的资源来进行中国的建设。武昌起义爆发以后，他当时在美国，他从回国的路上到英国等欧洲国家做演讲，希望外国资本在中国将来革命成功以后投资于中国建设过程当中。他制订的实业计划里面，设计了一整套方案，这套方案规划的就是怎么样利用世界的外部资源来建设中国的社会主义。他就是想在平等的基础上引进外国的资本、人才和技术，来建设中国的新的国家。所以，这种对外开放，利用外部资源来建设中国的思路可谓对后来100年乃至如今我们改革开放有一定程度的影响和重要作用。我们有一定的继承和发展的关系。100年以来，我们现在回顾孙中山那个时候所提出来的一些设想，联系现在的实际，我觉得孙中山当时考虑得还是很长远、很超前的。当然，孙中山在他所处的那个时代，不可能把他自己的这个设想付诸实践，只有到中国共产党成立以后，采取了一些措施，一直到中国共产党取得了政权，成立了中华人民共和国，一直到现在的改革开放，孙中山的这些理想才逐步得以实现，而且有更大的超越。这就是他对后来中国的100年走向的历史影响。孙中山不光让外资来中国办企业，也借外资来办本土的企业和修铁路等，所以当时实行的是外资、国资和民资三者都具备的混合经济制度。

值得一提的是，虽然他当时还没提出“乡村工业”这个概念，但是他对农业现代化也是很重视的，改进农业的生产方式，他们成立的经济团体里也有农业方面的经济团体——中国农学会，用现代的方式来进行农业生产。

经济成分构成是他的其中一个构想，虽然在实际上他并没有付诸实践，但是他这种思想对后面的人有借鉴意义。

问：从学术和个人感情方面，您如何评价孙中山这个人？从这么感性的角度，能不能做一个简单的评价？

虞：从总体上来评价孙中山，我认为他是中国现代化的启动者。他绘制了中国现代化的早期蓝图，在中国政治和经济发展的道路上起到了开拓者的作用。而且，我觉得孙中山先生是近代以来思想和实践都结合得比较好的一个领袖人物。

问:据我们理解,孙中山对现代化思想的形成起到了积极的促进作用。辛亥革命推翻了封建帝制,可惜他并没有将封建思想和观念彻底根除,然而孙中山本身是接受过西方教育的,能否就此说明他的西式观念是根深蒂固的,对封建思想是持排斥态度的?

虞:从思想意识上来说,他是接受西方思想最多的一个领袖人物,所以在他的思想观念当中,传统的封建意识较少。中国共产党自视为孙中山遗愿的继承者,为什么我们现在还对孙中山先生那么重视呢?其实我们刚才已有所谈及,就是因为我们现在正处于实现中华民族伟大复兴的进程中,而孙中山思想对中华民族实现伟大复兴有着举足轻重的影响。

问:我们看过相关资料,了解到您曾经编过《经元善集》和《吴禄贞集》等书籍,也做过一些人物的具体形象的研究。在历史学术研究中,同样是做人物研究,您认为研究孙中山和研究其他的近代史人物在学术方法上有没有不同之处?

虞:研究人物的基本方法都是一样的。最重要的是实事求是,把人物放在当时具体的历史环境里面研究,不管大人物还是小人物都一视同仁。也就是说,研究者要注意规避个人情感,有的人欣赏某个历史人物,可能会在表述时夸大他的一些功绩,而回避了其人的短处。对于这方面的问题,我个人是比较注意的,这是做人物研究的基本态度。

若要谈研究中的不同之处,或许在研究的视角上能产生一点区别。研究大人物时,我较多地研究他们的思想层面上的内容及其历史影响,因为领袖人物通常会留下大量可以反映他们的思想和理论方面的东西;研究一般历史人物则不然,比如说工商界人士,他们本身是践行者,留下来有关他们思想的内容不是太多,思想上有价值的内容更是少之又少,因此我较多地考察他们具体做过的事情及这些事情对社会的发展和现代化有什么重要作用。

总而言之,研究大人物和研究一般人物,一边是倾向于研究其思想的贡献,一边则倾向于研究其社会实践中的贡献。同时,这两层人物之间是有联系的,是互动的过程。比如我们可以关注和思考注重社会实践层面的杰出人物对上层领袖人物的思想有何看法,他们是通过何种方式作社会实践的,以及在他们实践活动中是如何体现当时领袖的思想和理论的。以前我们所做的研究,大多是探索领袖人物的思想所起的社会作用,忽略了考察其对民间普通人物行为的影响，也忽略了考察民间普通人物的实践如何体现同时代领袖人物的思想。毋庸置疑，社会实践跟思想同样具有许多开创性的意义，我研究的经元善①就是一个好例子，当时因为北方遭受巨大的旱灾，经元善等人在《申报》发表《急劝四省赈捐启》，为灾民募集赈捐，他在此则启事中，强调“救人之荒必可免己之荒”，“善恶报应，一定之理”。通过创办协赈公所，募集捐款，聚合同道，派赴灾区施赈，他成为江浙沪绅商赈灾的领导人物。他在十余年中经募款达到数百万元，受清廷嘉奖十余次。因此我们可以说，他在民间赈灾活动事业中是有开创性的意义以及其独特的历史地位的，甚至其中还有他自己的主张和思想。

问：俯瞰整个中国近代史，您觉得在孙中山研究领域的外围还有没有哪些人物研究？或者说，哪些局部研究没有足够引起学界重视，而仍然存在很大研究空间？

虞：我现在一时说不出目前还没有研究到的领域，我怀疑是否该研究的领域都已经涉及了。不过，有些领域还是有待进一步研究的，就像刚才所提及的孙中山思想，为什么他会形成这样的思想？他受西方思想的影响比较多，我们对他外部思想的源流还可以作进一步考察，也有待新的资料的发现。另一方面，把视线扩大到较大的历史背景，辛亥革命以前或 1927 年北伐前后的国民党政府，为什么在中国政治舞台上处于领袖地位上的基本都是广东人？为什么广东人会产生这样的群体？本土的思想来源是不是也有一定的影响？这些问题的答案都有待进一步挖掘。你们中山市正在研究香山文化，实际上在研究本土思想来源方面是富有意义的，可以探索本土思想跟华侨的关系或者跟西方人物的关系。

---

① 经元善（1840—1903），原名高泉，字莲珊山（后也作莲山），号居易子、居易居士，晚年号剡溪聋叟，笔名沪滨呆子、汨罗江后学等，浙江上虞五驿乡（今驿亭镇）驿亭人。父亲经纬是上海富商，因捼济军饷功，清廷授主事加员外郎衔。

郑观应研究的回顾与展望

——参加郑观应诞辰一百六十周年学术研讨会有感①

虞和平

由澳门历史文物关注协会等学术文化机构举办的，历时四天的纪念郑观应诞辰一百六十周年学术研讨会就要结束了。这次会议得到澳门特区政府的大力支持，在主办单位的努力下，获得了圆满的成功，可以说是一次关于郑观应与中国近代历史的学术盛会。

本人虽然在十多年前进行经元善研究的时候，曾经关注过郑观应，也比较仔细地阅读过有关郑观应的文献资料和研究成果，此后则对郑观应的研究知之甚少。通过参加这次郑观应学术研讨会，我收益良多。从会议的资料、论文和讨论中，我不仅比较全面地了解了近十多年来的研究进展状况，而且很受教益，产生了如下几点感想。

第一，对郑观应的思想和实践进行了比较全面的研讨。会议论文所涉及的内容，从学科构成来说包括政治史、经济史、军事史、中外关系史、文化史、文学史、教育史、新闻史、宗教史、医学史、社会史、区域史等方面；从历史事件来说包括洋务运动史、戊戌维新史、辛亥革命和民国初年的历史；从层面构成来说包括郑观应的身世、品格、思想、实践、人际关系、养生修心之道。这使大家更全面地认识到郑观应在中国近代史上的地位和影响，认识到他是中国近代历史上一个非凡的人物。

第二，对郑观应的研究有所开拓和深化。就开拓而言，对某些以往很少研究或尚未研究的领域有了新的研究。如从郑观应的家庭熏陶、儒学素养、职业经历和洋教影响探讨郑观应的改良主义思想来源，从善恶报应观念和

① 本文是2002年虞和平在澳门举行的“郑观应诞辰一百六十周年学术研讨会”上的总结发言。会后收入由王杰、邓开颂主编的《纪念郑观应诞辰一百六十周年学术研讨会文集》，澳门历史文物关注协会、澳门历史学会出版，2003年。

进身之阶的角度分析郑观应的慈善思想和活动,郑观应与广州、澳门、香港区域社会互动关系的探讨,郑观应的文物发掘和考证等,有关这些方面的论文虽然数量较少,但具有不同程度的开创性意义。

就深化而言,对某些旧问题进行了新的研究,主要体现为三个方面。一是进一步把郑观应与其所处时代相结合,突出了郑观应的历史地位和贡献,如关于郑观应与晚清改良主义思想的启蒙和发展,郑观应与洋务派、维新派、革命派的关系,郑观应的文学和诗歌创作与时代的关系,这些问题虽然以前亦有所研究,但这次会议提出了一些新的见解。二是对郑观应的思想进行了比较研究,进一步显示了郑观应思想的个体特点、派系互动,如关于郑观应思想与张之洞、薛福成、王韬思想;与洋务派、维新派、革命派思想的比较和互动。三是对郑观应思想的产生缘由、历史传承和影响进行了更加深入的分析,如郑观应与孙中山、毛泽东的关系,郑观应与香港的关系,这些研究虽然很难找到新的充足的资料,但在分析研究上有所深入。

第三,为郑观应研究带来了新的信息。会上,上海的学者介绍了上海所藏的有关郑观应的资料;澳门历史文物关注协会展示了郑观应的文献和文物,开通了郑观应研究网页。这些都从不同的角度给研究者提供了新的研究资源,对以后的研究必将发挥重要的作用。

第四,郑观应研究是一项很有学术意义的课题。由于郑观应兼有绅商、买办、洋务企业商董、民族资本家、改良主义思想家、军事和外交官员、慈善活动家、诗人等多种角色,经历了从洋务运动到五四运动的历史阶段,因此他在晚清和民国初年这一历史阶段的各个方面都有着自己的表现和影响,并以其角色的多重性而具有作用和影响的多面性。通过研究郑观应,可以透视中国传统文化与早期现代化的关系,可以体现买办阶级的多面性,可以考察资产阶级的改良主义政治取向和行为特点,可以显示官督商办企业中的官商关系等重要问题。因此,郑观应研究是一个很有学术价值和现实意义的课题,值得继续深入研究。

第五,对今后郑观应研究深入发展的建议。研究一个历史人物,主要包括三个方面的问题:一是认清楚他是一个什么样的人,也就是他说过什么、做过什么,什么思想、什么作为。二是考察他言行的先进性和历史促进作用,也就是他的那些言行超越了前人和同时代的人,推进了社会的发展。三是分析其言行产生和具有先进性的原因,也就是为什么会产生这些言行,为什么会有这样的先进性和促进作用。对郑观应的研究也不外乎这三个方面。这次研讨会和已有研究成果,关于第一方面的研究较多,后两个方面的研究相对较少,且有待深入,应该作为以后的主要努力方向。具体言之,有下面几点想法提供大家参考:

一是从郑观应的角色多重性出发,需要继续开拓和加强某些研究领域,以利更全面科学地认识郑观应。从思想和实践的关系来说,现有的研究较多地集中于郑观应的思想和言论,而较少研究其社会实践。当然,郑观应主要是一个思想家,特别是在政治方面,多研究一些他的思想是需要的,但是他也不是没有实践,特别是在经济和教育方面,需要多作一些具体的考察研究。从郑观应生活和活动的区域来说,在他的一生中关系最密切的地区有香山、澳门、香港、广州、上海,他的思想和活动既受这些地区的影响,也影响了这些地区,但有关这方面的研究为数甚少,有的需要加强,有的需要开拓,可以分别作一些专题研究。从郑观应的社会属性来说,他在经济上是一个洋务企业家,在政治上是一个早期改良主义者,而且有他的活动和交流的圈子和人群。我们可以对他的这种群体关系进行一些研究,如他在这些群体中有何种关系、何种地位、何种作用等。

二是从现有研究的某些片面性和薄弱环节出发,需要进一步科学把握和深化研究。在考察郑观应思想的产生和影响时,应多注意作纵向比较的传承性研究。郑观应思想的传承性应该说是两方面的:一方面是他被后人的传承和发展;另一方面是他对前人的传承和发展,如近代中国的经济思想有一个从"重商论"到"商战论""实业救国论""以工立国论""工业化论"的发展过程,郑观应只是在其中起到了一个阶段的传承作用。同时,还要注意作横向比较的互动性研究,郑观应的思想有影响别人的一面,也有受别人影响的一面,如他与冯桂芬、马建忠、薛福成、王韬、何启等早期改良主义思想家之间有着一定的互动关系,不能孤立地考察和评价郑观应的思想,否则难免陷入片面。对郑观应的思想和行动的关系,已有学者提出了两者之间的矛盾问题,对此也不能简单地定论为"言行不一",而应该作具体的分析,近代中国的思想家固然有言行一致的,但也并不是都能把自己的言论付诸实践。

三是从开拓和深入研究的需要出发,需要做一些切实的工作。历史研究是以史料为基础的,郑观应研究也不能例外。目前,有关的资料虽然还有可资进一步研究的余地,但是更有待于新的资料的发掘和利用。这次会议带来了这方面的新信息,希望有关方面能支持这些新资料的整理出版和开发利用。同时,如果能得到有关方面资助的话,最好对研究工作有所计划,设计一些专题研究课题,组织相关的专家学者进行研究。

总之,这次郑观应诞辰一百六十周年学术研讨会,迈出了郑观应研究的新的可喜的一步,将对这一研究的深入发展产生不可忽视的推动作用。

历史·时代·历史学与社会科学[①]

虞和平

社会科学作为历史研究的理论和方法,自20世纪初新史学产生以来就已经出现,马克思主义史学诞生之后则跨上了一个新的台阶,20世纪80年代以后更是成为一种普遍的现象,这既是历史学发展的必然结果,也是历史学发展的必要条件。所谓历史学的发展,主要是指历史研究的深入和历史学科内涵的扩展。历史学的这种发展,与其他学科的发展一样,主要出于两方面的动因:一是受时代发展影响的结果,也就是学术研究随着时代的发展而发展,以适应现实社会的需要,针对现实社会中的新现象和新问题开辟新的研究领域,从而使学术研究的内容不断丰富,学科领域不断扩展。二是学术研究自身发展逻辑作用的结果,也就是说在原有研究的基础上继续前进,如哪些问题还没有解决,哪些问题还有疑问,哪些问题还需要另作探讨等,从而使学术研究逐步深入。历史学之所以能有这样的发展路径,之所以会不断引入社会科学的理论和方法,则是与历史的含义、时代的需要、历史学的含义和社会科学的功能密切相关的。

从历史的含义来说,所谓历史,简而言之,应该说是过去所发生的一切事情。它不仅包括人、事、物等一切人类社会在过去所发生的事情和天、地、山、水等的自然界在过去所发生的与人类社会相关的一切事情,而且包括这一切事情发生和变迁的状况、特点和内在规律。它好像是一座大矿山,其所蕴藏的各种矿物都可供人们开发利用,但是开矿者想要开发某种新矿物,就必须采用与之相应的方法。社会科学是有关人类社会各个方面的科学,它不仅研究各自相关的现实事情,也研究过去发生过的事情,现在至少有哲学、经济学、法学、文学、语言学、民族学、宗教学、教育学等学科都对其各自相关的历史进行研究。因此,历史本身的内容就是丰富多彩的,如果我们的

① 本文是根据一次会议上的发言整理,发表于《历史研究》2004年第4期。

历史研究不是局限于某一方面、某一角度的研究，而是全方位、多视角的研究，那么历史不仅有可供研究者进行各种研究的内容，而且可以，也需要运用社会科学，乃至自然科学各种学科的理论和方法。这也就是说，历史本身内容的丰富性，使它具有引用社会科学进行研究的内在必然性。

历史的内容虽然是丰富多彩的，但是历史研究者对历史的关注和研究，不可能从一开始就是全面的和完整的，而是有选择的和有限度的，只能随着时代的变迁和理论方法的创新而逐渐开拓新的研究领域和深化研究的程度，这也就是所谓的时代问题。不同的时代有不同的历史使命、社会主流、意识形态和理论方法，它们必然会影响和制约人们和历史研究者对历史内容的认知、研究对象和研究角度的选择，时代的进步也会对历史资源的开发不断提出新的要求，从而使历史研究者选择研究对象的范围逐渐扩大、领域逐渐增加、角度逐渐更新。与此相应，被运用于历史研究的社会科学理论与方法也就越来越多。改革开放以来，历史研究的发展轨迹已经证明了这一点。随着改革开放和现代化建设的不断进展，人们的生活日益丰富多彩，所面临的问题日趋多元化，也更多地去寻找历史的借鉴，从而使社会史、区域史、城市史、社团史、人口史、法制史、教育史、现代化史等新的历史研究领域相继兴起；即使是一些老学科，也会因时代的需要而开辟新的研究领域，采取新的研究视角，如政治史研究中的政治制度、政治文化、基层政权等，经济史研究中的企业、金融、商业、经济制度、原初工业化等，文化史研究中的社会文化、产业文化等，从而使各相关社会科学的理论与方法也都被用于历史研究中。

从历史学的含义来说，所谓历史学，就是重建历史的科学。它既要重建过去发生过的一切事情，又要重建这些事情的变化发展过程及其内在的规律；既要复原和描述各种历史现象，也要分析和揭示历史发展的各种特点和规律。如果说复原和描述历史现象，不一定需要用社会科学的方法，只用传统的历史学方法就可以完成，那么分析和揭示历史发展变化的特点和规律，则不能不运用社会科学的方法。如政治史从研究政权更替、政治变动进入到研究制度变革、政治效能的时候，就需要运用政治学的理论和方法；经济史从定性分析、举例研究、现象陈述进入到定量分析、综合研究、规律探讨的时候，就需要运用数学和经济学的理论和方法；社会史从研究民众生活、风俗习惯进入到研究社会结构、社会功能的时候，就需要运用社会学、人类学的理论和方法。其他各种历史内容的研究无不如此。

因此,如果历史是包括过去所发生的一切事情,历史学应该适应时代的需要,应该探讨历史发展的特点和规律,那么采用社会科学的理论和方法研究历史,历史学与社会科学的交叉和结合就是必然的事情。当然,历史学与社会科学的结合,除有历史学这方面的因素之外,还有社会科学方面的因素,但是,历史学研究引用社会科学的理论和方法与社会科学各学科研究向历史的渗透,即这两者的专门史研究是既有交叉又有区别的。一般说来,后者侧重于其学科产生发展过程的研究,前者除包括后者的研究内容之外,更注重与社会科学各学科相关的社会情况的研究,而且要对各方面的社会情况进行综合性的研究。这意味着历史学这一本来就是社会科学之一的学科,将具有更多、更强的社会科学性,乃至成为涵盖面最宽的社会科学,也要求历史研究者除需要坚持以发展着的马克思主义为指导以外,还需要具有更多、更全面的社会科学知识。

口述史学的学术特点

——首届中华口述史高级论坛暨学科建设会议开幕词①

虞和平

国内口述历史研究近年来取得了较大的发展，出版了许多口述历史的史料和研究著作，其内容涵盖了近代到当代，从事口述历史研究的学者也逐渐增加，包含了科研单位的研究者、大学的教师、地方志部门的编写人员、中国人民政治协商会议的各级文史资料编辑机构的编写人员，以及业余爱好者。在此基础上，为了推进口述历史的进一步发展，2004 年 12 月 10 日至 12 日，在扬州大学举行了全国“首届中华口述史高级论坛暨学科建设会议”。

这次会议的发起者有：中国社会科学院近代史研究所、当代史研究所、当代四川研究所、江苏省社会科学联合会、江苏省社会科学院、扬州大学、江汉大学、湖北大学、南京大学民国史研究中心、中国现代文化学会、中国近现代史料学会、中国抗日战争史学会、中国抗日战争纪念馆、《抗日战争研究》编辑部、《当代史资料》编辑部等，达 17 家之多，可见国内学者对口述历史已有很大的关注。

对于口述历史的学术地位和意义，国内学者已基本形成了以下的认识：

就口述历史的地位而言，认为中国的口述历史具有悠久的历史。口述历史在我国早就存在，孔子的《春秋》和《论语》是中国最早的口述历史，此后一直保持下来，但这些古代的口述历史是传统的口述历史，基本是口述者的直接记录。我们现在所说的口述历史，是指现代性的口述历史，它在口述者所叙述的史料的基础上，经过研究者结合文献史料的整理和校正而编写成历史资料和著作，并使用现代传媒工具进行采访。这种现代性的口述历史，从 20 世纪三四十年代以后在海内外有较大的发展，近年以来更是取得

① 本文发表于《北京党史》2005 年第 6 期，发表时有删节。

了不少令人瞩目的成就,研究的队伍逐渐扩大,研究的成果不断增加,研究的领域逐步推广。如在历史资料方面,太平天国史、义和团史、辛亥革命史、中国党史、中华人民共和国史都征集和出版了不少口述历史资料;人物传记和专题研究方面也有不少成果出版,仅中国社会科学出版社近几年就出版了《舒芜口述自传》《黄药眠口述自传》《文强口述自传》《师哲口述自传》,以及反映"文化大革命"时期知识青年上山下乡运动的《中国知青口述史》;反映妇女生活方面的也有口述历史著作问世,如《最后的记忆——十六位旗人妇女的口述历史》;理论方面则出版了《中外口述历史学概述》《与历史对话:口述历史学的理论与实践》;还出版了不定期的刊物《口述历史》。这些只是近年来口述历史研究成果中极少数的成果,这次会议的几家发起单位和与会的各位学者,大多不同程度地进行过口述历史研究工作,有的已是这方面的专家,积累了不少可贵的经验。这次在扬州大学举行会议,旨在交流已有的口述历史研究的成果、经验和心得,讨论进一步发展口述历史研究的途径、理论和方法,探讨口述历史的学科理念和特点,力图促进研究者之间的联系和合作,促进口述历史研究的深入和发展。

又认为口述历史是历史学的一个重要方面。何谓口述历史?口述历史有何学术意义?目前国内的学者们有各种不同的理解和说法,但也有一些基本的共识。从内容上来说,口述历史主要是指非亲历者或非知情者为亲历者或知情者(当事人)写作的历史回忆录,但又有别于回忆录,它是由历史研究工作者和爱好者在采访当事人的基础上,经过一定稽核的史实记录,能够揭示一些文献资料所缺少的而又具有较高可信度的史实,从而不仅可以让人们多了解一些历史真相,而且可以使历史研究的成果更加接近历史事实,更具有科学性。从研究方法上来说,口述历史研究是研究者基于对当事人的采访,并结合文献史料,对当事人的生平或某一相关事件进行研究,也可以说是田野史研究的一个主要方面,它必须走出书斋去做大量的采访和调查,在采访和调查中还可以获得散落在民间的史料,获得研究的新线索,从而扩大史料搜集的范围和研究的视野。从形式上来说,口述历史是文献历史之外的另一种历史表述,也具有两者互补、互动的意义。此外,在文字表达上,口述历史一般比较口语化,比较生动活泼,比较为读者所喜闻乐见,从而使历史学更加多样化,更加贴近读者,更加贴近社会,进一步繁荣和丰富历史学。

与口述历史的学科界定相关的,还有口述历史的种类问题。从现有的研究成果来看,我国的口述历史可以分为以下四种:从研究成果的形式来说有两种,一种是回忆录性的口述史料,即研究者把采访到的当事人回忆资料,经过整理、校正而编辑成一种史料;另一种是研究性著作,也就是研究者利用采访到的口述史料,结合少数文献史料,经过自己的研究而写成的著作。需要指出的是,这种著作所使用的史料必须以作者自己采访到的口述史料为主体,如果只是使用了少数口述史料,则不能说是口述历史的著作。从口述者构成来说也可以有两种,一种是以单一口述者所叙述的史料而编写的成果,如某一人物的口述传记、口述传记资料和专题资料;另一种是用多个口述者所叙述的资料而编写的成果,如综合性的口述史料集,或利用多个当事人口述史料而写成的著作。

国内口述历史研究者还力图把它建设成为历史学中的一个二级学科。大家认为,口述历史作为历史学的一个重要方面,从它的学科含义上来说,具有比较明显的历史学二级学科的特点,这主要是基于以下三个方面的思考。

第一,它的研究对象的相对独立性。口述历史作为历史学的一个重要方面,它的研究对象,从总体上来说,当然与作为一级学科的历史学是一样的,但是它又有自己的相对独立的对象,也就是以某一当事人口述的亲历历史或生平经历为研究对象,而有别于一般史学以文献史料为主要研究对象,相对于一般史学,口述史学是另一种史学。口述历史的这一独立性,类同于目前已设立的历史学中的各种二级学科,即各种二级学科之间既有交叉又有区别,各二级学科都不能包含它,即使是与之关系较近的史料学也不能包含它,因为史料学所讲的主要是文献史料,而口述历史所讲的是口述史料,且不仅仅是史料,还包含如何利用口述史料进行史学研究的问题。

第二,它的研究方法的独特性。口述历史研究不仅需要有一般历史研究的知识和方法,而且需要独有的知识和方法。如需要根据自己的研究计划对当事人进行采访,在采访的过程中需要协调与被采访对象的关系,恰当把握被采访对象的心情,激发被采访对象的记忆,帮助被采访对象如实说出所经历和所知晓的史实,还需要运用各种现代媒体进行史料采编,对采访到的资料需要有不同于文献史料的整理和保存。这些都是一般历史学和史料学所不能及的。

第三，它的内容范围的广泛性。口述历史建立在各类当事人和知情人讲述各种史实的基础之上，因此它所涉及的内容范围构成是相当广泛的。在纵向构成方面，口述历史可以涉及近现代史、中共党史、中华人民共和国史，其中中共党史和中华人民共和国史所涉尤多，也可以说是口述历史的主体所在。但是，近现代史也仍然与口述历史有相当密切的关系，一是近现代史虽然已过去55年之久，但仍有一些当事人和知情人存在，且因这些人年逾古稀，对其所知的史实更需要抢救；二是近现代史研究的下限正在突破1949年而往后延伸，海内外已有一些学者提出了这样的学术主张，并付之科研实践，因此近现代史的口述历史资源也将随之扩大。在横向构成方面，口述历史的研究对象不仅将继续面向上层和精英社会，而且正在向下层民间社会扩展，它所覆盖的领域包含政治史、人物史、经济史、社会史、思想文化史等各个专门史和各种方志。口述历史的这种内容范围构成，既跨越了所有的专门史，也不能为现有的任何一个历史学二级学科所包含。

口述历史虽然具有比较明显的历史学二级学科的特点，但是，正式成为一个学科尚需要有志于口述历史的学者们作出努力。一是关于口述历史学科理论的建设。目前，已有一些学者对口述历史的理论问题进行了一定的研究，提出了一些值得注意的见解，通过总结、提炼、整合现有研究成果，并作进一步的研究，逐渐形成一个比较完整的理论体系。二是关于口述历史教材的建设。有的大学历史系已开设过口述历史的专题讲座，在综合、提炼这些讲座的基础上，结合口述历史理论建设，吸收现有的研究成果，组织力量编写大学本科的口述历史基础教材。三是口述历史教学的试验。有条件的大学历史系，招集对口述历史研究有兴趣的学生开设口述历史专业课程，或作为必修课，或作为选修课，既有利于扩大学生的知识面，又有利于口述历史的学科建设。四是关于国外口述历史学科理论和教材的引进。目前，有不少国家和地区的口述历史研究比我国先进，已有一些相关的理论和教材，可以选择一些比较系统的论著翻译出版，供我们的口述历史理论建设、教材建设和教学工作参考。

口述历史研究与文献历史研究一样，也会有它的缺陷。由于口述历史研究是以当事人或知情人所叙述的资料为主要依据的，而当事人和知情人或出于情感的因素，或出于见解的因素，或出于认识的因素，或出于职业的因素，多少都会带有一定的局限性。因此，口述历史研究较之文献历史研究,更有可能出现研究者跟着口述者走的情况,有较多的情感介入,甚至有片面褒贬的偏差。力求避免这些偏差,可以说是口述历史研究中最应值得注意的一个问题。要避免这些偏差,就需要口述历史研究更注意坚持历史唯物主义,坚持实事求是。

这次会议,除讨论了有关口述历史的学术问题之外,还成立了中华口述历史研究会。在此之前,中国现代文化学会已经成立了口述历史专门委员会,并邀请北京的学者和少数外地的学者举行过一次讨论会。在扬州大学举行的会议,经过与会代表们的认真协商,完善了口述历史研究会的组织,得到了与会者的一致支持,为群策群力共同办好口述历史研究会打下了基础,目前在中国社会科学院近代史研究所和扬州大学分别设立了中华口述历史研究会的办事机构。我们计划在 2006 年举行口述历史第二次全国学术研讨会,如果外国学者对此有兴趣的话,我们将把这第二次会议办成一个国际会议,欢迎日本、韩国和其他国家、地区的学者参加。

近年来史学理论与历史研究[①]

虞和平

近年来中国史学理论的研究,重点讨论了如何坚持马克思主义唯物史观、两种范式(即革命史范式与现代化范式)的关系、后现代主义史学等问题。同时在历史研究上,也随跨学科研究的兴起,引入了一些新的理论和方法,出现了用现代化理论研究近代史,用社会学理论研究社会史、政治史和文化史,用经济学理论研究经济史等现象。

关于唯物史观的讨论,主要就如何正确认识唯物史观及其基本原理,如何坚持唯物史观指导,如何应对新时期唯物史观所面临的各种挑战等问题而展开。这场讨论,在进行学理探讨、指出错误所在的基础上,提出在新时期既要坚持以马克思主义基本原理为指导,还要善于用发展的唯物史观为指导,善于对深入研究中总结出来的结论进行概括和升华,促进唯物史观的理论创新。这些讨论,对如何对待、认识和坚持唯物史观,具有重要的理论和现实意义。在近几年坚持唯物史观的讨论中,强调性和呼吁性的论说较多,而学术性和示范性的论说较少,今后应努力拿出更多的学理上的研究成果,拿出更多的坚持与创新相统一的研究成果,使历史学研究更好地实现发展着的马克思主义和唯物史观的指导。

关于两种范式的讨论,旨在寻求这两者的符合近代历史事实的、科学而合理的结合。在早些年,有少数人提出要以"现代化范式"代替"革命史范式"。对于这种替代论的批评,以及如何对待这两种范式的关系问题,老一辈学者胡绳和刘大年早在20世纪90年代就已提出。近年的讨论,除直接批驳这一代替论的错误之外,有学者提出中国近代史的整体研究只能在"革命史范式"主导下,兼采"现代化范式"的视角,更多关注社会经济的发展与变迁及其对于革命进程的作用,使"革命史范式"臻于完善;如果"现代化范

① 本文载于《史学理论研究》2012年第2期。

式”只是运用于现代化史这一近代史的一个重要侧面的研究，那么它对于全面认识近代史是有积极意义的。还有学者认为，运用“现代化范式”的学者有两派：一是“告别革命论”者，这是支流；二是“一元多线历史发展观”（亦称并立论）者，这是主流，也是一种更具自身学术逻辑和学术建设意义的学术流派和学术观点，理应受到更大的重视。此外，还有一种“包含论”，即以现代化范式、现代化史包含革命史范式、革命史，这是不可能的。上述两种对现代化范式和革命史范式讨论的归纳，应该说是符合事实的，也是富有学术性的。不过，“替代”倾向只为极少数人在早年所持，大多数用现代化范式研究中国现代化史的学者，无意于以此代替革命史范式，代替整个近代史，只是把现代化史作为近代史的一个方面，或一个范围较宽并跨越近代时限的专门史来研究；其所包含的近代反帝反封建的改革和革命的内容，并不是包含革命史范式和整个革命史，而主要是从中国近代的历史事实出发，认为这些改革和革命是近代中国现代化如何进展的前提条件，于是也就成了近代中国争取现代化的应有之义，从而也有别于西方的现代化理论。至于其中的不足之处，当然在所难免，也是今后的中国现代化史研究需要进一步努力解决的问题。

关于后现代主义史学思潮的讨论，主要涉及史学有无科学性、历史有无规律性和整体性。后现代主义史学源于欧美，以全面批评乃至颠覆现代史学为宗旨，否定现代历史学所追求的历史的“真实性”“客观性”“趋势性”“科学性”“规律性”及其中的西方中心论、西方民族国家史、整体史、精英史等，注重研究多元的、多样的、非西方的、边缘的、普通的、下层的、生活的、枝节的、突发的、偶然的历史，即所谓的“微小叙事”，还主张历史情节想象和反事实（假设）研究。因此，在研究内容和写作方式上虽有反对西方中心主义和丰富史学研究和表述方式的正面作用，但也有碎化、伪化史学的负面作用。这种后现代主义史学思潮，对中国史学发展的正面影响极其有限，因为其所主张的反对西方中心主义和具有丰富史学意义的研究内容及通俗的写作方式，大多在其传入中国之前，已为中国的马克思主义史学、一般史学，乃至更早的传统史学所关注和开辟。因此，对后现代主义史学主要是警惕其对中国史学研究的“碎化”，甚或“伪化”问题。

如果说上述几种史学理论的讨论侧重于纯理论问题，那么在中国历史的具体研究中，近年来则有各种专门理论之引入，并取得了较好的效果，既体现了史学理论与历史研究的结合,也体现了史学理论对史学创新的促进。

现代化范式的运用,一直是中国历史研究中的一个重要方面。这除以现代化的理论研究中国现代化进程的整体状况之外,更多地表现在各个专题的研究之中。如中国的原初工业化(早期工业化)和工业化、农业现代化、城市现代化、法制现代化、教育现代化、现代化思想等方面,都有较多的论著。此外,现代化也被许多国内和国际学术讨论会作为主题。

社会学原理的引用,涉及不少专门史的研究。这首先表现在社会史研究之中。目前对于社会史的概念和研究方法,学界虽有诸多见解,但是在具体研究中较多地涉及了社会学的理念。如社会结构、社会组织、社会群体、社会区域、社会流动、社会控制、社会保障等问题的研究,都可以看到相关社会学理论的采用。此外,在其他专门史研究中也有社会学理念的表现,如社会经济史(或经济社会史)、社会文化史、区域社会史,以及城市史等。

用经济学理论研究经济史,早就有之,但是以前主要是运用政治经济学的原理,近年来则有多种经济学理论被引入经济史研究。其中比较突出的如对新制度经济学的引用,以此研究国家经济制度的变迁、行业经营体制的变化、家族企业制度的利弊等。此外,也有学者引用经济计量学方法,对近代经济的发展变化状况进行量化研究;用管理学的原理研究近代的企业管理问题;用施坚雅的市场结构理论分析近代的市场问题。虽然这些理论和方法的运用都会存在不同程度的缺陷,但也有独到之处,能提出一些一般研究所不能提出的问题。

除上述三个方面之外,运用新方法探讨新领域的研究还有诸多方面,如环境史(生态史)、概念史、疾病和公共卫生史、田野史、口述史等,都值得我们关注。

针对上述史学理论研究和运用的状况,除需要继续加深学理上的研究和运用上的探讨之外,拟多做一些具体研究成果的评介。如对马克思主义理论及其他理论有较好运用,并在其所研究的领域取得创新性进展的论著,进行比较详细的介绍和评析,指出其成功和缺陷之处,以发挥其史学理论和历史研究相结合的示范作用,推进史学理论研究和运用的深入和完善,促进史学理论与历史研究的更好结合。

附　录

虞和平科研成果目录

总体状况：主要研究方向为中国近现代史、中国近现代社会经济史和中国现代化问题，至今已在国内外发表各种学术著作、论文和资料 945.6 万字，其中著作和论文 573.7 万字。迄今已出版著作 18 种、资料书 6 种，译著 3 种。发表论文 117 篇、学术评论 13 篇，其中有 22 篇发表于《历史研究》《近代史研究》《社会学研究》等权威刊物上，有 11 篇发表于《中国经济史研究》《抗日战争研究》《清史研究》《史学月刊》《光明日报》等国内一流学术刊物和报纸上，有 12 篇发表于中国香港、中国台湾及日本、韩国的学术刊物和国际会议论文集上。此外，还主编"中国近代史研究译丛"，已出版 10 种。

获得省部级以上的奖项有：国家社会科学基金项目优秀成果三等奖 1 项，国家图书奖 1 项，郭沫若中国历史学奖二等奖 1 项，中国社会科学院优秀科研成果奖 2 项，江苏省迎接党的十六大优秀出版物一等奖 1 项。

一、著作

1.《商会与中国早期现代化》，上海人民出版社，1993 年；台湾东大图书公司，1995 年，30.3 万字，独著。国家社会科学基金课题。1999 年 9 月获国家社会科学基金项目优秀成果三等奖。

2.《中国现代化历程》，江苏人民出版社，2001 年，三卷，123 万字。主编和主要撰稿人，写作 32 万字。中国社会科学院基础研究课题。2003 年 1 月获"江苏省迎接党的十六大优秀出版物"一等奖，2003 年 12 月获"第六届国家图书奖"，2005 年获得中国社会科学院优秀科研成果奖，2007 年 11 月获得第三届郭沫若中国历史学奖二等奖。

3.《20 世纪的中国——走向现代化的历程 · 经济卷(1900—1949)》,人民出版社,2010 年,70.2 万字,独著。

4.《张謇——中国早期现代化的前驱》(国家清史工程“清史专刊”),吉林文史出版社,2004 年,50 万字。主编和主要撰稿人,写作 10 万字。

5.《中国社团发展史》,当代中国出版社,2001 年,82 万字。主要撰稿人和全书统稿者,写作 20 万字。

6.《资产阶级与中国近代社会转型》,三卷本,中华工商联合出版社,2015 年,100 万字,独著。国家出版基金资助项目。

7.《中国近代通史》第 3 卷,江苏人民出版社,2007 年,45 万字。全书的体系设计和统稿,写作 30 万字。

8.《比较中的审视——中国早期现代化研究》,章开沅主编,浙江人民出版社,1993 年,63.3 万字。虞和平承担“第三章:工业、农业和对外贸易的早期现代化”,写作 8 万字。国家“七五”社科规划重点项目。2000 年获国家社会科学基金项目优秀成果三等奖。

9.《清代全史》,王戎笙主编,辽宁人民出版社,1993 年,43.4 万字。第 10 卷,主编刘克祥,虞和平承担第二章第五节,第六章第一、第三、第四节,写作 7 万字。国家“六五”社科规划重点项目。

10.《强权与民声——民初十年社会透视》,河南大学出版社,1991 年,29.2 万字,合著。虞和平承担“实业编”,写作 4.5 万字。

11.《20 世纪中国企业家风云录》,青岛出版社,1992 年,15.2 万字,合著。主编和撰稿人,承担前言,第一章第一节,第三章第一、第二节,写作 5 万字。国家“八五”重点出版图书。

12.《近代中国的商人》,广东人民出版社、华夏出版社,1996 年,10.5 万字,独著。

13.《商会史话》,社会科学文献出版社,2000 年,10 万字,独著。中国社会科学院重点项目“中华百年史话丛书”之一。

14.《新中国社会科学五十年》,中国社会科学院科研局编,中国社会科学出版社,2000 年。虞和平承担《新中国近代史学 50 年》,写作 2.1 万字。

15.《中国人文社会科学前沿报告》N0.4,黄浩涛主编,社会科学文献出版社,2007 年。虞和平承担《2002—2006 年中国近代史学科前沿报告》,写作 5.4 万字。

16.《党政领导干部公开选拔和竞争上岗考试大纲(2009年9月修订)学习读本》,中共中央组织部领导干部考试与测评中心组织编写,党建读物出版社,2010年。虞和平承担“中国近代史”一章和“国情国力”一章,写作8万字。

17.《中国近代史》(马克思主义理论研究和建设工程重点教材),高等教育出版社、人民出版社,2012年。虞和平承担“第三章:洋务运动与中国早期现代化的开端”,写作3万字。

18.《中国近代商会通史》第二卷,社会科学文献出版社,2015年。第一作者,写作30万字。入选国家社科基金“中国文库”。

二、资料和工具书

1.《经元善集》,华中师范大学出版社,1988年,40万字。

2.《中国近代经济史论著目录提要(1949—1985)》,上海社会科学院出版社,1989年,55万字。主要主持者和作者,写作20万字。

3.《吴禄贞集》,华中师范大学出版社,1989年,29万字。虞和平写作约10万字。

4.《近代拱北海关报告汇编》,澳门基金会,1998年。搜集全部资料。

5.《周学熙集》,华中师范大学出版社,1999年,64万字。虞和平写作约40万字。

6.《近代史所藏清代名人稿本抄本》第一辑(国家清史工程项目),大象出版社,2012年,145册,98530页、编目27299条,约计70万字。

7.《近代史所藏清代名人稿本抄本》第二辑(国家清史工程项目),大象出版社,2014年,175册,123602页,编目约52649条,约计100万字。

8.《近代史所藏清代名人稿本抄本》第三辑(国家清史工程项目),大象出版社,2017年,140册,96944页,编目44021条,约计90万字。

9.《中国抗日战争史料丛刊》,大象出版社,2016年,1037册。主编。国家出版基金资助项目。

三、译著

1.[美]费维恺著:《中国早期工业化》,中国社会科学出版社,1990年第一版,2001年第二版,26.3万字。

2.[美]罗伯特·大来著:《大来日记选译》,《辛亥革命史丛刊》第9辑,中华书局,1997年,5万字。

3.[日]滨下武志著:《近代中国的国际契机——朝贡贸易体系与近代亚洲经济圈》,中国社会科学出版社,1999年。翻译书中的全部英文部分,约5万字。

四、论文

1.《洋务运动的结果和"破产"问题小议》,《吉林大学社会科学论丛·洋务运动讨论专辑》1980年第2期,0.8万字。

2.《试论辛亥革命后的实业救国热潮》,《贵州社会科学》1983年第2期,1万字。

3.《华商联合报和华商联合会报》,《辛亥革命时期期刊介绍》第3册,人民出版社,1983年,0.9万字。

4.《辛亥革命与中国资本主义的"黄金时代"》,《中国社会经济史研究》1985年第1期,1.2万字。

5.《从经元善看洋务企业中的官商关系》,《北方论丛》1985年第1期,1.2万字。

6.《一九八四年洋务运动史研究的进展和分歧》,《兰州学刊》1985年第3期,0.7万字。

7.《论刘揆一的工商活动》,《湖南师范大学学报(哲学社会科学版)》1985年第5期,1万字。

8.《略论戊戌前后的经元善》,《近代史研究专刊》第3期,1986年,1.3万字。

9.《中华全国商会联合会的成立与中国资产阶级完整形态的形成》,《历史档案》1986年第4期,1万字。

10.《中华全国商会联合会会报》,《辛亥革命时期期刊介绍》第4册,人民出版社,1987年,1.5万字。

11.《中国近代经济史学的历史和现状》,《中国近代经济史研究资料》第7辑,1987年4月,1.2万字。

12.《从河南教案看民国后中国官民对洋教态度和教案性质的变化》,《近代中国教案研究论文集》,四川省社会科学院出版社,1987年,0.8万字。

13.《简论经元善》,《浙江学刊》1988年第2期,1万字。

14.《论清末民初中美商会的互访和合作》,《近代史研究》1988年第3期,1.5万字。

15.《民国初年的实业团体活动——孙中山和资产阶级革命派实行民生主义的一个重要途径》,《孙中山和他的时代——孙中山研究国际学术讨论会文集》,中华书局,1989年,1.5万字。

16.《近代商会的法人社团性质》,《历史研究》1990年第5期,1.6万字。

17.《商会性质、结构、功能及其在市场经济中的地位和作用》,《中国贸促报》1990年9月24日、11月12日、12月17日,1991年3月18日,1993年2月22日,1.5万字。

18.《商会与中国资产阶级的"自为"化问题》,《近代史研究》1991年第3期,1.3万字。

19.《试论中国近代化的概念涵义》,《社会学研究》1991年第2期,1.1万字。

20.《民国初年的经济法制建设》,香港中文大学中国文化研究所主办《二十一世纪》第7期,1991年,1.2万字。

21.《鸦片战争后通商口岸行会的近代化》,《历史研究》1991年第6期,1.8万字。

22.《西方影响与中国资产阶级组织形态的近代化》,《中国经济史研究》1992年第2期,1.8万字。

23.《中国近代社会史研究述评》,《历史研究》1993年第1期,1.7万字。

24.《辛亥革命与中国经济近代化的社会动员》,《社会学研究》1992年第5期;[日]《中国研究月报》1994年6月号;《辛亥革命与近代中国——纪念辛亥革命80周年国际学术讨论会文集》,中华书局,1994年,1.7万字。

25.《徐继畬与中国近代化的思想启蒙》,《徐继畬与东西方文化交流》,

中国社会科学出版社,1993年,1万字。

26.《早期工业化进程中的中日银行业地位作用之比较》,《战略与管理》1994年第6期,0.9万字。

27.《清末民初的实业救国潮流与中国资产阶级民族主义的理性化》,《民族主义与中国现代化》,香港中文大学出版社,1994年,1.2万字。

28.《西学东渐与中国近代人文社会的分化》,《社会学研究》1995年第4期,1.6万字。

29.《中国战时工商界厂矿内迁活动述论》,《工商史苑》,1995年,1.2万字。

30.《江南造船厂与中国早期工业化》,《纪念江南造船厂暨中国民族工业诞生130周年:中国工业发展战略研讨会文集》,江南造船厂,1995年,1万字。

31.《清末民初经济伦理的资本主义化与经济社团的发展》,《近代史研究》1996年第4期;刘小枫、林立伟编《香港中文大学中国文化研究所21世纪论丛之七:经济伦理与近现代中国社会》,香港中文大学,1998年,1.7万字。

32.《西学东渐与中国现代社团的兴起——以戊戌学会为中心》,《社会学研究》1997年第3期,1.5万字。

33.《访日归来谈商会史研究》,《近代史研究》1997年第6期,0.4万字。

34.《略论民国时期的人力资源开发》,《历史研究》1998年第2期,1.8万字。

35.《民国时期的资源勘查和开发》,《近代史研究》1998年第3期,1.8万字。

36.《清末以后城市同乡组织形态的现代化——以宁波旅沪同乡会为中心》,《中国经济史研究》1998年第3期,1.8万字。

37.《论戊戌维新在中国早期现代化进程中的地位》,《清史研究》1998年第4期,2.4万字。人大复印报刊资料《中国近代史》1999年第2期。

38.《20世纪晚期中国环黄海地区经济的发展及其与韩国的经济关系》,《"群山开港100年:地位、经济、文化"国际讨论会论文集》,韩国全北大学,1998年,1万字。

39.《五四运动与商人外交》(住友财团资助项目),《五四运动八十周年学术研讨会论文集》,台湾“国立政治大学”文学院 1999 年编印;《东瀛求索》第 11 号,2000 年 4 月;《近代史研究》2000 年第 2 期,1.6 万字。

40.《纺织界泰斗——聂云台》,《工商史苑》1999 年第 3 期(总第 27 期),1.2 万字。

41.《民国初年的民生主义运动及其影响》,《第一届海峡两岸孙中山思想之研究与实践学术讨论会论文集》,台湾师范大学三民主义研究所,1999 年,2.1 万字。

42.《民国时期的经济发展水平和特点》,《近代中国经济史研讨会 1999 论文集》,香港新亚研究所,1999 年,1.8 万字。

43.《中国近代史研究 50 年述评》,《文史哲》1999 年第 6 期,1.2 万字。

44.《50 年来的中国近代经济史研究》,《近代史研究》1999 年第 5 期,1.9万字。人大复印报刊资料《经济史》2000 年第 1 期全文转载。

45.《最近 20 年的中国与环黄海经济圈》,日本千叶商科大学经济研究所主办 *CUC VIEW & VISION* 2000 年 3 月号,0.6 万字。

46.《法轮功现象的历史学分析》,录像带,中央国家机关事务管理局制作,2000 年内部版,2 万字。

47.《经元善与上海电报局》,《工商史苑》2000 年专辑(1),0.6 万字。

48.《近代史研究的热点和难点——访虞和平研究员》,《社会科学家》2001 年第 2 期,1 万字。

49.《再谈社会史研究的对象与方法》,《光明日报》2000 年 11 月 3 日,0.2万字。

50.《张謇与民国初年的经济体制改革》,《社会科学家》2001 年第 2 期,1.8 万字。

51.《辛亥革命——划时代的创新与开拓》,中央电视台主办《中国报道》2001 年第 7 期,0.5 万字。

52.《辛亥革命与中国早期现代化的启动》,《光明日报》2002 年 4 月 30 日,0.5 万字。

53.《辛亥革命与中国早期现代化的启动》,《辛亥革命与 20 世纪的中国》,中央文献出版社,2002 年,1.4 万字。

54.《辛亥革命的经济基础——甲午战争后中国资本主义经济的走向》,《辛亥革命与 20 世纪中华民族的振兴》,“辛亥革命与 20 世纪中华民族振兴”国际学术研讨会论文集,团结出版社,2002 年,1.7 万字。

55.《现代化研究与中国历史学的创新》,《上海交通大学学报(社会科学版)》2002 年第 3 期,0.8 万字。人大复印报刊资料《历史学》2002 年第 12 期全文转载。

56.《经元善与洋务企业中的官商关系》,《学习时报》2002 年 7 月 1 日,0.3 万字。

57.《儒商的典型——张謇》,《学习时报》2002 年 7 月 15 日,0.3 万字。

58.《企业管理的改革家——穆藕初》,《学习时报》2002 年 8 月 12 日,0.3万字。

59.《以科技创业的化工巨子——范旭东》,《学习时报》2002 年 8 月 26 日,0.3 万字。

60.《简氏兄弟》,《学习时报》2002 年 9 月 23 日,0.3 万字。

61.《荣氏兄弟》,《学习时报》2002 年 10 月 7 日,0.3 万字。

62.《华北工业之父周学熙》,《学习时报》2002 年 10 月 21 日,0.3 万字。

63.《一代船王卢作孚》,《学习时报》2002 年 12 月 2 日,0.3 万字。

64.《提倡国货的力行者——宋则久》,《学习时报》2002 年 12 月 16 日,0.3 万字。

65.《中国早期现代化研究的学术意义》,《光明日报》2003 年 2 月 25 日,0.21 万字。

66.《刘鸿生:买办出身的民族实业家》,《学习时报》2003 年 3 月 3 日,0.3万字。

67.《郭乐:商工兼营的华侨企业家》,《学习时报》2003 年 4 月 14 日,0.3 万字。

68.《中国近代化的道路》,中国社会科学院学术委员会编《21 世纪初中国面临的重大理论和对策问题》,社会科学文献出版社,2003 年,0.3 万字。

69.《中国现代化研究的解释体系和内容结构》,《广东社会科学》2003 年第 2 期,1 万字。人大复印报刊资料《中国近代史》2003 年第 6 期全文转载。

70.《张謇与民国初年的农业现代化》,《扬州大学学报(人文社会科学版)》2003 年第 6 期,1.1 万字。

71.《以国家力量为主导的早期现代化建设——南京国民政府时期的国

营经济与民营经济》,《现代化研究》第 2 期,2003 年 9 月,2.2 万字。

72.《郑观应研究的回顾与展望》,《纪念郑观应诞辰 160 周年学术研讨会论文集》,澳门历史文物关注协会、澳门历史学会,2003 年,0.3 万字。

73.《清朝末期から民国初期における商事仲裁制度の确立》,孙文研究会编《辛亥革命の多元构造——辛亥革命 90 周年国际学术讨论会(神户)》,日本汲古书院,2003 年,1.4 万字。

74.《"三个代表"重要思想对马克思主义现代化理论的丰富和发展》,李慎明主编《"三个代表"重要思想与中国特色社会主义》,社会科学文献出版社,2004 年,0.8 万字。

75.《严复与中国早期现代化的思想启蒙》,《福建师范大学学报》2004 年第 2 期,1 万字。

76.《清末民初商会的商事仲裁制度建设》,《学术月刊》2004 年第 4 期,1.6 万字。人大复印报刊资料《中国近代史》2004 年第 12 期全文转载。

77.《努力创建中国现代化史学科》,《学术月刊》2004 年第 4 期,1.5 万字。

78.《关于中国现代化史研究的新思考》,《史学月刊》2004 年第 6 期,0.6 万字。人大复印报刊资料《中国近代史》2004 年第 8 期全文转载。

79.《中国商会代表团参加太平洋商务会议述论》,《史学月刊》2004 年第 7 期,1.8 万字。人大复印报刊资料《中国现代史》2004 年第 11 期全文转载。

80.《历史・时代・历史学与社会科学》,《历史研究》2004 年第 4 期,0.2 万字。

81.《外国资本与近代中国经济》,中国社会科学院近代史研究所编《近代中国与世界:第二届近代中国与世界学术讨论会论文集》,社会科学文献出版社,2005 年,2.6 万字。

82.《1895—1936 年中国关税制度与外贸状况的变化》,厦门大学海关研究中心编,戴一峰主编《中国海关与中国近代社会:陈诗启教授九秩华诞祝寿文集》,厦门大学出版社,2005 年,2 万字。

83.《口述史学的学术特点——首届中华口述史高级论坛暨学科建设会议开幕词》,《北京党史》2005 年第 6 期,0.3 万字。

84.《中国民间组织年志・前言》,中国民间组织年志编辑委员会编《中国民间组织年志》,2005 年,0.6 万字。

85.《民国初年经济发展主导力量民间化的政府原因分析》,张东刚等主编《世界经济体制下的民国时期经济》,中国财政经济出版社,2005 年,1.7 万字。

86.《抗日战争时期中国新文化的新发展》,《光明日报》2005 年 9 月 13 日,0.7 万字。

87.《吴锦堂与日支实业协会》,宁波市政协文史委编《吴锦堂研究》,中国文史出版社,2005 年,1.4 万字。

88.《抗日战争与中国文艺的现代化进程》,《抗日战争研究》2005 年第 4 期,1.9 万字。人大复印报刊资料《中国现代史》2006 年第 5 期全文转载。

89.《梁漱溟们的乡村试验》,《21 世纪经济报道》2006 年 3 月 6 日第 35 版,0.3 万字。

90.《抗日战争时期后方的金融、财政及其投资》,朱荫贵、戴鞍钢主编《近代中国:经济和社会研究》,复旦大学出版社,2006 年,1.8 万字。

91.《张謇的民族企业家精神》,《中华爱国工程 2005 高级论坛文集——张謇的爱国实践和当代民营企业发展取向》,经济日报出版社,2006 年,1 万字。

92.《民国时期乡村建设运动的农村改造模式》,《近代史研究》2006 年第 4 期,2.3 万字。人大复印报刊资料《中国现代史》2006 年第 12 期全文转载。*Frontiers of History in China*, Volume 2, Number 4, October 2007 全文转载。

93.《1860—1894 年中国开埠和外贸格局的变化》,[韩]《中国史研究》第 44 辑,2006 年 10 月,1.5 万字。

94.《洋务运动时期中国通商口岸和外贸态势的转变》,《四川大学学报(哲学社会科学版)》2006 年第 5 期,1.3 万字。

95.《孙中山民生主义的发展及其行政影响——香山文化特性的一个体现》,王远明、颜泽贤主编《百年千年:香山文化溯源与解读》,广东人民出版社,2006 年,1.5 万字。

96.《1930 年代乡村建设运动改造农业和农民的方式》,《中国社会科学院院报》2007 年 1 月 11 日第 3 版,0.4 万字。

97.《近两年中国近代史研究的新动向》,《中国社会科学院要报》2007

年6月,1.5万字。

98.《从“夷务”到“洋务”》,国家清史纂修领导小组、国家清史编纂委员会办公室编《清史参考》,2007年8月20日,总第57期,0.4万字。

99.《盧溝橋事變後の中國文藝界における抗日觀の強化及びその民眾に對する社會動員》,日本千叶商科大学经济研究所主办《国府台经济研究》第19卷第3号,2008年3月,1.5万字。

100.《轮船招商局在中国早期工业化启动中的作用》,《招商局与中国现代化——纪念轮船招商局成立135周年国际学术讨论会论文集》,中国社会科学出版社,2008年,1.2万字。

101.《序言》,《招商局与中国现代化——纪念轮船招商局成立135周年国际学术讨论会论文集》,中国社会科学出版社,2008年,0.4万字。

102.《商人与1928年中华国货展览会》,《华中师范大学学报》2008年第6期,1万字。

103.《抗战后国家资本膨胀和垄断问题再研究》,《历史研究》2009年第5期,2.8万字。

104.《通史之“通”——评〈宁波通史〉》,《光明日报》2009年11月9日,0.3万字。

105.《香山籍买办与宁波籍买办特点之比较》,《广东社会科学》2010年第1期,1.4万字。

106.《吴锦堂与民国初年的中日商人外交》,《宁波大学学报(人文科学版)》2010年第5期,1.5万字。

107.《早期世界博览会与清末民初商人外交的兴起》,《史林》2010年第4期,1.5万字。

108.《〈中国商民运动的历史命运〉之序言》,《上海经济研究》2010年第6期,0.4万字。

109.《改革开放以来中国近代史学科创新》,《晋阳学刊》2010年第6期;徐秀丽主编《过去的经验与未来的可能走向——中国近代史研究三十年(1979—2009)》,社会科学文献出版社,2010年,1.5万字。

110.《辛亥革命在中国早期现代化进程中的作用》,《工商史苑》2011年第1期,1.3万字。

111.《进一步推进史学理论研究:杂志编委会发言辑要·近年来史学理

论与历史研究》,《史学理论研究》2012 年第 2 期,0.3 万字。

112.《1920 年前后废督裁兵运动中的商会与孙中山》,《广东社会科学》2012 年第 3 期,1.3 万字。人大复印报刊资料《中国现代史》2012 年第 8 期全文转载。

113.《陈兰彬与中国维护出国华工权利的起始》,《安徽大学学报》2013 年第 4 期,1.2 万字。人大复印报刊资料《中国近代史》2013 年第 10 期全文转载。

114.《彰显整体性与独特性的商帮史研究——评〈宁波商帮史〉》,《出版广角》2013 年第 15 期,0.3 万字。

115.《统合与建构:社会经济史学科之由来及其研究体系》,《河北学刊》2015 年第 1 期,0.9 万字。人大复印报刊资料《中国近代史》2015 年第 6 期全文转载。

116.《辛亥革命对教育变革的影响——以民国前中期商人捐办大学为中心》,《史学月刊》2015 年第 6 期,1.5 万字。

117.《章开沅与改革开放以来的中国近代史研究》,《广东社会科学》2015 年第 4 期,1.5 万字。

五、学术评论

1.《近代社会史》,《中国历史学年鉴(1991)》,生活 · 读书 · 新知三联书店,1991 年,0.5 万字。

2.《近八年之中国商会史研究》,《中国历史学年鉴(1994)》,生活 · 读书 · 新知三联书店,1995 年,1 万字。

3.《近几年来之近代城市史研究》,《中国历史学年鉴(1995)》,生活 · 读书 · 新知三联书店,1995 年,1 万字。

4.《近代社会史》,《中国历史学年鉴(1996)》,生活 · 读书 · 新知三联书店,1996 年,0.7 万字。

5.《近代社会史》,《中国历史学年鉴(1997)》,生活 · 读书 · 新知三联书店,1998 年,0.7 万字。

6.《2002 年中国近代史研究概况》,《近代史研究》2004 年第 4 期,3.2 万字。人大复印报刊资料《中国近代史》2004 年第 11 期全文转载。

7.《中国近代史研究稳步发展——2005 年学科发展述要》,《中国社会科学院院报》2006 年 5 月 30 日第 8 版,1 万字。

8.《2005 年中国近代史研究综述》,《近代史研究》2006 年第 5 期,2.9 万字。

9.《2006 年中国近代史研究综述》,《近代史研究》2007 年第 3 期,2.5 万字。人大复印报刊资料《中国近代史》2007 年第 9 期全文转载。

10.《人文社会科学前沿扫描:中国近代史研究篇》,《中国社会科学院院报》2007 年 6 月 26 日第 2 版,1.2 万字。

11.《2007 年中国近代史研究综述》,《近代史研究》2008 年第 6 期,2.6 万字。人大复印报刊资料《中国现代史》2009 年第 4 期全文转载。

12. "Innovations of modern Chinese history studies since reform and opening-up," *Journal of Modern Chinese History*, Volume 3 Number 1, June 2009.约 2 万字。

13.《2008 年中国近代史研究综述》,《近代史研究》2010 年第 1 期,2.8 万字。

虞和平七十自述

1948 年 10 月 30 日(阴历九月二十七日)出生

我出生于浙江省宁波市镇海县大碶区扎马村,现已改为宁波市北仑区大碶街道。我出生的扎马村已不存在了,全部被拆除,新建为工业区。早时,父亲在上海一家轮船公司的远洋轮船上做厨师。不久父亲因上海战事失业回家。20 世纪 50 年代初,父亲与叔父分家,因缺少住房,我们全家就迁居到外婆家。外婆家在邬隘村,与扎马村相邻,从此邬隘村就成了我的成长之地,我的姓氏也一度改为邬。上海解放后不久,父亲又回上海工作,到一家轮船修理厂做厨师,以低微的工资供养全家,母亲间或做些家庭缝补补贴家用。

小时候出生时间都按阴历算,上学后就把阴历时间作为阳历时间,后来的户口本上、身份证上的出生时间都是这个时间。近几年过生日,有时按阳历的 9 月 27 日过,有时按阴历的九月二十七日过,有时按 1948 年阴历九月二十七日对应的阳历 10 月 30 日过,孩子们说,你的生日究竟是哪一天?在社科院和近代史所的档案里,出生时间也有 9 月 27 日和 10 月 30 日两个。有一次曾想请所里报请院里改为 10 月 30 日,据说所里还有人向院里揭发我想篡改出生时间,此事实际上也没有做。

1956 年,8 岁,入邬隘小学读书

邬隘小学原先是一所寺庙,位于邬隘村和扎马村的交界处,是周边 5 个村子共同祭神之地。入学时该校为初等小学,是附近 3 个村子儿童的就学之地。后来因邬隘村是乡(公社)政府的所在地,学校扩展为完小(中心小学),增建了几间新的教室,作为高等小学部,招收周边 5 个村子的学童。

1960 年,12 岁,第一次去上海,上小学五年级

在读完四年级的那年暑假,我跟随在上海工作回家探亲的姨妈乘轮船

去了一次上海，这是我第一次乘轮船，第一次去上海。那时，从宁波到上海乘轮船需要一个晚上，我们乘坐的是统舱，也就是轮船中最低一级的舱位，没有床铺，只能到乘客管理处凭船票领一张草席，铺在甲板上，和衣而卧。因为第一次乘轮船，所以非常激动，时不时地在甲板上凭栏眺望远处的大海，观看被轮船破开海面而翻起的海浪，觉得大海真宽广，轮船真厉害，能在如此宽阔的海洋中行走。到上海后，去了外滩、南京路等繁华街道，感到上海真好，对生活在上海的人羡慕不已，想要是能到上海来住该多好啊。上海成了我向往的地方。

从上海回来后，没过几天就开学上五年级了。我在读小学时，四年级之前不太懂事，学习一般，还因上课时把书顶在头上玩而被老师罚站。五年级后渐渐懂事，学习亦开始长进，加入了少年先锋队，并被老师选为副大队长。还充当学校仪仗队的大鼓手，每次学校开重要的大会或运动会，入场式都要敲鼓，但我的节奏感不太强，鼓点不太准，打着打着就快了，急得老师走到旁边不停地用口语给我打节奏。

那个时候，我的家乡也与全国一样实行了“大跃进”和人民公社化运动。我家虽不是农村户口，而是农村消费户，吃的是国家的供应粮，与农业生产没有关系。妈妈作为家里的唯一劳动力，要经常参加生产队的劳动，有时“放卫星”还要参加“开夜工”，到下半夜才能回家，我就在家里等着。那时，电还没有普及，“开夜工”只能挑着煤油灯或借着月光干活，听妈妈说，活干得很少。在推行人民公社“大食堂”时，我家也加入了吃食堂的行列，家里不开火做饭了，先是分片到一个固定的地方吃饭，由大队食堂送饭过来，后来是各家到大队食堂打饭在家里吃，我觉得这么多人在一起吃饭，像吃酒席似的，很好玩也很快乐。大食堂的饭大概吃了一年就停了。

1962—1965 年，14～17 岁，入邬隘初级中学读书

邬隘初级中学是一所具有悠久历史的学校。最初名为灵山书院，由乡贤创建于清嘉庆九年（1804），1905 年改名为灵山学堂，1925 年又更名为灵山学校。1956 年改办中学，名为镇海县第五初级中学，1958 年更名为宁波市邬隘初级中学。2004 年复名为灵山学校，仍为初级中学。

在初中学习期间，我的学习成绩比较优秀，尤以数学成绩突出。记得初二时全年级举行了一次数学竞赛，我获得了第一名。上数学课时，老师经常

让我解难题。我的那位数学老师，还提倡一题多解，经常在课堂上示范一道数学（特别是几何）题的两三种解法，我颇为喜欢，常常成为课堂上一题多解的示范者。当时只觉得这种做法很好玩，等后来才明白它有锻炼思维能力的意义，即锻炼从多个角度观察、分析问题的能力。初中三年，一直担任班级的学习委员，老师忙不过来时还替老师改同学的作业。我也比较喜欢体育，特别喜欢乒乓球和篮球，是学校乒乓球队队员，放学后经常玩到快吃晚饭的时候才回家。

由于学习比较好，老师有心想培养我，初二时班主任老师让我参加了学校团支部举行的团课，意欲吸收我入团，但我对此毫无感觉，也毫无动静。与我一起听团课的两个同学很快就入团了，我照样无动于衷。老师有点急了，找我谈话，问我："你的同学都入团了，你有什么想法？"我说："他们入团很好啊，我没有意见。"老师又问我："你不想入团吗？"我说："我够格吗？"老师说："你不申请，谁来审核你啊？如果想入团，回去就写个申请。"我随即写了申请书。但是，在接下来的一批入团同学中仍然没有我，我想老师大概是要考验我吧，于是我又写了一次申请书，不久就入团了。此时，已是初三了。

还曾记得，上数学课的班主任老师有一次得了重病，高烧不退，乡里的卫生所治疗无效。我便和两个同学一起划船把老师送到区卫生院治疗，但是老师还是留下了后遗症。从此我与这位老师之间就有了超越师生之情的感情。

在初二时，我有一次到同学家里去玩，看到他家里有把二胡，他哥哥会拉，他也能拉一点，于是我开始对二胡产生了兴趣。我想学二胡，但买不起。后来，那位同学自己做了一把二胡，我看到后也决定自己做一把二胡。做二胡需要有好的硬木，最好是红木。我在家里翻腾了一番，发现天花板中铺有一块红木（南方的老式平房都用木板做天花板，上面是阁楼，可以放东西，因此天花板亦叫楼板），就把它拆下来做了二胡的琴筒和琴杆。还需要用蛇皮蒙琴筒，无处可买，只能自己抓蛇剥皮，还要大蛇，否则皮太小，蒙不住二胡的琴筒。为此，我四处找蛇，有一天终于发现一条直径约 5 厘米粗的大蛇，立即拿锄头将它打死，剥下蛇皮，张布在木板上，风干后用来蒙琴筒。那时，我的家乡还没有吃蛇肉的习惯，就把剥了皮的蛇埋掉了，也算给它安葬了。这把二胡，我一直使用着，1976 年上了北大后，放假回家还时不时地拉一拉，后来因琴筒开裂，才把它废弃了。

1965年上半年，初中即将毕业，此时父亲患病，使原本不宽裕的家境更加困难了，我本想选考中专，以便早日工作分担父母的经济负担，但班主任老师觉得我成绩很好，竭力说服我和我的父母让我上高中，于是我就报考了离家15公里多的柴桥中学读高中。因此，我有今天，既要感谢我的父母，也要感谢我初中的班主任老师。

1965—1966年，17~18岁，上柴桥中学读高中

柴桥中学是当时镇海县仅有的两所完全中学(即有初中和高中)之一，离我家较远，于是我就不得不住校。由于家庭经济比较困难，家里给我每月8元的生活费，为了省钱每周末回家都是步行，星期天下午返校时都要从家里带一些咸菜去学校，以节省伙食费。

那时，半导体收音机开始流行，但价格较贵，一般家庭买不起，同学中就有人自己组装收音机。我也对此很感兴趣，跟同学一起学习半导体线路图和布线、焊接技巧，用节省下来的伙食费，买了一套零件，自己组装了一个。收音机的零件可以从五金店里买到，但收音机的外盒买不到，只得用三合板做。在雕刻喇叭窗口时，我一不小心刻到了手上，伤口又深又长，鲜血直流，但等伤好后又继续做，还给盒子上了油漆。这个收音机后来拆装过两次，从单管机(用一个三极管)改为双管机、三管机，一直用到我1976年上北京大学，上北大后家里仍在用，已退休回家的父亲常以此为消遣之物。

上了柴桥中学后，我被老师派为班里的文娱委员。我觉得文娱委员应该是女生干的，想辞了不干，但未被允许，老师说等换届的时候再说，但不及换届“文化大革命”就开始了。

“文化大革命”开始后不久，我参加了毛泽东思想宣传队，经常离校进行宣传活动。在宣传队里，我是拉二胡的，或为演出伴奏，或参加乐器合奏。出去演出能得到邀请单位的优惠招待，过得比较自在，乐在其中。

1966年8月起，毛主席在天安门接见红卫兵，带动了红卫兵大串联的高潮。10月下旬我和一个同学一起去串联，一开始没有目的地，决定随我们爬登的火车而行。我们俩在宁波火车站爬上一辆闷罐车(也就是封闭的货车)，第二天到了上海，下车后马上又爬上另一辆闷罐车，不知道是开往哪里的，我们俩商定不到终点不下车。两三天后到达一个车站，仍不知道是什么地方，但很快就从车站广播里知道是到北京了，我们高兴极了，就立即下了火车。下车后，我们随人流而出，在车站广场上看到有红卫兵接待站，便过去询问，接待站的红卫兵让我们登记，随即把我们分派到崇文区花市大街的一个小学，在那里住宿和吃饭。这个小学校，住满了各地来的红卫兵，大家在教室里席地而卧，一个挨着一个。北京11月的气温已经较低，又遇上降温，而我们从宁波出发时，只穿着秋衣，没带冬衣，冻得直哆嗦，幸亏接待站有军大衣出借，穿上便不冷了，但是脚上没穿袜子和棉鞋，冻得厉害，我大着胆子去问接待人员有没有袜子出借，得到的回答是"没有"，只好忍着。接着，我们被告知两天后毛主席又要接见红卫兵了，这让我们喜出望外，觉得运气太好了，刚到北京就遇上毛主席接见。11月11日，我们参加了毛主席的接见游行，据《人民日报》报道，这是毛主席第七次接见红卫兵，这次受接见的红卫兵有200多万。检阅后的第三天，我们便被安排返回。回来就比去时有序多了，坐的是一辆客运火车。北京连续聚集百万以上的红卫兵，但秩序井然，吃住有所，组织工作真是不易。在回程时，火车路过南京，我们又下车逗留了两天，然后又到上海逗留了几天，在南京和上海都住在亲戚家里，回到家里时已是11月底了。

1967—1968年，19~20岁，下厂锻炼，插队务农

回校后我继续参加文艺宣传队活动，不久，因我的父亲是厨师，被认定不在产业工人之列，于是学校的红卫兵组织就不再通知我参加活动了，我也从此不再去学校了。

1967年7月下旬，经人介绍，我与弟弟去东钱湖的一家农场打工，收割水稻挣工钱。当时是夏收夏种的时间，去农场打工的人比较多，住处比较紧张，所谓的住处也就是一个睡觉的地方，一般都安排在农场的仓库里，在地上铺上一些稻草，再在稻草上铺上打工者自带的草席，十人左右住一间。但是，即使是这样的住所，我和弟弟也没有被安排上，眼看着就得打道回府，不能打工了。我有点着急，便与负责安排的农场员工争执起来，介绍人出来圆场，那个农场员工说，有一个新建的猪舍，还没养猪，如果你们愿意可以去那里住，我们无奈只得同意，于是我和弟弟就住到了猪圈里。偌大一个猪舍就我们两人住，倒也自在方便。该农场雇工劳动，采用的是包工方式，按实际劳动成果付给报酬，即收割水稻的按打下稻谷的重量计算，插秧的按插秧面积计算，且有质量检查，打下的稻谷里不能有稻草，插秧的行距、株距都要在规定的范围内。为了多挣钱,每天早晨4点左右就下地割稻子,6点左右去食堂吃饭,然后再去打稻谷,11点之前抬着打下的稻谷到晒谷场过秤交割;下午1点左右再去干活,5点半左右交割,然后吃晚饭,饭后再去割稻子一个多小时。我们在农场打了约半个月的工,挣了三四十元钱,便高高兴兴地回家了。这是我第一次正式干农活,感受到了做农民的辛苦。

1967年下半年联系到家乡公社供销合作社下属的缝纫轧花店劳动,充当柜台出纳,虽然没有报酬,但使我第一次接触到了财务工作。接着,又被调到肉铺劳动,仍当柜台出纳,工作比原先的烦琐多了。从生猪收购,到屠宰、赶集、售肉全过程都要参与,屠宰时要帮杀猪师傅摁住猪脚,颇费劲,有时一松动就让猪颠起来了。售肉都是自由市场零售,一笔一笔地现场算账收钱,速度还要快,也锻炼了我的心算能力。

到1968年9月从柴桥高中毕业,这时知识青年上山下乡已经开始,我便和初中毕业的弟弟一起在家乡插队落户,正式成为一个农民,我家由此分为两种户口,我和我弟弟是农业户,我妈、姥姥、妹妹仍是农村消费户。

1969年,21岁,在公社广播站和水库工作

这年,公社(就是原先的乡)成立了广播站,由一位公社副书记负责,具体事务由一位从上海来的知青主持,因人手不够,就调我去帮助工作,除发送广播之外,也写一些广播稿,第一次接触广播器材时,感觉比自己装半导体收音机有意思。后来,公社的水库工地缺少会计,又调我去做会计,同时兼工地广播站的工作。会计工作,除采购、付款、做账之外,还要到各个生产大队(就是原先的村)催收摊派的水库建筑费(主要是工具费用),各大队的态度有所不同,特别是距水库较远的大队,认为与自己关系不大,没有什么实际好处,交费不太积极,但最终还是如数缴纳了。广播站的工作,由我自己找几个人架设线路和喇叭,自己撰写广播稿。不久水库基本建成,就回到我的生产大队。在广播站和水库工地工作,都没有报酬,只给工分,并划拨给我所在的生产队(可以充作摊派给本生产队的水库出工数额),到年终时按照本生产队的工分值参加分配。

1970—1971年,22~23岁,在大队当干部

从水库工地回来后,便参加生产队里的劳动,兼生产队的出纳和电工。

出纳工作主要是管理队里的现金,也要参与生产用品的采购和农产品的出售。电工工作是负责队里的电器农具,主要是电动打稻机、电动抽水机、电耙犁,这项工作除了需要有一定的电工知识,还需要有一定的机械知识,如安装、保养、维修。出纳工作最让人挠头的是社员借钱,当时农民手头很少有现钱,每当孩子开学交学费、书费时,或有家人生病就医等急需用钱时,有不少人要向队里借钱,所借之钱到年终分红时扣除。但当时农民劳动收益很低,干一天活的一工工分(10 分)只有六七角钱,全年三四百工,也就是二三百元钱,年终分红时,劳动力多而生活人口少的家庭,可分到一些钱;劳动力少而生活人口多的家庭,扣除从队里分得的口粮钱后就分不到什么钱了,甚至还要欠口粮钱,叫作"倒挂户"。平时向队里借钱的农民大多都是倒挂户,根本没有偿还能力,因此借与不借十分为难,我只得请队长来把握,凡是队长同意的我就借给,否则不借给。

1970 年,大队成立了文艺宣传队,因我会拉二胡,就被吸纳进去。不久因原先的队长出了一点经济问题被免职,就由我接任队长。我当队长后,说服大队领导同意,请原先的队长继续留用为副队长,还吸收了几个家庭出身不太好(如右派、富农)的文艺爱好者,如此便把大队内文艺素质较好的人都集中起来,使得宣传队的水平有了明显提高。每次演出都有大队和相邻几个大队的人来观看,把能容纳一千多人的大会堂挤得满满的,我们宣传队的名气也很快传开了,经常受到其他大队和公社的邀请,乃至到县城剧场进行演出。外出演出除了当地要安排住宿、吃饭,还要付给 20 元左右的化装费,使宣传队的经费能够自给。有时不收化装费,以演出换取物资,如到山区演出换取毛竹,当时因封山育林,毛竹很紧张,大队常常因修理晒稻谷用的竹席(一张竹席大约有 10 平方米)而高价购买;到海岛演出则换取臭鱼烂虾,用作肥料。因此,大队亦很赞赏和支持我们宣传队的工作。

接着,大队领导又让我先后担任团支部书记、民兵连连长、武装民兵排排长、治保(治安保卫)小组副组长。当时,因为台湾国民党叫嚣"反攻大陆",沿海地区都建立了武装民兵,主要任务是防特反特,一个公社建制为一个连,连长由公社武装部部长兼任。我们的大队是公社机关所在地,建立一个排,其他的大队一般都建立一个班。我们这个排,设两个男班、一个女班,配备有一挺轻机枪,人手一支步枪,枪支由排里集中保管,全排晚上集中就寝,每周训练一天。公社也时不时地进行集中训练,项目包括队列、射击、防空、拉练(即负荷行军,要带枪支、铺盖、炊具)等。拉练是训练较多的一个项目,经常在下半夜举行,全连限时集中,事先不予告知。由于我们这个排在公社所在地,除参与拉练之外,还担任传达命令的任务,每次拉练都要派人分头通知分布于各大队的排、班,路远的来回要走二三十里地,路上不准使用照明器具,返回后同样参加拉练。我自己也曾承担过这项任务,到一个距离较远的山区大队传达拉练命令,深更半夜一个人来回走二十多里的夜路,路上经过一个军队驻地,突然窜出一条大狗,直朝我扑来,吓得我撒腿就跑,狗在后面边追边叫,慌得我差点摔倒,好在站岗的士兵随即把狗喝住,可能是他们疏忽没把狗看住。

此外,治保工作也是颇有意思。当时赌博很猖獗,抓赌就成了治保的一项重要工作。每次去抓赌,都要根据所获信息做一些部署,分几路出击,力求把赌徒全数抓获,但赌徒们也是竭尽全力逃跑,有的破墙而逃(因南方老式房子的内墙大多为土墙,约 10 厘米厚,加之旧房破损,一撞就破),有的上房而逃,有的跳河而逃,遇到这种情况,我便叫民兵不要追了,以免发生事故,毕竟参与赌博的人都是当地农民。不过,被抓住的赌徒就要受到一定的惩罚,要被关禁闭并做义务劳动一周至半个月不等。为此,也得罪了一些人,特别是其中个别的生产队干部,因为面子受损,就要寻机会找我的麻烦。

有一次全生产队上山去砍柴,砍的柴多了一点,我动作也慢了一点,在挑柴下山的路上多休息了几次,于是就掉队了。砍柴的地点较远,下山后需要转装木船运回,等我挑着柴到达河埠头时,运柴的船已摇走了,就剩下我一人,只得把柴堆放在河埠头旁边,待下次去砍柴时再运回。后来有人告诉我,当时已经看见我快到了,就是那几个被我抓过赌的队干部煽动不等我的。在生产队评劳动力等级(一共分 10 级,按级别计工分)的时候,这几个人也联合压低我的等级。不过,我并不与他们计较,随他们去。

1972 年,24 岁,加入中国共产党

我入党像入团时一样,是大队党支部的一位副书记找我谈话,说党支部讨论过,大家有意吸收我入党。我便写了申请书,党支部很快就批准了,时间是这一年的 9 月底,我正式接到通知是 10 月 1 日。入党对我来说是一件政治生活的大事,我感到非常高兴。

当时,我经常在大队部的办公室值班,有一天来了两个陌生人,说是从

上海来的，要调查他们厂里一个职工的家庭情况，我问是谁，他们一报名字，竟然是我父亲。我说我是你们要调查的那个人的儿子，我不能接待你们，便陪他们到治保组长那里进行调查。治保组长找来几个生产队的贫下中农，进行座谈，并到我家查看。看到我家没有什么值钱的东西，房屋也较旧，只是刚刚修了外墙，他们便问，这道墙要花不少钱吧？治保组长回答说，不用花多少钱，只是买石灰花一点钱，砖是他们家拆祖坟拆回来的（因大队要发展山林队，有些坟墓需要拆除或迁走，各家祖上的坟墓可以自行拆迁，并获得石料和砖头，亦可由大队拆迁，除需迁移者外，其余石料和砖头归大队所有。我家的祖坟地亦在拆迁之列，我家便迁移了我外公的坟墓，其余的因为缺钱就不迁移了，直接拆了将石料和砖头运回），泥瓦匠是大队里的社员，不用付钱，只要计工分就可以了，年终时从和平的工分里扣。又看到一个半导体收音机，问，这个收音机多少钱买的？我妈回答说：是我儿子自己装的。于是这两人就没话说了。后来得知，父亲因负责他们工厂的食堂，兼做采购，有一个人想取代父亲的岗位，并在厂级领导里有一些背景，但父亲得到食堂职工的拥护，不能硬换，这个人便向领导告父亲有贪污行为。后来查不出证据，仍不罢休，说父亲每天凌晨去买菜时都要在食堂吃一点泡饭，按每天2角计算一个月6元，近两年时间共计百余元，属于多吃多占，就以此为据撤了父亲的职，下放车间劳动，那个人也接替了父亲的岗位。为此，父亲一直心中郁闷，原先的高血压病加重，那时医疗条件较差，不能缓解，便提前病退回家了。回家后仍放不下这件事，病情逐渐加重，在60岁那年便因脑溢血去世。这事给我留下了深刻的印象，对那些不择手段害人利己的行为颇为反感。

这件事也使我在处理大队里发生的治保事件时比较体恤当事人。比如在监管四类分子（地主富农分子、反革命分子、坏分子、右派分子）的工作中，比较宽松和善，以理管人，他们也表现得不错，没出什么问题。又如，有一次生产队里的一个社员，因向队里借钱之事与队长发生争执，两人发生推搡，队长不知何故倒地，旁边的人向大队书记报告说此人打了队长，大队书记又上报了公社。第二天那个所谓打人的人即被公社人民武装部的人带走了，关押在公社里，并有传言说要送到县公安局去做刑事处理。我闻听此事后，觉得此人一贯比较老实，不可能会打人，即向在场人员了解情况，得知此人不是有意打队长的，队长倒地可能是被什么东西绊倒的。傍晚，我就去了公社探望此人，连教育带了解情况，实际情况与旁观者所说的一致，随即便到人民武装部长那里汇报了我所了解的情况及此人的一贯表现，建议教育一下就行了，部长说知道了，并说："你这人心太软，将来不能当武官只能当文官。"过了两天，此人便被放出来了。此事的结局不一定是我的作用，可能是部长本来就打算这样做的。

1973年，25岁，做小学代课教师，考上北京大学

年初，地属我们大队的公社中心小学缺少一位老师，公社教委想叫我去顶岗，经与大队协商，同意我去代课，但仍兼任着大队里的原有工作。我到该小学后，担任五年级一个班的班主任和语文老师，并兼任学校的体育老师。我年轻时口才不太好，又没受过专业训练，上课是一项完全陌生的工作，不知如何讲课，生怕耽误了学生。我一方面仿效自己上学时老师的讲课方法，一方面去参加听课，学习别的老师的讲课方法，慢慢适应起来，一个学期下来学生成绩在总体上保持了原有水平，个别学生还有所提高。这项工作虽然时间不长，但锻炼了我的口头表达能力。

到暑假时，公社召开教师大会，遇到了我初中时的数学老师，他告诉我大学要恢复考试招生制度，让我好好准备，并拿出一道难题叫我做，看看我有没有把已学的东西丢了。我当场就很快把这道难题给解了，且解题方法不同于标准答案，更为简单。老师看后说有希望。其实我对大学恢复考试招生一直是抱有期待的，我不信大学就会一直停办下去，或一直推荐上学。因此，在插队期间，我一直都在抽空复习中学时期学过的课程。但当时虽说是开始恢复高考，但参加高考仍需要单位推荐，不由个人报名申请。我们大队分配到一个参加高考的名额，经大队党支部讨论，推荐了本村最贫穷的、家庭成分是雇农的一位普通青年，但他只上过小学，且听说学习较差，也没有什么突出的政治表现。我得知消息后，即向大队提出异议，询问我为何得不到推荐，同时又向正在公社帮助工作的县政府工作队反映这一情况，提出我的各项条件应该比大队推荐的那个青年好，他唯一的条件就是雇农成分，我亦是工人成分，应该不比他差吧，其他条件就不用说了，请求工作队与大队、公社协商，对大队的推荐人选重新考虑。工作队听了我的申述后，认为有道理，便与公社和大队沟通协商，大队党支部便做了重新讨论，推荐我去参加考试。

那年的考试考了四门课，政治、数学、理化、语文，还加考外语（由参考者自由选择，供录取专业参考）。我的考试很顺利，成绩也不错，特别是数学，后来听参加判卷的我的初中数学老师说，我得了近 140 分（除必答题 100 分外，还有 50 分的选做题），是宁波地区第一名。在数学考题中，有一个选做题是“用数学原理解释‘站得高看得远’”，这实际上是一道立体几何题，我在高中时虽对立体几何已有所学，但尚未学到这一步，我想想便用平面几何的原理来做这道题，即从圆外一点向圆作切线，点离圆越远切线所切割的弧越长。被切线切割的弧就是目光所能看到的地面，它越长意味着看得越远。这道用平面几何解答的立体几何题，可能也得分了，不然就不会有那么高的成绩。这可能也是读初中经常练习一题多解的收获吧。当时还可以由参考者填写报考志愿书，我根据自己的爱好以及小学时去过上海的印象，填了上海交通大学机电专业的志愿。不久，因为辽宁兴城县的参加考试的张铁生交“白卷”反对考试，一时之间恢复高考被作为“资产阶级教育路线回潮”来批判，企图否定这次考试的结果。不过在录取中许多大学还是参考了考试的成绩。

考后不久，我被北京大学历史系录取了。这一消息对我来说既兴奋又迷茫，兴奋的是我终于可以上大学了，而且还是中国最好的大学之一，迷茫的是，为什么让我上历史系学历史？因为我对历史是什么，知之甚少，也不感兴趣。在当时，历史这样的学问，对像我这样农村家庭出身的青年人来说，似乎毫无价值。我所受的教育也很少有历史元素，从上小学开始，老师对我们的理想教育大多是讲科学家、工程师，特别是自学成才的，如数学家华罗庚、“中国电光源之父”蔡祖泉等的光辉事迹，几乎没有介绍过一个历史学家，也很难看到历史书。在大队当干部后，因当时盛行的路线斗争教育，在会议上听过几次党内两条路线斗争的报告，对中共党史略有所知。到了北大后，我曾大着胆子向系里的老师提出要求换到数学系，老师说你们这一届学生是定向培养的，在招生时就已定下毕业后去哪里工作，是培养干部的，不能换。我没辙了，只得迷茫地学习历史。由此也决定了我这辈子的命运。

后来我想，这可能是命中注定的。在考大学之前，我曾有过一次到宁波当中学教师的机会。大约是在 1972 年，宁波教委招收中学教师，我们公社有一个名额，公社的教委主任是我读初中时的校长，他对我很了解，想推荐我，上我家来找我谈话，但结果没有被录用。我考上北大时，他已调到宁波教育局工作，因读初中时他对我很好，我从宁波到北京的往来中转途中几乎每次都要去看望他，也借机蹭一顿好饭。有一次他告诉我说："那次宁波招收教师之所以没要你是因为听你说话有点口吃，不利于讲课。不过，如果当时要了你，你可能也没有机会上北大了。"我小时候有点口吃，长大后基本不口吃了，但那天谈话中确实有点口吃，也不知何故。我这人的性格是比较内向的，处事也是比较被动的，到现在为止，每次工作或人生有较大变动时，几乎都不是我主动争取的，包括找对象，唯独考大学这一次我主动争取了，要是我不争取就没有我上北大的份儿了。要是我不上北大，也许就不会学历史、研究历史了。

1973—1975 年，25~27 岁，在北京大学读书

在北大学习时，历史系分中国史、世界史、考古三个专业，我分在中国史专业，但不分古代、近代。我对古代史比较感兴趣，古汉语也比较好。在读高中时，有一次语文作业是将一篇文言文翻译成白话文，我的这次作业被老师认为是全班做得最好的，老师甚至怀疑我是读了什么相关的书，把我叫到办公室询问，我当然没读过此类书，到哪里去读啊，完全凭着对老师讲课的理解。但老师还是有疑问，又把我的同桌叫去询问有没有看到我读了什么参考书，我的同桌回答说没有看到，老师也就不再问了。到了北大以后，我古汉语课的成绩也较好，任课老师有一次把我的一篇译文作为范文表扬，后来我还买了王力的《古汉语》三卷本，认真学习。给我们上过课的老师有周一良、邓广铭、商鸿逵、马克垚、张传玺、许大龄、罗荣渠、张寄谦等著名教授，以及当时的年轻教师王晓秋、陈汉昌、徐万民等老师。他们或给我们开过专题讲座，或给我们讲过基础课程，使我开阔了眼界，增加了求知欲望。

北大的读书生活是不太平静的。我上北大之时，正是"评法批儒"运动兴起之际，北大又成为这一运动的中心，从教师到学生大多不同程度地参与其中，编写了不少"评法批儒"资料，我亦参加了这一活动。可能是我古汉语较好的缘故，被老师安排参与一些资料的编写，并跟随一个老师应一些单位的邀请去宣讲儒法斗争史，现在还记得是去郊区的一家工厂和王府井百货大楼。每次去宣讲都有小车来接，我初坐小车，很不习惯，晕车严重，出去宣讲虽感觉挺好，但坐小车真让我害怕。

当时,我们还要下乡下厂锻炼,去过房山的农村,去过南口机车车辆制造厂,还去过北京制药厂。去农村时分散吃住在农民家里,因我从未到过北方农村,一开始不太适应,但也得硬着头皮忍着,接受锻炼,过几天也就无所谓了。去工厂时集体居住,在工厂食堂吃饭,分别到各车间劳动,并辅导工人学习儒法斗争史和马克思主义理论。我记忆最深的是到北京制药厂的那次锻炼,去锻炼的有我所在学习小组的全体成员,著名的罗荣渠教授是我们的带队老师。罗老师虽给我们上过世界史课,但这次锻炼我有了和他直接相处的机会,受到了他更多的学术影响。在辅导工人学习中,罗老师安排我辅导政治经济学和社会发展史,促使我去自学一些相关的书籍。罗老师还审阅我的辅导文稿,提出修改意见,使我增加了这两方面的基本知识和理解能力。这与我后来到中国科学院近代史研究所(后改为中国社会科学院近代史研究所)工作,以及到华中师范大学读博士研究生时,选择研究社会经济史及现代化史研究应该说是有一定渊源关系的。

1976 年,28 岁,北京大学毕业,入中国科学院近代史研究所

大约是那年的 3 月,我们那个班到旅大市(即旅顺和大连)进行毕业实践。先到旅顺北海舰队的一个基地,住在北海舰队的一个招待所里。所谓实践,一是军训,二是和部队的人一起学习。那时,批判资产阶级法权运动刚刚开始,同学们和招待所的士兵们一起学习,还要写学习体会,我参考报纸写了一篇学习体会,可能是因为平民出身,对一些人享受特权比较敏感,列举了一些事例。文章交上去后被老师认为写得较好,要我在全班和海军士兵一起的学习交流会上宣读,我自己觉得写得并不怎么样,但出于服从命令,只得照办。

军训结束后到大连的红旗造船厂实习。红旗造船厂是当时掀起的工人学习和编写马克思主义无产阶级专政理论的先进单位,还成立了工人业余哲学社会科学研究所,我们去那里实践主要是和他们一起学习、交流。我被分派在船体车间劳动,第一次目睹了大轮船船体的制造,也参加了一次轮船下水的仪式,感到很震撼,大开眼界。

从大连实习回来后不久,就毕业分配了。我与另外三个同学被分配到中国科学院哲学社会科学部近代史研究所工作,为了早报到早拿工资,我们就立即去近代史研究所报到了,然后再回家探亲。在回家的路上,我和一个同学顺道去了泰山，由两个山东同学带领登山，在山上住了一晚，第二天一早起来去看日出，运气不错，看到了泰山日出的壮丽景象。自此以后再没去过泰山。

探亲休假后便正式在近代史研究所上班了，我选择了中国近代经济史这一研究方向。所里安排樊百川先生辅导我和同时分配到所的同学闵杰的学习和研究。樊先生是当时近代史所内唯一研究经济史的学者，他知识渊博、治学严谨、积累丰厚，要求严格。他一边给我们讲授经济史的基本知识，一边安排我们的研究工作。在讲课中，樊先生除传授经济史知识之外，还讲授研究工作的诀窍，给我印象最深刻的是这样一段话："做研究工作的有四种人，第一种是地方天方，即坐得住但不善思考；第二种是地圆天圆，即坐不住只善于思考；第三种是地圆天方，即坐不住又不善于思考；第四种是地方天圆，即坐得住且善于思考。其中第三种人是最没有前途的，第四种人是最有前途的。因此，要做好学术研究，光有坐冷板凳的精神是不够的，还要勤于思考，善于思考。要善于思考，就要多学习理论。"当时，樊先生虽然没有明说我是哪一种人，但旁敲侧击批评我是第一种人。自此，我下决心要做第四种人，于是就有了后来的去华中师范大学读博士研究生的事情。在研究工作方面，樊先生指定我研究辛亥革命后10年的经济史。第一步工作是查阅这一时期的主要报纸，如《时报》《申报》《民国日报》《新闻报》《时事新报》等都要逐日查阅，凡是有关经济史的资料都要做成卡片。

1977—1978年，29～30岁，开始接触近代经济史研究工作

此时，樊百川先生正在参加刘大年先生主编的《中国近代史稿》的撰写工作，他就带领我和闵杰参加资料收集和整理工作，我的任务是收集和整理有关洋务运动时期的官督商办企业和洋务绅商的资料，由此洋务运动时期经济史和商人经元善开始进入我的视野，注意收集相关的资料，并与英语学习相结合阅读和练译美国学者费维恺的《中国早期工业化》一书，也就有了我后来关于洋务企业研究几篇文章的发表，以及译著《中国早期工业化》的出版，并逐渐把洋务运动史作为我的一个研究重点。

在翻阅各种报刊的过程中，我对报刊上所载的商会及其他经济社团的报道资料特别感兴趣，做了一大堆的卡片（现在还保留着），找到了民国初年社会经济史和商会史的研究方向，为后来开展这两个方向的研究打下了较好的资料基础。

1978年9月，近代史研究所成立近代经济史研究室筹备组，由樊百川先生任副组长（无组长），成员有王仲、闵杰和我3个人。近代史研究所的经济史学科建设由此起步。

1979—1980年，31～32岁，参加《近代史研究》编辑部工作，出席全国第一届洋务运动史研讨会

1979年3月，近代史研究所创办了《近代史研究》（季刊）杂志，由钱宏和丁守和任主编。创刊之初的《近代史研究》，包括两位主编在内的大多数工作人员都是兼职的，不久，我也被所里安排兼做一些校对工作。这项工作虽费了我一些时间，但对提高我的文字能力颇有好处。

是年冬，吉林大学举办第一届全国洋务运动史学术研讨会，我受《近代史研究》编辑部的派遣前往。在会上我做了《洋务运动的结果和"破产"问题小议》的简短发言，主要是针对以往所说的中国在甲午战争中的失败标志着洋务运动的彻底破产，提出了一些不同的观点，认为对此不能一概而论，从洋务派企图通过洋务运动达到"制夷""自强"这一目的来看，可以说是彻底破产了，但从洋务运动所创办的企业、所引进的西学来看，并没有随着甲午战争的失败而消失，而是被继承和发展下来了，是后来中国资本主义经济和科学技术发展的一个基础。此发言，引起与会学者的关注，后来被刊登在《吉林大学社会科学论丛洋务运动讨论专辑》1980年第2期上，这是我第一篇正式发表的论文。在这次会议上，我认识了李时岳、李永濮、胡滨、徐泰来、夏东元、蒋铎、章鸣九、阮芳纪等著名学者前辈，后来在我的成长道路上得到过他们的诸多帮助和关怀。这次学术讨论会点燃了持续10多年的洋务运动史研究热潮，后来在全国各地连续举行了六七次学术研讨会，我也成为这一学术活动中的一员，参加过三四次会议，并把研究重点转向了经元善等洋务企业商董身上，先后发表了两三篇论文，并开始全面搜集经元善资料，准备编辑《经元善集》，并从经元善研究引申出近代绅商义赈活动研究和官督商办企业制度研究。

1981年，33岁，参加纪念辛亥革命70周年青年学术讨论会

是年，为了纪念辛亥革命70周年，中国史学会决定举办两个全国性的学术讨论会:一个是国际学术讨论会,在武汉举行;另一个是青年学术讨论会(年龄为40周岁以下),在长沙举行。近代史研究所为准备这两个会议,安排相关研究人员撰写与会论文,也安排几个到所不久的青年人撰写参加青年学术讨论会的论文,我为其中之一。我根据这些年翻阅旧报刊所得的资料,报了“民国初年的实业救国潮流”这个题目。初写论文时颇为艰难,多次修改,写作过程中得到樊百川、王学庄、张海鹏等前辈的指导,终于得以完成,去长沙参加会议。

由于这个题目当时国内还没有人做过专门研究,再加上史料比较丰富,在会议上反响较好。这次会议为了鼓励青年人的学术研究,由一些著名学者组成评委,对与会论文进行了评奖。据评委之一的本所研究员王学庄先生说,在对与会论文进行评奖时,因名额有限而优秀论文较多,近代史研究所与会代表的论文均在拟奖之列,他提议撤下闵杰与我的论文,但是作为评委会负责人的章开沅先生不赞成撤下,认为“这正是需要加强研究的问题”。这样,我和闵杰的论文最终仍在获奖之列。章先生的这一句话,使初出茅庐的我受到极大的鼓舞,坚定了研究社会经济史的信心,并成为一辈子的研究方向。

1982—1983年,34~35岁,近代史研究所经济史研究室成立,开始编写《中国近代经济史论著目录提要,1949—1985》,参加长沙史学规划会

1982年8月,近代史研究所经济史研究室正式成立,由王庆成先生任主任。该研究室的成立与时任所长刘大年先生的提倡经济史研究有着重要的关系。1981年2月17日,刘大年先生在《光明日报》上发表《中国近代研究从何处突破》一文,提出近代经济史研究是当前深入研究中国近代史的最重要课题和突破口,从而推进了经济史研究室的建设。研究室成员一开始仍是3个人,原先筹备时期的樊百川先生离开经济史研究室而去了政治史研究室。后来,来了2位硕士毕业生(赵云田、吴廷嘉),王庆成先生又从外单位调来2位先生(张伯昭、果鸿孝),连王先生共计8人。

由于近代史研究所的经济史研究底子较薄,研究室成员几乎都是新手,对这门学科的状况知之不多,为了改变这种状况,让全研究室成员尽快全面、系统地了解学界以往的研究成果,王庆成先生决定由全研究室成员共同编写一本《中国近代经济史论著目录提要》。王先生对我说,经济史研究在我们研究所虽然是一个新的领域,但是在学术界已有不少学者做出了优秀的成果,特别是本院经济研究所和上海社会科学院经济研究所的几位前辈,都是成绩斐然的,我们要做出成绩、做出特点来,不是一件容易的事情,先要全面了解和学习前辈们的研究成果,然后选择我们的研究方向和课题,并要我具体负责这项工作,包括选文、分类、摘要、统稿,因为当时他正忙于做他原先承担的太平天国史项目,第二年又要去美国、英国、德国访问,请来经济研究所的宓汝成先生暂代主任之职,也无暇顾及我们的这一项目。这项工作持续了三四年,我仔细阅读了200多篇重要文章,又审阅了200多篇文章的提要,阅览了全部的已版著作和资料,使我全面地了解了近代经济史的研究状况,并在此基础上写成了《中国近代经济史学的历史和现状》一文,此文发表后被同行学者誉为有关近代经济史学产生发展过程研究的一篇最系统的文章。这项工作使我开始明白学术研究和选择课题的基本路子,即学习→继承→找题→发展→创新的研究过程。后来,此书经王先生最后审订,交由上海社会科学院出版社于1989年出版。

1983年5月,全国历史学科规划会议在长沙举行,会议的秘书长是时任近代史研究所科研处长的王玉璞先生,他对我挺关照,叫我去充作会议经济组的秘书。历史学科有规划会议始于1979年,是年3月在成都召开了中国历史学规划会议。本次会议还专门分出一个经济史小组,讨论经济史学科的规划问题,小组里有王庆成、章开沅和上海社会科学院经济研究所的丁日初、徐鼎新及天津社会科学院历史研究所的胡光明等诸位先生,会议议决推进天津商会档案、苏州商会档案、上海商会档案、全国商会联合会资料的整理编辑和出版工作,此后逐渐形成了由胡光明先生牵头的天津社会科学院历史研究所、由徐鼎新先生牵头的上海社会科学院经济研究所、由章开沅先生牵头的华中师范大学历史研究所、由我独唱的中国社会科学院近代史研究所4个近代商会研究中心。当时的所谓规划,只是一种提倡,没有任何经费的资助。同时创办《中国近代经济史研究资料》不定期刊物,由丁日初先生负责。参加这次会议,使我认识了早期研究商会的各方大员,为我以后查找商会档案资料打开了方便之门和研究工作的求教之路,他们都给我提供过很多帮助。

1983年7—8月,正跟章开沅先生读硕士研究生的马敏、朱英来北京查找资料,他们所作的硕士论文与商会有关,因此特意来我家里找我。这是我与他们俩初次见面。

1984—1985 年,36~37 岁,参加《中国历史学年鉴》工作

《中国历史学年鉴》创办于 1979 年,由人民出版社的林言椒、近代史研究所的王庆成、文物出版社的叶青谷 3 人发起,从 1981 年起改由中国史学会主编,王庆成先生仍是编委之一。大约从 1984 年起,王庆成先生便叫了经济史研究室的 3 个人参与研究动态和史学情报的文稿写作,我也是其中之一。我先是写作了近代经济史和洋务运动史研究方面的某些专题评述和文摘、书摘,在 1984 年的年鉴中就写有专题述评 21 条,后来负责整个近代史的专题评述和文摘、书摘的组稿、统稿工作,使我对国内的学术动态有了比较全面及时的了解。

后来,王先生还叫我参加由他主编的"中国近代史译丛"的工作,先担任秘书,接着先后担任常务编委、副主编、并列主编,除参与挑选原著之外,还参与校稿、审稿和部分翻译工作,此项工作促进了我对国外中国近代史研究状况的了解。

总之,上述这些工作对我了解学术动态、扩大视野、选择研究课题都有很大的帮助。我在各位师长的培养和影响下,逐渐养成了较强的学术创新意识,力求每一项研究都有所创建,逐步开辟新的研究领域,这可能是我有所成就的关键之处。

1985 年 7 月,王庆成先生出任近代史研究所副所长。9 月,由从翰香先生继任经济史研究室主任。这一年,我被评聘为助理研究员。当年和次年,经济史研究室又来了两位刚毕业的硕士研究生,全室人员达到 11 人。

1986 年,38 岁,考上华中师范大学博士研究生

是年三四月间,有华中师范大学历史研究所的唐文权老师来近代史研究所查资料,与之相识。他向我言及推荐报考章开沅先生博士研究生之事。那个时候,我对此毫无考虑,一是自信不足,不一定能考上;二是觉得工作不错,没必要再折腾。因此,以考虑考虑回答了唐老师。没想到唐老师回去后,向章先生汇报了我的情况,大概是得到了章老师的首肯。在临近考试时,唐老师来信说,章先生希望我能报考,根据我已有的研究成果和水平应该没有问题。我想章先生和华中师大的史学研究有较强的理论特长和氛

围,有较强的创新意识,去那里学习可以弥补我的短处、扩大我的学术视野,有利于自己成为樊百川先生所说的"地方天圆"的那种史学研究者。同时,我也请示了时任所长的余绳武先生,以及王庆成先生和从翰香先生,他们都表示支持,并希望我学成后再回所里工作。于是我就报了名。

经过考试,我顺利地进入华中师范大学历史研究所攻读博士研究生。我是章先生门下的第三届博士研究生,前面二届共有 5 人,我这届是 3 人。在博士研究生同学中我是唯一一个带薪的学生,也是年龄最大的学生。

那年下半年,主要是学习外语,同时撰写准备参加"纪念孙中山诞辰120 周年国际学术讨论会"的论文。11 月,此次学术讨论会在孙中山的故乡中山市翠亨村翠亨宾馆举行。经过会议组织委员会及专家的严格评选,章先生的 5 个在读博士研究生(马敏、桑兵、莫世祥、韩明和我)递交的论文被选上,章先生带着我们 5 个学生去参加会议,实属罕见,颇受关注,会上有一个说法"章开沅带着五虎将来了"。如果加上已经毕业的大师兄赵军,那就是有 6 个博士研究生参会了。这是我第一次参加大型国际学术讨论会,会议的阵容和场景使我大开眼界。

1987—1988 年,39~40 岁,读博士研究生,写作博士论文

1987 年上半年,章先生给我们讲了几次课,大多是关于史学研究理论和方法方面的,如关于历史学的土壤问题、史学研究的时代意识问题、国外有关研究的最新理论动态等,还介绍了国外和我国台湾学者的现代化研究状况。听章先生的课,我认识到研究中国历史,必须扎根于中国的国情和史实;必须与时代相结合,使自己的著作有助于读者认识、理解和解决现实问题;必须注意和借鉴国外的研究动态和相关的研究方法和理论,同时要避免食洋不化和简单搬用,既要对引进的研究方法进行中国化的改造,又要使研究方法与研究内容达到有机的结合。

从 1987 年下半年进入博士论文写作。我本着听章先生讲课的体会,以及自己已有的学术积累,向章先生报了两个题目,一个是"经元善与清末江浙的资产阶级及社会发展",另一个是"商会与中国早期现代化",后来章先生和我都觉得后一个题目更有时代意义和创新价值,于是我的论文题目就这样选定了。定题后,自己觉得还缺少相应的理论知识,于是就结合自己的论文写作,除进一步学习马克思主义的历史唯物主义理论,研究马克思主义的现代化思想之外，还学习和研究了现代化理论、社会学、经济社会学、制度经济学等理论。如果说我现在已形成了微观与宏观相结合、国内与国外相结合、重视实证、讲究理论、追求创新的学术性格的话，那也是北京大学风格、近代史研究所风格和华中师范大学风格共同熔铸的结果。

除理论准备以外，收集资料也是一件颇为艰辛的事情。当时没有任何现成资料可以利用，不像现在有不少档案和报刊资料都影印出版，还有网上资料可以利用。因此，为了找资料到处跑，除近代史研究所图书馆之外，跑过的主要地方还有中国社会科学院经济研究所图书馆、北京图书馆、首都图书馆、北京大学图书馆，天津市档案馆、天津市图书馆、天津市社会科学院图书馆，上海市图书馆、上海市工商联资料室、上海市社会科学院历史研究所图书馆，浙江省图书馆，苏州市档案馆，无锡市图书馆。其中天津和上海是去得最多的地方。在天津以天津社会科学院历史研究所为落脚点，当时胡光明先生、宋美云女士等正在与天津档案馆合作整理编辑天津商会档案，他们在资料查阅和生活安排上给了我很多帮助，历史研究所的罗树伟、张利民先生亦缘此相识。在上海，以上海社会科学院历史研究所和经济研究所为落脚点，常住历史研究所里，吴乾兑、熊月之、吴桂龙先生都给过我诸多帮助，特别是吴乾兑先生给我关照甚多，还给我校阅了《中国早期工业化》译稿；经济所的徐鼎新先生则给我以诸多指导，并介绍我到上海市工商联档案室查档案，看到了不少颇为珍贵的资料。更让我记忆深刻的是，有一次去找资料的时候，突然犯病，腿疼得要命，走不了路，求助于华东师大夏东元先生的研究生于醒民（在吉林大学洋务运动史会议时认识的），他立即来到我住的旅馆，安排车辆带我到上海华山医院，通过朋友找神经科主任诊断，说是神经根炎，又有腰椎的问题，开了一点药，每天打一针，几天后病情缓解了一些，便回北京休息几天，回华中师大后继续每天打针，大约两个月后症状基本消失。从此，我与于醒民成了至交好友，每次去上海都要去他单位或家里聊聊，一起吃个饭。

1988 年 12 月，我通过论文答辩，获得博士学位。在华中师大的两年半时间里，除学习、写博士论文之外，还编成出版了《经元善集》，与武汉市社会科学院的皮明庥先生合编出版《吴禄贞集》。此外，生活也是蛮愉快的，包括章先生在内的各位老师都对我很好，我到多位老师的家里吃过美餐。马敏师兄的家里我常去打扰，1987 年电视剧《红楼梦》热播，我们几乎天天去他家看;马敏结婚后周末通常要去他岳母家,就让我给他看家。这一年,王杰、马小泉亦进了章门,我们有空就在一起。

1989 年,41 岁,重回近代史研究所工作(直至现在)

1989 年 4 月,任经济史研究室副主任。

1990 年,42 岁,参加"近代中国与世界"国际学术讨论会,晋升副研究员

是年 8 月 31 日至 9 月 3 日,近代史研究所为纪念建所 40 周年,在北京龙泉宾馆举办"近代中国与世界"国际学术讨论会。日本、美国、法国、加拿大以及中国大陆、台湾和香港地区的学者 80 余人出席。我参加了此次会议,并担任大会秘书,递交会议的论文是《鸦片战争后通商口岸行会的近代化》,后来在《历史研究》1991 年第 6 期上发表。会上初见美国著名学者孔飞力先生,他对我的研究领域颇感兴趣,曾在会下对我说:"你的研究很有意思,想不想去美国?"我说谢谢你的鼓励和关心,等我想去的时候再请你帮助。孔先生与王庆成先生因为都研究太平天国而结识为学术好友,王先生主编的"中国近代史译丛"的第二本书就是孔先生的《中华帝国晚期的叛乱及其敌人》,正好在这一年出版。如果我当时想去美国学习和研究,在孔先生已有表示的基础上再请王先生推荐一下,应该是没有问题的。但我没有这样做,后来也没有与孔先生联系过,这对我的成长来说,可能是错过了一次好机会。

9 月,被评聘为副研究员。在《历史研究》上发表论文《近代商会的法人社团性质》,这是我在该刊发表的第一篇论文。

是年,《商会与中国早期现代化》获准为国家社科基金资助项目,获得课题费 8000 元,后来 7000 元作为出版资助给了出版社。

1991—1992 年,43~44 岁,参加纪念辛亥革命 80 周年国际学术会议,撰写专题论文

1991 年 10 月,由中国史学会等在武汉东湖宾馆举行"纪念辛亥革命 80 周年国际学术讨论会",主题是"辛亥革命与近代中国"。我参加了此次大会,提交了论文《辛亥革命与中国经济近代化的社会动员》,由于运用社会学的研究方法,视角新颖,随即被《社会学研究》采用,于 1992 年第 5 期上发表；又被一日本学者看中，主动表示愿意翻译成日文发表，后在日本《中国研究月报》1994 年 6 月号上刊出。

会议开幕后的第二天，刘大年先生因人大常委会临时有重要活动必须回北京，王玉璞先生安排我陪大年同志（当时近代史研究所的人不管老少都这样称呼）回京，我虽感到会议刚开始就要离会，还没来得及与朋友们交流，有点可惜，但又感到能陪大年同志回京很荣幸，是一次难得的与大年同志单独相处的机会，便欣然答应了。因大年同志享有副部级待遇，随行人员可以与他一起乘坐软卧，使我第一次有机会坐软卧，一路上大年同志除了睡觉，大多时间是在看文件，跟我讲话不多，只讲了几句勉励我好好做学问的话，车上的饭是他给我买的。到了北京以后，他让接站的上海牌小车先送我回家，我说要送他回家，我去所里就可以了，当时我还住在离所里很近的米市大街，但他还是坚持让司机先送我回家。

这两年的主要工作是结合博士论文修改，写作相关专题论文。在《近代史研究》上发表论文《商会与中国资产阶级的"自为"化问题》；并在《社会学研究》《历史研究》《中国经济史研究》和香港《二十一世纪》上相继发表有关论文。

1992 年 12 月，参加香港中文大学当代中国文化研究中心举办的"民族主义与中国现代化"国际学术讨论会，在会上做《清末民初的实业救国潮流与资产阶级民族主义的理性化》发言。我发言结束后，台湾著名前辈学者张玉法先生向我提了一个颇为尖锐的问题，他说："你论文中讲资产阶级民族主义，难道还有无产阶级民族主义，民族主义也有阶级之分吗？"会场随之出现了一片笑声，主要发自海外学者。我理解张先生所提问题带有意识形态的情绪，不赞同用阶级分析法，发出笑声的海外学者亦是因此之故，他们实际上是误解了我的分析逻辑。我回答说："我所说的资产阶级民族主义不是阶级分析的意思，是指我这篇文章的研究内容只涉及商人群体，也就是资产阶级，所以称之为资产阶级民族主义，并不能以此论证整个中国人的民族主义吧？"大家也就没话说了。会议结束后，张玉法先生约我们近代史研究所参加这次大会的刘志琴先生和我第二天早上去他住的宾馆吃早餐，边吃边聊海峡两岸两个近代史研究所的关系，饭后便握手告别。

1992 年，山西大学的乔志强先生等所著的《中国近代社会史》、乔先生的学生行龙所著的《人口问题与近代社会》，相继由人民出版社出版，他们在人民出版社举行了一个出版座谈会，由于王庆成先生提倡社会史研究，其又与乔先生是好友，因而请王先生出席，王先生便带着我一起去参加。在会上，我就行龙的著作做了一个发言，缘此与乔先生和行龙先生相识，后来与行龙先生在社会史研究工作上合作较多，他对我主持的近代史研究所中国近代社会史研究中心多有支持。

1993 年，45 岁，参与中国史学会“东方历史研究中心”工作，发声社会史研究

1992 年 12 月，“中国史学会东方历史研究中心”成立，1993 年 3 月，东方历史研究中心设立“东方历史研究出版基金”，后来于 1997 年改名为“中国史学会东方史学基金”。本人先后担任中心和出版基金理事会成员，参与资助著作的评选工作。

1993 年《商会与中国早期现代化》由上海人民出版社出版。因为该书将当时的两个新兴学术热点——商会和现代化——结合在一起，又切合中国改革开放的时代潮流，当时新商会建设方兴未艾，现代化更是中国开始全力以赴的伟大事业。因此，该书出版后有较好的社会反响，不仅在学术界产生了较大影响，有些大学的近代史专业把它列为研究生的阅读书，也得到了工商联系统的关注，全国工商联购买了百余册作为干部培训班的参考书，并让我去讲过几次近代商会历史及当代商会建设问题（包括北京市工商联的两次）。同时也受到了日本学术界的关注，当时担任东京大学东洋文化研究所所长的滨下武志教授，一直在关注着中国学界的商会史研究，曾几次参加中国的商会史学术讨论会，我与他已结识数年，该书出版后，要我给他代购数十册，发给他们研究所的博士研究生参考。我国台湾方面，“中央研究院近代史研究所”的著名学者张玉法先生，以研究社团、工业化、现代化著称，看到该书后立即收纳于他刚刚开始主编的“中国现代史丛书”，列为第 3 号，经与原出版者上海人民出版社联系授予版权，于 1995 年由台湾东大图书公司出版繁体字版本，我也得到了一笔可观的收入，那时台湾给的稿费是每千字 15 美元，近 120 元人民币，全书稿酬为 4500 美元，当然还得扣除一些税款，而大陆的稿酬只有每千字二三十元人民币。1999 年拙著获国家社会科学基金优秀成果奖三等奖，同时获奖的同类著作有罗荣渠先生的《现代化新论》二等奖，章开沅先生主编的《比较中的审视：中国早期现代化研究》三等奖。后来，该书的缩写本《商会史话》被美国的一家出版商看中，购买了英文版权在美国出版。

因商会史研究与全国工商联有较多的接触,有一次他们商议中国商会参加国际商会之事,让我去参与。我在会上介绍了近代中国商会参加国际商会的历史,建议由全国工商联以中国商会的名义加入最为合适,并强调旧中国的商会已经是国际商会的成员,现在我们应该像进入联合国一样,要求恢复在国际商会的席位,而不应重新申请加入。但是我的建议没有被接受,参加会议的工商联领导认为,工商联虽挂有全国民间商会的牌子,但更主要的是民主党派,是参政党,不宜由工商联出面加入国际商会。后来由中国贸促会代表中国商会加入了国际商会。那时我与贸促会亦曾有过一些联系,主要是他们所办的《中国贸促报》,我应邀请就商会的性质、结构、功能、作用撰写了 5 篇文章,从 1990 年 9 月到 1993 年 2 月,分 5 次刊出。

当时,社会史研究正处于兴起之时,王庆成先生也在研究所内提倡开展社会史研究,还曾有过成立社会史研究室的动议。因为社会史与我的商会史及社会经济史研究有较多关联,因而我对此颇感兴趣,对社会史的研究范畴有所思考,遂与同事郭润涛合写了《中国近代社会史研究述评》一文,在评述学界以往对社会史学科概念讨论的基础上提出了我们对社会史研究范畴的见解,并在《历史研究》1993 年第 1 期上发表。此文为近代史研究所研究人员在这一问题讨论中发表的第一篇较有分量的文章。此后,在《中国历史学年鉴》中连续几年综述社会史研究动态,也在多个场合和多篇访谈、序言中谈到过社会史的研究对象问题。

12 月,参加中国现代文化学会与海南大学在海口市合办的"现代中国的文化走向"国际学术讨论会。递交论文《西学东渐与中国近代人文社会的分化》,后来此文经过修改发表于《社会学研究》1995 年第 4 期上。此次会议得到一个企业家的赞助,排场很大,他还安排与会学者晚上到他开办的歌厅唱歌跳舞,当时卡拉 OK 初行,我颇感新鲜,但既不会唱,也不会跳,看了一会儿,吃了一点东西,就和几个与会者一起回宾馆了。后来卡拉 OK 逐渐流行开来,我也慢慢地会唱会跳一点了。

1994 年,46 岁,筹划《中国现代化历程》课题,赴洋浦注册公司

是年,开始筹划《中国现代化历程》的编写工作。这一课题最早是马勇先生向我建议的。他于 1986 年来近代史研究所工作,正好是我去华中师范

大学读博士研究生的那一年，因此一开始交往不多。自我从华中师大毕业回来后，由于我所在的经济史研究室和他所在的文化史研究室在同一楼层，彼此挨着，又是同一个党支部，加之我的办公室和他的办公室是斜对面，隔廊相望，我们俩天天在所里工作，彼此来往就多了起来。他看了我的《商会与中国早期现代化》后，便对我说应该可以做一个专门的现代化史课题，我觉得这是一个好主意，但以我当时的身份来做这样的课题可能有较大困难，也曾想过请一位所里的名家来做主编，后来我们俩仔细商量后，觉得还是由我直接来做比较合适，拼搏一下，于是就这样定了下来，我做主编，他做副主编，后来又邀请了中南财经政法大学的苏少智先生为副主编，负责新中国那一卷。

12 月，被近代史研究所任命为经济史研究室主任，郭润涛任副主任。郭润涛先生是厦门大学历史系博士研究生毕业，又是诸暨人，与我是老乡，我们俩合作很融洽，后来他调到北京大学历史系工作，我们俩仍常有往来。

是年下半年，受老朋友于醒民先生之托，赴海南洋浦经济开发区注册公司。1994 年上半年，于醒民先生突然来到北京，来电请吃饭，见面后告知已去美国继承一笔家族前辈的遗产，现在美国办公司，要在中国发展业务，希望我能给予帮助，我们商定去当时开放比较领先的海南洋浦经济开发区和宁波经济开发区考察一下，择机投资。下半年我就去这两地进行考察，在洋浦准备做进出口贸易，当即注册了一个公司，取名“平和洋行”，执照、图章、发票都领了，但资金尚未到位，洋浦的政策很宽松，可以先注册后注资。我在洋浦住了两天，因为有熟人很方便，就把事情办了。住的宾馆是开发区管理局的招待所，在管理局的食堂吃饭，吃住都由他们招待，也看到了当时洋浦开发得热火朝天的场景。接着到宁波考察，准备买地盖厂房，做来料加工，先把地看好了，因为我原先插队时的公社人民武装部部长在那里当书记。但是到了第二年，于醒民先生突然发病去世，之前的一切“经商活动”全部拉倒。这可能是上帝的又一次安排，不让我去经商，只让我做历史研究。

1995 年，47 岁，晋升研究员，编写社团史

2 月，担任近代史研究所第二届专业技术职务评审委员会委员，此后历届评审委员会均为委员，直至 2009 年。

12 月，被中国社会科学院评聘为研究员。

是年，马勇先生介绍我为民政部社团司编写《中国社团发展史》一书。该书的编写工作由时任民政部社团司的一位司长和一位处长于1992年发起，他们请高校及研究机构的十几个学者作为作者。由于缺乏全书的统筹和精密的框架设计、写作要求，这些作者提供的初稿难以成书。马勇先生与他们有比较多的接触，便受托为他们物色一位专家进行统稿、修改，希望能够成为一部比较相像的书。马勇先生就找了我，我碍于他的面子，接受了这项工作，并谈妥将来该书出版时，社团司可以安排一位领导当主编（因为他们出钱了），我作为第一副主编，每一位作者均署名于其所写章节之下。我费了一年多的时间，对书稿做了全面修改，并写了绪论和不少新设章节，亲自写作约20万字；又请4位所里同事、3位同门师兄弟、2位学界朋友撰写新增章节，使全书达到80余万字。书稿完成后便交由民政部社团司安排出版，但后来因人事变动，不能及时出版，书稿也转到了中国社团研究会负责人的手上，一直拖到2001年才由当代中国出版社出版，但书中不见了我和所有作者的署名，都被变成了编委。因为此事不单是我一个人的事，牵涉到众多的作者，我当时很气愤，想跟他们打官司，但后来经人劝解，他们也承认此事处置不妥，辩解不知前任领导与我的约定，并担保各位作者的权益不用我负责，是社团司请来的，由他们负责。最终因为发稿费，他们开列了一个作者清单，列出作者姓名及其所写章节，以及我所做的统稿工作，也就成了此书著作权的证明材料，此清单我一直保留着。我对此书不太满意，但是夹生饭加工，无可奈何，但亦有相当的学术价值，它毕竟是国内第一部全面而又系统地叙述中国社团发展史的通史性读物，纵向的时间跨度从秦朝的社团起源到20世纪90年代，横向的内容构成包括各种社团组织及社团思想和社团管理制度，为以后的相关研究提供了一个参照系。

1996年，48岁，为樊百川先生整理遗著

10月13日樊百川先生去世。先是樊百川先生的女儿给我和闵杰打电话，告知樊百川先生病重，我们俩随即先后去往医院，守护了几天。那时，樊百川先生自1982年离开经济史研究室到政治史研究室已有15年，我们觉得虽不是一个研究室的人了，但樊先生曾是我们的指导老师，一日为师终身为父，在他生命垂危的时候我们应该守在他的身边服侍，以尽报恩之心。当政治史研究室得知消息派人来医院守护后，我们俩仍没离去，而是大家轮流

值班。在樊先生离世的那一刻，恰好是我值班，我和樊先生的女儿一起，给樊先生换上衣服，推车送他到太平间，后来又与她的家人一起护送樊先生的遗体到殡仪馆火化。

樊先生去世后，我与他的夫人谈起樊先生的后事，樊夫人说最遗憾的是《清季的洋务新政》一书，大部分已经写完，但尚未全部完成，现在人走了，书稿也就成了废物，十分痛心，希望我能把樊先生未完成的部分完成。我想，这是樊先生的遗作，我即使狗尾续貂，也难以与樊先生的思路、观点、风格保持一致，最好能把遗作整理成一个相对完整的内容出版，以反映樊先生的思想。于是我就把遗稿接了过来。按照樊先生原来的计划，《清季的洋务新政》是 3 卷本，约 150 万字，但在他去世时，书稿没有一卷是完整的，特别是第 3 卷欠缺较多。于是，我根据樊先生的思路及其所设计的体系结构，调整了内容，花了近一年的时间，对遗稿进行整理编排、资料核对、技术处理，最终编辑成 2 卷、125 万字的专著，虽然不能完全保持原设计的面貌，但也反映了樊先生的基本思想。书稿编成后，又想方设法联系上海书店出版社，在中国社会科学院出版基金的资助下，于 2003 年出版。后来，历史研究所的老研究员翟清福先生得知此事，专门写了一篇题为《师情、友情的结晶——〈清季的洋务新政〉读后》的文章，发表在 2003 年 11 月 11 日的《中国社会科学院院报》上，说："整理《清季的洋务新政》，并使之得以出版，这是不幸中的万幸。因此，我们要感谢并提倡虞先生的做法，后学为前辈整理出版有学术价值的书稿，尽可能多地抢救一些可能被埋没的、集几十年心血和汗水的研究成果。"

1997 年，49 岁，获本院和国家荣誉称号，访问日本

2 月 12 日，获得 1996 年度中国社会科学院有突出贡献的中青年专家称号，与国家级该称号获得者同等待遇。实际上也没有多少待遇，就是增加了一级工资，到后来工资改革时还被冲掉了。不过，我自知这是院领导对我研究成绩的表彰和鼓励，值得珍惜。

3 月，获国务院政府特殊津贴。

10—12 月，受日本学术振兴会资助和东京大学邀请赴日本作为期两个月的学术访问。这次赴日访问得到滨下武志先生的帮助和精心安排，他刚刚竞聘上东京大学东洋研究所所长的职位，我在日本两个月都由他接待和

安排,大多数时间在东洋文化研究所图书馆和东京大学图书馆查阅资料,还经滨下先生介绍去京都大学人文科学研究所、神户学院大学做了一个多星期的交流和查阅资料。从此我与滨下先生的友谊日益加深。这是我第一次出国,颇为兴奋,也颇有收获,经济上亦收入不菲,获得最高级别的津贴。当时,中国学者去日本访学(去其他国家亦类同)可谓是发财的机会,日本方面给的津贴最高为每月 54 万日元,约合 4 万元人民币,如果带家属还可增加每月 6 万日元生活费,再加上有机会做学术演讲,每次有 3~5 万日元的报酬,出去两个月顶国内好几年工资。好些学者由出国访学而致富,还带回来国内颇为难购的电视机、电冰箱、洗衣机等高档电器。当时,那些出国访学时间稍长一点的学者带回来的钱,几乎都可以在北京买一套两居室甚至三居室的商品房,可惜大家都没有买,而是把钱存了起来,逐渐贬值。

1998 年,50 岁,启动《中国现代化历程》编写,担任近代史研究所副所长

是年,《中国现代化历程》项目被作为"中国社会科学院'九五'基础研究课题"立项,获得 2 万元的科研经费资助。此前,这一课题曾申报过国家社科基金重点项目,评审专家们大概是出于对我资历和能力的怀疑,未予通过;社科院的领导觉得这一课题很重要,便将它转为本院的基础研究课题了。由此,该课题的研究编写工作正式启动。我认为作为一部大型著作的主编,不能只挂个名,找几个相关的作者在这一题目下自行设计和撰写,而是应该要有一个通盘考虑,要体现出主编的主体思想。因此,我对该课题做了深入思考,设计了框架结构和章节目录,撰写了一个 3 万多字的编写大纲,对每编、每章的主题思想和内容构成都做了原则性陈述和界定,要求参与撰写的各位作者认真参照,避免此书成为一个变相的论文集,以保证全书有贯通一致的思想和逻辑,有较强的整体性,这可能也是后来此书得以成功的重要原因之一。

8 月 26 日,应邀赴韩国全州市参加"全北国立大学"举行的"群山港 100 年:地位、经济、文化"国际学术讨论会,提交《20 世纪晚期黄海区域的经济发展及其对韩国群山地区经济发展的含义》的论文。

9 月 30 日,被中国社会科学院任命为近代史研究所副所长。对此,我事先一无所知,完全出乎我的意料之外,直到任命前一天院秘书长郭永才先生找我谈话,才知有此重任落于我肩。当时本所设一个所长、两个行政副所长

（又是党委书记、副书记）、一个业务副所长，我和所长张海鹏先生的工作分工是：海鹏先生除全面领导各项业务工作之外，具体负责外事和刊物，其余各部门的具体工作均由我负责，并兼任中国社会科学院研究生院近代史系主任。同时仍兼任经济史研究室主任，次年由夏春涛任近代经济史研究室副主任，2001 年由夏春涛接任经济史研究室主任。夏春涛是王庆成先生的大弟子，本院研究生院博士研究生毕业留所工作，在太平天国史研究领域贡献多多，在 36 岁那年就被评聘为研究员，是迄今为止本所获得研究员职称中最年轻的（还有王奇生亦是 36 岁获得研究员职称），我与他合作非常愉快，他后来调到院部邓小平理论研究中心工作后，我们仍保持联系，友好往来，我也参加一些他组织的学术活动。

1999 年，51 岁，访问中国台湾及日本，助创本所青年学术讨论会制度和近代史研究所专刊

1 月，担任近代史研究所党委委员。

4 月 23 日，与杨天石、朱宗震一起应邀赴台湾出席台湾政治大学历史研究所举办的“五四运动八十周年学术研讨会”。在大会上做《五四运动与商人外交》发言，当时商人外交这一概念不为学界大多数人所理解，会场下有一位台湾学者提问说：“什么叫商人外交？历史上有这样的说法吗？这是你杜撰出来的吧？”我当然根据自己的研究，回答了依据所在，大家也就没有再说什么了。此文是我第一次正式提出商人外交概念，并随即发表在《近代史研究》2000 年第 2 期上。现在这一概念已为学界广泛认可。会后与朱宗震先生一起应邀访问“中央研究院近代史研究所”。原定为期 1 个月，但尚未到期便因所里开展的工作而中止访问，立即回所。

在台湾期间，于 5 月 23—30 日，应台湾师范大学三民主义研究所邀请，出席“海峡两岸孙中山思想之研究与实践学术研讨会”，并进行学术交流，我递交的会议论文是《民国初年的民生主义运动及其影响》。回京途经香港时，顺道参加了香港新亚研究所举办的“近代中国经济史研讨会”，做《民国时期的经济发展水平和特点》的发言，并在会议论文集中发表。

6 月，担任近代史研究所第四届专业技术职务评审委员会委员；同月，中国社会科学院正高级职称评审委员会组成，与张海鹏、耿云志先生一起担任历史研究系列评审委员会委员。

8月，本所举办第一届青年学术讨论会，并决定今后每年举办一次，以期推动青年的学术研究，更为有效地培养青年学者。此项举措，是由时任所党委书记李利女士提出来的，经所长办公会议讨论一致赞同，付之实行。此后，这一制度一直继续到现在，而且越办越好，成为近代史研究所的一个品牌。

是年，本所与上海书店出版社签订协议，出版"近代史研究所专刊"。先是经过所长们的讨论，为了解决本所学者出版著作的困难，也为了提高本所的学术影响力，想仿照台湾"中央研究院近代史研究所"的办法，把本所研究人员的优秀著作集中出版，便决定编辑出版"近代史研究所专刊"，但需要找一家愿意合作的出版社。我因安排樊百川先生遗著出版之事，与上海书店出版社建立了联系，便与他们接洽商谈，最后达成合作协议，给他们一定的补贴，但需按通行标准付给作者稿酬。最后由张海鹏先生定夺，并与上海书店出版社协约。专刊入选书稿由近代史研究所学术委员会负责评选，在评职称时给予优先考评待遇。后来，该专刊出版了不少年轻研究人员的优秀专著，如王奇生的《党员、党权与党争》、李细珠的《张之洞与清末新政研究》、郑匡民的《梁启超启蒙思想的东学背景》等。

1999年12月至2000年2月，受日本住友财团资助和东京大学滨下武志先生邀请赴日访学2个月。其间，受时任日本千叶商科大学教授的师兄赵军先生邀请赴该校做短期访学，在该校经济研究所做《最近20年的中国与环黄海经济圈》报告，后以英文发表于该研究所主办的*CUC VIEW & VISION*2000年3月号上。

2000年，52岁，任博士研究生导师，助办纪念建所50周年学术讨论会

7月，被评聘为博士研究生导师，次年招收我的第一个博士研究生。

9月6—10日，为庆祝近代史研究所建所50周年，近代史研究所与中国史学会在北京怡生园国际会议中心共同主办第二届"近代中国与世界"国际学术讨论会，我担任会议秘书长，协助所长张海鹏先生办好此会。出席此次会议的有来自日本、韩国、新加坡、澳大利亚、美国、法国、意大利、波兰、俄国以及中国香港、台湾和大陆的120余名学者，收到论文100余篇。我亦向会议提交了《外国资本与近代中国经济》一文。

8月6—13日，随中国史学会组织的代表团，与本所汪朝光一起出席在挪威首都奥斯陆举行的第十九届国际历史科学大会。

2001 年，53 岁，《中国现代化历程》出版，出席纪念辛亥革命 90 周年会议

9 月，我主编的《中国现代化历程》由江苏人民出版社出版，全书共三卷、123 万字。此书将现代化理论与历史学进行有机结合，从现代化的角度审视和解释 1840—2000 年间的历史，对 160 年的中国现代化过程做了比较全面系统的研究。该书完成及出版后，在结项鉴定和参评国家图书奖推荐时，获得鉴定和推荐专家吴承明、汪敬虞、彭明、龚书铎、章开沅、李文海、从翰香、陈争平、王奇生 9 位著名学者的好评。出版后也获得较好的社会反响，2003 年获江苏省迎接党的十六大优秀出版物一等奖，2004 年获第六届国家图书奖正式奖，2005 年获中国社会科学院优秀科研成果奖，2007 年获第三届郭沫若中国历史学奖二等奖。同年 9 月，被选入"中国文库"，主编者称之为中国百年"名著"集成（由最近 100 年全国所出版的人文社会科学著作中每年选取 10 种编成），并被韩国购买韩文版权，但至今仍在翻译之中。该书共计印刷 4 版，总发行量 13530 套。

10 月，参加在武汉东湖宾馆举行的纪念辛亥革命 90 周年国际学术讨论会，提交论文《辛亥革命与中国早期现代化的启动》，被大会组委会推荐为大会发言，会后收入会议论文集发表，并改写为 5000 字在 2002 年 4 月 30 日的《光明日报》上发表。

12 月，应邀与张海鹏先生一起赴日本神户，参加由日本孙文研究会主办的"辛亥革命 90 周年国际学术讨论会"，做《清朝末期から民国初期における商事仲裁制度の确立》报告，会后收入会议论文集发表。

从本年起负责本所的信息化建设之事，成立信息化工作领导小组，任组长，又设信息化建设办公室，经多年努力，在各相关人员的共同努力下，将本所网站建设成为全院的名网，点击率全院第一。

是年，应《社会科学家》杂志要求，在该年第 2 期《名家语丝》栏目中刊出我的人生格言。文曰："读史明理，以史为鉴：作为一个史学研究者，既要考史求真，探古今变迁之规律，析古为今用之道理，也要读史明理，以史为鉴，继承和发扬中华民族的优秀传统。在平常生活中，要与人为善，宁可人负我，我决不负人。对自己有恩、有惠之人，要铭记终生，知恩思报。对自己有恶、有隙之人，要视而不见，听而不闻，事过即忘。别人说别人的话，我干我的事。在日常工作中,要认真负责,公平待人,尽力而为,不争名利,不说空话、大话,做不到的事不承诺,承诺了的事须做到,力争言而有信。对学术研究,要锲而不舍,循序渐进,博采众长,思今溯古,不断创新。对成果,不求多,只求精,力图每一篇文章、每一本著作,都有较多的学术创新之处。对事业,不需刻意追求,只需坚持和积累,水到渠成,不怕别人不承认,只怕自己无恒心。顺利时不激动,艰难时不气馁,事事以'谋事在人成事在天'之心视之,而得心理之平衡。"这既是我对自己以往人生经历的一点经验总结,也是自己以后做人的一个基本原则,以此作为我的座右铭。

2002 年,54 岁,启动中、日、韩三国史料研究和编纂会议,初识步平先生

4 月,随同中国社会科学院秘书长郭永才先生,应日本日中友好会馆邀请,作为中日历史研究中心理事赴日访问两个星期,到了东京、新潟、广岛、冲绳等地。我是这个代表团中唯一的研究人员,在广岛应广岛大学的邀请做了一个学术座谈会。

7 月 23—26 日,出席由本所与澳门历史文物关注协会、澳门历史学会、广东社会科学院和上海社会科学院联合主办的纪念郑观应诞辰 160 周年学术研讨会。在闭幕式上做学术总结。

11 月 16—23 日,赴香港出席香港中文大学中国文化研究所、历史系联合举办的"新世纪中国历史学:挑战与思考"学术讨论会,并在会上报告论文。

12 月 15—22 日,赴韩国出席在汉城举行的"东亚历史编纂传统及各国之史料研究、编纂"国际学术讨论会,被会议认定为中方首席代表,做《中国社会科学院近代史研究所的史料收藏、编纂和研究》报告。本次会议由大韩民国国史编纂委员会发起,并经得日本和中国的有关学术机构赞同,与会学者即为中、韩、日三国学者。会议除交流各方的资料研究和编纂情况外,还共同约定以后每两年举行一次会议,会议名称改为"东亚史料编纂机关国际学术会议",由出席本次会议的三国首席代表所在机构主办,并争取交换相关资料,开展学术合作。

在韩国会议上,遇到了步平先生,他当时是黑龙江省社会科学院副院长,也是此次会议的中方代表之一。初见步平先生,觉得他是一个挺和善的人,待人热情。他比我早半天报到,会议不管我们报到当日的晚饭,步平先生说他中午已在街上吃过饭了,已经熟悉附近一带,便带我去吃晚饭,并坚持要给我买单。没想到一年半后他就来近代史研究所工作了,成为同事。

2003年,55岁,审查电视剧《走向共和》,建设"中国现代化史"博士点

是年春,暴发非典型肺炎,为防止非典扩散,各单位曾放假数月,我亦在家工作。当时正值中央电视台播放电视剧《走向共和》,其中的一些观点和表演方式引起学界的强烈批评,国家广播电影电视总局责令中央电视台对该剧进行检查、修改。我接到了中央电视台的邀请,还有本所的马勇先生,经与电视台有关人员商量后,决定不作停播处理以免影响太大,白天修改,晚上播出修改版。因为是对胶片进行修改,只能剪不能改,所以修改后的每集播放时间都会缩短,所以将原来每晚播放2集改为3集。我们俩每天上午去电视台审片3集,提出修改意见,下午由电视台的人根据我们的意见进行修改剪接,晚上播出。最后一集修改完成后,电视台又请我审查前面已经播放过的原版光盘,提出修改意见。此次工作,电视台没给多少报酬,另给了一套原版光盘作为纪念。

4月,应中组部领导干部考试与测评中心邀请,与本院专家王洛林、邹东涛、冯雷、夏勇一起参与修订《全国公开选拔党政领导干部考试大纲》,在编写《〈全国公开选拔党政领导干部考试大纲〉学习读本》的工作中,负责历史(包括世界史、中国古代史、中国近代史、中国当代史)和国情国力两部分的主编和部分撰写工作。2008年1月,又与本院专家李慎明、朱佳木、刘树成、李林、邹东涛一起再次参与此项工作,负责撰写中国近代史和国情国力两部分。

8月,根据研究生院的部署,以"博士学位授权一级学科范围内自主设置学科"的名义,申请本所设置"中国现代化史""中国外交史"两个二级学科博士点,前者由我为学科带头人,后者由王建朗为学科带头人,我撰写了中国现代化史设点的论证报告、教学大纲和培养方案。2004年经国务院学位委员会批准,先行设置硕士点,2007年升级为博士点。这意味着中国现代化史已从一个研究领域发展成为一个正式学科,并第一次成为一个博士点,我有幸成为该博士点的第一位博士生导师。"中国外交史"同样获准。到我临退休时,国家对博士点工作进行检查,因我已不管本所的研究生工作,自己亦即将停止招生,又要填写检查表等,比较烦琐,加之本所的博士生招生名额很少,博士研究生导师多于招生数额,新设博士点亦不增加招生名额,因此就放弃填表登记,不了了之。

2004年,56岁,出访英、韩、日三国,成立口述历史研究会

是年起,任近代史研究所学术委员会委员,直至2014年换届卸任。

5月17—26日,美国斯坦福大学胡佛研究所马若孟、郭岱君应邀来访。他们此次来访的主要目的是想和本所合作进行"文革"小报数字化之事。我作为分管副所长,受所领导班子委托,代表近代史研究所与他们进行了商谈。所谓"文革"小报,就是"文化大革命"时期由造反派自己印刷散发的报纸、传单之类的宣传品。"文化大革命"期间,本所收到了全国各地许多造反派寄来的小报,并注意保存,一直存放在图书馆里,据图书馆的初步统计有100万张左右,是全世界收藏量最多的一家。胡佛研究所亦藏有很多"文革"小报,在本所没有统计之前,据说他们的收藏量是世界第一,因此想实行"强强联合",由他们出资将我们的小报做图像扫描,他们和我们各收藏一份,不准扩散。当时,我们的想法是希望将小报进行商业化开发,以便增加本所的收入,缓解职工奖金和过节费的不足,因此主张我们这边可以销售小报的电子版和影印本,他们那边只能自己收藏一份,不能扩散。此外,还谈了一些以后彼此多开展交流合作之事,双方建立起一种初步的合作意向。此后,马若孟、郭岱君先生于同年11月和2005年6月两次来所访问,继续商谈此事。最后可能由于此类文献出口问题难以解决,没有实现此项合作之事,不过双方的交流开始多了起来,并转合作开发本所图书馆所藏南满洲铁道株式会社剪报及向胡佛研究所图书馆所藏的蒋介石日记的合作利用问题,此事我就没有再参与了。

6月,所领导班子换届,步平任近代史研究所副所长(代理所长),王建朗任副所长。所领导成员结构有所改变,从先前的2名行政副所长、1名业务副所长,改变为1名行政副所长、2名业务副所长,工作分工亦随之调整,我负责分管图书馆、信息化建设,并联系经济史、文化史和政治史3个研究室。

7月10日至9月10日,应英国牛津大学中国研究所邀请,赴该所进行为期两个月的学术访问。其间搜集有关商人外交的资料,有将近一个月的时间,天天从牛津乘长途汽车去伦敦亚非学院东方图书馆查阅英国中国协

会的档案，中午饭第一天在图书馆的餐厅里吃，吃的是最便宜的鸡腿饭，鸡腿和饭都很难吃，从第二天起便自带面包、鸡蛋和水果在图书馆旁边的街心公园里吃。牛津到伦敦的长途车要走两个小时左右，我买的是月票，很便宜，星期天图书馆闭馆之时，便去伦敦游览，参观了大英博物馆、白金汉宫、美术馆、格林威治天文台、泰晤士河、伦敦桥、海德公园等。此外，还受朋友接待到温莎城堡、剑桥大学参观。这次去伦敦访问是科大卫先生推荐和安排的，他在我到达牛津后一个月左右就离开牛津大学到香港中文大学任教了。

11月4—8日，应邀赴韩国汉城大学参加"中国崛起的历史透视"国际学术讨论会，此次会议是一次小型会议，主题发言的只有4个人，中国、美国、日本、韩国各1人，但报告和讨论都颇为详细和深入，是当时刚刚开始出现的深度学术讨论会模式，每场报告加讨论为半天时间。我提交的论文是《中国崛起的近代缘由》。

12月10—12日，本所与当代中国研究所、扬州大学、中国现代文化学会、江苏省社会科学联合会、江苏省社会科学院、南京大学民国史研究中心等单位发起，在扬州召开"首届中华口述史高级论坛"。80多位学者围绕国内口述史的回顾与展望、口述史学的学科分类与建设、口述历史的规范等问题进行研讨。时任中国社会科学院副院长兼当代中国研究所所长的朱佳木先生，中国人民大学原校长李文海先生，扬州大学的祁龙威先生，南京大学的张宪文先生，本所的丁守和、耿云志、步平先生等出席了会议。会议通过《中华口述历史研究会章程》，并成立中国现代文化学会口述历史专业委员会，对外称"中华口述历史研究会"，前列几位与会的专家除朱佳木和步平外，均出任了研究会顾问，推选我为会长，本所的庄建平和车前、当代中国研究所的程中原、扬州大学的周新国、四川的谭继和、江汉大学的涂文学为副会长，左玉河为秘书长。成立口述历史研究会的最早动议是车前在2000年提出，并与庄建平、左玉河等本所同事开展了一些活动，大约在2003年找我商谈成立研究会之事，我表示支持，他们希望我担任会长，我也答应了。研究会成立后开展了一系列的活动，合作和加盟者越来越多，应该说为推动国内的中国口述历史研究发挥了一定的积极作用。

12月15—22日，与本所的王建朗、闵杰赴日本参加由东京大学资料编纂所主办的"第二届东亚史料编纂机关协议会"和"东亚史料编纂研究学术讨论会”，主题为“亚细亚史料的情报资源化与国际间的利用”。

12月，由我主编的《张謇——中国早期现代化的前驱》一书，作为国家清史工程“清史研究丛刊”之一，由吉林文史出版社出版。此书的编写起始于2000年，时任全国工商联副主席的张绪武先生（张謇的孙子）找我，想委托我做一个张謇研究的项目，并允诺可由中华爱国工程基金会（会长李德生）下的张謇研究基金给以资助。我当时刚刚做完《中国现代化历程》的项目，觉得以张謇为线索再做一下现代化的微观研究还是挺有意义的，并能得到张謇研究基金的经费资助和张绪武先生的人脉帮助，不会有太大的困难，于是便接受了。此书在写作中得到了张謇研究的权威专家章开沅先生的指导，他亲自操刀打头阵，写了本书的前言和第一章，又请到苑书义、侯宜杰、马敏、朱英、陈争平、林刚、马勇、王奇生等名家为作者，阵容可谓强大至极，曾有人开玩笑地对我说：“你好大胆，居然敢让你的老师给你当作者。”同时，张绪武先生也提供了极大的帮助，亲自出面带着我们全体作者到南通考察张謇古迹。正是由于包括章开沅、张绪武两位先生在内的诸多作者的大力支持和通力合作，此项目才得以顺利完成。书稿完成后，张謇研究基金因没钱资助出版，2003年我向本所提出了资助出版的申请。学术委员会在讨论时，有委员觉得作者中有不少非本所人员，由本所资助出版不太合适，参加会议的所外委员李文海先生觉得此书写得很好，他正在负责主编国家清史工程的“清史研究丛刊”，有意将此书收入其中，便在离会后来到我的办公室问我愿意不愿意加入。我当然非常愿意，如此不仅能提高此书的层次，而且能得到更多的稿酬，何乐而不为？后来经“清史研究丛刊”编辑部请专家审阅，顺利予以通过，于是此书得以出版。此书出版后，得到了较好的评价，张绪武先生亦颇为满意。

是年，我提出和主持的“资产阶级与近代中国社会”课题被立项为国家社科基金委托重大项目，这是国家社科基金史学类的第一个重大项目。此项目，因为在执行期间又主持了国家清史工程的两个项目和中国社会科学院的一个重大项目，加之课题组成员因各种原因均不能承担写作，成了我孤家寡人的项目，所以至今尚未结项。不过，中期成果已于2015年年底由中华工商联合出版社作为国家出版基金资助项目出版，书名为《资产阶级与中国近代社会转型》3卷本，近100万字。

受国家清史工程领导小组委托，主持《传记 · 光宣朝》项目，现已结项，全书30万字,外加150万字左右的资料长编。2012年结项,2016年最终定稿,本人撰写约15万字,并负责全书的修改和统稿。

2005年,57岁,成立中国近代社会史研究中心,《近代通史》第3卷出版

近代史研究所的社会史研究,从研究对象来说,在研究人员的研究课题中早就有之,已在无意中涉及社会史这一领域;从学科建设来说,从1988年王庆成先生担任所长提倡社会史研究以后,有意识的社会史研究逐渐兴起。如文化史研究室的刘志琴、李长莉先生率先提出和展开社会文化史研究;经济史研究室的从翰香先生支持国家社科基金重点项目“华北农村研究”;政治史研究史的姜涛先生从博士论文就开始人口史研究;思想史研究室郑大华先生的乡村建设运动研究;本人的商会、行会和经济社团研究;等等。因此,所长办公会亦曾几次讨论过成立社会史研究室的问题,但因编制和人员跨室调配等问题不易解决而没能够成立。此后,有经济史、文化史、政治史3个研究室提出改名为社会经济史研究室、社会文化史研究室、社会政治史研究室,但考虑到3个研究室都挂上“社会”不是很妥当,挂在哪个研究室也难以定夺,于是就搁置起来了。到2005年,李长莉向我建议在所里建立一个社会史研究中心,以文化史和经济史两个研究室为基本组成单位,整合全所的社会史研究队伍,以扩大和提升近代史研究所在社会史学界的影响和地位。我觉得此议可行,近代史研究所的社会史研究取得了长足的进步,已基本形成了一支有较强研究能力的队伍和一个有较多学术生气的学科,出版和发表了一批颇有影响的研究成果,研究的领域已涉及人口史、社会组织史、社会文化史、社会经济史、社会生活史、社会思潮史、宗教史、灾荒和灾荒救济史等。于是经所长办公会通过,于是年8月成立“近代史研究所中国近代社会史研究中心”,由我任理事长、李长莉任主任。该中心的主旨是:整合本所的社会史研究力量,使之逐步成长为本所的一个新的优势学科;搭建一个学术活动的平台,进一步推进与国内外社会史学界的交流与合作,以后待条件成熟时再成立社会史研究室。随后,即在青岛举行第一届中国近代社会史学术讨论会,正式宣告社会史研究中心成立,得到学界的广泛响应和支持,加盟合办此次会议的有青岛大学,首都师范大学、山东大学、中山大学、山西大学、苏州大学、贵州师范大学,此后又增加了华中师范大学、新疆大学、东华大学、南京大学、湖北大学,并创办了不定期的《中国近代社会史研究集刊》。在我任理事长期间,举办的中国近代社会史国际学术讨论会有2005年的青岛会议、2007年的新疆会议、2009年的贵阳会议、2011年的苏州会议、2013年的襄阳会议。这5次会议的主题依次为:“近代中国的城市·乡村·民间文化”“晚清以降的经济和社会”“近代中国的社会流动、社会控制与文化传播”“近代中国的社会保障与区域社会”“社会文化与近代中国社会转型”,这些会议主题的选定,主要是希望推进这些领域中一些理论问题、前沿问题、热点问题的研究,也反映出中国近代社会史研究在视点和方法上的推进。到2013年,近代史研究所终于成立了社会史研究室。

11月,张海鹏主编的《中国近代通史》(10卷)由江苏人民出版社出版。我负责和写作了第三卷《早期现代化的尝试(1865—1895)》,也就是洋务运动时期。该书是张海鹏先生在1999年应时任中国社科院院长的李铁映同志的要求而启动的,为中国社科院“十五”重大课题和国家新闻出版署“十五”国家重点图书出版项目。我写作这一卷的主题思路是通过考察这段历史,特别是洋务运动的起止、成败,透视这一阶段中国致力于早期现代化的基本状况和可悲结局。作为一部洋务运动时期史,本卷的内容,既具有相对的完整性,也具有一定的开拓性。在完整性方面,除包括洋务运动的本身内容之外,还包括了与此没有直接关系的内容,如海关和关税、中外贸易、外资企业、私人资本工商业、传统农业和工商业、边疆事件、民主观念、重商主义等问题。在开拓性方面,除吸收学界的现有研究成果之外,也增加了一些以往很少研究的新内容,如洋务派中的中央系、湘系、淮系和张之洞系的不同作用和特点,地方专职洋务机构海关道和洋务局,重商主义思想,外资工商业中保险业,外国洋行的结构性变化,洋务运动与日本明治维新的比较,这一时期所形成的半殖民地半封建社会特征等。在某些老问题的研究上,较之以往的相关研究有所深入。一是考察了洋务派的军事与经济、军用工业与民用工业、洋务企业与商办企业的互动互利思想。二是注意到了洋务运动与外国洋行扩张变化的互动关系,考察了对外贸易对传统农业、手工业和金融业现代性变异的影响。三是分析了洋务企业对商办企业的带动作用,注意考察洋务企业和商办企业中生产技术的提高和自主化状况。在该书出版座谈会上有专家对本卷发表了较多肯定的评论(见《中国近代通史》笔谈,《近代史研究》2007年第5期),依发言次序录之于下:

龚书铎先生说:“第三卷述1865—1895年的历史,洋务运动是其核心内容。如何看待洋务运动,可以有政治史、经济史等不同角度。该卷不限于革命史范式,而以中国早期现代化的尝试为考察和分析这一时期历史的中心线索,既考察它在早期现代化历史进程中的开端地位,也分析它遭受挫折失败以及失败的原因与教训,研究视野、体系结构较前人都有新的进展。"

李文海先生说:《中国近代通史》"在一些存在着重大争论的学术问题上提出了自己的独创性看法。例如,关于洋务运动,本书既不同意对这一历史事件一味否定,'把洋务活动的负面作用说得绝对了',也不赞成把它全盘肯定,奉之为中国现代化的方向。在全面论述了洋务活动的种种具体措施之后,指出'洋务运动由少数受西方资本主义影响较多的旧式官僚和绅商发起、领导和实施,并未成为真正的国策,未能成为上下一致的全国性运动;在实际举措中也是单纯而有限地引进一些先进科学技术和设备,在传统的封建社会结构中开办新式企业,且吏治腐败、效率低下。因此,洋务运动是一种局部的、初步的和畸形的早期现代化运动,其求富举措尚有可嘉,其自强之道实属可训,其失败结局令人可悲'。这样的分析,避免了对历史现象的简单化处理,是值得肯定的"。

熊月之先生说:"通史全书分10卷,始于1840年鸦片战争,迄于1949年中华人民共和国成立,以历史唯物主义为指导,完整地叙述了近代中国110年历史。……第三卷早期现代化的尝试(1865—1895),描述洋务运动时期历史,既记述中国边疆危机和中法越南战争、中日甲午战争和《马关条约》的签订,记述洋务新政、资本主义工业的产生、改良思想主张的提出和革命活动的开始,也反映中国社会生活变迁,特别是上海等沿海沿江城市社会生活的变化。"该书"在叙述政治史和革命史时,作者尽可能复原社会各阶级的活动,复原各阶级和政党之间的互动,复原复杂的社会生活本身内容。第三卷在叙述洋务运动时,不但对洋务派浓墨重彩,也用了一定的篇幅描述清流派的情况,讨论洋务派与清流派之间的联系与区别"。

熊月之又详加评论说:我对于晚清几卷翻阅得比较细致,所以下面举的例子都集中于晚清。我觉得此书在论述允当、使用史料、叙述技巧等方面,闪光之处很多:

其一,广泛吸收学术界的优秀研究成果。通史不同于专史或论文,后者强调独创,贵在求新求异,前者重在统摄归纳,反映学界最新最好研究水平。本书在这方面相当成功,尽可能地吸收了国内、国外学术界的研究成果,并且从通史的宏观角度,对以往的研究做出自己的判断。第三卷在分析晚清中国对民权、民主、自由、平等之类概念的认识,不但一般性地介绍了晚清人对这些概念的理解、使用,还及时吸收了先前留德、现执教于北京的方维规的最新研究成果《“议会”、“民主”、“共和”等概念在十九世纪的中译、嬗变与运用》,此文在通史编撰时刚刚发表。

其二,既论事也评人。书中对于洋务运动的叙述,不但介绍了洋务派所办的各类企业、所进行的各种活动,还用一定篇幅介绍领导洋务运动的各色人等的为人处世特点,包括总理衙门大臣奕䜣、文祥、宝鋆,封疆大员曾国藩、李鸿章、左宗棠等,并注意使用当时人对这些人的评价,像李慈铭评论奕䜣“少年不学,暗于大体”,赵烈文评价奕䜣“浅智薄慧,涂饰耳目之技”,曾国藩评价文祥“规模狭隘,亦不知求人自辅”、目光短浅、刚愎自用,宝鋆只不过是奕䜣的联姻致好、嬉食同伴,在总理衙门唯终日谐笑,被人视为奕䜣的“小小菜”。这种寓评论于叙述之中的写法,让读者既见事又见人,枯燥的历史立时变得鲜活起来。

其三,从出身、经历等方面对早期维新人士群体进行分类剖析,可以使人们加深对早期维新思想的理解。作者除了按照学术界划分习惯,将这一群体分为深受西学影响的知识分子如王韬、郑观应、何启、胡礼垣,熟悉西方政情的出使官员如郭嵩焘、薛福成、马建忠、黄遵宪、崔国因、宋育仁,还特地将留意经世之学的趋新人士作为一类,诸如冯桂芬、陈炽、陈虬、汤震,这些人大多具有举人、进士功名,早年深受传统文化熏陶,心怀经世之志,入世则官位不显,居乡则熟知民情。这种分法,对于人们理解维新人士层次的丰富性有所助益。

其四,书中对传教士的评论比较平实,既介绍他们在传教同时扩大政治干预、攫取经济权益,也介绍他们兴办慈善事业、出版报刊、创办学校方面的活动。与此相关联,作者在介绍同光时期中国新社会因素时,不但介绍了资产阶级、工人阶级,还在介绍新知识群体时,特别注意到那些协助来华传教士或其他外国人进行文化传播的中国人,包括蔡尔康、任廷旭、颜永京、吴虹玉、沈毓桂、蒋芷湘、钱昕伯、黄式权、袁祖志等,这些夹在中西文化之间的知识分子,通常被称为条约口岸知识分子,在中西文化交流中确实地位特殊,举足轻重,很值得研究。

其五,论近事而注意传统,论人事而注意地缘。对于洋务派的不同群体，作者细致地辨析其间的异同。曾国藩的湘系与李鸿章的淮系，是洋务派两大集团，书中论述他们的特点：湘系洋务派多由湘军将领出身，较多侧重于军事方面采用新法，且在思想观念上受曾国藩的传统思想影响较多，其洋务观念和行动往往处于求新与守旧之间。淮系洋务派虽然也多由将领出身，但由于淮军起家于上海、江浙等受西方影响较早、较多的地区，与洋人有较多的交往与合作，因而其思想观念较湘系更为开放，不仅在军事上学习西方，而且在经济和文化上也主张效法西人。这就将群体特征与地域特点、文化传统联系起来，体现治史者开阔的视野和厚实的功底。

其六，评价人物、评论事件很注意分寸。作者论述奕譞作为光绪皇帝的父亲不能出任军机处和总理衙门大臣之职，但他实际上参与军机要务，“他虽然是一个夹于守旧派与洋务派之间的人物，且较多倾向守旧，但他从与奕訢争权出发，做了不少奕訢不敢做的事情，在客观上迎合和支持了洋务新政”。这一论断就很贴切。

12月8—15日，应日本华人教授会邀请，与张海鹏先生一起赴日本出席纪念中国同盟会成立100周年国际学术研讨会，做题为《日支实业协会与民国初年的中日商人外交》的学术报告。

2006年，58岁，出访韩国，举办三国史料编纂暨口述史会议

6月8日至11日，应韩国中国史学会邀请参加“通过文物交流和开埠看中国历史”国际学术讨论会，做会议基调报告，题为《1860—1894年中国开埠和外贸格局的变化》，后发表于韩国《中国史研究》第44辑上。

11月10—15日，在武汉江汉大学，与江汉大学、武汉市（湖北省）档案馆共同主办，中国第一历史档案馆、中国第二历史档案馆、上海市档案馆协办“第三次东亚史料编纂机关国际学术会议暨第二届中华口述历史研究会学术会议”。其中东亚史料编纂机关会议的主题为“亚洲各国的史料资源和开发利用”，有国内以及日本、韩国、美国学者出席。

2007年，59岁，《中国近代社会经济史》立为院重大项目，与招商局合办会议

以《中国近代社会经济史》为题获得中国社会科学院重大项目，到2012年基本完成，为独著的3卷本，95万字，目前正准备进一步修改后正式出版。该项成果对1840—1949年的社会经济发展变迁过程进行了整体性的研究，主要内容包括:经济建设决策者的经济思想,政府的经济方针、经济管理、经济政策和经济法制,外资的对华侵略、压迫和影响,资产阶级的组织状况、经济观念和主张、对政府经济决策和经济政策的参与和影响、经济外交的展开和效果,经济发展过程中的技术因素,农工商各业的发展状况和程度。旨在构筑一个比较完整的中国近代社会经济史的研究框架,为这一学科的研究和建设做出有所前进的贡献。前言以《统合与建构:社会经济史学科之由来及其研究体系》为题发表,总结和提炼国内外社会经济史的以往研究成果,对社会经济史的研究体系提出了新的看法。

10 月 27—29 日,主持本所与招商局集团、中国经济史学会在深圳联合主办召开的"招商局与中国现代化——纪念轮船招商局成立 135 周年国际学术讨论会"。参加会议的有澳大利亚和国内的 50 多位学者,会议收到论文 30 余篇,涉及招商局的经营管理、制度创新、工资福利、社会责任、企业与员工关系等方面。在会上做主题报告《轮船招商局在中国早期工业化启动中的作用》。会后,主编了会议论文集,并为之作序,于 2008 年 11 月由中国社会科学出版社出版。

2008 年,60 岁,参加本院与宁波市合作工作,出访俄罗斯及访问中国台湾

10 月 16—17 日,赴宁波出席我院与宁波市战略合作委员会共建研究中心活动的签字仪式,代表近代史研究所与宁波大学合作成立"浙东文化与宁波文化大市建设研究中心",并担任中心主任,被宁波大学聘为"包玉刚讲座教授",一直延续至今。

10 月 21—27 日,应邀赴莫斯科出席由俄罗斯科学院远东研究所举行的"中国改革开放 30 年——第十七次中国与世界国际学术讨论会",在闭幕式上做《中国改革开放与历史资源的利用》的报告。有俄罗斯学者听完我的报告后,对陪我去参加会议的本所同事陈开科说:"没想到中国的改革开放还有这么复杂的历史因素。"

10 月 28 日,作为我院纪念改革开放 30 周年系列报告之一,在我院学术报告厅做《改革开放以来中国近代史的学科创新》的报告。后又以此文修改版参加本所举行的"过去的经验与未来的可能走向——中国近代史研究三十年(1979—2009)"学术讨论会,并在《晋阳学刊》2010 年第 6 期上发表,亦载入由社会科学文献出版社于 2010 年出版的本次会议的论文集中。

12 月，带领近代史研究所代表团访问我国台湾“中央研究院近代史研究所”、中国国民党党史会、台湾政治大学，就科研、人事、后勤及图书管理等工作进行了交流，并接受“中央研究院近代史研究所”已故研究员刘凤翰先生赠书。同行者有近代史研究所人事处处长黄春生、办公室主任寇伟、科研处副处长陈于武、图书馆馆长段梅。

是年，领导和落实作为国家清史工程项目的本所馆藏清史资料整理出版工作，经过多次谈判与国家清史编纂委员会、出版社签订正式协议，着手准备整理和出版工作。

2009 年，61 岁，卸任副所长

5 月 13 日，因年龄原因，不再担任副所长职务，仍任研究员、博士研究生导师、学术委员会委员、社会史研究中心理事长。

本人历年的论著颇受学界关注，广被引用。对此本人尚无系统查索，不过《近代史研究》2009 年第 5 期发表了徐秀丽的《从引征看中国近代史研究》一文，对 1998—2007 年中国学者论著的 CSSCI 状况做过全面系统的考察和研究，本人系被引次数在 100 以上的 29 位“高被引学者”之一，位列第 21 名。本所人员在列者另有罗尔纲第 7 名、杨天石第 10 名。前 20 名依次为罗志田、汤志钧、章开沅、王铁崖、陈旭麓、荣孟源、罗尔纲、朱英、严中平、杨天石、汪敬虞、熊月之、杨奎松、孔祥吉、章有义、彭泽益、金冲及、李文海、顾颉刚、胡绳。

回顾 12 个年头的副所长工作，虽然没有为近代史研究所的发展做出多大的实际贡献，但也耗费了我不少的心血和时间，但值得庆幸的是我自己的科研工作一直坚持下来了，有朋友说这 12 年还是我科研成就的高峰期。当然，其中的艰辛是可想而知的，12 年来基本没有节假日、没有周末，晚上几乎天天写作到零点，没有参加过一次所里组织的春游和考察活动。我爱人时不时地埋怨我，什么家务也不做，伺候你这么多年连一次出国旅游都没有过，看着人家都纷纷出国旅游好羡慕啊。我内心好内疚，直到 2016 年才陪她自费去日本旅游了一个星期，算是零的突破。

11 月，出席中山市社会科学联合会举办的“郑观应思想与当代中国社会”学术讨论会，在大会上做主题报告《论郑观应的历史地位》，后作为此次会议论文集的序言。

2010年,62岁,启动《近代史所藏清代名人稿本抄本》项目,出版《20世纪的中国——走向现代化的历程·经济卷(1900—1949)》

8月,经过与国家清史工程领导和大象出版社的多次协商,国家清史工程项目"近代史所藏清代名人稿本抄本整理研究"出版事项落实,正式启动编辑工作。本项目之所以从立项到启动时隔近两年之久,主要是因为出版社不易落实。我做这项工作的思路,与前次与美国胡佛研究所图书馆商议合作开发"文革"小报一样,在为国家清史工程做贡献的同时也要兼顾所里的利益,让所里得到一定的经济收入。最后虽然待时较久,但是目的还是达到了,得到大象出版社的大力支持,按照本所与大象出版社签订的出版协议,本所在这项工程中总共可以获得270多万元的资料费收入,也算是我对近代史研究所的最后一次贡献。

本人独著的《20世纪的中国——走向现代化的历程·经济卷(1900—1949)》,由人民出版社于本年8月出版,全书70余万字。该书是国家社科基金委托重大项目,最初由王庆成先生和彭明先生联合发起,后来王庆成先生因常去美国,便退出了这个项目,由彭明先生一人主持,我是应王先生的要求而加入的,后来彭先生希望我继续承担这一支课题的工作,我就接受了。经过五六年的努力终于完成了。此书对1900—1949年的经济史做了较以往相关研究更为系统和全面的研究,可以算是我从现代化的角度对这50年经济史的研究,也开拓了一些新的内容,纠正了学界以往研究存在的一些失误。

2011年,63岁,完成《中国近代社会经济史》初稿,参加辛亥革命100周年国际学术讨论会

基本完成本人主持和独著的本院重大课题《中国近代社会经济史》,完成结项,全书3卷,约95万字,待修改后出版。

参加辛亥革命100周年国际学术讨论会的论文评选会及学术讨论大会,与会论文为《辛亥革命对教育变革的影响——以民国前中期商人捐办大学为中心》,后在《史学月刊》2015年第6期上发表。

11月6—8日,本所与浙东文化与宁波文化大市建设研究中心合办"全国首届区域文化研讨会",旨在促进中国区域文化研究的发展,突破这方面研究中存在的封闭、孤立状态,增进学术交流和比较研究。

2012 年,64 岁,退休返聘,出版《近代史所藏清代名人稿本抄本》第一辑

2 月,办理退休手续,仍任研究员、博士研究生导师、学术委员会委员、图书文献咨询委员会委员。按照中国社会科学院的规定,各个研究所有数额不等的博士研究生导师可以延聘到 65 岁退休,本所有 3 个名额,此前一直都实行 65 岁退休。到本年,所里想让所有博士研究生导师都能享受到延聘待遇,但名额不能增加,只能将延聘年龄从原先的 65 岁缩短到 63 岁。当时面临此项"改革"的第一个人就是我,问我有什么意见,我表示没意见,只要不是一种临时措施,而是作为一种制度规定来做就行。于是,我就退休了,但由于我所承担的有些公务工作尚未到期,有些重大项目尚未完成,所以继续返聘。

张海鹏先生主持的马克思主义理论研究和建设工程重点教材《中国近代史》,由高等教育出版社出版,本人撰写第三章"洋务运动与中国早期现代化的开端",3 万字。

主编的国家清史工程项目《近代史所藏清代名人稿本抄本》第一辑,由大象出版社出版,145 册,98530 页、编目 27299 条,约计 70 万字。

2013—2014 年,65~66 岁,受聘为华中师范大学特聘教授,参与中国文物学会会馆专业委员会的工作,出版《近代史所藏清代名人稿本抄本》第二辑

2014 年 9 月起,被华中师范大学聘为特聘教授,每年给新招收的博士、硕士研究生讲授中国近代社会经济史(40 课时),并做某些专题讲座,参与相关学术活动。

出席由近代史研究所、韩江师范学院主办的"跨国视野下的近代中国与世界"学术讨论会,并在大会做《跨国视野下的海外华商与华商组织》主旨报告。

10 月,出席由招商局集团公司、复旦大学、中国经济史学会合办的"招商局与中国企业史研究"国际学术研讨会,担任大会主旨报告评论人及第二场 B 组讨论主持人。

11 月,出席由中国文物学会会馆利用与保护专业委员会、天津广东会馆主办的"会馆保护、利用及在本地城市的作用"学术会议,并做以《会馆文化与城市发展》为题的大会主旨报告。已应邀担任该委员会的副会长和专家委员会主任。

主编的国家清史工程项目《近代史所藏清代名人稿本抄本》第二辑（张之洞专辑）由大象出版社出版，175 册，123602 页，编目 52649 条，约计 100 万字。

2015 年，67 岁，获院优秀成果奖，出版《资产阶级与中国近代社会转型》

是年，本人所撰的《抗战后国家资本膨胀和垄断问题再研究》一文，获中国社会科学院优秀科研成果三等奖。

本人独著《资产阶级与中国近代社会转型》3 卷本，约 100 万字，由中华工商联合出版社出版，系本人承担的国家社科基金重大课题"资产阶级与中国近代社会"中期成果、国家出版基金资助项目。

由本人和朱英合著的《中国近代商会通史》（马敏主编）第二卷，由社会科学文献出版社出版，本人写作约 30 万字。

为纪念恩师章开沅先生 90 华诞，我撰写了《章开沅与改革开放以来的中国近代史研究》一文，在《广东社会科学》2015 年第 4 期刊出。

7 月，赴厦门，出席厦门大学中国海关史研究中心为纪念陈诗启先生诞辰 100 周年举办的"海关与中国近代社会学术讨论会"，在会上做《陈诗启与中国近代海关研究》发言。陈先生是推进我国海关史研究和学科建设的领头人和一流学者，著作丰硕，且人品学品极佳，我早就拜见过他。他的学生戴一峰先生也是我的至交好友。

9 月，参加由江汉大学举办的"中国城市史研究会年会暨学术研讨会"。参加河南大学《史学月刊》编辑部举办的"史学的研究与传播"学术研讨会。

10 月，应邀赴宁波参加《近代史研究》编辑部与宁波市鄞州区方志办合作举办的学术会议。又应邀赴上海参加《中国经济史研究》编辑部与上海财政人学举办的学术会议。

是年，在华中师范大学招收博士研究生 1 名。

2016 年，68 岁，组建中国区域文化研究会，主编出版《中国抗日战争史料丛刊》

7 月，参加华中师范大学中国近代史研究所与台湾"中央研究院近代史所”合办的“全球视野下的近代中国”学术研习营,做《战后民族资本外迁原因分析》讲演。

10月24—27日,主持由中国现代文化学会与“浙东文化与宁波文化大市建设研究中心”、《近代史研究》编辑部、宁波大学人文与传媒学院联合发起主办的“中国现代文化学会2016年会暨第二届全国区域文化研讨会”。此次会议得到中国现代文化学会的大力支持,并慨允成立“中国现代文化学会区域文化研究专业委员会”,委派我为会长。该专业委员会由广府文化研究会、香山文化研究会、湖湘文化研究会、湘潭大学曾国藩研究中心、武汉大学中国传统文化研究中心、江汉大学城市研究所、山西大学社会史研究中心、宁波市浙东文化与宁波文化大市建设研究中心、宁波大学人文与传媒学院联合发起成立。旨在为中国区域文化研究搭建一个全国性的平台,促进中国区域文化学术研究的深入、学术交流的扩大和开发利用的参与。由王杰、胡波、周秋光、王继萍、陈锋、涂文学、行龙、张伟、周志锋、徐秀丽为副会长,周祖文为秘书长。

10月,参加中南财经政法大学举办的“第一届中国近代经济史学术研讨会”,在大会上做《经济思想史研究的几个问题》的主题发言。

11月,参加湘潭大学举办的湘学与当代区域学术史研讨会,做《当代湘学与近代史学科的发展——以刘大年和林增平为例》发言。

11月19日,应邀出席上海市历史学会、上海财经大学举行的“纪念穆藕初先生诞辰140周年暨引进科学管理100周年学术研讨会”,做《穆藕初——中国早期现代化的推手》主题报告。

12月23日,参加由中国史学会、福州市人民政府举办,中国社会科学院近代史研究所、福州市委宣传部、福州市马尾区人民政府承办的“船政与中国近代化启航——纪念福建船政创办150周年”研讨会。在大会上做《福建船政局的成与败》主题报告。

本人受大象出版社委托担任主编的《中国抗日战争史料丛刊》1037册,由大象出版社出版,系国家出版基金资助项目。

2017年,69岁,出版《近代史所藏清代名人稿本抄本》第三辑

主编的国家清史工程项目《近代史所藏清代名人稿本抄本》第三辑,由大象出版社出版,140册,96944页,编目44021条,约计90万字。

4月，参加由江汉大学人文学院、江汉大学城市研究所在武汉举办的“纪念武汉建市90周年学术研讨会”。在大会上做《从“城”到“市”——城市和城市研究的发展脉络》主题报告。

7月，参加由广东省中山市委宣传部、市社会科学联合会在中山举办的“纪念郑观应诞辰175周年学术讨论会”。

10月，参加由招商局史研究会、中国社会科学院当代中国研究所、中国经济史学会在深圳举办的“招商局历史与创新发展”国际学术研讨会。在大会上做《清末民初官企改制中的官商博弈——以轮船招商局为中心》的学术报告。

师门、传道及其他（代后记）

李　俭

一代文宗在不经意间留下了一个“韩氏命题”。贞元十八年即公元802年，时任四门博士的韩愈在其撰写的《师说》中，破题第一句便说：“古之学者必有师。师者，所以传道授业解惑也。”成文时间难以确考，但通常以为作于嗣后不久的《原道》里，韩愈对“道”的关切是终极的：“尧以是传之舜，舜以是传之禹，禹以是传之汤，汤以是传之文、武、周公，文、武、周公传之孔子，孔子传之孟轲，轲之死，不得其传焉。”孔子曾说：“人能弘道，非道弘人。”“韩氏命题”似乎直指这一要害，道不能传而弘，不在师而在弟子，弟子不传或传不以方圆，由是辍而衰。

古人讲究，重师门、崇师承、严师尊。唯物如王充者，犹师事班彪，博览百家，以期“能精思著文联结篇章”而为鸿儒。在《论衡・量知》中，王充指出：“不入师门，无经传之教。”至宋代黄山谷，其对个人学少续承，恨恨不已，《次韵秦觏过陈无己书院观鄙句之作》一诗自揭己短曰：“我学少师承，坎井可窥底。”我们通常视华夏文明有君子风，其中一端，即如《礼记・学记》云：“凡学之道，严师为难。师严然后道尊，道尊然后民知敬学。是故君之所不臣于其臣者二：当其为尸，则弗臣也；当其为师，则弗臣也。大学之礼，虽诏于天子无北面，所以尊师也。”荀子还把尊师与国运结为一体，《大略》云：“国将兴，必贵师而重傅……国将衰，必贱师而轻傅。”这种说法，可与当下流俗互证。谭嗣同不惮于“横刀向天笑”，但于师门，仍一心养护，其于《浏阳算学馆增订章程》正告学人，“为学莫贵于尊师”。

在一代代学人推覆中国中心主义的同时，否认自身文化价值、认同西方文化和丢弃师道尊严是三位一体的。现在，大可不必将师与天地君亲摆在供桌上，自也不必程门立雪以示诚心正意，但也不能目无师尊，学不以道。在某种意义上，“新我”的出现固然有赖于学人价值关节的重构和心灵结构的重建,"新国"的出现首先是"解放"和"自由"的现实化和世俗化,但是否必须以将师道撕裂得体无完肤为前提呢?思之恐怕未必。也就是说,追求知识信仰也好,叹慕理性知识也罢,我们从来不缺文化、教养和所谓的"吾更爱真理"的批判精神,而是缺少将其转化为人文精神和人类自我关怀的能力和胸襟。

闲扯到此处,这本书又与上述种种有何关联呢?牵强地说,自然是有的。编辑这么一本册子,是我等不敏小子表达"传道"的一种心意。依个人而言,忝列师门已十有二载,"君子谋道不谋食",我则是一身"小人儒",既不学道,也不弘道,惶惶于谷物之中不得脱。2017 年 10 月,老师将六十有九,按旧时风俗,已是纵心之寿,"人到七十古来稀",自然要好好祝贺一番。我的打算是,为老师出本册子,文章要以研究老师的学术思想为主,不收无关主旨之说辞,固然这是学界通则,否则,就失去为人学生"传道""续谱"之本分了。2015 年教师节前夕,吴敏超女史提议小聚一下。我就这意思和几位同门说了,他们都欣然应允,以为善事。又和老师言了,结果却遭到否决,说八十岁以后再考虑。我戏称,一万年太久,遂列了提纲,聚会当天,"强行"摊牌。聚会完毕,因个人一年出了六个月的公差,加之几位同门就体例、内容等方面来往磋商,不由得一时搁浅。2016 年教师节前夕,蒋清宏君又建议大家一起坐坐。这次,我没再征求老师的意见,又把去年的提纲找了出来,稍微修改、调整,设计了编辑方案,整理了写作规范,于聚会当天分发给各位同门。此时,老师已被"绑架"。

认识老师的人,都知道这个江南秀才好"欺负"。这么多年,他一直"即之则温",一脸菩萨相,似乎从不晓得红脸和厉语为何物,即便表达憎恶之态,也不过尴尬地笑着摇摇头罢了。既然"生米已做成熟饭",老师便不再说什么了。不几日,诸君纷纷领了题目,各自张罗去了。考虑到是本寿诞纪念册,有必要请老师的师友参与其中。于是,春节前后,我或利用聚会时间,或发短信,请马勇师、工奇生、周祖文师写几句话,以作纪念。结果,三位不以为忤,慨然应允。安排完了,我才向老师报告,老师一脸无奈,只是说,不该惊动他们。我又提议,老师交游遍天下,我只识得上述几位,可否再延请其他师友襄助一下。老师断然拒绝地说,不要张扬,到此为止。写作过程中,吴敏超女史在一次闲聊时,将此事告诉了天津阎书钦教授。此时,离截稿时间不足一月,阎书钦教授立即放下手头工作,自拟题目,奉献了一篇佳作。

稿子收上来，我内心惴惴不安。同门之文章固然不乏质量上乘之作，但也存在一些缺憾，一是不能涵盖老师的研究领域，总结提炼得不切题、不到位；二是未能深入老师的研究脉络，无法彰显学术思想、学术品格和学术风范；三是没有通读老师的研究成果便匆匆动手，没有反映全部治学的方向、方式和方法。这方面，代表人物反而就是我。比如，老师的中国口述史研究一文，本由一个同门承担，因故不能完工，我只能贸然接过。因第二天要赴辽宁、河北等地出一个月的差，而稿子必须在三月底交工，在没查找多少资料、没翻阅多少文献的情况下，匆匆谋篇，急急下笔，草率完工，现在收入册子中，实有鱼目混珠、滥竽充数之嫌。编纂计划自去年教师节启动，至今不过几个月时间，考虑到诸位师友忙于业务，劳于案牍，没开过碰头会，没集中讨论过，没返回修改过，加之个人学有不逮，力不能胜，问题和疏漏之处自然难免。如果这本册子不能实现“传道”之愿，甚至可能歪道、坏道，有辱师门学承，责任全在于我，与师友无涉。

老师治学之道：一曰宁静淡泊。治学之道，首在心静而虚。老师虽担任领导职务多年，且负有重重兼职，但毕竟是一介书生，骨子里还是以究学问之际、究道术之变为己任。其耐得住寂寞，守得住清贫，坐得住冷板凳，几十年如一日，淡泊名利，潜心旧纸，遂有六年一人治 457 册、32 万页《近代史所藏清代名人稿本抄本》之功。二曰一以贯之。治学之道，根在唯精唯一。老师学问虽博大精深，涉猎广泛，但主调是现代化史，主题为近代经济史，主线乃早期资产阶级史，基点在商会史。其讲究一为无量，无量为一；向内求索，追根溯源，立足经济史，深入解释社会变迁，寻求终极意义，以唯物的叙述指向“一切历史都是当代史”的基本命题，遂有下四十年笔，得千万言之果。三曰学无得执。治学之道，境在内外不住，通达无碍。老师治学，既能知止不殆，删繁就简，亦能奉行“天下之学，无非公道，并非一人只可私有”，其摒除门户之见，博采众长，兼收并蓄，为我所用，且教学相长，不厌不倦，因材施教，有教无类，遂有座上宾、门下士不可胜数。四曰推陈出新。治学之道，要在吐故纳新。孔子曾说：“吾与回言终日，不违，如愚。退而兴其私，亦足以发，回也不愚。”老师善于“足发”，从不拘泥所学之义、所翻之书、所得之意，而是能自故纸堆里捡出新观点，自旧学问中建起新体系，凡商会史、现代化史、社会史、口述史、社会经济史、资产阶级史、社团史等新兴学科之研究和建设，均可见老师著书立说之贡献。由此观之，编这么一本册子，确实无法体量老师学问之万一。

这本册子共分四部分，第一部分是研究或介绍老师学术成果的专题作品，师友文章序齿排列，学生文章则以入门先后摆布。第二部分是书评，收有学界评论老师著作的书评和老师评论他人的文章，以发表或写作时间列出，个别有所调整，缘由不具。第三部分是老师给他人和自己著作写的序言，以时间为序。第四部分是报刊上发表的对老师的部分访谈和老师在一些会议上的发言。附录收有我督促老师草拟的自述年谱和老师简历、科研成果目录。册子中，老师的著作和论文一概不收，期待来日可以编入全集。

册子虽小，却非我一人之力可以完成。在此借文末一角，向参与其中且专门为此撰文的王杰、马勇、王奇生、阎书钦、周祖文诸先生以及收入册子中的其他专家、学者表示特别感谢；向积极贡献才智的同门贾中福、彤新春、蒋清宏、吴敏超、李娟婷、陈育红、于文浩、水海刚、王瑶、吴鹏程等深表谢忱。在这里，特别向费心参与筹划的吴敏超女史和支持我工作的王珊珊女史、虞星月女史表达敬意。大象出版社社长王刘纯先生是出版耆宿、学术名家和书法大家，其不仅为本册子的出版费心劳神，还以增彩之笔题写书名，感念之心，莫可名状。另外，广东省社会科学院孙中山研究所所长王杰研究员和中国社会科学院马克思主义史学理论与文化史研究室副主任赵庆云副研究员欣然命笔，题抄诗文以贺，在此一并谢过。

某日，读蒲松龄文章，得“性痴，则其志凝。故书痴者文必工，艺痴者技必良。世之落拓而无成者，皆自谓不痴者也”句，颇受启发，这和巴甫洛夫“学问对于人们要求最大的紧张和最大的热情”之意同。就做学问而言，我学不了老师的性痴，做不到老师的热情，但立于一侧，以老师为标杆，不至于“黑发不知勤学早，白首方悔读书迟”，也算无憾了。

2017 年 3 月 16 日晚草于北京东郊某学院

本书所收文章，由于年代久远，有些作者难以联系，请见到此书的作者与编者直接联系。谢谢。

编者邮箱：yuhp@ cass.org.cn。